U0906697

2008
中国饲料工业年鉴

全国饲料工作办公室　中国饲料工业协会 编

中国商业出版社

《中国饲料工业年鉴》（2008）
编辑委员会

2007 年 4 月 4 日，王宗礼同志（左 1）、谷继承同志（左 3）在江苏牧羊集团董事长李敏悦（左 5）的陪同下，在牧羊集团厂区调研。

2007 年 5 月 11 日，白美清会长在沈阳禾丰集团总部调研时参观禾丰展览厅，金卫东董事长向白会长介绍颇有来历的金鸡——这件象征博爱与奉献的艺术珍品，是荷兰 De Heus 家族的维多利亚女士在荷兰政府募集“肺组织纤维化疾病”研究经费会上竞拍所得。在禾丰成立十周年之际，De Heus 公司作为友谊的见证，赠给禾丰。

2007 年 5 月 18 日，2007 中国畜牧业暨饲料工业发展高层论坛在宁波举行。

2007 年 5 月 19 日至 21 日，2007 中国畜牧业暨饲料工业展览会在宁波举办。

2007年5月19日，农业部副部长、中国畜牧业协会会长张宝文（前排左2），中国饲料工业协会会长白美清（前排左1），中国饲料工业协会常务副会长张延喜（二排左4），中国饲料工业协会常务副会长谭竹洲（二排左1），全国畜牧总站站长、中国饲料工业协会秘书长谷继承（二排左5）等领导兴致勃勃参观展览会。

2007年5月19日，中国饲料工业协会会长白美清（左3），中国饲料工业协会常务副会长张延喜（左5），中国饲料工业协会常务副会长谭竹洲（左2），农业部畜牧业司司长王智才（左1），全国畜牧总站副站长、中国饲料工业协会副秘书长沙玉圣（左6）等领导参观全国畜牧总站、中国饲料工业协会信息中心展台，与全国畜牧总站、中国饲料工业协会信息中心副主任郭玉玲（左4）合影。

2007 年 6 月 20 日，在上海良安饭店召开饲料添加剂和添加剂预混合饲料生产许可证工作座谈会。

2007 年 6 月 28 日，以“绿色梦想 金色未来”为主题的庆祝河北省饲料工业协会成立十周年庆典在石家庄隆重举行。

2007 年 6 月 28 日，在河北省饲料工业协会成立十周年庆典活动中，举行了《绿色 和谐 发展》的主题论坛，来自饲料行业内外的专家、教授和企业领军人物各执己见，畅所欲言。

2007 年 6 月 29 日，广东省饲料行业协会第四次会员代表大会在广州番禺举行。

2007 年 6 月 29 日，谷继承同志（左 3）在广东省种猪测定中心调研时听取广东省饲料行业协会会长罗道栩（左 1），广东省饲料行业协会秘书长林海丹（左 2）化验室检测情况汇报。

2007 年 7 月 7 日，联合国秘书长潘基文会见新希望集团董事长刘永好。

2007 年 7 月 31 日，上海市饲料行业协会第五届第一次会员大会在沪举行。

2007 年 8 月 10 日，王宗礼同志（正中）在《饲料法》调研汇报会上讲话。

2007 年 8 月 15 日，饲料生产形势分析座谈会。

中国饲料工业协会副会长王随元同志（左 2）、上海市饲料行业协会会长赵子琴同志（左 3）和秘书长凤懋熙同志（左 1）一起在上海新农饲料有限公司进行调研。

2007 年 8 月 25 日，中国饲料工业协会会长白美清（中）、秘书长谷继承（右）和美国饲料工业协会会长詹姆斯·萨力文亲切交谈。

美国大豆协会－国际项目每年与各地方饲料工业协会联合举办近百场免费饲料技术讲座。图为 2007 年 7 月 1 日与重庆饲料工业协会联合举办饲料加工与动物营养技术研讨会。

2007 年 8 月 9 ~ 26 日，ASA-IM 饲料技术组组织 20 余位国内大中型饲料企业技术人员前往美国参观培训。图为在以饲料加工技术而著称的美国堪萨斯州立大学的现场培训课上程宗佳博士（右 3）为团员翻译 Leland Mcknney 博士（右 1）关于饲料混合均匀度快速测方法的讲述。

2007年9月1日，在人民大会堂举行的“中国名牌产品暨中国世界名牌产品表彰大会”上，福建天马饲料有限公司总经理陈庆堂兴奋地高举奖牌，庆贺为行业争得了荣誉。

2007年10月17日，中国饲料工业协会第五届理事会第二次全会在扬州召开。

2007 年 10 月 18 日，在江苏省扬州市迎宾馆召开中国饲料工业协会第四届大型企业联谊会。

2007 年 10 月 18 日，在江苏省扬州市召开江苏牧羊集团成立 40 周年庆典。

2007 年 10 月 18 日，与会代表参观江苏牧羊集团。左（1）为中国饲料工业协会会长白美清，左（3）为中国饲料工业协会副会长谭竹洲，左（4）为全国畜牧总站站长、中国饲料工业协会秘书长谷继承，左（5）为中国饲料工业协会副会长季之华，左（2）为江苏牧羊集团董事长李敏悦。

2007 年 10 月 19 日，中国饲料行业宣传发展联谊会第八届年会会场。主席台左（3）为中国饲料工业协会会长白美清，左（4）为中国饲料工业协会副会长季之华，左（2）为中国饲料工业协会副会长、中国饲料行业宣传发展联谊会会长王随元，左（6）为全国畜牧总站副站长、中国饲料工业协会副秘书长沙玉圣，左（5）为中国饲料工业协会副会长、江苏牧羊集团董事长李敏悦，左（1）为中国饲料行业宣传发展联谊会副会长兼秘书长、《中国饲料》杂志社社长单钟。

2007 年 11 月 13 日，第二届全国饲料评审委员会第一次全体会议在北京香山召开。

2007年12月13日，四川省饲料工业协会成立20周年庆典暨第四次会员代表大会。

2007年12月31日，获得“推动四川饲料工业发展突出贡献奖”企业代表接受奖牌。

全国饲料工作办公室、全国畜牧总站/中国饲料工业协会

<table>
<tr><th colspan="2">单 位</th><th>电 话</th><th>传 真</th><th>地 址</th><th>E-mail</th></tr>
<tr><td rowspan="2">全国饲料工作办公室</td><td>饲料处</td><td>（010）59192872
59193213
59192882
59193306
59192853</td><td>（010）59192848</td><td rowspan="2">北京市朝阳区农展馆南里11号（100026）</td><td>xmjslch@agri.gov.cn</td></tr>
<tr><td>综合处</td><td>（010）59193390
59193361</td><td>（010）59192869</td><td></td></tr>
<tr><td rowspan="8">全国畜牧总站/中国饲料工业协会</td><td>办公室</td><td>（010）59194778
59194608
59194609
59194647
59194719</td><td>（010）59192869</td><td rowspan="8">北京市朝阳区麦子店街20号楼（100026）</td><td></td></tr>
<tr><td>人事处（党委办公室）</td><td>（010）59194589
59194597</td><td>（010）59194611</td><td></td></tr>
<tr><td>财务处</td><td>（010）59194792
59194583</td><td>（010）59194611</td><td></td></tr>
<tr><td>项目与资产管理处</td><td>（010）59194581
59194620
59195113</td><td>（010）59194611</td><td></td></tr>
<tr><td>行业统计分析处</td><td>（010）59194621
59194643
59194791</td><td>（010）59194611</td><td></td></tr>
<tr><td>国际合作处</td><td>（010）59194754
59194753</td><td>（010）59194611</td><td></td></tr>
<tr><td>质量标准与认证处</td><td>（010）59194779
59194646
59191485
59194645
59191489</td><td>（010）59194779</td><td></td></tr>
</table>

全国畜牧总站/中国饲料工业协会	牧业发展处	（010）59194610 59194622	（010）59194611	北京市朝阳区麦子店街20号楼（100026）	
	草业处	（010）59194616 59194688	（010）59194611		
	饲料行业指导处	（010）59194582 59194591 59194594	（010）59194611		
	奶业与畜产品加工处	（010）59194419 59194420 59194421	（010）59194611		
	协会工作处	（010）59194789 59194592 65911643 65922377 59194586	（010）59194611		
	全国饲料评审处	（010）59194650	（010）59194650		
	信息中心	（010）84251760 62145459 64241573 59194612	（010）62172155	北京市海淀区中关村南大街12号101信箱（100081）	slgj@chinafeed.org.cn
	农业部全国草产品质量监督检验测试中心	（010）64194590 64144595 59194597	（010）64194611	北京市朝阳区麦子店街20号楼（100026）	
	农业部种畜品质监督检验测试中心	（010）62817223	（010）62894803	北京市海淀区圆明园西路2号畜牧研究所院里（100094）	

质量监督与检测机构

单 位	负责人	电 话	传 真	地 址	网 址	E-mail
国家饲料质量监督检验中心（北京）	苏晓鸥	（010）82106291	（010）68975906	北京市海淀区中关村南大街12号（100081）		feedgujun-hua@sina.com
农业部饲料质量监督检验测试中心（呼和浩特）	杨红东	（0471）4910905	（0471）4910905	内蒙古呼和浩特市赛罕区昭乌达南路（010020）		hmhx100@163.com
农业部饲料质量监督检验测试中心（沈阳）	刘全	（024）24145538	（024）24145538	沈阳市沈河区小南街281号（110016）		24145743@163.com
农业部饲料质量监督检验测试中心（南京）	姜加华	（025）86263659	（025）86263656	南京市草场门大街124号江苏农业检测大楼（210036）		lovekoco@126.com
农业部饲料质量监督检验测试中心（南昌）	余祥建	（0791）8102073	（0791）81076711	南昌市南京东路181-1号（330029）		jxsyjcs@163.com

农业部饲料质量监督检验测试中心（济南）	李祥明	（0531）87198033	（0531）87198033	济南市槐树街68号（250022）		lisdjs@163.com
农业部饲料质量监督检验测试中心（广州）	吴秋豪	（020）84412017	（020）34291326	广州市万寿路113号（510230）	www.gdivdc.com	siliao@gdi-vdc.com
农业部饲料质量监督检验测试中心（南宁）	李军	（0771）3944507		南宁市友爱北路51号		meidongxi-e@sina.com
农业部饲料质量监督检验测试中心（成都）	柏凡	（028）85583643 85598229	（028）85548413	成都市武侯祠大街3号（610041）		liyun_1111@163.com
农业部饲料质量监督检验测试中心（昆明）	钱朝海	（0871）3648224	（0871）3636144转6	昆明市华山东路43号（650021）		yusfeed@yahoo.com.cn
农业部饲料质量监督检验测试中心（西安）	李盛	（029）86254586	（029）86254586	西安市未央路28号（710016）		siliaosuo@sina.com

1980~2007年全国饲料总产量增长图（万吨）

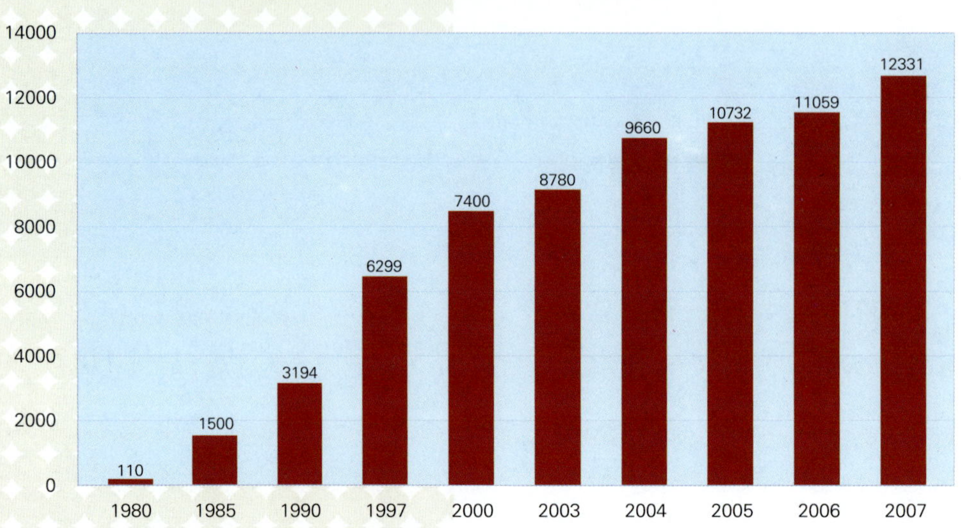

2007年全国工业饲料总产量达1.23亿吨，占世界总产量近五分之一，居世界第二位，已进入世界饲料工业大国行列。

1980~2007年中国人均粮食、肉类、饲料占有量增长曲线图（公斤/人）

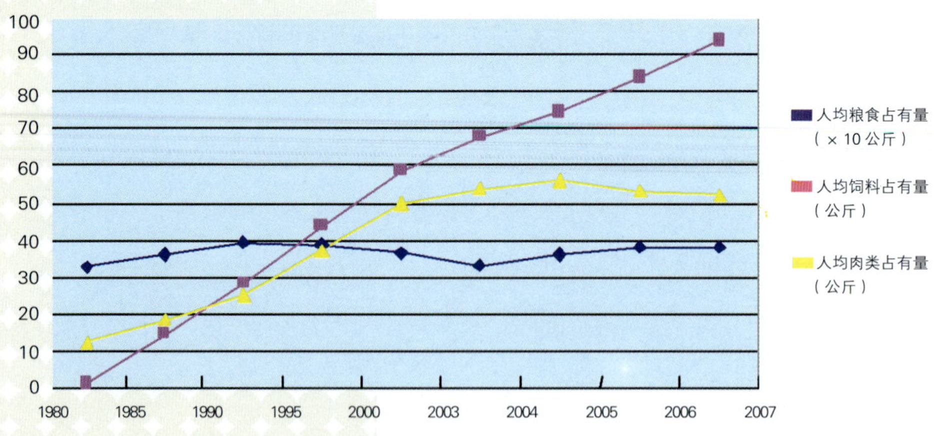

从上图可以看出，在全国人均占有粮食基本保持不变的情况下，随着工业饲料产量的增长，肉类总产量有了大幅度的增加，说明饲料工业的发展大大节省了粮食消耗，体现了饲料工业的巨大贡献（2006年，根据国家第二次农业普查，肉类总产量由8051万吨调至7089万吨）。

前　言

2007 年,我国饲料行业经受了禽流感、猪高致病性蓝耳病等重大动物疫情冲击;克服了生猪存栏下降、原料价格高涨及食品安全事件等因素的制约,在国家一系列扶持政策引导和畜产品高价位拉动下,生猪生产逐渐恢复,饲料工业及畜牧生产稳步发展。工业饲料中,除猪饲料较 2006 年略有下降外,其他品种饲料呈现不同幅度增长,特别是肉禽饲料发展迅猛。全国饲料工业总产值达到 4 009 亿元，其中工业饲料总产值 3 335 亿元,同比增长 14.70%,饲料添加剂 199 亿元,动物源性饲料 45 亿元,饲料机械设备 430 亿元。工业饲料产量连续 3 年突破 1 亿 t 大关，达 1.23 亿 t,占世界总产量近 1/5,连续 17 年稳居世界第二。

《中国饲料工业年鉴(2008)》(以下简称《年鉴》)比较详实地记录了 2007 年我国饲料工业及其相关行业的发展情况。

《年鉴》全文主要包括六个部分,即综合篇、专题篇、地方篇、企业篇、统计资料和大事记。在正文之前以图文并茂的形式介绍了领导视察、行业发展、企业采风、政务联络等。综合篇主要包括 2007 年发布的政策法规、通知、领导讲话等;专题篇主要包括 2007 年饲料加工工业概况、主要饲料产品及原料工业、饲料添加剂工业、饲料机械制造工业、秸秆养畜、饲料工业许可证管理、饲料安全管理、饲料质量监督与检测、科技与推广、饲料行业职业技能鉴定、饲料工业标准化、饲料工业质量认证、饲料工业行业信息体系;地方篇包括了除香港、澳门、台湾以外的全国所有省

(市、区)饲料工业概况;企业篇包括重点企业经验介绍和主要添加剂企业简介;统计资料包括全国饲料工业统计资料、全国畜牧业统计资料、全国水产养殖业统计资料。大事记主要包括全国饲料工作办公室、中国饲料工业协会以及各地饲料工作办公室、饲料工业协会在2007年的主要工作与取得的成绩。

《年鉴》图片部分从不同侧面反映了行业的发展。本《年鉴》文字内容丰富,覆盖面广,史实性强,是饲料行业行政事业单位、检测机构、科研机构等单位所必备的工具书。《年鉴》的专题篇和地方篇撰稿人主要是各饲料行业主管部门和行业相关专家学者。

《年鉴》反映的各省(区、市)和有关企业等文字材料及图片部分,只要涉及到排序,都按全国省份的行政区划顺序排列;全国饲料工作办公室、中国饲料工业协会和各省(区、市)提供的大事记,除上述相应的排序外,都按时间排序。

《中国饲料工业年鉴》编辑部

2009年2月18日

目　录

地 方 篇

企 业 篇

统计资料

大事记

综 合 篇

2007 年我国饲料工业发展概况

2007 年,我国饲料行业经受了禽流感、猪高致病性蓝耳病等重大动物疫情冲击;克服了生猪存栏下降、原料价格高涨及食品安全事件等因素的制约,在国家一系列扶持政策引导和畜产品高价位拉动下,生猪生产逐渐恢复,饲料工业及畜牧生产稳步发展。

工业饲料中,除猪饲料较 2006 年略有下降外,其它品种饲料均呈现不同幅度增长,特别肉禽饲料发展迅猛。全国饲料工业总产值达到 4 009 亿,占畜牧业总产值近 28%,占农业总产值近 10%。其中工业饲料总产值 3 335 亿元,同比增长 14.70%;饲料添加剂 199 亿元;动物源性饲料 45 亿元;饲料机械设备 430 亿元。工业饲料产量连续 3 年突破 1 亿 t 大关,达 1.23 亿 t,占世界总产量近 1/5,连续 17 年稳居世界第 2。

一、饲料原料供应稳定

2007 年饲料原料特别是大宗饲料原料的生产有增有减,总体供应稳定,为饲料工业的发展奠定了坚实基础。一是玉米连续 4 年增产,2007 年全国玉米产量为 1.48 亿 t,达到了历史最高水平,较 2006 年的 1.45 亿 t 增长 1.73%,总量水平连续保持 4 年增长。据海关统计,2007 年国内进口玉米 3.50 万 t,同比下降 46.07%。出口玉米 491.40 万 t,出口量同比增长 60.03%。全年饲用玉米消耗 1 亿 t 左右,约占玉米总供应量的 75%。全年玉米平均批发价格为 1582 元/t,创历史最高,同比增长 18.10%;二是大豆减产,供应趋紧。2007 年国内大豆产量为 1 350 万 t,较 2006 年的 1 572.5 万 t 降低 14.15%,我国大豆产量已连续 3 年下降。据海关统计,2007 年国内进口大豆总量为 3 082.10 万 t,同比增长 9.03%,再创历史新高。全年大豆均价 3 344 元/t,同比增长 34.98%,豆粕价格 2 776 元/t,同比增长 26.09%,大豆、豆粕价格创历年来最高;三是鱼粉供需要相对平衡。2007 年国产鱼粉产量约为 49 万 t,同比下降了 3.92%。据海关统计,2007 年共进口鱼粉 96.60 万 t,同比减少 1.30%。2007 年国内鱼粉供应总量约为 122 万 t 左右,同比下降 18.70%,总消费量约为 115 万 t,同比减少 4.20%。全年鱼粉均价为 7 811 元/t,同比下降 4.20%;四是磷酸氢钙供应充足。2007 年,全国磷酸氢钙(含磷酸二氢钙)总产量为 239 万 t,同比下降 6.60%,其中,四川产量 148 万 t,占全国总产量的 62%,云南产量 51 万 t,占全国总产量的 21%。四川龙蟒集团是我国最大的饲料级磷酸氢钙生产企业,2007 年该厂产量为 57 万 t,约占全国总产量 1/4。

二、饲料添加剂工业快速发展

目前我国饲料添加剂工业不仅可满足国内生产的需要,还实现了批量出口。2007 年我国赖氨酸产能继续扩大,产品质量大幅提高,全年赖氨酸产量达 50 万 t(含 65%赖氨酸),同比下降 3.97%。赖氨酸出口 14.50 万 t,进口量仅为 1.80 万 t,净出口数量达到 12.70 万 t,赖氨酸的飞速发展使得我国在国际市场上越来越有发言权。2007 年,国内的生猪存栏量逐步恢复,赖氨酸需求也有所回升,2007 年国内的赖氨酸市场需求量约为 25 万 t(按 98.50%折合)左右,同比增长了约 10%。赖氨酸市场供给量较大。

蛋氨酸。2007 年我国的养殖业处于缓慢恢复期,对蛋氨酸的需求数量稳中略升,累计进口蛋氨酸 9 万 t,同比增加 11%,比 2006 年 8.10 万 t 的数量增加了 9 000 余 t,创下了又一历史新高。2007 年蛋氨酸的全球总产量近 65 万 t,各厂家在我国的总供应量约 9 万 t。2007 年国内的家禽养殖业迅猛发展,大大促进了蛋氨酸的需求,2007 年蛋氨酸总需求量约为 8.50 万 t。

2007 年氯化胆碱产能继续快速增长,产量达到 37.07 万 t,同比增长 36.30%。氯化胆碱产区主要集中在河北和山东两省,占到全国总产量的 77%。饲料等行业每年消耗的各种维生素原料的市值已达 25 亿美元。在维生素家族中,维生素 C、维生素 E、维生素 A 已成为当今国际维生素市场上的 3 大支柱产品,年销售额合计约 20 亿美元。我国饲料级维生素生产及需求已占世界总量的很大数额,其中国内每年饲料级维生素市场需求量约 12 万 t,占全球饲料级维生素市场需求量的比例接近 1/5。我国已成为世界维生素需求的重要市场。饲料级维生素 A、E、C 等已占国际市场 30%~50%的份额。其中,维生素 A 产量达到约 6 147t,维生素 E 粉 4.80 万 t。

三、机械设备总量增长, 成套机组设备下降

我国饲料加工企业正向集团化、大型化方向发展,机械化、自动化程度将进一步提高。饲料加工机械大、中、小共存,满足不同用户的需要。2007 年共生产饲料加工机械设备 29 473 台套,比 2006 年增加 4 043 台套,同比增长 15.90%。其中成套机组 2 376 台套,比 2006 年减少 1 015 台套,同比下降 29.93%;单机 27 097 台,比 2006 年增加 5 058 台,同比增加 22.95%。在成套机组中, 时产 10t 以上设备 371 台套, 比 2006 年减少 56 台套; 时产 5~10t 的设备 662 台套,比 2006 年增加 15 台套;时产 1~5t 的设备 1 343 台套,比 2006 年减少 974 台套。在单机设备中,粉碎机 11 991 台,比 2006 年增加 2 293 台;混合机 6 070 台,比 2006 年增加 1 685 台;制粒机 1 987 台,比 2006 年增加 338 台;其它类型设备 7 049 台,比 2006 年增加 742 台。

四、饲料加工业稳步发展

2007 年,我国饲料行业在国家一系列扶持政策引导和畜产品高价位拉动下,生猪生产逐渐恢复,饲料工业及畜牧生产稳步发展。

2007 年饲料工业总产量达 1.23 亿 t,同比增长 11.50%。配合饲料产量为 9 319 万 t,同比增长 14.81%;浓缩饲料产量为 2 491 万 t,同比增长 1.43%;添加剂预混合饲料产量为 521 万 t,同比增长 7.17%。

2007 年,猪饲料、蛋禽饲料、肉禽饲料、水产饲料、反刍动物饲料和其它饲料产量分别为 4 001 万 t、2 518 万 t、3 661 万 t、1 326 万 t、568 万 t 和 256 万 t, 和 2006 年比增减幅度分别为-0.35%、14.32%、26.37%、6.85%、22.74%和 6.39%。除猪饲料受存栏量大幅下降影响同比下降以外,其它品种都呈现稳步增长的势头;猪禽产品的互补效应影响,生猪产品的高价位带动

了养殖周期短的禽类养殖快速发展，特别是肉禽养殖业的发展，相应猪禽饲料比重发生了新的变化。从生产区域来看，东西区经济带发展势头更旺。东部 10 省总产量为 5 576 万 t，占全国总产量的 45.22%；东北三省总产量为 1 714 万 t，占全国总产量的 13.90%；中部六省总产量为 2 752 万 t，占全国总产量的 22.32%；西部 11 省(不含西藏)总产量为 2 289 万 t，占全国总产量的 18.56%。和 2006 年相比，东部 10 省增长 14.14%，东北 3 省增长 5.74%、西部 11 省增长 13.20%，中部 6 省增长 8.88%。从区域发展速度看，我国饲料工业权重经济带的东部 10 省保持着迅猛发展势头、西部 11 省的饲料发展也正在崛起，中部 6 省和东北 3 省相对平稳。

从各地区产量的绝对量增减情况看，山东增长最多，增长 221 万 t，其次为江苏、广东、河北、四川等省，分别增长 117 万 t、103 万 t、90 万 t、90 万 t。绝对量下降的省份只有青海省，产量下降了 0.70 万t。

五、饲料企业结构进一步优化

2007 年全国饲料企业按经济类型统计总数为 15 376 家，比 2006 年减少 125 家，同比下降 0.81%。企业数量连续两年出现下降。其中国有企业 340 家，集体企业 312 家、私营企业 8 414 家、联营企业 479 家、股份制企业 4 945 家、港澳台企业 168 家、外商企业 237 家、其它企业 481 家。与 2006 年相比国有企业、集体企业、私营企业、外商企业和其它企业呈明显下降的趋势，分别减少 67 家、119 家、679 家、84 家和 110 家，同比下降分别为 16.46%、27.61%、7.47%、26.17% 和 18.61%。联营企业增加 27 家，同比增长 5.97%；股份制企业增长 904 家，同比增长 22.37%；港澳台企业增加 3 家，同比增长 1.82%。

六、专业技术人才增加

2007 年饲料企业年末职工人数为 53.60 万人，同比下降 0.36%。大专以上技术人员 15.60 万人，占职工总人数的 29.10%，其中博士共计 1 254 人，占职工总人数的 0.23%；硕士 4 211 人，占职工总人数的 0.79%；大学本科 52 900 人，占职工总人数的 9.87%；大学专科 97 655 人，占职工总人数的 18.21%；技术工种 60 435 人，占职工总人数的 11.27%。2007 年博士从业人数减少 16 人，硕士从业人数增加 460 人，大专以上专业人才接近总人数的三成。

虽然我国饲料工业发展取得了显着成效，但由于存在着原料资源短缺、科技支撑体系不完善、标准体系不健全、安全问题、饲料原料预警机制、产能过剩重复建设、动物疫情严重困扰仍然比较突出、法规体系亟待完善、多部门交叉执法和多头管理等制约因素。因此，今后应进一步加大中央有关饲料发展政策的落实力度，加强监管力度，尽快建立起安全优质高效的饲料生产体系。

(王晓红　单　钟)

政策法规

国务院关于促进畜牧业持续健康发展的意见

国发〔2007〕4号

各省、自治区、直辖市人民政府,国务院各部委、各直属机构:

畜牧业是现代农业产业体系的重要组成部分。大力发展畜牧业,对促进农业结构优化升级,增加农民收入,改善人们膳食结构,提高国民体质具有重要意义。"十五"以来,我国畜牧业取得了长足发展,综合生产能力显著提高,肉、蛋、奶等主要畜产品产量居世界前列,畜牧业已经成为我国农业农村经济的支柱产业和农民收入的重要来源,进入了一个生产不断发展、质量稳步提高、综合生产能力不断增强的新阶段。但我国畜牧业发展中也存在生产方式落后,产业结构和布局不合理,组织化程度低,市场竞争力不强,支持保障体系不健全,抵御风险能力弱等问题。当前,我国正处在由传统畜牧业向现代畜牧业转变的关键时期,为做大做强畜牧产业,促进我国畜牧业持续健康发展,现提出如下意见:

一、指导思想、基本原则和总体目标

(一)指导思想。以邓小平理论和"三个代表"重要思想为指导,全面落实科学发展观,深入贯彻党的十六届五中、六中全会精神,坚持"多予少取放活"和"工业反哺农业、城市支持农村"的方针,加快畜牧业增长方式转变,大力发展健康养殖,构建现代畜牧业产业体系,提高畜牧业综合生产能力,保障畜产品供给和质量安全,促进农民持续增收,推进社会主义新农村建设。

(二)基本原则。坚持市场导向,充分发挥市场机制在配置资源中的基础性作用;加强宏观调控,保障畜牧业平稳较快发展。坚持协调发展,推进畜牧业产销一体化经营;优化区域布局,构建优势产业带。坚持依靠科技,鼓励科技创新,推广先进适用技术,加快科技成果转化,促进产业升级,提升畜牧业竞争力。坚持环境保护,推行清洁生产,强化草原资源保护,发展生态畜牧业,实现可持续发展。坚持政府扶持,鼓励多元投入,积极引导社会资本投入畜牧业生产,建立多元化投入机制。

(三)总体目标。到"十一五"末,畜牧业生产结构进一步优化,自主创新能力进一步提高,科技实力和综合生产能力进一步增强,畜牧业科技进步贡献率由目前的50%上升到55%以上,畜牧业产值占农业总产值比重由目前的34%上升到38%以上;良种繁育、动物疫病防控、饲草饲料生产、畜产品质量安全、草原生态保护等体系进一步完善;规模化、标准化、产业化程度进一步提高,畜牧业生产初步实现向技术集约型、资源高效利用型、环境友好型转变。

二、加快推进畜牧业增长方式转变

(四)优化畜产品区域布局。要根据区域资源承载能力,明确区域功能定位,充分发挥区域资源优势,加快产业带建设,形成各具特色的优势畜产品产区。大中城市郊区和经济发达地区要利用资金、技术优势,加快发展畜禽种业和畜产品加工业,形成一批具有竞争优势和知名品牌的龙头企业。东部沿海地区和无规定动物疫病区要加强畜产品出口基地建设,发展外向型畜牧业,提高我国畜产品的国际市场竞争力。中部地区要充分利用粮食和劳动力资源丰富的优势,加快现代畜牧业建设,提高综合生产能力。西部地区要稳步发展草原畜牧业,大力发展特色畜牧业。

(五)加大畜牧业结构调整力度。继续稳定生猪、家禽生产,突出发展牛羊等节粮型草食家畜,大力发展奶业,加快发展特种养殖业。生猪、家禽生产要稳定数量,提高质量安全水平;奶类生产要加强良种奶牛基地建设;肉牛肉羊生产要充分利用好地方品种资源,生产优质牛羊肉。

(六)加快推进健康养殖。转变养殖观念,调整养殖模式,创新生产、经营管理制度,发展规模养殖和畜禽养殖小区,抓好畜禽良种、饲料供给、动物防疫、养殖环境等基础工作,改变人畜混居、畜禽混养的落后状况,改善农村居民的生产生活环境。按照市场需求,加快建立一批标准化、规模化生产示范基地。全面推行草畜平衡,实施天然草原禁牧休牧轮牧制度,保护天然草场,建设饲草基地,推广舍饲半舍饲饲养技术,增强草原畜牧业的发展能力。

(七)促进畜牧业科技进步。加快畜牧兽医高新技术的研究和开发,积极利用信息技术、生物技术,培育畜禽新品种。坚持自主创新与技术引进相结合,不断提高畜牧业发展的技术装备水平。加强基层畜牧技术推广体系建设,加快畜牧业科技成果转化,抓好畜禽品种改良、动物疫病诊断及综合防治、饲料配制、草原建设和集约化饲养等技术的推广。强化畜牧业科技教育和培训,提高畜牧业技术人员和农牧民的整体素质。加强国家基地、区域性畜牧科研中心创新能力建设,支持畜牧业科研、教学单位与企业联合,发展畜牧业高新科技企业。

（八）大力发展产业化经营。鼓励畜产品加工企业通过机制创新，建立基地，树立品牌，向规模化、产业化、集团化、国际化方向发展，提高企业的竞争力，进一步增强带动农民增收的能力。建立健全加工企业与畜牧专业合作组织、养殖户之间的利益联结机制，发展订单畜牧业。鼓励企业开发多元化的畜禽产品，发展精深加工，提高产品附加值。进一步调整畜产品出口结构，实现出口产品、出口类型多元化，不断提高我国畜产品在国际市场的占有份额。要创造条件，扶持和发展畜牧专业合作组织与行业协会，维护其合法权益；专业合作组织和行业协会要加强行业管理及行业自律，规范生产经营行为，维护农民利益。

三、建立健全畜牧业发展保障体系

（九）完善畜禽良种繁育体系。实施畜禽良种工程，建设畜禽改良中心和一批畜禽原种场、基因库，提高畜禽自主繁育、良种供应以及种质资源保护和开发能力，建立符合我国生产实际的畜禽良种繁育体系，普及和推广畜禽良种，提高良种覆盖率。积极推进种畜禽生产企业和科研院所相结合，逐步形成以自我开发为主的育种机制。加快种畜禽性能测定站建设，强化种畜禽质量检测，不断提高种畜禽质量。

（十）构建饲草饲料生产体系。大力发展饲料工业，重点扶持一批有发展潜力的大型饲料企业，提高产业集中度。建立饲料标准试验中心和饲料安全评价系统，制订饲料产品和检测方法标准，强化饲料监测，实现全程监控。加大秸秆饲料、棉菜籽饼等非粮食饲料开发力度，支持蛋白质饲料原料和饲料添加剂研发生产。加快牧草种子繁育基地建设，增强优质草种供应能力。在牧区、半农半牧区推广草地改良、人工种草和草田轮作方式，在农区推行粮食作物、经济作物、饲料作物三元种植结构。加快建立现代草产品生产加工示范基地，推动草产品加工业的发展。

（十一）强化动物疫病防控体系。实施动物防疫体系建设规划，强化动物疫病防控，做好畜禽常见病和多发病的防控工作。做到种畜禽无主要疫病，从源头提高畜禽健康水平。加快无规定动物疫病区建设，逐步实行动物疫病防控区域化管理。加强重大动物疫情监测预警预报，提高对突发重大动物疫病应急处置能力。建立和完善畜禽标识及疫病可追溯体系。对高致病性禽流感、口蹄疫等重大动物疫病依法实行强制免疫。加强兽药质量和兽药残留监控，强化动物卫生执法监督。继续推进兽医管理体制改革，健全基层畜牧兽医技术推广机构，稳定畜牧兽医队伍。

四、加大对畜产品生产流通环节的监管力度

（十二）加强畜产品质量安全生产监管。建立健全畜产品质量标准，强化质量管理，完善检测手段，加大对畜产品质量的检测监控力度。建立畜产品质量可追溯体系，强化畜禽养殖档案管理。实行养殖全过程质量监管，规范饲料、饲料添加剂及兽药的使用，大力发展无公害、绿色、有机畜产品生产。

（十三）加强畜禽屠宰加工环节监管。推行屠宰加工企业分级管理制度，开展畜禽屠宰加工企业资质等级认定工作，扶优扶强。全面开展屠宰加工技术人员和肉品品质检验人员技能培训，继续实行屠宰加工技术人员、肉品品质检验人员持证上岗制度和肉品品质强制检验制度。坚决关闭不符合国家法律法规和相关标准要求的屠宰场（点），严厉打击私屠滥宰及制售注水肉、病害肉等不法行为。

（十四）加强畜产品市场监管。建立统一开放竞争有序的畜产品市场，严禁地区封锁，确保畜产品运销畅通。充分发挥农村经纪人衔接产销的作用，促进畜产品合法流通。落实畜产品市场准入和质量责任追究制度，加大对瘦肉精等违禁药品使用的查处力度，保证上市肉类的质量。加强对液态奶和其他畜产品的市场监管，完善液态奶标识制度。

（十五）加大畜产品进出口管理力度。鼓励畜产品加工企业参与国际市场竞争，按照国际标准组织生产和加工，努力扩大畜产品出口；大力推行“公司+基地+标准化”出口畜产品生产加工管理模式。实施出入境检验检疫备案制度。加强对大宗畜产品进口的调控与管理，保护农民利益，维护国内生产和市场稳定。严厉打击走私，有效防止境外畜产品非法入境。强化对进口畜产品的检验检疫，完善检验检测标准与手段，防止疫病和有毒有害物质传入。

五、进一步完善扶持畜牧业发展的政策措施

（十六）完善畜牧业基础设施。逐步加大投资力度，加强畜牧业规模化养殖小区水、电、路等公共基础设施建设，推进畜禽健康养殖。继续实施退牧还草工程，加强西南岩溶地区草地治理，保护和建设草原，加快草业发展。探索建立草原生态补偿机制，维护生态安全。

（十七）扩大对畜牧业的财税支持。各级人民政府和各有关部门要增加资金投入，重点支持畜禽良种推广、种质资源保护、优质饲草基地和标准化养殖小区示范等方面建设，提高资金使用效益，进一步改善畜牧业生产条件。在安排农业综合开发、农业科研、农业技术推广及人畜饮水等专项资金时要对畜牧业发展给予大力支持。继续清理畜禽养殖和屠宰加工环节不合理税费，继续实行对饲料产品的优惠税收政策，减轻养殖农户负担，降低生产成本。“十一五”期间引进优良种畜禽、牧草种子，继续免征进口关税和进口环节增值税。调整完善畜产品出口退税政策。

（十八）加大对畜牧业的金融支持。运用贴息等方式，引导和鼓励各类金融机构增加对畜牧业的贷款。鼓励社会资本参与现代畜牧业建设，建立多元化的融资渠道。金融部门要结合畜牧业发展特点，改善服务，提高效率，探索创新信贷担保抵押模式和担保手段，对符合信贷原则和贷款条件的畜牧业生产者与加工企业提供贷款支持。农村信用社要进一步完善农户小额信用贷款和农户联保贷款制度，支持广大农户发展畜禽养殖。要引导、鼓励和支持保险公司大力开发畜牧业保险市场，发展多种形式、多种渠道的畜牧业保险，加快畜牧业政策性保险试点工作，探索建立适合不同地区、不同畜禽品种的政策性保险制度，增强畜牧业抵御市场风险、疫病风险和自然灾害的能力。

(十九)合理安排畜牧业生产用地。坚持最严格的耕地保护制度，鼓励合理利用荒山、荒地、滩涂等发展畜禽养殖。乡(镇)土地利用总体规划应当根据本地实际情况安排畜禽养殖用地。农村集体经济组织、农民、畜牧业合作经济组织按照乡(镇)土地利用总体规划建立的畜禽养殖场、养殖小区用地按农业用地管理。畜禽养殖场、养殖小区用地使用权期限届满，需要恢复为原用途的，由畜禽养殖场、养殖小区土地使用权人负责恢复。在畜禽养殖场、养殖小区用地范围内需要兴建永久性建(构)筑物，涉及农用地转用的，依照《中华人民共和国土地管理法》的规定办理。

六、加强对畜牧业工作的组织领导

(二十)把发展畜牧业摆在重要位置。地方各级人民政府要把扶持畜牧业持续健康发展列入重要议事日程，制定畜牧业发展规划，并纳入当地经济和社会发展规划，认真组织实施。要加强调查研究，及时解决畜牧业发展中遇到的各种矛盾和问题。各级畜牧兽医主管部门要充分发挥其规划、指导、管理、监督、协调、服务的职能作用；其他各有关部门要各司其职，密切配合，通力合作，共同促进畜牧业持续健康发展。

(二十一)依法促进畜牧业发展。各地区、各部门要深入学习宣传和贯彻实施畜牧法、草原法及动物防疫法等法律法规，落实支持畜牧业发展的各项措施。加大普法力度，提高生产经营者的法律意识。加强行政执法体系建设，不断提高依法行政能力和水平。

(二十二)做好信息引导工作。建立健全畜牧信息收集、分析和发布制度，加强对畜牧业生产的预测预警，及时发布市场信息，指导生产者合理安排生产，促进畜产品的均衡上市，防止畜产品价格大起大落。要发挥舆论导向作用，正确引导畜产品健康消费，扩大消费需求。

国务院

二〇〇七年一月二十六日

农业部制定投入品等物质使用规定

中华人民共和国农业部公告第806号

为保障农产品质量安全，维护公众健康，根据《农产品质量安全法》等法律法规，我部制定以下投入品等物质使用规定，现予以公告。

食用农产品的生产、储运、销售必须依照有关法律法规和农业部的规定使用农药、兽药、添加剂(含饲料添加剂)、保鲜剂、防腐剂等，禁止使用农业部已公布禁用的农药、兽药、添加剂(含饲料添加剂)、保鲜剂、防腐剂等物质，以及对人体具有直接或潜在危害的其他物质。违反上述规定的行为，依照《农产品质量安全法》、《农药管理条例》、《兽药管理条例》、《饲料和饲料添加剂管理条例》等法律法规处理。

农业部

二〇〇七年一月三十日

关于对人类食品和动物饲料添加剂及原料产品实施出入境检验检疫的公告

中华人民共和国国家质量监督检验检疫总局
中华人民共和国商务部
中华人民共和国海关总署
2007年第70号

为加强对人类食品和动物饲料添加剂及原料产品的进出口检验检疫监管，根据《中华人民共和国进出口商品检验法》的有关规定，现决定将124种人类食品和动物饲料添加剂及原料产品列入《出入境检验检疫机构实施检验检疫的进出境商品目录》，由出入境检验检疫机构进行监管。

企业在进出口本公告所列产品时，依法须向进出境口岸的出入境检验检疫机构申报：

一、对申报用于人类食品或动物饲料添加剂及原料的产品，由出入境检验检疫机构进行检验检疫，海关凭出入境检验检疫机构签发的《出/入境货物通关单》办理放行手续。

二、对申报仅用于工业用途，不用于人类食品和动物饲料添加剂及原料的产品，企业须提交贸易合同及非用于人类食品和动物饲料添加剂及原料产品用途的证明，经出入境检验检疫机构查验无误后，不再进行检验检疫,直接签发《出/入境货物通关单》,海关凭出入境检验检疫机构签发的《出/入境货物通关单》办理放行手续。

本公告自2007年5月15日起施行。

附件:列入《出入境检验检疫机构实施检验检疫的进出境商品目录》的产品名录

质检总局 商务部 海关总署

附件:列入《出入境检验检疫机构实施检验检疫的进出境商品目录》的产品名录

序号	商品编号	商品名称(海关商品名称)	原监管要求	调整后监管要求
1	1702200000	槭糖及槭糖浆	A	A/B
2	1702500000	化学纯果糖	A	A/B
3	1703100000	甘蔗糖蜜	A	A/B
4	1703900000	其他糖蜜	A	A/B
5	1905100000	黑麦脆面包片	A	A/B
6	1905200000	姜饼及类似品	A	A/B
7	2201909000	其他水、冰及雪	A	A/B
8	2204300000	其他酿酒葡萄汁	A	A/B
9	2307000000	葡萄酒渣、粗酒石		A/B
10	2712100000	凡士林		A/B
11	2712200000	石蜡,不论是否着色		A/B
12	2712901000	微晶石蜡		A/B
13	2809201000	磷酸及偏磷酸、焦磷酸	B	A/B
14	2811199090	其他无机酸		A/B
15	2811210000	二氧化碳		A/B
16	2811220000	二氧化硅		A/B
17	2815200000	氢氧化钾(苛性钾)		A/B
18	2825909000	其他金属的氧化物及氢氧化物		A/B
19	2826192010	氟化钠		A/B
20	2827200000	氯化钙		A/B
21	2827310000	氯化镁		A/B
22	2827399000	其他氯化物		A/B
23	2827600000	碘化物及碘氧化物		A/B
24	2828900000	次溴酸盐、亚氯酸盐、其他次氯酸盐		A/B
25	2832200000	其他亚硫酸盐		A/B
26	2833210000	硫酸镁		A/B
27	2833291000	硫酸亚铁		A/B
28	2833293000	硫酸锌		A/B
29	2833299000	其他硫酸盐		A/B
30	2834100000	亚硝酸盐		A/B
31	2835291000	磷酸三钠		A/B
32	2836300000	碳酸氢钠(小苏打)		A/B
33	2836500000	碳酸钙		A/B
34	2836991000	碳酸镁		A/B
35	2836999000	其他碳酸盐及过碳酸盐		A/B
36	2841610000	高锰酸钾		A/B
37	2842100000	硅酸复盐及硅酸络盐		A/B
38	2842909090	其他无机酸盐及过氧酸盐		A/B
39	2847000000	过氧化氢		A/B

序号	商品编号	商品名称(海关商品名称)	原监管要求	调整后监管要求
40	2903150000	1,2-二氯乙烷(ISO)		A/B
41	2905399090	其他二元醇		A/B
42	2905450000	丙三醇(甘油)		A/B
43	2906132000	肌醇		A/B
44	2907121900	其他甲酚		A/B
45	2907159000	其他萘酚及萘酚盐		A/B
46	2915219000	其他乙酸		A/B
47	2915291000	乙酸钠		A/B
48	2915299090	其他乙酸盐		A/B
49	2915310000	乙酸乙酯		A/B
50	2915390090	其他乙酸酯		A/B
51	2915509000	丙酸盐和酯		A/B
52	2915701000	硬脂酸		A/B
53	2915900090	其他饱和无环一元羧酸及其酸酐		A/B
54	2916209090	其他(环烷、环烯、环萜烯)一元羧酸		A/B
55	2916310090	其他苯甲酸及其盐和酯		A/B
56	2916320000	过氧化苯甲酰及苯甲酰氯		A/B
57	2917120000	己二酸及其盐和酯		A/B
58	2917209090	其他(环烷、环烯、环萜烯)多元羧酸		A/B
59	2918110000	乳酸及其盐和酯		A/B
60	2918120000	酒石酸		A/B
61	2918130000	酒石酸盐及酒石酸酯		A/B
62	2918140000	柠檬酸	B	A/B
63	2918150000	柠檬酸盐及柠檬酸酯	B	A/B
64	2919900090	其他磷酸酯及其盐(包括乳磷酸盐)		A/B
65	2922110001	单乙醇胺		A/B
66	2922131000	三乙醇胺		A/B
67	2922499990	其他氨基酸及其酯及它们的盐		A/B
68	2923100000	胆碱及其盐		A/B
69	2923200000	卵磷脂及其他磷氨基类脂		A/B
70	2925110000	糖精及其盐		A/B
71	2929901000	环己基氨基磺酸钠(甜蜜素)		A/B
72	2933692910	二氯异氰尿酸钠		A/B
73	2934999001	核苷酸类食品添加剂		A/B
74	2936210000	未混合的维生素 A 及其衍生物		A/B
75	2936220000	未混合的维生素 B_1 及其衍生物		A/B
76	2936230000	未混合的维生素 B_2 及其衍生物		A/B
77	2936240000	未混合的维生素 D 或 DL-泛酸及其衍生物		A/B
78	2936250000	未混合的维生素 B_6 及其衍生物		A/B
79	2936260000	未混合的维生素 B_{12} 及其衍生物		A/B
80	2936270000	未混合的维生素 C 及其衍生物		A/B
81	2936280000	未混合的维生素 E 及其衍生物		A/B
82	2936290000	其他未混合的维生素及其衍生物		A/B

序号	商品编号	商品名称(海关商品名称)	原监管要求	调整后监管要求
83	2936900000	维生素原,混合维生素原、维生素及其衍生物		A/B
84	2937400000	氨基酸衍生物		A/B
85	2938900020	甘草酸盐类		A/B
86	2939300010	咖啡因		A/B
87	2939300090	咖啡因的盐		A/B
88	2939999000	其他生物碱及其衍生物		A/B
89	2940000000	化学纯糖,糖醚、糖酯及其盐		A/B
90	3102210000	硫酸铵	A	A/B
91	3102500000	硝酸钠	A	A/B
92	3104209000	其他氯化钾		A/B
93	3105300001	磷酸氢二铵(配额内)	A	A/B
94	3105300090	磷酸氢二铵(配额外)	A	A/B
95	3203001100	天然靛蓝及以其为基本成分的制品		A/B
96	3203001910	濒危植物质着色料及制品		A/B
97	3203001990	其他植物质着色料及制品		A/B
98	3203002000	动物质着色料及制品		A/B
99	3204110000	分散染料及以其为基本成分的制品,不论是否有化学定义		A/B
100	3204120000	酸性染料及制品、媒染染料及制品		A/B
101	3204130000	碱性染料及以其为基本成分的制品		A/B
102	3204140000	直接染料及以其为基本成分的制品		A/B
103	3204151000	合成靛蓝(还原靛蓝)		A/B
104	3204199000	其他着色料组成的混合物		A/B
105	3205000000	色淀及以色淀为基本成分的制品		A/B
106	3501100000	酪蛋白		A/B
107	3501900000	酪蛋白酸盐及其衍生物,酪蛋白胶		A/B
108	3502200000	乳白蛋白		A/B
109	3502900000	其他白蛋白及白蛋白盐		A/B
110	3504001000	蛋白胨		A/B
111	3504009000	其他编号未列名蛋白质及其衍生物		A/B
112	3505100000	糊精及其他改性淀粉		A/B
113	3505200000	以淀粉糊精等为基本成分的胶		A/B
114	3507100000	粗制凝乳酶及其浓缩物		A/B
115	3507901000	碱性蛋白酶		A/B
116	3507902000	碱性脂肪酶		A/B
117	3507909000	其他编号未列名的酶制品		A/B
118	3823120000	油酸	B	A/B
119	3825900010	浓缩糖蜜发酵液		A/B
120	3902200000	初级形状的聚异丁烯		A/B
121	3905300000	初级形状的聚乙烯醇		A/B
122	3906901000	聚丙烯酰胺		A/B
123	3907999000	初级形状的其他聚酯		A/B
124	3913100000	初级形状的藻酸及盐和酯		A/B

农业部关于贯彻《国务院关于促进生猪生产发展稳定市场供应的意见》的通知

各省、自治区、直辖市及计划单列市畜牧(农业、农牧、农林)厅(局、委、办),新疆生产建设兵团畜牧兽医局:

近日,针对当前我国生猪生产出现下滑,猪肉供应偏紧,价格较大幅度上涨的问题,国务院下发了《关于促进生猪生产发展稳定市场供应的意见》(国发[2007]22号,以下简称《意见》),对促进生猪生产发展稳定市场供应提出明确要求,作出重大部署。为贯彻落实好《意见》精神,现将有关事项通知如下:

一、抓紧落实扶持生猪生产的各项政策

落实《意见》的各项政策是当前工作的重中之重。各级畜牧兽医主管部门要按照《意见》的要求,采取切实措施,把政策尽快落到实处。目前中央财政已将能繁母猪补贴资金拨付各地,要按照农业部印发的《关于做好能繁母猪补贴政策相关工作的通知》要求,积极配合财政部门尽快将补贴资金发放到母猪养殖户手中。要按照农业部与中国保监会《关于做好生猪保险和防疫工作的通知》要求,主动配合各地保监局和保险公司做好生猪保险工作,增强生猪养殖户抵御重大疫病和自然灾害等风险的能力。按照将要下发的生猪良种工程建设项目和生猪良种补贴项目申报要求,抓紧做好申报工作。要按照规定的程序和要求,抓紧做好生猪大县奖励和扶持生猪标准化规模养殖项目的有关准备工作。

进一步加大生猪生产扶持政策的宣传力度。各级畜牧兽医主管部门要组织人员力量,深入基层,进村到户到场,通过宣讲政策、发放明白纸等多种方式,让农民充分了解各项政策的实施范围、扶持对象和补贴方式,做到家喻户晓,尽快发挥政策效应。要强化疫病可防可控的科学引导,消除农民增养补栏的顾虑,促进生猪生产尽快恢复。

各级畜牧兽医主管部门要全力做好高致病性猪蓝耳病、猪瘟、口蹄疫等重大生猪疫病防控工作。切实加强免疫,确保免疫密度和质量。加强疫情监测和报告,发现重大生猪疫病要通过动物疫病报告网络立即报告。加快推进动物疫病标识追溯体系建设,未佩戴耳标生猪不许调运。强化检疫监管,加强产地检疫和屠宰检疫,加大公路动物防疫监督检查力度,防止疫情跨区域传播。要按照《意见》要求,对病死猪坚决做到不准宰杀、不准食用、不准出售、不准转运,必须进行无害化处理。一旦发生重大生猪疫病,要及时启动应急预案,果断处置。

二、鼓励发展标准化规模养殖

各级畜牧兽医主管部门要因地制宜,合理布局,科学制定生猪产业发展规划。大力发展生猪标准化规模养殖,积极推进生猪规模场和养殖小区的标准化改造,改善饲养和防疫条件,实行统一良种、统一防疫、统一操作规范,降低养殖成本,提高生产能力。要搞好生猪养殖的治污减排工作,支持规模场、养殖小区的粪污处理和沼气池等基础设施建设。

三、加强对散养户的引导和扶持

要采取措施引导和扶持散养户发展生猪生产。针对当前生猪生产中成本上升、仔猪成活率较低等突出问题,农业部已印发了《关于进一步提高生猪生产水平的技术指导意见》。各地畜牧兽医主管部门要结合当地实际,组织技术推广人员,通过实施科技入户工程等形式,帮助养殖户解决良种和防疫中的实际问题。推行科学饲养方法,提高母猪繁殖率、仔猪成活率、饲料转化率和生猪出栏率,增加养猪收益。要把农村户用沼气建设与支持散养户发展生猪生产结合起来,因地制宜推广“四位一体”和“猪沼果”等生态养殖模式。

四、进一步完善生猪良种繁育体系

良种是养猪业发展的物质基础。要根据不同的市场需求,利用引进品种和地方猪种资源,提高种猪质量,生产优质商品猪。要增加投入,加快原良种猪场、扩繁场和资源场建设,增强自主育种和供种能力。要加大良种猪的推广,选择生猪人工授精技术基础较好的重点县,按照政策公开、农民受益的原则,对使用良种猪精液给予补贴。各地要加强对生猪人工授精操作人员的技术培训,加速生猪品种改良,提高生猪良种化水平和生猪养殖效益。

五、加强基层防疫队伍建设

基层动物防疫队伍是贯彻落实各项动物疫病防控措施的重要力量。各地要切实采取有效措施,按照《国务院关于推进兽医管理体制改革的若干意见》要求,不断健全完善基层动物防疫体系,切实加强兽医队伍建设。当前,要突出抓好村级动物防疫员队伍建设,努力做到农村动物疫病防控工作全覆盖,无空白。已建立村级防疫队伍的地方,要健全完善制度,强化监督管理,落实村级防疫员免疫、疫情报告等方面的责任,充分发挥在生猪防疫等公共服务体系中的作用;尚未建立村级动物防疫队伍的地方,要尽快建立。要加强村级动物防疫员业务技能培训,提高技术水平,加大必要的设备投入,解决好村级动物防疫员的补贴经费。各地要积极争取解决好注射疫苗、佩戴畜禽标识、建立养殖档案、报告动物疫情等防疫费用,保障基层生猪疫病防控工作各项措施的有效落实。

六、提高生猪饲料质量安全水平

各级畜牧兽医饲料主管部门要大力发展优质高

效安全饲料，推广应用配合饲料，提高饲料转化率，降低生产成本，增强生猪的抗病能力。各地要结合当前扶持生猪生产发展和将要开展的食用农产品质量安全专项整治行动，严格饲料市场准入，加强对饲料质量的监督检查，严肃查处在豆粕、鱼粉等饲料原料和生猪饲料中掺杂使假、坑农害农的违法行为，确保农民养猪的饲料质量安全。要规范饲料、饲料添加剂等投入品的使用，要以打击“瘦肉精”为重点，严肃查处在猪饲料中违法添加违禁药品和化学物质的行为，保障猪肉产品的质量安全。

七、加强生猪生产信息的分析和预警

各级畜牧兽医主管部门要建立准确、可靠的基础数据采集系统，以养猪大县和生猪规模养殖场为重点，加强定点跟踪调查，强化生猪生产形势分析，定期进行信息发布和预警，引导养殖户合理安排生产。要按照农业部要求，及时准确上报生猪生产情况及相关数据。要加强生猪产区和销区供需信息通报，促进生猪产销衔接，引导合理出栏，促进均衡上市。

八、强化领导，加强协作，共同推进生猪生产的健康平稳发展

当前正处于生猪生产恢复和发展的关键时期，各级畜牧兽医主管部门要把抓好生猪生产作为当前的中心工作，一把手要亲自抓。统一认识，加强领导，千方百计稳定生猪生产，确保市场供给。要在当地政府的领导下，加强与各有关部门的沟通与协作，落实好《意见》支持生猪生产发展的各项政策。属于畜牧兽医部门职责范围的，要尽早把政策落实到场到户；属于与有关部门配合的，要主动沟通，共同做好政策的落实工作。上级畜牧兽医主管部门要加强对下级畜牧兽医主管部门工作的督促与指导，充分发挥各级的职能作用，加强沟通，上下联动，努力实现生猪生产的恢复和发展。

各地要将贯彻落实《意见》的情况于 2007 年 8 月 24 日前报农业部畜牧业司和兽医局。

农业部

二〇〇七年八月三日

领导讲话

把握形势，稳步发展猪禽生产

——农业部副部长张宝文在2007中国猪业、禽业发展大会上的讲话

（2007年6月23日）

各位代表、同志们：

今天，中国畜牧业协会组织召开2007年中国禽业发展大会、中国猪业发展大会。首先，我谨代表农业部、代表中国畜牧业协会，并以我个人的名义向大会的召开表示热烈的祝贺，向与会代表表示诚挚的问候。这次会议非常重要，因为是在猪肉和禽蛋价格大幅上涨，中央高度重视，社会广泛关注的背景下召开的。我想利用此次会议的机会，与大家共同分析畜牧业发展的形势，探讨如何进一步强化宏观调控手段，充分发挥行业协会的桥梁纽带作用，共同推进生猪和家禽产业的平稳健康发展。下面，我谈几点意见。

一、准确把握当前畜牧业发展面临的形势

受饲料成本增加、比较效益低、动物疫病等因素共同叠加影响，2007年以来，全国肉、蛋等主要畜产品价格持续上涨，其中猪肉价格与禽蛋价格涨幅最大。5月份，仔猪平均15.09元/kg，同比增长116.19%，活猪10.20元/kg，同比增长71.14%，猪肉15.86元/kg，同比增长48.09%，鸡蛋7.58元/kg，同比增长36.58%。猪肉和禽蛋价格的大幅上涨，引起社会的广泛关注，对城乡居民肉类和禽蛋消费产生一定影响。国家统计局数据显示，5月份我国居民消费价格总水平CPI同比上涨3.4%，食品价格上涨是CPI上升的主要动力，而其中肉禽和鸡蛋价格上涨又是食品价格大幅上涨的主要原因，二者涨幅分别达到26.5%和37.1%。

在最近的调查中，基层群众普遍反映，发展猪禽生产，面临“四不”现象：比较效益低，农民不愿养；疫病风险大，农民不敢养；养猪养鸡难挣钱，农民不能养；城市发展快，不准农民养。当前，生猪和蛋鸡生产面临的这些问题，主要是前期畜牧业发展过程中出现的一些新情况、新问题的滞后反映。集中表现在：

一是前期主要畜禽产品价格同时大幅下跌。2006年上半年，全国活猪、活鸡和鸡蛋价格比2005年同期分别下降了22%、15%和14%，仔猪和肉雏鸡价格降幅超过40%，养殖户损失严重。一头生猪亏80元，一头母猪亏500元。价格下跌，导致农民发展生猪和蛋鸡生产的积极性下降，补栏受到影响。

二是饲料原料价格持续上涨。2006年，国内深加工消耗的玉米3 575万t，比2004年的2 138万t增长了67%，加剧了饲料玉米供应的紧张状况。鱼粉、玉米、菜粕和赖氨酸等饲料原料价格持续上涨。2006年全国玉米平均价格为1.36元/kg，比2005年同期增长4.53%。2007年以来，玉米价格仍然不断上涨。目前全国玉米价格1.55元/kg，比2006年同期上涨15.70%。每吨猪饲料价格比2006年同期上涨了150多元。出栏一头生猪，饲料成本增加40~50元。每吨肉鸡、蛋鸡配合饲料价格比2006年同期上涨8.70%和8.60%。一般情况生猪禽蛋价格越低，饲料玉米的价格也低，但2006年生猪价格低时，玉米价格却持续上扬，在以往是从来没有的。

三是局部地区动物疫病影响。近几年，我国一些地区畜禽疫病呈多发态势。猪的常见病已由4~5种发展到10~12种。2006年下半年，湖南、江西、安徽、湖北等一些养猪大省相继发生高致病性猪蓝耳病。虽然疫病造成直接死亡的数量仍属于正常范围，但疫病给农户造成较大恐慌心理，不敢多养猪、养大猪。同时，这几年的禽流感疫情对畜牧业的影响巨大，造成了家禽生产的波动。

四是比较效益下降。近几年，农村劳动力结构发生较大变化，外出打工者增多，在家从事畜牧业生产不如外出打工挣钱多，从事养殖业的农户减少。加之水电、运输、劳动力等饲养成本居高不下，导致畜牧养殖效益增长空间受到压缩。以养猪为例，一个劳动力外出务工平均每天可挣30元，扣除支出每年节余约7 500元，按目前出栏一头生猪220元的利润计算，相当于饲养34头猪的利润。如果饲养34头生猪，不仅需要投入成本3万多元，而且养猪既脏又累，疫病和市场风险较大，不少青壮年农民宁愿外出打工，而不愿在家从事养猪。

五是主销区畜禽生产萎缩。近几年来，不少大中城市规模扩大，一些城郊养殖用地和副食品基地多变为建设用地。一些经济较发达地区特别是大中城市，生猪和家禽饲养大幅减少，在加强规模养殖场环保达标改造的同时，也划定了禁养和限养区。这些措施使得生产萎缩，自给率下降，也是造成价格上涨的原因之一。以生猪为例，目前北京自给率为40%，上海为25%。浙江每年调入的生猪需要500多万头，广东调入达2 400多万头，调入猪肉数量逐年增加。

六是畜产品质量安全事件时有发生，畜产品消费

受到影响。近两年，湖南、上海发生瘦肉精事件，河北等地出现了含有苏丹红的“红心”鸭蛋，这些畜产品质量安全事件在社会上造成较大反响，直接影响了畜产品消费，对相关产业造成冲击。

七是发展规模养殖面临一定困难。据调查，当前发展畜牧业规模养殖，面临一些亟待解决的问题。一是贷款难。由于圈舍和牲畜不能作为资产抵押，农民无法从银行借贷到扩大畜禽生产规模所需的资金。二是用地难。多数地方没有把畜禽规模养殖用地纳入乡镇土地利用总体规划，用地问题已成为加快规模养殖发展的制约因素。三是粪污处理难。畜禽养殖污染已广为关注，有些地方出台禁排限排措施，环保压力日益增大，排污投入不断增加，行之有效的养殖场大中型沼气利用项目发展缓慢。

尽管当前畜禽生产出现一些困难，但是我国畜牧业发展的总体趋势是好的。从养猪业的发展趋势来看，目前生猪价格高位运行，养猪效益看好，这将有利于调动农民发展生猪生产的积极性。从调查反映情况看，母猪补栏有所增加，生猪存栏逐步回升，规模饲养有所扩大，但考虑到生猪繁育饲养需要一年左右时间，今后一段时期生猪价格仍将维持较高水平，市场供应处于紧平衡状态。从蛋鸡生产情况来看，目前全国种禽数量已与正常年份基本接近，家禽春孵春繁势头良好。据对部分种禽企业的调查，苗禽销售量均比2006年同期上升40%，供不应求。加之，禽流感等疫情保持稳定，养殖户养殖信心增强，将进一步推动蛋鸡生产平稳发展。主产区的蛋鸡补栏数量已接近正常水平，随着上半年补栏的蛋鸡陆续进入产蛋期，可望缓解鸡蛋供需矛盾，预计下半年蛋鸡生产将保持稳定增加，以满足市场供应。

总的来看，通过多年的努力，我国畜牧业综合生产能力不断增强，在建设现代农业、建设社会主义新农村、增加农民收入、繁荣农村经济、促进国民经济和社会发展等方面的作用更加突出。所以在应对当前畜禽市场波动的同时，还应看到畜牧业发展的许多积极因素。

第一，畜牧业发展政策环境良好。党中央、国务院高度重视畜牧业发展。温家宝总理5月26日专门到陕西了解生猪生产情况，这在历史上是少有的。近3年的中央1号文件均把加快发展畜牧业作为现代农业建设和促进农民增收的重要内容，提出了一系列扶持政策。《国民经济和社会发展第十一个五年规划》也明确要大力发展畜牧业。畜牧业生产已占到农业生产总值的34%。《畜牧法》的颁布实施为畜牧业的健康发展提供了强有力的法律保障，一些相关配套法规正陆续出台。2007年国务院出台的《关于促进畜牧业持续健康发展的意见》已成为我国畜牧业发展史上的一个重要里程碑，为今后一个时期畜牧业发展指明了方向。针对当前生猪和奶业发展面临的严峻形势，国家还将出台专门的政策措施。中央财政安排专项资金11.50亿元，主要是支持建立母猪重大病害灾害等保险制度，来加大对生猪防疫防治体系的支持，也即增强饲养者抵御重大灾害病害风险的能力。另外，中央财政准备安排专项资金11.40亿元，建立母猪补贴制度，这可能和保险结合起来。国家还采取措施适当增加国家储备肉的规模，合理调整储备肉的结构和布局，发挥储备调控市场的作用。我们国家原来的储备14.50万t，其中中央6万t，地方8.50万t，且很大程度是活体储备。下一步国家准备扩大安排储备6万t，全部是冻肉储备。国家出台的一系列措施都是为了保证养猪事业健康持续发展。

第二，通过这些年的发展，产业基础逐步夯实。一是畜产品产业带比较优势进一步发挥。16个生猪主产省猪肉产量占全国总量的84%，7个肉牛主产省区牛肉产量占全国总量的59.30%，15个肉羊主产省羊肉产量占全国总量的81.80%，6个禽蛋主产省禽蛋产量占全国总量的64.20%，奶业优势区域7省区市奶产量占全国总量的60.40%。二是规模化程度不断提高。近年来，我国畜禽养殖规模化比重稳步增加。规模化猪场生猪出栏占全国总量的43%，蛋鸡规模养殖存栏占全国总量的67.15%，肉鸡规模养殖出栏占全国总量的73.14%，肉牛规模养殖出栏占全国总量的30.40%，奶牛规模养殖存栏占全国总量的57.30%，肉羊规模养殖出栏占全国总量的40.40%。三是农牧民组织化程度得到提高。龙头企业辐射带动能力不断增强，龙头企业集团化和跨地区经营的趋势发展迅速，已成为产业发展的火车头。与此同时，专业合作组织蓬勃兴起。据统计，我国农民专业合作社有13.57万个，畜牧业专业合作组织有4.30万个，占总数的31.7%。

第三，农民来自畜牧业的收入增加。尽管畜产品价格上涨在社会引起了一定的反响，但对于农民增收起到了积极的推动作用。当前，生猪价格的上涨与2006年同期养猪亏损时相比，养猪效益发生明显变化。据测算，当前农户仔猪育肥每头可赢利220元左右，2006年同期亏损约60元；自繁自养每头可盈利320元左右，2006年同期亏损约85元。饲养一头母猪获利约800元，2006年同期亏损约500元。肉鸡每只获利4元左右，蛋鸡年收益13元左右。

总之，新的历史时期，畜牧业尽管面临着巨大的挑战，但机遇与挑战并存。因此，不论是畜牧业管理者，还是广大畜牧业生产者，要正确把握当前畜牧业发展面临的形势，要从畜牧业发展的内外部环境的变化，认清畜牧业的发展方向，努力克服当前生猪和家禽生产面临的实际困难，确保全年畜牧业生产平稳健康发展。

二、努力构建畜牧业稳定发展的长效机制

猪禽生产是我国畜牧业的主体，养猪业更具有“猪粮安天下”的重要战略意义。养猪业和家禽业产值已占畜牧业总产值的85%左右。从我国消费结构来看,猪肉消费占65%,禽蛋占20%,牛羊肉占15%,猪肉占的比重最大。猪肉价格和禽蛋价格的大幅波动,充分反映了畜牧业发展的脆弱性,政策体系的不完整性,以及疫病防治的艰巨性。猪肉和禽蛋的正常供应不仅是畜牧业自身稳定发展的需要,更是确保经济社会稳定发展的需要。

最近,国务院办公厅就做好猪肉等副食品生产供应保持市场稳定工作发出通知,对稳定生猪生产提出明确要求。一是建立母猪保险与直接补贴相结合的制度,增强母猪养殖户抵御重大病害、灾害和成本上涨等风险能力。二是安排落实对低保人员和在校家庭经济困难大中专学生等弱势群体的补贴。三是适当增加储备肉规模、合理调整储备结构和布局,发挥储备调控市场的作用。四是中央财政安排专项资金,对散养农户使用高致病性猪蓝耳病疫苗进行补贴。这几项都已经落实了。

当前,国家正抓紧研究畜牧业稳定发展的长效机制,建立健全扶持生猪和家禽生产的政策体系。农业部一方面积极配合有关部门抓紧贯彻落实稳定生猪生产的政策,另一方面着重将抓好以下几项工作:

1.完善畜牧业预警监测体系。以生猪和家禽主产区和主销区为重点,加强信息发布和预警分析,尤其对存栏母猪和种禽的调控,引导适时补栏,促进产销衔接,合理安排生产。当前要加强对畜禽产品市场价格的正面引导,稳定居民消费心理,维护市场秩序。

2.加快畜禽良种繁育体系建设。实施《全国畜禽良种工程建设“十一五”规划》,加快生猪改良中心和家禽改良中心建设,加大猪、禽新品种培育支持力度,继续改扩建一批种猪场和种禽场、基因库、种公猪站和种猪质量检测中心,提高我国畜禽自主繁育、良种供应以及种质资源保护与开发能力,改变良种猪和良种禽供应紧缺的状况。研究生猪良种补贴政策,推广猪人工授精技术,提高优质公猪的利用率,增加养殖效益。

3.加大疫病防控力度。加强畜禽常见病和多发病的防控工作,做好种畜禽无主要疫病,从源头提高畜禽健康水平。做好猪蓝耳病等疫病免疫工作,农业部正抓紧组织生产高效猪蓝耳病新型疫苗,目前已在部分地区投入使用。同时,要求各地要提高畜禽免疫强度,确保疫苗质量和免疫效果,尽快建立起有效免疫屏障。企业也要高度重视免疫问题。从2006年到2007年，禽流感基本没有发生，就是因为重视了免疫。我国研制的疫苗是很有效的,只有加大防疫,才能阻断禽流感传播。开展疫情监测,加大生猪和家禽流行病学调查力度,严格疫情报告制度。加强产地检疫,强化畜禽标识管理,做好牲畜调运、交易和屠宰等环节的执法监督工作。加强乡镇畜牧兽医站建设,建立健全基层动物防疫队伍。

4.发展标准化规模养殖。健康养殖业推进行动是农业部发展现代农业实施“十大行动”之一,今后要继续实施标准化养殖小区建设项目,重点支持养殖小区粪污的无害化处理设施建设,实现畜禽粪便的资源化利用。当前,国家正积极研究畜禽规模养殖的扶持政策,及时总结各类行之有效的健康养殖模式,引导养殖户转变养殖观念,推进畜禽规模化、标准化养殖,规范各类养殖小区的发展。探索建立畜牧业政策性信用担保制度，为养殖场和养殖户提供低息或无息贷款,解决发展畜禽规模养殖资金不足的问题。

5.强化畜产品质量安全监管。我们要建立统一开放、竞争有序的畜产品市场,严禁地区封锁,确保畜产品流通。市场无序竞争的现象可以说比较严重,特别是奶业。所以我也提出“诚信”二字,企业不只是挣钱,还有社会责任,企业的自律很重要。各地要加强这方面的工作力度,规范市场秩序。企业家应联合起来,不应搞无序竞争。按照预防为主、关口前移的要求,严格饲料市场准入,规范饲料、饲料添加剂和兽药的使用,从源头上把好养殖产品质量安全关。建立健全畜产品质量标准,完善检测手段,突出重点地区,加大对瘦肉精等违禁药品使用的查处力度,保证上市畜产品的质量安全。

6.加大科技推广力度。加强对生猪和家禽育种研究,逐步缩小与国外的差距。根据各地饲料资源情况、畜禽良种和养殖环境,推行标准化饲养,提高饲料资源的利用效率,降低养殖成本。继续实施科技入户工程,加大对生猪和家禽疫病、营养、环境控制和粪污处理等实用技术推广。建立生猪和家禽技术专家组,立足各地畜牧业生产需求，筛选主导品种和主推技术,定期提出技术指导意见,搞好技术培训。

三、充分发挥协会的桥梁纽带作用

近年来,我国行业协会发展很快,在提供政府咨询、加强行业自律、促进行业发展、维护企业合法权益等方面发挥了重要作用。党的十六届三中全会和六中全会都提出要加快发展行业协会、充分发挥行业协会的作用,2007年5月13日,国务院办公厅发布了《关于加快推进行业协会商会改革和发展的若干意见》,其中强调了要积极拓展行业协会的职能,大力推进行业协会的体制机制改革,加强行业协会的自身建设和规范管理,完善促进行业协会发展的政策措施。这些意见的提出,为行业协会的发展提供了政策和制度上的保证。

这次中国禽业发展大会和中国猪业发展大会还将举行中国畜牧业协会禽业分会和猪业分会的换届

工作，从而产生新一届禽业分会理事会和猪业分会理事会，这必将为协会工作的开展注入新鲜的血液。在畜牧业发展新的形势和任务面前，行业协会的作用越来越重要。协会工作既面临难得的机遇，也面临严峻的挑战，在提高畜产品质量安全水平、稳定畜产品市场供给、促进产业结构调整和升级、增加农民收入等方面的作用将越来越突出。中国畜牧业协会既有发挥作用的广阔空间，更有义不容辞的重要社会责任。在这里，我对新一届禽业分会和猪业分会的工作提几点希望：

1.树立责任意识，使协会在畜牧业发展中发挥更大作用。畜牧业是一个大产业，涉及畜禽种类多，产业链条长、环节多，任务繁重。行业协会要认识到肩负的历史使命和责任，有些工作政府做不了，协会可以做。要充分发挥协会在促进行业发展中的积极作用，想会员之所想，急会员之所急，成为行业发展和农民增收坚实的后盾。不久前，中国畜牧业协会从长远考虑，针对近期猪肉、鸡蛋价格上涨的形势，及时向农业部提交了《关于保护畜牧业生产的良好势头 稳定肉类市场供应的建议》。这个建议就提得很好，农业部已向有关部门作了反映。而且在国家给予发展畜禽业特别是养猪业的扶持政策时起了很大作用。同时，行业协会要适应畜牧业发展的要求，增强责任意识，提高协会综合工作能力，不断拓宽服务领域，切实提高服务质量和水平。

2.增加自律意识，维护行业与广大养殖户利益。加强行业自律不仅有利于协会自身的建设，更有利于畜牧业的健康有序发展。要正确处理行业、企业和养殖户三者利益，制订并实施自律公约，规范企业经营行为，加强会员间的沟通与交流，协调各会员之间的关系，保障国家利益和养殖户的合法权益。中国畜牧业协会禽业分会曾多次就稳定种禽总量问题召集种禽企业进行磋商，取得了一定的成效，但仍面临不少问题。比如我们下一步也要考虑提出，如何对祖代鸡进行补贴。今后，会员企业也要在加强行业自律中切实承担起维护行业发展的重任，从大局出发，从自身做起，支持协会的工作。

3.求真务实，深入分析行业发展的重点、难点问题。行业协会在做好日常服务工作的同时，要发挥自身联系企业和政府的信息资源优势，对产业发展过程中的重点、难点、热点问题，要多动脑筋、下功夫、出硬招、求实效。要深入基层、深入一线、深入到广大养殖户中间去调查研究，深入分析问题产生的原因，并提出有针对性地对策建议。就拿5月份这一次生猪价格出现大幅波动的情况来说，猪业分会就应该有专业敏感性，抓紧组织调研，分析原因，为政府决策提供参考。

4.夯实基础，增强协会服务功能。协会要强化数据库平台的建设，充分利用与企业联系广的优势，加强基础数据的收集与整理，如母猪存栏、肉种鸡存栏、蛋种鸡存栏以及活猪、仔猪、活鸡、禽蛋价格等指标要重点监测，把数据搞准、搞实，建立健全信息采集渠道，强化数据处理和分析，提高为行业服务的广度和深度，做好生产和市场的预警。通过信息的及时引导，帮助广大会员和养殖农户提高规避市场风险的能力，增加养殖收入；同时，保障肉蛋奶等畜产品的均衡供应，维护社会稳定。

审天下之势，应天下之务，让我们携起手来，共同为我国畜牧业的健康持续发展做出我们的贡献。最后，预祝大会取得圆满成功，谢谢大家！

在中国水禽发展大会上的讲话

张宝文
农业部副部长

（2007年9月1日）

各位来宾、女士们、先生们：

大家上午好！第二届中国水禽发展大会今天在美丽的海滨城市青岛隆重开幕了。首先，我谨代表农业部，代表中国畜牧业协会向大会的召开表示热烈的祝贺！向与会代表表示诚挚的问候！水禽业是我国畜牧业发展的一个重要特色产业。这次会议的主题是探讨我国水禽业和谐发展的思路。谋划水禽业发展大计，必须要把水禽业放在建设社会主义新农村的大背景下去考虑，放在建设现代畜牧业的整体思路中去思考。下面，我讲几点意见。

一、当前我国畜牧业发展的形势

畜牧业是我国农业的重要组成部分。畜牧业产值占农业总产值的比重达33%以上。长期以来，我国畜牧业发展在带动我国农业农村经济发展，改善城乡居民膳食结构，促进农民增收等方面做出了重要贡献。当前，我国畜牧业综合生产能力显著增强，建设现代畜牧业已成为畜牧业的发展方向。但是近年来，特别是2007年以来，我国畜牧业发展也面临一些新情况和新问题。主要表现在：

1.关于养猪业发展问题。2007年以来，全国生猪和猪肉价格持续上涨，5月份涨幅加快，尤其是一些大中城市猪肉价格涨幅较大，进入7月份后生猪价格又创历史新高。猪肉价格的上涨带动了其他肉类及禽蛋等副食品价格和餐饮业价格上涨，也推动了物价总水平的攀升。7月份居民消费价格指数同比上涨达到5.60%，创下了10年来的最高水平，其中猪肉等肉类价格指数上涨45%，是带动价格总水平迅速上升的主要因素。

当前生猪生产正处在关键时期。从农业部督导调查的情况看,7月份生猪存栏同比下降6.50%。小规模饲养户受仔猪价格高、市场预期不明朗、疫病隐患等因素的影响,对补栏存在疑虑。7月份散养户存栏同比下降20.50%。据对180多个村的调查,养猪户数同比下降12%,比2006年减少了6.50%。但是,随着扶持政策力度的加大和市场价格的拉动,生猪生产开始出现一些积极变化。能繁母猪存栏开始回升,7月份能繁母猪存栏同比增长2.10%,环比增长0.70%;规模饲养发展加快,7月份存栏同比增加7.30%,环比增加2.10%;生猪饲料销售量同比增长6%,环比增长5.20%。综合各种情况看,生猪生产正处在恢复起步阶段。

2.关于奶业发展问题。当前我国奶业发展正面临原料奶价格偏低、养殖效益下滑等突出问题。7月份全国玉米平均价格为1.65元/kg,同比上涨16.20%;豆粕平均价格为2.73元/kg,上涨9.20%;苜蓿干草价格上涨20%以上。据测算,一头单产5t的奶牛,仅饲草料一项,一年就增加成本1 000多元,使每公斤原料奶成本上升了0.20元。目前,每头奶牛养殖收益平均比2006年减少1 500余元,全国约40%的奶牛养殖户出现不同程度亏损。一些奶牛养殖户反映,用自产玉米养奶牛的收益,还不如直接出售玉米的收益;养几头奶牛,还不如打工划算。奶牛养殖效益下滑导致奶农饲养积极性下降。每头犊母牛售价从2004年的3 000元降至现在的500元,一些犊牛被宰杀生产血清。

3.家禽等其他畜产品高价运行。从2007年3月份开始,全国白羽肉鸡的活鸡和鸡苗价格全面上涨。到7月底,全国活鸡和鸡苗平均价格达到9.13元/kg和5.28元/只,分别比3月份上涨52%和169%。白羽肉鸡父母代种鸡价格已经达到历史最高水平,仍然供不应求,大部分祖代鸡场的父母代鸡苗订单已经到2007年年底。祖代和父母代场的利润非常可观。8月份,全国鸡蛋平均价格为8.26元/kg,同比增长8.80%。目前家禽业已进入全面盈利阶段,禽肉、禽蛋生产达到了前所未有的高价格、好行情和高收益。但是,必须清醒地认识到,稳定的养殖收益、稳定的生产是家禽业持续健康发展的关键。如果这种趋势一直持续下去,要防止家禽业生产再度发生大起大落。

另外,其他肉类产品也呈现上涨态势。8月份牛肉价格23.13元/kg,同比增长25.4%;羊肉价格24.17元/kg,同比增长31.30%。

畜牧业发展出现的这些新情况、新问题,既有产业自身生产水平低,规模化程度不高等方面原因,又有饲料价格持续上涨,畜禽养殖比较效益低等外部因素的影响。针对当前畜牧业发展面临的突出问题,国务院出台了《关于促进生猪生产发展稳定市场供应的意见》,保护能繁母猪生产能力,提高农户养殖积极性。中央财政共拿出近70亿元稳定生猪生产。为稳定奶业发展,国务院办公厅正组织有关部门进行研究,近期还将出台一些扶持政策。

当前,我国畜牧业发展迎来了新的发展机遇。党中央国务院高度关注畜牧业的发展。近4年的中央一号文件都对畜牧业的发展提出了明确的发展要求。2006年7月1日,《畜牧法》正式颁布实施,为畜牧业的发展提供了有力的法律保障。2007年国务院专门下发了《关于促进畜牧业持续健康发展的意见》,这是今后一个时期推进现代畜牧业发展的重要纲领性文件。所有这些均为我国畜牧业的发展创造了良好的发展环境。

二、我国水禽业发展现状

众所周知,我国水禽品种资源丰富,有着悠久的水禽生产历史和传统的水禽产品消费习惯。长期以来,我国水禽饲养量和消费量一直稳居世界首位。

行业统计数据表明,2006年我国鸭鹅的饲养量约43亿只,同比增长3.90%,占世界鸭鹅总饲养量的75%以上,鸭鹅肉的产量达550万t,同比增长7.40%,占世界鸭鹅肉总产量的75%以上。鸭鹅的饲养量和肉产量均居世界第一位。

非常值得一提的是,在肉用型鸭方面,我国的北京鸭驰名世界。国际上许多肉用鸭品种都有北京鸭的血统。在蛋用型鸭方面,我国拥有著名的绍兴鸭、金定鸭、高邮鸭等地方品种资源。东北豁眼鹅是世界上繁殖力最高的鹅品种,狮头鹅是世界上体型最大的肉用鹅品种之一。

我国水禽饲养主要集中华东、东北和南方一些省区,区域优势明显。据统计,2006年,四川、山东、广东、湖南、广西、江苏、安徽、江西8个省,鸭出栏量占全国出栏总量的73.8%以上。四川、安徽、江苏、广东、黑龙江、吉林、江西和辽宁8个省,鹅出栏量占全国出栏总量的78.80%。水禽饲养已成为许多地区特别是南方一些地区畜牧业生产重要的组成部分。

近年来,以水禽基地为基础,以加工企业、大型超市和交易市场为龙头的产业化模式不断出现,延长了水禽生产的产业链,提高了产业化程度。国内涌现一批具有较强市场竞争力的大型龙头企业,如河南华英集团、山东六和集团、内蒙古塞飞亚集团等。这些企业集种禽繁育、商品禽饲养、产品加工与销售于一体,形成了一条完整的产业化条,产品开拓能力明显增强,有效解决了我国水禽业发展中的产加销脱节等诸多问题。

从消费来看,传统的四川樟茶鸭、福建卤鸭、杭州老鸭煲、江西板鸭、南京盐水鸭、扬州盐水鹅、广东广西的烤鸭和烧鹅不仅深受当地消费者喜爱,也已经被越来越多的人接受，开始从地区消费发展为全国消费，市场潜力巨大。利用我国优良品种北京鸭生产的全聚德烤鸭不仅历史悠久，而且早已驰名中外，成为国内饮食行业的知名品牌。

近年来我国水禽产品出口数量持续增长。2006年我国出口鸭鹅水禽产品4.50万t，同比增长31.60%，出口金额1.27亿美元，同比增长23.40%。水禽产品进出口贸易量尽管不大，但顺差达到1.26亿美元，出口潜力巨大。

近两年，我国水禽饲养量逐年稳步增长，产业化经营水平也得到较大的提高，但暴露出的问题也不容忽视。一是水禽良种繁育体系不完善。多数水禽原种场规模小，选育和繁育手段落后，种群处于自繁自养状态，本品种选育、品系选育和配套系杂交利用滞后，个体生产性能差异显著，遗传潜力尚未发挥。樱桃谷鸭、朗德鹅等一些专门化品种还需从国外引进。二是生产方式落后。我国水禽饲养方式仍然较为粗放，饲养条件简陋，分散饲养仍占较大的比重。目前，使用的水禽饲料仍然用蛋鸡料和肉鸡料代替，这与现有的水禽饲养规模不相适应。鹅的孵化，大多仍以土造孵化机结合摊床的孵化为主，生产效率低。三是水禽加工业相对滞后。当前，我国水禽产品加工龙头企业较多，规模普遍较小，加工产品类同，产品附加值不高，市场开拓能力不强。四是防疫难度大。由于水禽饲养较为分散，面广量大，饲养环境不能封闭隔离。同一水域可能承载多群来源不同的禽群，极易感染各种传染病。

三、促进我国水禽业可持续发展

总的来看，我国水禽业发展，市场前景广阔，潜力巨大。我们要牢牢抓住当前畜牧业发展的大好机遇，从夯实产业的基础做起，扎扎实实做大做强我国水禽产业。

1. 建立健全水禽良种繁育体系。我国的水禽饲养历史悠久，目前共有53个水禽地方良种，其中：鸭地方品种27个，鹅地方品种26个。尽管我国水禽品种资源丰富，而水禽育种与蛋鸡、肉鸡育种相比，仍有较大差距。因此，建立并完善我国水禽良种繁育体系是今后一段时期我国水禽业发展的重点。水禽育种应以提高水禽良种生产能力、质量水平，增强市场竞争力为目标，建立与畜牧业结构调整、区域布局和不同生产方式相适应的水禽良繁体系。农业部已建立了国家级水禽基因库，要充分利用好这一平台，在进行品种资源保护的同时做好开发利用工作。

2.推进水禽业生产方式转变。我们一定要转变养殖观念，调整养殖模式，实现水禽养殖方式转变，鼓励和扶持水禽的规模化、专业化养殖，有条件的地区要逐步向生态型养殖建设过渡，提升水禽养殖水平。当前，全国正在积极推进畜禽养殖方式转变，有条件的区域应以此为契机，按照"因地制宜、政策扶持、科学引导"的原则，发展适度规模养殖，加强水禽规模养殖场的布局规划，完善管理制度，强化技术服务，提高水禽的生产水平和产品质量。

3.提升水禽产品精深加工能力。产品深加工是刺激水禽产品消费增长的重要措施，也是家禽产业化经营的核心。要不断改进加工工艺，改善生产设施和质量检测条件，提高加工产品的卫生质量，不断增加花色品种，增强产品市场竞争力。在稳步发展传统蛋制品加工业的同时，大力开发蛋粉，液体蛋等新型蛋制品；结合医药用途，合理利用禽蛋中的壳膜、蛋壳、某些酶和其他成分；发展高蛋白饮料，蛋黄酱、肥肝酱等深加工。

4.做大做强产业化龙头企业。在今后相当长的一段时期内，培育名优品牌，发挥名优品牌的效应将是水禽产业化的重点内容。通过对现有企业进行股份制改造，同时结合兼并、转产或改制等方式，充分利用市场机制作用，促进资本重组和资源共享，以增加企业的核心竞争力，从而带动整个产业的发展。

在发展水禽业的过程中，要积极培育行业协会、合作社等行业组织，充分发挥行业组织的桥梁和纽带作用，正确引导企业和农民发展水禽生产，减少生产的盲目性，提高养殖效益。我们还要把目光投向国际市场，积极参与国际竞争。在国际市场开拓方面，协会应起到积极的作用。

最后，预祝大会圆满成功！谢谢大家！

加快整合提升、扩大联合的步伐 走大品牌、大企业、大市场的发展之路

——2007中国畜牧业暨饲料工业发展高层论坛上的演讲

白美清
中国饲料工业协会会长
(2007年5月18日)

我国饲料工业进入新世纪以后，克服了畜禽疫病的种种困扰和食物安全中毒事件的不利影响，在极为艰难的条件下，保持了产量、产值的平稳增长。2006年，饲料工业总产量1.11亿t，总产值2 908亿元，年末从业人数53.70万人。在奋力拼搏中保持了稳定增长的好局面，但利润已大为减少。值得重视的是：2006年，首次出现全国饲料工业企业数量的下降。据统计2006年各类饲料企业为15 501家，比2005年减少

17 家,同比减少 0.11%。从 2001 年以来,全国饲料企业数量由 12 000 多家，上升到 2005 年的 15 000 多家。到 2006 年出现了第一次下降的趋势。这是否能成为转折点还有待观察。但这种趋势,即整合、联合的趋势,优胜劣汰的趋势,是会发展下去的。

我国饲料工业是在小农经济、家庭作坊式的生产基础上发展起来的。这可以说是我们的先天不足。直至今天,“小、散、低”的状况仍未根本改善。企业的规模狭小,组织化程度差,产品科技含量低,自主创新能力不足,品牌林立且覆盖面小,因而缺乏核心竞争能力。进入新世纪以后,这几年情况已经显示:企业发展速度减缓、高利润时代基本结束,而且面临动物疫病的袭击,原材料价格居高不下,消费需求日益高标化,市场竞争日趋加剧。尤其是跨国公司大举进入中国饲料、畜牧市场,竞争将更趋白热化。这是严峻的事实,要求饲料企业必须加快整合提升的力度,扩大联合的步伐，把各种资源配置到最有发展前景的优势产品、优势企业上,形成最佳组合,促使资源利用率最大化和效益的最佳化。通过整合,形成优势,才能在竞争中立于不败之地。无数事实说明,各自为政,单兵作战,只能导致各个击破;只有“联合舰队”才能有效抗风险,渡难关,发展壮大。油脂行业近年来遭受的挫折,应为我们的前车之鉴。

从国际的经验看，美国年产配合饲料 1.50 亿 t,全国饲料企业不过 300 家,平均每家企业年生产 500 万 t；而我国 1.10 亿 t 饲料却由 1.50 万个企业生产,平均每个企业产量不到 1 万 t。与美国饲料企业规模的差距是非常大。据美国专家说,他们经过大约 40 年的时间,才形成现有的规模。我国饲料企业要赶上或达到先进国家企业组织化程度的水平,更需要加倍工作。

我国要真正从饲料大国转变为饲料强国,能否把我国现有饲料资源整合好，是我们面临的重要课题,也是必须渡过的一关。这是全行业面临的新考验。这不是权宜之计,而是战略任务;这不是短期内做到的,而是要长期奋斗,积几十年之功,才能完成;这不能让其自流形成,而是需要在科学发展观的指导下,发挥主动性、创造性去实现。

整合提升,扩大联合,具有丰富的内涵,科学的要求。整合不仅是企业数量的减少,而是质的提高;整合不是现有资源简单地拼凑在一起,而是要求取得资源的最佳组合,以实现最佳效益;整合不是单纯着眼于规模化,而是要使资源利用最佳化;整合不是谁吃掉谁,而是要实现互利共赢,共同发展。既要注意整合企业内部资源,又要注意整合企业外部的资源。总之,要把整合提升有机结合起来,贯穿于全过程,在整合中着力提升,在提升中推进整合。所以,在新形势下,我们的企业、企业家,既要学会“竞争”,又要学会“整合”;不仅要防止在竞争中失利,也要防止在“整合”中被甩掉。从战略全局看,整合提升,扩大联合是企业的出路,行业的希望,时代的潮流,人心的所向。当前正值整合提升的良好的机遇期,我们要奋力拼搏,理性经营,尽快结束我国饲料企业的“春秋时代,诸侯混战”的局面,从而形成以大型骨干企业为核心,以中小企业为依托,布局合理、分工合作、技术先进的企业群体,这才是致胜之策。

饲料行业目前已出现了整合、联合的好势头。2005 年新希望、六和的强强联合,2006 年大北农等企业进一步发展组成的绿色伟农集团的出现,此外还有 7+1 科研联合体等,这标志着饲料界的整合提升进入一个新的阶段。我们希望今后饲料行业在发展过程中少出现一点“新津现象”、“潍坊现象”,大家都挤在几个热点上投资办厂,而应当转变投资理念,少一点“大会战”、“大洗牌”,多一点“大联合”、“大整合”。这对国民经济全局,对行业和企业的发展,都是非常有益的。要切实改变“单兵作战”、“各自为战”,搞重复建设,打“价格战”、“消耗战”等不良做法,在整合提升,扩大联合上迈出新步伐,走大品牌、大企业、大市场的发展之路,这才是正确的出路和做法。整合、联合中要注意以下问题:

一、全行业要树立“以优取胜,和谐发展”的新的经营理念,着眼于在整合、联合中形成科技含量高的、附加值高的优质产品

要重点培育、开发、拥有知识产权的名牌产品,并以优质的服务开拓市场，从而使企业实现良性循环,向资源节约型、环境友好型方向转变,走新型工业化道路,各个方面和谐发展。

二、根据市场运行规律,坚持自愿、互利、共赢的原则

要把不同的企业组合在一起,必须处理好各种利益关系。任何时候都不忘互利共赢的原则,这是整合和联合是否形成与巩固的关键。在处理资产与利益问题上,要坚持民主、公开、公正的精神,这样就会增加凝聚力,减少猜忌与摩擦,逐步形成联合体本身的合力。根据前一段经验,我们认为,向规范化股份制企业方向发展,会起到良好的作用,大家可以探索、实践,创造不同的模式。

三、采取灵活多样的形式,由初级形式向高级形式发展

从各地的经验看,一是业务方面的整合,如联合采购,联合销售,避免打价格战,无序竞争;二是品牌上的整合,通过实施名牌战略工程,以“中国名牌”为纽带进行整合;三是资产上的整合,对现有资源进行资产重组,或联合进行投资开发;四是科技攻关上的整合,选准关键项目,组织各方力量,联合攻关,风险共担,成果共赢;五是饲料原料和产品的现代物流上整合,加快步伐,开辟第三利润源。如在饲料厂与畜牧场之间采取散装散运饲料,直接供应,无缝对接,提高效率,减少环节,降低成本。

四、整合中要切实加强科技创新

要以科技创新带动品牌工程,形成自主知识产权、形成自己的技术诀窍和秘密配方,要争创更多的中国名牌和世界名牌。事实证明,靠传统的多品牌、小市场,绝对成不了大气候。一定要走大品牌、大企业、大市场的发展之路。大企业有了大品牌,就如虎添翼,一定会飞跃发展。

五、在整合中着力培育龙头骨干企业,使之成为整合与联合的核心力量

饲料工业改革开放以来,已经形成了一批有实力、有竞争力的骨干企业。我们认为,应当巩固壮大第一团队(如新希望、通威、恒兴等);着力发展第二团队(如禾丰、岳泰、海大等);带动中小企业为主的第三团队,从而使行业内形成梯形结构,组成强大的“集团军”或“特混舰队”。这样才能经得起国际市场的风吹雨打,自立于世界先进之林。为此,需要政府宏观引导,协会等中介组织牵线搭桥,企业为主体积极努力,大家共同形成合力。

六、在整合与联合中,领军企业、领军人物的带动至关重要

温家宝总理在2007年的政府工作报告中明确指出:“要大力培养一批自主创新的领军人物和中青年高级专家。”我们必须认真贯彻落实这一个指示。这里要指出:领军企业、领军人物一定要有领军的智慧,领军的风度。领军的气魄、领军的领导艺术,讲求职业道德,企业文化与个人修养,以智兴企,以德服人。展望今后,正是风起云涌、英雄辈出的新时代。时代召唤英才,时势造就英才。中国的饲料界应该有更多的领军人物出现,美国有比尔·盖茨、威尔奇,日本有经营之神,我们要努力超过他们。我们寄希望于这批领军的企业、领军的英才。

饲料行业的新形势与饲料协会的工作

——中国饲料工业协会第五届理事会第二次全会上的讲话

白美清
中国饲料工业协会会长
(2007年10月17日)

各位来宾、各位理事、各位同志:

这次理事会今天在历史名城扬州开幕了。会议期间正值党的十七大胜利召开之时,时机非常好。这将对今后我国饲料行业的发展产生重大深远的影响。我谨代表协会领导对各位来宾、各位理事、各位同行的到来,表示热烈的欢迎!对奋战在饲料战线上的同行们表示诚挚的问候!

这次理事会的中心议题,就是认真学习贯彻党的十七大精神,团结动员全行业的力量,在发展中国特色社会主义的伟大实践中,充分发挥饲料工业在国民经济中的积极作用,在新的起点上,创新机制,创新技术,为建设安全、优质、高效、低耗、环保的饲料工业体系,为支援“三农”,建设新农村与构建和谐社会贡献我们的力量。

进入“十一五”以后,饲料行业已进入稳定增长的新时期。“十五”期间饲料工业每年以5%~10%的速度增长。踏入2006年,受禽流感等因素的影响,增长率为2.70%,2007年1~8月同比增长4.90%,预计全年在6%左右。这个阶段的特点是:速度并不那么快,效益也不那么高,但发展的质量提高,企业的整合提升加速,竞争力增强。饲料业与其它工业不太一样,是以内需拉动为主发展起来的,因而市场空间广阔,拓展余地很大,具有极大的发展潜力。特别是在十七大精神的鼓舞下,在国民经济大踏步前进的推动下,在国家采取一系列扶持畜牧饲料业的政策支持下,我国饲料工业将持续发展,为实现由饲料大国向饲料强国的历史性转变迈出决定性的步伐。

在看到当前饲料业的大好形势的同时,我们必须清醒认识饲料业的新形势,概括起来就是四句话:要求高、压力大、任务重、机遇好。

在新时期,全社会对饲料行业的要求越来越高:一是对饲料的安全、质量要求越来越高,标准越来越严,把饲料基本上视为食品对待;二是对环保、对节能减排的要求越来越高,相应的投入也必然会加大;三是宏观经济的要求越来越高,在宏观控制通货膨胀中,要求企业配合,不要闯红灯,不要逆向操作;四是对科技创新的要求越来越高,由于竞争的激烈,必将促使企业增加科技投入,以保持在科技中占据有利地位。

与此同时,全行业面临的压力也加大,主要有四个方面:一是原材料上涨的压力加大;二是动物疫病的冲击加大;三是国内外竞争趋于白热化的冲击加大;四是国际贸易保护主义对我国产品的冲击加大。以上四个方面的冲击,都不是一时的,有的将成为常态。这将影响成本的增加,利润的减少,企业的发展。因此,全行业和所有企业面临的风险,比以前任何时期都大,困难也会更多。但是,风险增大,机遇也增大;困难越多,动力也越多,尤其大型骨干企业比起中小企业来说,具有更多的优势。只要扬长避短,把内在优势发挥出来，就一定会取得又好又快的发展的新业绩。

在新时期，全行业要战胜困难，克服压力，实现新任务、新使命，关键在于要认真学习贯彻党的十七大精神，以科学发展观为指导，加快转变经济发展方式，推动产业结构优化升级，探索新的增长点，开辟新的利润源，从而实现全面、协调、可持续的发展。根据前一时期协会的调查，我们认为要注意以下几点：

一、以安全领先，以优质取胜，使企业成为安全型企业

要进一步提高对饲料安全性的认识，高度重视质量，讲求安全，这是实现经济效益的最大保证。如果在饲料安全上哪怕出了一点小问题，也会影响全局，满盘皆输。2007 年宠物饲料中发生了使用三聚氰胺的问题，不就造成影响我国饲料业形象，从而使企业倒闭吗？所以“安全无小事”。要适应新形势，坚持按国际通用标准和国家标准办事，抓紧建立质量安全的全程追溯体系和监管体系。特别是在使用添加剂上，要慎之又慎，决不可出任何问题。“成也在添加剂，败也在添加剂”，这个历史经验，我们在任何时候都要记取，决不能有丝毫的松懈。

二、多方开辟利润源，使企业向综合效益型发展

当前要注意以下薄弱环节，做好工作：1.在产业链延伸上下功夫。在大宗原材料供应上，采取与生产者合作、联合采购、期货套期保值等办法，以取得合理价位原料的稳定供应。我们认为骨干企业在这方面的工作力度还不够；2. 要以科技创新带动创建名牌工程，取得名牌系列的综合效应；3.要重视饲料行业的现代物流建设，形成第三利润源。比如饲料业由袋装袋运为主的旧方式向散装散运过渡，实施无缝对接，减少环节，提高效率，节约成本，这是增利的一条有效捷径；4.要建立规避风险的机制。如参与畜牧饲料业的保险、期货套期保值等。骨干企业要尽快熟悉期货和保险业务，使操作规范化、制度化；5.要在科学管理上要效益。现在企业管理中，讲形式、务虚名、摆花架子、喊空口号等现象比比皆是。有些饲料工厂豪言壮语到处有，规章制度满墙贴，就是工作不落实，管理粗放，跑冒滴漏甚多。这方面一定要下功夫抓。国外评论家指出：“最好的公司在市场上立足的法宝是经常做 X 光透视，并让客户知道其检查结果”。我们应当有这种风格；6.要注意资金的运营，积累自有资金，并运筹用好社会资金。这是一个新课题。

三、要创新投资模式，向联合经营型发展

要走整合提升，扩大联合之路，尽量不搞重复建设，而致力于整合资源，提升水平，扩大联合，以资源的最佳组合，实现最佳效益。

要实现以上转变，最重要的是要创新机制，实现企业人员的最佳组合，人才的充分利用。人尽其才，是地尽其力、物尽其用的关键，是创造社会财富的取之不尽、用之不竭的源泉。我们是社会主义初级阶段下的各种类型的企业，应当把以人为本的思想在企业具体化，对待员工要尊重之、重用之、厚待之，把各类人才的积极性、创造性充分调动起来，企业就一定能兴旺发达。

各位理事、各位同行：这次理事会，是在一个机遇非常好的时候召开的。党中央、国务院历来重视行业协会、商会等中介组织的工作。最近，国务院办公厅发出[2007]36 号文件，即《国务院办公厅关于加快推进行业协会商会改革和发展的若干意见》，是国务院发出的关于行业协会工作的第一个系统性、纲领性文件。文件对行业协会、商会的作用作了高度评价，对协会改革发展的指导思想和总体要求提出了明确的目标，强调要“加快推进行业协会的改革和发展，逐步建立体制完善、结构合理、行为规范、法制健全的行业协会体系，充分发展行业协会在经济建设和社会发展中的重要作用”。这是协会工作的指导性文件。

中国饲料工业协会是 20 世纪 80 年代国务院试点的三个协会之一，20 多年来在党政领导下，做了大量工作。协会要继续努力，贯彻落实好国办发 36 号文件，把工作做细做扎实。总的精神是从实际出发，明确方向，抓住重点，逐步推进。贯彻落实文件的过程，就是促进协会工作发展的过程。要引导、加强协会的整体工作，提升协会工作的总体水平。有些事要根据各地行业协会的条件，逐步过渡，稳步前进，不可操之过急，影响工作。要通过贯彻国办发 36 号文件，推动协会的工作，提升协会的工作，完善协会的工作，规范协会的工作，而不是相反。各地在学习中提出了几个问题，这里说明一下。

1.关于协会领导班子的构成。由于协会初期的历史原因，现在不少地方协会的会长、副会长是行政领导兼职的。各地可以根据文件精神和当地的规定，用逐步过渡的办法，加以充实和健全。国办发 36 号文件指出：“现职公务员不得在行业协会兼任领导职务，确需兼任的，要严格按有关规定审批”。这里已经考虑了实际工作情况，各地要请示党政领导，妥善处理，不要一刀切。要着眼于协会工作的继承性和完整性，采取一些可行的办法过渡。

2.关于协会工作的重点。国办发 36 号文件指出：“积极拓展行业协会的职能，切实履行好服务企业的宗旨”。这就是我们今后协会工作的重点。要集中精力搞好服务职能，这是协会工作的灵魂，是协会工作生命线。在工作上要做好以下四点：一是为国家宏观调控服务，并代表行业利益，反映实际情况，为行业争取政策，改善宏观环境；二是重点做好为企业服务的各项工作，千方百计帮助企业发展；三是促进企业搞好企业文化，树立良好形象，加强社会责任感；四是帮助企业培训人才，提高饲料队伍的整体素质。

3.关于在协会内部加强民主管理。要根据国办发36号文件的精神，行业协会要实行民主管理，建立和完善以章程为核心的内部管理制度，健全会员代表大会、理事会、常务理事会制度。我们要在这方面下功夫，摸索经验，继续前进。对配备协会工作人员，可按规定进行，对符合条件的可评定职称。要加强职工的培训，提高职工的水平。

4.要加强调查研究工作，切实加强与会员单位的联系。要想企业之所想，急企业之所急，明国情、知农情、察民情、干实事。要与企业家交朋友，做企业的知音。

只要我们沿着党的十七大指出的方向去做，就一定能把中国饲料工业协会的工作做好，充分发挥桥梁纽带作用，为支持“三农”，为建设社会主义新农村和构建和谐社会做出新的贡献。

努力培育饲料行业的领军企业

——在中国饲料工业协会第四届大型企业联谊会上的讲话

白美清

中国饲料工业协会会长

（2007 年10 月 18 日）

一、时代呼唤产生饲料业的领军企业

党和国家领导人非常重视培育我国各个方面的领军企业、领军企业家。胡锦涛总书记在十七大的报告中指出：“加快培育我国的跨国公司和国际知名品牌”，并号召“培养造就世界一流科学家和领军人才”。温家宝总理在 2007 年 3 月政府工作报告中，也专门提到这个重大问题。这是中央领导高瞻远瞩、着眼未来所提出的战略措施。

国际上也十分重视中国的企业领军者。2007 年 9 月，著名的世界经济论坛（达沃斯论坛）又特意移师中国，在北方明珠大连举办了首届夏季达沃斯论坛，这次论坛的主题就是要成为“首届领军者的年会”。世界经济论坛创始人施瓦布先生还就此写了“迈入新领军者时代”的文章。论坛的主持者和有关经济学家，都把眼光投向“金砖四国”（即中国、印度、俄罗斯、巴西）的成长型企业。他们认为：“新领军者是上述地区新兴公司的领头羊。它们不仅更具有成长性，而且其负责人比知名的欧美跨国公司的同行平均要年轻 10 岁”。他们还预测，近年内“其中一批可能会因发展速度过快而破产，另一部分可能被全球巨头收购，并入大公司；第三种则是自身成为全球性企业”。世界经济论坛总裁托雷斯先生还表示：“最近几年中国新涌出的成长型公司与管理机构领军人士正在塑造一个全新的社会，并改变着许多大公司那种只顾商业利益的传统经营模式；这些成长型公司或许今天名气并不大，但它们很可能在未来 5~10 年间就会跻入世界排名 1 000 强大公司行列”。

时代要求产生新的企业领军者，形势需要新的领军者。一是当今世界经济全球化的浪潮正日益高涨，广度和深度日益加大，在推进全球经济各个领域的发展中，需要有一批起带头作用的领军者，以带动各个领域前进；二是我国实行改革开放政策以来，尤其是加入世贸组织以后，经济上与国际市场的联系更加密切。我国已成为世界上第三贸易大国，经济总量跃居世界第四位，是名符其实的“世界工厂”，对世界经济增长的带动也日益增强，一批各行业的大型骨干企业正向成长型的世界企业迈进，争取成为这一行业的领军者。这关系我国经济的进一步发展，关系我国企业发展的前途与命运，也关系到我国在世界经济大格局中能否保持自己的经济安全，避免陷入“拉美化”的误区；三是我国饲料行业发展的客观要求。我国饲料行业经过改革开放近 30 年的实践和国内外市场风波的磨练，已经成为产量居世界第二的饲料大国，年产量占世界总产的 13%~15%，而且有一批活力强的大型骨干企业梯队应运而生，具备了成为世界级成长型企业的雏型和领军企业的框架，只要我们抓住机遇，奋力拼搏，培养出中国饲料界乃至世界饲料界的领军者，是完全顺理成章的事。这与我们过去提出的把饲料企业做强做大的目标是完全一致、一脉相承的。这批领军者，有些将发展成为具有竞争实力的跨国公司。

行业领军者的内涵是很深广的。在本行业不仅在数量，而且在质量上要领先；不仅在硬件上，而且在软件上、在企业文化上要领先；不仅在产品生产上，而且在产品开发、科技创新、知识产权上要领先；不仅在企业综合效益上，而且在履行企业社会责任上要领先；不仅在生产上要领先，而且在人才的培养上要领先。这比做强做大企业的要求更高更严。我们不仅在国内，在本行业要培育一批合格的、真正具有实力的领军者，而且要造就一批知名的农牧饲料业的世界级企业，跨入世界百强、500 强企业之林。这是企业的企盼，行业的希望，是国家和人民的重托，也是中国经济在经济全球化的新格局中至关重要的一着。现在我们的骨干企业已经有了较好的基础，但与世界级企业相比，差距很大。当前，正是我国经济高速发展之时，是世界经济结构重新调整之际，我们必须埋头苦干，争取用 5~10 年，迎头赶上。让世界级的成长型农牧饲料企业、乃至实力雄厚的我国的跨国公司发祥于东方，屹立于世界。

二、饲料行业整合重组的新形势

进入"十一五"以后,饲料行业出现了两个值得注意的新变化。一是企业的数量在2006年度第一次出现减少,2007年统计企业数比2006年减少17户,同比减少0.11%,特别是一些小企业,小作坊被淘汰出局;二是浓缩饲料的产量出现减少,2007年前3季度浓缩饲料同比减少14.40%,这也是过去多年从未见到的。这也说明分散饲养户、小饲养场、小饲料厂抗风险能力差,数量在减少。以上两个方面的变化,表明我国饲料行业整合重组的速度正在加快,力度正在加大,竞争正在加剧,优胜劣汰的进程也在加快。这种趋势估计仍将继续下去。通过重新组合,在企业组织结构上正在向规模化、现代化、集团化方向前进。

在整合提升,扩大联合的进程中,饲料行业的骨干企业利用这个难得的机遇,创造性地进行联合、重组的改革探索,出现了一些联合、合作的新类型、新模式。我们初步调查,认为有4种类型:

1.新希望集团与山东六和集团的强强联合。在此基础上,2007年又新发展成"新、和、石(陕西石羊集团)、千(北京千喜鹤集团)"的扩大联合,组成了"新、和、石、千农牧业推进委员会",共建平台,在联合采购原料等8个系列上展开合作,向纵深发展。而且希望集团在进军越南等国外市场上也取得了新成就。2006年,新希望与六和的饲料产量,已超过600万t以上,居世界第6、7位。这是全行业目前最大,最具有实力的一个经济联合体。

2.以大北农公司为核心的绿色伟农集团公司。他们以前两年的40多家中小型企业组成的绿色联盟为基础,2007年由其中17家企业建立了股份制的集团公司。这是以中型企业为主要成员的联合,是科技带动型的。集团公司总部搭建了科研规划、投资融资、企业发展管理等平台,提出了文化先导、股权分享、人才使用、融合发展等方面的机制创新规划,正由以生产预混料为主向多品种饲料发展。公司前进方向明确,决心很大,气势很旺,在行业中很有希望发展为一个新型的大型集团公司。

3. 中粮集团与中谷集团两大中央粮油集团合并后,中谷饲料公司与中粮系统的饲料工厂整合成中粮集团饲料板块,建立了饲料部,将所属的五个大中型饲料厂整合在一起,并建立新厂。2007年饲料产量同比增长10%以上,近期产量将突破100万t,势头也很好。这是目前全国最大的国有饲料集团公司。

4. 一些企业之间自愿互利组成的各种形式的经济联合体。如全国两大水产饲料公司——通威集团与恒兴集团在越南共同投资,建立越华水产饲料合资企业,所建饲料厂已投产。这是资产上的合作。此外,以农科院饲料研究所为主组成的"7+1"科研联合体等,在开发新产品、采购原材料等方面进行合作。主要是业务上的合作,还未涉及产权方面的联合。但这种形式比较灵活,经过一段时期磨合后,其中有一些将向更高的层次发展。

以上四种是目前较为典型的合作模式。有的是在产业链上合作,有的则是贸易、科技、生产的某个环节上的合作。有的是在国外投资的合作。1、2、4种是民营的联合,第3种则是国有企业之间的整合。1、2、3种基本上属于紧密型的,而第4种除少数外多属于松散型的,不涉及产权的变更。这几种联合,都从各自的实际出发,各有特色,逐步推进。随着改革的深入,形势的发展,还有更多的企业参加,出现更多的联合形式,全国农牧饲料业园地正呈现百花争艳的良好合作局面。领军企业、跨国公司都是市场化中产生的,竞争形成的,时代造就的,不是自封的。机会是均等的,有志者事竟成,创业者事必成。我们深信,随着时间的推移,改革的深化,发展下去一定会在一批合作群体中产生出中国及世界级的成长型企业,成为新的跨国公司,成为国际500强的一员。希望就在这里,机遇就在这几年。我们要勇于创新,勇于改革,在饲料史上谱写新篇章。

三、从整合、联合走向融合

企业联合以后,有一个磨合期,有一个进一步做强做大,向行业的领军者这一远大目标前进的问题。这是我们面临的新课题。根据国内外大型领军企业的经验,我们认为最重要的是要始终不懈地抓"融合",学会在"融合"上做文章,下功夫。整合、联合的各有关方面,要通过"融合",形成优势互补、运作协调的整体。几条江河的水汇合后,开始总有泾渭分明的痕迹,但经过融合之后,就浑然一体,一泻千里。"融合"就是要处理好各种矛盾,由一分为二而合二为一,存优去劣,保持优势。我们要学会"融合",推动"融合",尽量缩短磨合的过程,通过融合,向新的境界前进。概括起来就是要因势利导,顺势而进,走向融合。融合包括许多内容,从体制、机制、科技、管理、营销等各个方面都有一个融合的过程。根据一些企业联合的经验,要注意以下几个问题:

1.要着眼于科学发展。联合、合作的优势表现在推动科学发展上,推动企业全面、协调、可持续发展上,只有在发展中才利于解决联合中的多种实际问题。要在发展中推进融合,在融合中促进发展。这样联合体才会有生命力、凝聚力,才能收到1+1+1>3之效。

2.要着力处理好各方利益关系,实现合作共赢。要高度重视在利益关系上融合,形成真正利益共同体,大家同在一条船上,风雨同舟,生死与共。利益一致,才能万众一心,去开创企业的新局面。企业领导者一定要有远见卓识,把利益有关方的问题处理好。从国内外企业发展史上看,规范化的股份制,是处理各方利益,调动各方积极性的有效形式,我们要摸索这方面的经验。

3.要增强总部、母公司、核心层的经济实力和服务功能,增强企业的凝聚力,这对巩固发展大集团、联合体至关重要,除了正确的决策力,较强的资金力等以外,要十分重视与培育企业的科技创新力。要通过科技创新,形成拥有知识产权的关键技术,进一步带动创建名牌工程,由地方名牌向中国名牌、世界名牌迈进,形成名牌系列,产生巨大的名牌效应。

4.具备条件的企业,要及时“走出去”,把开拓国外市场与国内市场结合起来。现在,新希望、通威等公司已在东南亚等地成功地建厂,积累经验,增强实力,积之以时日,就会向大的跨国公司发展。

5.要全力抓企业文化的融合。各种类型企业联合在一起,关键是要抓企业文化的融合。这样,联合、合作才有思想基础,才能经久不衰。通过不断融合的过程,形成新的具有公信力和亲和力的共有企业文化,产生极大的生机与活力。这方面比管理上、制度上的融合可能要花更多的功夫,经历更长的时间。

6.最根本的在于企业人才的“融合”。尤其是总部、核心企业的领导人一定要有大将风度,有海纳百川的气概,知人善任,唯贤是举。要善于识别人才,使用人才,对员工信任之、重用之、厚待之,把各种人才的积极性、创造性充分调动起来,人才聚,事业兴。企业的领导者,要以领军者的高标准,严要求,以身示范,以智兴企,以德服人。要有一个团结向上、开拓进取高素质的核心团队,带出一支高素质的员工队伍,企业才会长盛不衰,向“百年老店”发展。

培育饲料行业的领军者,是全行业、是整个国民经济的一个重大而艰巨的任务。这当然主要靠企业、企业家自身的百倍努力,这是市场主体的行为。但是,也十分需要党和政府的大力支持,协会等中介组织的热情帮助,社会各界的鼎力相助。我们要在各方面形成合力,发挥我们的政治优势。这是我们在经济领域的一场“攻坚战”。行业内、社会上对培养领军企业、领军人物都应热情相助,倾力相帮,不应冷眼旁观、冷嘲热讽。企业领导者本身应更谦逊、更务实,更具有事业心和创业感。这样我国饲料行业就有可能奋起直追,后来居上。

当前,形势非常好,机遇非常好。十七大的东风,正吹遍祖国大地,掀起新一轮的建设、发展中国特色社会主义的热潮。在这样发展的关键时刻,转型的紧要时期,所有饲料企业和企业领导者一定要认真学习十七大精神,保持清醒的头脑,理性的思维,力戒浮躁,力戒虚夸,力戒骄奢,把各项工作做得更踏实、更精细,取得更加辉煌的业绩。年初的时刻,我曾经赠送两句话给一位青年企业家,这就是:“宁静以致远,创新以攀高”。今天也奉献给在座的各位企业领导者,我们共勉,以无负于我们的时代,无负于我们的祖国和人民。

当前畜牧业和饲料工业经济运行形势及未来走势

——在中国饲料工业协会第五届理事会第二次全会上的讲话

王智才

农业部畜牧业司司长

全国饲料工作办公室主任

(2007 年10 月 17 日)

尊敬的白美清会长、各位副会长、各位理事、同志们:

在党的十七大胜利召开的喜庆日子里,中国饲料工业协会召开第五届理事会第二次全会暨第四届大型企业联谊会很有意义。我谨代表农业部畜牧业司、全国饲料工作办公室,向会议的召开表示热烈祝贺!向辛勤工作在饲料行业的领导和同志们,以及长期关心、支持我国饲料工业发展的各界朋友表示衷心感谢!最近一个时期,中央集中出台了一系列扶持生猪生产、促进奶业发展和稳定市场供给的政策措施,并且多次召开专门会议要求限时予以贯彻落实。这些扶持畜牧业发展的政策措施,力度之大,含金量之高,前所未有,对实现我国畜牧业的平稳健康发展必将产生巨大的推动作用。借此机会,我介绍三方面情况,供大家参考。

一、关于当前畜牧饲料业形势

2007 年以来,在中央扶持畜牧业发展政策的强力推动和市场拉动下,畜牧业克服了生猪生产下降、奶牛养殖效益滑坡、重大动物疫病频发等各种不利因素的影响,总体上保持了较好的发展势头,基本上扭转了 2006 年畜牧业产值比重下降、农民人均畜牧业收入减少的局面。其中,生猪生产在经历了较大波折后出现积极变化,开始走出低谷,全面恢复发展;奶业经过连续多年高速增长后,开始从单纯的数量扩张向整体优化结构、全面提高产业素质和竞争力转变;家禽业克服禽流感疫情的影响,已经步入持续健康发展的轨道;肉牛、肉羊业受价格利好的拉动,表现继续向好。饲料工业产品产量在突破 1 亿 t 大关后,开始在新的起点上实现数量和质量的同步提高。从全年看,2007 年将是畜牧业经受住风浪考验的很不平凡的一年。

1.生猪生产开始全面恢复。根据农业部调查,当前生猪生产已开始进入全面恢复发展阶段，从2007年4月下旬以来，生猪供应偏紧的状况将进一步缓解。一是生猪存栏量已高于2006年同期水平。2007年9月,生猪存栏同比增长10.40%,扭转了几个月来同比下降的局面；环比增长4.20%，增幅比8月高0.20%;二是出栏下降幅度显着减小。9月份生猪出栏同比仍下降3.60%,但降幅比8月份减少了14.70%;环比继续上升,增幅达7.50%;三是规模养殖和分散饲养均呈快速增长态势。规模养殖场户生猪存栏同比增长20.40%,环比增长3.50%,增幅分别比上月高出5.40%和0.10%。散养户生猪存栏由上月同比下降14.30%转为同比增长3.20%,环比增长4.70%,散养户补栏信心开始增强;四是生猪供给偏紧状况逐步缓解。从9月份猪群结构看,能繁母猪存栏继续上升,各月龄育肥猪数量同比全面增长,仔猪增幅较大,后期供应偏紧的状况将进一步缓解;五是养猪效益大幅提高。生猪收购价格1~9月份平均11.03元/kg,同比增长62.90%。饲养一头肥猪纯赚300~400元。

2. 奶牛养殖滑坡的趋势有望好转。2007年上半年,原料奶价格偏低,奶牛养殖效益下滑,导致奶业发展步伐放缓。据统计,上半年奶牛存栏1 429.8万头,牛奶产量1 661.9万t,同比分别增长8.70%、13.10%,增幅比去年同期分别下降5和5.1个百分点。7月份以来,原料奶收购价格略有回升,养殖效益持续下滑的局面有所缓解。8月份,6个牛奶主产省原料奶收购价格为1.96元/kg，同比上涨3.20%,9月份部分地方出现争抢奶源情况,收购价格继续攀升,倒奶杀牛现象得到初步遏制。随着国家奶牛良种补贴、扶持奶牛标准化规模养殖小区等各项扶持政策的进一步落实,奶牛养殖下滑的趋势将逐步扭转。

3. 肉牛、肉羊和家禽等畜产品保持稳定发展。2007年以来,肉牛、肉羊、家禽产品价格较大幅度增长。1~9月份,牛肉平均价格21.18元/kg,同比增长14.90%；羊肉平均价格为22.34元/kg，同比增长21.30%；鸡蛋平均价格为7.67元/kg，同比增长28.70%。受价格利好等因素的带动,肉牛、肉羊、家禽等畜产品保持较快发展势头。据农业部统计,2007年上半年牛肉产量为374.60万t,同比增长0.49%;羊肉产量240.10万t，同比增长8.95%；禽肉产量达到894.10万t,同比增长7.30%;禽蛋产量为1 362.30万t,同比增长3.66%。

4. 饲料工业生产实现较快发展。2007年前3季度，我国饲料业呈现较快发展态势。据统计,1~9月份,全国饲料总产量约8 200万t,同比增长4.90%。但饲料品种有增有减,呈不平衡发展状态:一是禽饲料强劲增长,猪饲料较快增长,水产饲料、反刍饲料稳定增长。肉禽饲料2 530万t,同比增长28.19%;据农业部督导组9月份调查，猪饲料销售量同比增长10.10%,环比增长2.30%,其中母猪饲料、仔猪饲料、育肥猪饲料同比分别增长4.20%、16.80%和10.60%;水产饲料970万t，同比增长11.40%；反刍饲料330万t,同比增长7.50%;二是配合饲料快速增长、浓缩饲料下降较快,添加剂预混合饲料稳定增长。配合饲料6 300万t,同比增长11.90 %;浓缩饲料1 540万t,同比下降14.40%;添加剂预混合饲料360万t,同比增长4.10%;三是饲料产品质量稳中有升。2007年上半年检测结果显示,饲料产品合格率为89.60%,同比上升0.60%;饲料中违禁药品检出率为0,养殖场违禁药品检出率为0.74%,同比下降0.59%。

当前生猪生产全面恢复,畜牧业和饲料工业呈现良好发展态势,最根本原因是党中央、国务院对畜牧饲料行业的高度重视。胡锦涛总书记、温家宝总理对生猪、奶牛生产等多次做出重要批示,要求一定要切实抓好生猪生产和奶业发展。2007年初国务院下发《关于促进畜牧业持续健康发展的意见》,成为当前和今后一个时期我国畜牧饲料产业发展的纲领性文件。2007年7月30日,国务院下发《关于促进生猪生产发展稳定市场供应的意见》，提出了一系列扶持生猪生产、稳定市场供应的政策措施。2007年7月31日,国务院召开全国“菜篮子”工作电视电话会议,回良玉同志作了重要讲话,对做好猪肉等菜篮子产品生产和副食品供应工作做出全面部署。2007年8月13日,国务院又下发《关于切实落实政策保证市场供应维护副食品价格稳定的紧急通知》，要求各地各部门加大工作力度,采取得力措施,坚决把中央制定的各项政策措施不折不扣地落实到位。2007年9月27日,国务院下发《关于促进奶业持续健康发展的意见》,对促进奶业持续健康发展提出明确要求，做出重大部署。中央进一步扩大对畜牧业的财政支持,启动实施生猪良种补贴、扶持标准化规模饲养、能繁母猪补贴和保险、生猪调出大县奖励等扶持政策,对于奶牛生产的各项补贴政策也在积极落实之中。

农业部认真落实中央部署,把发展畜牧业作为农村经济结构调整的重要举措和建设现代农业的重要任务,加强协调,做了大量卓有成效的工作。既立足当前解困,着力解决近期生猪生产中的突出问题,又着眼长远发展,全面分析把握生猪发展规律,由农业部领导亲自带队,先后到山东、湖南、江苏、安徽、湖北、福建、河南、河北等省进行督导调研,认真研究扶持生猪生产发展的政策措施，分别于2007年6月份和7月份向国务院及发改委、财政部等部门提出了实行母猪饲养补贴、良种公猪精液补贴、原良种猪场建设、养猪大县奖励、蓝耳病疫苗补贴、扶持生猪规模养殖、生猪政策性保险等政策措施建议。对国务院已经确定的政策措施,农业部认真研究落实方案,在狠抓落实上下功夫，6 月初下发了《关于促进生猪生产稳定发展的通知》，出台了 9 条措施；7 月份、9 月份先后两次，每次派出 20 个工作组深入各地，宣传扶持生猪生产发展的政策，同当地研究落实促进生产发展的措施。认真贯彻国务院《关于促进奶业持续健康发展的意见》，抓紧落实各项政策措施，下发《农业部关于贯彻〈国务院关于促进奶业持续健康发展的意见〉的通知》。同时，采取了一系列促进畜牧业发展的具体措施，加快畜牧业发展方式转变，实施健康养殖业推进行动，优化畜产品区域布局，加强饲料质量监管，提高畜牧业产业化水平，做好重大动物疫病防控工作，努力实现畜牧饲料业的健康稳定发展。

二、关于当前畜牧饲料行业值得关注的几个问题

从畜牧业经济运行情况看，当前，我国畜牧业生产已经进入一个新的发展调整期，几种主要畜产品的生产和供应都受到了明显影响，备受社会关注。这给我们的启示是，市场无形的手和政府有形的手都必须发挥好作用，经过 2007 年的市场风波，我们既要看到农业生产的周期性和脆弱性，也要看到畜牧业生产的基础性和畜产品供给的敏感性。形势在不断发展，环境在不断变化，新的问题也逐步显现。

1.饲料原料价格飙升，养猪成本不断加大。生猪生产虽然开始恢复，但受生产的周期性影响，短期内市场供应仍处于偏紧状态，在恢复发展生猪生产方面，我们不能有丝毫懈怠。尤其是最近养猪成本攀升较快，值得关注。据调查，近两个月玉米价格由 1 600 元/t 上涨至 1 900 元/t，豆粕价格由 2 300 元/t 上涨到 3 400 元/t 以上，饲料级氨基酸、维生素等添加剂价格成倍增长，而且涨势还在持续。仔猪价格居高不下。人工成本也在攀升，以前雇工每天 30 元，现在 50 元也雇不到人。养猪成本增加挤压了养殖户获利空间。与 7、8 月份相比，9 月份每头生猪饲养效益减少 100~200 元。养殖户反映，随着生猪生产的快速回升，他们普遍对生猪价格走势感到担忧，担心市场出现新的波动。有的甚至讲，现在猪少的时候政府出台了很多扶持政策，赚了一些钱，如果 2008 年猪价下去，又会赔得一干二净。要通过建立长效机制，促进生猪生产持续健康发展。

2.奶牛养殖效益仍然偏低，养殖户亏损面偏大。近年来，奶牛养殖成本不断提高，但原料奶收购价几乎没变，奶牛养殖收益明显下降。目前全国奶牛养殖收益平均每头比 2006 年减少 1 500 元左右，约 40% 的奶牛养殖户出现不同程度亏损，一些地方甚至出现了倒奶杀牛的现象。虽然最近原料奶价格有小幅提高，但尚未产生明显的拉动效应。如果不及时采取有效扶持措施，奶业生产有可能出现类似生猪生产大幅波动的情况。我们必须立足当前，着眼长远，统筹谋划奶业发展。

3.畜禽疫病防控形势依然严峻，疫病风险加大。近年来，生猪疫病呈多发态势，常见病种类由 4~5 种增加到 12 种左右。特别是 2006 年高致病性猪蓝耳病疫情，不但给养猪户造成了严重的死亡损失，侥幸存活的生猪生产性能也大幅降低，给养殖户造成的恐惧心理直接影响了增养补栏积极性。禽流感仍然是家禽业发展的头号杀手，最近广东番禺发生禽流感疫情，提醒我们对禽流感的防控时刻都不能松懈。奶牛布鲁氏杆菌病、结核病一直难以有效控制，对牛奶产量和质量产生了双重不利影响。这既对生产造成直接损失，也不利于生产稳定发展。目前疫病防控工作难度大，与队伍不完善不健全有很大关系，必须坚定不移地推进兽医体制改革。

4.饲料安全隐患依然存在，违规事件时有发生。对“三素两精”(激素、抗生素、工业色素、瘦肉精和蛋白精)的整治一直是我们工作的重点内容。虽然近几年饲料产品质量安全状况总体保持良好，但使用瘦肉精等违禁药物屡禁不绝，苏丹红、蛋白精等非法添加物等突发事件负面影响很大，违规使用药物的情况依然存在，对养殖产品质量和人民身体健康造成潜在威胁，不利于饲料工业和养殖业持续健康发展。饲料是畜牧业发展的物质基础，饲料安全是动物性食品安全的第一关口，必须一手抓产业发展，解决供给总量安全；一手抓质量监控，保障动物性食品的质量安全。

5.部分畜产品价格大幅波动，不利于持续发展。特别是 2007 年 5 月份以来，生猪、鸡蛋等畜产品价格大幅上涨，2007 年 8 月份生猪、鸡蛋价格均创历史新高。短期看，畜产品价格上涨，有利于促进农业生产和农民增收，但价格上涨过快，不仅会影响城乡居民特别是低收入人群的生活，而且大涨之后往往伴随大落，不利于产业的持续稳定发展。

畜牧业涉及的行业较多，畜牧业工作涉及的部门和环节也多，发展健康养殖业、建设现代畜牧业需要关注和研究的问题也很多，上述五个问题只是我们从恢复和发展生猪生产、推进奶业健康发展工作实际中，初步梳理出的几个比较突出的问题，认识还有待深化，研究还有待深入。希望大家认真思考，广泛讨论，集思广益，以便更好地把握形势，增强工作的主动性和预见性。

三、关于当前和今后一个时期饲料工作的初步考虑

2007 年以来，中央出台了一系列促进畜牧业持续健康发展的政策措施，每一个政策性文件都对饲料产业发展和饲料安全提出了明确要求。我们初步考虑，当前和今后一个时期，饲料工作要把贯彻这些政策措施与实施饲料工业“十一五”发展规划结合起来，与贯彻执行《饲料和饲料添加剂管理条例》结合起来，与实施农产品质量安全整治行动结合起来，继续实施

"大原料、大安全、大企业、大市场"战略,大力推进信息化与饲料工业的融合,加快实现我国饲料工业从数量速度型向质量效益型转变,从粗放经营向集约经营转变,从资源消耗型向资源节约型转变,从依靠粮食向依靠各类农副产品转变,在稳定增长的基础上,加快转变发展方式,尽快实施整合提升,扩大联合,和谐共赢,走新型工业化的新路子,打造行业新优势,努力实现由饲料生产大国向饲料生产强国的转变。

1.着力构建安全优质高效的饲料生产体系,保障畜牧水产养殖业平稳发展。紧紧抓住当前市场价格有利于畜牧业生产发展的时机,切实按照中央 1 号文件和最近出台的促进畜牧业发展和扶持生猪、奶业发展的文件精神,继续在内需拉动的基础上,加快构建安全优质高效的饲料生产体系,增强饲料业综合生产能力。要科学利用和综合开发各类饲料资源。重点培育和扶持一批规模大、起点高、带动力强的饲料企业,促进饲料产量持续增长,为畜牧水产业发展提供有力的保障。继续拓展饲料添加剂工业生产领域,加快天然无残留及环境安全的新型饲料添加剂的开发与生产,提升饲料安全水平。要面向广大农村养殖户,普及配合饲料,提高饲料转化率,降低饲料成本,提高养殖业效益,增加农牧民收入。

2.大力实施全程监管,确保饲料和养殖产品质量安全。食品行业是一个道德产业,我完全赞同白美清会长的意见,要把饲料视为食品来看待。要严格执行《畜牧法》和《饲料和饲料添加剂管理条例》等法律法规,按照完善制度、加强监管、执法到位、规范生产的要求,以安全领先,以优质取胜,把好饲料原料进货关口,实行生产记录和检验制度,优化饲料配方,采纳先进技术,认真执行有关标准,禁用违禁药物和化学药品,规范标签管理,确保饲料质量,从源头上保障畜产品质量安全。同时要严格执行畜牧业生产质量抽检制度和安全追溯制度,大力推进标准化规模饲养,发展生态健康养殖业,从生产方式上保障畜产品质量安全。

3.积极引导饲料企业升级改造和兼并重组,造就明星企业和名牌产品。推动企业兼并和资产重组,从整合、联合走向融合,形成一批拥有一定知识产权、竞争能力强的大公司和企业集团,创建一批领军企业,进一步提高产业集中度和竞争力,形成一批明星企业。充分发挥饲料企业与农民联系紧密的特点,采取"订单农业"、"公司加农户"等形式,把原料生产、加工、销售、配送、养殖等环节有机联系起来,形成较为稳定的产销关系和利益纽带,提高农户进入市场的组织化程度。将符合条件的饲料企业列为农业产业化龙头重点企业,优先予以扶持。要协调有关机构加大质量认证工作力度,指导饲料企业在发展中创造名牌,形成一批知名品牌。

4. 全力支持饲料业科技创新,积极推动产业升级。以饲料企业自主创新为主体,加快饲料业科技创新步伐。进一步提升饲料科技含量,增强饲料和养殖产品市场竞争力。加快畜牧饲料科研成果的转化,充分发挥专业技术人员和基层技术推广人员的作用,利用行业协会和农民专业合作组织的服务平台,加大科技入户的力度,提高科技普及率和到位率,帮助企业和农户解决生产中的技术难题,提升整个畜牧业和饲料工业发展的科技水平。要注重研发新型安全饲料添加剂,尤其是替代抗生素的饲料添加剂的生产。当前要率先在安全饲料生产、生物发酵生产氨基酸、饲料资源开发利用、重大技术装备研究等方面取得突破。

5. 切实加强饲料执法能力建设,培养一支素质高、作风好的管理和执法队伍。无论饲料企业的规范管理,还是饲料质量安全的监管,都需要一支战斗力强的饲料执法队伍。针对目前饲料管理部门力量不足、手段不强、素质不高的状况,农业部将指导省级饲料管理部门将采取切实措施,加大投入,加强培训,强化易地监测和执法,开展典型案例分析和合作交流等多种方式,努力培养一支业务过硬、勤政廉洁的饲料管理和执法队伍。

各位领导,同志们,朋友们!正在召开的党的十七大,必将对我国经济、社会等各个方面发展产生巨大影响。让我们以党的十七大精神为指导,深入贯彻落实科学发展观,奋发有为,扎实工作,推动饲料工业又好又快发展,为建设现代畜牧业和增加农民收入做出新的更大贡献。

学以致用 融会贯通 不断提高管理工作水平

——在农业部饲料法规宣贯暨行业统计培训班上的讲话

王宗礼
农业部畜牧业司副司长

(2007 年 4 月 4 日)

饲料法规宣贯暨行业统计培训班今天开班了。首先,我代表农业部畜牧业司(全国饲料工作办公室)向来自各省、自治区、直辖市饲料工作办公室、农业部饲料质检机构的同志们表示热烈的欢迎!这次培训班的主要任务,一是贯彻落实《饲料生产企业审查办法》,进一步规范饲料行政审批工作,严格饲料生产企业准入,全面提高饲料行业整体素质;二是培训新版《全国饲料工业统计报表制度》和统计软件,进一步提高饲料统计工作的科学性，强化饲料统计工作在行业管理和决策中的基础性作用。

一、认清形势，牢牢把握饲料行业发展的有利时机

2006年，我国饲料业克服了畜产品市场波动、原料价格上涨等不利因素影响，2006年饲料总产量达1.10亿t，同比增长3%；全国饲料工业总产值2 909亿元，同比增加6.10%。全国配合饲料产量为8 117万t，同比增长4.60%；浓缩饲料产量为2 456万t，同比下降1.70%；添加剂预混合饲料486万t，同比增长3%。饲料产品质量总体合格率稳定保持在90%。饲料产品结构进一步优化，类型更加多样，饲料企业的管理水平、抗风险能力进一步提高。饲料业现代化、规模化、国际化程度不断提升。各级饲料管理部门认真贯彻落实全国饲料工作会议精神，扎实工作，坚持服务和监管两手抓，保证了饲料行业的稳定持续健康发展。当前饲料行业管理表现出以下几个特点。

1.饲料业发展方向更加明确。2006年农业部召开全国饲料工作会议，提出新时期饲料业发展的“大原料、大市场、大安全、大企业”战略目标之后，各省积极开展贯彻落实会议精神的各项工作。广东、河南、江苏、江西等省召开了全省饲料工作会议，安徽、陕西等省制定印发了全省饲料业发展“十一五”规划。全国饲料管理、科研、监测、协会等各方面都围绕推动我国由饲料大国向饲料强国转变的战略目标积极开展各项工作。

2.饲料安全监管工作力度进一步加大。各省在完成农业部饲料质量安全例行监测的基础上，结合本省实际加大监督管理工作的力度。湖南省开展了“瘦肉精百日会战”行动，湖北省印发执行了《关于依法加强饲料行业管理的意见》，广东省加大了飞行抽检的力度。河北、浙江、湖北等省积极应对“苏丹红事件”，开展大范围的监督检测，依法查处违法违规分子。

3.饲料行业管理的法制化水平进一步提高。2006年农业部制定印发了《进口饲料和饲料添加剂登记材料要求》等6个规范。各省按照规范要求实施行政许可，饲料行政审批工作科学性、公正性和工作效率进一步提高。饲料行政许可的事后监督工作有所加强，2006年组织开展生产许可证获证企业监督抽查行动，共抽检了23个省的300个企业，进口饲料产品500多批次，新饲料产品和企业11个。饲料法规体系进一步完善，修订公布了2006版《饲料添加剂品种目录》，制定颁布了《饲料生产企业审查办法》，《饲料法》起草工作已经启动。

党中央、国务院高度重视“三农”工作，自2004年以来，连续4个中央1号文件为我国农村经济社会发展指明了方向。2007年的1号文件以“积极发展现代农业，扎实推进社会主义新农村建设”为题，提出“要将发展现代农业作为社会主义新农村建设的首要任务”。现代畜牧业是现代农业的重要组成部分，也是农业现代化的标志之一。饲料是养殖业的物质基础，发展现代畜牧业离不开现代饲料工业。当前，我国饲料工业正面临着难得的发展机遇和有利的发展条件。一是畜牧业增长方式转变为饲料产品开拓了更广阔的市场。目前我国畜牧业正处在由散养为主导的传统生产方式向规模化、集约化、专业化、现代化生产方式转变的关键时期，养殖业规模化、集约化程度日益提高，牧区和半农半牧区逐步实现了舍饲和半舍饲养殖。畜牧业生产方式的转变，使得工业化饲料的需求不断扩大，从而为饲料业的发展提供了更为广阔的市场空间；二是饲料市场的国际化扩展了企业发展空间。随着中国加入世界贸易组织和全球化进程的加快，资本在国与国之间的流动加快，也为我国饲料企业打开了通往国际市场的大门。部分资金、技术实力雄厚的中国农牧企业已经具备了同国外企业同台竞技的能力，开始参与国际市场竞争，为企业发展开拓新的空间。目前，我国在饲料机械生产技术设备水平，部分饲料添加剂产品如氯化胆碱，维生素A、E、C产量和品质等方面已经在国际市场占有一定的优势，树立了中国饲料企业的良好声誉；三是饲料行业发展基础力量雄厚。经过二十多年的发展，我国饲料工业已经形成了较为完备的体系，新饲料研发、饲料机械生产、饲料企业咨询管理等产业也具备了相当的水平和能力。大批饲料企业经过市场竞争的洗礼，在资金、技术、管理等方面也积累了宝贵的经验。这些都为我国饲料工业实现从饲料大国向饲料强国的转变打下了坚实的基础。

在看到机遇的同时，我们也应该看到我国饲料业发展中存在的一些问题。玉米、鱼粉价格上涨，饲料原料短缺问题日益突出。瘦肉精中毒事件和“苏丹红”鸭蛋事件表明饲料安全隐患依然存在。一些饲料企业生产条件差，技术和管理水平低，产品质量难以保证。这些问题，关系到我国饲料行业整体竞争力和我国由饲料大国向饲料强国转变的战略目标的实现。对此，各级饲料管理部门一定要有认清形势，进一步增强做好饲料管理工作的责任感和紧迫感，从基础工作着手，加强监管力度，全力做好饲料行业管理的各项工作。

二、明确任务，切实推进《饲料生产企业审查办法》贯彻实施

农业部根据《饲料和饲料添加剂管理条例》，颁布实施《饲料生产企业审查办法》，是贯彻落实《行政许可法》的具体措施，是全面加强饲料行业管理的重要举措，对于保证饲料质量安全、建设现代畜牧业和促进新农村建设具有十分重要的意义。各省饲料管理部门要充分认识《审查办法》颁布实施的重要意义，落实管理责任，认真做好饲料企业设立审查，将监管寓于服务之中，促进企业不断加强自身管理，提高产品品质量安全水平，保证《审查办法》各项规定的贯彻落实。

1.切实做好《审查办法》的宣传和培训工作。各省饲料管理部门要认真组织好《审查办法》的宣传工作，通过多种方式，将《审查办法》宣传到企业、宣传到人，确保广大饲料企业了解和掌握《审查办法》的各项规定，认真履行义务，增强遵纪守法意识。同时，要加强对市、县级饲料管理部门的干部和执法人员的培训，提高执法水平，增强服务意识，保障《审查办法》的顺利实施。

2.认真执行饲料生产企业设立审查制度。《审查办法》对饲料企业设立规定了五项条件，这是企业生产安全饲料产品的基本条件。各省要对企业申报材料进行认真审查，按照《饲料生产企业设立现场审核表》的要求，对企业进行严格审核，把住审核关，对不符合要求的企业坚决不予准入。同时，要督促企业进行整改，提高生产和管理水平，尽快取得合格证。

3.全面落实饲料生产企业监督管理制度。《审查办法》要求由县级以上地方人民政府饲料管理部门对饲料生产企业进行监督检查，并规定企业《审查合格证》的变更、重新办理和注销等管理内容，突出强调了饲料企业的日常监管。各省要把对获证企业的监督检查日常化、制度化。对于在检查中发现的违规企业，要予以严肃查处，做到执法必严、违法必究，坚决打击不法企业，维护守法经营企业和养殖农民的合法权益。要利用《审查办法》实施的有利时机，对本省饲料企业进行一次摸底和整顿，全面掌握企业的基本情况，收集企业相关信息，逐步建立各省饲料行业管理信息系统。

《审查办法》的颁布实施，是饲料行业监管的一件大事，各级饲料管理部门要将《审查办法》的宣贯和落实作为今年工作的重点来抓，在认真学习领会《审查办法》精神的基础上，统筹计划，周密部署，做好《饲料生产企业审查合格证》的审核发放工作。

三、落实责任，扎实做好饲料行业信息统计工作

饲料信息统计工作是饲料行业行政管理工作的基础，统计数据是行业管理部门科学决策的重要依据。世界上任何一个国家和地区，任何一级地方政府都离不开统计工作，所有的决策都是建立在对统计数据认真分析的基础上，只有通过对统计数据深入分析研究，才可能做出科学的决策。尤其在市场变化因素越来越多，饲料行业已经国际化的情况下，及时准确的信息数据反馈越来越重要，对于我们掌握国内外行业发展动态、监测行业运行状况、预测预警分析市场走势等方面发挥着重要的作用，对于强化饲料行业管理，促进饲料业持续健康发展具有十分重要的意义。

2006年，在各省饲料管理部门的共同努力下，饲料信息统计工作取得了较好的成绩，信息统计工作更加规范，信息服务更为多样。河南省饲料工作办公室、广东省饲料工作办公室、江西省饲料工作办公室和新疆饲料行业管理办公室被评为全国农业行业信息统计工作先进单位，有7位同志被评为先进个人。有的省还专门召开全省饲料统计会议，总结部署饲料信息统计工作，这些做法值得大家借鉴学习。

但是，目前统计工作中仍然存在不少问题。个别省对饲料统计工作重视不够，统计人员不固定，统计报表上报时间滞后，时效性差，报表内容不实、信息不完整、数据误差大。还有一些省的报表不规范，没有做到电子上报，缺乏对重点饲料生产企业的连续跟踪。这些问题，对于全国饲料统计工作的顺利开展产生了不利的影响，各省饲料管理部门要有清醒的认识。为了进一步提高全国饲料信息统计工作的科学性和时效性，农业部组织修订了《全国饲料工业统计报表制度》和统计软件。各地饲料管理部门要认真贯彻落实新的统计制度，切实落实责任，采取有力措施，抓实抓好饲料信息统计工作。

1.加强饲料信息统计工作的组织领导。各省要做好《统计制度》的宣传和培训工作，认真学习领会《统计制度》的内容和要求，把《统计制度》的贯彻实施作为当前工作的重点，摆上重要工作日程。各省要认真总结本省统计工作的经验，分析存在的问题，进一步理清工作思路，落实工作责任。各省要确定一名饲料统计员，具体承办饲料统计工作。各省的饲料统计员要坚决纠正“拍脑袋”的不良做法，认真按照报表要求，逐项认真填报，数据上报前要进行仔细审核分析，充分挖掘统计数据的价值，为饲料行业管理工作提供科学的决策参考。

2.加强饲料信息统计重点跟踪企业的督促管理。2007年，通过各省推荐，农业部重新确定了262个饲料统计重点跟踪企业。这些企业具有很强的代表性，能够进一步完善我国饲料工业统计数据和信息。各省要加强与重点跟踪企业的联系，建立良好的管理机制，按照《统计制度》的总体要求，督促企业按时、准确上报基层月报，认真完成重点饲料跟踪企业统计数据的收集整理工作。要在统计工作的基础上，充分调动重点跟踪企业的积极性，发挥他们的主动性，认真参与完成饲料统计工作。农业部已经正式发文公布了全国饲料统计重点跟踪企业名单，适当的时候，农业部将给这些企业挂牌，逐步建立起饲料统计工作的长效机制。

3.加强饲料信息统计工作的协作配合。农业部委托中国饲料工业协会信息中心具体承担全国饲料信息统计工作。信息中心要做好各省培训新饲料统计软件的指导和服务工作，同时，要加强全国统计数据的分析、总结和汇总工作，为农业部主管部门和各个省、区、市饲料管理机构提供客观、科学和准确的信息服务。各省饲料管理部门要与信息中心密切配合，加强交流与沟通，及时、准确、全面地提供统计数据，为全国饲料信息统计工作打好基础。

同志们,饲料生产企业管理和饲料信息统计是饲料行业管理的两项基础性工作,农业部对这两项工作十分重视。这次培训班,特意从国务院法制办请来法律专家胡振杰处长,给我们讲解"行政许可相关法规知识";请农业部生产许可证专家审核委员会的专家和信息中心的专家,为大家讲解"饲料生产企业审核要点"和"饲料信息统计报表制度解析和软件应用"。希望同志们集中精力,努力学习,切实掌握《审查办法》和《统计制度》相关知识,学以致用,融会贯通,不断提高饲料行业管理工作水平,为发展现代畜牧业,为我国社会主义新农村建设做出应有的贡献。

全面推进饲料安全监管工作保障畜牧、饲料业健康发展

——2007年农业部饲料质量安全监测工作会议上的讲话

王宗礼
农业部畜牧业司副司长
(2007年1月24日)

2007年饲料质量安全监测工作会议开幕了。这次会议的主要任务是,认真贯彻落实中央农村工作会议和全国农业工作会议的精神,以及刚刚闭幕的农业部农产品质量安全监管视频会议精神,总结2006年饲料质量安全监测工作,交流各地饲料质量安全监测经验,部署2007年工作。科学分析饲料质量安全角势,统一认识,明确要求,全面推进饲料安全监管工作,保障畜牧业和饲料业持续、稳定、健康发展。

一、充分认识饲料质量安全监测工作的重要意义

2007年中央一号文件明确指出,要按照预防为主,关口前移的要求,积极推行健康养殖方式,加强饲料安全管理,从源头上把好养殖产品质量安全关。饲料质量安全监测是保障养殖产品安全的基础性工作,是推进健康养殖的重要措施,具有十分重要的意义。

1. 饲料质量安全监测是保障养殖产品质量安全的有效途径。党的十六届六中全会提出了构建社会主义和谐社会的重大历史任务。饲料安全是动物性食品安全的基础。保障食品安全是构建和谐社会的重要内容,加强饲料质量安全监测是保障动物性食品安全的重要手段。近年来,农业部逐年加大饲料质量安全监管力度,扩大饲料质量安全监测数量和监测范围,组织瘦肉精等违禁药品专项整治,开展反刍动物饲料中牛羊源性成分监测,饲料产品质量总体合格率稳步提升,违禁药物检出率逐年下降,动物源性饲料的使用进一步规范。通过实施饲料质量安全监测,有效地净化了饲料和畜产品市场,有力地促进了养殖产品质量安全水平的提高。"十一五"是我国饲料业和畜牧业发展的又一个重要时期,我们必须按照中央的要求,按照饲料业发展"大安全"的战略部署,凝聚饲料全行业的智慧,谋划行业良性发展,进一步强化饲料质量安全监测,提高饲料安全水平,从源头上杜绝不安全因素进入人类的食物链,保障动物性食品安全。

2. 饲料质量安全监测是饲料行政执法的重要基础。科学、公正、合法的检测报告是饲料行政执法的重要依据。近年来,各饲料质检机构为饲料主管部门开展行政执法工作提供了大量监测数据和检测报告。依据科学、准确的监测结果,行政主管部门依法查处违法违规企业和养殖场(户)3 300多个,依法吊销、注销饲料添加剂和添加剂预混料生产企业的生产许可证200多个,处理了大批含有违禁药品的饲料,有效地净化了饲料和畜产品市场。同时,饲料质检机构在开展饲料监测工作过程中,大力宣传饲料安全法规和技术知识,开展饲料安全方面的技术咨询和技术服务,促进了饲料安全监管法规和政策的落实,保障了饲料执法工作的顺利开展。

3. 饲料质量安全监测是提升饲料产品竞争力的重要手段。开展饲料质量安全监测工作促进了行业科技进步,提升了饲料产品竞争力。饲料质检机构在做好监测工作的同时,积极开展饲料质量安全评价、饲料质量安全对比分析研究,承担饲料产品质量安全认证检验,积极参与饲料产品和检测方法标准的制修订工作,在推进饲料标准化工作中发挥了重要作用。目前,在我国已批准发布的饲料国家标准和行业标准中有70%是饲料质检机构制、修订的。同时,饲料质检体系寓监测于服务之中,利用自身的技术优势、先进的设备条件,积极面向企业开展技术咨询与服务。据不完全统计,全国省级以上饲料质检机构每年为饲料企业提供检测服务1万多批次,为饲料企业在原料采购、产品加工和产品质量控制等方面提供了强有力的技术服务,促进了企业的技术进步和产品质量的提高,在提升饲料产品竞争力方面发挥了积极的作用。

饲料监测工作是饲料质量安全监管的重要组成部分,事关饲料和畜产品质量安全,事关畜牧业和饲料业健康可持续发展,事关人民身体健康和构建和谐社会。我们要充分认识饲料质量安全监测工作的重要性,围绕加快建设现代农业,促进健康养殖,严把饲料源头关,不断提高监测工作的能力和水平。

二、认真分析当前饲料质量安全监测工作的形势和任务

2006年各级畜牧饲料部门认真贯彻党中央、国务院有关决策和部署,采取有力措施,积极应对畜产

品价格大幅波动等各种不利影响，畜牧业总体上保持了稳定发展势头。预计全年畜牧业总产值 1.40 万亿元，同比增长 5.20%。肉类产量达到 7 980 万 t，同比增长 3%，禽蛋产量 2 940 万 t，同比增长 2%，奶类产量 3 290 万 t，同比增长 15%。饲料产量稳定保持在 1亿 t 以上。为保障饲料业和畜牧业的持续健康发展，各级畜牧饲料管理部门和质检机构不断加大饲料质量安全监测力度，强化饲料质量安全监管。

1.规范行政许可，严格市场准入。农业部和各省按照《行政许可法》和《饲料和饲料添加剂管理条例》的要求，进一步规范行政许可程序，严格对饲料企业和产品的审核，不断提高行政许可效率和质量。加强对行政许可企业和产品的监督检查，2006 年，在全国 23 个省共抽查饲料企业 280 多个。

2.开展饲料市场整治，维护市场秩序。农业部组织实施了《2006 年全国饲料产品质量安全监测计划》，以饲料卫生指标为重点，在全国抽查饲料生产、经营企业 4 600 多个，抽检饲料产品 7 400 多批次，通报处理不合格企业 213 个，严惩了一批不合格的饲料产品和企业，进一步净化了饲料市场。

3.开展瘦肉精等违禁药品专项整治，严厉打击违法行为。在农业部的统一部署下，各地以瘦肉精、莱克多巴胺等违禁药物为重点，在饲料生产、经营企业、屠宰场、养殖户进行监督抽查，采取例行监测拉网式检测和飞行抽检等方式，检查饲料生产、经营企业和养殖场(户)4 900 多个，检测饲料、猪尿样品 9 600 多批次，严厉打击了违法使用瘦肉精等违禁药品的不法行为。

4. 实施动物源性饲料例行监测，严密防范疯牛病。全国有 23 个省组织开展了动物源性饲料例行监测，共抽查生产、经营反刍动物饲料和动物源性饲料的企业 2 800 多个，牛羊养殖场(户)4 500 多个，抽检饲料样品 9 000 多批次。查处违规饲料企业和养殖户 141 个。各地加大对广大养殖户法律法规的宣传，有效地阻止了疯牛病通过饲料途径在我国传播。

5.积极应对突发事件，保障畜产品安全。农业部与有关省密切配合，积极应对湖南湘潭县瘦肉精事件、上海瘦肉精中毒事件、河北“红心鸭蛋”事件，迅速启动应急预案，开展瘦肉精拉网式检测和禽蛋中苏丹红专项检查。协调公安部等部门追根溯源，严打非法生产、销售和使用违禁物的违法行为。组织成立了“畜产品安全突发事件应急小组”，提高畜产品安全突发事件应对能力。

6. 开展培训和考核，提高饲料质量安全监管能力。一年来，组织举办了“动物源性饲料安全监管”、“反刍动物中牛羊源性监测”和“霉菌毒素监测技术”等培训班，开展饲料中牛羊源性成分检测和瘦肉精等违禁药物检测能力考核，提高了饲料管理和检测人员的执法水平和检测技术，增强了饲料安全监管能力。

在大家的共同努力下，饲料质量安全监管工作取得了积极进展。2006 年，饲料产品总体合格率达到 89.40%，配合饲料、添加剂预混合饲料合格率均保持在 90%以上，饲料中瘦肉精的检出率已经连续三年为 0。各省饲料管理部门和质检机构为保障养殖产品安全，促进饲料业和养殖业持续健康发展，增加农民收入，保障人民身体健康做出了积极贡献。

在看到成绩的同时，我们也应该清醒地认识到，我国饲料质量安全监管工作还面临着一些问题。一是饲料产品质量还不稳定。由于饲料原料涨价和畜产品价格低迷，一些不法分子在饲料中掺杂使假的现象增加；二是饲料和畜产品安全隐患依然存在。2006 年发生的“瘦肉精”事件和“苏丹红”事件，警示我们养殖过程中使用各类违禁物等安全隐患远没有消除；三是饲料质量安全监测能力有待提高。2006 年发生了几起被检单位对检测结果申请复议的案件，对全国饲料监测工作造成了一些不良影响。对于这些问题，我们各饲料质检机构一定要科学分析，认真对待。要从维护人民身体健康、构建和谐社会的高度，正确把握形势，明确责任，进一步增强做好饲料质量安全监测工作的责任感和紧迫感，切实做好新形势下的饲料质检工作。

三、努力提高饲料质量安全监测工作水平

随着生活水平的提高，人们对养殖产品质量安全提出了更高的要求。党中央和国务院也十分重视农产品质量安全，这对饲料质量安全监测工作提出了新任务和新要求。我们必须进一步提高认识，理清思路，下更大气力，做更大努力，努力提高饲料质量安全监测工作水平。

1.严格规范饲料质量安全监测工作。饲料质量安全监测工作担负着为饲料行政执法提供技术支撑的重要任务，任何不规范行为，都会影响行政执法工作的顺利开展，影响饲料质量安全监管工作的全局。2006 年，农业部下发了《农业部饲料质量安全监测工作规范》(以下简称《规范》)。从 2006 年的执行情况看，总体是好的，但也存在一些问题。如抽样过程不规范、留样份数不够、抽样单签字不全、检测结果录入不准确等。各饲料质检机关要进一步加强对《饲料和饲料添加剂管理条例》等相关法规的学习，深入学习和理解《规范》的内容和要求，针对本单位的薄弱环节，加强对抽样和检测人员的培训，严格按照《规范》要求指导实际工作，切实提高监测工作质量。

2.加强饲料质量安全监测能力建设。能力建设应当长抓不懈。饲料质检机构要以“服务、创新、领先”为目标，不断提高监测能力。一要多方争取资金支持，加强基础设施建设，进一步扩大检测项目和领域，同时，要发挥自身优势，在一定专业领域突破和领先；二要加强内部管理和质量控制，完善管理制度和质量保证体系，充分调动全体人员的积极性，整合资源，形成合力；三要加强调查研究，深入实际、深入基层，全面了解行业发展状况，科学把握行业发展规律和趋势，结合实际，努力提高监测技术水平；四要积极协助畜牧饲料主管部门做好饲料行政执法工作，做好应对突发事件的储备，提高应对突发安全事件的能力。

3.加强饲料质量监测工作的组织管理。为加强对饲料质量安全监测工作的组织，2006年，畜牧业司成立了由畜牧业司饲料处、全国畜牧总站、国家饲料质检中心、农科院饲料所等单位组成的饲料监测工作小组。一年多来，在各地的大力协助下，饲料监测工作小组各成员单位密切配合，在监测计划制定、法律法规和检测技术培训、监测数据统计和监测工作组织管理方面发挥了积极的作用，很好地完成了监测的组织工作。各地在执行监测计划的过程中，要按照农业部监测工作小组的统一安排，进一步加强组织性和计划性，制定切实可行的工作方案，保证监测任务的顺利完成。要实行日常监管与专项检查相结合，例行监测和监督抽查相结合，突出重点地区和关键环节，通过饲料监测工作，进一步强化饲料质量安全监管。

4.进一步转变工作作风。良好的工作作风是做好饲料质量安全监测工作的根本要求。各级饲料质检机构要遵循“公正、科学、廉洁、高效”的原则，进一步转变作风，完善管理制度，规范监测行为。各质检机构间要加强协作，克服地方保护主义。要在监测抽样过程中大力宣传饲料安全法规和技术知识，开展饲料安全技术咨询和服务，促进饲料安全监管法规和政策的落实。要及时向主管部门汇报监测结果和监测中发现的问题，密切配合饲料行政执法，以务实高效和认真负责的态度，为饲料安全监管工作做出更大的成绩。

同志们，发展现代农业，推进健康养殖，饲料行业大有可为。我们要牢固树立和全面落实科学发展观，创新工作思路，完善工作措施，再接再厉，扎实工作，为推动我国由饲料大国向饲料强国转变、保障养殖产品安全做出应有的贡献！

努力学习　把握重点　认真贯彻

——在农业部饲料法规宣贯暨行业统计培训班上的讲话

谷继承
全国畜牧总站站长
中国饲料工业协会秘书长
(2007年4月4日)

农业部饲料法规宣贯暨行业统计培训班今天开班了，首先，我代表全国畜牧总站、中国饲料工业协会对会议的成功召开表示热烈的祝贺！刚才，王宗礼副司长代表农业部畜牧业司（全国饲料工作办公室）全面介绍了当前饲料行业发展形势，明确了本次培训班的主要任务，并就贯彻实施《饲料生产企业审查办法》和做好饲料行业信息统计工作做了重要讲话。希望大家认真学习并在实际工作中认真贯彻落实。下面，我讲三点意见，供参考。

一、做好行政许可审核和统计工作，是饲料安全监管和行业健康发展的重要基础

饲料行政许可审核和行业统计是饲料行业监督管理的两项重要基础工作。几年来，总站、协会积极配合畜牧业司(全国饲料工作办公室)，充分发挥技术优势，在做好饲料添加剂和添加剂预混合饲料生产许可证日常审核工作的基础上，先后参与制定了《饲料添加剂和添加剂预混合饲料生产许可证管理办法》、《饲料添加剂和添加剂预混合饲料产品批准文号管理办法》、《动物源性饲料产品安全卫生管理办法》、《饲料生产企业审查办法》、起草了《饲料行政许可办事指南》、《饲料行政许可申报材料要求》和《全国饲料工业统计报表制度》等；及时就行业管理和政策法规执行中出现的问题进行调查研究，为政府决策提供科学依据；配合畜牧业司(全国饲料工作办公室)组织开展饲料生产许可证获证企业检查，处理了一批有问题的饲料企业，规范了行业和企业行为；及时对全国饲料生产情况进行统计分析，为加强行业监管和科学决策提供了强大的技术支撑。应该说，无论是生产许可证审核工作还是饲料行业统计分析工作，长期以来，得到了各地饲料办、饲料工业协会和饲料质检机构的大力配合和支持。在此，我代表总站、协会对大家表示衷心的感谢！

二、把握重点，确保《饲料生产企业审查办法》和《全国饲料工业统计报表制度》顺利实施

《饲料生产企业审查办法》、新版《饲料工业统计制度》是在积极发展健康养殖业、加快推进畜牧业增长方式转变、扎实推进社会主义新农村的大背景下颁布实施的。贯彻实施《办法》和新版《统计制度》是促进饲料业持续健康发展的重要保障，是饲料行业依法行政的具体体现，是提高饲料安全监管水平的有效手段。

《饲料生产企业审查办法》中规定了饲料企业设立条件和监督检查等多项制度；新的《饲料工业统计制度》在原有工作的基础上，科学确立统计指标，力求为行业管理和调控决策提供全面、准确的数据和信息。无论是饲料生产企业审核监督还是填报饲料工业统计报表，都是政策性、技术性很强的工作。为搞好本次培训班，司(办)和总站、协会做了精心的准备，专门邀请了国务院法制办的同志介绍行政许可相关法规的制定情况，请专家专门就《饲料生产企业设立现场审核表》、《饲料工业统计基本报表》、统计软件进行讲解和现场操作，同时还安排大家进行集中讨论和交流，内容非常丰富，时间安排很紧张，培训任务很重，希望大家静下心来，集中精力认真听讲，相互交流和研讨，使本期培训班取得预期效果，为今后顺利开展工作奠定基础。

三、关于今年总站、协会工作要点

2007年，总站、协会将紧紧围绕部党组重点工作和畜牧业司(全国饲料工作办公室)的中心工作，以建设现代畜牧业、现代饲料工业和保障畜产品质量安全为目标，以推进畜禽健康养殖为主题，以强化畜牧业技术支撑体系和饲料工业协会工作体系能力建设为主线，以鼓励科技创新、推广先进适用技术和加快科技成果转化为重点，以大力推进畜禽标准化养殖小区建设为技术推广工作的突破口，充分发挥全国畜牧业技术支撑体系的龙头作用，创新工作方式，不断开创总站、协会各项工作新的局面。

重点抓好以下几方面的工作。一是继续加大工作力度，认真宣传贯彻畜牧饲料法律法规，积极配合做好《饲料法》立法调研；二是在做好畜牧业和饲料工业常规统计工作的基础上，强化畜牧业和饲料工业经济运行分析和预警分析工作，为行政决策提供更为有效的服务；三是配合实施健康养殖行动，组织实施奶牛良种补贴和标准化畜禽养殖小区建设试点等项目，组织开展全国畜禽遗传资源调查工作；四是进一步加强草原资源动态监测，加强草原虫灾鼠害防治，加强牧草飞播等项目实施，加强草原毒害草和牧草病害防治示范工作；五是认真组织饲料生产许可证审核和监管工作，大力推进饲料行业名牌战略，配合做好全国饲料评审委员会的换届工作；六是以组织实施奶水牛良种补贴项目为重点，加快奶业开发步伐，培育奶业新的增长点；七是大力推进畜牧业和饲料工业标准化，加大制标力度，完善标准化工作体系，推进无公害畜产品产地认证与产品认证一体化，全面总结饲料行业HACCP认证试点，大力推进行业HACCP管理；八是精心组织好2007中国畜牧业暨饲料工业展览会和2007中国畜牧业暨饲料工业高层论坛，积极参与国际畜牧饲料业经济技术交流活动，争取第三届全球饲料与食品大会在中国召开；九是建立健全畜牧业技术支撑体系和饲料工业协会工作体系。认真搞好调查研究，强化指导与管理，加强队伍建设，确保基层畜牧技术推广体系的稳定；十是继续稳步推进社会主义新农村省部共建工作；十一是以班子建设和队伍建设为重点，加强制度建设，全面提高总站、协会的凝聚力和战斗力，在全站上下形成“树正气、长志气、鼓士气、聚人气”的良好氛围，为全面履行职能，保证各项重点工作的圆满完成提供坚实的组织保障。

为办好本期培训班，江苏省农林厅、江苏省饲料站和饲料工业协会、江苏牧羊集团为此做了大量服务工作，让我们以热烈的掌声对他们表示衷心的感谢！

最后祝大家在扬州培训期间学习顺利、生活愉快、身体健康、万事如意！

当前畜牧饲料业经济运行状况

——在2007中国畜牧业暨饲料工业发展高层论坛上的演讲

谷继承

全国畜牧总站站长

中国饲料工业协会秘书长

(2007年5月18日)

2007年以来，各地认真学习领会中央一号文件精神，积极推行健康养殖，转变畜牧业增长方式，大力发展现代畜牧业，保持了畜牧业生产的平稳发展。

一、畜牧饲料业生产情况

1.牲畜存栏下降、畜产品产量稳步增长。根据农业部门统计，2007年一季度，全国生猪存栏46 662.1万头，同比下降0.30%；能繁母猪4 517.2万头，同比下降1.70%；牛存栏13 199.8万头，同比下降1.90%；羊存栏35 854.6万头，同比下降1.90%。家禽存栏48.70亿只，同比增长3.70%。肉类总产量为2 640.5万t，同比增长3.30%；禽蛋产量651.90万t，同比增长1.90%；奶类产量760.3万t，同比增长9.60%。

2.饲料总产量增长、猪饲料产量下降。2007年1季度，饲料总产量为2 160万t，同比增长5.90%。其中配合饲料1 590万t，同比增长10.20%，浓缩饲料480万t，同比下降4.60%，添加剂预混料90万t，同比下降5%。按品种分析，除了猪饲料下降外其它饲料均增长。其中猪饲料740万t，同比下降9.90%；蛋禽饲料450万t，同比增长6.50%，肉禽饲料690万t，同比增长26.90%；水产饲料110万t，反刍饲料110万t，其它饲料60万t，同比分别增长3.10%、18.10%、14%。

3.猪禽产品价格大幅上涨，牛羊产品价格平稳。据对全国450个县级价格信息点统计，2007年前4个月，各类畜产品价格均有较大幅度增长。全国仔猪平均价格12.59元/kg，同比上涨42.20%；活猪平均价格9.17元/kg，同比上涨33.90%；猪肉14.69元/kg，同比上涨24%。鸡蛋平均价格7.35元/kg，同比上涨26%；活鸡平均价格12.19元/kg，同比上涨27.10%；西装鸡价格11.95元/kg，同比上涨22.60%。牛肉平均价格

20.05 元/kg,同比上涨 8.50%;羊肉平均价格 21.19 元/kg,同比上涨 14.30%。根据北京、天津、河北、山西、内蒙古、黑龙江奶牛主产省的统计,1~4 月份牛奶平均价格 1.96 元/kg,同比上涨 0.50%。

4.饲料价格稳中上涨。从 2006 年以来,玉米价格一直处在上升通道,2007 年 1 月份涨到 1.50 元/kg,之后连续 4 个月在 1.50 元/kg 以上。1~4 月份玉米平均价格 1.52 元/kg,同比上涨 19.70%。进口鱼粉平均价格 7.95 元/kg,同比增长 24.70%。猪配合饲料、肉禽配合饲料、蛋禽配合饲料平均价格分别为 2 元/kg、2.21 元/kg、2 元/kg,同比分别上涨 9.30%、5.50%、6.40%。

5.除奶牛外其它畜禽养殖效益提高,农民牧业收入增加。前 4 个月,猪粮平均比价 6.03:1,高于 5.5:1 的盈亏平衡点,农民养猪有利可图。综合各地调查,当前饲养一头商品猪盈利 80~150 元,饲养肉鸡每只获利 3 元左右,饲养蛋鸡可获利 10 元以上。出售一头肉牛可获利 500 元以上,肉羊 50 元以上。2007 年由于饲养奶牛的成本增加,而奶价持平没上涨,使得奶牛养殖效益下降,甚至一些奶农亏损。一头产奶 5t 的奶牛,产奶一个周期平均获利约 1 000~1 500 元,但如果摊上牛群中其它育成、未产奶牛饲养等成本,奶牛户总体微利或亏损。另据国家统计局统计,2007 年一季度,农民出售畜产品的人均收入为 180 元,同比增长 17.30%。

6.畜产品进出口额双增长,贸易逆差扩大。一季度畜产品出口额 8.2 亿美元,同比增长 4.10%;进口额 13.3 亿美元,同比增长 35%;贸易逆差 5.10 亿美元,同比增长 1.60 倍。其中,生猪产品出口 2.0 亿美元,同比下降 0.90%;进口 0.61 亿美元,同比增长 63.40%。家禽产品出口 2.1 亿美元,同比增长 4.60%;进口 1.8 亿美元,同比增长 87.60%。

二、畜产品价格上涨的原因分析

经过 20 多年的快速发展,畜牧业已成为各地发展农村经济、增加农民收入的重要途径。2006 年牧业产值达到 13 640.2 亿元,同比增长 2.20%,农民牧业收入占农村家庭经营现金收入的 28%。当前畜牧业量增、价升、效益好,主要原因是:

1.周期性波动的特点。我国生猪产品每 3 年 1 个价格运行周期,禽蛋、禽肉价格与生猪价格基本保持一致的运行规律,在上一个周期于 2006 年 6 月到达谷底后,开始反弹,2007 年上半年仍然处于价格回升期。

2. 饲养成本带动。2006 年以来玉米价格不断上涨,2007 年一直在 1.50 元/kg 以上,处历史高位。进口鱼粉价格从 2006 年 6 月份以来也一直在 7 元/kg 以上,2、4 月份达到 8 元/kg 以上,创历史新高。加之水、电、运输费用等提高,使得畜禽饲养成本不断增加,畜产品价格也居高不下。往年进入 4 月份猪、禽价格都有较明显的回调,但 2007 年却不一样,4 月份只有猪肉价格略下降,而仔猪价格连续上涨,活猪价格也在 2、3 月份小幅回调后 4 月份又继续上涨,鸡蛋价格 4 月份持平,畜产品价格可以说都在高位小幅波动。

3.生产者养殖信心恢复推动。2006 年下半年畜产品价格上扬,养殖效益由亏转盈,养殖户信心增强,纷纷补栏。加之新增母畜还未投入生产,仔畜供应量相对不足,仔畜市场价格明显上涨。1~4 月,仔猪平均价格为 12.59 元/kg,同比增长了 42.20%;肉雏鸡价格 2.36 元/只,同比增长了 47%。

4.节日消费拉动。1 季度受元旦、春节的节日效应影响,畜禽产品消费需求大幅增加,促进了畜禽市场价格的上扬。国家统计局数据表明,2007 年 1 月份全国禽蛋消费价格同比增长了 22.80%,环比增长了 3.20%;肉禽消费价格同比增长了 14.50%,环比增长了 1%。

三、当前存在的问题

1.传统饲养方式与畜产品安全、资源、环境的矛盾日益突出。动物产品中有毒有害物质残留现象时有发生,因动物疫病引发的生产者、消费者情绪波动依然存在;粗放饲养造成资源浪费;粪污处理滞后对环境造成污染。

2.农民组织化程度低,利益得不到有效保障,奶牛最为突出。由于农民组织化程度低,产品的质量,价格往往是企业说了算,压级压价,损害农民利益的现象时有发生。值得注意的是牛奶生产,由于生产成本增加过快,而牛奶收购价格没有相应提高,不少奶农出现亏损,有的地区发生宰杀奶牛现象。

3.饲料原料上涨太快,给今后畜牧业生产走势带来不确定因素。饲料主要原料价格较 2006 年同期上涨 20% ~ 30%,增加了饲养成本。当前工业争原料现象比较严重,玉米等原料价格上涨的可能性依然存在,对饲料企业和畜牧业生产造成的影响很难做出准确判断。

4.发展现代畜牧业推行健康养殖受到资金、技术等条件的制约。推行健康养殖,首要的是改造畜禽圈舍,其次是各环节的技术要求提高了,第三是对粪污处理的标准提高了。就目前我国广大农户来看,还没有完全具备条件,需要政府和有关部门给予扶持。

5.饲料企业的改革、重组、生产结构调整等有待加强。饲料企业规模太小,抗风险能力、聚集技术的能力不强;饲料生产结构与养殖业结构、效益变化的联系应加强。

6.畜牧业生产预警工作不能完全适应形势要求。畜产品价格、市场信息收集频率太慢,预警分析品种不全,分析不透,针对性不强。

四、畜牧饲料业生产和畜产品价格走势预测

从第1季度生产情况看,各类畜产品和工业饲料呈稳定增长态势。预计全年畜牧业生产仍将保持平稳增长,畜禽存栏略有增长,肉类总产增长2.50%,畜产品价格继续高位运行,养殖效益好于2006年。具体分析:

1.生猪生产。从2006年上半年开始,生猪存栏略有下降,2006年下降1.80%,2007年一季度下降0.30%。当前,养猪效益较稳定,仔猪价格上涨较快,说明农户补栏积极,预计全年生猪存栏持平,出栏小幅增长。生猪价格仍处于上涨阶段,加上饲料原料价格上涨,今后相当一段时期内呈上涨趋势。按照生猪价格三年一个变化,从2006年10月份是这个周期开始,该周期生猪收购价格很可能达到历史上从未有过的10元以上,但生产效益不一定比上个周期高,因为到目前为止,生产成本已高于上一周期平均成本20%~30%。

2.家禽生产。家禽生产基本沿着生猪生产的规律运行。2006年下半年以来,家禽产品价格恢复上涨,到目前家禽生产达到了较好的效益,调动了农民的生产积极性。2007年前4个月,蛋雏鸡价格每只2.46元,肉雏鸡价格每只2.36元,同比分别上涨26%、47%。说明农户补栏信心坚定,对后市乐观。

3.肉牛肉羊生产。牛羊肉消费和价格一直都保持平稳增长,全年价格增长幅度一般不超过8%。牛羊是草食动物,对粮食的依赖相对要小,成本比较稳定,加之市场需求比较旺,肉牛肉羊生产将继续保持较快发展,但生产效益受精料涨价影响,持平或略有下降。

4.饲料生产。随着养殖业形势的稳步发展,饲料需求将逐渐增加,饲料总量也将增长,但各类品种饲料增长速度将不同。其中,猪料增幅减缓,禽料、水产料较快增长,反刍料和特种料将快速增长。

五、促进畜牧饲料业生产稳定发展的对策及建议

当前畜牧业发展的大环境非常好。中央1号文件提出建设现代农业,要求发展健康养殖业。国务院4号文件对畜牧业的发展提出全面具体的要求,并在政策上给予许多指导和扶持。国务院关于促进奶业持续健康发展的意见在不久将要出台。与此同时,各地对发展畜牧业空前重视,出台了不少政策,制定了一系列行之有效的扶持措施。所有这些,对我国畜牧业持续健康发展、加快现代化建设有着重要意义。为贯彻落实好中央有关畜牧业发展政策,提出如下对策建议。

1.加快推行健康养殖。健康养殖是中央1号文件提出来的,各地均在进行探索,并提出一些有效的做法。简要叙述,健康养殖就是有基本技能的人,通过技术规范和程序,将畜舍、投入品和生态环境进行有机结合,生产出安全的畜产品。需要把握的重点环节包括,畜舍要符合条件,投入品要达到标准,粪污处理要合格,饲养管理要规范,疫病防疫要科学。部里正在与财政部协调,争取专项资金扶持,希望各地也积极调查研究,争取地方财政更多的支持。

2.增加对种畜禽场投入,保护畜牧业生产能力。种畜禽是畜牧业生产的基础,保住了种畜禽,也就等于保护了畜牧业生产能力,同样提高了种畜性能就等于提高了畜牧生产能力。为保持畜牧业持续稳定发展,建议国家直接对种畜禽场进行补贴,对原种猪场的母猪、祖代以上的种禽给予一定的补贴。此外,要扩大畜禽良种补贴规模和范围,提高农户养殖优质畜禽的积极性,进一步提高畜禽良种化比例。

3.稳定发展奶业。最近几年奶业连续出现问题,并且越来越严重,目前来看,奶牛饲养成本增加,而牛奶收购价格基本没变,饲养奶牛效益下降甚至亏损,并且出现了宰杀奶牛现象。对此,中央和部里都非常重视,多次调研,了解情况,并提出建议和措施。今后要加强奶业生产指导,提高组织化程度,规范企业行为,保证奶农合理稳定收益。

4.建立信息预警系统,提高信息服务质量。要改进现有的统计方法,完善指标体系,以抽样调查逐步取代全面统计,在畜牧业主产区和畜产品主销区建立信息监测点,逐步形成覆盖全国的市场监控体系。及时收集生产、价格、销售、消费信息,建立预警模型,定期分析、发布畜牧经济运行状况,预测未来走势,对某一品种、某一时段、某一地区可能出观的生产过热、产品过剩或供不应求提出预警信息,防止生产大起大落。

5.完善利益联结机制,提高农民组织化程度。一是要引导和鼓励各地建立专业合作经济组织、生产者协会及股份合作制,把分散的农民组织起来,确定农户在市场中的主体地位;二是要发挥现有的合作组织及各协会的作用,研究探讨龙头企业、专业合作组织、协会、农户之间的利益连接机制,真正形成农户与企业之间风险共担、利润共享的利益共同体,共同提高抵御市场风险的能力,提高农民收入。

6.加强畜牧标准化建设,提高畜产品质量安全。要结合我国畜牧业的实际情况,建立健全直接与食品安全有关的动物防疫、兽药、饲料等投入品的质量及动物性产品有毒有害物质的控制标准,以及技术操作规程,实现畜产品产前、产中、产后各个环节标准化工作,把标准化生产作为推动畜牧业优质化、产业化、现代化的主导措施。不断加强研究,尤其是发达国家的有关技术标准,缩小我国与国外的差距,生产出符合出口标准的畜产品,扩大畜产品出口。提高畜产品竞争力,扩大出口是缓解国内市场压力的有效措施,尤其肉鸡产业表现的十分明显,一旦出口受阻,国内就会出现相对过剩。因此今后一定要在标准化、安全生产方面下功夫,做好"畜牧业利用两种资源,占领两个市场"这篇文章。

联合提升 志存高远

——在中国饲料行业宣传发展联谊会第八届年会上的讲话

王随元
中国饲料工业协会副会长
中国饲料行业宣传发展联谊会会长
(2007 年 10 月 19 日)

中国饲料行业宣传发展联谊会两年没有开年会了,今天见到大家很高兴。祝贺大家在过去两年里取得的成功,感谢大家为我国饲料工业的发展做出了新的贡献!

2007 年的年会,除了大家要沟通信息,交流经验,研究工作,还有一件喜事,就是我们联谊会增设了一个分会——中国饲料行业宣传发展联谊会企业分会。让我们热烈祝贺联谊会企业分会的成立!

两年没相聚,大家都有很多话要说,要交流。我想借此机会,对我们饲料行业媒体的工作谈一点意见,与各位交流一下想法,供大家参考。

我们媒体的工作,是做舆论工作。舆论工作,有其独特之处。它不同于科技工作、管理工作、营销工作、财务工作等等。但与其它工作,也有相同之点,那就是为企业的发展服务,为行业的发展服务,都是为了企业、行业的快速、健康、持续发展。只是服务的方式不同,方法不同。我们媒体服务的载体是报纸,是刊物,是网站。我们媒体的服务任务,是导向。既然是导向,就要有宽阔的视野,要有超前的见识,当然也要有导向艺术。要做到这些,就要不断地学习,要耳听八方,眼观六路,了解各方面的信息,掌握行业最前沿的动态,还要懂得许多方面的知识,因此,要真正成为一个出色的舆论工作着,非下苦功不可。不经一番寒彻骨,哪得梅花扑鼻香?

改革开放以后,特别是加入 WTO 以后,我们企业进入了一体化的市场,因此,"走出去"是必然趋势。"走出去",不但是走出国门,还包括走出本地,走出本省。从小市场走向大市场,是企业的必然趋势。那么,我们的媒体也要适应企业的需要,适应行业的需要,为走向大市场做好导向,做好服务。显然,企业要走出本地,就要了解外地。同时,还要外地了解你,接受你,你才能落脚生根。这就需要我们媒体做大量的宣传舆论工作。现在,我国饲料工业正处在由生产大国向饲料强国跨越的阶段,我们媒体有充分的用武之地,是大有作为的时候。我们的企业、行业有了新的发展机遇,企业、行业的媒体,也有了新的发展机遇。

我们饲料行业的媒体,大体上是 3 个层次:一个是企业的媒体,一个是省属行业媒体,再一个是全国行业媒体。这 3 个层次,只是隶属的不同,没有高低贵贱之分。应该说,也没有服务范围的分工。大家知道,上海有个《新民晚报》,广东省有个《南方周末》,广州市有个《羊城晚报》,这几家报纸,都是地方报纸,但都行销全国,行销国外,深受各方面读者欢迎。我举这个例子是想说,我们做舆论工作的,要把眼光放远大一些,要志存高远。如果我们的企业媒体能走出企业,省属媒体能走出本省区,行业媒体能走出本行业,那么,我们的作用,我们对企业、对行业的贡献,就要大得多了。这里说的媒体走出去,不是说要离开本企业,离开本行业去"发展",去追逐与本行业无关联的内容,那是舍本逐末,不会成功的。媒体走出去,指的是扩展舆论覆盖面,扩大影响面,目的还是为企业发展,为行业发展。要做成小单位,大媒体,当然要做很多研究,要下很大功夫,也不可能一蹴而就。就像我们的企业,要走出本地,走出国门一样,需要一步一个脚印地去做。

当前,市场竞争日趋激烈,企业利润降低,风险加大。船大抗风浪。企业联合、合作的速度加快。我们宣传发展联谊会可以在这方面多想些点子,多做些工作促进企业间的联合提升。我们联谊会企业分会的设立,也是恰逢其时,相信,我们下次再相聚的时候,一定可以听到大家带来更多的喜讯!

饲料行业组织机构

全国各省、自治区、直辖市、计划单列市饲料工业(工作)办公室组织机构一览表

单位	主任	副主任	编制	级别	成立时间	性质	经费来源	隶属关系	隶属关系变更及时间	办公地址	联系人	电话 传真	邮编
北京市畜牧管理处(畜牧管理办公室)	梅克义	王大山			2000.6	行政		北京市农业局	2000.6.	北京市西城裕民中路6号	王继彤	010-82031928 010-62044607(F)	100029
天津市饲料工业办公室(农业综合处)	傅惠文	孙宪	2	处级	1989.3	行政	财 政	天津市农村工作委员会	1989.3	天津市河西区黑牛城道177号市农委703室	孙 宪	022-88290636 022-88290609(F)	300061
河北省饲料工作办公室	李建国	赵吉祥	6	处级	1990.7	具有行政职能事业单位	财政拨款	河北省畜牧兽医局	2005.10	河北省石家庄市翟营大街385号	郭丽鲜	0311-85885036 0311-85885036(F)	050031
山西省饲料工业办公室	李广	吕世秀	与畜牧局合署办公	处级	1991.5	行政	无	山西省畜牧兽医局	1995.6与省农业厅畜牧兽医局合属	山西省太原市迎泽大街312号	张艳梅	0351-4129732 0351-4129732(F)	030001
内蒙古自治区饲料工作办公室(草原饲料处)	牧 远(兼)	宗玉德(兼)		正处	2000.5	行政		内蒙古自治区农牧业厅	2000.5.10日由区经委划归区畜牧业厅草原处	内蒙古呼和浩特市兴安南路216号	宗玉德	0471-6262721 0471-6652039(F)	010010
辽宁省饲料工作办公室	郝洪璋	徐国荣	6	处级	1983.6	行政	财政拨款	辽宁省动物卫生监督管理局	1990年前在省经委,1990年后在农村工作办,2004年5月在省动物卫生监督管理局	辽宁省沈阳市和平区太原北街2号	孟雅环	024-23448298 024-23448222(F)	110001

单位	主任	副主任	编制	级别	成立时间	性质	经费来源	隶属关系	隶属关系变更及时间	办 公 地 址	联系人	电话　传真	邮编
吉林省饲料工作办公室(草原饲料处)	胡业平	无	5	处级	2000.9	行政	财政拨款	吉林省牧业管理局	2000.9	吉林省长春市人民大街1486号	王英	0431-82713664 0431-82713664(F)	130051
黑龙江省饲料工业办公室	朱良坤		4	处级	1986.3	行政	省财政	黑龙江省畜牧兽医局	2000.6由省农委到省畜牧局	黑龙江省哈尔滨市香坊区文府街4-1号	王向红	0451-82636147 0451-82650907(F)	150040
上海市饲料工作办公室(上海市畜牧办公室)	张苏华	陶振华	2	处级	1986	行政	财政拨款	上海市农村工作委员会	2001.1从市商到市农委	上海市大沽路100号3006室	章伟建	021-23113098 021-63580987(F)	200003
江苏省饲料工作办公室(畜牧处)	宋晓春	严建刚	8	处级	2000.10	事业	全额拨款	江苏省畜牧兽医局	2000.10由省农业厅到省农林厅	江苏省南京市龙江小区月光广场8号农林大厦	严建刚	025-86263915 025-86222651(F)	210036
浙江省饲料工作办公室	张火法	周仲儿	8	处级	2000.9	事业	省财政	浙江省畜牧兽医局	2000.9归属省农业厅,2004.3归省畜牧局	浙江省杭州市凤起东路29号	周仲儿	0571-86757937 0571-86041245(F)	310020
安徽省饲料工作办公室	董卫星	沈华理	1	处级	1996	行政	政府拨款	安徽省农业委员会	1995年前属省粮食局,1996年后属省农业厅	安徽省合肥市美菱大道农业大厦421号	杨林	0551-2610214 0551-2669100(F)	230001
福建省饲料工作办公室	兰坪亮	黄宏源 陈贵英	3	处级	1996.6	行政	财　政	福建省农业厅	2000.12月底属省农业厅	福建省福州市鼓屏路183号省农业厅内	陈贵英	0591-87851058 0591-87832712(F)	350003
江西省饲料工业办公室	王光明	娄佑武	10	正处	1986	全额事业	财政拨款	江西省农业厅	2002.2由省计委划归到省农业厅主管	江西省南昌市省府大院农业厅13楼	黄潮	0791-6217341 0791-6211476(F)	330046
山东省饲料工作办公室(饲料处)	杜明宏	刘玉珍		处级	2000.4	行政	财政拨款	山东省畜牧兽医局	2000.4	山东省济南市槐树街68号	王　文	0531-87198095 0531-87198095(F)	250022
河南省饲料工业办公室	李水彦	张雄	4	处级	1995.10	行政	财政拨款	河南省畜牧局	1993年从省计委转畜牧局	河南省郑州市经三路91号	李灵平	0371-65778885 0371-65778981(F)	450008
湖北省饲料工作办公室	田国敏	王　渝	3	处级	1985.5	行政	财政拨款	湖北省农业厅	1995.12从省经委到省农业厅	湖北省武汉市武昌区武珞路519号	黄倩蓉	027-87870641 027-87870641(F)	430070

单位	主任	副主任	编制	级别	成立时间	性质	经费来源	隶属关系	隶属关系变更及时间	办 公 地 址	联系人	电话 传真	邮编
湖南省饲料工业办公室	黄才高	赵明 杨建武 欧阳龙	9	正处	1935.10	行政性事业单位	全额拨款	湖南省畜牧水产局	2003 年从省计委变更到省农业厅	长沙市韶山北路 112 号	赵明	0731-4423340 0731-4423340F)	410011
广东省畜牧兽医办公室(畜牧处)	罗道旭	蔡玉珍	2	处级	2000	行政	财政拨款	省农业厅	2000.8 从贸易委员会到省农业厅	广州市先烈东路 135 号	傅婕丹	020-37288900 020-37288284(F)	510500
海南省饲料工作办公室	王杏蕃调研员(主持工作)		2	处级	1992	行政	财政拨款	海南省农业厅		海口市海府路原省委大院第二办公楼 311 室	黎金莲	0898-65303519 0898-65362930(F)	570204
广西壮族自治区饲料工业办公室	梁纪豪	宁向军		正厅级	2000.4	行政	财政拨款	广西壮族自治区水产畜牧局	2000.8	广西南宁市七星路 135 号	吴晓丹	0771-2800023 0771-2800023(F)	530022
重庆市饲料工业办公室	程必元	雷一也(副处)	7	处级	1986.8	行政	财政拨款	重庆市农业局	1997 年由市农委划归市农业局	重庆市北部新区黄山大道中段 186 号	刘白琴	023-89133142 023-89133141(F)	401121
四川省饲料工业办公室	李淳	周朝华	4	副厅级	1987.2	行政	财政拨款	四川省畜牧食品局	1995 年变更到省畜牧食品局	四川省成都市武侯祠大街 3 号	李宗明	028-85545641 028-85580420(F)	610041
贵州省饲料工作办公室	向安霞	李建	4	正处	1991	行政	全额拨款	贵州省农业厅(副厅级)	1996 年从省经贸委变更到省畜牧局	贵州省贵阳市延安中路 62 号	廖云华	0851-5286424 0851-5289155(F)	550001
云南省饲料工作办公室	徐祖林		与畜牧局合署办公	处级	2000.11	行政	财政拨款	云南省农业厅	2000.11(云南省饲料办原名为云南省食品饲料工业办公室,成立于 1980 年 9 月)	云南省昆明市万华路 169 号(齐宝酒店 8 楼)	王文惠	0871-5749524 0871-5749524(F)	650024
陕西省饲料工业办公室	赵辉文	王清喜 杨帆 罗新安	16	处级	1986	事业	全额拨款	陕西省畜牧兽医局		陕西省西安市习武园 27 号	陈亦兵	029-87321764 029-87321764(F)	710003

单位	主任	副主任	编制	级别	成立时间	性质	经费来源	隶属关系	隶属关系变更及时间	办公地址	联系人	电话 传真	邮编
甘肃省饲料工业办公室	倪鸿韬	周生明	6	正处	1996.6	事业单位行政职能	财政拨款	甘肃省兽医局	1989 年前归省计委，1989 年后改挂省畜牧厅	兰州市秦安路 1 号	王秋娟	0931-8823911 0931-8816211(F)	730030
青海省饲料工作办公室	白凤奎	王贵林	2	处级	1987.5	行政	财政拨款	青海省农牧厅	1995.5 由省经贸委挂靠省畜牧厅，2003.5 挂靠在省农牧厅	西宁市交通巷 4 号	王贵林	0971-6136031 0971-6136031(F)	810008
宁夏回族自治区饲料工业办公室	王华	姚伯平	5	处级	1986.11	事业	行政拨款	宁夏回族自治区农牧厅畜牧兽医局	2000 年由区畜牧局划归区农牧厅	宁夏银川市解放西街 228 号	姚伯平	0951-5065241 0951-5065951(F)	750001
新疆维吾尔自治区饲料工业领导小组办公室	熊斌	艾克拜尔	5	处级	1989	行政	财政拨款	新疆维吾尔自治区区畜牧厅	1992 年底改为新疆区饲料工业领导小组办公室	乌鲁木齐市新华南路 408 号	刘君健	0991-8567730 0991-8567730(F)	830004
青岛市饲料工业办公室	苏建宪		5	正处	1990.2	事业	财政拨款	青岛市畜牧兽医局	2001.5 主管部门由经委变更市畜牧服务中心后归市农委	青岛市栖霞路 9 号	孙韶嵘	0532-82867176 0532-82888803(F)	266003
大连市饲料工作办公室	袁玉国	张蓉	5	处级	2001.12	行政	财政拨款	大连市动物卫生监督管理局	2001.12 前属市计委	大连市西岗区新开路 87 号金福大厦西门	张蓉	0411-83689265 0411-83689265(F)	116011
沈阳市饲料工业办公室	王明英		8	处级	1993	事业	财政拨款	市农村经济委员会		辽宁省沈阳市沈河区正阳街 285 号	郑立强	024-24845112 024-24843381(F)	110011
深圳市饲料管理办公室	黄昭瑜		4	处级	2001.11	行政	财政全额	深圳市农林渔业局畜牧处	2001.11	深圳市福中三路市中心西区一楼 340 室	廖敬扬	0755-82001967 0755-82001951(F)	518035
厦门市饲料工业领导小组办公室	陈集生		3	正处	1999	行政	市财政局	厦门市农业局	2003 年初归市农业局畜牧兽医处	厦门市莲前西路 115 号	李文生	0592-5351361 0592-5351632(F)	361012

（李大鹏）

全国各省、自治区、直辖市、计划单列市饲料工业协会组织机构一览表

省别	会长	秘书长	副秘书长	成立时间	换届时间	隶属关系	办公地址	邮编	联系人	电话	传真	E-mail
北京市饲料工业协会	谢仲权	潘明	程宏典	1986.2	2008.4	市农委	北京市宣武区广安门南街48号京都紫禁城饭店三层2325房	100054	黄建华 王治平	010-63542944 010-63519154 010-63542607	010-63542944	bjslxm_010@163.com
天津市饲料工业协会	王文杰	郭宏	穆淑琴	1991.12	2006.11	市农委	天津市西青区外环西线38公里(天津市畜牧兽医研究所内)	300112	王超	022-27795574	022-27796397	timesfeed@126.com
河北省饲料工业协会	李建国	白亮亮	杨冬 侯玉漂	1997.6	2004.12	省工经联	河北省石家庄翟营大街385号	050031	侯玉漂 何淑平	0311-85888039 0311-85888209	0311-85888039	siliaokeji@vip.sina.com
山西省饲料工业协会	董希德（副厅长）	吕世秀	张艳梅	1997.4	2005.12	省农业厅	山西省太原市迎泽大街312号	030001	张艳梅	0351-4129732	0351-4129732	shanxislb@sohu.com
内蒙古自治区饲料工业协会	纪大才	杨红东	张连义	2002	2008.1	自治区农牧业厅	内蒙古呼和浩特市赛罕区昭乌达南路	010020	张连义	0471-4690869 13474917070	0471-4911217	zhangliangyi321@163.com
辽宁省饲料工业协会	刘志民	张建勋	张宝才	1986.5	2006.12	省动物卫生监督管理局	辽宁省沈阳市沈河区小南街281号	110016	张宝才	024-24145743 024-24810160	024-24145743	24145743@163.com zbc@cnho.com
吉林省饲料工业协会	王秀林	胡业平	柳思厚	1991.1	2001.10	省牧业管理局	吉林省长春市人民大街1486号	130051	柳思厚	0431-88910154 13604409888	0431-82713664	baohepeng@163.com
黑龙江省饲料工业协会	赵　羽	刁新平	周来顺	1986.9	2006.11	省畜牧兽医局	黑龙江省哈尔滨市南岗区宣化街412号恒润嘉园A栋503室	150009	孙丽焕 朱连晶	0451-87525892 0451-82625668	0451-87525519	nefi@vip.163.com
上海市饲料行业协会	赵子琴	凤懋熙	—	1984.11	2007.7	市农委	上海市常德路1265号712室	200060	姚依敏 杨海华	021-62770093 021-62981301	021-62980344	sfta@sfta.org.cn
江苏省饲料工业协会	王春喜	宋晓春	严建刚	1985	2008.6	省农林厅	江苏省南京市龙江小区月光广场8号农林大厦914	210036	严建刚 华棣	025-86263915 025-86263914	025-86222651	yanjg99@163.com
浙江省饲料与动物保健品协会	沈利明	赵国源	何世山	1999.11	2002.6	省农业厅	浙江省杭州市御云路111号	310021	唐国燕 王炳阳	0571-86496189 0572-86490906	0571-86497709	ahp2005@126.com

省别	会长	秘书长	副秘书长	成立时间	换届时间	隶属关系	办 公 地 址	邮编	联系人	电 话	传 真	E-mail
安徽省饲料工业协会	董卫星	季学枫	王明辉	1999.9	2005.12	省农业委员会	安徽省合肥市徽州大道 197 号农业大厦 4 层 402 室	230001	傅胡翠 吴皖榕	0551-3225548 0551-2614993 0551-2618130	0551-2618130	siliaoxiehui8888@126.com
福建省饲料工业协会	曾丽莉	胡春	陈贵英	1994.12	2008.4	农业厅	福建省福州市华林路 123 号省农业厅内	350003	陈兵	0591-87859740 0591-87848820	0591-87859740	fjfeed@163.com
江西省饲料工业协会	张忠平	兰永清	—	1983.3	2002.8	省农业厅	江西省南昌市省府大院农业厅 18 楼	330046	王光明	0791-6218465 0791-6217341	0791-6211476	nytxmj@jiangxi.gov.cn
山东省畜牧协会饲料分会	杨在宾	李祥明	王文 李桂华	2006.1	—	省畜牧兽医局	山东省济南市槐村街 68 号	250022	康永利 姜良森	0531-87198588 0531-87198966	0531-87198588	sdfeeds@163.com
山东省饲料工业协会	石军	—	李相树	1985.12	1996.2	省经贸委	山东省济南市文化西路 41 号 3 层	250011	李相树 王蕾	0531-87300156 0531-86014104	0531-86014104	sdfia888@163.com
河南省饲料工业协会	谢振生	李水彦	张雄	1996.10	2006.10	畜牧局	河南省郑州市经三路 91 号	450008	朱爱惠	0371-65778880 0371-65778881 0371-65778885	0371-65778981	zysl8880@126.com llp1024@163.com
湖北省饲料工业协会	谢科生	彭安强	黄倩蓉	1985.10	2003.3	省农业厅	湖北省武汉市武珞路 519 号	430070	周少军	027-87876982 027-87870641	027-87870641	hb-wh-hqr@263.net
湖南省饲料工业协会	余英生	黄才高	欧阳龙	1985.10	2005.12	省农业厅	湖南省长沙市韶山北路 112 号 5 楼	410011	尹华平 熊宇	0731-2569227 0731-2238075	0731-4445743	hunansl@hunanfeed.com
广东省饲料行业协会	罗道翔	林海丹	周洪	1991.3	2007.6	省农业厅	广东省广州市先烈东路 135 号	510500	周洪 黄丽梅	020-37289311 020-37288723	020-37288723	gdfeed@vip.163.com
海南省饲料工业协会	周耀权	张绍君	—	1998.6	—	省农业厅	海南省海口市海府路 52 号金海棠商务酒店 1202 房	570203	张绍君 陈冬玲	0898-65316798 0898-65316298	0898-65316298	
广西壮族自治区饲料工业协会	罗广烈	陈家伊	卢玉发	1986.6	2006	水产畜牧兽医局	广西南宁市七星路 135-1 号	530022	卢丽枝	0771-2800023	0771-2800023	llz8891@163.com
四川省饲料工业协会	冯元蔚	李 淳	周朝华	1987.9	2007.12	省畜牧食品局	四川省成都市武侯祠大街 3 号	610041	李宗明 吴岚	028-85545641 028-85545641	028-85580420	wulan0804@yahoo.com.cn
重庆市饲料工业协会	刘作华	骆意	童晓莉 林保忠 郑群	1986.8	2006.7	重庆市畜牧科学院	重庆市渝中区人民路 2 号	400010	郑群	023-68625302	023-68611351	cpfeed@163.com zq7920@163.com

省别	会长	秘书长	副秘书长	成立时间	换届时间	隶属关系	办公地址	邮编	联系人	电话	传真	E-mail
贵州省饲料工业协会	赵熙贵	罗次毕	廖云华	1991	2003.10	省农业厅	贵州省贵阳市延安中路 62 号	550001	赵丽芬 赵熙贵	0851-5286719 0851-5286424	0851-52864249	slb0850@163.com
云南省饲料工业协会	徐祖林	王文惠	成绍先	1987.1	2007.12	省农业厅	云南省昆明市穿金路 156 号齐宝酒店 8 楼 805、806 室	650225	陶冶	0871-5616557 0871-5749524	0871-5616557	ty521@126.com
陕西省饲料工业协会	王焕有	赵辉文	—	1989.11	2008	省农业厅	陕西省西安市习武园 27 号	710003	陈亦兵	029-87345955	029-87321764 029-87343729	cyb307@126.com
甘肃省饲料工业协会	张月安	张华炽	—	1991.12	未换届	省兽医局	甘肃省兰州市城关区秦安路 1 号	730030	王秋娟	0931-8823911-2221	0931-8816211 0931-8846399	wangqiu.juan8102@163.com gansuslb@sohu.com
青海省饲料工业协会	阿旺尖措	白凤奎	武秀云 刘书杰 唐国盛 韩增祥	1987.10	2003.11	省农牧厅	青海省西宁市交通巷 4 号	810008	唐国胜 石玉生	0971-6136031 0971-5511361	0971-6102929	tangguosheng0366@tom.com
宁夏回族自治区饲料工业协会			姚伯平	1986.12	1994.6	农牧厅	宁夏银川市解放西街 228 号	750001	高新雯 郑辉	0951-5065241 13007988635 13909510833	0951-5065951	siliaoban@163.nx.cn
新疆维吾尔自治区饲料工业协会	吐尔逊·吾守尔	聂新	熊斌	1992.10	未换届	新疆畜牧厅	新疆乌鲁木齐市新华南路 408 号	830001	刘君健 王炜国	0991-8567730	0991-8567730	xjslbljj@163.com
大连市饲料工业协会	刘忠权	宫淑清		2004.11	—	市农委	大连市西岗区新起屯 133 号	116013	方琳琳	0411-84501637 13354048555	0411-84503479	dlfia@163.com
青岛市饲料工业协会	张成堂	苏建宪	刘学清	1990.11	2005.12		青岛市栖霞路 9 号	266003	苏建宪 孙韶荣	0532-82867176 0532-82861233	0532-82888803	qingdaofeed@163169.net
厦门市饲料工业协会	蔡万惠	高翠红	—	2000.12	2005.12	市农业局	厦门市开元区槟榔西里 148 号 B 座 6 楼	361004	高翠红 马雄英	0592-5062631 0592-3992048	0592-5062631	gch3@sina.com.cn
深圳市畜牧(饲料)行业协会	李职	金铁城	董塞新	1994.12	2006.3	市民间组织管理局	深圳市上步中路 1039 号信托工贸大厦北座 502 室	518006	金铁城 董塞新	0755-83252125	0755-83252125	szxm0105@163.com

（余　欣）

专　题　篇

饲料加工工业概况

2007年,我国饲料行业经受了禽流感、猪高致病性蓝耳病等重大动物疫情冲击,克服了生猪存栏下降、原料价格高涨及食品安全事件等因素的制约,在国家一系列扶持政策引导和畜产品高价位拉动下,生猪生产逐渐恢复,饲料工业及畜牧生产稳步发展。工业饲料中,除猪饲料较2006年略有下降外,其他品种饲料呈现不同幅度增长,特别肉禽饲料发展迅猛。全国饲料工业总产值达到4 009亿元,占畜牧业总产值近28%,占农业总产值近10%。其中工业饲料总产值3 335亿元,同比增长14.70%,饲料添加剂199亿元,动物源性饲料45亿元,饲料机械设备430亿元。工业饲料产量连续3年突破1亿t大关,占世界总产量近1/5,连续17年稳居世界第二。

一、2007我国饲料工业保持良好的发展局面

1.产量持续稳定增长。2007年,我国饲料生产发展势头良好,取得了较大增长,增长速度处于近年来最高。根据各省(自治区、直辖市)提供的数据,2007年饲料工业总产量达1.23亿t,同比增长11.50%。配合饲料产量为9 319万t,同比增长14.81%;浓缩饲料产量为2 491万t,同比增长1.43%;添加剂预混合饲料产量为521万t,同比增长7.17%。

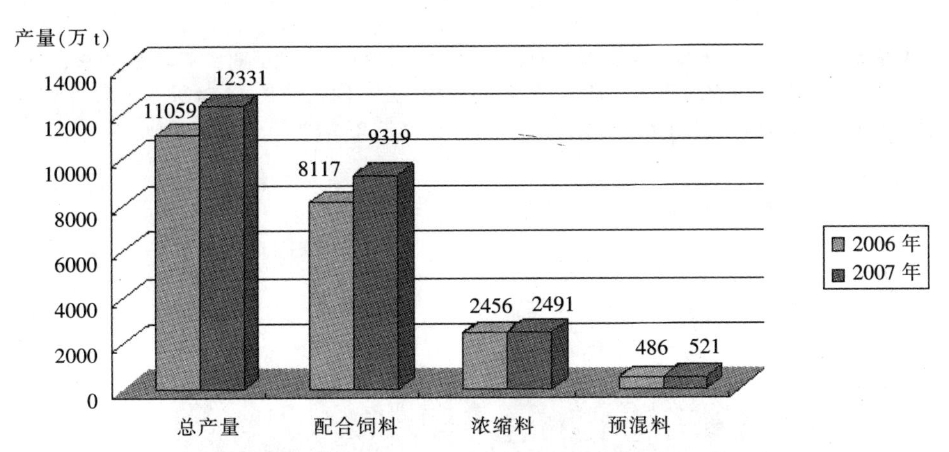

2006年、2007年饲料产量对比图

2.产品结构进一步优化。2007年我国饲料产品结构变化较大,配合饲料、浓缩饲料和预混合饲料在饲料总产量的比重分别为76%、20%和4%。配合饲料产量同比提高了3%,浓缩饲料同比下降3%,预混合饲料比较平稳。

配合饲料中,猪配合饲料总产量2 411万t,同比增长0.61%;蛋禽配合饲料1 820万t,同比增长16.07%;肉禽配合饲料3 270万t,同比增长30.32%;水产配合饲料1 287万t,同比增长7.06%;反刍动物配合饲料350万t,同比增长29.35%;其他配合饲料180万t,同比增长6.11%。

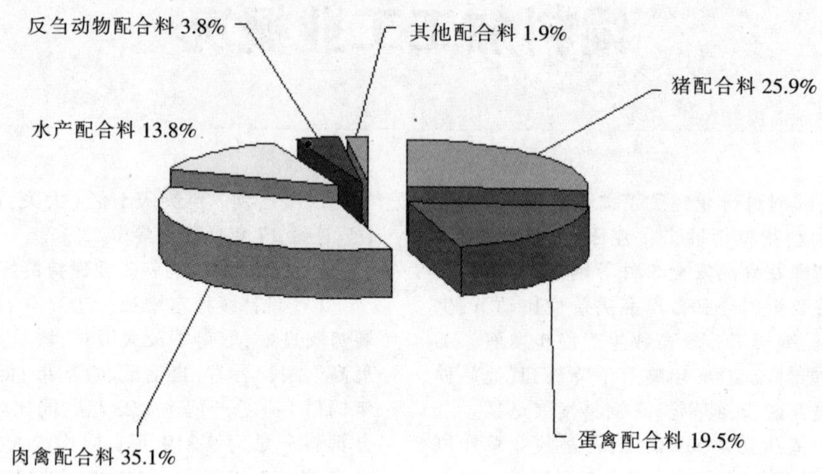

2007 年全国配合饲料结构比较图

浓缩饲料中，猪浓缩饲料总产量 1 312 万 t，同比下降 3.09%；蛋禽浓缩饲料 596 万 t，同比增长 9.40%；肉禽浓缩饲料 336 万 t，同比下降 0.24%；水产浓缩饲料 15 万 t，同比下降 26.48%；反刍浓缩饲料 193 万 t，同比增长 14.54%；其他浓缩饲料 39 万 t，同比增长 23.04%。

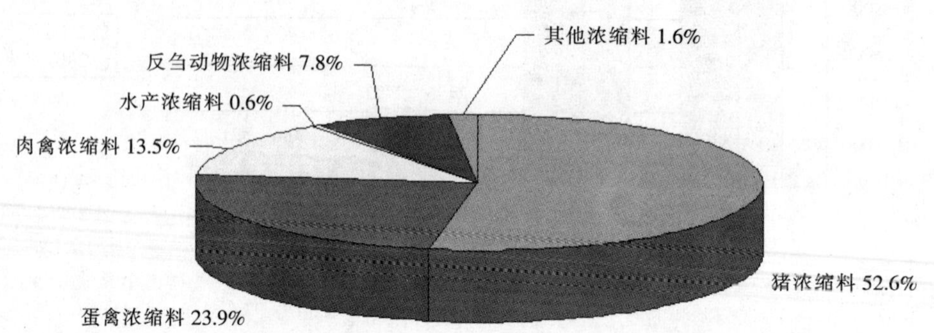

2007 年全国浓缩饲料结构比较图

预混合饲料中，猪预混合饲料总产量 278 万 t，同比增长 4.99%；蛋禽预混合饲料 102 万 t，同比增长 13.86%；肉禽预混合饲料 54.50 万 t，同比增长 8.01%；水产预混合饲料 25 万 t，同比增长 28.87%；反刍动物预混合饲料 25 万 t，同比增长 7.47%；其他预混合饲料 37 万 t，同比下降 5.37%。

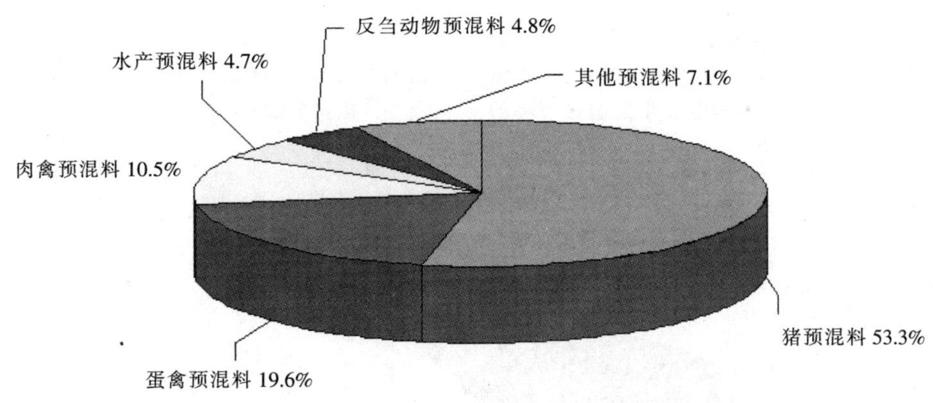

2007 年全国预混合饲料结构比较图

3.禽饲料比重增大，猪饲料比重减少。2007 年，猪饲料、蛋禽饲料、肉禽饲料、水产饲料、反刍动物饲料和其他饲料产量分别为 4 001 万 t、2 518 万 t、3 661万t、1 326 万 t、568 万 t 和 256 万 t，同比增减幅度分别为-0.35%、14.32%、26.37%、6.85%、22.74%和 6.39%。除猪饲料受存栏量大幅下降影响同比下降以外，其他品种都呈现稳步增长的势头；猪禽产品的互补效应影响，生猪产品的高价位带动了养殖周期短的禽类养殖快速发展，特别是肉禽养殖业的发展，相应猪禽饲料比重发生了新的变化。2007 年猪饲料所占比重由 2006 年的 36%下降到 32%，下降 4%，为 6 年来最低。禽饲料所占比重由 2006 年的 46%提高到 50%，提高 4 个百分点。

4.东西区经济带发展势头更旺。2007 年，东部 10 省总产量为 5 576 万 t，占全国总产量的 45.22%；东北 3 省总产量为 1 714 万 t，占全国总产量的 13.90%；中部 6 省总产量为 2 752 万 t，占全国总产量的 22.32%；西部 11 省（不含西藏）总产量为 2 289 万t，占全国总产量的 18.56%。和 2006 年相比，东部 10 省增长 14.14%，东北 3 省增长 5.74%、西部 11 省增长 13.20%，中部 6 省增长 8.88%。从区域发展速度看，我国饲料工业权重经济带的东部 10 省保持着迅猛发展势头、西部 11 省的饲料发展也正在崛起，中部 6 省和东北 3 省相对平稳。

从各地区产量的绝对量增减情况看，山东增长最多，增长 221 万 t，其次为江苏、广东、河北、四川等省，分别增长 117 万 t、103 万 t、90 万 t、90 万 t。绝对量下降的省份只有青海省，产量下降了 0.7 万 t。

5.原料供应稳定，基本满足需求。(1)玉米。根据国家粮油信息中心预测，2007 年全国玉米产量为 1.48 亿 t，达到了历史最高水平，较 2006 年的 1.45 亿t 增长 1.73%，总量水平连续保持 4 年增长。据海关统计，2007 年国内进口玉米 3.50 万 t，同比下降 46.07%；出口玉米 491.40 万 t，出口量同比增长 60.03%；(2)大豆。2007 年国内大豆产量为 1 400 万t，较 2006 年的 1 572.5 万 t 降低 10.97%，我国大豆产量已连续 3 年下降。据海关统计，2007 年国内进口大豆总量为 3 082.1 万 t，同比增长 9.03%，再创历史新高；(3)鱼粉。2007 年国产鱼粉产量约为 49 万 t，同比下降了 3.92%。据海关统计，2007 年共进口鱼粉 96.6 万 t，同比减少 1.30%。2007 年国内鱼粉供应总量约为 122 万 t 左右，同比下降 18.70%，总消费量约为 115 万 t，同比减少 4.20%；(4)饲料添加剂氨基酸：①蛋氨酸。2007 年我国的养殖业处于缓慢恢复期，对蛋氨酸的需求数量稳中略升，累计进口蛋氨酸 9 万 t，同比增加 11%，比 2006 年 8.10 万 t 的数量增加了 9 000 余 t，创下了又一历史新高。2007 年蛋氨酸的全球总产量近 65 万 t，各厂家在我国的总供应量约 9 万 t。2007 年国内的家禽养殖业迅猛发展，大大促进了蛋氨酸的需求，2007 年蛋氨酸总需求量约为 8.50 万 t。②赖氨酸。2007 年国内赖氨酸产量约为 50 万 t（含 65%赖氨酸），同比下降 3.97%。2007 年我国累计出口赖氨酸 14.50 万 t，而进口量仅为 1.80 万 t，净出口数量达到 12.70 万 t，赖氨酸的飞速发展使得我国在国际市场上越来越有发言权。2007 年，国内的生猪存栏量逐步恢复，赖氨酸需求也有所回升，2007 年国内的赖氨酸市场需求量约为 25 万 t（按 98.50%折合）左右，较 2006 年增长了约 10%。赖氨酸市场供给量较大。

6. 企业数量连续两年减少，行业整合速度加快。2007 年全国饲料企业按经济类型统计总数为 15 376 家，比 2006 年减少 125 家，同比下降 0.81%。企业数量连续两年出现下降。其中国有企业340家，集体企业312家、私营企业8 414家、联营企业479家、股份制企业4 945家、港澳台企业168家、外商企业237家、其他企业481家。与2006年相比国有企业、集体企业、私营企业、外商企业和其他企业呈明显下降的趋势，分别减少67家、119家、679家、84家和110家，同比下降分别为16.46%、27.61%、7.47%、26.17%和18.61%。联营企业增加27家，同比增长5.97%；股份制企业增长904家，同比增长22.37%；港澳台企业增加3家，同比增长1.82%。

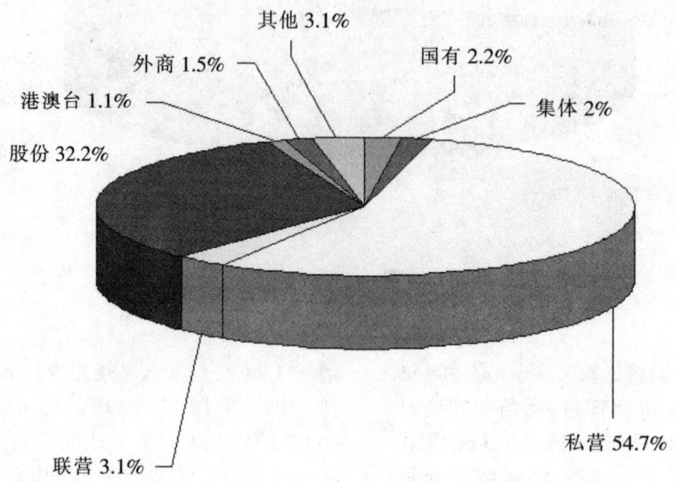

2007年全国饲料加工企业结构比较图

7.从业人数略有下降，专业技术人才增加。2007年饲料企业年末职工人数为53.60万人，同比下降0.36%。大专以上技术人员15.60万人，占职工总人数的29.10%，其中博士共计1 254人，占职工总人数的0.23%；硕士4 211人，占职工总人数的0.79%；大学本科52 900人，占职工总人数的9.87%；大学专科97 655人，占职工总人数的18.21%；技术工种60 435人，占职工总人数的11.27%。2007年博士从业人数减少16人，硕士从业人数增加460人，大专以上专业人才接近总人数的3成。

8.机械设备总量增长，成套机组设备下降。2007年共生产饲料加工机械设备29 473台套，比2006年增加4 043台套，同比增长15.90%。其中成套机组2 376台套，比2006年减少1 015台套，同比下降29.93%；单机27 097台，比2006年增加5 058台，同比增加22.95%。在成套机组中，时产10t以上设备371台套，比2006年减少56台套；时产5~10t的设备662台套，比2006年增加15台套；时产1~5t的设备1 343台套，比2006年减少974台套。在单机设备中，粉碎机11 991台，比2006年增加2 293台；混合机6 070台，比2006年增加1 685台；制粒机1 987台，比2006年增加338台；其他类型设备7 049台，比2006年增加742台。

2007年全国饲料加工企业生产综合情况

地 区	工业总产值(万元)	营业收入(万元)	产品总产量(t)	配合饲料产量(t)	浓缩饲料产量(t)	添加剂预混合饲料产量(t)
全国总计	33 352 699	32 590 903	123 309 705	93 188 568	24 911 730	5 209 407
北 京	2 904 810	2 878 585	2 548 666	1 186 992	472 212	889 462
天 津	450 173	412 132	1 963 480	1 247 143	573 622	142 715
河 北	1 852 927	1 783 410	8 350 999	6 643 818	1 588 074	119 107
山 西	388 563	370 800	2 112 047	1 225 444	852 883	33 720
内蒙古	449 176	433 702	1 884 847	1 005 721	831 518	47 608
辽 宁	1 675 011	1 603 247	8 024 208	4 643 457	3 275 337	105 415

地 区	工业总产值(万元)	营业收入(万元)	产品总产量(t)	配合饲料产量(t)	浓缩饲料产量(t)	添加剂预混合饲料产量(t)
吉 林	873 000	873 000	3 416 500	1 827 000	1 448 800	140 700
黑龙江	1340 000	1 320 000	5 700 000	2 700 000	2 780 300	219 700
上 海	423 777	422 688	1 154 894	912 347	80 710	161 837
江 苏	1 397 835	1 354 609	5 530 100	4 924 113	286 634	319 353
浙 江	1 113 266	1 059 046	4 229 197	4 021 508	47 870	159 819
安 徽	398 328	396 774	2 145 833	1 925 220	177 336	43 277
福 建	917 754	853 988	2 993 887	2 748 489	61 289	184 110
江 西	1 008 000	1 006 000	3 598 885	2 339 955	848 953	409 977
山 东	3 792 484	3 726 766	13 718 296	11 276 270	2 029 112	412 914
河 南	1 945 053	1 950 804	8 520 493	5 450 358	2 900 714	169 421
湖 北	1 075 578	1 035 000	4 275 001	3 566 800	596 601	111 600
湖 南	1 993 946	1 990 654	6 871 984	5 302 909	1 171 192	397 883
广 东	3 517 518	3 411 248	14 036 612	13 496 282	220 836	319 494
海 南	364 526	375 612	1 231 757	1 166 743	13 013	52 001
广 西	1 070 990	1 042 780	3 953 946	3 609 378	280 448	64 121
重 庆	337 866	318 803	1 646 076	1 225 714	283 058	137 304
四 川	1 752 012	1 709 071	6 322 278	5 047 372	961 748	313 158
贵 州	32 266	24 137	482 152	251 589	229 564	1 000
云 南	650 574	650 058	2 502 210	1 811 780	652 400	38 030
陕 西	897 432	892 430	2 862 685	1 092 000	1 609 185	161 500
甘 肃	290 651	264 228	1 161 409	704 217	451 180	6 012
青 海	5 068	3 575	93 144	78 044	7	15 094
宁 夏	146 479	146 390	610 329	525 521	70 937	13 871
新 疆	287 637	281 363	1 367 789	1 232 386	116 198	19 204

二、我国饲料工业的发展新特点

2007 年饲料生产的主要特点是：产品结构变化较大，行业集中度逐步提高，新建饲料企业速度放缓，产业链建设速度加快，经营成本大幅上涨，企业利润普遍下滑，强者持续发展，弱者生存艰难。

1.养殖模式转型，产品结构发生变化。随着规模化养殖进程加快，饲料产品结构随之调整。2007 年，配合饲料稳步增长，浓缩饲料快速萎缩，预混料小幅增长。由于受疫情风险、猪价对养殖利润的拉动及劳动力成本等主要因素的影响，导致散养户大量减少，据调查，目前散户养殖收益远远低于农民外出打工等其他收入。随着畜产品价格风险和动物疫情风险加剧，以及近年来饲料原料价格上涨，约 50%的散养户放弃了养殖业，饲料供应的主要对象向规模养殖户转变，从而使浓缩饲料产销量再度下滑。2007 年产品结构调整较大，还受以下几方面的因素影响：一是玉米价格的高位运行，许多养殖户改变了以往的饲喂习惯，特别是猪饲料，弃浓缩饲料，改用配合饲料。而且不少的养殖户改变自配自用饲料做法，转而用更省事、更经济的配合饲料；二是畜产品的价格高涨，出现了前所未有的好行情，饲养户为了更快上市而加大了配合饲料的投入，从而拉动了配合饲料产销量的上涨；三是由于豆粕、氨基酸、维生素、矿物微量元素等饲料原料不同程度的上涨，而饲料价格上涨有限，使在夹缝中浓缩饲料的产销量受到很大制约。

2.猪饲料产量下降，禽饲料大幅增长。受高致病性猪蓝耳病及养殖周期规律的影响导致生猪存栏下降，猪饲料消费减少。连续两年猪饲料下降，使猪禽饲料的比重发生了很大变化，2007 年，猪饲料占饲料总产量的比重由 2006 年的 36%下降到 32%左右。但受猪肉高价位的拉动作用，带动了禽类产品的消费，需求的增长使禽类价格上升，从而刺激了禽类养殖的积极性。据 2007 年 10 月份来自四川调查显示，当地农民饲养一只蛋鸡可盈利 12 元左右，出栏一只肉鸡可盈利 5 元以上。市场上活鸡价为 19.07 元/kg，鸡蛋 9.88 元/kg，同比分别增长 35.45%和 27.17%；农民养殖家禽积极性高涨，带动禽饲料生产大幅增加。2007 年的禽饲料生产形势总体看好，禽类饲料总产量达 6 179 万 t，特别是肉禽饲料表现大幅增长。禽饲料所占的比重已由 2006 年的 46%提高到 50%。

3.原料价格波动上涨，企业效益普遍下滑。2007 年我国主要饲料原料价格全面上涨。上半年大宗原料价格比较平稳，但饲料添加剂价格明显上涨，9 月份起，除鱼粉外的所有饲料原料价格在全国范围内大幅波动上扬。1~11 月份主要饲料原料的全国平均批发价格如下，玉米 1 565 元/t，同比上涨 18%；大豆 3 240 元/t，同比上涨 31.60%；豆粕 2 353 元/t，同比增长 6.80%。进口鱼粉基本保持着 2006 年的高价位，1~11 月全国平均价格 7 889 元/t，同比下降了 3%；添加剂饲料中的蛋氨酸、赖氨酸平均价格分别为 28.4 元/kg 和 14.2元/kg，同比分别增长 12.70%和 7.60%。到 9 月份，国内销区玉米价格在 1 700 元/t 以上，豆粕价格达到 3 800 元/t 以上，受豆粕大幅涨价的带动，棉菜粕价格随之大幅上涨，棉粕价格高达 2 400 元/t，菜粕价格高出上年的 60%，11 月份原料价格再度冲高，玉米价格，产区辽宁达 1 700 元/t，销区江西、重庆、上海、浙江分别高达 1 800 元/t、1 900 元/t、1 880 元/t、1 930元/t，同比分别增幅 17%、35.70%、35%、21.40%。豆粕批发价格，重庆、江苏、湖南、黑龙江价格分别为 4 300 元/t、4 000 元/t、3 900 元/t、3 800 元/t，同比增幅分别为 87%、58%、44%、50%，平均涨价幅度达 60 元左右。赖氨酸同比增幅 20%以上；维生素和微量元素类也上升 50%左右，部分维生素原料价格同比上涨 10 倍，饲料级硫酸铜、硫酸锌价格同比上涨了 1 倍左右，硫酸锰、硫酸亚铁价格近期又大幅上涨；广东省对 12 家企业调查，1~11 月平均价格与 2006 年同期对比：玉米增长 16%~21%，豆粕增长 9%~20%，鱼粉增长 5%~18%，多维增长 30%~50%，多矿增长 5%~20%。豆粕则在上半年比较平稳情况下，从 8 月份开始猛涨，11 月更是狂涨 49%~75%，菜粕涨幅 26%~49%。

而饲料产品售价升幅远远赶不上原料的涨价幅度，饲料生产成本大幅增加，利润空间受到了很大的冲击，虽然饲料生产总量有所上升，但利润却普遍降低了很多。导致行业整体效益下降，尤其猪饲料生产企业和小型饲料企业的下滑幅度更大，平均达到 30%~50%，更有不少中小型企业亏本经营。据了解，河南省前三季度饲料平均利润只是 2006 年的 60%~70%。2007 年企业经营利润，一直到第四季才略有好转。

综合分析造成 2007 年原料大幅上涨的原因如下：(1)玉米价格大幅上涨原因：①全球粮食等农产品价格整体的持续大幅度上涨；②由于 2007 年吉林等主产区玉米减产、中原地区新玉米收获季节连续阴雨，有部分玉米霉变，可饲用率降低；③山东等地玉米乙醇等深加工快速发展，就地转化用量大增，玉米外调量大幅减少；④玉米价格的不断上涨导致产区农民的惜售心理，进一步推动玉米价格的上扬；⑤2007 年 10 月份以来，铁路运煤等需求大增，调运到南方玉米的车皮明显减少。(2)豆粕价格上涨分析：①进口依赖性强。随着我国人口的增加、国民生活水平的不断提高，大豆生产严重不足，大豆进口量已大大高于国内生产总量，因此，其价格受美国大豆期货市场影响较大；②国内大豆产量下降，养殖业快速恢复，需求量快速增长；③大豆粕价格经过连续一年多的低位区域 2 200 元/t 左右波动，使得国内多数油厂加工一直亏本，一些小油厂被迫停产、转产；④近期美国芝加哥大豆期货市场的大豆期货价格一路飞涨，11 月 23 日报价已达 1 100 美分/蒲式耳，相当于 4 700 元/t，创 34 年来新高。(3)国家已采取的措施及取得的效果。为稳定粮食等价格总水平，保障市场供应，国家加大了宏观调控力度，2007 年 10 月初，国家发改委、农业部、商务部、财政部、国家粮食局、铁道部等 8 部委联合发出通知，并采取了以下一系列措施：①增加小麦、稻谷、玉米、植物油市场的投放量；②降低大豆进口关税从 3%下降到 1%；③严控玉米深加工和菜油转化生物柴油项目，减少工业玉米用量；④从紧控制油料、食用植物油及玉米等农产品的出口；⑤从 2007 年 10 月 1 日开始铁路运输建设基金从 30 元/t 下调到 18 元/t；⑥实施粮食种植和生猪等养殖补贴政策，充分调动农民的生产积极性，使油料生产和生猪生产迅速恢复发展。从目前情况看，严控玉米深加工和减少玉米等农产品出口等国家宏观调控政策对稳定国内粮食价格起了很大的作用，但还没有完全达到预期的效果，如尽管近期国家粮食贮备库向市场增加了小麦、玉米、植物油的投放量，但部分省、市有关部门采用拍卖的方式，没有起到稳定同类产品市场价格的作用。又如，由于我国进口大豆依赖性较强，降低大豆进口关税带给消费者的好处远比不上快速上涨的大豆进口价格。此外，铁路运输建设基金下降 12 元/t，但由于计划内玉米等粮食运输车皮大幅度减少，实际运输费可能更高。

4. 各地区饲料产量稳步增长，大型企业带动明显。2007 年，除青海总产量下降外，其他地区的饲料产量均增长。30 省中，产量排前 10 位的省份，平均增长幅度为 11.42%，排名第 11~20 位的地区平均增长 11.98%，排名后 10 位的地区平均增长 11.45%。2007 年产量增长幅度大于 20%以上的省份有江苏，同比增长 26.90%、安徽 26.80%、重庆 24.70%、内蒙古 22.30%、福建 21.90%、天津 21.70%；同比增长幅度在

10%到20%之间的省份有山东19.20%、四川16.60%、贵州14.10%、海南13.80%、宁夏13.70%、河北12.10%、广西11.40%、云南11.20%、湖南11.70%、吉林10.20%。广东、山东、河南、四川、安徽等省，由于大型饲料集团的扩张增产和和一批新厂的投产，从而维持整个大局稳定增长。大型饲料企业和集团化企业饲料产量普遍上升，市场份额提高。一些大型饲料企业，还纷纷建立自己的标准化养殖场，打造自己的肉食加工体系，以饲料业为基础，向养殖业、畜产品加工业延伸，从规模出效益，从品牌获收益，总体利润保持增长，尤其是以禽饲料和水产饲料为主的生产企业仍然利润可观。

5.产业整合加速，规模经营不断发展壮大。随着市场竞争的加剧和行业准入条件的提升，一批技术装备落后，缺乏竞争力的企业逐渐退出饲料行业。2007年，全国企业总数量连续2年出现下降，共有12省的企业数量都在不同程度缩减。和2006年相比，贵州省由129家减少到77家，企业数量绝对数减少了52家，下降40.30%；湖南的企业数量减少148家，下降22.50%；河南减少208家，下降20.70%；浙江减少103家，下降14.80%；新疆减少43家，下降13.90%；江苏减少77家，下降11.60%；湖北减少38家，下降10.30%；广西减少15家，下降4.70%；上海减少4家，下降3%；四川省减少27家，下降2.70%；山西减少16家，下降2.50%；山东减少26家，下降1.60%。天津、江西、海南、陕西、吉林、甘肃和宁夏的企业数量和2006年比较无变化。有11个省企业数保持增长。其中，增长最多的是河北省，比2006年多244家企业，增长速度为19.40%，其次是安徽增长72家，内蒙古59家，青海22家。

伴随着行业的发展，整合将继续加快。2007年，大型饲料企业的快速扩张，综合实力的提升尤为明显，新希望集团、六和集团、通威集团、温氏集团、恒兴集团、海大集团、禾丰牧业集团、铁骑力士有限公司、三旺集团等大型企业进一步扩张布点新建企业。饲料生产组织化程度不断提高，生产规模不断发展壮大，生产能力进一步增强。

2007年，产量排前10位的企业总产量达3 377万t，占全国饲料总产量的27%，销售收入960亿元，占全国总销售收入的29%，前10名的总产量和销收入已近全国总量的1/3。前10强集团企业的总产量均超过100万t以上，同比平均增长幅度为17.70%。其中，同比增幅最高的集团企业分别为海大集团37.30%、禾丰牧业32.50%、新希望集团(六和)31.20%。从前10强的快速发展中，可以感受到未来饲料行业的大格局已基本形成。

6.产业化经营步伐进一步加快。随着现代畜牧业发展进程的加快，一批有影响、有规模、有效益的饲料企业集团利用自身优势积极投身畜牧业产业化经营，这些企业以“公司+园区+农户”、“公司+合作社+农户”采取帮扶等形式，引导、带动养殖户进入市场，逐步形成了与农民共创利益、共担风险的经营机制和灵活多样的组织形式，取得了良好的经济和社会效益。如广东温氏集团，已经形成比较完整的“公司+基地+农户”一体化经营模式。从育种、养殖技术、饲料供应、产品回收、产品加工一条龙产业化发展，与农户联合，明确分工合作的现代农业产业化经营模式。目前，温氏已带动辐射全国20多个地区，3万多农民参与畜禽养殖，并取得了良好的收益。

7.工业饲料产品入户率提高。根据陕西省饲料办公室2007年组织开展的饲料工业产品入户率调查活动，全省11个市(区)，60个县(区)，290个乡(镇)，866个村开展了饲料产品入户率调查，调查农户177 315户，其中畜、禽、鱼养殖户99 911户，占调查总户数的56.35%；使用工业饲料产品70 339户，入户率达到70.40%，比2004年全省饲料产品入户率56.90%提高13.50%。湖南地区的商品饲料的入户率和全程使用率均明显上升，分别达到60%和40%。

8.规模企业发展讯速，两极分化突现。如山东以六和集团、中慧集团、莱阳春雪等为首的“一条龙”企业，显示出标准化、集约化饲养的优势。陕西省的石羊集团、陕西正大有限公司等前20家企业产量达80万t以上，占全省总产量的26.94%，再创新高。重庆市400余家工业饲料生产企业来看，除重庆正大、希望、通威、三旺和今天等企业的生产规模较大、品种较多、资金实力较强、具有一定的抗风险能力以外，80%左右的中小型饲料生产企业均无力抗御饲料行业的风险。为了进一步扩大市场占有率，产量快速增长，通威、新希望、恒兴、海大均有新厂投产。此外，由于2007年猪、禽价格高，一条龙企业效益大增，2007年是温氏集团成立以来年景最好的一年，还有新希望属下的六和集团。

9.影响因素增加，行业冲击加大。主要表现在：(1)疫病打乱了生猪市场的周期性波动规律。2007年的猪市按养殖市场规律应在2006年底恢复，但根据目前猪价和猪源供给及猪饲料的情况来看，可能到2008年才得以真正恢复；(2)原料价格的影响因素增多。我国的原料行情已与国际接轨，不再是只受国内供需的影响，而是从全球供应链上发生了根本性的变化。如2007年玉米价格的上涨并不是饲料、养殖等因素造成的，而是玉米深加工项目生物能源和国际大环境所至。此外，还受货币政策、进出口贸易等诸多方面因素影响。

10.饲料经济运行其他特点：(1)行业集中度逐步提高，新建饲料企业速度逐步放缓，小规模及非专业化饲料企业淘汰速度加快。如江西产业聚集明显，南昌、赣州两地饲料产量占全省总量的80%以上,安徽肥东县通过招商引资先后引进通威股份有限公司合肥分公司、安徽新希望饲料有限公司以及安徽省大北农农牧科技有限公司等多家企业落户园内,斥资1.06亿元,建成了年综合生产能力70万t的饲料生产产业群;(2)与饲料企业运行相配套的产业链建设速度加快,单纯的饲料企业生存空间逐步缩小;(3)在饲料行业产业链建设中,饲料企业的中心位置逐步被淡化,饲料企业逐步成为整个产业链条中的加工车间;(4)强强联盟成为行业整合的最重要、最快捷、最有效的方式之一;(5)优化配方,在原材料价格大幅波动的情况下大胆使用非常规原料,如杂粕、玉米酒精粕、酱油渣等,如广东东莞一企业集中收购使用该市糖果厂下脚料,使每吨原料成本降低300元以上。安徽省不少饲料生产企业不断加大饲料开发力度,生产出了虫草、发酵豆粕、发酵啤酒糟、油脂、血浆蛋白、益生菌、光合细菌、松针粉、酵母硒、中草药提取物等10多种产品,一批新的饲料原料企业陆续开工,这也为我国饲料工业的发展注入新活力,并逐步成为新的经济增长点。黑龙江豆粕、豆饼、玉米蛋白粉等蛋白质资源开发、有效利用步伐加快,大豆蛋白肽、大豆磷脂、DDGS、酵母饲料、非蛋白氮等蛋白资源得到广泛开发利用,饲料原料生产能力进一步扩大,部分产品还出口到俄罗斯、韩国、东南亚等一些国家或地区。

三、当前饲料工业发展存在的主要问题

当前,我国饲料工业的发展总体稳定,但也存在一些新的问题:1.饲料安全监管问题。如2007年发生的美国宠物中毒事件。出品商在出口饲料原料中添加有毒有害物质三聚氰胺导致美国多起宠物死亡,在国际上造成了负面影响。另外,养殖场自配料生产和饲料代加工点存在质量隐患性。相对于持证饲料生产企业来说,绝大多数养殖场自配料和小加工点的生产条件较差、加工设备简陋,采购的原料质量凭肉眼观察,霉变和掺假的原料难以分辨,生产过程的质量控制凭经验,也有一些自配料生产者超范围、超剂量使用药物,有停药期的不按停药期停药,对动物产品质量安全构成威胁。

2.急需建立饲料原料预警机制,增加原料的预警信息,减少原料的大起大落给行业带来的冲击。首先玉米、大豆等粮食日益紧缺造成饲料原料涨幅过快,影响畜产品价格的快速上扬和消费者特别是低收入家庭的承受能力,因而最终会影响饲料工业的持续发展;其次微量元素、维生素、氨基酸等各种饲料添加剂价格的上涨,影响到添加剂预混料产品的质量,一些添加剂预混料生产企业面对日益激烈的市场竞争,采用通过减少部分添加剂投入量的方法来降低成本。因此,2007年以来添加剂预混料产品的抽检合格率普遍较低。

3.加快健全饲料管理机制。这主要表现在几个方面:饲料的管理机构、监测机构不健全,饲料的法律法规、标准不完善或可操作性不强,饲料的执法手段落后,缺乏对饲料生产、经营和使用监管的有效性,饲料质量安全监督监测力度需进一步加大,需要进一步探讨支持扶持饲料业发展的政策措施。特别是饲料中违禁药物及化学物质等检测方法标准制订滞后。

4. 动物疫情严重困扰养殖业进而严重影响饲料业。

5. 饲料科技创新能力弱。近年来饲料业发展很快,但对饲料业的科技投入不足,科研开发能力较低。首先是畜禽动物营养和饲料科技成果产业化水平较低,特别是水产营养和饲料产业化方面,基础研究薄弱,水体污染严重,鱼虾发病和死亡率高;其次是对以生物工程为代表的高新技术研究不够,微生态、酶制剂、酸化剂等高效环保型饲料添加剂研制开发能力较差,以拿来为主,缺乏技术创新能力;再次是饲料原料、产品及添加剂的快速检测技术缺乏,手段落后,不能满足在线快速控制配合饲料质量以及贸易中饲料原料、产品和添加剂的质量和安全性的检测要求。

6.饲料加工能力远远大于实际产量,造成产能过剩。据河北省调查,大部分饲料企业实际产量只占生产能力的2/3,吉林省各类饲料总量在350万t左右,而设备生产能力已达550万t以上。因此,导致一些企业设备闲置,开工不足制约着全行业效益的提升。

(单　钟　陆泳霖)

主要饲料产品概述

【猪饲料】

一、2007 年我国生猪生产情况

1.生猪出栏、存栏及产品产量显著下降，创近 5 年新低。据国家统计局资料，2007 年生猪出栏 5.65 万头，下降 16.96%，创近 6 年来出栏最低点；猪肉产量 4 287.8 万 t，下降 17.49%，创近 5 年来产量最低点，占肉类总产量的 64.25%，创历史最低点；存栏 4.39 万头，下降 11.03%，创近 7 年来存栏最低点。

2.能繁母猪存栏上半年跌至历史谷底，下半年逐渐恢复。2006 年 1~6 月份，生猪市场遭遇亏损，大量养殖户淘汰母猪，母猪存栏量下降；2006 年 6~12 月份，淘汰之后又遭遇蓝耳病疫情，大量母猪死亡，存栏量继续下跌；2007 年 1~6 月份，尽管猪价在 2006 年 8 月份以后便涨至成本线以上，开始盈利，但高热病疫情余威仍在，养殖户迟迟不敢补栏，母猪存栏量降至历史最低点。2007 年下半年，随着国家扶持生猪生产发展政策出台和市场价格的拉动，母猪存栏量才逐步恢复。

3.生猪及产品价格 3 次上涨，涨幅创历史新高。据农业部资料，2007 年生猪及产品价格经历了平稳上涨、快速攀升、高位运行 3 个阶段，仔猪、生猪、猪肉全年平均价格分别为 18.86 元/kg、11.84 元/kg 和 18.80 元/kg，分别增长了 109.89%、63.15%和 55.15%，涨幅创历史新高。

4.生猪供不应求，养猪效益显著。2007 年 5 月份以后的猪价上涨，虽然有粮价上涨、农民工劳动力价值回归等因素影响，但其主要原因仍是之前母猪的存栏量降至罕见低点，直接导致了生猪的供应严重不足。从下图可以看到全年猪粮比最低时为 3 月份，仍为 5.79:1，当猪肉价格涨到 20.95 元/kg 时，猪粮比达到了 8.60:1，随后略有回落，但这一回落的趋势随猪肉价格在 9 月 28 日以后开始涨价重新抬头，至 2007 年 12 月达到了全年最高点 8.78:1。全国全年猪粮比平均为 7.29:1，远超过盈亏平衡点(5.5:1)，同比提高 37.78%，猪饲料比平均为 5.50:1，同比提高 42.86%，养猪处于暴利区，养殖效益显著。

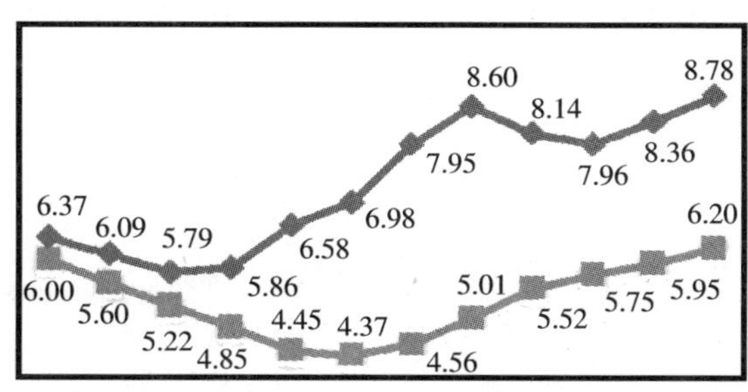

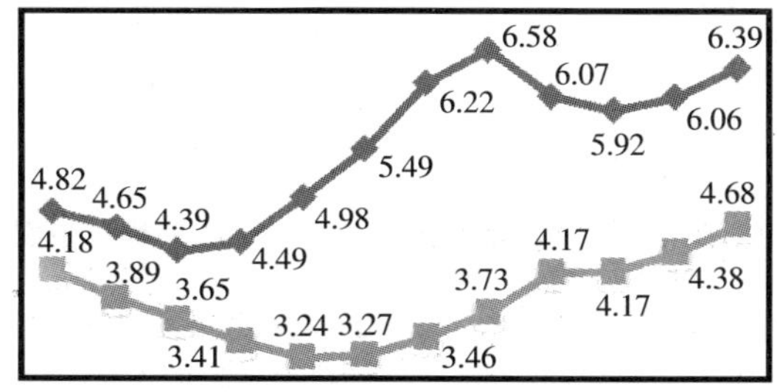

图 1　2006、2007 年猪粮比和猪料比走势图

二、2007 年我国猪饲料生产情况

1.2007 年全国饲料总产量快速增长，猪饲料总体产量继续下降。据全国饲料工业统计报表汇总结果，2007 年全国饲料工业总产值 3 335 亿元，占畜牧业总产值 20.68%，占农业总产值 13.52%，同比增长 14.69%。总产量达 1.23 亿 t，同比增长 11.50%，增速超过 2004 年的 10.90%、2005 年的 11.10%；全国配合饲料产量为 9 318 万 t，同比增长 14.81%；浓缩饲料产量为 2 491 万 t，同比增长 1.43%；添加剂预混合饲料 521 万 t，同比增长 7.17%。

2007 年虽然猪价大幅度上涨，猪粮比再创历史新高，但受上半年母猪存栏量少，全年生猪出、存栏量低、饲料原料价格上涨等因素影响，2007 年猪饲料总体产量继续下降。据统计，猪饲料全国总产量 4 001 万 t，同比下降 0.35%，比 2005 年下降 5.86%。其中，猪配合饲料总产量 2 411 万 t，同比略增 0.61%，占配合饲料的比例为 25.88%；猪浓缩饲料产量 1 312 万 t，同比下降 3.09%，占浓缩饲料的比例为 52.67%；猪预混合饲料产量 278 万 t，同比增长 4.99%，占预混合饲料的比例为 53.28%。

表 1　2003~2007 年我国猪饲料生产情况　　单位:万 t、%

年份	总产量	占饲料总产量比重	猪配合饲料	占猪饲料比重	猪浓缩饲料	占猪饲料比重	猪添加剂预混合饲料	占猪饲料比重
2003	3 415	39.20	2 130	62.37	1 124	32.91	161	4.71
2004	3 793	39.27	2 333	61.51	1 239	32.67	221	5.83
2005	4 250	39.60	2 561	60.26	1 434	33.74	254	5.98
2006	4 015	36.31	2 397	59.70	1 354	33.72	264	6.58
2007	4 001	32.47	2 411	60.26	1 312	32.79	278	6.95

* 比重：是指猪饲料占猪、禽、水产、反刍动物等饲料总和的比重。

2.猪饲料价格理性上升，企业利润不升反降。由下图可看出，猪饲料价格随着饲料原料（玉米、豆粕）的上涨而稳步上涨，但上涨的幅度全年平均仅为 14.27%，略低于饲料原料的同比上涨幅度（玉米 18.41%、豆粕 14.59%），因此猪饲料价格的上涨只是对原料上涨的一种理性上升；生猪价格快速增长是由于生猪供不应求所致，猪饲料价格上涨不是其上升的主导因素。2007 年是近年来猪存栏数最低的一年，猪饲料消耗量也因此下降，加上饲料原料成本上升幅度大，市场竞争激烈，使得饲料生产企业的利润不升反降。

三、2007 年猪饲料主要发展特点及态势

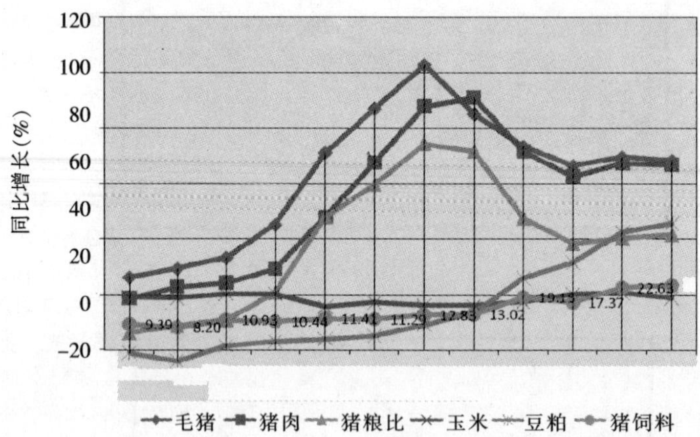

图 2　2007 年毛猪、猪粮比及饲料等价格同比分析图

1.猪饲料产品结构调整加快。猪浓缩料产量略有下降，预混合饲料、配合饲料略有提升。这说明 2007 年养殖效益显著，在养殖业模式由散养向适度规模养殖转变，饲料原料市场价格高位运行的情况下，养殖场（户）自配用饲料、浓缩饲料和添加剂预混合饲料将继续减少，配合饲料市场快速成长，配合饲料在整个产品结构中的比重将进一步扩大。

2.母猪存栏量是生猪存栏增长的重要动力源，也是影响猪饲料产量的决定性因素。2006 年，鉴于猪市亏损及蓝耳病疫情的影响，母猪存栏量严重失控，导

致了2007年生猪存栏不足,猪饲料产销量相应减少。因此,母猪是生猪生产的"发动机",也是影响猪饲料产量涨幅的重要因素。只要养猪业出现波动,立即引起猪饲料生产的波动,猪饲料与养猪业是共生共荣,谋划猪饲料的发展,必然要十分关注养猪业的形势。若想生猪价格不出现大幅度波动,稳定生猪存栏及猪饲料产量,就必须控制母猪存栏量的变化。

3.原料价格大幅上涨,饲料企业转嫁加价能力不强。2007年受原料价格大幅上涨以及疫情影响,饲料行业被动涨价,但由于其转嫁原料价格上涨能力不强,大量弱势企业被淘汰;下半年,国家加强出台了一系列措施平抑粮价,同时针对养殖业出台保护措施,养殖业开始逐步恢复。因此,疫情对饲料业的冲击仅为暂时的,而行业缺乏对原料的议价和转嫁能力才是影响行业发展的关键因素。

2007年除大豆外,我国粮食继续增产,但由于受国际、国内需求增加等因素影响,粮食价格大幅走高,玉米上涨18.41%,豆粕上涨14.59%,而饲料工业对上游粮食的需求拉动较小,尽管饲料行业景气度不高,但丝毫不影响粮价的持续走高,因此,可以推断饲料行业对上游大宗粮食几乎不存在议价能力。原料价格大幅上涨,饲料企业虽被动提高了出厂价格,但由于受市场竞争激烈以及饲料同质化程度高,行业差异性不明显等因素影响,使得原本多采用低成本竞争的饲料企业只能通过赊销等手段维持市场份额,其中饲料行业的应收账款在此期间大幅上扬,可见,饲料业对下游行业转嫁粮食涨价能力比较弱。

4.产业链延伸是饲料企业发展的必然选择。饲料行业上联种植业,下联养殖业,又同时受上下游产业的挤压,为获得更大的生存空间,饲料企业应审时度势,积极调整改变应对,积极将产业链向下延伸进入养殖业,参与原料-饲料-养殖产业链条上的利润分配,平衡投入,规避风险。

(唐湘方　张宏福)

【家禽饲料】

家禽养殖是我国畜牧业的支柱产业,也是规模化集约化程度最高、与国际先进水平最接近的产业。虽然2007年我国家禽业受到禽流感的影响,但因受到猪肉高价、配合饲料的普及等因素影响,生产继续呈上涨。家禽饲养种类多,数量大,包括鸡、鸭、鹅、火鸡、鹌鹑、鸽及特禽等。据中国畜牧业协会统计,2007年末我国家禽出栏量为114亿只,比2006年增加了12.20亿只;存栏量为56亿只,比2006年增加了2.40亿只。

2007年中国饲料总产量1.23亿t,同比增长11.50%。因为生猪产品的高价带动了养殖周期短的禽类养殖的快速发展,特别是肉禽养殖业的发展,导致了猪禽饲料产量比重的变化。其中猪饲料下降0.35%,蛋禽饲料增长14.32%,肉禽饲料增长26.37%,水产饲料增长6.85%,反刍饲料增长22.74%,其他饲料增长6.39%。

一、禽产品生产情况

2007年生猪供应短缺价格上涨导致居民猪肉购买成本提高,引发食品消费意向向禽蛋和禽肉等其他食品的转移,进而推动了整个蛋禽及肉禽养殖规模的扩大,禽蛋及禽肉价格的上涨,养殖利润空间扩大,更进一步推动了全国家禽养殖市场的空前发展,虽然从10月份开始,全国的家禽养殖规模有所收缩,但总体存栏量仍然严重超量。

1. 禽蛋生产情况。鸡蛋是我国的一项主要农产品,也是我国居民最常见的副食品种。自1985年以来,我国禽蛋总产量已经连23年位居世界第一位,据国家统计局数据,2007年禽蛋产量2 529万t(FAO数据为2 730万t)。

鸡蛋和淘汰鸡价格变化较大。2007年我国鸡蛋平均零售价格为7.76元/kg,同比上涨24.43%;批发价5.89元/kg。前3季度要好于第4季度,其中1~9月各地平均价格均出现了11年来历史性新高,10月开始,受节日和存栏量的影响,持续3个月下跌。2007年淘汰鸡价格呈"M"型走势,平均批发价达7.92元/kg,同比增长48%,最高价9.10元/kg(8月中旬),最低价6元/kg(12月份),前10个月平均价格均在8.04元/kg以上。

我国鸡蛋主产省(包括山东、河北、河南、江苏、辽宁、安徽、四川和湖北)、主销区(北京、天津、上海、福建和广东)没有变化。其中河北、河南、山东、江苏、辽宁等5个省的禽蛋产量占全国总量的58.40%,已形成了"北蛋南调"的格局。

2.禽肉生产情况。2007年世界禽肉总产量8 620万t,同比增长3%;中国肉类总产量6 990万t,其中禽肉产量1 700万t,据中国畜牧业协会推算白羽肉鸡肉产量2007年为465万t(2006年435万t);2007年中国饲养各种类型的黄羽肉鸡约40亿只,产肉量约为360万t。前黄羽肉鸡已经成为最具中国特色的家禽产业,且在国际市场具有较强的竞争力,优势地位明显。2006年鸭鹅总存栏量约为43亿只,肉产量达550万t,比2005年增长7.40%,占世界鸭鹅肉总产量的75%以上,鸭鹅的总存栏量和鸭鹅肉产量均居世界第一位。

禽肉消费增加。2007年我国禽肉城镇居民人均购买量预计为7.13kg(其中鸡肉5.45kg),同比增长14.56%(鸡肉17.24%)。从总体情况看,价格大幅度上涨。2007年我国西装鸡平均价格为12.92元/kg,同比上涨25.87%。

华东、华北、东北地区是我国禽肉产量最大的地区,占全国禽肉总产量的63.80%。黄羽肉鸡养殖主要集中于广东、广西和华东地区等,还形成了独特的“北繁南养”的生产模式,而广东是我国黄羽肉鸡生产最多的省份。

二、禽饲料生产情况

2007 年我国禽饲料行业虽然遭受了禽流感的影响,但因受到生长猪存栏下降,猪肉价格升高的影响,对禽产品的需求增加,从而禽饲料的产量迅速增加,对 2007 年饲料总产量的增加起到了重要作用。这种猪肉供应不足导致禽蛋及禽肉的“市场代偿”行为,使得家禽饲料在经历了 2006 年的低迷之后,2007 年获得了空前的发展机遇,饲料产销量实现了 2 位数的增长。如蛋禽配合饲料产量 1 820 万 t,同比增长 16.07%;蛋禽浓缩饲料 596 万 t,同比增长 9.40%;蛋禽添加剂预混合饲料 102 万 t,同比增长 13.86%。肉禽配合饲料产量 3 270 万 t,同比增长 30.32%;肉禽浓缩饲料 336 万 t,同比下降 0.24%;肉禽添加剂预混合饲料 54.5 万 t,同比增长 8.01%。在反刍动物、皮毛动物饲料不同程度增加的同时,肉禽和蛋禽饲料的总产量(6 179 万 t)占饲料总产量的 50.11%,同比提高了 4 个百分点,特别是肉禽饲料大幅度增加。

配合饲料中肉禽饲料同比增长幅度较大,蛋禽饲料同比小幅下滑。因为肉禽的饲养周期较短,迅速弥补了猪肉价格高带来的缺陷;进一步说明肉禽饲料的工业化普及率较高;蛋禽饲养的门槛较低,无须颗粒饲料,由表 1 可以折算出蛋禽的工业饲料普及率为 28.60%,肉禽为 58.67%;这其中由于玉米、豆粕等大宗原料价格上涨,许多养鸡户由自配料改为购买配合饲料、浓缩饲料,使得禽饲料市场进一步扩大。

根据禽蛋产量计算的禽蛋生产的饲料效率为 2.53,实际生产中,全期蛋鸡饲养的饲料效率(产蛋鸡全期的饲料消耗,与全期的产蛋量之比),中国好的商业养殖厂可达到 2.5,差的在 2.8~3.0 甚至更高,平均在 2.6~2.8 按平均 2.7 计算,根据鸡蛋产量可计算出蛋鸡配合饲料约为 2513.4×2.7=6 786.18 万 t。根据配合饲料、浓缩饲料和预混合饲料产量计算而来的产蛋鸡配合饲料量为 6 364.93 万 t(表 1),前者数据大是因为产蛋鸡的育雏料部分采用了肉鸡料。

肉禽的饲养中国北方以白鸡为主,饲料效率较好(低于 2.5);南方以黄羽肉鸡为主,黄羽鸡的饲养周期较长、料肉比可能高于 3.0。根据禽肉产量计算的禽肉生产的饲料效率为 3.22,因为禽肉组成中有 1/5 来自淘汰的产蛋鸡,这部分耗料被计算到了蛋禽饲料中,因此减去这部分耗料该数据则高于 4.0。肉鸡的颗粒饲料采用率较高,所销售的添加剂预混合饲料可能已经包含在配合饲料的生产中,而浓缩饲料则主要用于农户的散养、生长较慢的肉鸡,饲料效率较差。如此(减去预混合饲料折合的配合饲料量)计算,则肉鸡的平均饲料效率为 2.58(包含部分蛋雏鸡),比较接近;再减去禽肉中淘汰蛋鸡部分,饲料效率为 3.23(包含部分蛋雏鸡)。

表 1 2007 年我国禽料生产情况(万 t)

项目	配合饲料	浓缩饲料	折配合饲料*	添加剂预混合饲料	折配合饲料*	配合饲料合计	禽产品产量	饲料效率
总产量	9 318.86	2 491.17		520.94				
蛋禽	1 820.12	595.91	1 986.38	102.34	2 558.44	6 364.93	2 513.40	2.53
肉禽	3 270.22	336.26	1 120.85	54.46	1 089.17	5 480.25	1 700.00	3.22

*:折合产量:浓缩饲料按在配合饲料中 30%的添加量计算;预混合饲料按在配合饲料中添加 4%(蛋禽)和 5%(肉禽)计算。

三、家禽饲料 2007 年特点与建议

禽产品价格大幅波动。2007 年是禽蛋市场跌宕起伏的一年。影响禽蛋市场波动的因素较多,但对 2007 年禽产品市场行情产生较大影响的关键因素有三:“肉价”:主要指猪肉价格,2007 年猪肉价格起伏较大,以涨为主;“禽流感”2007 年虽然有个别地区发生,但由于国家与地方防控有力,“H5N1 高致病性禽流感”出现的频率较低,持续的时间较短,但也造成了禽产品的价格波动;“饲料价格”:自 2007 年 4 季度后期始,饲料价格强势上涨。这些因素共同作用,使得禽产品价格波动较大。

对蛋鸡养殖行业进行补贴,避免蛋禽养殖的大起大落。算上种鸡的饲养和育雏,蛋鸡的养殖周期比较长,应对饲料供给、禽产品价格和供给量进行提前预警,指导养殖户合理、及时补栏,减少养殖量的大起大落。

单产水平有待提高。与国际先进水平相比,我国家禽单产水平仍有较大提升空间,这对于构建节约型社会、有效实现家禽业可持续发展,为消费者提供安全、优质、卫生的禽产品相当重要。提高家禽单产水平是一个系统工程,需要多个部门配合和全行业的共同努力,需要改善家禽生产的社会大环境,提高育种技术和饲养管理水平,搞好生物安全措施,提高产品加工水平等,只有整个产业链实现了良性运转,才能提高家禽业整体生产水平。

优质地方性蛋、肉种鸡的保种与开发。近年来人

们的消费观念发生了较大转变，对地方的优质禽产品土鸡、黄鸡、土鸡蛋情有独钟，使得“土”产品畅销，也成为养殖户创收的一大途径。并且中国土鸡品种较多，抗逆性好、耐粗饲，若能加以开发利用，将成为农户增收的另一重要来源。目前黄羽肉鸡已经成为最具中国特色的家禽产业，并且在国际市场具有较强的竞争力，优势地位明显。

（武书庚 齐广海）

【水产饲料】

一、2007 年水产品价格走势

在相关食品价格一路高涨的同时，水产品价格一反常态，始终保持低调，大体呈现出稳中有升的态势，这是自 1985 年水产品市场放开以来前所未有的。具体来说，四大家鱼价格稳定，草鱼市价在 9.36 元/kg 左右波动，最高价格出现在 7 月份，达到了 10.27 元/kg，最低价出现在 3 月份，8.77 元/kg，鲢鱼市价在 5.68 元/kg 左右波动；中高档水产品价格比较理想，鲫鱼全年均价约为 9.32 元/kg，鲤鱼全年均价约为 8.38 元/kg，大带鱼全年均价约为 13.38 元/kg，小带鱼全年均价约为 10.23 元/kg，大黄花鱼全年均价约为 22.21 元/kg，小黄花鱼全年均价约为 11.71 元/kg；南美白对虾价格有先升后降的趋势，40 只规格的南美白对虾价格从年初约 25.40 元/kg 上升至 3 月份的约 36 元/kg，随之价格开始下跌，60 只规格的南美白对虾价格从年初约 28 元/kg 上升至 3 月份的约 44 元/kg，随之价格开始下跌。整体来说产量相对过高（出口受阻），价格偏低，对水产品市场价格有一定的不利影响，造成了水产饲料生产企业资金回收困难，一定程度上影响了虾农的养殖积极性。但是，由于天气和诸多客观因素的影响，2007 年年底的存塘量不足，可能导致 2008 年鱼虾价格上升。

二、2007 年我国水产饲料生产情况

2007 年全国水产饲料的总产量持续上升，达到 1 326 万 t，同比增幅为 6.85%（2006 年增幅 19.79%），约占全国饲料总产量的 10.75%。

2007 年和 2006 年水产饲料分类对照见下表

	产量（万 t）		所占百分比		较 2006 年增加（万 t）	备注
	2006 年	2007 年	2006 年	2007 年		
水产饲料总量	1 280	1 326	100%	100%	46	
淡水鱼饲料	975	977	76.17%	73.70%	2	主要指草鱼、鲤鱼、罗非鱼、鲫鱼、团头鲂等
鳗甲鱼饲料	40	39	3.13%	2.94%	–1	
虾蟹料	145	153	11.33%	11.54%	8	对虾、罗氏沼虾、青虾、小龙虾、蟹等（含混养料）
海水鱼料	70	77	5.47%	5.81%	7	鲷科、鲤科、鲈鱼、鲳鱼、大黄鱼等
其他	80	80	6.25%	6%	0	蛙、黄颡鱼、黄鳝等

受畜禽疫情的影响，饲料企业纷纷将水产饲料作为发展的重点。但水产品出口受阻又使一些饲料企业在水产饲料品种结构上进行相应的调整和开发。整体来说，除鳗甲鱼饲料外，其它品种饲料产量都有不同程度的上升，具体分析如下：

1. 虽然鮰鱼等品种受到出口的影响，但整体来说，淡水鱼饲料产量仍然稳步上升，2007 年产量达 977 万 t，比 2006 年增长 2 万 t，增幅为 0.2%。

2. 出口受阻以及市场价格低迷并不能阻止南美白对虾养殖量的上升，对虾饲料产量也稳步上升，2007 年产量达 153 万 t，比 2006 增长 8 万 t，增幅为 5.5%。

3.其他料产量上涨趋势明显。鳙鱼精养专养技术逐渐成熟，粉料、颗粒料和膨化料逐步得到普及；黄颡鱼和翘嘴红鲌的专养和混养技术逐渐提高，用料有了区分，饲料技术逐步细化；蟹料的开发技术也日趋完善。

三、2007 年我国水产饲料的主要发展特点

1.饲料原料高价位运行，行业利润迅速下降。除鱼粉价格相对平稳以外，其他饲料原料价格都大幅上升。豆粕涨幅近 70%，由年初的 2 200 元/t 上涨到 3 700 元/t，棉菜粕价格则由 1 500 元/t 左右上升到 2 200 元/t 的水平。油脂价格也一路上扬，4 级豆油年初约 7 000 元/t，到年底突破 12 000 元/t 的大关后仍不见有下跌的趋势，涨幅超过 80%。磷酸氢钙、胆碱等小料价格在下半年也快速攀升。各种饲料添加剂也不甘示弱，如维生素 E、泛酸钙等部分品种同比增幅超过 200%。

在巨大的成本压力下，水产饲料企业无奈只得提高饲料价格。2007 年各地普通淡水鱼饲料价格的涨幅在 400~600 元/t，广东省许多饲料企业在一年内升价达 8 次之多，这是行业前所未有的现象。虽然如此，饲料企业的利润仍迅速降低，其原因一方面是由于饲料的涨价幅度小于配方成本的增加幅度，另外饲料的升价相比原料的涨价具有一定的滞后性，企业的利润在这其中也被大量消耗。

2.原料采购在饲料经营中的作用日益凸显。根据业内资深人士的分析，近两年饲料原料价格的波动不是偶然现象，而会在今后相当长一段时间内存在。一定程度上讲，经营饲料就是经营饲料原料，原料采购对水产饲料企业的巨大作用主要表现在两方面：(1)获得低于行业平均水平的原料价格，为企业最大程度降低成本；(2)为生产提供高品质原料，以保证产品的优良品质。在现实的形势下，对某些饲料企业而言，努力做好原料采购甚至只是为了能够保证生产的正常运行。

要做好采购就必须具备信息分析和收集能力、远期采购能力、风险管理能力和国际化的能力，因此，组建专业化的采购队伍势在必行。

3.高档水产饲料产品迎来发展的大好时机。在巨大的成本压力下，必然有企业通过降低配方档次来寻求利润空间，这将导致饲料品质下降，产品缺乏竞争力；或者饲料价格上涨与市场不同步，以此来暂时获得市场销量的增加，但这是以牺牲利润和产品质量的双重代价换取的，将会使企业在后续的发展中举步维艰。原料高价运行，低档饲料产品受到的冲击要大于高档饲料，所以企业产品定位高档其客户的稳定性较好，对产品定位中低档的饲料企业而言可乘势转型走高档产品路线。

4.膨化水产饲料发展迅猛。膨化水产饲料的快速增长主要源于以下几个方面：(1) 海水鱼饲料产量同比增加了 7 万 t，并且还将以更快的速度增加；(2)黄颡鱼、翘嘴红鲌、黄鳝等特种品种的专养混养料发展迅速；(3)南方地区草鱼、罗非等常规淡水养殖品种价格的逐渐复苏有力的促进了膨化料的消费；(4) 一些饲料企业意识到生产膨化水产饲料不仅有利于养殖结构调整，还带来了新的利润增长点，同时也能有效防范单一的饲料品种抗风险能力差的问题；(5) 饲料原料高价位运行，使膨化饲料和颗粒饲料的价差比例缩小，也是高档水产饲料发展的契机；(6)在养殖环境逐渐恶化、养殖户理念逐步提高等因素的影响下，膨化料的接受程度也越来越高。

5.水产饲料配方技术加速走向精细化。对比畜禽饲料配方技术，可以发现水产饲料配方不够精细，其原因一方面是因为水产动物的营养与饲料技术的研究还有待深入，另一方面也是因为过去水产饲料的配方空间大而在这方面有所忽略。原料价格的大幅振荡使配方师盯住配方技术中的每个环节都不放松，有实力的饲料企业纷纷加大研发力度，水产饲料配方技术正加速走向精细化。此外，不同地域间的养殖品种和饲料技术的交流和融合将更加频繁。

6.饲料企业更加注重服务。在竞争激烈，产品高度同质化的今天，饲料企业意识到应将自身定位为服务型企业。以往制造型企业的低成本扩张策略必将失去竞争力。行业中少数企业定位为技术型企业，有较强的竞争力，但仍有较大的局限性，其本质是以产品为导向，以提高产品竞争力为核心。但是养殖是一个复杂的过程，仅有好产品是无法保证养户获利的。饲料企业的服务目前已涵盖了养殖品种的选择、养殖模式的选择、苗种的选择、饲料的选择与投喂、水质的调节与管理、鱼病的预防与治疗以及水产品的销售。各企业纷纷根据自身的特点和优势，以不同的方式切入到这条服务链条中去。

7.行业的竞争更突出的表现为综合实力的竞争，行业的整合将进一步加速。2007 年以顺德华星清盘事件为导火索，上游原料商纷纷收缩资金，行业规则的变化以及国家从紧的货币政策使许多企业面临资金链的断裂，没有强大的资本实力就很难在激烈的竞争中寻找生存空间。产业链一条龙模式的优势进一步显现。2007 年南美白对虾出口受阻，一度使虾价降低到历史新低，业内恒兴、粤海、海大、国联等龙头企业通过收购成虾的方式是一种新的商业模式的探索。专业化的人才队伍、相对先进的管理制度和管理能力是企业可持续发展的关键性因素。

8.食品安全是焦点、环境保护是方向。2007 年食品安全问题更为突出，先是 4 月份美国部分州抵制中国的斑点叉尾鮰，后又在 6 月份美国 FDA 扣留来自中国的 5 种输美水产品，形成自中国加入 WTO 之后最严重的一次国际贸易纠纷。这些事件让我们强烈感受到仅仅控制好水产饲料的安全性是远远不够的，要把质量安全意识始终贯穿在水产养殖的各个环节。此外，国内消费市场巨大，一些出口型企业也将目光瞄向国内市场。公众日益关注食品安全，无公害健康养殖是必然趋势。

今后，国家的环保政策会越来越严格，既会影响维生素等原料价格也会影响整个市场的格局。

（薛　华）

【反刍动物饲料】

一、主要反刍动物产品生产情况

近年来，我国农业结构战略性调整步伐不断加快，对畜牧业结构调控的力度持续加大，牛、羊肉生产特别是奶业的发展得到重点支持，主要体现在：1.奶业生产在连续几年增速减缓的情况下继续保持快速增长的趋势，2007 年全国牛奶产量达 3 500 万 t，同比增长 9.60%；2. 全国牛羊饲养数量保持稳定增长态势，牛羊肉产量稳步提高。根据我国畜牧业发展远景目标，在今后较长一段时间内，我国的牛羊肉和奶业生产仍将呈较快发展态势。

二、反刍物动物饲料生产情况

反刍动物工业饲料产品的研制和生产在我国饲

料工业体系中一直是薄弱的一环。这一局面随着近年来反刍动物生产的快速发展和饲料产业结构的优化调整有所改变。2006 年反刍动物饲料总产量为 462.57 万 t,同比增长 19.47%,其中:反刍动物配合饲料产量 270.76 万 t,同比增长 14.51%;精料补充科(反刍动物用浓缩饲料)产量 169 万 t,同比增长 28.44%;反刍动物预混合饲料产量 23.21 万 t, 同比增长 19.25%。2007 年反刍动物饲料总产量为 568.28 万 t,同比增长 22.74%, 其中: 反刍动物配合饲料产量 350.23 万 t,同比增长 29.35%;精料补充科(反刍动物用浓缩饲料)产量 193.11 万 t,同比增长 14.54%;反刍动物预混合饲料产量 24.94 万 t,同比增长 7.47%。

我国反刍动物饲料生产具有以下几个特点:

1.优势产区产量大。2007 年黑龙江、内蒙古、河北、陕西、北京、江西、山东、新疆、辽宁、甘肃、河南、宁夏、山西、天津、吉林 15 个省(区、市)生产的工业化反刍动物饲料总量为 537.70 多万 t, 占总产量的 95%,其中黑龙江、内蒙古、河北、陕西和北京 5 省(区、市)占总产量的 61.20%。

2.质量大幅度提高。“十五”国家奶业科技重大专项的成功和“十一五”国家奶业科技重大专项的启动,积极推进了全国各有关科研院所、大学与乳品加工及饲料生产企业的合作。以乳牛营养工程技术与其他养殖技术系统集成为核心的乳牛养殖技术,正在生产实践中得到广泛应用,有力地提高了乳牛等反刍动物调控型饲料产品的科技含量和质量安全。

3.品种以奶牛饲料为主。近年来我国的反刍动物生产增长迅速,乳业尤为突出。1995 年全国奶类产量才 673 万 t,2007 年就到了 3 500 万 t, 增长了 4.20 倍。据不完全统计,目前我国奶牛饲料占反刍动物工业饲料总产量的比例高达 90%。

4.精料补充料和反刍动物用浓缩饲料生产发展迅猛。2006 年产量达到 169 万 t,与 2001 年生产 38.70 万 t 相比增长了 337%;2007 年产量达到 193.1 万 t,与 2001 年相比增长了 400%。

三、反刍动物饲料发展过程中存在的问题

1.技术体系不完善。我国反刍动物营养与饲料的研究与开发起步较晚,近几年来虽然进步很快,但仍不能满足反刍动物饲料生产发展的需要。目前我国使用的反刍动物饲养标准不全,技术指标落后,仍然继续使用传统的可消化粗蛋白质体系。

反刍动物工业饲料的标准体系建设才刚起步,也不完善,产品标准只有奶牛精料补充料,原料标准也仅有瘤胃微生物脲酶抑制剂等为数不多的几个,标准是生产的依据,其体系的不完善会直接影响饲料生产的可持续发展。

2.饲养管理技术水平低。目前绝大部分养殖户饲养的牛羊科学饲养水平低,生产水平较低。对阶段饲养、高产饲养、饲养机械、计算机管理技术等尚未进行配套研究,反刍动物生产集约化水平低的现状,限制了反刍动物工业饲料的生产。

3.部分饲料生产企业与养殖户处境艰难。一方面随着原料价格上涨,市场步入过度竞争状态,许多企业重视市场占有率,忽视利润率,因而造成产量增加,销售收入提高,盈利水平却在下降,面临市场压力越来越大的困境。另一方面随着饲料价格上涨,养殖户饲养成本大幅提高,虽然肉、奶价格相应提升,但是养殖户收益不大,处境艰难。

四、反刍动物饲料的发展前景

随着中国居民饮食结构的改变,对牛羊肉、乳的消费进一步增长,加之奶牛养殖业生产集约化的水平不断提高, 牛羊养殖业对饲料工业的需求越来越迫切,反刍动物饲料的研究与生产必将继续向前发展。

1. 未来几年营养调控型精料补充料和浓缩料产品将继续成为饲料业发展的一个亮点。这是因为:

(1)规模化生产和产业化经营将促进反刍动物精料补充料和浓缩料进一步推广使用。当前我国牛羊生产仍以家庭饲养为主,小规模生产与大市场、专业化生产以及社会化服务等矛盾已经出现。与之相比,产业化龙头企业的优势十分明显,与之合作的农民不仅可以获得养殖效益,而且还可以参与后续环节的利益分配; 加之我国实施科教兴国和可持续发展两大战略,环保政策、退耕还林还草政策又相继出台,划区轮牧、舍饲圈养和异地育肥等生产方式已成为主流,牛、羊生产的集约化程度将不断提高, 客观上要求牛、羊商品饲料必须有一个大发展。

(2)发展高品质精饲料补充饲料和浓缩饲料是提高我国牛羊生产水平的重要措施。我国人口每年约增加 1 300 万,而耕地却正在迅速减少。耕地与人口的矛盾日益尖锐, 大力发展以牛羊为主的反刍动物生产,符合我国基本国情。与猪饲料生产相比,我国牛、羊生产水平较低,而工业化的饲料产品是现代营养科技和工艺技术的载体, 对畜牧业增长贡献率最大,发展高品质精饲料补充饲料和浓缩饲料,改善日粮营养平衡,充分发挥反刍动物日粮内精、粗饲料的正组合效应,对提高反刍动物生产水平将起到重要作用。

(3)发展精饲料补充饲料和浓缩饲料是饲料工业内部结构优化调整的重要内容。1998 年以来, 全国猪、鸡饲料市场价格下滑,一些饲料厂家开始进行饲料结构的调整, 生产部分乳牛商品饲料。据统计,从 2003 年至 2007 年,奶牛存栏数大幅度增长,单产水平有一定幅度的提高。此外,随着农业产业化结构战略性调整的不断深化,各级农业部门把畜牧业特别是奶业作为产业结构调整的重要方向,奶牛的存栏数将进一步增加,这也是促进奶牛饲料产品生产继续增长的动力。

(4)新型反刍动物添加剂的研发,推动了反刍动物饲料的商品化。全国开展反刍动物营养和饲料科学研究的大学和科研机构至少在10所以上。研究方向包括:牛羊营养需要和饲料营养价值评定、营养调控理论和技术、新型饲料产品研制和开发、放牧家畜营养检测和科学补饲技术、提高秸秆饲料利用率等。这些研究催生了一批新型添加剂产品,特别是脲酶抑制剂、酵母培养物、酶制剂、抗应激添加剂、金属螯合物、蛋白质和脂肪保护性产品、原虫控制剂等的成功研发和产业化,加快了反刍动物饲料更新换代和推广的步伐。

2. 奶牛饲料产品在相当长的历史时期内将继续是反刍动物饲料产品生产的重中之重。随着中国奶制品进口关税降低,市场竞争进一步加剧,节本增效是未来几年中国奶牛养殖业面临的最大挑战,也是提高竞争力的核心内容。饲料占奶牛养殖成本的70%以上,因此,优化乳牛产乳效率,正确处理乳牛乳产量和乳品质的相互关系,根据我国国情发展,利用营养调控技术发展特色乳产业,开发新型饲料添加剂,强化奶牛饲料抗生素与激素监测技术和推广先进适用饲养技术具有重要的现实意义。国家已投入大量的资金和人力资源,加快奶牛饲料配套技术研究,力争突破技术难点,为奶牛饲料产品的发展提供强而有力的技术支撑。

(卢德勋 孙海洲 石 岩)

【特种动物饲料】

特种动物养殖业是我国大农业的重要组成部分,属于利用价值和经济价值较高的创汇农业。随着国家农业产业结构的逐步调整、经济全球化进程的加快和人民生活水平的不断提高,国内外市场对特种经济动物产品的需求量越来越大,而且消费模式也趋向多元化,继而带动我国特种动物养殖业向着规模化、产业化和标准化方向发展,特别是近年来珍贵毛皮兽产业有了飞速的发展。2007年度我国特种动物的养殖概况、饲料生产及消耗情况、存在问题和发展建议总结如下:

一、养殖概况及发展特点

1.茸鹿:2007年度我国的茸鹿(主要包括梅花鹿、马鹿、水鹿、坡鹿、白唇鹿、白臀鹿、驼鹿和驯鹿等鹿种)存栏数同比增长约3%,达到67万只之多。其中,梅花鹿的主要产区在吉林、辽宁、黑龙江3省,其次是河北(含北京、天津)、山西、山东、内蒙古、安徽、广东、海南、广西等省区;马鹿的主要产区在新疆、内蒙古和辽宁等省区。近些年梅花鹿和马鹿的品种培育、营养代谢和饲料配制等方面的研究工作有了长足的进展,已通过国家鉴定或审定的品种8个和品系1个;中国农业科学院特产研究所主持完成的"梅花鹿、马鹿高效养殖增值技术"科研成果获2004年度国家科技进步2等奖,通过对梅花鹿、马鹿营养代谢、茸角发生发育机制、营养需要、高效饲料配制技术和鹿茸加工新技术等研究,得出了不同种类饲料、不同饲养条件下梅花鹿瘤胃消化特点、瘤胃内主要代谢参数的动态变化规律以及梅花鹿生茸期能量代谢规律,得出了茸角发生发育机制与类胰岛素生长因子和营养的相互关系,提出了可直接应用于养鹿生产的适宜饲粮营养水平、营养需要量、日粮结构及饲喂方式,评定了豆类、饼粕类、谷物类、糠麸类、树叶类、牧草类、秸秆类等鹿常用饲料的营养价值,并研制出了梅花鹿和马鹿不同生理时期的专用预混料。我国茸鹿养殖业的格局现为公司、基地和个体户并存,大型的公司和基地其技术力量较强、饲养管理较规范、产品开发能力强和具有科学化示范作用,可带动本地区养殖个体户发家致富;但从养殖数量来看,我国的茸鹿产业仍以个体养殖户为主体。本年度我国的梅花鹿鹿茸、马鹿鹿茸及其鹿副产品销售价格较2006年度略有提高,但茸鹿(梅花鹿和马鹿)仔鹿的销售市场和价格继续走低,精饲料价格普遍上扬,总体养殖效益低靡,致使各养殖场(家)均继续加大对劣质鹿的淘汰力度和提高种群质量,养殖业处于维持阶段。

2.毛皮兽:2007年度我国的貂、狐、貉3种主要毛皮兽年初基础种兽存栏数达到920万只之多,年末共生产商品毛皮约4 850万张,较2006年的毛皮生产量增加10%之多。其中,水貂、狐狸和貉子的主要产区在山东、河北(含北京、天津)、辽宁、黑龙江、吉林、内蒙古、江苏、河南、甘肃、山西、宁夏、新疆等省区。由于受到国内裘皮加工业发展的带动和国际裘皮贸易量的影响,我国的毛皮兽养殖业近些年得到了突飞猛进的发展,养殖规模逐渐扩大,也涌现出相当数量进行规范化、科学化和产业化经营的龙头企业,从而带动广大个体养殖户发展这一产业。美国短毛黑貂和芬兰狐狸等良种的引进及消化吸收,有效地提高了我国毛皮的尺码和毛绒质量,并已培育出金州黑貂和吉林白貉新品种。中国农业科学院特产研究所经调查统计,庭院式、场区式和统一规划小区式的饲养比例分别占49%、39%和12%。此外,人工授精技术的广泛应用,也极大地促进了优良毛皮种兽的迅速扩繁和降低种兽养殖成本。本年度国内水貂皮、银狐皮和貉皮的市场售价均较上一年度平均降低25%左右,而饲料价格又普遍上扬,故毛皮兽养殖业的总体经济效益较上一年度有大幅度降低。

3.珍禽:据有关资料的初步估算,2007年度我国的乌骨鸡、雉鸡、野鸭、番鸭、鹌鹑、肉鸽、鹧鸪、珍珠鸡、火鸡、鸵鸟、孔雀和大雁等12种珍禽的基础种群存栏数和上市商品珍禽与2006年度基本持平(分别为600多万只和1.70亿只左右)。2007年度国内珍禽产品的市场售价随着饲料价格的上涨而上扬，养殖业的效益略好于上年。珍禽养殖业的特点：(1)养殖区域非常广泛，遍及全国各省区；(2)养殖规模较小，多为个体农户饲养，大型龙头养殖企业较少；(3)受市场供求关系的影响，其价格波动较大。珍禽今后的发展趋势应该走"公司+农户"的模式，以开辟稳定的消费市场来促进其养殖业的有序发展，以科学规范的技术提高其养殖业的生产水平，以产品质量和食用安全求生存，以产品深加工带动其养殖业的发展。

二、饲料情况及存在问题

1.茸鹿饲料：我国的茸鹿精饲料主要由玉米、高粱、稻谷、大豆、豆饼、菜籽饼、棉籽饼、葵花饼、亚麻饼、糠麸、磷酸氢钙、碳酸钙、骨粉和添加剂等构成；粗饲料主要由农作物秸秆(如玉米秸、谷草、豆秸、高粱秆等)、青贮饲料、干草、青草、树枝和树叶等构成。2007年度我国茸鹿单只精饲料投喂量因其价格上涨而较往年下降10%左右，茸鹿养殖全年精饲料消耗总计估算为28万t，其中97%的精补饲料是养殖场(家)自配，商品添加剂预混合饲料和浓缩饲料仅为8 400t左右。目前，茸鹿养殖在饲料与营养上仍存在的主要问题:一是母鹿妊娠期和仔鹿育成期日粮的钙、磷比例失调(钙过量和磷缺乏)和含硫氨基酸不足，导致食毛和发育不良；二是饲料加工调制不当、维生素添加剂贮藏不当或调制不均，从而造成日粮中某些维生素的缺乏；三是公鹿生茸期日粮中精饲料喂量过剩或蛋白质饲料比例过高，继而导致消化系统紊乱和饲养成本增高。

2.毛皮兽饲料：2007年度随着我国毛皮兽养殖数量的继续扩增，其饲料厂(包括专营和兼营)粗略统计已突破200家，全年共生产毛皮动物专用配合干饲料和添加剂预混合饲料共计62万t左右，约占其饲料总消耗量的30% 。目前，大多数毛皮兽养殖场采用鲜动物性饲料(如海杂鱼、畜禽屠宰下脚料和废弃肉等)和谷物类、蔬菜等按一定比例混合、煮熟后进行饲喂，存在着饲料原料变动较大、饲料配比不够准确和潜在的安全隐患。粗略估计，2007年度全国饲养毛皮兽共消耗海杂鱼、畜禽屠宰下脚料和废弃肉等鲜动物性饲料170万t及玉米等谷物饲料84万t。

3.珍禽饲料：2007年度全国饲养珍禽消耗饲料总量约86万t。其中，约有70%的养殖场(家)直接采用蛋鸡饲料、肉鸡饲料或家鸭饲料饲养珍禽，只有30%左右的场(家)根据其推荐营养标准或经验饲粮配方自行配制饲料而饲养珍禽。目前，我国珍禽养殖中存在的主要问题是缺乏系统的营养需要标准和科学的饲料配方，导致其生产性能不能充分发挥和饲料转化效率较低。

三、发展建议

1. 各级主管部门或业务部门应加强科研经费的投入，以使特种动物的营养标准化和高效化。我国的特种动物养殖业起步较晚，属于新兴的产业，其营养与饲料方面的研究广度和深度远远落后于家畜和家禽，应尽快设立相应的研究课题和组织研究力量开展工作，最终摆脱特种动物经验法饲养的局面。首先应研究其营养素需要量和饲粮中适宜营养素水平，在此基础上，再进行优化饲料配方的筛选、饲料原料的开发、专用饲料添加剂的研制、饲料剂型和加工工艺等方面的研究工作。

2.特种动物养殖业必须走绿色环保之路，其绿色安全饲料的开发势在必行。在配制特种动物饲粮时，首先要求合理搭配日粮营养和提高饲料的转化效率，以最大限度地降低营养物质的排泄和避免造成对环境的污染；其次必须推广应用绿色饲料添加剂，以减少或消除特种动物产品中的药物残留；再者要求饲料原料无污染和加工过程中的质量安全保证；并应采取切实可行的技术措施，以有效地控制特种动物养殖场(尤其是肉食性毛皮动物养殖场)的臭气排放。目前在畜禽上的研究表明，饲粮中添加β-葡聚糖酶、蛋白酶、植酸酶等可提高饲料转化率和氮、磷利用率，从而降低氮和磷的排放；饲用微生物制剂、活性多肽、寡聚糖、茶多酚、松针粉、大蒜素和中草药饲料添加剂等产品的应用，可有望替代抗生素。在特种动物养殖中，也应吸取畜禽上的教训，不能只注意眼前的利益而出现铜、锌和磷等营养素过量而造成对环境的污染。

3.加强特种动物饲料的研制和市场开发力度。针对特种动物养殖规模小和养殖地分散的特点，应重点开发和推广其浓缩料、添加剂预混料，适度开发全价配合料，以充分利用当地的饲料资源和降低饲料的运输成本。

4.特种动物养殖业及其饲料加工业的发展，应鼓励"公式+农户"和"龙头企业+基地"的经营发展模式。这一方面有利于其科技成果的尽快推广应用，另一方面也有利于产品的统一加工和销售，继而打造出规格化的特种动物品牌产品。

(王　峰　何艳丽)

饲料原料工业概况

2007 年,我国饲料原料生产保持稳定增长态势,主要饲料原料中有多个品种价格偏高。2007 年,我国豆粕产量约为 2 786 万 t,同比增长 2%;鱼粉产量为 49.10 万 t,同比下降 3.30%;肉骨粉产量为 42.20 万 t,同比下降 6.80%;磷酸氢钙 247.60 万 t,同比下降 3.20%。

【玉米生产、贸易与市场情况】2007 年我国玉米播种面积为 2 805 万公顷,较 2006 年的 2 697 万公顷增加 108 万公顷,增幅为 4%,其中东北春玉米和华北夏玉米的面积均有增长,主要原因是玉米种植效益高于大豆。2007 年玉米产量为 15 184 万 t,较 2006 年的 14 548 万 t 增长 636 万 t,增幅为 4.36%,实现连续 4 年增长并再创历史新高。

2007 年,我国玉米出口数量明显增加,进口数量大幅下降。根据海关总署数据,全年出口玉米 491 万t,同比增加 60%,进口玉米 3.50 万 t,同比下降 46%。出口的主要目的地包括韩国 (321.40 万 t)、日本 (71.20 万 t)、马来西亚(51.80 万 t)、印度尼西亚(31 万 t)。

2007 年国内玉米总需求量在 1.39 亿 t,较 2006 年增加 160 万 t,增幅 1.20%。玉米需求保持刚性增长,但是增长速度减缓。

2007 年国内玉米价格呈现上涨态势,全年玉米价格波动幅度较大,主产区玉米全年平均价格为 1 498 元/t,较 2006 年上涨约 18%。

2007 年,影响国内玉米市场主要因素:

1.养殖、饲料情况不理想。在养殖周期性下跌及蓝耳病疫情的双重作用下,2007 年上半年养猪业十分低迷,猪饲料需求不振,部分地区下降 30%以上。不过,随着禽流感等疫情的淡去,家禽养殖出现了上涨的行情。总体而言,2007 年畜禽养殖对饲料需求并不理想。

2.玉米饲料消费较 2006 年有所下降。2007 年国内消费平稳增长。(1)玉米饲用消费出现下降,影响到消费增长速度。2007 年国内生猪疫情较为严重,养殖效益下滑,生猪养殖存栏水平比 2006 年下降,造成玉米消费下降。(2)国内玉米价格较高,小麦在一定时期替代了部分玉米进入饲料消费领域,也是 2007 年国内玉米饲料消费有所下降的原因之一。

3. 国家严格控制玉米深加工业盲目发展。2007 年相关管理部门出台了加强玉米深加工行业清理整顿、限制粮食加工燃料乙醇、取消酒精和玉米淀粉等深加工产品出口退税、开征玉米淀粉等深加工产品出口关税等一系列调控政策,有利于促进玉米深加工行业的健康发展,有利于抑制国内玉米深加工消费的过快增长。

4. 政府出台政策调控进出口。2007 年 9 月 20 日,国家出台了《关于促进玉米深加工业健康发展的指导意见》,一是要进一步调整玉米深加工业的格局,二是原则上要少出口玉米。《意见》指出,在深加工业布局方面,“十一五”期间,重点是优化产业布局,调整企业结构,延长产业链,培育产业集群,提高现有企业竞争力。在进出口方面,各地原则上要减少玉米出口,以保证国内供求平衡。建立灵活的玉米进出口数量调节机制,在适当的时候,东南沿海玉米主销区可以进口部分玉米满足国内饲料加工业的需求。

5. 中央动用储备玉米平抑国内玉米价格。由于 2007 年 11 月份国内玉米价格出现了大幅度上涨,为了满足国内饲料加工需求,稳定国内玉米价格,12 月份中央储备玉米竞价销售活动展开,并形成常态化,平均成交价格为 1 740~1 787 元/t,对平抑国内玉米价格起到了重要作用。

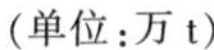

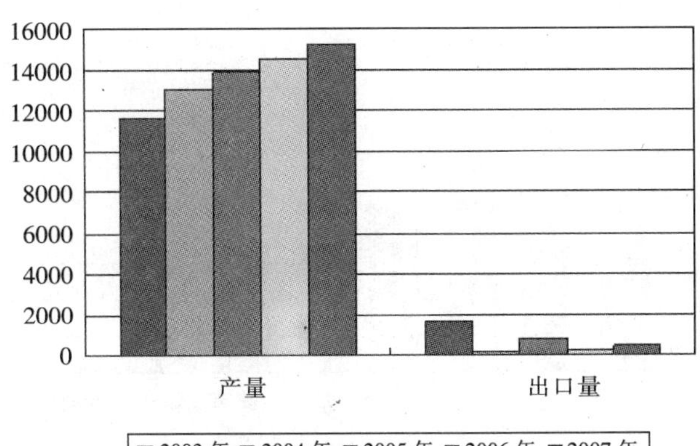

玉米产量与出口量对比图

【大豆和豆粕生产、消费、贸易与市场情况】2007 年我国大豆播种面积为 844 万公顷，较 2006 年 910 万公顷降低 7.30%。大豆产量为 1 350 万 t，较 2006 年 1 550 万 t 降低 12.90%。我国大豆产量已连续 3 年下滑。

作为全球最大的大豆进口国，在连续两年国产大豆的总产减少，而需求刚性增长的情况下，我国大豆进口量继续呈增加趋势，政府也出台了取消 2007 年 10~12 月大豆进口关税的政策，以鼓励大豆进口。海关统计显示，2007 年 1~12 月，我国进口大豆 3 082 万 t，较 2006 年增加 255 万 t，增幅达 9%；2007 年 1~12 月，我国出口大豆 45.50 万 t，略高出 2006 年。2007 年 10 月 1 日我国宣布对 10~12 月进口大豆关税税率由 3%降为 1%，进一步刺激了进口大豆增加。

2007 年，我国生产豆粕 2 786 万 t，进口豆粕量为 10.50 万 t(主要是从印度进口)，全年豆粕供应量约为 2 796 万 t。

2007 年国内饲用需求约 2 650 万 t，与 2006 年基本持平。全年出口 85 万 t，同比提高 122%，其中，出口日本 57.20 万 t，韩国 13.80 万 t，越南 4.30 万 t。2007 年国内豆粕进出口情况较 2006 年明显发生了根本改变，进口量大幅减少，出口量出现恢复性增加。

2007 年国内豆粕市场明显不同于往年，价格波动较大。具体来说，2007 年的行情主要分为两个阶段：1~7 月为平稳期，这段期间内供应充足、需求不旺始终制约着行情的发展，豆粕价格始终难有明显突破，价格保持在 2 200~2 500 元/t 之间；8~12 月是暴涨期，受进口成本持续提高，国内大豆大幅减产等因素影响，豆粕价格持续大涨，在 11 月时价格突破了 3 800 元/t 的历史较高价位。

2007 年市场的主要影响因素：

1.国际大豆市场供应紧张。2007 年美国和我国大豆大幅减产，需求仍持续强劲，2007/2008 年度国际大豆供求状况向趋紧转变。国际供需环境左右着国内豆粕市场整体上涨趋势。

2.CBOT 期货市场对国内大豆、豆粕价格影响较大。2007 年，国际市场通过对播种面积和天气的炒作，再加上美元持续贬值、全球面临通胀威胁和基金入市的利多影响，2007 年上半年，CBOT 大豆上升近 200 美分/蒲式耳，下半年国际市场继续牛市行情，大豆期货价格迅速突破 1000 美分，不断创下高点。受外盘的连动作用，使国内豆粕现货价格大幅飙升。

3.养殖业发展支撑粕市。2007 年，在国家各项政策的鼓励扶持下，生猪生产逐步恢复，存栏量增加，同时由于生猪产品价格较高，家禽养殖也因替代效应等因素影响，获得较快发展，饲料生产保持持续增长，尤其家禽饲料增长迅猛，促进了豆粕总体消费量增长。

4.国内物价上涨较快。2007 年中国经济增长势头更猛，自第二季度以来，经济增长由偏快转向过热的趋势进一步明显，全年 GDP 增速达 11.40%，比 2006 年加快 0.30%，CPI 上涨 4.80%，比 2006 年提高 3.30%，人民对肉蛋禽的需求增加，对于豆粕的需求和价格起到积极的拉动作用。

5.铁路建设基金改革对主产区大豆市场利好。为降低东北粮食外运成本，针对铁道部自 2007 年 4 月 1 日起实施的《国家发展改革委下发的关于对经山海关入关铁路运输粮食收取铁路建设基金的通知》，2007 年 9 月下旬政府对铁路建设基金进行改革，对经山海关入关的粮食由现行按运距征收铁路建设基金，改为按每吨 18 元的固定额收取铁路建设基金。从长远的角度来看，铁路基金征收标准的改革在很大程度上将有利于主产区大豆价格的上行。

6. 美国 2007 年度农业法案已获得众院通过，该法案在 2002 年农业法的基础上增加保护美国豆农净收入条款,鼓励美国国内厂商生产以大豆为原料的生物柴油制品,并开展油籽品质提升计划。这将使大豆和豆油供需基本面发生大的变化,进一步支持国际市场大和豆油的价格。

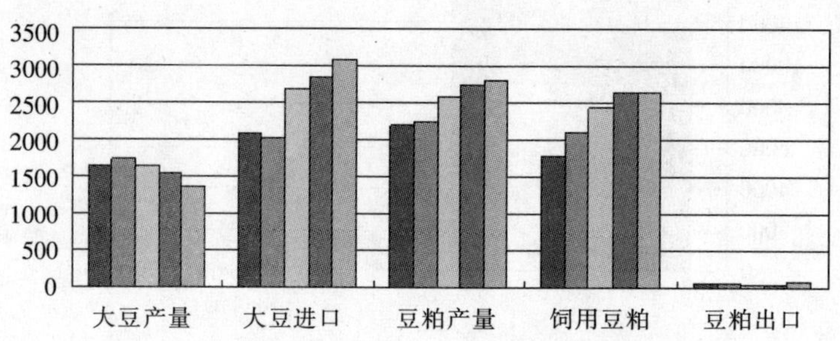

【**鱼粉生产、贸易与市场情况**】2007 年,我国生产鱼粉 49.10 万 t, 同比下降 3%;2007 年中国进口鱼粉数量为 96.60 万 t, 同比减少 1.30%, 其中从秘鲁进口 51.70 万 t,同比下降 14%,从智利进口 18.80 万 t,同比增长 18%。年内新增供给量为 145.70 万 t(不包括 2006 年结转库存数),基本与 2006 年持平;出口鱼粉 9 803t,同比下降 26.20%。2007 年来自东南亚国家的鱼粉进口量明显增加,几乎较 2006 年增长 1 倍,非主流国家鱼粉的价格优势是导致进口量增加的主要原因。

2006 年鱼粉价格攀升到历史高位,2007 年价格进入下跌的熊市局面, 加之水产品出口连连受挫,生猪养殖恢复缓慢,导致国内鱼粉需求明显萎缩,全年总消费量约 120 万 t,同比下降 7.70%。受需求下降的影响,2007 年末国内港口鱼粉库存量达到 14.60 万 t,为近年来期末库存最高值, 是 2001 年期末库存量的 13 倍。

2007 年,国内进口鱼粉价格波动明显,年初高达 8 800~9 000 元/t,而后随着价格外盘跳水,国内价格开始回落,至 7 月底跌至 7 000 元/t,而后在此价位小幅震荡。国产鱼粉随进口鱼粉价格变化,从年初 7 300 元/t 下降到年末 5 900 元/t。2007 年国内不少鱼粉进口商和经销商亏损严重。

2007 年秘鲁鱼粉价格大幅起落对国内价格起到了重要作用。年初秘鲁鱼粉价格在 2006 年基础上高位盘整,维持在 1 080~1 100 美元/t,由于中国等国采购下降,5 月后价格大幅跳水, 直至 780~800 美元/t,之后低位徘徊,年末维持在 800~840 美元/t。中国市场需求对秘鲁鱼粉价格起着不可低估作用。

2007 年全球鱼粉总产量约 500 万 t。秘鲁仍然是世界上最大的鱼粉生产国及出口国, 全年捕鱼量约 605 万 t,比 2006 年的 700 万 t 降低 13.70%;鱼粉产量 130 万 t; 出口量约 119.1 万 t, 较 2006 年下降了 10%,其中,中国 51.70 万 t,占到总出口量 44%,德国 16 万 t,日本 13.90 万 t,中国依然是秘鲁鱼粉市场最大的买家。

经过了 2006 年的大牛市和 2007 年的低迷,市场逐渐回归本真,消费者也逐渐重拾理性。(孙志强)

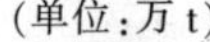

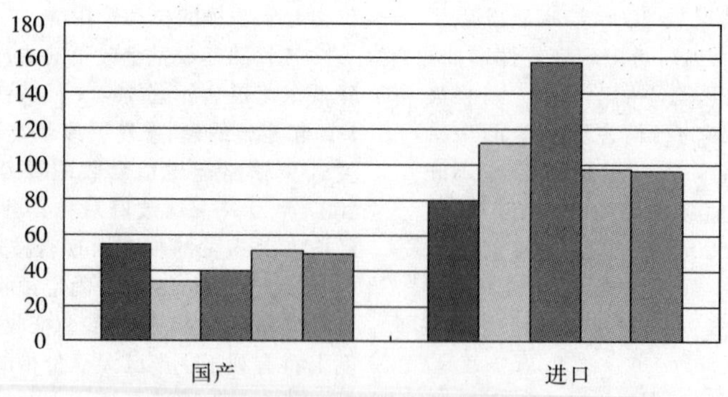

饲料添加剂工业概况

营养性饲料添加剂

【饲料级氨基酸】 在各种饲料添加剂中氨基酸占有很大份额。全球各种氨基酸中饲料级氨基酸占到了80%以上。饲料级氨基酸在过去10年中平均增长率一直在12%~15%。北美洲是全球饲养业最发达的地区，也是氨基酸消耗最多的地区。赖氨酸与蛋氨酸是全球消耗量最大的两种饲料级氨基酸。我国是饲料级氨基酸消费大国，也是重要的氨基酸产品生产国。

一、赖氨酸

2007年我国赖氨酸产业继续保持稳定发展，随着国产赖氨酸技术上的改进，低成本优势更加突出，赖氨酸市场基本国产化，而进口赖氨酸的市场份额已大幅萎缩。

1.赖氨酸产能和产量保持稳定。2007年，我国赖氨酸主要生产企业主要有大成、聊城希杰、川化味之素、宁夏伊品、山东金玉米、安徽丰原、正大菱花等，赖氨酸生产能力约70万t，其中大成产能仍在30万t左右。2007年国内赖氨酸的总产量为50.20万t（含65%赖氨酸），比2006年下降3.80%，主要集中在吉林和山东两省。

2.我国赖氨酸进出口稳定。2007年7月我国赖氨酸的出口退税率由13%下调到5%，同时，随着人民币升值的加速，到年底人民币兑美元汇率已达1:7.3，这对赖氨酸的出口造成很大阻力，但是出口量仍保持稳定，全年出口量在14.50万t，基本与2006年持平，出口的国家比较分散，排在前3位的国家分别是：荷兰22 361t，波兰11 491t，美国8 191t。

由于2007年我国赖氨酸产量较高，需求量下滑，赖氨酸进口量下降，全年共进口赖氨酸1.80万t，同比下降28%，其中美国9 388t，韩国4 560t，泰国1 964t，巴西1 528t。

3.价格总体居高。与2006年相比，2007年赖氨酸价格处于较高区间，3次波峰分别出现在5月份、9月份和11月份：1~4月份，进口赖氨酸价格基本在13.50元/kg左右，国产赖氨酸12.50元/kg左右，5月初受国外某大型生产企业停产影响，价格大涨，进口赖氨酸涨到15.60元/kg，国产赖氨酸涨到14.70元/kg，之后价格逐步回落；8月初受豆粕价格暴涨等因素影响，赖氨酸价格再次反弹，9月份达到全年最高价，进口赖氨酸达到15.50元/kg，国产赖氨酸达到15元/kg；受国庆节后集中备货影响，11月份出现第3个高峰，价格基本与第2个波峰价格持平。

4.2007年国内赖氨酸的市场的几个特点：(1)生猪养殖下滑影响需求。2007年上半年，我国的生猪养殖业受到蓝耳病等疫情影响，空栏现象比较明显。为了稳定养猪业，国家加大了疫病的防控力度并出台了母猪补贴等政策，成效比较明显，同时，从6月份开始，生猪价格出现暴涨行情，促进了养殖户补栏积极性。但全年来看生猪存栏恢复情况并不乐观，猪饲料产量较往年明显放缓，也影响到了赖氨酸的需求。

(2)价格虽涨，生产厂家利润下降。2007年国内进口赖氨酸均价在14.30元/kg，同比上涨了6.70%；国产赖氨酸全年均价在14.40元/kg，同比上涨10%，虽然价格涨幅较大，厂家利润却有所下降。主要原因：一是受供求关系的影响，玉米价格大幅上涨，较2006年上涨14.30%，使得得赖氨酸生产成本大为增加；二是2007年国际原油价格在70~100美元/桶之间，而2006年仅为60~70美元/桶，油价的上涨带动了各种能源价格上涨，更增加了运输成本和生产成本。

(3)65%赖氨酸价格一枝独秀。2007年，国内65%赖氨酸供应量相对紧张，而且在性价比上较98.50%赖氨酸有一定的优势，供求关系影响，65%赖氨酸价格保持较高价位，2007年基本上在7元/kg以上，到年底甚至达到9元/kg以上水平，而2006年的平均价格仅在5.8元/kg左右。

(4)厂家出厂价格难破上线。2007年每次赖氨酸价格出现上涨时，生产厂家都试图将出厂价格上调到14.50元/kg或以上，但在这时出货便会很困难，经过一段时间僵持，赖氨酸生产厂家屡屡败阵。其原因主要是需求疲弱，而豆粕等原料价格出现暴涨，对饲料企业形成很大阻力，饲料企业利润微薄，对赖氨酸高价行情难以接受。

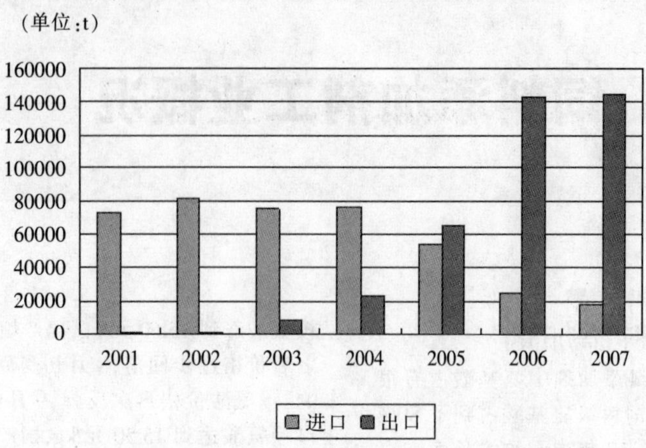

2001~2007 年我国赖氨酸进口和出口数量图

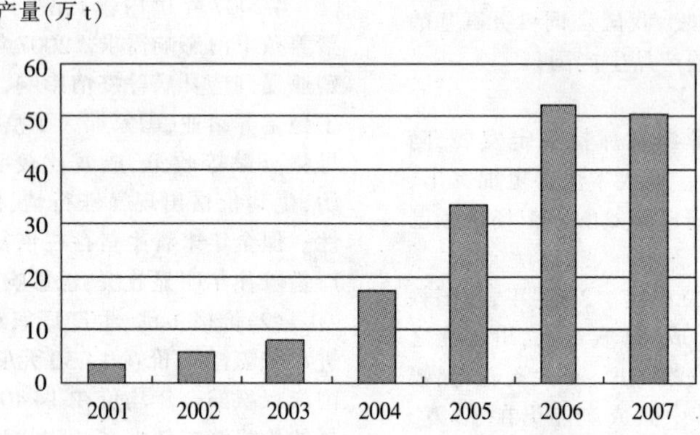

2001~2007 年我国赖氨酸产量增长趋势图

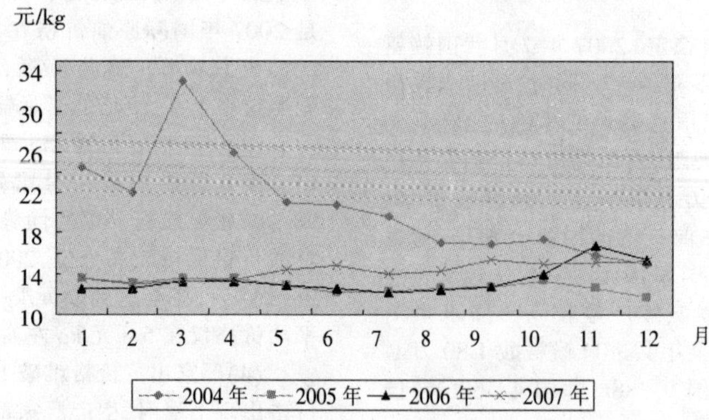

2004~2007 年我国进口赖氨酸价格走势图

二、蛋氨酸

我国饲料级蛋氨酸仍然依赖国外进口。2007 年,我国蛋氨酸进口数量增加,全年共进口 89 890t,同比增加 11%,进口均价为 2 546 美元/t,同比上涨 17%。

从进口国别来看,主要集中在比利时、日本、美国和法国,数量分别是 33 877t、27 102t、11 360t 和 10 310t,占全部进口量的 92%,其余几个国家量不大,分别是德国(4 600t)、俄罗斯(2 420t)和西班牙(220t)。

2007 年我国蛋氨酸的主要进口海关为:天津、青岛、黄浦、南京及大连,这 5 个海关进口数量站总进口数量的75%。

2007年世界蛋氨酸主要生产厂家有德固赛、诺伟司、安迪苏、住友及俄罗斯的伏尔加公司,其中迪高沙及住友的产量都有不同程度增加,诺伟司公司以生产液体蛋氨酸及羟基蛋氨酸钙盐为主。2007年蛋氨酸的全球总产量约65万t。

2007年1~9月,国内蛋氨酸价格基本26.30元/kg左右波动,但9月份开始,价格出现暴涨局面,一度达到了34元/kg,11月达到40元/kg,12月以47元/kg创造历史高位,涨势令人瞠目结舌。

2007年国内蛋氨酸的市场的几个特点:

1.禽类养殖明显好转,蛋氨酸需求增加。2007年,受国内生猪价格高涨的影响,带动人们对禽产品的消费,禽类养殖的快速回升,促进了禽饲料生产快速增加,也促进了蛋氨酸需求的增加。

2.蛋氨酸货源出现紧张。2007年下半年,中国受家禽快速发展的影响,蛋氨酸需求大增,这令很多大厂家措手不及,整体货源供应都比较紧张,最终导致出现高涨行情。

3.国际油价高位反弹增加蛋氨酸成本。2007年,国际油价不断走高,年初价格低至50美元/桶,之后不断走高,到11月下旬达到98.18美元/桶的历史高位。蛋氨酸生产以原油为主要原料,油价高涨带动了蛋氨酸生产成本上涨,这是也2007年蛋氨酸价格暴涨的主要原因之一。

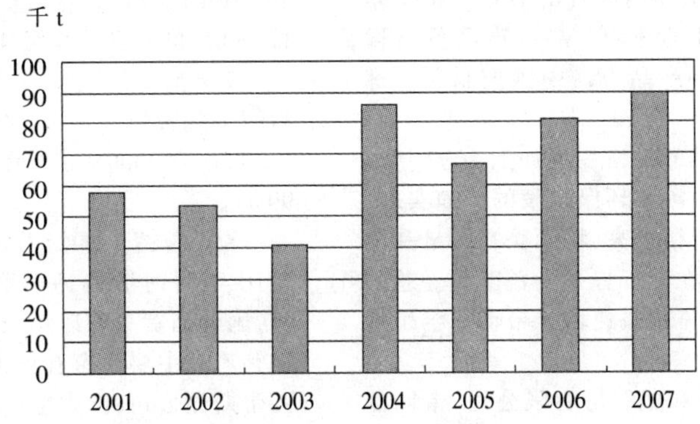

2001~2007年国内蛋氨酸进口数量图

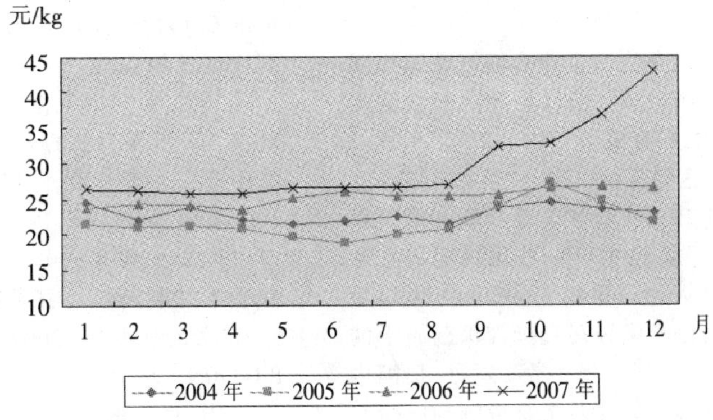

2004~2007年国内蛋氨酸价格走势图

三、苏氨酸

苏氨酸作为重要的饲料添加剂,越来越受到重视,市场需求稳定上升。国内饲用苏氨酸生产起步不久,并具备了一定的出口能力,市场前景看好。

2007年,国内主要苏氨酸生产企业主要有吉林大成集团和广东肇庆星湖生物科技股份有限公司。2007年国内苏氨酸产能超过30 000t,产量约为20 000t。

2007年,国内苏氨酸需求一般,价格低迷。养猪业受疫病影响,生猪存栏量不高,对苏氨酸需求一般;肉禽养殖业发展相对较好,对苏氨酸需求量略大。从价格上来看,全年苏氨酸价格延续了上一年的低迷态势,总体保持低位平稳,国产苏氨酸价格保持在16.5~18元/kg,进口苏氨酸价格保持在18~20元/kg。

四、色氨酸

色氨酸是一种动物易缺乏的氨基酸,潜在需要量很大。其价格较贵，产销矛盾突出。国内饲料级色氨酸基本以进口为主，国内虽然有几家企业生产，但产量有限。

2007 年色氨酸价格稳中有升，进口饲料级色氨酸价格保持在 320~380 元/kg。

（孙志强）

【饲料级维生素】2007 年的中国维生素市场发生了质的变化，首先是依赖于国家积极鼓励政策，其次是得益于中国丰富的自然资源、廉价的成本，这些被视为出口的优势。另外，2007 年，在原材料价格、环保成本上升、人民币升值等因素的推动下，大宗维生素价格出现大幅上涨。

维生素类品种中涨幅较高的有泛酸钙、维生素 B_2、叶酸、维生素 C、维生素 E 等，部分产品价格同比涨幅超过 200%。这些产品中，中国控制着全球 50%~80%的产能。

需求的增长带动产品的价格，再加上 2007 年维生素生产成本居高不下，国家环保政策的严谨实施，使得生产企业不得不将价格提高，特别是在产量和出口量占一定比例的企业，在新形势下受益匪浅。总的来看，医药和饲料添加剂需求快速增长带动了维生素类产业迅速发展。

1.维生素 A。浙江新和成股份有限公司、帝斯曼维生素（上海）有限公司、厦门金达威维生素股份有限公司、创荷美公司是我国维生素 A 最主要的生产企业。2007 年，我国维生素 A 产量约 5 000t/年，出口量为 2 786t。

2.维生素 D_3。国内主要生产企业有浙江花园集团的杭州下沙生物科技有限公司、浙江新和成股份有限公司和厦门金达威维生素有限公司等。2007 年我国维生素 D_3 粉生产能力达到 7 000t/年，产量约 4 200t。

3.维生素 E。DSM、BASF、浙江医药与新和成是世界四大维生素 E 生产厂家。2007 年，我国维生素 E 生产能力约 6 万 t/年，实际生产量约 3.60 万 t，出口量 2.90 万。浙江新和成股份有限公司和浙江医药旗下的新昌制药厂、帝斯曼维生素（上海）有限公司，是国内最主要的维生素 E 供应商，另外西南合成制药股份有限公司也有少量生产。

2007 年国内维生素 E 价格暴涨，第一季度价格只有 42~45 元/kg，而到年底已经暴涨至 100 元/kg，企业环保成本增加和国内供应紧张是上涨的主要原因。

4.维生素 K_3。国内生产维生素 K_3 产品质量已达到国际水平，浙江兄弟公司是我国最主要的 K_3 生产企业，2007 我国 K_3 生产能力约 4 000t/年，产量约 3 000t，其中大部分用于出口。

5.维生素 B_1。国内主要生产厂家有：天津中津、华中制药、浙江兄弟、浙江天新、东北制药等。2007 年，我国维生素 B_1 的产能和产量稳定增长，生产能力约 6 500t/年，生产量达到 6 000t，大部分用于出口，全年出口量为 4 839t。

6.维生素 B_2。从全球范围来看，维生素 B_2 有 65% 应用在饲料领域。湖北广济药业和上海迪赛诺公司是国内主要的生产商，湖北广济药业已经成为全球三大生产企业之一。国内维生素 B_2 市场需求较高，供不应求。2007 年国内产能为 5 000t/年，产量约 3 800t，出口量为 1 992t。

2007 年，维生素 B_2 价格大起大落，是国内变化最大的维生素品种。1 月份，国产 80%含量价格基本在 190 ~200 元/kg，到 8 月份销售价格一度达到了 890 元/kg，到 10 月份价格回落到 750~800 元/kg，到 12 月份，价格已经跌至 430~450 元/kg。

7.烟酸与烟酰胺。广州龙沙公司是全球最大的饲料级烟酰胺生产公司。2007 年，我国烟酸及烟酰胺产能超过 20 000t/年，产量约 11 000t（烟酰胺产量约占 99%）。

8.泛酸钙。D–泛酸钙市场容量持续增长，预计到 2010 年国内泛酸钙消费量将以年均 10%的速度增长，国外消费量将以年均 6%的速度增长。国际 D–泛酸钙产品主要厂家有日本第一制药、德国巴斯夫和荷兰帝斯曼公司；国内生产厂家有浙江鑫富药业股份有限公司、山东新发药业有限责任公司、山东大华广济生化工程有限公司等，鑫富药业是全球最大的泛酸钙生产企业。2007 年国内泛酸钙生产能力约 12 000t，产量约 9 000t/年，DL–泛酸钙及其衍生物共出口 6 310t，同比增长约 40%。

2007 年国内泛酸钙的平均价格在 147 元/kg，较 2006 年 75 元/kg 的均价增长 90%以上，最高价在 7 月份，一度达到了 175 元/kg，最低在 1 月份仅为 100 元/kg。

9. 维生素 B_6。国内有上海罗氏维生素公司、湖北咸宁第二制药厂、江苏张家港宏兴化学制药公司等近10 家企业生产。2007 我国维生素 B_6 的生产能力约 8 000t/年，产量在 5 000t，出口量为 4 037t。

10. 维生素 B_{12}。世界主要生产国为中国、印度和法国。我国主要维生素 B_{12} 生产厂家有河北玉星生物工程有限公司、华北制药威可达公司和河北华荣制药，主要用于出口，内销数量较少。2007 年维生素 B_{12} 纯品产量为 20 多 t，维生素 B_{12} 及其衍生物产量约 2 000t，出口数量为 1 482t。

11.叶酸。我国叶酸产量的 80%用于出口，内销不足 20%。国内叶酸主要生产企业有武进市牛塘化工厂、江苏镇江高鹏药业公司等 5、6 家企业。2007 年，我国叶酸生产能力约 2 000t/年，产量约 1 000t。

12.维生素 C。全球维生素 C 主要由 6 大企业掌控:石家庄制药、华北制药集团、东北制药、江山制药,以及荷兰帝斯曼和德国巴斯夫。2007年,全球产能超过13万t/年,需求量一般保持在9万t左右,而中国企业产能已超过10万t。全球形成一个供大于求的市场。2007年,我国维生素C产量约9.60万t,出口总量为71 796t。

2007年国内维生素C价格明显上涨,3月价格在在33~35元/kg,之后受供应短缺影响,到7月份价格达到85元/kg。后期价格有所回落,10~12月保持在60~65元/kg。

13.氯化胆碱。2007年,我国氯化胆碱年生产能力超过40万t/年,实际产量达到37万t(包括各种含量产品),同比增长36%,主要集中在山东和河北等地。2007年,胆碱的出口量达到56 645t,同比下降43%。

14.生物素。生物素大约80%用作饲料工业,20%用作食品和医药。DSM、住友、浙江医药、浙江圣达、新和成是国际市场上生物素的主要供应商。我国生物素生产能力较大,多以出口为主,占据国际市场大部分市场份额,浙江医药的产能和产量居世界首位。2007年我国生物素的纯品生产能力约150t/年,产量达到80t。目前市场销售以2%生物素为主。

(孙志强)

【矿物质微量元素】我国矿物质资源比较丰富,配合饲料所需的微量元素几乎都可生产。与其他类的添加剂相比,矿物质微量元素的生产工艺比较简单,尽管国内的需求在不断增加,但生产能力完全可以满足需要,而且生产水平还在不断提高,有些产品的结晶水已由7水减到1水,如氧化锌、硫酸铜等。此外,有机微量元素的生产和应用也在不断增加,如乳酸钙、柠檬酸锌、氨基酸微量元素络合物等。矿物质微量元素主要生产厂家见下表:

我国矿物质微量元素主要生产企业

产品	生产企业	生产能力(t/年)	备注
镁盐	上海宝达化工有限公司	10 000	硫酸镁
	山西南风化工集团股份有限公司	15 000	硫酸镁
	江苏省盐业公司灌东化工厂	10 000	硫酸镁
	天津长芦汉沽盐场有限责任公司	60 000	氯化镁
铁盐	北京北化精细化学品有限责任公司		硫酸亚铁
	南京油脂化工厂	1 000	硫酸亚铁
	济南裕兴化工总厂	70 000	硫酸亚铁
	湖北省襄樊市无机化工总厂	12 000	硫酸亚铁
	安徽铜化集团宏大化工有限公司	2 000	硫酸亚铁
铜盐	北京北化精细化学品有限责任公司	100	硫酸铜
	天津市兽药二厂	5 000	硫酸铜
	上海科昌精细化学品公司	100	硫酸铜
	四川省双流县磷肥厂	200	硫酸铜
	安徽铜陵有色金属集团公司	2 500	硫酸铜
	山东烟台金河实业有限公司	1 500	硫酸铜
	大连瓦房店市化工厂	1 000	硫酸铜
锌盐	北京北化精细化学品有限责任公司	200	硫酸锌
	广西柳州锌品集团		氧化锌
	江苏扬州天龙化工有限公司	10 000	氧化锌
	山东招远市新亚化工厂	300	硫酸锌
	河北省高邑县国光化工厂	2 000	氧化锌
	江苏徐州化肥厂	3 000	硫酸锌
	广西西江化工有限责任公司	6 000	氧化锌
锰盐	北京北化精细化学品有限责任公司	1 000	硫酸锰
	长沙化工厂	80 000	硫酸锰
	云南蒙自氮肥厂	2 000	硫酸锰

	湖南省长沙县兴达化工厂	5 000	硫酸锰
	四川德阳柏隆化工厂	2 000	硫酸锰
钴盐	北京北化精细化学品有限责任公司	10	氯化钴
	上海科昌精细化学品厂		氯化钴
	上海缪城化学品厂	20	氯化钴
	江苏阜宁化工厂	60	氯化钴
	大连太平洋钴镍品厂		氯化钴
	浙江湖州第二化工厂	100	氯化钴
硒盐	北京北化精细化学品有限责任公司		
	上海金山区兴塔美兴化工厂	50	亚硒酸钠
	陕西省石油化工研究设计院	20	亚硒酸钠
	成都龙泉微量元素厂		
碘盐	北京北化精细化学品有限责任公司		碘化钾
	浙江仙居制药厂三分厂	15	碘化钾
	重庆化学试剂总厂	5	碘化钾
	东北制药厂		
	浙江杭州电化集团叶绿素厂		
	天津制药厂		

随着配合饲料、添加剂预混料和浓缩饲料产量的增加，以及饲养水平的不断提高，矿物质微量元素的消费量越来越大。根据2007饲料工业的生产情况，全国矿物质微量元素的消费量在43万t左右，其中用量较大的产品有硫酸镁、硫酸亚铁、硫酸锌和硫酸锰4类产品，分别为8万t、12.50万t、9万t和7.50万t，约占总消费量的90%。

除以上微量元素外，磷酸盐是用量最大的矿物质饲料添加剂，其中以磷酸氢钙为主。自2000年以来，由于肉骨粉的禁用，促使饲料业对磷酸氢钙需求的增加，而且国际市场对我国磷酸氢钙的需求量也逐年扩大。国内现有磷酸氢钙生产企业在200家左右，主要集中在四川、云南、湖南、贵州等磷矿资源比较丰富的地区，总设计能力近300万t/年，最大生产企业是四川龙蟒集团(50万t/年)。2007年全国饲料磷酸氢钙的产量约为210万t，其中出口量为39万t。虽然近年原材料和能源价格有所上涨，但由于生产能力大于需求，因此磷酸氢钙的价格变化较小，促进了饲料生产的发展。

（韩秋燕）

非营养性饲料添加剂

【色素】

随着畜产品竞争的加剧，饲养者为了改变产品的外观，扩大产品的销售，越来越多地使用具有特殊功能的色素，如用于水产养殖的虾青素。目前我国批准使用的色素有β-胡萝卜素、虾青素、辣椒红、叶黄素、柠檬黄和班蝥黄等7种产品，主要用于家禽和水产饲料，以及宠物饲料。其中用量较大的品种是柠檬黄，虾青素。由于β-胡萝卜素、辣椒红等价格较高，因此难以在饲料生产中使用。

由于色素的使用基本不能改进畜产品的营养价值，而且如不能严格按国家规定添加允许使用的色素，而用一些工业染料或颜料，还会带来不良的后果，因此国家不鼓励配合饲料中大量使用色素。但由于畜产品的色泽是消费者最直接的第一感官，因此色素的使用在不断增加，2007年的消费量在180t左右，主要用于水产料和家禽料及宠物饲料。

目前色素的重点生产企业有：天津市恒泽化工科技有限公司、浙江大学精细化工有限公司、杭州民生药厂添加剂分厂、四川省内江市奥特天然色素厂及广州威尔斯饲料集团有限公司等企业。此外，食用色素完全可以用于饲料生产中，除天然食用色素外，我国现合成食用色素的生产能力较大，在满足食品工业需要的同时，可以满足饲料工业的需要。我国合成食用色素技术力量较强、生产能力较大的单位是：上海染料研究所和天津染料研究所。

由于人们对合成色素的安全性存在一定的质疑，特别是"红心鸭蛋"事件的出现，将对色素的产生使用一定的影响，因此天然色素和仿天然色素将更加受到重视，如虾青素、β-胡萝卜素和叶黄素等，此类产品的安全性比较高，而且不仅具有染色作用，还具有抗氧化作用。

2007 全国合成食用色素的产量约 3 600t,天然色素产量近 2 万 t,其中天然色素除国内消费外,还供应国际市场。

(韩秋燕)

【粘结剂】

粘结剂也称赋型剂,是生产颗粒饲料,特别是水产饲料必不可少的加工助剂。我国的水产养殖业居全球第一位,随着养殖规模的扩大,水产饲料的生产量以高于全国饲料平均增长速度发展,2006 年的产量已超过了 1 200 万 t,因此促进了粘结剂的发展。

根据来源不同,粘结剂分天然和人工合成两大类.根据我国的规定,有海藻酸钠和 α-淀粉、羧甲基纤维素钠(CMC)、以及聚丙烯酸钠等。

α-淀粉是目前用量较大的一种粘结剂,20 世纪 80 年代末由于水产养殖业的需要, 广东佛山溶剂厂等单位建设了小规模的生产线。随着水产养殖业的迅速发展,全国水产饲料的生产量越来越大,1994 年佛山溶剂厂进行了扩建,使其 α-淀粉的生产能力达到 1万 t/年。目前,全国现有生产单位 20 余家,主要有广东佛山溶剂厂、广西明阳淀粉厂, 总计生产能力为 35万 t/年左右,2007 年全国产量约 23 万 t, 主要生产企业的情况如下:

企业名称	生产能力(t/年)
广东佛山市华昊淀粉有限公司	10 000
佛山市南海金沙高豪淀粉厂	10 000
福建怡昌公司	10 000
山西沅达公司	10 000
广西明阳淀粉厂	20 000
江苏省东台港淀粉饲料厂	5 000
北京权丰淀粉有限公司	5 000

海藻酸钠是一种性能优良的粘结剂,但由于受原料来源的限制,其产量低于 α-淀粉,但价格高于 α-淀粉,我国是世界上最大的海藻酸钠出口国,2007 年的出口量达 13 965t。我国现有海藻酸钠生产企业 20 余家,但生产规模均比较小,主要分布在山东、福建、浙江等沿海地带,2007 年全国海藻酸钠的总产量约 25 000t,产品主要供应出口和食品加工。主要生产企业的生产情况见下表:

企业名称	生产能力(t/年)	2007 年产量(t)
青岛黄海海藻工业公司	3 500	2 600
青岛胶南明月海藻工业有限责责任公司	6 000	5 800
青岛南洋海藻工业公司	2 000	1 400
中国人民解放军第九七三三工厂	1 100	550
山东日照洁晶(集团)股份有限公司	3 500	1 600
山东乳山市黄海化工厂	500	200
江苏赣榆县七二化工厂	1 500	1 100
达柯拉海藻工业(连云港)有限公司	2 000	1 200

目前,全国 CMC 的生产厂家达 40 余家,总生产能力在 10 万 t/年以上,2007 年产量为 9 万 t, 除用于饲料生产外,大量用于建筑和食品工业中。2007 年主要 CMC 生产企业的情况见下表:

企业名称	生产能力(t/年)	2007 年产量(t)
威怡化工(苏州)有限公司	5 000	3 600
丹尼斯克(中国)有限公司	5 000	3 800
赫克力士化工(江门)有限公司	10 000	6 500
江苏宜兴市通达化学有限公司	4 000	3 000
上海青东化工厂	5 400	3 500
上海赛璐璐厂	3 000	2 000
上海申光食用化学品厂	3 000	1 900
江苏张家港三惠化工有限公司	3 000	2 400
泰安市九龙化工总厂	1 000	600
重庆桥丰化工厂	6 000	3 800
四川泸州化工厂	2 300	1 500
西安惠安化学工业有限公司	2 000	1 500
山东聊城鲁西化工集团总公司	2 000	1 600

(韩秋燕)

【抗结块剂】

为防止加工和贮存过程因水份变化而造成饲料结块,影响饲料质量而使用的添加剂为抗结块剂。此外, 一些添加剂或添加剂预混料也将这类物质用作载体,以防止添加剂变性和结块。目前我国批准使用的抗结块剂有二氧化硅、硬酯酸钙、硅酸钠和硅酸钙等。

我国长江以南地区由于气候的原因,常年湿度较大,如不对饲料进行适当的处理,极易结块,而长江以南的广东、江苏、上海、江西、四川、湖南和湖北又是我国配合饲料和养殖业比较发达的地区,因此对抗结块剂的需求量较大。

我国现有数百家工厂可生产以上 4 种产品,可以满足饲料行业的需要,主要生产厂家有:

抗结块剂的使用完全是根据生产的实际情况而

企业名称	产品	能力(t/年)
上海牙膏厂有限公司	二氧化硅	3 000
茂名高岭土工业有限公司	二氧化硅	150 000
江苏兰陵化工(集团)公司	二氧化硅	1 500

定,因此用量不详。

(韩秋燕)

【乳化剂和稳定剂】

乳化剂的作用是将两种或两种以上互不相容物质制成混合均匀的单一相物质,由于许多维生素等饲料添加剂为油溶性产品,因此在配制人工乳时难以与其它饲料成分混合,此外一些以饮水方式投料的添加剂难溶于水中,因此必须通过乳化剂将其配制成可溶于水的乳液,以便动物的采食。

我国现批准使用的乳化剂有甘油脂肪酸酯、蔗糖脂肪酸酯和山梨醇酐脂肪酸酯等产品,主要用于人工乳的生产中。

我国现有多家以上3种产品的生产企业,其产品除用于饲料工业外,大量用于食品工业中。2007年全国以上3类产品的产量在13万t左右,产品主要用于食品工业,主要生产企业的情况见下表:

企业名称	产品名称
大连中兴有机化工厂	蔗糖脂肪酸酯
上海伊凡尔精细化工有限公司	蔗糖脂肪酸酯
金华市迪耳糖酯化工有限公司	蔗糖脂肪酸酯
杭州市桐庐化工公司	蔗糖脂肪酸酯
山西颐泰恒精细化学有限公司	甘油脂肪酸酯
广州市天河美嘉食品科技实业有限公司	甘油脂肪酸酯
重庆市侨丰化工厂	甘油脂肪酸酯
上海油脂二厂	甘油脂肪酸酯
丹东市科海有机化工厂	甘油脂肪酸酯
辽宁旅顺化工厂	山梨醇酐脂肪酸酯
山东寿光市助剂厂	山梨醇酐脂肪酸酯
南宁化工集团公司	山梨醇酐脂肪酸酯
温州清明化工有限公司	山梨醇酐脂肪酸酯

随着饲饲养水平的提高和饲养规模的扩大,饲养业对配合饲料的质量要求将不断提高,因此对于乳化剂的需要量将逐渐增大。

(韩秋燕)

【抗氧化剂】

空气中的氧是造成饲料中的脂肪、蛋白质、碳水化合物及维生素等变质腐败的诱因。氧化变质的饲料产生异味,不仅影响饲料的适口性、降低采食量,甚至引起拒食。即使食入后也因影响及有效成分被破坏而降低饲料的营养价值,同时也会损害动物的健康。在饲料中添加抗氧剂即可防止饲料氧化变质,因此抗氧剂又称作饲料保存剂中的一个组成部分。

我国已批准使用的抗氧化剂是乙氧基喹啉(乙氧喹)、二丁基羟基甲苯(BHT)、丁基羟基茴香醚(BHA)和没食子酸丙酯(PC)4个品种。由于价格的原因,主要使用的是乙氧喹,它不仅用于配合饲料,还较大量地用于鱼粉中。我国乙氧喹主要用作饲料抗氧化剂,少量用作水果保鲜及其它,BHT则主要用作食品抗氧化剂,饲料中应用量不大。乙氧喹生产企业有:

上海市长征第二化工厂(1 000t/年)

上海福达精细化工有限公司(3 000t/年)

广州天科科技有限公司

江苏中丹化工集团(2 000t/年)

南通利田化工有限公司(2 000t/年)

南通丰田助剂厂

山东鲁西兽药股份有限公司

珠海和丰精细化工有限公司

BHT生产企业:

上海化原精细化工有限公司(原向阳化工厂)(1 700t/年)

辽宁滨河化有限公司(原滨河化工厂)(2 000t/年)

上海益民食品四厂

1991年以来,我国共批准进口抗氧剂饲料添加剂十余种,主要是乙氧喹及BHT和其它成分,如BHA和PG等的复配物。近年来,由于饲料的卫生受到关注,因此抗氧剂的使用增加比较快。2007年估计用量为7 800t左右,其中乙氧喹的使用量占90%以上,由于BHT的价格较高,因此用量非常有限,通常是与其他产品配合使用。

复合型抗氧化剂的各组份可发挥协同作用,增强抗氧效果,目前国内市场上已有多种复合型抗氧剂,如加入异维生素C、TBHQ及柠檬酸等组分,如北京桑普生物化工公司研制的“抑氧”,广州天科科技有限公司研制的“天科素”抗氧灵等均为复合型产品,其使用效果明显由于单一型产品。

(韩秋燕)

【防腐剂】

饲料中含有丰富的蛋白质、淀粉、维生素等营养成分,在高湿高温的条件下,容易因微生物的繁殖而产生腐败霉变。霉变的饲料不仅影响适口性、降低采食量,还会影响饲料的营养价值,而且霉菌分泌的毒素还会引起畜禽拒食、呕吐、腹泄、生长停滞以至死亡。因此,在雨季和夏季生产和贮存配合饲料都需加入防腐防霉剂。

我国已正式批准使用的防腐剂5类13各品种,即丙酸类包括丙酸、丙酸钠和丙酸钙;甲酸类包括甲酸、甲酸钠和甲酸钙；柠檬酸类包括柠檬酸钠；乳酸类包括乳酸、乳酸钙和乳酸亚铁；富马酸。目前配合饲料主要使用丙酸类，青贮饲料则主要使用的是甲酸类。以上产品的主要生产厂有：

产品	生产单位
丙酸盐类	山东青岛宝泰精制化工有限公司
	江苏泰县食品化工厂
	杭州群力营养源厂
	连云港格兰特化工有限公司
	福建泰宁县精细化工厂
	广州化学试剂二厂
	上海新浦化工厂
甲酸钙	浙江巨化集团公司
	山东淄川精细化工厂
	天津有机化工厂
	淮安防霉剂厂
	山东肥城阿斯德化工有限公司
	牡丹江鸿利化工有限责任公司
柠檬酸和柠檬酸钠	安徽丰原集团
	山东柠檬生化有限公司
	山东日照泰山洁晶生化有限公司
	帝斯曼(无锡)生化有限公司
	湖北黄石兴华生化有限公司
	宜兴协联生化有限公司
乳酸	河南金丹乳酸有限公司
	湖北孝感凯风生物工程有限责任公司
	湖北广水市民族化工厂
	安徽丰原格拉特有限公司
富马酸	苏州合成化工厂
	河南周口地区科利达精细化工厂
	江苏省吴县牡丹化工厂
	宁夏正元精细化工有限公司
	广东增城康达斯化工有限公司
	安吉县吉达精细化工厂

近几年来，使用双乙酸钠作为防腐剂有所发展，主要生产厂家有：

上海市浦东区三维饲料添加剂厂

上海科昌精细化学品公司

山东周平康复福利有机化工厂

青州市利龙饲料有限公司

昌邑市友详动物保健品厂

河南新乡石油化工厂

山西三维集团股份有限公司(10 000t/年)

1991 年以来，我国共批准进口防腐饲料添加剂数十种，主要是丙酸及其盐以及与其它多种成份，包括山梨酸、乙酸、苯甲酸等的复配物。

2007 年饲料工业中防腐剂用丙酸及其盐类估计为 20 000t，甲酸及其盐 3 500t，富马酸 400t，双乙酸钠约 3 000t，其它 2 200t，总计在 29 100t。随着德国巴斯夫公司与中石化在南京合资建设的丙酸生产装置的投产，我国丙酸已不再依靠进口，并有产品出口。2007 出口了 11 154t 丙酸和 3 813t 丙酸盐及酯类产品。

复合性防腐剂的各组份可发挥协同作用，拓展抗抑菌谱，增强防腐防霉效果。近些年来，国内多家厂商已开发多种配合饲料用复合型防腐蚀剂，如深圳市永鲜精细化工有限公司的“永鲜宝”和“霉天敌”，重庆威士化工有限公司的“克霉灵”，北京桑普生物化学技术公司的“除霉净”，上海邦成饲料科技有限公司的“霉克净”等。

（韩秋燕）

【电解质平衡剂】

电解质平衡剂是近年发展起来的一类饲料添加剂，其作用是保持动物体内的电解质平衡，促进动物的健康生长。此外，电解质平衡剂还具有一定的防腐、保鲜效果。目前饲料生产中使用的主要有柠檬酸、延胡索酸、乳酸、酒石酸、苹果酸等有机酸，以及磷酸等无机酸和复合酸，因此国外也将其归类为酸味剂。

目前国内市场销售的进口复合酸味剂有：美国安肥 1000，美国健宝、西班牙肥得乐，国内生产的酸味剂有珠海溢多利公司的“溢酸肥”、浙江东立事业公司的“溢香酸”、顺德市惠牧生物技术有限公司的“得酸肥”等产品。

我国是世界上柠檬酸生产能力最大的国家，2007 年生产量达到 89 万 t，其中出口柠檬酸及酯 71 万余t，生产能力完全可以满足饲料工业的需要。我国乳酸的生产近年来也取得了较大的进步，现有生产单位十余家，最大装置生产能力已达到 40 000t/年，总生产能力达 8 万 t/年左右，产品除用于国内消费外，每年还有一定数量的产品出口，2007 年的出口量为 3.10 万 t，并且可以生产 L–型乳酸。

其它无机酸的生产也完全可以满足需要。

此外，碳酸氢钠、氢氧化钠和氢氧化铵也可作为电解质平衡剂，调节动物体内的 pH 值。我国这些产品的生产能力很大，可满足配合饲料工业需要。随着人们对饲料添加剂安全性的重视，预计这类产品的市场发展潜力很大。

（韩秋燕）

新型饲料添加剂

【饲料用酶制剂】

饲用酶制剂是应用现代生物工程技术，选用特殊的微生物菌株经发酵产生的具有催化活性的生物制剂。它是集动物营养学、饲料学、动物生理生化、微生物发酵与酶工程、基因工程等诸学科于一体的应用于现代饲料工业中的一种绿色饲料添加剂，对提高饲料的转化率、拓宽饲料原料的应用范围和比例、节约饲料资源、降低饲料成本和养殖成本，改善饲养环境等起着的重要作用。

自从20世纪20年代饲用酶制剂就开始在畜禽养殖业中应用，但因酶制剂的生产成本昂贵，60年代酶制剂仍然处于缓慢发展时期，直到70年代由于转基因技术和发酵工业得到长足的进步，饲用酶制剂应用才进入了突飞猛进的发展阶段。1975年，美国饲料工业首次把酶制剂作为添加剂应用于配合饲料中并取得显著效果后，饲用酶制剂日益受到世界养殖业的重视。1984年，芬兰在全球首次将酶制剂应用于大麦日粮，这标志着酶制剂进入饲料工业商品化应用的开始。20世纪90年代，我国开始自行生产销售酶制剂产品。2004年年底开始，植酸酶的生产技术获得巨大突破，成本大幅降低，形成和国外明显的比较优势。从2005年开始，国产酶制剂以植酸酶为代表走向国际市场，从长远的眼光来看，中国在饲料酶制剂领域，从技术准备到市场认知，都有突破性进展。在未来的5年内，中国的酶制剂企业必将走出国门，走向世界。

一、饲用酶制剂的分类

酶的降解作用具有高度的选择性和专一性，不同的单酶都有其相对应的降解底物，目前用在饲料工业上的酶制剂约有20多种。根据是否在动物体内大量分泌将饲用酶制剂为外源酶和内源酶，外源酶包括植酸酶和非淀粉多糖酶，其中非淀粉多糖酶又包括木聚糖酶、葡聚糖酶、甘露聚糖酶、果胶酶、纤维素酶等，内源酶包括蛋白酶、淀粉酶、糖化酶和脂肪酶等。以下就饲料中常用的几种酶制剂作简单介绍：

1.植酸酶。植酸酶最先是在米糠中发现的，随后在小麦、菜籽、土豆、烟叶中也发现了植酸酶的存在。植酸酶是催化植酸及植酸盐水解生成肌醇与磷酸的一类酶的总称，属磷酸单酯水解酶。通常所说的植酸酶是广义上的概念，是指与植酸分解有关的酶类，它实际上包括植酸酶和酸性磷酸酶两种：前者只能将植酸分解为肌醇磷酸酯，不能彻底将其水解；而酸性磷酸酶则可以彻底水解肌醇磷酸酯生成肌醇和正磷酸。植酸酶可以降解植物性饲料中的植酸盐，释放出无机磷、肌醇以及与植酸结合的蛋白质、氨基酸、微量元素等，从而减少饲料中无机磷的添加量，提高动物生产性能。

2.木聚糖酶。木聚糖酶是专一降解木聚糖的酶，属于水解酶类。木聚糖酶主要由β-1,4-D-内切木聚糖酶、β-1,4-D-外切木糖苷酶和α-L-阿拉伯糖苷酶、α-D-氨基酸醛酸酶等脱支链酶构成。在对木聚糖进行降解时，首先由内切β-1,4-D木聚糖酶随机裂解木聚糖骨架，产生木寡糖，木聚糖聚合度降低，食糜黏性降低并释放被包裹的营养物质，然后由外切β-木糖苷酶将木寡糖和木二糖分解为木糖。侧链阿拉伯糖取代基阻碍了木聚糖酶的作用，因此需要不同的糖苷酶分解木糖与侧链取代基之间的糖苷键，这些特异性糖苷酶可以与内切β-1,4- D木聚糖酶和外切木糖苷酶共同协同高效分解木聚糖。

3.纤维素酶。纤维素酶是由多种水解酶组成的一个复杂酶系，其主要成分有：(1)葡聚糖内切酶，即C1酶，这类酶一般作用于纤维素内部的非结晶区，随机水解β-1,4糖苷键，将长链纤维素分子截短，产生大量带非还原性末端的小分子片段；(2)葡聚糖外切酶，即Cx酶，这类酶作用于纤维素线状分子末端，水解β-1,4糖苷键，每次切下一个纤维二糖分子，故又称为纤维二糖水解酶；(3)β-葡萄糖苷酶，这类酶将纤维二糖、纤维三糖和纤维糊精水解成葡萄糖。由于天然纤维素的特异性，纤维素酶必须以不同酶系协同作用才能将其分解，首先内切葡萄糖酶进入纤维素的非结晶区，形成外切纤维素酶需要的新的游离末端，然后外切纤维素酶从多糖链的非还原端切下纤维二糖单位，β-葡萄糖苷酶再水解纤维二糖单位形成葡萄糖。

4.β-葡聚糖酶。β-葡聚糖酶属于半纤维素酶类，它包括了一切能分解β-糖苷键连接而成的葡萄糖聚合物的酶系。按作用方式酶系可分为内切和外切β-葡聚糖酶两种类型，β-葡聚糖的完全水解需要这两种类型的酶共同作用。β-葡聚糖酶通过裂解β-(1→3)和β- (1→4)糖苷键，将β-葡聚糖降解为小分子，大大降低了β-葡聚糖的水溶性及粘性，从而消除β-葡聚糖的抗营养作用、降低对肠道的负作用、增加饲料营养物质利用率。β-葡聚糖酶降解产物主要是纤维三糖和纤维四糖。

5.β-甘露聚糖酶。β-甘露聚糖酶是一类能够水解含β-1,4-甘露糖苷键的甘露寡糖和甘露多糖(包括甘露聚糖、半乳甘露聚糖、葡萄甘露聚糖等)的内切水解酶，属于半纤维素酶类。能将存在于豆类籽实中的甘露聚糖降解为甘露寡糖等低聚糖，不仅可以消除甘露聚糖对单胃动物各种营养素的抗营养作用，同时生成的甘露低聚糖在减少病原菌在肠道的定植，调节动物的免疫反应，提高肠黏膜的完整性，促进动物肠道有益菌的增殖方面起着重要作用。

6.α–半乳糖苷酶。α–半乳糖苷酶主要作用对象是以α–半乳糖苷结构为主的碳水化合物。根据α–半乳糖苷酶的最适pH,可把它分成酸性α–半乳糖苷酶和碱性α–半乳糖苷酶。绝大多数真核微生物的α–半乳糖苷酶都是酸性的;在一些植物及细菌中的α–半乳糖苷酶则属于碱性α–半乳糖苷酶,几乎所有的碱性α–半乳糖苷酶都可以有效的降解水苏糖、棉子糖等。一般对于单胃动物的胃肠道内缺乏α–半乳糖苷酶,较高浓度的此类游离的水溶性低聚糖会造成动物胃肠道食糜黏度增高,对营养物的吸收和消化产生不利影响。而在饲料中添加α–半乳糖苷酶可以有效的提高饲料的代谢能,消除肠道的胀气现象,增加动物的采食量。

7.果胶酶。按照作用底物的不同可以将果胶酶分为3类:果胶脂酶、果胶酶和原果胶酶。按照作用方式的不同果胶酶可以分为两大类:酯酶和解聚酶,解聚酶又包括水解酶和裂解酶。要使植物细胞壁彻底裂解,需要能分解纤维素、半纤维素、果胶类物质和蛋白质4种酶类协同作用,但作为细胞壁和细胞壁间质成分的果胶显然是外源酶首先作用的底物。外源酶制剂作用于饲料原料时,首先破坏植物细胞壁的胞间层,使细胞组织解离开来,然后破坏植物细胞壁,使细胞内容物暴露出来,最后降解纤维素、半纤维素、蛋白质和淀粉等大分子物质成为小分子和单糖、氨基酸等。

8.淀粉酶。作用于各种淀粉糖苷键的一类酶的总称。主要的淀粉分解酶包括α–淀粉酶、β–淀粉酶、糖化酶以及支链淀粉酶和异淀粉酶。在饲料中起作用的淀粉酶主要为α–淀粉酶和糖化酶。α–淀粉酶为内切酶,将淀粉大分子水解成易溶解的中等和低分子物质,有利于糖化酶的水解。糖化酶是将α–淀粉酶水解的一些低分子物质进一步水解成葡萄糖,才能被动物利用。异淀粉酶和糖化酶协同作用时,可以加速糖化过程,提高糖化率。异淀粉酶和α–淀粉酶联合作用时则可大大提高麦芽糖的所得率。糖化酶为内切酶,其活性的高低直接影响到动物的生长。在幼龄动物体内,由于自身酶系不全,活力不足,而幼龄动物又是处于生长速度相当快的阶段,其对能量的需求也较大,如果糖化酶不足,难以供给动物生长所需的足够能量,这样便影响到动物的生长,甚至会产生疾病,导致死亡。因此在幼龄动物生长时,淀粉酶起着非常重要的主导作用。

9.蛋白酶。蛋白酶主要作用于蛋白质的肽键,降解蛋白质为肽或氨基酸,包括动物蛋白酶、植物蛋白酶、微生物蛋白酶。蛋白酶根据其作用机制和作用最适pH值可分为酸性蛋白酶(pH值为2.5~3)、中性蛋白酶(pH值在7左右)、碱性蛋白酶(pH值在8左右)。饲料工业中多采用酸性和中性蛋白酶,以提高动物对蛋白质的水解效率,促进动物对饲料蛋白质的吸收利用。

10.脂肪酶。脂肪酶是水解脂肪分子中甘油酯键的一类酯的总称,不仅能催化油脂水解,也能在非水相中催化酯合成反应、转酯化反应、酸解反应等。脂肪酶广泛存在于动物、植物和微生物中,微生物发酵产生的脂肪酶种类比较多,具有比动植物脂肪酶更广的作用pH值、作用温度,很适合于工业化生产,其中根霉属微生物是脂肪酶的重要生产菌,不同根霉菌所产的脂肪酶具有不同的性质。微生物产生的脂肪酶通常反应条件温和、转化率高和特异性强,不易产生副产物,在pH 3.5~7.5、温度40℃左右条件下有比较好的稳定性,因此微生物脂肪酶非常适合应用于饲料工业。

二、饲用酶制剂的功能

1. 消除抗营养因子,提高植物性饲料的利用效率。植物细胞壁中含有的木聚糖、纤维素、β–葡聚糖、甘露聚糖、果胶等难以消化的物质,不能被作为养分消化吸收,且干扰整个日粮其他营养的消化吸收和利用,阻碍动物内源消化酶与细胞内营养物质的作用,降低饲料中脂肪、淀粉和蛋白质营养价值。一些非淀粉多糖类饲用酶制剂能使麦类日粮中高粘度的水溶性非淀粉多糖水解成多糖片段,降低动物肠道内容物粘度,减少粘度对养分和内源消化酶的扩散阻碍作用,提高麦类日粮养分的消化率和吸收利用率。

2.补充内源酶的不足,激活内源酶的分泌消化功能。正常的健康成年动物,在适宜的生产条件下,能分泌足够的消化饲料中淀粉、蛋白质和脂类等养分的酶。但幼年动物或动物处于高温、寒冷、转群和疾病等应激状态时,动物分泌酶的能力较弱或者易出现消化机能紊乱,内源消化酶分泌减少。因此在日粮中添加外源性消化酶,可以补充内源酶的不足,提高饲料的利用率,改善动物的消化能力,减少应激条件下生产能力的下降,同时还可以促进内源酶的分泌。

3.提高动物机体健康水平和免疫功能。非淀粉多糖在动物肠道内易形成粘性很大的食糜,成为后肠道微生物增殖的基质,引发机体疾病;同时大量有机物不被消化排泄,易恶化养殖环境,并引起动物应激反应。而饲料应用酶制剂后,可有效减少肠道的发酵和畜禽后肠道有害微生物的数量,消除食糜造成的这些危害,减少仔鸡下痢、仔猪腹泻等畜禽肠道疾病。同时酶解生成小分子(10个以下糖基)寡聚糖或寡糖类物质可竞争性结合动物肠道内外源性病原微生物,从而提高动物的健康。酶制剂在动物胃肠道应用产生的寡聚糖还可以显著激活动物巨噬细胞的活性,充当免疫刺激的辅助因子,调节机体免疫系统,提高抗体免疫应答能力,从而增加动物体液及细胞免疫能力。

4.提高植酸磷等物质的利用率,减少污染。现代养殖业的集约化生产带来了日趋严重的环境污染问题。一方面饲料中可利用的磷缺乏,需人为地添加无机磷;另一方面饲料中原有的植酸磷不能被动物完全利用,有很大比例的磷随粪便排泄到环境中,对环境造成了巨大污染。而植酸酶能够有效地提高饲料中磷的利用率,降低饲料成本,改善畜禽生长性能,减少无机磷在饲料中的添加量,减少动物磷排放对环境的污染,增加饲料中钙、镁、锰、铜、锌、铁以及氮的生物利用率,促进动物对蛋白质、氨基酸及碳水化合物的消化吸收。另外,饲料中添加酶制剂还能有效的提高饲料消化利用率,从而减少畜禽粪便排放,保护环境。

三、饲用酶制剂在动物生产上的应用效果

1.在家禽生产上的应用。家禽的消化道较短,肠道微生物菌群少,对养分的消化吸收不彻底和肠道食糜粘度的存在进而影响了营养物质的消化吸收。因此,有必要在家禽日粮中添加酶制剂。自 20 世纪 50 年代 Jensen 等首次将 β-葡聚糖酶添加到以大麦为基础的日粮中饲喂肉鸡以来,有关酶制剂用于肉鸡非常规日粮(以大麦、小麦为基础的日粮)的报道日益增多,酶制剂的效果也得到了充分肯定。在肉鸡的麦类和非常规日粮中添加以木聚糖酶、β-葡聚糖酶为主的复合酶制剂,可提高肉鸡生产性能和养分利用率,降低死亡率,减少肠道食糜粘度,减少环境污染。在蛋鸡日粮中添加酶制剂,可提高蛋鸡的产蛋性能和饲料转化率以及能量和蛋白质的利用率,改善产蛋性能。大量研究结果表明,酶制剂的添加也能够改善肉鸭及蛋鸭的生产性能,提高经济效益。关于添加植酸酶报道尤其较多,大多数研究结果表明,植酸酶对家禽的生产性能有所改善,能显著降低粪中磷的排出量,减少环境污染。

2.在养猪生产上的应用。一般来说,酶制剂对猪的应用效果不如家禽那么明显。酶制剂在养猪生产中更多应用于仔猪阶段,在仔猪日粮中添加以消化酶为主的复合酶,可补充仔猪内源酶分泌量的不足,提高淀粉、蛋白质等饲料养分消化利用率,促进消化道的发育,有利于提高仔猪的消化机能,减少腹泻,增强机体抵抗力。因此,断奶仔猪日粮中添加包含 α-淀粉酶和蛋白酶等的复合酶制剂。一般说来,加酶对养分的消化率影响随着猪月龄的增加而降低,因为微生物数量和酶分泌都是逐步增加的。而生长育肥猪日粮中粗纤维含量较高,应添加以纤维素酶、木聚糖酶和果胶酶为主的复合酶制剂,对生长肥育猪同样也有良好的饲喂效果。越来越多的证据表明,无论是应用麦类-豆粕型日粮还是玉米-豆粕型日粮来养猪,都可通过酶制剂来改善其营养价值。

3.在反刍动物上的应用。饲用酶制剂用于反刍动物生产中在过去一直有争议。长期认为反刍动物瘤胃中瘤胃微生物产生的纤维分解酶活性本来就很高,其瘤胃纤维分解酶活性不可能用简单添加外源酶的方法得到提高。然而,最近有关酶制剂在反刍动物中的推广应用和作用机制的研究越来越多,因此酶制剂在反刍动物上的应用值得需要从新考虑和审视。对于酶制剂在反刍动物上报道,有以下几个方面值得做进一步研究:(1)将酶制剂添加到反刍动物日粮中,可以显著提高生产性能并减少饲料营养物质的浪费;(2)草食动物添加以纤维素酶为主的复合酶制剂,可补充瘤胃微生物产酶的不足,提高生产性能;(3)给瘤胃微生物区系尚未完全发育的幼龄反刍动物补充酶制剂可能会更有用。

4.在淡水养殖上的应用。因为鱼类动物的生理消化特点和酶蛋白在高温下的不稳定性,一直限制了酶制剂在淡水养殖上的应用。不过随着配合饵料在水产动物养殖中的大量使用引起环境污染以及营养物质消化不彻底等原因,研发适合鱼类消化生理特点的酶制剂已经越来越受到研究人员的重视,尤其最近几年关于酶制剂在淡水养殖上的报道出现了很多。饲用酶制剂可以提高饲料的消化吸收率,并通过提高对能量物质的消化吸收率,起到节约蛋白质的作用,从而可降低水产动物对蛋白质的实际需求量,减少投喂成本,因此饲用酶制剂在淡水养殖上将具有很大的应用前景。

四、影响酶制剂作用效果的因素

1.饲料生产工艺。酶是具有催化能力的蛋白质,其发挥作用的前提是必须有一定活力的酶能够到达其在消化道中的作用部位。在配合饲料主要是颗粒饲料加工过程中,涉及到高温、高湿及挤压的综合作用,这对于饲用酶制剂来说是一个严峻的考验。高湿必然引起样品中较高的水分活度,会导致酶制剂的活性下降;同时高温、挤压等物理因素会导致部分酶蛋白的变性,从而又丧失了部分酶活性。因此,使用酶制剂时应尽量避免生产工艺对酶活性的影响,如注意制粒温度保持在酶能接受的范围内。

2.矿物元素。使用酶制剂时应要求其他饲料添加剂及营养成份对其不产生破坏作用。而绝大部分金属离子对酶活性都有抑制作用,尤其是在矿物元素预混料与酶制剂混合时要特别注意。而且酶的来源及金属离子浓度不同,同一金属离子对酶活的影响程度和效应也不尽相同。Ca^{2+}是芽孢杆菌植酸酶的竞争性抑制剂,Ca^{2+}过量将预先占据底物的活性位点从而抑制酶与底物的结合。因此 Ca^{2+}过量会抑制植酸酶的活性,Fe^{2+}、Zn^{2+}、Mg^{2+}、Cu^{2+}等金属离子与植酸络合也抑制植酸酶的活力。但是特定的金属离子也有可能作为电子转移载体对酶制剂起到激活作用。如芽孢杆菌中植酸酶对 Ca^{2+}也具有较强的依赖性,将植酸酶培育在含有低浓度 Ca^{2+}的环境中,部分失活的酶蛋白可重新回复酶的活性。

3.水分。在一定温度下,饲用复合酶添加剂及配合饲料中水分含量与水分活度的关系由水的吸附等温线表示。这种关系不是一级直线关系，总的趋势是，样品水分含量越高，水分活度越大。在较高的水分活度下，酶蛋白的变性会显著地增强。对于大多数酶制剂，在接近中性的 pH 和较低温度下将水分活度降到 0.3 以下，能防止因酶蛋白变性和微生物生长引起的变质，从而保存较高的酶活力。当酶蛋白通过一定的稳定化措施后，对水分活度较高的环境可能保存较高的活性，但损失仍然是存在的。因而保持酶添加剂产品足够低的水分含量是十分必要的。

4.消化道内环境。酶制剂发挥作用也受到动物消化道内环境的影响。酶活特征与动物胃肠道生理特点特别是同 pH 值相吻合，才能充分发挥酶的催化活性。外源酶能否与消化道内 pH 谱线相适应，是否引起酶蛋白可逆或不可逆变性，都是使用复合酶时需要考虑的因素。比如胃蛋白酶在 pH 6~7 时很快失活。pH 1.0~5.0 时却十分稳定。一般真菌纤维素酶的最适 pH 在 4.0~6.0，而细菌纤维素酶的最适 pH 为 6.0~7.0。消化道前段的酸性条件适合来自真菌的酶，饲用纤维素酶多为真菌来源的酸性酶。

5.外界环境。外界环境因素的变化对酶活性影响较大，同时酶的活性随着时间推移也会降低。因此，在贮存时应注意防止酶制剂潮湿霉变，避免高温条件及与强酸强碱的接触。同时还应注意在酶制剂的有效贮存期内使用酶等。

五、展望

随着饲用酶制剂技术与工艺的不断完善，其在饲料领域的应用将有更广泛未来，基因技术的提高可以使酶的生产成本更低，这将使得水产、反刍等饲料中使用酶制剂范围更广。此外，酶制剂在质量稳定性上有待继续提高，尤其是解决耐高温的问题，将有效促进酶制剂在水产等制粒饲料上的使用，近几年液体植酸酶使用呈现快速发展势头。同时，其他非常规饲料原料的使用也将会促进酶制剂的使用。我国玉米、鱼粉等能量、蛋白质饲料匮乏，长期看价格有逐渐走高的趋势，相应地，一些杂粕及其他饲料原料的使用还将呈现增加态势，而这无疑将促进酶制剂的使用。

市场的规范和饲料、养殖的一体化与规模化，将使得酶制剂的使用更加科学。过去出于成本考虑，很多浓缩料和预混料不使用酶制剂，随着饲料厂向规模化、养殖一体化发展，他们不仅关注饲料的价格成本，更注重饲料的报酬率，而酶制剂在浓缩和预混料中的成本，将通过养殖综合效益的提高得到回报，酶制剂未来在饲料工业上的发展将有更广阔的空间。

（徐俊宝　汤海鸥）

【饲料酵母】

《饲料酵母》QB/T 1940-1994：饲料酵母是指以碳水化合物（淀粉，糖蜜，以及味精、造纸、酒精等高浓度有机废液）为主要原料，经液态通风培养酵母菌，并从其发酵醪中分离酵母菌体（不添加其他物质），酵母菌体经干燥后制得的产品。饲料酵母的主要理化指标：优等品粗蛋白质为 45%，其他级别为 40%；酵母细胞总数分别为 270 亿个/g、180 亿个/g 和 150 亿个/g。

1956 年 Milson 首先提出单细胞蛋白（Single Cell Protein，SCP）的概念，把食品和饲料行业用作蛋白源的微生物细胞都称为单细胞蛋白。酵母因生产效率高，菌种来源广泛，并易实现工业化生产，成为生产单细胞蛋白的主要原料之一，被广泛应用于食品和饲料领域。传统上，人们将用作饲料蛋白源的酵母称为饲料酵母。

随着动物微生态学和动物营养学的发展，酵母在动物饲料中的应用得到进一步拓展。除可用作传统的蛋白源外，部分酵母菌种可以直接添加到饲料中，以活菌的形式调节动物消化道的微生态环境，改善动物的健康水平和生产性能。与传统饲料酵母不同的是，这类酵母发挥作用的前提是必须保持足够的活性，因而也被称为活性酵母益生菌，属于微生态制剂的范畴。

近年来，随着发酵工程技术与动物营养与饲料学、免疫学的发展与有机融合，人们立足于酵母，已研发出了一系列应用于饲料行业的酵母源生物制剂。其中，典型的产品包括酵母细胞壁多糖、酵母水解物、酵母培养物、酵母有机微量元素及复合酵母等。因而，广义上的饲料酵母还包括活性酵母益生菌和多种酵母衍生物制剂。在当前的动物营养学研究和应用中，人们更加关注于活性酵母益生菌和其他酵母衍生物的开发的利用。

2007 年，全国饲料酵母益生菌的产量为 2 000t，酵母衍生物产品 4 100t（其中酵母细胞壁多糖 2 500t，酵母硒 900t）。根据各省（自治区、直辖市）统计的数据，2007 年饲料工业总产量达 1.23 亿 t，相应的市场需求，饲料酵母益生菌为 0.70 万 t，酵母衍生物产品高达 2 万 t。

一、饲料酵母蛋白

传统意义上的饲料酵母，即指用作饲料的酵母单细胞蛋白。酵母菌体蛋白的营养价值很高，饲料酵母干物质中蛋白质含量可高达 50%，其赖氨酸含量比大豆还高，接近动物蛋白，色氨酸含量比大豆高 7 倍以上，还含有 B 族维生素、矿物质以及其它生理活性物质，在畜牧业一直作为单细胞蛋白被广泛使用。目前多用假丝酵母、得巴利酵母、球拟酵母和红酵母来生产单细胞蛋白，其生产速度快，周期短，接种酵母 lh~3h 后可繁殖一代。

由于限于成本压力，当前专门发酵生产的饲料酵母蛋白产品已经很少了，饲料酵母多为一些工业发酵的副产物,如酿造废酵母及各种工业废酵母。这些产品是工业生产完成后剩余的副产品,其中除含有大量老化的酵母外,往往还含有一些培养基杂质物质。

全球养殖业的发展,饲料的需求数量大幅度增加,蛋白饲料的需求更是首当其冲。1990 年全世界的畜牧业所需蛋白为 5.24 亿 t,而到 2000 年这个数字已超过 9 亿 t,到 2007 年这个数字已超过 15 亿 t。我国是人口大国,随着国民经济和人民生活水平的提高,人们对动物蛋白质的需求还将继续增加。目前,我国畜牧业生产的第一限制因素是粮食供应。由于人均可耕地面积仅有 1.20 亩,多年来人均粮食产量徘徊在 400kg 以下,饲料工业的粮食资源非常紧缺。因此,必须一方面尽最大努力提高粮食单产,另一方面大力开发非粮食饲料资源,充分利用农副产品的下脚料和一些工业副产品生产饲料酵母类单细胞蛋白。

二、饲料酵母益生菌

与传统饲料酵母仅作为提供蛋白源不同,活性酵母菌是作为一种益生菌类微生态制剂而应用于畜牧水产业的。活性酵母菌是指干燥,保持发酵能力,含酵母活菌数大于 1.5×10^9 个/g 的酵母产品(AAFCO,Association of American Feed Control Officials,2002 年)。活性酵母菌主要选用的是酿酒酵母(Saccharomyces cerevisiae)中的一支特殊菌株,该菌种已被美国 FDA 和中国农业部批准在动物饲料中使用,是可以直接饲喂动物的安全的微生物菌株。

与其它益生菌(如双歧杆菌)相比,酵母具有培养条件简单等优点,能实现大规模的工业化生产,满足饲料工业对产能的要求。随着生物工程技术的发展,以及生产设备和工艺的完善,目前的酵母益生菌类微生态制剂能做到高活性、高纯度、高浓度,最高浓度能达 200 亿个/g。酵母经干燥休眠后,在真空条件下可保存一年而不丧失活性。

酵母对常用的细菌类抗生素有较好的耐受性,因而,酵母益生菌可以部分替代动物饲料中的抗生素,在现阶段我国饲用抗生素尚未被全部禁用的时期,可以与抗生素同时应用于动物饲料。

酵母属于兼性厌氧菌,具有较宽的 pH 值适应范围,对胃酸具有良好的耐受性,同时,在发酵过程中产酸,可促进饲料的消化。酵母进入动物胃肠道后,消耗胃肠道的氧气,造成厌氧环境,从而促进厌氧有益菌群(如双歧杆菌、乳酸菌等)的繁殖,改善动物消化道微生态平衡。上述酵母益生菌的作用机理已经在研究和应用中得到广泛证实。另外,酵母益生菌还作为水产养殖中的开口饵料和养殖水体的改良剂,而被市场广泛认可。

三、饲料酵母的衍生产品

受益于现代生物工程技术的发展和不同学科的交融,人们以酵母发酵和生物分离提纯等技术为基础开发出了多种酵母类饲料添加剂。

1.酵母细胞壁是一种天然、绿色饲料添加剂,其产品淡黄色,粉末状,无苦味。它是生产酵母过程中由可溶性物质提取的一种特殊的副产品,占整个细胞干重的 20%~30%。它在维持细胞形态和细胞与细胞间的识别中起重要作用。酵母细胞壁一般分为三层,中间层是糖蛋白层,内外两层分别为葡聚糖层(约占细胞壁干重的 30%~34%)和甘露聚糖层(约占细胞壁干重的 30%)。酵母细胞壁可作为一种免疫增强剂和消化道菌群调节剂,通过激发和增强机体免疫力和优化消化道菌群结构,改善动物健康水平,尤其是能很好地缓解动物的应激。其机理在于产品中 β-葡聚糖是一种高效免疫增强剂,而甘露寡糖(MOS)又是一种良好的益生元。体内网状内皮系统(RES)在 β-葡聚糖的刺激下,产生大量对免疫功能起关键作用的巨噬细胞,而巨噬细胞通过吞噬作用吸收、破坏和清除体内损伤、衰老和死亡的自身细胞核侵入体内的病原微生物,从而达到增强机体免疫功能的作用。由于许多病原菌利用含有 D-甘露糖受体的 Ⅰ 型纤毛附着于肠道表面,而 MOS 可为细菌提供甘露糖源,细菌与 MOS 结合后,失去了在肠道定植的能力,与 MOS 一同被排出体外。由此可见,MOS 使肠道中致病性细菌失去了胃肠道定植机会,从而优化了动物肠道的菌群结构。

2.酵母水解物是酵母细胞的水解产物,可通过自溶(细胞内的自溶酶)或通过外加酶水解得到。酵母水解物含有大量的氨基酸、小肽、丰富的 B 族维生素、谷胱甘肽及核苷酸类物质,主要功效成分是核苷酸成分,其含有的小肽主要以二肽、三肽为主。动物处在快速生长、免疫应激等情况下,人为的补充核苷酸能满足动物体内核苷酸的需要,能缓解动物应激、促进动物肠道发育。酵母水解物中的呈味核苷酸对动物还具有诱食的功能。与氨基酸相比,小肽具有吸收快的特点,同时小肽被吸收后,被水解的氨基酸的种类和数量也影响着蛋白质的代谢水平,这是酵母水解物与常规蛋白原料相比最明显的优势。但该类产品的关键点在于水解酶的选择和水解程度的精细控制,不同的厂家,产品的差异化很大。

3. 酵母硒和酵母铬是在酵母培养过程中加入相应硒或铬的无机盐,使硒或铬离子以有机离子的形式在酵母中富集。这些酵母细胞中的矿物质元素主要以离子或分子形式同氨基酸或多糖等结合成稳定的有机体。单胃和复胃动物对酵母菌体蛋白质结合的矿物质元素,均比无机盐元素更易吸收和利用。利用有机微量元素产品替代无机制剂,以更好地发挥动物的生产性能,并减少环境排放是动物营养发展的方向之一。同时利用有机微量元素易于在动物体内沉积的特性,人们可以开发诸如富硒肉、富铬肉等功能型畜产品。

4. 为了更好地发挥多种酵母类产品在动物营养中的应用功效,市场上还开发了复合型酵母产品。这类产品主要是以多种酵母衍生物为原料,合理调配得到的一类饲料酵母产品。其配方可根据具体应用条件进行调整,以使该制剂在应用中发挥产品间的协同作用,实现更高的应用性价比。

除上述提及的酵母类产品外,还有一些与酵母有关的工业副产品,如酵母发酵液等。

四、展望

酵母在饲料工业中应用已有近一个世纪,国际上尤其是欧美等发达国家,饲料酵母产品在畜牧水产养殖中使用已非常普遍,例如酵母细胞壁多糖、酵母硒等。我们要积极借鉴国外的成功经验,并以国内优秀的酵母企业为依托,联合畜牧行业的同仁们群策群力,做大做强我国的饲料酵母行业,不仅让饲料酵母为人类提供更多、更好的蛋白质,而且让饲料酵母这类绿色安全的饲料产品更好地造福于人类。

(俞学锋)

【饲料酸化剂产品概况】

饲料酸化剂自20世纪60年代发现对控制仔猪腹泻有良好作用以来,经许多的试验证明,酸化剂不仅对防止仔猪腹泻、提高饲料报酬、促进增重、帮助仔猪克服断奶后应激有明显效果,现在人们又愈来愈有兴趣在生长猪和肥育猪日粮中应用酸化剂。

一、日粮酸化的目的

通常人们把能酸化饲料的一类物质称作饲料酸化剂。最初,人们往往仅把酸化剂作为一种风味剂添加,希望能改善饲料的适口性。随着科学的发展,人们对饲料组分在动物胃肠道中的代谢过程越来越清楚,逐渐理解了"消化环境"对动物生长的重要意义。良好的"消化环境"可保障饲料组分在动物体内被充分的消化吸收,有益于菌群合理生长,病原微生物受到有效抑制,从而达到提高动物生长性能和饲料利用率、增强机体抗病能力的饲养目的。

然而,动物在幼龄时期消化系统发育不完善,在疾病或应激情况下消化系统出现缺陷时,必须依赖外源饲料中帮助"消化环境"改善的物质,酸化剂不仅作为风味剂的一种饲料品质改良剂,又是通过降低饲料在消化道中的pH值而为动物提供适宜消化道环境,以满足营养及抗病需要的一类饲料添加剂。

二、日粮酸化的依据

猪为了能够正常地进行消化、就应将分泌的胃液同胃内的饲料充分混合使其pH值达到3左右。哺乳仔猪由于其胃内的乳酸杆菌可将来自母猪奶中的乳糖发酵而产生乳酸,但是在断奶日粮所含谷物中的淀粉和其它碳水化合物就无法发生这种发酵,而此时仔猪的胃酸分泌不足,这样就大大降低了仔猪消化道内饲料消化的效率。同时日粮中所含的碳水化合物、蛋白质和矿物质还会吸收仔猪胃内产生的盐酸,从而更进一步降低消化的效率。

实验表明,断奶仔猪一直要到4月龄时(见图1),它们体内才会产生足够的消化所需的盐酸,从极易消化的母乳到缓冲值较高的饲料,仔猪机体的适应过程非常缓慢。在此期间体内负责分解消化蛋白质的胃蛋白酶不能充分活化,蛋白质未被充分转化利用。如果饲料在胃内和小肠内的消化很差,那么较大量的未消化饲料就会进入大肠并在该处经细菌发酵而产生复杂的多种挥发性脂肪酸(醋酸、丙酸、丁酸)、多胺类物质(尸胺、腐胺)和氨气,尸胺和腐胺都产生自肠道细菌的氨基酸代谢,是具有毒性的。同时,由于大肠杆菌等细菌的作用,这些未被消化的物质会引起腹泻,并形成有毒的代谢物如生物胺等。

三、酸化剂的基本成分

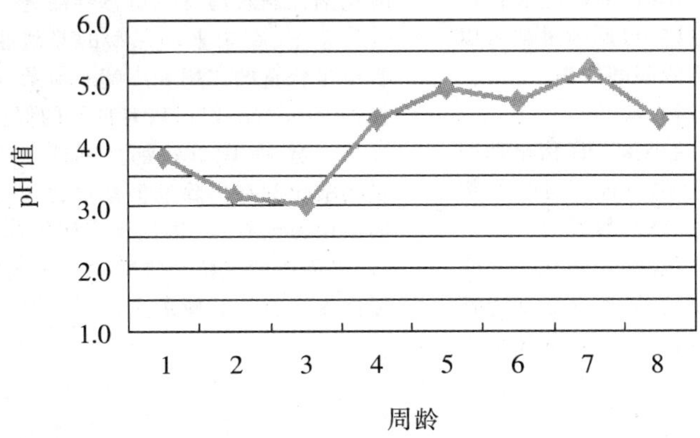

图1 乳仔猪胃中pH变化曲线

许多不同的酸和盐都已被用作酸化剂,但在实践中常用的有柠檬酸、甲酸、延胡索酸、乳酸、磷酸、丙酸以及甲酸钙。这些制品可以单独应用,但通常是将若干种配制而成特定的酸化剂。柠檬酸因为其价格较高,往往只被用作酸化剂制品中的次要成分,纯净的甲酸、乳酸、丙酸和磷酸是液态的,其中甲酸和丙酸具有强烈的刺鼻气味,而乳酸和磷酸仅散发出很少的气味,延胡索酸、甲酸钙和柠檬酸在纯净状态下呈粉状。研究证明,有些酸(甲酸、乳酸和丙酸)已知具有抗菌作用(见表1)。乳酸尤其具有强大的抗菌性,常用于食品业以去除食品的污染。许多养猪者在饮水中使用乳酸作为抗菌剂以便控制下痢。而作为酸化剂的单一有机酸多数都具有营养价值,如延胡索酸具有8.90MJ/kg的能量,乳酸则具有11.45MJ/kg的能量,无机酸磷酸还是日粮的良好磷源。因此柠檬酸、延胡索酸、乳酸、磷酸和丙酸都是各种动物代谢中所需的重要分子。

表1　酸化剂对沙门氏菌大肠杆菌的抑菌圈比较

种类	甲酸	丙酸	丁酸	磷酸	乳酸
沙门氏菌	15mm	14mm	14mm	10mm	10mm
大肠杆菌	22mm	23mm	19mm	17mm	15mm

注:mm表示抑菌圈的直径单位,并通过抑菌圈判定酸化剂的抑菌能力。

由于配合而成的酸化剂既无毒性,又不属药物,所以其购买、运输、贮存和处理等方面均无问题。然而对于液态的甲酸、乳酸、丙酸和磷酸因具有腐蚀性,不宜直接使用。故常用的酸化剂通常是粉剂,添加量为每吨饲料0.2%~1%左右,因其是粉剂。所以便于在饲料中添加使用,也可购买液态的酸化剂,但必须在饲料搅拌时将其喷洒入饲料之中,可使用现代化的液体剂量设备自动进行喷洒。目前已有部分厂家提供液体酸化剂及配套设备。

当前国际上推出的新型酸化剂开始采用微囊型制剂或脂质保护外膜等处理技术,使经保护处理的酸化剂在消化道中逐渐溶解、释放出来,可以使酸化范围有效地扩展到小肠部位,所以只要很低剂量就可以具有较大剂量未经处理的酸化剂相同的效果。

四、酸化剂在猪日粮中的应用

仔猪是指从出生到20kg重的小猪,仔猪早期断奶后,乳酸来源中止,而盐酸分泌仍然很少,同时,饲料中蛋白质和矿物质与酸结合,导致肠道内酸度下降,胃蛋白酶形成减少,蛋白质消化减弱。消化不完全的饲料只为小肠内细菌繁殖提供营养,致使肠功能紊乱,引起断奶仔猪采食量下降,生长差,严重的还会发生腹泻甚至死亡。美国依利诺斯大学的科学家埃斯特通过研究认为,断奶仔猪的饲料中适量添加有机酸,可使断奶仔猪对配合饲料的消化率提高30%~40%,日增重提高12%的左右。荷兰学者在仔猪饲料中添加1%的甲酸钙和0.5%的丙酸,饲料利用率与日增重分别提高8%和15%。邓跃林等(1993)在断奶后25d以内的仔猪饲料中添加1%、1.50%和2%的柠檬酸,饲料利用率与日增重分别提高3.70%、6.70%、9.20%和1.90%、7%、15.90%。Pollman等(1980)与Giesting(1986)等的试验表明,在仔猪的饲料或饮水中添加1%的乳酸,不仅可以降低十二指肠、空肠中的大肠杆菌数,减少仔猪的腹泻发生率和发生频率,而且可以提高早期断奶仔猪的饲料利用率与日增重。德国慕尼黑农业专家的研究结果表明,在仔猪的饲料中加入1.50%的甲酸钙,可使仔猪的腹泻次数减少50%,而且日增重明显提高。

除了酸化剂用于仔猪日粮中发挥保健和营养重要作用外,同时酸化剂还可用于生长肥育阶段,比较大龄的猪,具有充分发育的消化系统、但正常环境中存在的细菌仍然会对其生长和健康造成诸多的危害。酸化剂可以减少细菌的数量。这一效应对于生长猪具有相当重要的作用,因为,这样一来,饲料、猪圈和猪体上沙门氏菌和其它病原体的数量就可减少,从而猪免疫系统的激活程度就可较低。此外,使用酸化剂可减少后段肠道中氨气和有毒的多胺类物质的产生。酸化剂在这方面的作用已在丹麦得到了充分的研究,将酸化剂应用于30~100kg体重猪饲料中,结果表明,生长肥育猪生产性能的改进与饲喂传统抗生素生长促进剂的猪十分接近。万伶俐等(2006)对生长肥育猪(20~100kg)分别添加柠檬酸抗生素中草药(自制)等,其抗腹泻效果依次为酸化剂>喹乙醇>中草药,腹泻发生率与日增重呈中度负相关,采用适宜的抗病添加剂酸化剂控制腹泻发生可达到促进生长效果。

总之,在未来环保型的养殖业中,饲料酸化剂具有举足轻重的作用和广阔的前景,酸化剂作为饲料添加剂,不仅对断奶仔猪有良好的促生长效果,而且对生长肥育猪、妊娠母猪都具有较好抗病保健作用,极少量的酸化剂在消除危害畜禽的沙门氏菌、大肠杆菌等病原菌也很有效。因此推广使用饲料酸化剂将势在必行,进而为替代抗生素减少药物残留生产绿色食品等提供安全有效的解决途径。

(李　祥　李新慧)

饲料机械制造工业概况

【配合饲料加工设备】

2007年，饲料工业生产既受全球饲料原料价格攀升、燃油等运输成本上涨等因素的制约，又受国家生猪生产一系列扶持政策和畜禽产品价格坚挺等利好的趋动，总体形势良好，总量保持增长，但经营成本上升，企业利润下降，大型企业继续扩张，中小企业步履维艰。2006年11月发布、2007年5月1日起施行的农业部第73号令《饲料生产企业审查办法》对申办饲料生产企业的准入门槛进一步提高。所有这些因素造成了饲料加工企业进行新厂建设和新申办饲料生产企业的数量减少，但进行技术改造、设备更新换代的饲料加工企业增多，致使饲料加工单机产量增加，成套机组特别是小型机组生产大幅下降。我国饲料机械制造企业数量基本稳定，饲料机械制造业已进入稳定发展期。

一、饲料加工成套机组生产情况

近3年饲料加工成套机组生产情况见下表，由表中可以看出，2007年饲料加工成套机组生产总数与2005年、2006年相比产量大幅度降低，分别减少了2 023套和1 015套，仅为2005年、2006年总量的54%和70%；大型饲料机组分别比2005年、2006年降低了55.10%和13.10%，小型饲料机组分别降低了51%和42%，中型饲料机组比2005年降低了20.50%，与2006年相比稍有增加，增加了2.30%。2007年饲料生产经营成本上升，企业利润下降，申办饲料生产企业准入门槛提高，使新建饲料厂或饲料生产线的速度放缓，造成饲料加工成套机组生产总数的大幅度降低。

饲料加工成套机组产量(套)

年度	≥10t/h	5~10t/h	1~5t/h	合计
2005	827	833	2 739	4 399
2006	427	647	2 317	3 391
2007	371	662	1 343	2 376

二、饲料加工机械生产情况

近三年饲料加工机械生产情况见下表，由表中可以看出，2007年饲料加工机械单机产量总数与2005年、2006年相比增长幅度较大，分别增加了4 713台和5 058台，增长率达到了21.10%和23%；其中，粉碎机分别比2005年、2006年增加了18.20%和23.60%，混合机分别增加了29.50%和38.40%，制粒机分别增加了15.70%和20.50%，其它单机产量分别增加了20.80%和11.80%。在饲料加工成套机组总产量大幅度降低的情况下，饲料加工机械单机总产量及粉碎机、制粒机、混合机、其它机械产量还有较大幅度增长，说明饲料加工企业进行技术改造、设备更新换代的力度加大，在尽可能降低投资成本的情况下提高产量和效率。

饲料单机产量(台)

年度	粉碎机	混合机	制粒机	其它	合计
2005	10 143	4 689	1 717	5 835	22 384
2006	9 698	4 385	1 649	6 307	22 039
2007	11 991	6 070	1 987	7 049	27 097

三、配合饲料加工设备发展特点

1.随着国家《饲料生产企业审查办法》出台及实施，加快了我国饲料生产企业向规模化、集约化经营迈进的步伐，大型、成套化饲料加工机械以其高效、节能及降低成本的优势迅速成为大中型饲料生产企业设备更新换代的首选，加快了我国饲料加工机械设备成套化、大型化的发展趋势。

2.随着饲料安全意识的不断提升和强化，安全环保型饲料加工机械设备和工艺正受到青睐，如无残留或近乎零污染的输送设备的研发；防粘挂、结拱的料仓和排料装置的设计；配以密闭和吹扫相结合技术的高精度自动配料秤的研发；辅以必要的吹扫装置的低残留高效混合机的研发；进行热处理设备(如熟化器、膨化/膨胀机、调质器等)的性能完善和节能研究等。

3. 饲料机械生产企业更加注重自主品牌和自主创新产品的研发，更加关注国际市场对饲料机械的需求，提升了我国饲料机械制造业的创新能力和国际竞争力，技术水平和制造能力不断提高，出口数量逐年增加，但在大型、高端饲料加工机械设备设计制造方面与国外著名的饲料机械制造商相比，还存在一定的差距。

4.我国饲料加工关键设备大型化、成套化生产已取得突破性进展，许多新的加工工艺技术和设备得到了应用,如二次粉碎或闭路粉碎工艺技术、微粉碎设备和工艺技术、高效调质制粒技术、后熟化设备和工艺技术、膨化设备和工艺技术等。

5.随着大型饲料加工设备的研发,借鉴通用机械设备设计制造平台,饲料加工机械设备更加精细化、节能化和柔性化,研制精品产品是未来饲料制造企业的一个发展方向。

6.原料预处理技术发展很快,对部分原料进行膨化处理然后再进行配料加工的工艺,已成为饲料工业发展研究的热点,膨化大豆、膨化豆粕、膨化玉米及其它原料已广泛应用在水产饲料、乳猪饲料、宠物饲料等加工中,改善了原料质量,提高了成品的利用效率和消化性能。

7. 强化调质提高了制粒机的制粒效果和饲料的熟化程度,改善了颗粒成品的内在品质和外观质量,越来越受到重视。目前应用较为广泛的强化调质器主要是双轴差速调质器、带蒸汽夹套单轴加长调质器和后熟化调质器。

8.计算机自动配料控制系统有了较大改进,通过采用双喂料器、变频调速、高精度高稳定性传感器及电子信号转换传输系统、多配料秤系统等技术,提高了配料秤的配料速度和配料精度;在小料投料口处安装电子校验秤,并与中控室相连接,减少了添加剂、预混料的投料失误,保证了配合饲料的质量。

9. 计算机完全屏上控制系统是国内外饲料厂自动控制的一流水平,我国在这方面已经达到国际先进水平。该系统可以实现对整个生产系统任务指令的输入,可以对各工段和所有单机设备进行控制,测量显示设备和系统的工作状态,检查发现故障、报警,记录生产运行数据并对数据进行统计分析,可实现与生产管理部门的数据通讯,使管理者随时掌握生产情况。

(李军国)

【牧草与秸秆饲料加工机械进展】

在2006年底的中央农村工作会议上,中央提出2007年农村工作的主题是积极发展现代农业。我国草业科学专家、中国工程院院士任继周为此建议,以发展食草动物代替食粮动物的草地农业可有效解决粮食安全问题,并改变传统的农业生产方式,大幅度提高农业生产效率,是发展现代农业的一条重要渠道。据任继周院士预测,2020年的我国食物生产能力在保证现有16亿亩基本农田的基础上,实施草地农业系统可以增加农田当量11.83亿亩。农田当量与现有农田之和为27.83亿亩。未来15年内单产逐步提高,由目前的每亩单产大约288.8kg提高到300kg,可生产8.35亿t食物当量,不但基本满足21世纪20年代的全国粮食与饲料的总需求,还有近1.50亿t机动食物当量,相当全球谷物贸易量的60%(全球粮食贸易量约为2.50亿t左右)参与国际粮食贸易,可用来调剂粮食品种,调控国家贮备。这时我国将进入一个粮食生产稳定并有余粮和饲料出口的新时代。

农业部发布的《全国农业机械化发展第十一个五年规划(2006~2010年)》中指出,在中部地区和粮食主产区,大力发展饲料青贮和秸秆综合利用机械化,为推进农区畜牧业发展和农业循环经济提供农业机械化服务。在十一五期间,农业部将大力推广11项农机化重点技术,其中的3项与牧草生产和秸秆饲料化机械加工技术有关。

在一系列的政策引导下,我国畜牧业发展很快,牧草生产和农作物秸秆饲料利用机械化越来越受到重视。

陕西省2007年秸秆机械化综合利用项目重点推广了玉米秸秆饲草加工、小麦玉米旋耕施肥播种和小麦秸秆捡拾打捆等技术。通过一年的努力,项目各项任务均圆满完成。据统计,新增小麦秸秆捡拾打捆机21台,玉米收获机88台,各类秸秆饲草加工机械4 451台。全年预计加工秸秆饲草700多万t,全省秸秆机械化综合利用水平达到50%,其中禁烧区达到60%,秸秆大面积焚烧现象基本得到遏制。于2005年创办的宝鸡市秸秆饲草机械加工产业协会,现有会员32个,其中饲草加工会员22个,销售中介会员6个,团体会员4个;拥有大中型揉搓机70台,压缩打捆机40台,年加工商品草1万t,辐射带动全市养殖户加工秸秆微贮饲草15万t,加工户户均收入2万余元,玉米种植户公顷增收900元,走出了一条以协会为龙头,饲草加工大户为骨干,即农作物秸秆回收、机械加工、销售经营为一体的产业化发展新路子。

2007年,田阳县秸秆饲料加工机械化科技示范点揭牌,标志着该县将成为广西第一个推广使用机械化加工秸秆饲料的县份。田阳县农机局局长黄永欣说"秸秆饲料的特点就是把秸秆通过机械化技术加工成饲料,可以满足畜牧业发展需求,而且可以减少环境污染,发展生态农业,促进田阳经济发展,有利于农民增收,有利于新农村建设"。田阳县秸秆饲料加工机械化科技示范点配套建设有四个容量为26m³的秸秆发酵池,秸秆饲料加工主要由秸秆和粮食粉碎机、秸秆饲料搅拌机、提升机、制粒机及调质机等成套机械设备组成,日可加工生产秸秆颗粒饲料6t左右。

成立于2004年的北京兴绿禾农业技术服务有限公司(以下简称兴绿禾公司)是一个集农机作业服务、农机新技术推广、农机服务模式创新于一体的农机股份合作组织。兴绿禾公司从引进牧草作业机械开始,到目前已具备大规模牧草作业、青贮收获、保护性耕作技术推广等机械作业能力,年作业面积达7万余亩,涉及的作业项目有保护性耕作、牧草机械化收获、机械化青贮、机械打捆和植保等,取得了良好的经济效益和社会效益。这个成绩的取得,一个很重要的原因就是该公司实行了一种新的服务模式——订单农机作业服务模式。该模式的核心是:兴绿禾公司与种植户签订机械化作业合同和青贮收购合同,兴绿禾公司负责农作物的全程机械化作业服务,并聘请农艺专家对农作物的田间管理进行技术指导,以提高农作物的产量,最后按照合同价格收购青贮饲料;在此基础上,兴绿禾公司又与养殖户签订了供应合同,负责将种植的青贮全部出售给养殖户,从而保证了京郊养殖场的饲料供应。此外,为了最大限度地提高农户的收益,兴绿禾公司在进行农机作业过程中先不收取农民的作业费用,而是在青贮收购时向种植户收取0.03元/kg 的差价,以此作为农机作业的服务费用。

为了满足牧草生产和农作物秸秆饲料化利用的需求,科研机构和企业开发生产了新的机械与设备。牧草生产和农作物秸秆饲料化利用机械与设备进展综述如下。

一、牧草种子收获和加工机械

由农业部南方种子加工工程技术中心与上海二纺机械股份有限公司进行强强联合,通过充分调研、比较、引进、吸收、消化,在掌握世界主要国家种子加工设备结构特点、技术性能的基础上,结合我国实际需要进一步创新,研制开发出生产率为 5t/h 的三种高性能种子加工关键技术设备:即 SX-5 型风筛式种子清选机、SXW-5 型窝眼滚筒式种子分选机、5XZ-5 型重力式种子分选机,经权威部门检测,其技术性能和制造质量已经接近国际先进水平;同时生产性考核试验结果也表明其技术性能与可靠性明显处于国内领先地位。

二、牧草收获机械

中国农机院现代农装北方公司研发的 9Y1.5 大型圆捆机。经国家农机具质量监督检验中心进行了性能检测,各项指标均达到项目可行性研究报告中的设计要求。该机采用 50~65kW 拖拉机牵引作业,动力配套性好,可以满幅收获牧草、稻麦秸秆、玉米秸秆等作物,可满足不同农牧地区的要求,适应性好,效率高。

三、青贮饲料收割机

王德福,张全国对适用于稻秆青贮收获的改进型圆捆打捆机进行了试验研究。按照稻秆青贮收获的要求及试验研究,这种改进型圆捆打捆机的打捆室可采用 2 组短胶带和 6 个钢辊组合结构,并且可在打捆室入口处配置喷嘴,从而在完成各类稻秆捡拾打捆的同时喷入液体添加剂进行稻秆的调质。在 2006 年稻秆青贮收获试验中,液体添加剂是由这种圆捆打捆机在捡拾时直接喷到进入打捆室的稻秆上,该机打捆效率为 25 捆/h,每个稻秆捆质量约为 30 kg/捆,共收获约 0.66 hm^2 (10 亩)地的稻秆,打捆青贮稻秆约 7t,经压实及密闭窖贮 50 d 后检验并进行奶牛的喂饲试验,证实总体效果很好。在试验中,对含水率为 70%的稻秆打捆时,将喷液体添加剂系统的压力调至 1.10MPa,每捆青贮稻秆在喷入乳酸菌的同时增加含水率约 5%;而在对含水率为 61%的稻秆打捆时,将喷液体添加剂系统的压力调至 1.60 MPa,每捆青贮稻秆在喷入乳酸菌的同时增加含水率约 10%,达到了将稻秆含水率调至 70%~75%的目标,以使稻秆在成捆过程中均匀分布乳酸菌并进一步软化,进而使稻秆捆更密实、更易于乳酸菌发酵。实验结果表明配置喷液体添加剂装置的圆捆打捆机,可用于稻秆打捆青贮中添加经稀释的乳酸菌等添加剂,以实现对青贮稻秆的调水及调质作业;钢辊与短胶带组合式圆捆打捆机可进行湿滑坚硬的稻秆打捆作业,拓展了圆捆打捆机的应用范围。

杜健民等对新鲜饲料作物及作物秸秆高密度成型产品进行了试验研究。该试验以自行研制的 9kg-350 型液压高密度压捆机为试验设备,以苏丹草和玉米秸秆为试验材料,试材均不经过干燥直接进行高密度压捆,压缩密度调整到压缩时不出汁液的密度 (500~600 kg/m^3),压缩缠膜后方捆尺寸为 360 mm×460 mm×600 mm。制成高密度捆后,用厚度为 0.023mm 高拉力回弹膜进行缠膜 (包裹 4 层膜、50%重叠),经过称重、检测密度、和贴标签后,集垛贮存。贮存后,每 24 h 检测一次缠裹捆的温度变化(发酵温度 18~36℃),避免直射光线。90d 后拆捆取样进行含水率,粗蛋白质、总糖、粗纤维、粗脂肪等营养成分的检测。与新鲜样品相比,高密度产品经 90d 贮藏后主要营养指标无显著变化。在自然干燥状态下,经60d 贮藏玉米秸秆的粗蛋白质、碳水化合物和有机物分别降低 21.80%、83%和 4.30%。通过该方法贮存新鲜饲料作物及作物秸秆,能较好地保持其营养成分,为新鲜饲料作物及作物秸秆的合理利用提供了新途径。

河南省鹤壁市正道重典农业机械制造厂研制的高速秸秆资源化收获机,于 2006 年 12 月通过了河南省科技厅组织专家进行的科技成果鉴定。该机工作幅宽 2.75m,装备功率 176.47 kW(240 马力),收获作业效率大于 1.20hm^2/(18 亩/h),并具备带穗全株收获与摘穗收获功能,可实现高速玉米全株收获。该机设计独特,首次应用"逆行摘穗"原理进行玉米收获,使摘穗效率大大提高,能耗大幅降低,并不会对果穗产生搓伤;使用锯切式连续面收割技术,完全摆脱了辊式收获原理下单纯提高行距适应性的模式,既实现了玉米不对行收获技术的原理性彻底突破,还可对倒伏的玉米进行收获;实现在玉米收获机上集成秆叶分离机、秆皮揉丝机、粉碎机、压块打包机及装袋包装平台技术,使玉米全株在田间采收时各部位被分离、粉碎压缩、包装,在收获玉米穗的同时完成了秸秆的收集、分离等复杂加工步骤;独创"压缩装袋"技术,大大降低了秸秆运输成本和体积,使秸秆这一传统的农业废弃物在收获玉米穗的同时进行了标准化压缩包装,成为可流通的资源。

四、铡草、挤丝、揉搓与粉碎机械

4.90JF-A 型草粉机在河北省石家庄市问世,目前已获国家专利,并获河北省农业机械推广许可证,被石家庄市政府列为秸秆综合利用重点推广产品。该机主要用来加工秸秆草粉,铡切干、青秸秆,粉碎玉米、高粱等,还可根据需要更换不同规格的筛片加工各种饲料,可固定作业或流动作业。配套动力为 7.50~11kW 电动机或 8.80~11kW 柴油机、小型拖拉机。机具质量为 180kg。生产效率:加工秸秆草粉 200~400kg/h,铡切草、秸秆 1 300~2 000 kg/h,粉碎玉米、高粱等精饲料 900~1 000kg/h。

五、制粒与压块机械

石家庄市燕峰环保技术开发有限公司研究开发的 9SGT-500、1 000、2 000 型生物质致密固化成型设备,可广泛用于各种牧草、稻草、谷草、麦秸、玉米秸、花生秧、豆秸、树叶、棉籽皮等粗饲料和棉花秸、灌木、林产品下脚料等生物质的致密固化加工。是生产致密固化成型饲料、生物质致密固化成型燃料的理想设备。它主要包括:铡切粉碎、输送除铁、混合调质、高温成型、成品输出、称重包装、电器控制等主要部分。生产效率: 1~1.50t/h。

六、烘干与储存机械

中国农业机械化科学研究院呼和浩特分院研制出交替供热式太阳能饲草干燥成套设备。交替供热式饲草干燥设备分别通过板式集热器及真空管集热器两套系统将太阳能高效转换成热能。在白天时,通过热风吹送系统将板式集热器的热能直接转换成热风,通过空气分配筛将热风均匀吹入干燥仓内干燥饲草,再将尾气排出机外。而与此同时,储热水罐则通过真空管集热器将太阳能用于加热罐中的水,以储备热能。当夜间时,设置在板式集热器内的电子监测系统感受到温度的明显降低,即通过自动控制系统关闭风机或自然风导风管到板式集热器间的风管,风机的风或自然风转而通过储热水罐,经加热后再进入热风吹送系统,用于干燥饲草。当天亮后,板式集热器受太阳照射温度再度升高,电子监测系统感受到温度的变化,自动控制系统打开风机或自然风导风管到板式集热器间的风管,如此实现自动控制对饲草的昼夜连续干燥过程。干燥仓分为若干个单元,通过天车用抓斗依次装仓和卸仓,由此实现各单元的流水干燥作业。电子监测和控制系统可自动检测尾气温度、干燥仓内饲草含水率的变化等主要工作参数,以实施监控使设备运行在最佳工况。

本成套设备的研究开发成功,填补了国内太阳能饲草干燥设备的空白,总体性能将达到国外当代先进水平,并已获得“交替供热式太阳能饲草干燥设备”和“自然风饲草干燥设备”两项国家实用新型专利。该设备吨电耗≤90(kWh/t),生产率 2.5t/h。

(杨宝玲　郭佩玉)

秸秆养畜

我国秸秆养畜已经有两千多年的历史，但真正将秸秆养畜作为畜牧业的一个重要组成部分，作为一项战略性系统工程来抓，始自1992年国务院决定在全国农区重点省份实施秸秆养畜示范项目。

秸秆养畜项目实施以来，在党中央、国务院和各级政府的高度重视下，在农业综合开发管理机构的大力支持下，各地畜牧主管部门把发展秸秆畜牧业作为一项重点工作，结出了丰硕成果。到2007年，中央财政累计投入秸秆养畜项目建设资金7.90亿元，围绕国家牛羊肉和牛奶优势产业带形成了中原、东北、华北秸秆养畜示范带，秸秆青贮、氨化和微贮等实用技术得到广泛应用，秸秆处理利用率稳步提升，走出了一条中国特色的发展现代畜牧业的新道路，取得了巨大的经济、社会和生态效益。2007年，中央财政投入建设资金7 000万元，立项建设秸秆养畜示范项目47个；在项目多年的带动示范引导下，全国青贮、氨化秸秆饲料已达到1.13亿t，约占全国秸秆总量的16.40%，加上未经处理直接使用的1.10亿t秸秆，秸秆饲用总量达到2.23亿t。

当前各地在基础设施、技术储备、发展模式等方面都有了一定的积累。但是，秸秆养畜的大发展还存在着秸秆处理设施设备不足、利用形式单一、产业化水平低、新技术手段少等诸多制约因素。为充分发挥秸秆资源利用潜力，促进畜牧业持续发展，农业部将在未来的工作中，从以下几方面不断加强秸秆养畜项目管理，推进秸秆养畜工作。一是科学选择立项，突出发展重点。遵循自然规律，选择秸秆资源丰富、养殖基础条件好的地区按照续建优先的原则，建设形成连片集中的秸秆养畜项目示范带。按照国家秸秆禁烧工作的总体部局，在机场、高速公路沿线优先安排秸秆养畜示范项目。二是加强组织领导，提高管理能力。建立一支懂技术、经验丰富的管理队伍，加强跨区、跨省交流学习，开阔项目管理人员眼界；采取召开现场会、开展培训等多种形式，不断提高项目管理人员综合管理能力。三是规范项目管理，强化日常监管。建立在建项目监督抽查制度，加强项目建设过程管理，对于在检查中发现擅自更改建设内容、建设地点等问题的，立即采取处理措施，督促改正。在巡察项目时要严格财务管理，重点审核资金是否专户管理、专账核算，专款专用。重视项目总结验收，引入中介机构进行项目审计，按时完成项目竣工验收工作。四是强化示范带动，推进产业化运营。项目甄选将结合本地养殖业发展实际，优先支持规模化养殖企业和养殖户承担项目建设，在项目中加大对秸秆收贮机械和秸秆饲料生产设备的购置金额，提高秸秆处理效率和经济效益，更好地发挥项目的带动示范作用。要结合畜产品后续加工能力，选择种、养、加工能力配置合理的地区优先承担项目建设，完善产业链条，利用项目推进秸秆养畜的产业化发展运行。

（李大鹏）

饲料工业生产许可证管理

2007 年，饲料添加剂和添加剂预混合饲料生产许可证专家审核委员会每月召开一次审核会议，经农业部批准，根据《饲料和饲料添加剂管理条例》和《饲料添加剂和添加剂预混合饲料生产许可证管理办法》的规定，发布 7 个公告。共批准饲料添加剂生产企业 150 家，添加剂预混合饲料生产企业 289 家，饲料添加剂生产品种、变更企业名称或注册地址，并换发生产企业 144 家，期满换发饲料添加剂生产 96 家，注销添加剂预混合饲料生产 43 家。具体情况如下：

饲料添加剂生产获证企业

生产许可证编号	企业名称	产品名称
饲添(2007)2121	内蒙古新宏生物科技有限公司	饲料级缩二脲(Ⅰ)(Ⅱ)
饲添(2007)2125	临沭县康达饲料厂	饲料级酸化剂(Ⅱ)(氯化钾、碳酸氢钠) 饲料级碳酸氢钠(Ⅱ) 饲料级维生素(Ⅱ):VC、VB_1、VB_2、VB_{12}、VE、VK_3 饲料级大蒜素(Ⅱ)
饲添(2007)2126	山东正旺工贸有限公司	饲料级复合微生物添加剂(Ⅰ)(产朊假丝酵母、枯草芽孢杆菌、粪肠球菌)
饲添(2007)2129	山东德固赛凯赛生物技术有限公司	饲料级 L-赖氨酸硫酸盐(Ⅰ)
饲添(2007)2137	福泉市洪亮化工有限责任公司	饲料级磷酸氢钙(Ⅰ) 饲料级磷酸二氢钙(Ⅰ)
饲添(2007)2139	山东科源畜牧良种繁育有限公司	饲料级维生素(Ⅱ):VC、VE 饲料级酸化剂(Ⅱ)(氯化钾、碳酸氢钠) 饲料级大蒜素(Ⅱ) 饲料级抗氧化剂乙氧基喹啉(Ⅱ) 饲料级防霉剂丙酸钙(Ⅱ) 饲料级甘氨酸铁络合物(Ⅱ)
饲添(2007)2141	济南亿民动物药业有限公司	饲料级复合微生物添加剂(Ⅰ)(枯草芽孢杆菌、产朊假丝酵母、嗜酸乳杆菌)
饲添(2007)2145	山东新富莱生物科技有限公司	饲料级氯化胆碱(Ⅰ)
饲添(2007)2151	鹤山市南华饲料添加剂厂	饲料级维生素 C(Ⅱ)、维生素 E(Ⅱ) 饲料级复合酸化剂(Ⅱ)(乳酸、柠檬酸、富马酸、丙酸) 饲料级复合防霉剂(Ⅱ)(丙酸、丙酸钠)
饲添(2007)2154	武汉华扬科技发展有限公司	饲料级复合酸化剂(Ⅱ)(磷酸、柠檬酸、乳酸、富马酸) 饲料级调味剂糖精钠(Ⅱ) 饲料级乙酰氧肟酸(Ⅱ) 饲料级维生素 C(Ⅱ) 饲料级甘露寡糖(Ⅱ)
饲添(2007)2155	济宁市曲阜新区环信饲料添加剂有限公司	饲料级维生素(Ⅱ):VC、VE、VB_2、VK_3、VB_{12}
饲添(2007)2156	菏泽普恩药业有限公司	饲料级大蒜素(Ⅱ) 饲料级维生素(Ⅱ):VC、VE、VK_3 饲料级乙氧基喹啉(Ⅱ)

生产许可证编号	企业名称	产品名称
饲添(2007)2157	山东大华广济生化工程有限公司	饲料级维生素(Ⅰ):VK_3、D-泛酸钙、烟酸
饲添(2007)2158	新泰市宏泰饲钙科技有限公司	饲料级磷酸氢钙(Ⅰ)
饲添(2007)2159	济南英大生物科技有限公司	饲料级维生素(Ⅱ):VC、VB_2、VB_{12}、VK_3、VE、VB_1
饲添(2007)2160	萍乡宝海饲料添加剂有限公司	饲料级一水硫酸锌(Ⅰ)
饲添(2007)2164	南宁华侨投资区华兴变性淀粉有限公司	饲料级 α-淀粉(Ⅰ)
饲添(2007)2166	浙江银冠兽药饲料有限公司	饲料级酸化剂:乳酸(Ⅱ)、磷酸(Ⅱ) 饲料级复合酶制剂(Ⅱ)
饲添(2007)2169	沈阳东宇精细化工有限公司	饲料级 L-肉碱盐酸盐(Ⅰ)
饲添(2007)2172	浙江维尔新动物营养保健品有限公司	饲料级复合抗氧化剂(Ⅱ)(乙氧基喹啉、二丁基羟基甲苯)
饲添(2007)2184	耒阳市京山化工有限公司	饲料级一水硫酸锰(Ⅰ)
饲添(2007)2185	西安春讯生物工程有限公司	饲料级复合微生物添加剂(Ⅰ)(枯草芽孢杆菌、植物乳杆菌、酿酒酵母)
饲添(2007)2186	中信大锰矿业有限责任公司	饲料级一水硫酸锰(Ⅰ)
饲添(2007)2187	钦州怡丰蓝天化工有限公司	饲料级一水硫酸锰(Ⅰ)、一水硫酸锌(Ⅰ)
饲添(2007)2113	石家庄市九洲兽药有限公司	饲料级维生素 C(Ⅱ)
饲添(2007)2142	石家庄市三阳生物科技有限公司	饲料级维生素 C(Ⅱ)
饲添(2007)2152	石家庄维牧动物保健品有限公司	饲料级维生素(Ⅱ):VB_2、VC、VK_3
饲添(2007)2193	广州市番禺农科生物制品厂	饲料级微生物添加剂(Ⅰ)(沼泽红假单胞菌、嗜酸乳杆菌、枯草芽孢杆菌)
饲添(2007)2194	长春大成发酵技术发展有限公司	饲料级 L-赖氨酸硫酸盐(Ⅰ)
饲添(2007)2195	长春大合生物技术开发有限公司	饲料级 L-赖氨酸硫酸盐(Ⅰ)
饲添(2007)2196	合肥迈可罗生物工程有限公司	饲料级微生物添加剂(Ⅰ):地顶孢霉培养物
饲添(2007)2197	重庆市大渡口区天助饲料厂	饲料级矿物元素(Ⅰ):硫酸亚铁、硫酸铜、硫酸锌、硫酸锰
饲添(2007)2198	江苏兄弟维生素有限公司	饲料级维生素 B_1(Ⅰ):盐酸硫胺、硝酸硫胺
饲添(2007)2199	西安朗唯生物技术有限公司	饲料级果寡糖(Ⅱ) 饲料级氧化锌(Ⅱ) 饲料级乙氧基喹啉(Ⅱ) 饲料级谷氨酸钠(Ⅱ)
饲添(2007)2200	淄博宝翠实业有限公司	饲料级矿物元素(Ⅰ):硫酸锰、硫酸锌、硫酸铜、硫酸亚铁、硫酸镁
饲添(2007)2201	诸城市江龙动物保健品厂	饲料级防霉剂(Ⅱ):丙酸钠、丙酸
饲添(2007)2202	潍坊金辉药业有限公司	饲料级维生素(Ⅱ):VB_1、VB_2、VC、VE 饲料级大蒜素(Ⅱ)
饲添(2007)2204	希杰(聊城)生物科技有限公司	饲料级 L-赖氨酸硫酸盐(Ⅰ)
饲添(2007)2206	大连翔大生物技术有限公司	饲料级微生物添加剂(Ⅰ)(酿酒酵母、枯草芽孢杆菌、嗜酸乳杆菌) 饲料级着色剂(Ⅱ):天然叶黄素、虾青素
饲添(2007)2208	湖南广兴化工实业有限公司	饲料级矿物元素(Ⅰ):硫酸铜、氧化锌
饲添(2007)2209	长沙市开福区光泽生物科技有限公司	饲料级硫酸铜(Ⅱ)

生产许可证编号	企业名称	产品名称
饲添(2007)2210	株洲智荟生物科技有限公司	饲料级微生物添加剂(Ⅱ):枯草芽孢杆菌
饲添(2007)2211	济南品佳科技发展有限公司	饲料级调味剂(Ⅱ)(糖精钠、食品用香料)
		饲料级防霉剂(Ⅱ)(丙酸、丙酸钙、苹果酸、双乙酸钠、甲酸)
		饲料级酸化剂(Ⅱ)(磷酸、柠檬酸、酒石酸、苹果酸)
		饲料级大蒜素(Ⅱ)
饲添(2007)2213	建德市康盛生物技术有限公司	饲料级酸化剂(Ⅱ)
饲添(2007)1983	山东龙力生物科技有限公司	饲料级低聚木糖(Ⅰ)
饲添(2007)2118	百色市兽药厂	饲料级复合微生物添加剂(Ⅰ)(嗜酸乳杆菌、酿酒酵母)
		饲料级枯草芽孢杆菌(Ⅰ)
饲添(2007)2134	佛山市协力同创饲料有限公司	饲料级 L-肉碱盐酸盐(Ⅱ)
		饲料级 L-抗坏血酸-2-磷酸酯(Ⅰ)
		饲料级维生素 C(Ⅱ)
		饲料级甜菜碱(Ⅰ)
		饲料级大蒜素(Ⅱ)
		饲料级酸化剂(Ⅱ)(磷酸、乳酸)
		饲料级富马酸亚铁(Ⅰ)(Ⅱ)
饲添(2007)2135	广宁县飞马饲料科技有限公司	饲料级维生素 B_{12}(Ⅱ)
饲添(2007)2138	济南泰丰药业有限公司	饲料级防霉剂(Ⅱ)(氯化钾、碳酸氢钠)
		饲料级富马酸亚铁(Ⅱ)
		饲料级微生物添加剂(Ⅱ)(枯草芽孢杆菌、嗜酸乳杆菌、产朊假丝酵母)
		饲料级维生素(Ⅱ):VC、VE
		饲料级大蒜素(Ⅱ)
		饲料级乙氧基喹啉 (Ⅱ)
		饲料级双乙酸钠(Ⅱ)
		饲料级甘氨酸铁络合物(Ⅱ)
饲添(2007)2140	济南德超生物科技有限公司	饲料级甜菜碱盐酸盐(Ⅰ)(Ⅱ)
饲添(2007)2143	济南静远科技有限公司	饲料级甘氨酸铁络合物(Ⅱ)
饲添(2007)2144	潍坊诺达药业有限公司	饲料级甘露寡糖(Ⅱ)大蒜素(Ⅱ)抗氧化剂(Ⅱ)防腐剂(Ⅱ)维生素(Ⅱ):VC、VE、VK_3
		饲料级植酸酶(Ⅱ)
饲添(2007)2147	三门峡洛神生化有限责任公司	饲料级微生物添加剂(Ⅰ):枯草芽孢杆菌、粪肠球菌、嗜酸乳杆菌、产朊假丝酵母
饲添(2007)2161	湖北省金谷药业有限公司	饲料级烟酸铬(Ⅰ)
		饲料级复合酶制剂(Ⅱ)(蛋白酶、淀粉酶)
饲添(2007)2163	赤峰制药(集团)英金动物药品有限公司	饲料级维生素(Ⅱ):VA、VB_1、VB_2、VB_6、VB_{12}、VC、VK_3、VE 饲料级氨基酸(Ⅱ):L-赖氨酸盐酸盐、DL-蛋氨酸
饲添(2007)2167	富阳三利饲料有限责任公司	饲料级富马酸亚铁(Ⅱ)
饲添(2007)2170	辽宁吉达动物保健品有限公司	饲料级矿物质(Ⅱ):氯化钴、碘化钾

生产许可证编号	企业名称	产品名称
		饲料级维生素(Ⅱ):VK_3、VB_1、VB_2、VB_6、D-泛酸钙、烟酸、叶酸 饲料级复合维生素(Ⅱ)(VA、VD_3、VE)
饲添(2007)2173	天津市民发科技饲料有限公司	饲料级复合酶制剂(Ⅰ)(木聚糖酶、β-葡聚糖酶、果胶酶、纤维素酶、甘露聚糖酶)
饲添(2007)2174	济南华鲁中牧化工有限公司	饲料级矿物元素(Ⅱ):氯化钴、碘化钾
饲添(2007)2175	诸城诺特天然色素有限公司	饲料级天然叶黄素(源自万寿菊)(Ⅱ) 饲料级辣椒红(Ⅱ)
饲添(2007)2176	山东超跃动物保健品有限公司	饲料级大蒜素(Ⅱ) 饲料级维生素添加剂(Ⅱ):VE、VK_3、VC、VB_1、VB_2
饲添(2007)2178	威海华源生物工程有限公司	饲料级复合微生物添加剂(Ⅰ)(枯草芽孢杆菌、沼泽红假单胞菌)
饲添(2007)2179	哈尔滨飞达饲料添加剂厂	饲料级嗜酸乳杆菌(Ⅱ)
饲添(2007)2180	哈尔滨市加科威饲料有限责任公司	饲料级维生素添加剂(Ⅱ):VB_1、VB_2、VC、VE
饲添(2007)2181	哈尔滨市华农威普动物保健品有限公司	饲料级维生素添加剂(Ⅱ):VC、VE 饲料级复合微生物添加剂(Ⅱ)(产朊假丝酵母、嗜酸乳杆菌、枯草芽孢杆菌)
饲添(2007)2189	美科尔(邯郸)生物工程有限公司	饲料级天然叶黄素(源自万寿菊)(Ⅰ)
饲添(2007)2192	赤峰盛业化工有限公司	饲料级磷酸氢钙(Ⅰ)
饲添(2007)2212	桂阳杰鹏金牧发展有限公司	饲料级矿物元素(Ⅰ):一水硫酸锰、一水硫酸锌、五水硫酸铜、一水硫酸镁
饲添(2007)2214	泰兴市丰润生物化工厂	饲料级复合防霉剂(Ⅱ)(丙酸、富马酸、双乙酸钠、丙酸钙、苯甲酸钠)
饲添(2007)2219	昆明川金诺化工有限公司	饲料级矿物元素(Ⅰ):磷酸氢钙、磷酸二氢钙
饲添(2007)2220	浙江升华拜克生物股份有限公司	饲料级 L-色氨酸(Ⅰ)(Ⅱ)
饲添(2007)2221	杭州华扬奥博生物技术有限公司	饲料级复合微生物添加剂(Ⅰ)(粪肠球菌、嗜酸乳杆菌、干酪乳杆菌、植物乳杆菌) 饲料级枯草芽孢杆菌(Ⅰ)
饲添(2007)2222	宝鸡博迪生物科技有限责任公司	饲料级复合微生物添加剂(Ⅰ)(枯草芽孢杆菌、植物乳杆菌、酿酒酵母)
饲添(2007)2223	百色华亿化工有限公司	饲料级一水硫酸亚铁(Ⅰ)
饲添(2007)2224	武汉星辰现代生物工程有限公司	饲料级 β-胡萝卜素(Ⅰ)
饲添(2007)2227	沧州市益宏动物保健品有限公司	饲料级氯化胆碱(Ⅱ) 饲料级维生素(Ⅱ):VC、VB_1、VB_2、VB_{12}
饲添(2007)2230	石家庄市金石动物药业有限公司	饲料级维生素 C(Ⅱ)
饲添(2007)2232	湛江市捷足生物科技有限公司	饲料级维生素 C(Ⅱ)
饲添(2007)2233	黑龙江省蓝莓生物工程有限公司	饲料级微生物添加剂(Ⅰ):枯草芽孢杆菌、产朊假丝酵母、沼泽红假单胞菌
饲添(2007)2237	鄄城菱花味精有限责任公司	饲料级 L-苏氨酸(Ⅰ)
饲添(2007)2238	徐州金世纪饲料有限公司	饲料级磷酸氢钙(Ⅰ)
饲添(2007)2241	山东恩贝生物工程有限公司	饲料级氨基酸(Ⅰ):L-苏氨酸、L-色氨酸 饲料级维生素 B_2(Ⅰ)

生产许可证编号	企业名称	产品名称
饲添(2007)2101	深圳东江华瑞科技有限公司	饲料级碱式氯化铜(α-晶型)(Ⅰ)
饲添(2007)2162	乌鲁木齐高新技术产业开发区方正动物药品厂	饲料级维生素 C(Ⅱ) 饲料级乳酸钙(Ⅱ)
饲添(2007)2171	东北制药总厂兽药厂	饲料级维生素 E(Ⅱ)
饲添(2007)2182	长沙拜特生物科技研究所	饲料级丙酸钙(Ⅱ)
饲添(2007)2242	金华民康动物保健品有限公司	饲料级枯草芽孢杆菌(Ⅱ) 饲料级蛋白酶(Ⅱ)(产自米曲霉、枯草芽孢杆菌)
饲添(2007)2246	连云港新磷矿化有限责任公司	饲料级磷酸氢钙(Ⅰ)
饲添(2007)2247	北京旭农国际营养饲料有限公司	饲料级防霉剂(Ⅱ)(丙酸钠、磷酸) 饲料级调味剂(Ⅱ)(糖精钠) 饲料级蛋氨酸铜络合物(Ⅱ)
饲添(2007)2251	无锡杰能科生物工程有限公司	饲料级淀粉酶(Ⅰ)(产自枯草芽孢杆菌)
饲添(2007)2252	河北博睿动物药业有限公司	饲料级 L-抗坏血酸-2-磷酸酯(Ⅱ)
饲添(2007)2153	天津领飞饲料科技有限公司	饲料级维生素(Ⅱ):VB_2、VC、VE
饲添(2007)2177	临沂光宏牧业有限公司	饲料级大豆磷脂(Ⅱ)
饲添(2007)2203	北京英惠尔国际科技发展有限公司	饲料级维生素(Ⅱ):VC、L-抗坏血酸-2-磷酸酯、氯化胆碱(Ⅱ) 植酸酶(Ⅱ) 甜菜碱(Ⅱ) 富马酸亚铁(Ⅱ)
饲添(2007)2207	济南美诺和晟生物技术有限公司	饲料级大蒜素(Ⅱ) 丙酸(Ⅱ) 微生物添加剂(Ⅱ)(枯草芽孢杆菌、嗜酸乳杆菌)
饲添(2007)2245	天津生机集团有限公司	饲料级维生素(Ⅱ):VB_2、VC、VE 、VK_3 矿物元素(Ⅱ):一水硫酸亚铁、一水硫酸锌 β-胡萝卜素(Ⅱ) DL-蛋氨酸(Ⅱ)丙酸钙(Ⅱ)
饲添(2007)2253	云南省陆良和平化工有限公司	饲料级维生素 K_3(Ⅰ)
饲添(2007)2254	北京昕地美饲料科技有限公司	饲料级植酸酶(Ⅱ) 饲料级甜菜碱(Ⅱ)
饲添(2007)2256	攀枝花市鼎隆工贸有限责任公司	饲料级磷酸二氢钙(Ⅰ)
饲添(2007)2257	山东尚生药业有限公司	饲料级维生素(Ⅱ):VB_1、VB_2、VC、VE、VK_3
饲添(2007)2259	泰安龙升源生物科技有限公司	饲料级枯草芽孢杆菌(Ⅰ)
饲添(2007)2260	青岛安特斯国际农牧发展有限公司	饲料级 L-抗坏血酸-2-磷酸酯(Ⅱ) 富马酸亚铁(Ⅱ)酸化剂(Ⅱ)(乳酸、柠檬酸) 糖萜素(Ⅱ)微生物添加剂(Ⅱ)(枯草芽孢杆菌、粪肠球菌、产朊假丝酵母)
饲添(2007)2261	诸城市浩天药业有限公司	饲料级肌醇(Ⅰ)
饲添(2007)2262	潍坊市东方海洋生物科技研发中心	饲料级微生物添加剂(Ⅰ):枯草芽孢杆菌、嗜酸乳杆菌、酿酒酵母
饲添(2007)2263	泸溪县经达化工有限公司	饲料级一水硫酸锌(Ⅰ)

生产许可证编号	企业名称	产品名称
饲添(2007)2264	绥棱县牧业饲料添加剂厂	饲料级维生素(Ⅱ):VB_1、VB_2、VC、VE
饲添(2007)2265	惠州市东江环保技术有限公司	饲料级五水硫酸铜(Ⅰ)
饲添(2007)2266	哈尔滨国昌饲料有限公司	饲料级维生素(Ⅱ):VB_1、VB_2、VC、VE
饲添(2007)2267	连吉化学工业有限公司	饲料级二氧化硅(Ⅰ)
饲添(2007)2268	大连鸿盛粮饲料科技有限公司	饲料级酸化剂(Ⅱ)(甲酸、丙酸、乳酸)
饲添(2007)2269	大连华农豆业科技发展有限公司	饲料级大豆磷脂(Ⅰ)
饲添(2007)2149	内蒙古粮食科学研究设计院有限责任公司	饲料级微生物添加剂(Ⅰ)(枯草芽孢杆菌、产朊假丝酵母、植物乳杆菌)
饲添(2007)2168	沈阳金科丰牧业科技有限公司	饲料级维生素(Ⅱ)(VA、VE、VD_3)
饲添(2007)2183	湖南润邦生物工程有限公司	饲料级微生物添加剂(Ⅰ)(枯草芽孢杆菌、产朊假丝酵母)
饲添(2007)2225	武汉华扬生化科技有限公司	饲料级 VC(Ⅱ)
饲添(2007)2226	玉田县绿源饲料厂	饲料级 VB_1(Ⅱ)
饲添(2007)2228	沧州市中信生物科技有限公司	饲料级微生物添加剂(Ⅰ)(植物乳杆菌、枯草芽孢杆菌、产朊假丝酵母、沼泽红假单胞菌) 氯化胆碱(Ⅱ) 大蒜素(Ⅱ) 甜菜碱盐酸盐(Ⅱ) 酶制剂(Ⅰ)(蛋白酶产自枯草芽孢杆菌、淀粉酶产自解淀粉芽孢杆菌、纤维素酶产自长柄木霉、植酸酶产自黑曲霉)
饲添(2007)2229	河北诚康药业有限公司	饲料级 VC(Ⅱ)
饲添(2007)2231	邢台欣美饲料有限公司	饲料级甜菜碱(Ⅰ)(Ⅱ) 甜菜碱盐酸盐(Ⅰ)
饲添(2007)2234	山东绿都安特动物药业有限公司	饲料级维生素(Ⅱ):VB_1、VB_2、VB_{12}、VC、VE、VK_3
饲添(2007)2255	内蒙古乌拉特前旗青松草业贸易有限责任公司	饲料级微生物添加剂(Ⅰ)(酿酒酵母、枯草芽孢杆菌、嗜酸乳杆菌)
饲添(2007)2270	禄丰县妥安乡琅井芒硝厂	饲料级硫酸钠(Ⅰ)
饲添(2007)2274	黑龙江省嘉宝生物技术开发有限公司	饲料级天然叶黄素(源自万寿菊)(Ⅰ)
饲添(2007)2277	桐乡市龙欣化工有限公司	饲料级 VD_3(Ⅱ)
饲添(2007)2278	浙江雪峰碳酸钙有限公司	饲料级轻质碳酸钙(Ⅰ)
饲添(2007)2280	广州市利健药业有限公司	饲料级维生素(Ⅱ):VC、L-抗坏血酸-2-磷酸酯 大蒜素(Ⅱ) 果寡糖(Ⅱ)
饲添(2007)2281	南昌益生生物技术有限公司	饲料级枯草芽孢杆菌(Ⅰ)
饲添(2007)2282	山东德海生物科技有限公司	饲料级富马酸亚铁(Ⅰ) 丁酸钠(Ⅰ)
饲添(2007)2283	济南海华生物科技有限公司	饲料级酸化剂(Ⅱ)(乳酸、柠檬酸) 糖精钠(Ⅱ)
饲添(2007)2284	山东鲁抗医药股份有限公司	饲料级 L-色氨酸(Ⅰ)
饲添(2007)2188	河北仁德动物药业有限公司	维生素(Ⅱ):VC、VK_3
饲添(2007)2190	廊坊东信生物科技有限公司	微生物添加剂(Ⅰ)(嗜酸乳杆菌、屎肠球菌、乳酸片球菌、沼泽红假单胞菌、酿酒酵母、产朊假丝酵母、枯草芽孢杆菌)

生产许可证编号	企业名称	产品名称
饲添(2007)2205	山东大方动物药业有限公司	复合酶制剂(Ⅱ)(木聚糖酶、蛋白酶) 复合微生物添加剂(Ⅱ)(枯草芽孢杆菌、嗜酸乳杆菌) 维生素(Ⅱ):VB_1、VB_2、VB_6、VC、VD_3、VE、VK_3、烟酸
饲添(2007)2215	广州市大江饲料有限公司	维生素(Ⅱ):VC 谷氨酸钠(Ⅱ)
饲添(2007)2216	广东金海润生物科技有限公司	微生物添加剂(Ⅱ):枯草芽孢杆菌、植物乳杆菌、产朊假丝酵母、沼泽红假单胞菌 维生素(Ⅱ):VC 复合酶制剂(Ⅱ)(蛋白酶、淀粉酶、纤维素酶、木聚糖酶、果胶酶) 氨基酸(Ⅱ):(DL-蛋氨酸、L-色氨酸、L-赖氨酸盐酸盐)
饲添(2007)2218	哈尔滨格跃玛饲料有限公司	维生素(Ⅱ):VA、VB_1、VB_2、VC、VD_3、VE、VK_3 微生物添加剂(Ⅱ)(酿酒酵母、枯草芽孢杆菌、乳酸片球菌)
饲添(2007)2248	天津市必佳动物科技药业有限公司	氯化胆碱(Ⅰ)
饲添(2007)2249	广州市力维动物保健有限公司	维生素(Ⅱ):VC
饲添(2007)2258	泰安倍力生物工程有限公司	微生物添加剂(Ⅰ)(Ⅱ):枯草芽孢杆菌、嗜酸乳杆菌 酶制剂(Ⅰ)(Ⅱ)(蛋白酶产自枯草芽孢杆菌、淀粉酶产自地衣芽孢杆菌) 果寡糖(Ⅰ)
饲添(2007)2271	深圳德正生物科技有限公司	复合微生物添加剂(Ⅰ)(嗜酸乳杆菌、干酪乳杆菌、酿酒酵母)
饲添(2007)2273	太原亿龙金华色素有限公司	着色剂:天然叶黄素(源自万寿菊)(Ⅰ)(Ⅱ)、β-胡萝卜素(Ⅰ)、辣椒红(Ⅰ)
饲添(2007)2276	厦门味莱饲料科技有限公司	复合酸化剂(Ⅱ)(乳酸、柠檬酸、磷酸、富马酸) 调味剂和香料(Ⅱ)(糖精钠、食品用香料)
饲添(2007)2279	广州拓普思动物药业有限公司	维生素(Ⅱ):VB_2、L-抗坏血酸-2-磷酸酯 一水硫酸锌(Ⅱ)
饲添(2007)2285	电白美达饲料有限公司	香料(Ⅱ)(食品用香料)
饲添(2007)2287	赤峰制药股份有限公司	维生素(Ⅰ):VB_2
饲添(2007)2288	武汉纽科源生物科技有限公司	矿物元素及其络合物(Ⅱ):甘氨酸铁络合物、富马酸亚铁 复合调味剂 (Ⅱ)(谷氨酸钠、5′-肌苷酸二钠、5′-鸟苷酸二钠) 复合抗氧化剂(Ⅱ)(乙氧基喹啉、二丁基羟基甲苯) 复合酸化剂(Ⅱ)(乳酸、磷酸、柠檬酸) 复合酶制剂(Ⅱ)(木聚糖酶、β-葡聚糖酶、蛋白酶) 复合微生物添加剂(Ⅱ)(嗜酸乳杆菌、枯草芽孢杆菌、酿酒酵母)
饲添(2007)2289	安徽省瑞森生物科技有限责任公司	大蒜素(Ⅱ) 防霉剂(Ⅱ)(丙酸、丙酸钙、柠檬酸) 食品用香料(Ⅱ)
饲添(2007)2290	佛山市顺德区博大生物科技有限公司	维生素 (Ⅱ):L-抗坏血酸-2-磷酸酯、L-肉碱盐酸盐 糖精钠(Ⅱ)
饲添(2007)2291	哈尔滨捷农科技有限公司	维生素(Ⅱ):VB_1、VB_2、VC、VE、VK_3

期满换发饲料添加剂生产许可证名单

生产许可证编号	企业名称	产品名称
饲添(2007)0157	沧州市华宝动物药品有限公司	饲料级氯化胆碱(Ⅱ) 饲料级维生素 L–抗坏血酸–2–磷酸酯(Ⅰ)
饲添(2007)0320	北京市饲料科学技术研究所	饲料级复合酶制剂(Ⅰ)(淀粉酶、蛋白酶、果胶酶、β–葡聚糖酶)(均产自黑曲霉)
饲添(2007)0477	陕西农丰生物工程有限公司	饲料级微生物添加剂(Ⅰ):枯草芽孢杆菌、产朊假丝酵母
饲添(2007)0565	南通市华帝饲料科技有限公司	饲料级矿物元素:磷酸氢钙(Ⅰ)、硫酸铜(Ⅱ)、硫酸亚铁(Ⅱ)、硫酸锌(Ⅱ)、硫酸锰(Ⅱ)
饲添(2007)0567	连云港市海州饲料助剂厂	饲料级磷酸氢钙(Ⅰ)
饲添(2007)0645	肥城阿斯德化工有限公司	饲料级甲酸铵(Ⅰ)、甲酸钙(Ⅰ) 饲料级甜菜碱(Ⅰ)、大蒜素(Ⅰ)
饲添(2007)0696	济南温·格林生物工程有限公司	饲料级复合微生物添加剂(Ⅰ)(产朊假丝酵母、植物乳杆菌、枯草芽孢杆菌) 饲料级复合酶制剂(Ⅰ)(蛋白酶:产自黑曲霉;淀粉酶:产自黑曲霉;果胶酶:产自黑曲霉;纤维素酶:产自李氏木霉;木聚糖酶:产自孤独腐质霉)
饲添(2007)0890	云南新龙矿物质饲料有限公司	饲料级磷酸氢钙(Ⅰ)、磷酸二氢钙(Ⅰ)
饲添(2007)0922	山西新立源生物科技有限公司	饲料级甜菜碱盐酸盐(Ⅰ)、甜菜碱(Ⅰ)、双乙酸钠(Ⅰ)、硬脂酸钙(Ⅰ)、蛋氨酸铁络合物(Ⅰ)、D–泛酸钙(Ⅰ)、烟酰胺(Ⅰ)、大蒜素(Ⅱ)
饲添(2007)0923	哈尔滨市罗曼饲料添加剂厂	饲料级矿物元素(Ⅱ):亚硒酸钠、碘化钾、氯化钴
饲添(2007)0927	上海康鑫化工有限公司	饲料级 L–肉碱盐酸盐(Ⅰ)
饲添(2007)0934	济南大华广济畜牧发展有限公司	饲料级大蒜素(Ⅰ)、甜菜碱盐酸盐(Ⅰ)、甘氨酸铁络合物(Ⅰ)
饲添(2007)0935	山东奥克特化工有限公司	饲料级氯化胆碱(Ⅰ)、大蒜素(Ⅰ)
饲添(2007)0961	深圳市亚王康丽技术有限公司	饲料级 L–肉碱盐酸盐(Ⅱ)
饲添(2007)0997	邵阳市天龙化工厂	饲料级硫酸锰(Ⅰ)
饲添(2007)1025	浙江大学生物活性物质研究中心	饲料级糖萜素(源自山茶籽饼)(Ⅰ)(Ⅱ)
饲添(2007)1036	建明工业(珠海)有限公司	饲料级着色剂(Ⅱ):天然叶黄素、辣椒红 饲料级植酸酶(Ⅱ)、大豆磷脂(Ⅱ)、复合酶(Ⅱ)、复合防霉剂(Ⅱ)、复合抗氧化剂(Ⅱ)、复合酸化剂(Ⅱ)、复合调味剂(Ⅱ)、复合稳定剂(Ⅱ)
饲添(2007)1041	济南华佳化工有限公司	饲料级一水硫酸亚铁(Ⅱ)、七水硫酸亚铁(Ⅱ)
饲添(2007)2165	寻甸龙蟒磷化工有限责任公司	饲料级磷酸氢钙(Ⅰ)、磷酸二氢钙(Ⅰ)
饲添(2007)0100	通州市华达饲料有限公司	饲料级矿物元素(Ⅰ):硫酸铜、硫酸锌、氧化锌
饲添(2007)0933	江西省天意生物技术开发有限公司	饲料级微生物添加剂(Ⅰ):嗜酸乳杆菌
饲添(2007)0968	重庆市璧山威光轻化工厂	饲料级硫酸铜(Ⅰ)
饲添(2007)0972	北京北化利农饲料添加剂厂	饲料级矿物元素(Ⅱ) 饲料级维生素 E(Ⅱ)

生产许可证编号	企业名称	产品名称
饲添(2007)0982	石家庄市麦尔维牧业有限公司	饲料级氧化镁(Ⅱ)
		饲料级复合酶制剂(Ⅱ)(β-葡聚糖酶、蛋白酶)
饲添(2007)0986	河北远大动物药业有限公司	饲料级矿物元素(Ⅰ):硫酸锌、硫酸铜、硫酸亚铁、硫酸镁、一水硫酸锰
		饲料级矿物元素(Ⅱ):亚硒酸钠、氯化钴、碘化钾、碘酸钙
		饲料级甘露寡糖(Ⅰ)
饲添(2007)1003	安琪酵母股份有限公司	酵母硒(Ⅰ)
		微生物添加剂(Ⅰ):酿酒酵母、枯草芽孢杆菌
		复合酶制剂(果胶酶、纤维素酶、蛋白酶)(产自黑曲霉)(Ⅰ)
饲添(2007)1030	株洲市霞湾绿环有限公司	饲料级矿物元素(Ⅱ):一水硫酸亚铁、五水硫酸铜、一水硫酸锌、一水硫酸锰、一水硫酸镁
		饲料级矿物元素(Ⅰ):氯化钴、碘化钾、氧化锌
饲添(2007)1055	无锡市东泰精细化工有限责任公司	饲料级氧化锌(Ⅰ)
饲添(2007)1056	无锡泰花淀粉有限公司	饲料级α-淀粉(Ⅰ)
饲添(2007)1075	哈尔滨兽研利思达生物制药厂	饲料级维生素(Ⅱ):VB_1、VB_2、VC、VK_3、VAD_3、VE
		饲料级复合微生物添加剂 (Ⅱ)(酿酒酵母、枯草芽孢杆菌、乳酸片球菌)
饲添(2007)1122	华南农业大学饲料添加剂厂	饲料级矿物元素(Ⅱ):硫酸亚铁、硫酸铜、硫酸锰、硫酸锌
		饲料级复合酸化剂(Ⅱ)(乳酸、磷酸)
饲添(2007)0017	北京昕大洋科技发展有限公司	饲料级植酸酶(Ⅱ)
		甜菜碱(Ⅱ)
		大蒜素(Ⅱ)、酸化剂(Ⅱ)
		调味剂(Ⅱ)
		复合酶制剂(Ⅱ)(蛋白酶、淀粉酶、木聚糖酶、β-葡聚糖酶、纤维素酶、果胶酶)
饲添(2007)0429	武汉新华扬生物有限责任公司	饲料级L-抗坏血酸-2-磷酸酯(Ⅰ)
		饲料级酶制剂(Ⅰ):蛋白酶(产自黑曲霉)、植酸酶(产自黑曲霉)、β-葡聚糖酶(产自黑曲霉)、甘露聚糖酶(产自迟缓芽孢杆菌)
		微生物添加剂(Ⅰ)(枯草芽孢杆菌、嗜酸乳杆菌)
		蛋氨酸铜络合物(Ⅰ)
		蛋氨酸铁络合物(Ⅰ)
		蛋氨酸锌络合物(Ⅰ)
		饲料级维生素C(Ⅱ)
		复合酸化剂(Ⅱ)
		复合调味剂(Ⅱ)
		富马酸亚铁(Ⅱ)
		乙酰氧肟酸(Ⅱ)
		聚乙烯聚吡咯烷酮(Ⅱ)

生产许可证编号	企业名称	产品名称
饲添(2007)0508	滨州市正元畜牧发展有限公司	饲料级复合酶制剂（Ⅰ)(Ⅱ)(淀粉酶（产自枯草芽孢杆菌)、蛋白酶(产自枯草芽孢杆菌)、果胶酶(产自黑曲霉)、纤维素酶(产自李氏木霉)、β-葡聚糖酶(产自黑曲霉)、木聚糖酶(产自米曲霉)
饲添(2007)0810	青岛思泰普生物技术研究所	饲料级维生素 C(Ⅱ) 氯化钾(Ⅱ)
饲添(2007)0881	南通市飞亚生物科技有限公司	饲料级氯化胆碱(Ⅱ)
饲添(2007)0974	北京市于家务兴顺饲料厂	饲料级矿物元素(Ⅱ):硫酸亚铁、硫酸锌、硫酸锰、硫酸镁、硫酸铜、碘化钾、氯化钴、亚硒酸钠
饲添(2007)0994	昆山科新环境生物工程有限公司	饲料级微生物添加剂(Ⅰ):枯草芽孢杆菌
饲添(2007)1024	盐城市华鸥化工厂	饲料级双乙酸钠(Ⅰ)
饲添(2007)1028	台州市海盛化工有限公司	饲料级维生素 D_3(Ⅰ)
饲添(2007)1044	青岛和美饲料有限公司	饲料级 L-赖氨酸盐酸盐(Ⅱ) DL-蛋氨酸(Ⅱ)
饲添(2007)1066	沧州市亚东饲料有限公司	饲料级氯化胆碱(Ⅱ)
饲添(2007)1069	沧州市华丰兽药有限公司	饲料级氯化胆碱(Ⅰ)
饲添(2007)1071	河北维尔康制药有限公司	饲料级维生素（Ⅰ):VC、L-抗坏血酸-2-磷酸酯、L-抗坏血酸钙
饲添(2007)1230	固安桑普生化技术有限公司	饲料级大蒜素(Ⅰ)(Ⅱ) L-肉碱盐酸盐(Ⅱ) L-抗坏血酸-2-磷酸酯(Ⅱ) 饲料级丙酸(Ⅱ) 饲料级复合防腐剂(Ⅱ)(双乙酸钠、富马酸) 饲料级复合抗氧化剂(Ⅱ)(二丁基羟基甲苯、柠檬酸)
饲添(2007)1032	衡阳市仕成饲料有限责任公司	饲料级矿物元素(Ⅰ):一水硫酸铜、一水硫酸亚铁、一水硫酸锌、一水硫酸锰、一水硫酸镁、氧化锌、氧化镁
饲添(2007)1099	广州市萝岗联丰饲料材料有限公司	饲料级矿物元素(Ⅰ):硫酸铜、硫酸钴、一水硫酸锰、一水硫酸锌 饲料级矿物元素(Ⅱ):一水硫酸亚铁、碘酸钙、亚硒酸钠、氯化钴
饲添(2007)1136	广州三泓实业有限公司	饲料级矿物元素及其络合物(Ⅱ):富马酸亚铁、甘氨酸铁络合物、蛋氨酸锌络合物 饲料级糖精钠(Ⅱ) 饲料级丙酸(Ⅱ) 饲料级富马酸(Ⅱ) 饲料级酸化剂(Ⅱ)(乳酸、磷酸) 饲料级甜菜碱盐酸盐(Ⅱ) 饲料级大蒜素(Ⅱ)
饲添(2007)2087	金华市佳乐乳业有限公司香料厂	饲料级防霉剂(Ⅱ)(丙酸钙、双乙酸钠)
饲添(2007)1249	宜兴市科维生物有限公司	饲料级植酸酶(Ⅰ):产自黑曲霉　枯草芽孢杆菌(Ⅰ)
饲添(2007)1063	北京大北农科技集团有限责任公司	饲料级植酸酶(Ⅱ) 酸化剂(Ⅱ)(磷酸、乳酸、丙酸、乙酸) 微生物添加剂(Ⅱ):植物乳杆菌、枯草芽孢杆菌

生产许可证编号	企业名称	产品名称
饲添(2007)1080	河北兴旺饲料添加剂有限公司	饲料级维生素 B_{12}(Ⅱ)
饲添(2007)0992	温州海螺挑战生物工程有限公司	饲料级植酸酶(Ⅰ)
饲添(2007)1016	南通市苏东化工厂	饲料级富马酸亚铁(Ⅰ) 大蒜素(Ⅱ)
饲添(2007)1098	浙江医药股份有限公司新昌制药厂	饲料级 D-生物素(Ⅰ)(Ⅱ) 着色剂(Ⅰ)(Ⅱ):β-胡萝卜素、斑蝥黄
饲添(2007)1096	杭州宁电新瑞生物技术有限公司	饲料级甘氨酸铁络合物(Ⅱ) 蛋氨酸锌络合物(Ⅱ)
饲添(2007)1167	无锡阿尔宝尔生物工程有限公司	饲料级枯草芽孢杆菌(Ⅰ)
饲添(2007)1154	昆明化肥有限责任公司	饲料级矿物元素(Ⅰ):磷酸氢钙、磷酸二氢钙
饲添(2007)1146	上海华扩达生化科技有限公司	饲料级半胱胺盐酸盐(Ⅰ)(Ⅱ)
饲添(2007)1687	武汉华扬动物药业有限责任公司	饲料级微生物添加剂(Ⅱ)(枯草芽孢杆菌、酿酒酵母、植物乳杆菌)
饲添(2007)0734	番禺东荣天然色素有限公司	饲料级着色剂(Ⅱ):天然叶黄素(源自万寿菊)、辣椒红
饲添(2007)0939	泰安市山农大药业有限公司	饲料级 VB_2(Ⅱ) 大蒜素(Ⅱ)
饲添(2007)0987	河北省新乐市光明化工厂	饲料级矿物元素(Ⅰ):一水硫酸锌、五水硫酸铜、七水硫酸亚铁、一水硫酸锰、七水硫酸镁
饲添(2007)0989	沧州市运西益微增产菌生物制剂厂	饲料级微生物添加剂(Ⅰ):植物乳杆菌、枯草芽孢杆菌、酿酒酵母、沼泽红假单胞菌 酶制剂(Ⅰ):淀粉酶产自地衣芽孢杆菌、纤维素酶产自长柄木霉、β-葡聚糖酶产自黑曲霉、果胶酶产自黑曲霉、(蛋白酶产自米曲霉、枯草芽孢杆菌)、(木聚糖酶产自米曲霉、长柄木霉)、(植酸酶产自黑曲霉、米曲霉)
饲添(2007)1029	海宁凤鸣叶绿素有限公司	饲料级天然叶黄素(源自万寿菊)(Ⅰ)
饲添(2007)1082	正定县极峰饲料厂	饲料级磷酸氢钙(Ⅰ)
饲添(2007)1165	天津市津都饲料添加剂厂	饲料级维生素(Ⅱ):VB_1、VB_2、VE、氯化胆碱
饲添(2007)1178	山东华尔康生物技术有限公司	饲料级维生素(Ⅱ):VB_1、VB_2、VB_{12}、VC、VE、VK_3 甜菜碱(Ⅱ) 枯草芽孢杆菌(Ⅱ) 酶制剂(Ⅱ)(纤维素酶、果胶酶、β-葡聚糖酶、蛋白酶)
饲添(2007)1181	山东新发药业有限公司	饲料级维生素(Ⅰ):D-泛酸钙、叶酸、VK_3
饲添(2007)1236	浙江欣欣生化科技有限公司	饲料级 α-淀粉(Ⅰ)
饲添(2007)1239	济南德高生物科技有限公司	饲料级维生素(Ⅱ):VB_1、VB_2、VB_{12}、VC、VE、VK_3 甜菜碱(Ⅱ) 大蒜素(Ⅱ) 烟酸铬(Ⅱ) 乙氧基喹啉(Ⅱ) 甘氨酸铁络合物(Ⅱ) 双乙酸钠(Ⅱ) 富马酸亚铁(Ⅱ)

生产许可证编号	企业名称	产品名称
饲添(2007)1262	天津亨天利化学有限公司	饲料级维生素(Ⅰ):烟酸、烟酰胺 饲料级 VE(Ⅱ)
饲添(2007)1375	广东绿生源饲料科技有限公司	饲料级酸化剂(Ⅱ)(磷酸、乳酸、富马酸、柠檬酸) 糖精钠(Ⅱ)
饲添(2007)1801	浙江国光生化股份有限公司	饲料级 L-苏氨酸(Ⅰ)
饲添(2007)0160	沧州市大地草业中心	微生物添加剂(Ⅰ)(枯草芽孢杆菌、植物乳杆菌、产朊假丝酵母、沼泽红假单胞菌) 氯化胆碱(Ⅱ)
饲添(2007)0931	南宁市大之皇饲料有限责任公司	复合酶制剂(Ⅱ)(淀粉酶、蛋白酶)
饲添(2007)0851	重庆市龙锋饲料有限公司	调味剂(Ⅱ)
饲添(2007)0970	天津市正格轻工发展有限公司兽药厂	维生素(Ⅱ):VB_1、VB_2、VC、VE、氯化胆碱
饲添(2007)0977	湖南农大哥科技开发有限公司	微生物添加剂(Ⅰ)(枯草芽孢杆菌、植物乳杆菌、酿酒酵母)
饲添(2007)0985	华北制药集团华栾有限公司	维生素(Ⅱ):VB_{12}
饲添(2007)0993	天津市捷马精细化工厂	碘化钾(Ⅰ)
饲添(2007)1000	海南银基实业有限公司	微生物添加剂(Ⅱ):枯草芽孢杆菌、沼泽红假单胞菌 甘露寡糖(Ⅱ)
饲添(2007)1057	哈尔滨市德邦饲料有限公司	矿物元素及其络合物(Ⅰ):蛋氨酸铜络合物、蛋氨酸铁络合物、蛋氨酸锌络合物、甘氨酸铁络合物
饲添(2007)1065	沧州宝利兽药有限公司	矿物元素:五水硫酸铜(Ⅰ)、七水硫酸锌(Ⅰ)(Ⅱ)、七水硫酸亚铁(Ⅰ)(Ⅱ)、一水硫酸锰(Ⅱ)、碘化钾(Ⅱ)、氯化钴(Ⅱ) 维生素 (Ⅱ):VA、VB_1、VB_2、VC、VD_3、VE、VK_3、氯化胆碱 大蒜素(Ⅰ)(Ⅱ)
饲添(2007)1130	常州市牛塘化工厂有限公司	叶酸(Ⅰ)
饲添(2007)1134	绵竹市福利化工厂	矿物元素(Ⅰ):磷酸氢钙、磷酸二氢钙
饲添(2007)1135	广东省农科集团前沿动物保健有限公司	嗜酸乳杆菌(Ⅱ) 富马酸亚铁(Ⅱ)
饲添(2007)1152	云南康和生物工程股份有限公司	酶制剂(Ⅰ):植酸酶产自黑曲霉
饲添(2007)1166	长兴蓝鑫生物技术有限公司	酶制剂(Ⅰ)(Ⅱ):蛋白酶产自(黑曲霉、米曲霉)、β-葡聚糖酶产自黑曲霉、木聚糖酶产自米曲霉、淀粉酶产自黑曲霉、纤维素酶产自李氏木霉 枯草芽孢杆菌(Ⅰ)
饲添(2007)1174	湖北华中药业有限公司	维生素(Ⅰ):VB_1(盐酸硫胺、硝酸硫胺)
饲添(2007)1183	靖江市恒通生物工程有限公司	维生素:L-抗坏血酸-2-磷酸酯(Ⅰ)、VC(Ⅱ)
饲添(2007)1209	安徽丰原生物化学股份有限公司	L-赖氨酸盐酸盐(Ⅰ)
饲添(2007)1246	重庆市南岸区宏达防霉剂厂	抗氧化剂(Ⅱ)(二丁基羟基甲苯、丁基羟基茴香醚) 防霉剂(Ⅱ)(丙酸钙、山梨酸、柠檬酸、苯甲酸钠)
饲添(2007)1326	云南富民瑞呈饲料添加剂有限公司	矿物元素(Ⅰ):磷酸氢钙、磷酸二氢钙
饲添(2007)1993	哈尔滨百捷牧业有限责任公司	缩二脲(Ⅰ)

添加剂预混合饲料生产许可证名单

生产许可证编号	企业名称
饲预(2007)4733	广州天王动物保健品有限公司
饲预(2007)4856	北京宝盛堂生物技术有限公司
饲预(2007)4861	佛山市协力同创饲料有限公司
饲预(2007)4862	广州粤丰动物保健有限公司
饲预(2007)4864	佛山市兴牧有限公司动物保健品分公司
饲预(2007)4872	济南亿民动物药业有限公司
饲预(2007)4874	潍坊诺达药业有限公司
饲预(2007)4875	浙江天蓬畜业有限公司
饲预(2007)4876	周口市泛区联华饲料有限公司
饲预(2007)4883	北京大正双盛科技发展有限公司
饲预(2007)4885	河南鸿马饲料有限公司
饲预(2007)4886	南阳高新区琛华饲料有限公司
饲预(2007)4890	安国市友天饲料工业有限公司
饲预(2007)4894	赤峰中正饲料有限公司
饲预(2007)4895	赤峰市牧乐饲料添加剂有限公司
饲预(2007)4901	株洲智荟生物科技有限公司
饲预(2007)4909	济南英大生物科技有限公司
饲预(2007)4910	济宁曲阜新区环信饲料添加剂有限公司
饲预(2007)4911	菏泽普恩药业有限公司
饲预(2007)4912	江西万佳动物保健品有限公司
饲预(2007)4922	双鸭山天一饲料有限公司
饲预(2007)4932	湖南大北农农业科技有限公司
饲预(2007)4938	太原市科源动物药业有限公司
饲预(2007)4941	济南挑战饲料科技有限公司
饲预(2007)4949	临沂市兰山区星元饲料厂
饲预(2007)4951	哈尔滨市加科威饲料有限责任公司
饲预(2007)4952	密山市天利生物饲料有限公司
饲预(2007)4954	哈尔滨市华农威普动物保健品有限公司
饲预(2007)4957	广州新睿诚动物饲料有限公司
饲预(2007)4958	韶关市番灵饲料有限公司
饲预(2007)4959	广州市番禺区石基利之源饲料厂
饲预(2007)4960	广州大北农农牧科技有限责任公司
饲预(2007)4961	福州富农达饲料有限公司
饲预(2007)4963	西安春讯生物工程有限公司
饲预(2007)4966	河南省乘风绿健生物技术有限公司
饲预(2007)4967	河南省华夏牧业有限公司
饲预(2007)4968	郑州通洲饲料有限公司
饲预(2007)4969	郑州金竹饲料有限公司
饲预(2007)4970	商丘市鼎峰饲料有限公司
饲预(2007)4971	浙江维尔新动物营养保健品有限公司

生产许可证编号	企业名称
饲预(2007)4972	嘉兴市天鸿生物科技有限公司
饲预(2007)4973	河北仁德动物药业有限公司
饲预(2007)4974	河北万雉园农牧科技有限公司
饲预(2007)4975	沧州市大地饲料有限公司
饲预(2007)4976	南皮县三立预混料有限公司
饲预(2007)4980	衡阳华地饲料有限公司
饲预(2007)4982	湖南威亚牧业科技有限公司
饲预(2007)4983	湖南飞力格科技有限公司
饲预(2007)4984	南京百禾冠尔饲料有限公司
饲预(2007)4985	莆田市康达科技饲料有限公司
饲预(2007)4986	山西新开元动物药业有限公司
饲预(2007)4887	郑州树人牧业科技有限公司
饲预(2007)4891	河北紫金药业有限公司
饲预(2007)4897	合肥博特饲料科技有限公司
饲预(2007)4902	衡阳市科多饲料有限公司
饲预(2007)4923	南宁市骏达饲料厂
饲预(2007)4924	重庆奇新生态牧业发展有限责任公司
饲预(2007)4926	重庆市大金农饲料有限公司
饲预(2007)4927	重庆世强饲料有限公司
饲预(2007)4931	武汉绿宏生物科技有限公司
饲预(2007)4937	山西省河津市康丰实业有限公司
饲预(2007)4939	天津市明大饲料有限公司
饲预(2007)4940	希杰(天津)饲料有限公司
饲预(2007)4950	哈尔滨飞达饲料添加剂厂
饲预(2007)4953	黑龙江美龙牧业股份有限公司
饲预(2007)4977	石家庄维尔利动物药业有限公司
饲预(2007)4988	石家庄市恒信药业有限公司
饲预(2007)4989	石家庄市九洲兽药有限公司
饲预(2007)4990	石家庄市三阳生物科技有限公司
饲预(2007)4991	赤峰市正泰牧业有限责任公司
饲预(2007)4992	广州大台农饲料有限公司
饲预(2007)4993	武汉澳华农牧科技有限公司
饲预(2007)4994	武汉市天辰生物科技有限公司
饲预(2007)4995	泾阳科友饲料有限责任公司
饲预(2007)4996	京山弘源饲料有限公司
饲预(2007)4997	合肥东升牧业有限公司
饲预(2007)4999	安徽安丰堂动物药业有限公司
饲预(2007)5000	江西省余江县众友饲料厂
饲预(2007)5002	北京汉美牧业有限公司
饲预(2007)5004	武汉九州大地饲料科技有限公司
饲预(2007)5005	新疆库尔勒万丰饲料加工厂

生产许可证编号	企业名称
饲预(2007)5006	漳州市国寿饲料有限公司
饲预(2007)5007	北京康尔佳科技发展有限公司
饲预(2007)5009	襄樊市天佐饲料有限责任公司
饲预(2007)5010	济南美诺和晟生物技术有限公司
饲预(2007)5011	诸城市江龙动物保健品厂
饲预(2007)5012	潍坊金辉药业有限公司
饲预(2007)5013	济南正源动物保健品有限公司
饲预(2007)5014	山东大方动物药业有限公司
饲预(2007)5015	爱科(日照)饲料有限公司
饲预(2007)5016	山西晋龙集团饲料有限公司
饲预(2007)5018	鸡西市正丰饲料有限公司
饲预(2007)5019	齐齐哈尔东兴农牧科技有限公司
饲预(2007)5020	鸡西市三友饲料加工有限公司
饲预(2007)5021	哈尔滨禾秾饲料有限公司
饲预(2007)5026	安徽省华农生物技术有限公司
饲预(2007)5027	郑州帝豪饲料有限公司
饲预(2007)5030	长沙百联饲料科技有限责任公司
饲预(2007)5031	岳阳市天勤饲料科技有限公司
饲预(2007)5033	成都正旺饲料有限责任公司
饲预(2007)5034	四川省志诚农牧科技有限公司
饲预(2007)5035	眉山市兆丰生物科技有限公司
饲预(2007)5036	绵阳市华牧动物药业有限公司
饲预(2007)5037	绵阳市欧克饲料有限公司
饲预(2007)5038	四川省井研县威玉饲料厂
饲预(2007)4814	九江博莱动物营养科技有限公司
饲预(2007)4863	广宁县飞马饲料科技有限公司
饲预(2007)4896	承德明天饲料有限责任公司
饲预(2007)4899	株洲市神农动物药业有限公司
饲预(2007)4917	韶关市龙凤胎饲料有限公司
饲预(2007)4918	佛山市南海圣农生物科技有限公司
饲预(2007)4921	赤峰制药(集团)英金动物药品有限公司
饲预(2007)4925	重庆吉亨饲料有限公司
饲预(2007)4928	城固县万山生物饲料开发有限公司
饲预(2007)4929	北京顺康伟达生物技术开发中心
饲预(2007)4930	联合万家(北京)生物科技有限公司
饲预(2007)4933	沈阳金科丰牧业科技有限公司
饲预(2007)4935	辽宁吉达动物保健品有限公司
饲预(2007)4936	海城市益兴饲料有限公司
饲预(2007)4942	济南天博饲料有限公司
饲预(2007)4943	潍坊金地饲料厂
饲预(2007)4944	潍坊新家旺饲料有限公司

生产许可证编号	企业名称
饲预(2007)4945	青州市天和饲料厂
饲预(2007)4946	山东超跃动物保健品有限公司
饲预(2007)4947	莒南县金兴饲料有限公司
饲预(2007)4948	莒南县祥龙饲料有限公司
饲预(2007)4964	大连三仪动物药品有限公司
饲预(2007)4987	上海巨农生物技术有限公司
饲预(2007)5003	北京恒则元牧业有限公司
饲预(2007)5017	河南克郎康地饲料有限公司
饲预(2007)5028	哈尔滨格跃玛饲料有限公司
饲预(2007)5029	哈尔滨市新势力牧业有限责任公司
饲预(2007)5032	长沙誉地生物技术有限公司
饲预(2007)5041	佛山市高明谷维饲料生物科技有限公司
饲预(2007)5045	广州市麦维饲料科技有限公司
饲预(2007)5046	广州智新水产科技有限公司
饲预(2007)5047	华南农业大学实验兽药厂
饲预(2007)5050	昆明安德利农牧科技有限公司
饲预(2007)5051	衢州贝尔动物保健品有限公司
饲预(2007)5052	海宁新元亨动物药业有限公司
饲预(2007)5053	无锡市中意生物技术有限公司
饲预(2007)5054	南昌大佑农生物科技有限公司
饲预(2007)5055	江西新干三径饲料有限公司
饲预(2007)5056	赣州市利华兽药有限公司
饲预(2007)5057	厦门涌丰农业科技有限公司
饲预(2007)5058	厦门泰枫牧业科技有限公司
饲预(2007)5059	南宁市大科牧动物营养品厂
饲预(2007)5060	南宁科比特饲料科技有限公司
饲预(2007)5061	武汉华龙饲料有限公司
饲预(2007)5064	湖南天心农牧科技发展有限责任公司
饲预(2007)5065	长沙通威饲料有限公司
饲预(2007)5066	唐山燎原饲料有限公司
饲预(2007)5067	玉田县绿源饲料厂
饲预(2007)5068	河北裕农科技有限公司
饲预(2007)5069	河北盛华高科饲料有限公司
饲预(2007)5070	沧州临港春盛牧业有限公司
饲预(2007)5071	沧州市益宏动物保健品有限公司
饲预(2007)5072	沧州市中信生物科技有限公司
饲预(2007)5073	河北诚康药业有限公司
饲预(2007)5074	沧县宏伟饲料有限公司
饲预(2007)5075	沧州市运西鸿鹄饲料厂
饲预(2007)5076	廊坊市伯新饲料有限公司
饲预(2007)5077	固安桑普生化技术有限公司

生产许可证编号	企业名称
饲预(2007)5078	石家庄市科达饲料有限公司
饲预(2007)5079	石家庄三江牧业有限公司
饲预(2007)5080	昌黎县老师傅畜牧产业有限公司
饲预(2007)5081	河北润普兽药有限公司
饲预(2007)5082	石家庄高科动物保健品有限公司
饲预(2007)5083	石家庄市金石动物药业有限公司
饲预(2007)5084	河北正大鸿福动物药业有限公司
饲预(2007)5085	湛江市捷足生物科技有限公司
饲预(2007)5086	常德广天饲料有限公司
饲预(2007)5087	烟台市福山区启航预混合饲料厂
饲预(2007)5088	山东中环阳春饲料有限责任公司
饲预(2007)5089	山东绿都安特动物药业有限公司
饲预(2007)5090	济南海诺生物技术有限公司
饲预(2007)5091	徐州三农饲料科技有限公司
饲预(2007)5092	徐州正源饲料有限公司
饲预(2007)5093	武汉九通王牧业有限公司
饲预(2007)5094	西安同丰生物技术有限公司
饲预(2007)5095	郑州浩普饲料有限公司
饲预(2007)4898	鹤山市南华饲料添加剂厂
饲预(2007)4915	乌鲁木齐高新技术产业开发区方正动物药品厂
饲预(2007)4934	东北制药总厂兽药厂
饲预(2007)4955	长沙拜特生物科技研究所
饲预(2007)4956	沈阳市新朝矿化制造有限公司
饲预(2007)4981	衡阳市仕成饲料有限责任公司
饲预(2007)4998	合肥大西农生物科技有限公司
饲预(2007)5008	柏涵琦国际农业科技(北京)有限责任公司
饲预(2007)5043	湛江粤海饲料有限公司
饲预(2007)5044	东莞市万江兴大饲料工业公司
饲预(2007)5096	昆明百福得饲料科技有限公司
饲预(2007)5097	金华民康动物保健品有限公司
饲预(2007)5100	埃富恩饲料科技(上海)有限公司
饲预(2007)5102	北京中科兴农畜牧科技有限公司
饲预(2007)5104	北京科恩柯生物科技有限公司
饲预(2007)5106	连云港银丰动物保健品有限公司
饲预(2007)5107	淮安市康达饲料有限公司
饲预(2007)5108	徐州富元饲料有限公司
饲预(2007)5109	徐州普天饲料有限公司
饲预(2007)5110	哈尔滨众诚牧业有限公司
饲预(2007)5111	沈阳爱特杰牧业有限公司
饲预(2007)5118	广州快大饲料有限公司
饲预(2007)5120	岳阳市屈原管理区天成饲料有限公司

生产许可证编号	企业名称
饲预(2007)5121	南京和普生物科技有限公司
饲预(2007)5122	上海蓝普生物科技有限公司
饲预(2007)5123	南平市辉日牧业有限公司
饲预(2007)5124	江西金康佳生化技术有限公司
饲预(2007)5125	河北博睿动物药业有限公司
饲预(2007)4916	韶关市嘉海复合饲料实业有限公司
饲预(2007)4919	广州市苡锋饲料有限公司
饲预(2007)4979	吉林中农特研饲料有限责任公司
饲预(2007)5024	大连弥迩达牧业有限公司
饲预(2007)5040	肇庆市太阳升科技饲料有限公司
饲预(2007)5049	哈尔滨百捷牧业有限责任公司
饲预(2007)5099	重庆优宝生物技术有限公司
饲预(2007)5103	北京中农兴科生物技术开发有限公司
饲预(2007)5113	福州九州大地生物技术有限公司
饲预(2007)5126	北京金乾鼎生物科技有限公司
饲预(2007)5127	世纪牧歌(北京)动物科技有限公司
饲预(2007)5128	北京安特饲料有限责任公司
饲预(2007)5129	资中县永盛饲料厂
饲预(2007)5130	四川红金宝饲料有限公司
饲预(2007)5131	四川天红牧业有限公司
饲预(2007)5134	菏泽新世纪正虹饲料有限公司
饲预(2007)5135	吉恩太克生物科技(德州)有限公司
饲预(2007)5136	山东尚生药业有限公司
饲预(2007)5137	青岛安特斯国际农牧发展有限公司
饲预(2007)5138	海兴儒邦生物制品有限公司
饲预(2007)5139	绥棱县牧业饲料添加剂厂
饲预(2007)5141	哈尔滨国昌饲料有限公司
饲预(2007)5142	杨凌普瑞邦牧业科技有限公司
饲预(2007)4913	湖北省金谷药业有限公司
饲预(2007)4965	康地饲料(银川)有限公司
饲预(2007)5001	福州大福有限公司
饲预(2007)5039	广州飞特饲料有限公司
饲预(2007)5063	沈阳市旭东饲料厂
饲预(2007)5048	广州市大江饲料有限公司
饲预(2007)5098	建德市红都饲料有限公司
饲预(2007)5112	锡林郭勒盟额吉淖尔盐场
饲预(2007)5114	淮北市江友饲料有限公司
饲预(2007)5115	天津通威饲料有限公司
饲预(2007)5119	郑州浩龙动物药业有限公司
饲预(2007)5133	山东瑞普纳斯饲料有限公司
饲预(2007)5140	东莞市福大饲料有限公司

生产许可证编号	企业名称
饲预(2007)5145	昆明赛德饲料有限公司
饲预(2007)5147	桐城市科尔药业有限公司
饲预(2007)5151	厦门味莱饲料科技有限公司
饲预(2007)5152	湘潭达文生物科技有限公司
饲预(2007)5155	佛山市南华新龙药业有限公司
饲预(2007)5156	广州市花都区恒泰饲料添加剂厂
饲预(2007)5157	广州拓普思动物药业有限公司
饲预(2007)5159	蒙阴县昕盛旺饲料有限公司
饲预(2007)5161	济南科尔众兴饲料有限公司
饲预(2007)5162	济南海华生物科技有限公司
饲预(2007)5163	石家庄三元红星饲料有限公司
饲预(2007)5164	石家庄市天元药业有限公司
饲预(2007)5165	石家庄市普康生物技术有限公司
饲预(2007)5167	衢州市柯城康鼎饲料添加剂厂
饲预(2007)4978	新疆天康畜牧生物技术股份有限公司生物添加剂分公司
饲预(2007)5023	大连翔大生物技术有限公司
饲预(2007)5062	沈阳天博饲料厂
饲预(2007)5101	上海亿康饲料科技有限公司
饲预(2007)5143	福建省莆田莆港饲料有限公司
饲预(2007)5144	太原嘉璇牧业有限公司
饲预(2007)5150	内蒙古新开元动物药业发展有限公司
饲预(2007)5153	武汉添财饲料有限责任公司
饲预(2007)5154	广州市利健药业有限公司
饲预(2007)5158	爱己爱慕(郑州)实业有限公司
饲预(2007)5166	潢川县新亚饲料有限公司
饲预(2007)5172	江油市王牌饲料厂
饲预(2007)5173	巴中市虹宇饲料有限公司
饲预(2007)5174	眉山市力祥饲料厂
饲预(2007)5175	江西创导动物保健品有限公司
饲预(2007)5176	江西圣迪乐村生态食品有限公司
饲预(2007)5177	长沙旺牧饲料有限公司
饲预(2007)5178	湖南丹维生物科技有限公司
饲预(2007)5181	南通新新动物营养保健品有限公司
饲预(2007)5182	泰州市奥菲利生物科技有限公司
饲预(2007)5183	河南中江饲料有限公司
饲预(2007)5184	河北佳农饲料有限公司
饲预(2007)5191	山西奥信动物药业有限公司
饲预(2007)5187	蒙城县育鲜饲料有限责任公司
饲预(2007)5192	山西闻喜开隆兽药有限公司
饲预(2007)5195	杭州硕丰饲料科技有限公司
饲预(2007)5196	河南长江科技饲料有限公司
饲预(2007)5197	河南泰瑞科生物科技有限公司
饲预(2007)5201	石家庄市东森生物药业有限公司
饲预(2007)5202	哈尔滨捷农科技有限公司

期满换发添加剂预混合饲料生产许可证名单

生产许可证编号	企业名称
饲预(2007)0133	重庆市信心农牧科技有限公司
饲预(2007)1271	武汉华威饲料有限公司
饲预(2007)1683	诸城市三丰农业发展有限公司
饲预(2007)2070	内蒙古包头挑战集团饲料有限责任公司
饲预(2007)2357	诸城市富龙牧业有限责任公司
饲预(2007)2370	河北裕丰实业股份有限公司兴亚饲料分公司
饲预(2007)2383	宿迁大北农饲料有限责任公司
饲预(2007)2403	佛山市顺德区利宝饲料有限公司
饲预(2007)2444	永城市翼丰饲料有限公司
饲预(2007)2456	哈尔滨市罗曼饲料添加剂厂
饲预(2007)2463	黑龙江省宏望饲料有限责任公司
饲预(2007)2473	南通市第二兽药厂有限公司
饲预(2007)2495	天津天动药业有限公司
饲预(2007)2524	广州市佳迪美动物营养保健有限公司
饲预(2007)2555	北京永丰益源科技有限公司
饲预(2007)2583	安佑(漳州)饲料科技有限公司
饲预(2007)2660	湘潭市光大动物饲料有限公司
饲预(2007)2661	衡阳市展望饲料有限公司
饲预(2007)2664	深圳安佑康牧科技有限公司
饲预(2007)2669	江门市新会区会城金达饲料厂
饲预(2007)2676	莆田市康华饲料有限公司
饲预(2007)2741	郴州九鼎饲料有限公司
饲预(2007)2757	哈尔滨绿原饲料有限公司
饲预(2007)3940	重庆佳运饲料有限公司
饲预(2007)4350	番禺东荣天然色素有限公司
饲预(2007)1433	陕西泾阳金光动物营养研制厂
饲预(2007)2026	山东安特药业有限公司
饲预(2007)2171	中山市冠泰饲料有限公司
饲预(2007)2224	广州智特奇生物科技有限公司
饲预(2007)2261	衡阳市正康科技饲料有限公司
饲预(2007)2425	江苏欧克动物药业有限公司
饲预(2007)2492	天津市中旭饲料有限公司
饲预(2007)2504	绵阳圣腾科技饲料有限公司
饲预(2007)2509	四川罗江县红川龙预混饲料厂
饲预(2007)2520	长沙市荣宁饲料有限公司
饲预(2007)2570	江西省科学院生物保健品厂
饲预(2007)2572	上海兽药厂南昌分厂
饲预(2007)2579	太和县兴港饲料有限公司
饲预(2007)2602	石家庄市麦尔维牧业有限公司
饲预(2007)2612	河北远大动物药业有限公司

生产许可证编号	企业名称
饲预(2007)2642	大连市金州区天牧源饲料厂
饲预(2007)2659	长沙旺森畜牧实业有限公司
饲预(2007)2663	广州桑马动物保健饲料有限公司
饲预(2007)2674	绵阳天大饲料有限公司
饲预(2007)2744	宿迁市华夏饲料发展有限公司
饲预(2007)2756	哈尔滨兽研利思达生物制药厂
饲预(2007)0425	徐州市三永生物技术有限公司
饲预(2007)0642	石家庄广威农牧有限公司
饲预(2007)0657	沧州市华宝动物药品有限公司
饲预(2007)0693	河北大华饲料有限公司
饲预(2007)0695	石家庄石牧圣邦饲料有限公司
饲预(2007)1366	漳州吉润饲料科技开发有限公司
饲预(2007)1912	诸城市兄弟牧业有限责任公司
饲预(2007)1914	烟台绿叶动物保健品有限公司
饲预(2007)2232	广州皇上皇饲料厂有限公司
饲预(2007)2360	青岛思泰普生物技术研究所
饲预(2007)2380	广西北海喷施宝有限责任公司
饲预(2007)2382	重庆市龙锋饲料有限公司
饲预(2007)2400	广州市骏泰生物饲料有限公司
饲预(2007)2446	恩施市燎原饲料有限责任公司
饲预(2007)2480	重庆光大饲料有限公司
饲预(2007)2484	富阳三利饲料有限责任公司
饲预(2007)2487	徐州常兴饲料有限公司
饲预(2007)2529	佛山市顺德区大良粤宝饲料有限公司
饲预(2007)2532	泰安大农动物保健品有限公司
饲预(2007)2540	山东省农科院聊城市畜禽保健品厂
饲预(2007)2541	泰安市泰农动物科技有限公司
饲预(2007)2585	钦州奥邦牧业技术有限公司
饲预(2007)2589	南宁市久山浓缩饲料有限责任公司
饲预(2007)2590	桂林市漓源粮油饲料有限责任公司
饲预(2007)2626	昆明三汇饲料有限公司
饲预(2007)2628	昆明饲宝饲料有限责任公司
饲预(2007)2644	丹东同济动物药业有限公司
饲预(2007)2652	金华市双鹏饲料厂
饲预(2007)2667	广东新粮实业有限公司新粮饲料厂
饲预(2007)2678	青岛和美饲料有限公司
饲预(2007)2717	贺州市五丰饲料厂
饲预(2007)2723	齐齐哈尔市天圣动物营养饲料厂
饲预(2007)2724	上海鸿川饲料有限公司
饲预(2007)2746	沧州宝利兽药有限公司
饲预(2007)2747	沧州市亚东饲料有限公司

生产许可证编号	企业名称
饲预(2007)2749	沧州欣德威兽药有限公司
饲预(2007)2750	沧州市华丰兽药有限公司
饲预(2007)2753	河北德田饲料有限公司
饲预(2007)2775	河北伯瑞科技有限公司
饲预(2007)2805	上海富捷饲料有限公司
饲预(2007)2857	上海保斯利饲料有限公司
饲预(2007)2908	诸城市民心农牧有限责任公司
饲预(2007)3054	石家庄正道动物药业有限公司
饲预(2007)3110	厦门市凤来仪农牧技术有限公司
饲预(2007)0243	上海百树生物科技有限公司
饲预(2007)0407	徐州森源饲料有限公司
饲预(2007)1000	北京华益源科技发展有限公司
饲预(2007)1602	上海红马饲料有限公司
饲预(2007)2015	安徽和威农业开发股份有限公司
饲预(2007)2209	广州惠华动物保健品有限公司
饲预(2007)2307	哈尔滨市道外区发展饲料厂
饲预(2007)2467	通海富仁饲料有限公司
饲预(2007)2507	成都市全新饲料有限公司
饲预(2007)2510	四川省绵阳巨大饲料有限公司
饲预(2007)2551	赣州大地饲料添加剂厂
饲预(2007)2554	北京三好伟业饲料有限公司
饲预(2007)2560	福建莆田市八重洲饲料科技有限公司
饲预(2007)2745	徐州浦瑞动物营养保健有限公司
饲预(2007)2764	北京市协美农饲料加工厂
饲预(2007)2779	遂宁市三快饲料有限公司
饲预(2007)2784	昌吉州泰昆动物营养开发有限公司
饲预(2007)2848	永城市利平饲料有限公司
饲预(2007)2855	上海金童饲料有限公司
饲预(2007)3104	上海金百瑞特生物科技有限公司
饲预(2007)3222	上海大力饲料发展有限公司
饲预(2007)3429	福州金天农饲料有限公司
饲预(2007)3970	无锡天竞高科生物技术有限公司
饲预(2007)4196	上海纽瑞茵生物技术有限公司
饲预(2007)0660	沧州市大地草业中心
饲预(2007)2363	山东祥酒厂
饲预(2007)2420	四川省犍为奇胜畜牧营养品有限责任公司
饲预(2007)2422	四川省仁寿县宏峰饲料厂
饲预(2007)2542	山东泗水恭发添加剂饲料有限公司
饲预(2007)2567	南昌创新牧业有限公司
饲预(2007)2580	太和县天源饲料有限责任公司
饲预(2007)2592	浙江义乌华统饲料有限公司

生产许可证编号	企业名称
饲预(2007)2596	十堰市饲料技术研究推广中心预混料厂
饲预(2007)2690	诸城市大康牧业有限公司
饲预(2007)2728	天津北英伟生物技术饲料有限公司
饲预(2007)2730	北京川新佳牧饲料有限公司
饲预(2007)2758	北京荣达兴饲料技术有限公司
饲预(2007)2766	北京康华远景科技有限公司
饲预(2007)2774	河北兴旺饲料添加剂有限公司
饲预(2007)2786	东莞兴业生物科技有限公司
饲预(2007)2818	福建晋江农丰饲料有限公司
饲预(2007)2828	北京申跃饲料有限责任公司
饲预(2007)2830	北京嘉禾利华饲料有限公司
饲预(2007)2847	郑州宏展饲料添加剂有限公司
饲预(2007)2854	上海朝翔生物技术有限公司
饲预(2007)2864	广西牧大畜牧预混饲料有限公司
饲预(2007)2895	昆明田园饲料有限公司
饲预(2007)3038	武汉艾立动物营养有限公司
饲预(2007)3578	南充市华珑饲料有限责任公司
饲预(2007)4147	柳州市杨博士畜牧有限公司
饲预(2007)0896	天津市绿色时代生物技术有限公司
饲预(2007)0929	江西省惠大实业有限公司
饲预(2007)1156	四川省遂宁市天力饲料有限公司
饲预(2007)2440	平顶山市湛河区理想饲料厂
饲预(2007)2545	南昌博大动物营养品实业有限公司
饲预(2007)2593	金华市民升科技饲料开发有限公司
饲预(2007)2605	遵化市长城饲料有限公司
饲预(2007)2611	石家庄市瑞诺牧业科技有限公司
饲预(2007)2665	佛山市顺德区中天饲料实业有限公司
饲预(2007)2688	诸城市精诚农牧有限公司
饲预(2007)2715	辽宁众友饲料有限公司
饲预(2007)2740	湖南伟业农牧发展有限公司
饲预(2007)2800	青岛金久生物技术有限公司
饲预(2007)2809	铜陵正翔饲料有限责任公司
饲预(2007)2810	淮北市科达饲料厂
饲预(2007)2812	安徽省康地新技术有限公司
饲预(2007)2820	杭州宁电新瑞生物技术有限公司
饲预(2007)2888	石家庄市标新动物药业有限公司
饲预(2007)2890	河北一兽药业有限公司
饲预(2007)2900	沈阳亿万饲料科技有限公司
饲预(2007)2921	广州绿安康饲料科技有限公司
饲预(2007)2940	南昌市明佳科技有限公司
饲预(2007)2991	大成万达(天津)有限公司

生产许可证编号	企业名称
饲预(2007)2994	唐山融商普林畜禽有限公司饲料分公司
饲预(2007)3023	济南德高生物科技有限公司
饲预(2007)3190	福建三丰生物技术有限公司
饲预(2007)3262	福建森宝食品集团有限公司
饲预(2007)3365	河南六和饲料有限公司郑州分公司
饲预(2007)0469	南通巴大饲料有限公司
饲预(2007)0762	大成农牧(铁岭)有限公司沈阳分公司
饲预(2007)2346	抚顺市克姆特精细化工有限公司
饲预(2007)2359	青岛宝依特生物制药有限公司
饲预(2007)2414	四川西充金豆饲料有限责任公司
饲预(2007)2516	石家庄龙达饲料有限公司
饲预(2007)2595	恩施市旭日饲料厂
饲预(2007)2598	咸丰县亚星饲料有限公司
饲预(2007)2603	恩施自治州兴民饲料有限责任公司
饲预(2007)2621	江阴市大盈生物技术有限公司
饲预(2007)2718	天津市普丰饲料科技有限公司
饲预(2007)2760	北京和昌伟业饲料科技发展有限公司
饲预(2007)2765	北京科丰益源科技有限公司
饲预(2007)2771	天津全药动物保健品有限公司
饲预(2007)2776	深州金粮饲料科技有限公司
饲预(2007)2835	绵阳市游仙区联兴饲料厂
饲预(2007)2836	成都康贝尔饲料有限公司
饲预(2007)2846	北京牧强科技有限公司大同分公司
饲预(2007)2876	佛山市德宁生物技术有限公司
饲预(2007)2923	佛山市华洋动物营养品有限公司
饲预(2007)2925	新乡市海阔天高饲料有限公司
饲预(2007)2935	中牧实业股份有限公司郑州华罗饲料添加剂厂
饲预(2007)2996	哈尔滨相成饲料制造有限公司
饲预(2007)3015	厦门益嘉科技有限公司
饲预(2007)3034	河南和美华科技饲料有限公司
饲预(2007)3048	重庆九重天科技饲料有限公司
饲预(2007)3080	天津广元通佳饲料有限公司
饲预(2007)3168	陕西大农生物科技有限责任公司
饲预(2007)3431	郑州希科生物技术有限公司
饲预(2007)3803	沈阳华年饲料有限公司
饲预(2007)4170	乌鲁木齐市金蟾兽药有限公司
饲预(2007)4193	哈尔滨普洛米饲料有限公司

换发饲料添加剂和添加剂预混合饲料生产许可证名单

生产许可证编号	企业名称	变更内容
饲添(2005)0083	湖州璟宝饲料添加剂有限公司	增加产品:饲料级羧甲基纤维素钠(Ⅱ)
饲添(2005)0826	北京英惠尔生物技术有限公司	增加产品:饲料级氯化胆碱(Ⅱ)
饲添(2006)2102	广州市胜维饲料有限公司	增加产品:饲料级烟酸铬(Ⅰ)(Ⅱ)
饲添(2003)1577	北京都润科技有限公司	企业名称变更:原名称为北京龙科方舟生物工程技术中心 注册地址变更为:北京市海淀区中关村南大街12号农科院19号平房
饲添(2004)1449	保康尧治河长磷化工有限公司	企业名称变更:原名称为保康县乾泰磷化有限公司 注册地址变更为:湖北省城关镇河西路
饲添(2005)0048 饲预(2005)0212	上海美农饲料有限公司	生产地址名称变更为:上海市嘉定区娄塘镇工业园区沥红路151号 注册地址变更为:上海市嘉定区娄塘镇工业园区沥红路151号
饲添(2005)0075 饲预(2005)0321	杭州汇能生物技术有限公司	注册地址变更为:浙江省杭州市西溪路525号浙大科技园A西306室
饲添(2005)1564	通化万赢生物科技有限公司	企业名称变更:原名称为通化绿茵生物工程有限责任公司 生产、注册地址名称变更为:吉林省通化市新明路555号
饲添(2005)1865	大连三仪动物药品有限公司	生产、注册地址名称变更为:辽宁省大连市甘井子区营旭路9号
饲添(2005)1881	河北万圣环保科技集团有限公司	企业名称变更:原名称为沧州市圣源生物科技有限公司 注册地址变更为:河北省沧州市开发区纬二路
饲预(2002)3180	河北征宇制药有限公司	企业名称变更:原名称为石家庄征宇动物药业有限公司饲料分公司 生产、注册地址名称变更为:河北省石家庄市栾城县豆于工业区
饲预(2005)0739	山东明发同茂饲料有限公司	企业名称变更:原名称为山东省明发饲料有限公司 生产、注册地址名称变更为:山东省济南市长清区明发路688号
饲预(2005)0910	天津市天音饲料有限公司	企业名称变更:原名称为天津市晨阳饲料厂 注册地址变更为:天津市北辰区线河一村
饲预(2005)2283	广东金品动物营养有限公司	企业名称变更:原名称为广东金品饲料有限公司
饲预(2006)4799	沧州五星科技饲料有限公司	企业名称变更:原名称为青县五星科技饲料厂
饲添(2005)0029	重庆威士化工有限公司	增加产品:复合稳定剂(蔗糖脂肪酸酯、甘油脂肪酸酯)(Ⅱ)
饲添(2005)0335	四川川化味之素有限公司	增加产品:饲料级L-赖氨酸(Ⅰ)
饲添(2004)1641	深圳市绿环化工实业有限公司	增加产品:饲料级碱式氯化铜(Ⅰ)
饲添(2006)1758	长沙兴嘉生物技术有限公司	增加产品:饲料级酸化剂(Ⅱ):乳酸 生产地址名称变更为:湖南省长沙国家生物产业基地
饲添(2005)1818	四川绵竹市金坤磷化工有限责任公司	增加产品:饲料级富马酸亚铁(Ⅰ)
饲添(2005)1907	长沙丰润化工有限公司	增加产品:饲料级矿物元素(Ⅱ):硫酸铜、一水硫酸锰、一水硫酸锌、碘酸钙

生产许可证编号	企业名称	变更内容
饲添(2005)1763	高唐华农生物工程有限公司	增加产品:饲料级微生物添加剂(Ⅰ):枯草芽孢杆菌、嗜酸乳杆菌、酿酒酵母 企业名称变更:原名称为高唐全兴发酵制品有限公司
饲添(2005)0574	丹东欣乐药业有限公司	企业名称变更:原名称为丹东市东港兽药厂
饲添(2005)0712	广州智特奇生物科技有限公司	增加产品:饲料级吡啶甲酸铬(Ⅱ)、虾青素(Ⅱ)、β-胡萝卜素(Ⅱ) 企业名称变更:原名称为广州市智特奇饲料科技有限公司 生产、注册地址变更为:广东省广州市花都区花东镇弯弓塘居委会老虎头
饲添(2003)1377	濮阳市宝利来化工有限公司	企业名称变更:原名称为濮阳市春盛化工有限公司
饲添(2003)1441	张家港市宏新化学制药有限公司	生产、注册地址变更为:江苏省张家港市乐余镇东兴村
饲添(2004)1561 饲预(2005)0054	北京菲迪饲料科技有限责任公司	注册地址变更为:北京市海淀区信息路甲 28 号科实大厦 B 座 05A-2 号
饲添(2005)1827 饲预(2005)4119	广东海大集团有限公司广州海因特生物技术分公司	企业名称变更:原名称为广东海大实业有限公司广州海因特生物技术分公司
饲预(2005)0804	沈阳波音饲料有限公司	企业名称变更:原名称为沈阳波音动物营养有限公司
饲预(2005)0999	北京益农饲料中心	生产地址变更为:北京市大兴区青云店镇 注册地址变更为:北京市海淀区圆明园西路 2 号原子能所院内
饲预(2005)1171	通威股份有限公司四川分公司	企业名称变更:原名称为通威股份有限公司 注册地址变更为:四川省眉山市东坡区成乐路北段
饲预(2005)1258	武汉民族科技饲料有限公司	生产、注册地址变更为:湖北省武汉市东湖高新技术开发区关南东二园企业东路
饲预(2005)2059	内蒙古远通伟业饲料有限责任公司	企业名称变更:原名称为呼和浩特远通饲料添加剂制造有限责任公司
饲预(2005)2207	广州和牧饲料科技有限公司	企业名称变更:原名称为广州经济技术开发区康泰饲料有限公司 注册地址变更为:广东省广州市黄埔区大沙镇横沙村飞凤山东侧
饲预(2003)3500	莱芜伯通生物技术有限公司	企业名称变更:原名称为莱芜金铸基科技饲料有限公司
饲预(2003)3543	宿州美联生物科技有限公司	企业名称变更:原名称为宿州市埇桥区科宛畜禽技术服务公司
饲预(2003)3627	扬州新天地牧业有限公司	生产、注册地址变更为:江苏省扬州市扬子江北路 685 号
饲预(2004)3709	重庆旺农饲料有限公司	生产、注册地址变更为:重庆市铜梁县金龙工业园区白土坝工业小区
饲预(2004)4015	重庆市明辉饲料有限责任公司	注册地址变更为:重庆市荣昌县昌元镇(西部兽药市场 A 区 14 号) 生产地址变更为:重庆市荣昌县昌元镇荣双路火车站对面
饲预(2005)4122	信宜市金方子生物科技有限公司	企业名称变更:原名称为信宜市金方子添加剂预混料有限公司
饲预(2005)4131	北京君德同创农牧科技有限公司	注册地址变更为:北京市海淀区上地信息路 1 号国际科技创业园 2 号楼 1105 生产地址变更为:北京市通州区马驹桥镇史村四支路

生产许可证编号	企业名称	变更内容
饲预(2005)4213	珠海市国茂生物科技有限公司	注册地址变更为:广东省珠海市金湾区联港工业区双林区虹晖路 18 号
饲预(2005)4293	北京渔阳佳纬康农联合生物技术有限公司	企业名称变更:原名称为北京康农生物技术有限责任公司
饲添(2003)1478	广西百合化工股份有限公司	增加产品:饲料级一水硫酸锰(Ⅰ)
饲添(2004)1730	齐河龙昌动物保健品有限公司	增加产品: 饲料级甘油脂肪酸酯 (Ⅱ) 饲料级双乙酸钠(Ⅱ) 饲料级乙氧基喹啉(Ⅱ) 饲料级甜菜碱(Ⅱ)
饲添(2005)0165	河北康达利药业有限公司	增加产品:饲料级微生物添加剂(Ⅰ)(嗜酸乳杆菌、枯草芽孢杆菌、植物乳杆菌、粪肠球菌、产朊假丝酵母、沼泽红假单胞菌)饲料级复合酶制剂(Ⅱ)(木聚糖酶、蛋白酶、纤维素酶、果胶酶、β-葡聚糖酶)
饲添(2005)0216	河北华神药业科技有限公司	增加产品:饲料级复合微生物添加剂(Ⅰ)(产朊假丝酵母、枯草芽孢杆菌、嗜酸乳杆菌、粪肠球菌、屎肠球菌) 复合酶制剂(Ⅰ)(蛋白酶(产自米曲霉)、淀粉酶(产自黑曲霉)、果胶酶(产自黑曲霉)、纤维素酶(产自长柄木霉)、木聚糖酶(产自孤独腐质霉) 复合微生物添加剂(Ⅰ)(酿酒酵母、干酪乳杆菌、乳酸肠球菌、沼泽红假单胞菌、植物乳杆菌、乳酸片球菌) 大蒜素(Ⅱ)
饲添(2005)0278	长沙兴嘉生物工程有限公司	增加产品:饲料级乳酸(Ⅱ) 生产地址名称变更为:湖南省长沙国家生物产业基地
饲添(2005)0731	广东广昌动物保健品有限公司	增加产品:饲料级维生素(Ⅱ):VC、VA、VD_3
饲添(2006)1973	沧州临港新星饲料添加剂有限公司	增加产品:饲料级复合酸化剂(Ⅱ)(磷酸、乳酸、柠檬酸、富马酸、酒石酸) 饲料级复合防霉剂(Ⅱ)(丙酸、乙酸、富马酸、山梨酸、苯甲酸) 饲料级复合抗氧化剂(Ⅱ)(乙氧基喹啉、柠檬酸)
饲添(2007)2208	湖南广兴化工实业有限公司	增加产品:饲料级一水硫酸锌(Ⅰ)
饲添(2005)0275	长沙金立矿冶化工有限公司	企业名称变更:原名称为长沙矿冶研究院
饲添(2006)0749	乐昌市新正益饲料添加剂厂	企业名称变更:原名称为乐昌市正益饲料添加剂厂
饲添(2003)1501	宜兴市江山生物科技有限公司	企业名称变更:原名称为宜兴市江山化工厂 生产、注册地址名称变更为;江苏省宜兴市周铁镇徐渎村
饲添(2005)1945 饲预(2005)4423	西安乐道生物科技有限公司	企业名称变更:原名称为西安乐添饲料科技有限公司
饲添(2006)2043	北京阔利达生物技术开发有限公司	企业名称变更:原名称为北京阔达兴业生物技术开发有限公司
饲添(2007)2139 饲预(2006)4871	山东省农科苑畜牧发展中心	企业名称变更: 原名称为山东科源畜牧良种繁育有限公司
饲预(2005)0041	北京大北农科技集团有限责任公司	企业名称变更:原名称为北京大北农饲料科技有限责任公司生产基地
饲预(2005)0216	上海百世腾饲料有限公司	企业名称变更:原名称为上海百世腾牧业有限公司 注册地址变更为:上海市嘉定区南翔镇惠平路 158 号
饲预(2005)0268	哈尔滨市中旭光大牧业有限公司	企业名称变更:原名称为哈尔滨中旭科技开发有限责任公司

生产许可证编号	企业名称	变更内容
饲预(2005)0271	黑龙江旺水科技有限公司	企业名称变更:原名称为黑龙江水产研究所颗粒饵料试验加工厂
饲预(2005)0481	南通增益饲料有限公司	注册地址变更为:江苏省海安经济开发区迎宾路159号 生产地址名称变更为:江苏省海安经济开发区迎宾路159号
饲预(2005)1052	成都三业饲料有限公司	生产地址名称变更为:四川省成都市锦江区柳江街道办事处祝国寺村八组
饲预(2005)1218	桂林鑫旺畜牧饲料有限公司	企业名称变更:原名称为桂林双特畜牧饲料有限公司
饲预(2005)1294	湖北正应饲料科技有限公司	企业名称变更:原名称为应城市正应饲料厂
饲添(2006)1438	上海华亭化工厂有限公司	企业名称变更:原名称为上海华亭化工厂
饲预(2005)1551	柳州华源动植宝有限公司	企业名称变更:原名称为柳州稀土动植宝有限公司
饲预(2005)1774	烟台臣诺贸易有限公司招远饲料分公司	企业名称变更:原名称为山东外贸新永康食品集团有限公司饲料分公司
饲预(2003)3653	莘县瑞富达实业有限公司	企业名称变更:原名称为莘县红光实业有限公司
饲预(2004)3920	商丘市宇生饲料有限公司	企业名称变更:原名称为商丘经济技术开发区楚兴饲料厂 生产、注册地址名称变更为:河南省商丘经济技术开发区北海路东段
饲预(2004)4007	长沙拓普生物技术有限公司	注址地址变更为:湖南省长沙市雨花区万家丽中路一段217号嘉信公寓909、910室
饲预(2005)4030	湖北蓝海洋饲料有限公司	企业名称变更:原名称为荆门市荆玻饲料有限公司
饲预(2005)4052	河北经典牧业有限公司	企业名称变更:原名称为唐山经典饲料有限公司
饲预(2005)4297	北京中科润之农业科技发展有限公司	企业注册地址变更为:北京市海淀区上地信息路1号2号楼1002
饲添(2002)1262	天津亨天利化学有限公司	增加产品:饲料级维生素E(Ⅱ)
饲添(2005)1800	衡阳华地饲料有限公司	增加产品:饲料级富马酸亚铁(Ⅰ) 饲料级矿物元素(Ⅱ):一水硫酸锌、一水硫酸镁、一水氯化钴、碘酸钙 企业名称变更:原名称为衡阳市石鼓天丰饲料原料厂
饲添(2005)1804	珠海市天贝生物科技有限公司	增加产品:饲料级蛋氨酸铁络合物(Ⅱ) 饲料级甘氨酸铁络合物(Ⅱ) 饲料级着色剂(Ⅱ):天然叶黄素(源自万寿菊)、辣椒红
饲添(2006)2057	天津市挑战生物技术有限公司	增加产品:饲料级果寡糖(Ⅱ)
饲添(2004)1666 饲预(2004)3790	天津市善源饲料添加剂厂	注册地址变更为:天津市北辰区线河一村 生产地址名称变更为:天津市北辰区线河一村
饲添(2005)0777	广东金品动物营养有限公司	企业名称变更:原名称为广东金品饲料有限公司
饲添(2005)1809	石家庄华丰维生素有限公司	企业名称变更:原名称为栾城县华丰维生素厂
饲添(2005)1837	广州南沙龙沙有限公司	生产地址、注册地址名称变更为:广东省广州市南沙区黄阁大道北68号
饲添(2006)2074 饲预(2006)4720	山东亚康药业有限公司	企业名称变更:原名称为潍坊亚康药业有限公司
饲预(2004)3930	菏泽鲁衡饲料有限公司	企业名称变更:原名称为郓城县黎明饲料厂

生产许可证编号	企业名称	变更内容
饲预(2005)2007	上海申亚动物保健品有限公司阜阳分公司	注册地址变更为：安徽省阜阳市颖泉区阜阳市工业园顶大路1号
饲预(2006)4677	瑞普(天津)生物药业有限公司	企业名称变更：原名称为瑞普(天津)动物药业有限公司
饲预(2006)4838	天津领飞饲料科技有限公司	企业名称变更：原名称为迪威德(天津)饲料科技有限公司
饲预(2006)4859	安国市商宇大农饲料添加剂有限公司	企业名称变更：原名称为河北商宇大农饲料添加剂有限公司
饲添(2005)0371	广汉福旺饲料有限公司	增加产品：饲料级氧化锌(Ⅱ)
饲添(2006)2067	北京养原科技有限公司	增加产品：饲料级乳酸(Ⅱ) 枯草芽孢杆菌(Ⅱ) 酶制剂(Ⅱ)(β-葡聚糖酶、纤维素酶)
饲添(2007)2171	东北制药总厂兽药厂	增加产品：饲料级维生素(Ⅱ)：VB_1、VB_2、VC
饲预(2004)3783	保定冀中动物保健品有限公司	企业名称变更：原名称为保定市冀中兽药厂
饲预(2004)3815	武汉绿常青动物科技有限责任公司	注册地址变更为：湖北省武汉经济技术开发区新都国际嘉园A1-1101号
饲预(2005)4250	郑州市佳禾生物技术有限公司	企业名称变更：原名称为郑州建悦饲料有限公司
饲预(2006)0304	七台河市和协牧业生物科技有限公司	企业名称变更：原名称为七台河市丰达生物科技有限公司
饲预(2006)2426	无锡市中江饲料有限公司	企业名称变更：原名称为宜兴市苏亚达生物技术有限公司
饲预(2006)4914	海南昌腾饲料有限公司	企业名称变更：原名称为海口美兰灵山罗氏昌腾饲料厂
饲添(2004)1431	天津广利生物科技有限公司	增加产品：饲料级矿物元素(Ⅱ)：碘化钾、亚硒酸钠、碘酸钙、氯化钴　氯化胆碱(Ⅱ)
饲添(2005)0556	哈尔滨市冰雪动物保健品有限公司	增加产品：饲料级酶制剂(Ⅱ)(蛋白酶、淀粉酶) 纤维素酶(Ⅱ) 微生物添加剂(Ⅱ)(酿酒酵母、枯草芽孢杆菌)
饲添(2005)1741	杭州惠嘉丰牧生物科技有限公司	增加产品：饲料级糖精钠(Ⅱ)　β-胡萝卜素(Ⅱ) 大蒜素(Ⅱ) 大豆磷脂(Ⅱ)
饲添(2005)1804	珠海市天贝生物科技有限公司	增加产品：饲料级蛋氨酸锌络合物(Ⅱ)
饲添(2007)1036	建明工业(珠海)有限公司	增加产品：饲料级枯草芽孢杆菌(Ⅱ)
饲添(2007)2204	希杰(聊城)生物科技有限公司	增加产品：饲料级L-赖氨酸盐酸盐(Ⅰ)
饲添(2005)0580 饲预(2005)1800	山东鲁冠兽药有限责任公司	企业名称变更：原名称为山东动物药品厂
饲添(2006)0203	石家庄中山彩虹饲料有限公司	企业名称变更：原名称为石家庄中山彩虹饲料厂
饲预(2005)0922	江西立特丽实业有限公司	企业名称变更：原名称为南昌正源饲料科技有限公司
饲预(2006)1670	济南农哈哈兽药有限公司	企业名称变更：原名称为济南历城金牛饲料厂
饲添(2005)1780	山东恩贝科技有限公司	企业名称变更：原名称为山东恒丰必隆饲料添加剂有限公司
饲预(2005)2227	广州南宝饲料有限公司	企业名称变更：原名称为广州番禺南宝饲料有限公司 生产、注册地址名称变更为：广东省广州市南沙区黄阁镇亭角村
饲预(2003)3086	沧州市方正动物药业有限公司	企业名称变更：原名称为沧州市方正畜禽药品有限公司
饲预(2005)4050	河北地邦动物保健科技有限公司	企业名称变更：原名称为石家庄市地邦兽药有限公司
饲预(2005)4183	山西禾木牧业有限公司	企业名称变更：原名称为太原禾木牧业科技有限公司 注册地址变更为：山西省晋中市榆次工业园区

生产许可证编号	企业名称	变更内容
饲预(2005)4221	锦州加德纳饲料科技有限责任公司	企业名称变更:原名称为锦州加德纳农牧科技有限责任公司
饲添(2005)0001	北京挑战生物技术有限公司	增加产品:二甲酸钾(Ⅰ)
饲添(2007)0429	武汉新华扬生物有限责任公司	增加产品:酶制剂(Ⅰ):木聚糖酶产自长柄木霉、淀粉酶产自黑曲霉、纤维素酶产自长柄木霉 微生物添加剂(Ⅰ)(植物乳杆菌、酿酒酵母)甘露寡糖(Ⅰ)
饲添(2005)0726	广州天科生物科技有限公司	增加产品:稳定剂(Ⅱ)(二氧化硅、三氧化二铝)
饲添(2003)1512	福建福大百特科技发展有限公司	增加产品:酶制剂(Ⅰ)(Ⅱ):木聚糖酶产自米曲霉、甘露聚糖酶产自迟缓芽孢杆菌、β-葡聚糖酶产自黑曲霉、脂肪酶产自黑曲霉、蛋白酶产自黑曲霉、淀粉酶产自黑曲霉、纤维素酶产自长柄木霉
饲添(2005)1847	佛山市南海东方澳龙制药有限公司	增加产品:复合酶制剂(Ⅱ)(纤维素酶、木聚糖酶、果胶酶、β-葡聚糖酶) 微生物添加剂(Ⅱ):植物乳杆菌
饲添(2006)2109	大连中科格莱克生物科技有限公司	增加产品:壳寡糖(Ⅰ)(Ⅱ)
饲添(2006)2146	南宁市泽威尔饲料有限责任公司	增加产品:矿物元素(Ⅱ):五水硫酸铜、一水硫酸锌、一水硫酸锰、一水硫酸亚铁 酸化剂(Ⅱ):柠檬酸 着色剂(Ⅱ):斑蝥黄、β-胡萝卜素
饲添(2005)0098	苏州合成化工有限公司	注册地址变更为:江苏省苏州市平江区平家巷20号12号楼
饲添(2003)1492	广西奥立高生物科技有限公司	企业名称变更:原名称为广西宏华奥立高生物科技有限公司
饲添(2005)0071 饲预(2005)0312	杭州民生生物科技有限公司	注册地址变更为:浙江省杭州市拱墅区余杭塘路108号
饲添(2003)1558 饲预(2003)3550	北京爱绿生物科技有限公司	注册地址变更为:北京市海淀区中关村南大街12号中国农业科学院17号楼301房间
饲添(2007)2264 饲预(2007)5139	绥棱县牧兴饲料添加剂厂	企业名称变更:原名称为绥棱县牧业饲料添加剂厂
饲预(2005)0008	北京鹤来科技有限公司	注册地址变更为:北京市大兴区榆垡镇规划区盛平街9号
饲预(2005)0165	重庆侨营饲料有限公司	企业名称变更:原名称为重庆华泰饲料有限公司
饲预(2004)3695	商丘市牧星饲料有限公司	企业名称变更:原名称为商丘市牧星动物药品有限公司
饲预(2004)4015	重庆市明晖饲料有限责任公司	企业名称变更:原名称为重庆市明辉饲料有限责任公司
饲预(2004)4040	合肥正美饲料科技有限公司	企业名称变更:原名称为合肥丰华畜禽养殖有限公司 注册地址变更为:安徽省合肥市庐阳产业园北方置业工业园9号
饲预(2004)4048	榆林市毛乌素生物有限责任公司	企业名称变更:原名称为榆林市壮源饲料科技有限公司
饲预(2005)4268	北京绿色伟农动物营养科技有限公司	企业名称变更:原名称为神州金宝(北京)动物营养保健科技有限公司 注册地址变更为:北京市通州区张家湾镇上店村480号
饲预(2005)4346	南通市恒丰饲料有限公司宿迁分公司	企业名称变更:原名称为宿迁市海源饲料有限公司
饲预(2007)5120	湖南湘天科技发展有限公司	企业名称变更:原名称为岳阳市屈原管理区天成饲料有限公司

注销饲料添加剂和添加剂预混合饲料生产许可证名单

生产许可证号	企业名称	注销原因	所在省市
饲添(2005)0262	鞍山市兽药厂	停产一年以上	辽宁省
饲添(2002)1266	沈阳市精益饲料厂	停产一年以上	辽宁省
饲添(2004)1571	大连臻诺农业发展有限公司	停产一年以上	辽宁省
饲添(2003)1573	锦州通远饲料添加剂有限公司	停产一年以上	辽宁省
饲添(2005)0242	大连益康生物技术有限公司	停产一年以上	辽宁省
饲添(2005)1784	大连市大连湾畜禽兴饲料添加剂厂	停产一年以上	辽宁省
饲添(2002)1198	上海红马饲料有限公司	停产一年以上	上海市
饲预(2003)3575	大连益康生物技术有限公司	停产一年以上	辽宁省
饲预(2005)4028	大连市大连湾畜禽兴饲料添加剂厂	停产一年以上	辽宁省
饲预(2003)3362	沈阳家旺饲料厂	停产一年以上	辽宁省
饲预(2004)3759	大连领富牧业科技有限公司	停产一年以上	辽宁省
饲预(2004)3761	大连瑞起生物科技有限公司	停产一年以上	辽宁省
饲预(2004)3674	杭州生生生物科技有限公司	停产一年以上(一直未生产)	浙江省
饲预(2004)3741	杭州浙大辉尔生物营养科技有限公司	停产一年以上(一直未生产)	浙江省
饲添(2002)1200	成都金杏实业有限公司	停产一年以上	四川省
饲添(2002)1314	成都百事特生物科技有限公司	不具备基本生产条件	四川省
饲添(2002)1315	成都市新盛饲料有限公司	停产一年以上	四川省
饲添(2003)1402	自贡市川鹏化工有限公司	停产一年以上	四川省
饲添(2004)1575	南充市天仁生态技术有限公司	停产一年以上	四川省
饲预(2002)2833	德阳克里莫动物保健有限公司	停产一年以上	四川省
饲预(2002)2928	四川省资中县加能农牧科技有限责任公司	停产一年以上	四川省
饲预(2003)3527	成都华夏龙(集团)有限公司	不具备基本生产条件	四川省
饲预(2003)3163	成都百事特生物科技有限公司	不具备基本生产条件	四川省
饲预(2004)3739	遂宁市神运饲料有限公司	迁址未申报	四川省
饲预(2004)3999	绵阳市长林饲料有限公司	停产一年以上	四川省
饲预(2004)3712	自贡市富顺县顺威饲料有限公司	停产一年以上	四川省
饲预(2005)4167	成都农达利生物科技有限公司	不具备基本生产条件	四川省
饲预(2005)1163	乐山桥盐饲料有限公司	生产企业破产	四川省
饲添[2004]1474	哈尔滨宏晟动物保健品厂	停产一年以上	黑龙江省
饲添[2004]1643	哈尔滨兽研药品器械开发有限公司	停产一年以上	黑龙江省
饲添(2002)1270	黑龙江东荣农业科技有限公司	停产一年以上	黑龙江省
饲添(2002)1320	黑龙江天意生物技术开发有限公司	停产一年以上	黑龙江省
饲预[2002]2838	铁力市阳光饲料厂	停产一年以上	黑龙江省
饲预[2002]2839	鸡西市嘉禾牧业科技有限公司	停产一年以上	黑龙江省
饲预[2002]3097	齐齐哈尔市畜牧技术服务中心牧丰饲料厂	停产一年以上	黑龙江省
饲预[2003]3386	哈尔滨宝瑞源绿色生物工程有限公司	停产一年以上	黑龙江省
饲预[2004]3764	哈尔滨兽研药品器械开发有限公司	停产一年以上	黑龙江省
饲预[2005]4173	双城市禾苗饲料有限公司	停产一年以上	黑龙江省
饲预(2003)3535	哈尔滨中汝意畜牧科技有限公司	停产一年以上	黑龙江省
饲预(2004)3812	哈尔滨市金元宝饲料厂	停产一年以上	黑龙江省
饲预(2003)3418	哈尔滨宏晟动物保健品厂	停产一年以上	黑龙江省
饲预(2005)4104	绥化市宏利达饲料添加剂厂	不具备基本生产条件	黑龙江省
饲预(2006)4568	徐州苏福生物技术开发有限公司	不具备基本生产条件	江苏省

饲料安全管理

2007 年,农业部组织在全国进行饲料质量安全监督监测,共抽查 7 310 个饲料生产、经营企业和养殖场的饲料样品 11 794 批次,抽查 988 个养殖场的猪尿样品 3 542 批次。监测结果表明,虽然受玉米、豆粕、鱼粉等主要原料价格上涨,以及生猪存栏减少的影响,但饲料产品总体质量水平基本保持稳定。

一、饲料质量安全状况

2007 年饲料产品总体合格率为 88.97%,同比下降 0.41%。其中配合饲料合格率为 88.21%,同比下降 4.94%;浓缩饲料合格率为 90.61%,同比提高 3.99%;添加剂预混合饲料合格率为 96.04%,同比提高 7.38%;饲料添加剂合格率为 90.30%,同比提高 2.27%。饲料产品标签合格率为 88.16%,同比提高 2.13%。饲料(含养殖场自配料)中瘦肉精等违禁药物的检出率为 0.75%,同比下降 0.64%。养殖场(户)猪尿中瘦肉精等违禁药品检出率为 0.42%,同比下降 0.89%。

二、存在的主要问题

1.配合饲料产品质量合格率有所下降。配合饲料合格率五年来首次下降到 90%以下。其中不合格指标中粗蛋白不合格占到 54.55%。主要原因是由于豆粕、鱼粉涨价,一些生产企业使用低价劣质原料导致配合饲料质量下降。

2.动物源性饲料质量问题突出。动物源性饲料合格率为 73.45%,在各类饲料产品中合格率最低。其中,不合格鱼粉占 63%。鱼粉中铬的超标率达到 5.25%,表明鱼粉掺杂使假问题严重。此外,动物源性饲料标签合格率仅为 48.21%,其中进口鱼粉无中文标签问题较为普遍。

3.饲料中使用非法添加物现象凸显。根据对 2007 年 5 月美国宠物饲料三聚氰胺中毒事件的调查,我国饲料企业存在使用一些非法添加物的问题。

【进口饲料和饲料添加剂产品登记证目录】

在 2006 年工作基础上,2007 年经过全国饲料评审委员会专家审议通过后共批准进口产品 206 个,其中新注册登记产品 172 个,换证产品 34 个。注册产品中鱼粉 55 个,占产品总数的 26.7%,肉骨粉 5 个,占产品总数的 2.4%。2007 年进口登记情况详见下表:

登记证号	通用名称	商品名称	产品类别	使用范围	生产厂家	有效期限	备注
(2007)外饲准字 001 号	甲酸和丙酸、甲酸铵和丙酸铵 FormicandPropionicAcid,AmmoniumFormateandPropionate	露保美® NC Lupro -Mix ® NC	饲料酸化剂 FeedAcidifier	猪和禽 PigandPoultry	德国巴斯夫公司 BASFAktiengesellschaft,Germany	2007.01 - 2012.01	续展登记
(2007)外饲准字 002 号	L-赖氨酸 L-Lysine	世元饲料级液体赖氨酸 50% SewonL -LysineLiquid50%Feed	饲料级氨基酸 AminoAcid-FeedGrade	所有动物 Allanimal	韩国巴斯夫有限公司 Kunsan 工厂 BASFCompanyLtd.,KunsanFactory,Korea	2007.01 - 2012.01	续展登记
(2007)外饲准字 003 号	维生素 K_3(亚硫酸烟酰胺甲萘醌) VitaminK_3 (MenadioneNicotinamideBisulfite)	MNB96 (饲料级维生素 K_3) MNB96 (VitaminK_3Feed-Grade)	饲料级维生素 Vitamin-FeedGrade	所有动物 Allanimal	乌拉圭 Dirox 公司 DiroxS.A.,Uruguay	2007.01 - 2012.01	续展登记

登记证号	通用名称	商品名称	产品类别	使用范围	生产厂家	有效期限	备注
(2007)外饲准字004号	氯化钠(钾和钙)、硫酸镁和葡萄糖 Sodium, Potassium, CalciumChloride, MagnesiumSulfateandGlucose	电解质 ColombineRecup–LYT	饲料添加剂 FeedAdditive	赛鸽 RacingPigeon	比利时凡赛尔公司 Versele–LagaN.V., Belgium	2007.01–2012.01	续展登记
(2007)外饲准字005号	乳清粉及其制品、乳糖和乳清蛋白 Wheyandby–product, LactoseandWheyProtein	乳亲宝 CW–11	能量饲料 EnergyFeed	仔猪、宠物和水产 Piglet, petandAquaculture	美国国际原料公司 InternationalIngredientCorporation, USA	2007.01–2012.01	续展登记
(2007)外饲准字006号	鱼粉 Fishmeal	秘鲁红鱼粉(一级) PeruvianRedFishmeal(Ⅰ)	蛋白质饲料 ProteinFeed	反刍动物除外 Animalexceptruminant	秘鲁 Sindicato 集团公司 Mollendo 工厂 GrupoSindicatoPesqueroDelPeruS.A., MollendoPlant, Peru	2007.01–2012.01	续展登记
(2007)外饲准字007号	鱼粉 Fishmeal	秘鲁红鱼粉(一级) PeruvianRedFishmeal(Ⅰ)	蛋白质饲料 ProteinFeed	反刍动物除外 Animalexceptruminant	秘鲁 EPESCA 公司 Pisco 工厂 EPESCAS.A., PiscoPlant, Peru	2007.01–2012.01	续展登记
(2007)外饲准字008号	鱼粉 Fishmeal	阿根廷白鱼粉(一级) ArgentineWhiteFishmeal(I)	蛋白质饲料 ProteinFeed	反刍动物除外 Animalexceptruminant	山东中鲁远洋渔业股份有限公司(工船加工:泰安号) ShandongZhongluOceanicFisheriesCo., Ltd. (ProducedinFactoryTrawler: Tai´an)	2007.01–2012.01	续展登记
(2007)外饲准字009号	鱼粉 Fishmeal	智利红鱼粉(一级) ChileanRedFishmeal(Ⅰ)	蛋白质饲料 ProteinFeed	反刍动物除外 Animalexceptruminant	智利 Foodcorp 公司 FoodcorpChileS.A., Chile	2007.01–2012.01	续展登记
(2007)外饲准字010号	鱼粉 Fishmeal	智利红鱼粉(特级) ChileanRedFishmeal (Superfine)	蛋白质饲料 ProteinFeed	反刍动物除外 Animalexceptruminant	智利 Landers 渔业公司 SociedadPeaqueraLandesS.A., Chile	2007.01–2012.01	续展登记
(2007)外饲准字011号	氯化镁、硫酸铵、硫酸钙、甘蔗糖蜜和玉米酒糟 MagnesiumChloride, AmmoniumSodium, CalciumSodium, CaneMolassesandDDGS	爱力宝 Animate®	饲料添加剂 FeedAdditive	奶牛 Dairycow	美国兰科矿物质公司 GrancoMineralsInc., USA	2007.01–2012.01	

登记证号	通用名称	商品名称	产品类别	使用范围	生产厂家	有效期限	备注
(2007)外饲准字 012 号	β-甘露聚糖酶(产自迟缓芽孢杆菌)和木聚糖酶(产自长柄木霉)β-Mannanase (by-Bacilluslentus) andXylanase (byTrichoderma-longibrachiatum)	麦质素-M(固体) WheatEase -M (Solid)	饲料酶制剂 FeedEnzyme	猪和禽 Swineand-poultry	美国 ChemGen 有限公司 ChemGenCorp., USA	2007.01 - 2012.01	
(2007)外饲准字 013 号	黄油脂 YellowGrease	饲料级混合油 AnimalFeed-InedibleTal-lowandOil-Blend	能量饲料 EnergyFeed	除反刍动物外的动物 Animalexcep-truminant	澳大利亚 Ragaralti 有限责任公司 RagaraltiPtyLtd., Australia	2007.01 - 2012.01	
(2007)外饲准字 014 号	牛羊油 Bovine&SheepTal-low	饲料级牛羊油 Bovine&Sheep InedibleTal-lowforUsingi-nAnimalFeed	能量饲料 EnergyFeed	除反刍动物外的动物 Animalexcep-truminant	澳大利亚 Ragaralti 有限责任公司 RagaraltiPtyLtd., Australia	2007.01 - 2012.01	
(2007)外饲准字 015 号	鸡肉粉 PoultryBy -pro-ductMeal	宠物级鸡肉粉 PetFoodGrade-PoultryBy-pro-ductMeal	蛋白质饲料 ProteinFeed	除反刍动物外的动物 Animalexcep-truminant	美国卡罗莱纳副产品公司 Fayetteville 工厂 CarolinaBy-Products, Fayet-tevillePlant, USA	2007.01 - 2012.01	续展登记
(2007)外饲准字 016 号	维生素和氨基酸 Vitaminan-dAminoAcid	维克胖维他水溶性水剂 Vita-minoSloution	添加剂预混合饲料 Addi-tivePremix	猪和禽 Swineand-poultry	法国维克有限公司 VirbacS.A., France	2007.01 - 2012.01	续展登记
(2007)外饲准字 017 号	维生素 Vitamin	福德维 FORTEVIT	添加剂预混合饲料 Addi-tivePremix	鸡 Chicken	印度尼西亚美迪安有限公司 PT.Medion, Indonesia	2007.01 - 2012.01	续展登记
(2007)外饲准字 018 号	虾苗饲料 ShrimpFryFeed	美国 B.P.粉虾苗饲料 AmericanB.P. ShrimpFryFeeds	配合饲料 Compound-Feed	虾苗 ShrimpFry	美国海星国际有限公司 OceanStarInternational, Inc., USA	2007.01 - 2012.01	续展登记
(2007)外饲准字 019 号	虾苗饲料 ShrimpFryFeed	丰年虾片虾苗饲料 BrineShrimpFlakeShrimpFryFeeds	配合饲料 Compound-Feed	虾苗 ShrimpFry	美国海星国际有限公司 OceanStarInternational, Inc., USA	2007.01 - 2012.01	续展登记
(2007)外饲准字 020 号	观赏鱼饲料 AquariumFood	丰年虾片观赏鱼饲料 BrineShrim-pAquarium-	配合饲料 Compound-Feed	观赏鱼 Aquarium-Fish	美国海星国际有限公司 OceanStarInternational, Inc., USA	2007.01 - 2012.01	续展登记

登记证号	通用名称	商品名称	产品类别	使用范围	生产厂家	有效期限	备注
		FlakeFoods					
(2007)外饲准字 021 号	啤酒酵母 Saccha-romycescerevisiae	赛克灵 SaccharoCul-ture	微生物饲料添加剂 BicrobialBi-oticFeedAd-ditive	所有动物 Allanimal	韩国第一化学株式会社 CheilBioCo., Ltd., Korea	2007.02 - 2012.02	续展登记
(2007)外饲准字 022 号	屎肠球菌 Enterococcusfae-cium	赐美健-G35 LBC-G35	微生物饲料添加剂 MicrobialBi-oticFeedAd-ditive	所有动物 Allanimal	瑞士百福微生物公司 Cerbios -PharmaSA, Biofer-mentDivision, Switzerland	2007.02 - 2012.02	续展登记
(2007)外饲准字 023 号	蛋氨酸羟基类似物 DL -Methionine-HydroxylAnalogue	艾丽美-羟基蛋氨酸 Alimet®	饲料级氨基酸 AminoAcid-FeedGrade	所有动物 Allanimal	美国诺伟思国际有限公司 NovusInternational, Inc, USA	2007.02 - 2012.02	续展登记
(2007)外饲准字 024 号	虾苗饲料 ShrimpFryFeed	TOP 顶好牌草虾虾苗前期用饲料 TOP-ShrimpFlakesFeed	配合饲料 Compound-Feed	草虾虾苗 ShrimpFry	淯晖企业股份有限公司新园分公司 Yuh -HueiEnerpriseCo., Ltd., XinyuanBranch	2007.02 - 2012.02	
(2007)外饲准字 025 号	鱼饲料 FishFeed	大菱鲆+50 TURBOT+50	配合饲料 Compound-Feed	大菱鲆 Turbot	法国 SicaDuGouessant 公司 SicaDuGouessant, France	2007.02 - 2012.02	
(2007)外饲准字 026 号	鱼饲料 FishFeed	大菱鲆+54 TURBOT+54	配合饲料 Compound-Feed	大菱鲆 Turbot	法国 SicaDuGouessant 公司 SicaDuGouessant, France	2007.02 - 2012.02	
(2007)外饲准字 027 号	鱼粉 Fishmeal	秘鲁红鱼粉(一级) PeruvianRed-Fishmeal(Ⅰ)	蛋白质饲料 ProteinFeed	反刍动物除外 Animalexcep-truminant	秘鲁 Exalmar 渔业公司 Chimbote 工厂 PesqueraExalmarS.A., Chim-botePlant, Peru	2007.02 - 2012.02	
(2007)外饲准字 028 号	鱼粉 Fishmeal	秘鲁红鱼粉(一级) PeruvianRed-Fishmeal(Ⅰ)	蛋白质饲料 ProteinFeed	反刍动物除外 Animalexcep-truminant	秘鲁 Exalmar 渔业公司 Carquin 工厂 PesqueraExalmarS.A., Car-quinPlant, Peru	2007.02 - 2012.02	
(2007)外饲准字 029 号	鱼粉 Fishmeal	秘鲁红鱼粉(一级) PeruvianRed-Fishmeal(Ⅰ)	蛋白质饲料 ProteinFeed	反刍动物除外 Animalexcep-truminant	秘鲁 Exalmar 渔业公司 Razuri 工厂 PesqueraExalmarS.A., RazuriPlant, Peru	2007.02 - 2012.02	
(2007)外饲准字 030 号	鱼粉 Fishmeal	秘鲁红鱼粉(一级) PeruvianRed-Fishmeal(Ⅰ)	蛋白质饲料 ProteinFeed	反刍动物除外 Animalexcep-truminant	秘鲁太平洋中心渔业公司 Chimbote 工厂 CompaniaPesqueraDelPaci-ficoCentroS.A., Chim-botePlant, Peru	2007.02 - 2012.02	

登记证号	通用名称	商品名称	产品类别	使用范围	生产厂家	有效期限	备注
(2007)外饲准字031号	鱼粉 Fishmeal	秘鲁红鱼粉(一级) PeruvianRed-Fishmeal(Ⅰ)	蛋白质饲料 ProteinFeed	反刍动物除外 Animalexcep-truminant	秘鲁太平洋中心渔业公司Razuri工厂 CompaniaPesqueraDelPaci-ficoCentroS.A.,RazuriPlant,Peru	2007.02－2012.02	
(2007)外饲准字032号	鱼粉 Fishmeal	秘鲁红鱼粉(一级) PeruvianRed-Fishmeal(Ⅰ)	蛋白质饲料 ProteinFeed	反刍动物除外 Animalexcep-truminant	秘鲁太平洋中心渔业公司Supe工厂 CompaniaPesqueraDelPaci-ficoCentroS.A.,SupePlant,Peru	2007.02－2012.02	
(2007)外饲准字033号	鱼粉 Fishmeal	秘鲁红鱼粉(一级) PeruvianRed-Fishmeal(Ⅰ)	蛋白质饲料 ProteinFeed	反刍动物除外 Animalexcep-truminant	秘鲁太平洋中心渔业公司TambodeMora工厂 CompaniaPesqueraDelPaci-ficoCentroS.A.,Tambode-MoraPlant,Peru	2007.02－2012.02	
(2007)外饲准字034号	鱼粉 Fishmeal	秘鲁红鱼粉(一级) PeruvianRed-Fishmeal(Ⅰ)	蛋白质饲料 ProteinFeed	反刍动物除外 Animalexcep-truminant	秘鲁 Sindicato 集团公司 Chimbote工厂 GrupoSindicatoPes-queroDelPeruS.A.,Chim-botePlant,Peru	2007.02－2012.02	
(2007)外饲准字035号	鱼粉 Fishmeal	秘鲁红鱼粉(一级) PeruvianRed-Fishmeal(Ⅰ)	蛋白质饲料 ProteinFeed	反刍动物除外 Animalexcep-truminant	秘鲁 Sindicato 集团公司 Razuri工厂 GrupoSindicatoPes-queroDelPeruS.A.,Razuri-Plant,Peru	2007.02－2012.02	
(2007)外饲准字036号	鱼粉 Fishmeal	秘鲁红鱼粉(一级) PeruvianRed-Fishmeal(Ⅰ)	蛋白质饲料 ProteinFeed	反刍动物除外 Animalexcep-truminant	秘鲁 Sindicato 集团公司 Callao工厂 GrupoSindicatoPes-queroDelPeruS.A.,Callao-Plant,Peru	2007.02－2012.02	
(2007)外饲准字037号	鱼粉 Fishmeal	秘鲁红鱼粉(一级) PeruvianRed-Fishmeal(Ⅰ)	蛋白质饲料 ProteinFeed	反刍动物除外 Animalexcep-truminant	秘鲁 Sindicato 集团公司 Paita工厂 GrupoSindicatoPes-queroDelPeruS.A.,Paita-Plant,Peru	2007.02－2012.02	
(2007)外饲准字038号	鱼粉 Fishmeal	秘鲁红鱼粉(一级) PeruvianRed-Fishmeal(Ⅰ)	蛋白质饲料 ProteinFeed	反刍动物除外 Animalexcep-truminant	秘鲁 Sindicato 集团公司 Is-lay工厂 GrupoSindicatoPes-queroDelPeruS.A.,Islay-Plant,Peru	2007.02－2012.02	
(2007)外饲准字039号	鱼粉 Fishmeal	秘鲁红鱼粉(一级) PeruvianRed-Fishmeal(Ⅰ)	蛋白质饲料 ProteinFeed	反刍动物除外 Animalexcep-truminant	秘鲁 Sindicato 集团公司 Vegueta工厂 GrupoSindicatoPes-queroDelPeruS.A.,Vegueta-Plant,Peru	2007.02－2012.02	

登记证号	通用名称	商品名称	产品类别	使用范围	生产厂家	有效期限	备注
(2007)外饲准字040号	鱼粉 Fishmeal	秘鲁红鱼粉(一级) PeruvianRedFishmeal(Ⅰ)	蛋白质饲料 ProteinFeed	反刍动物除外 Animalexceptruminant	秘鲁ElAngel渔业工业公司Santa工厂 PesqueroIndustrialElAngelS.A.,SantaPlant,Peru	2007.02 – 2012.02	
(2007)外饲准字041号	猫罐头 WetCatFood	珍喜金枪鱼佐海洋鱼猫罐头 FancyFeastFilerTuna&OceanFishFesatCannedCatFood	配合饲料 Compound-Feed	猫 Cat	泰国泰万发工业有限公司 ThaiUnionManufacturingCo.,Ltd.,Thailand	2007.02 – 2012.02	
(2007)外饲准字042号	猫罐头 WetCatFood	珍喜沙丁鱼、虾配蟹猫罐头 FancyFeast-Sardine,Shrimp&Crab-CannedCat-Food	配合饲料 Compound-Feed	猫 Cat	泰国泰万发工业有限公司 ThaiUnionManufacturingCo.,Ltd.,Thailand	2007.02 – 2012.02	
(2007)外饲准字043号	猫罐头 WetCatFood	珍喜美味海洋鱼块猫罐头 FancyFeast-FlakedOcean-FishFeast-CannedCat-Food	配合饲料 Compound-Feed	猫 Cat	泰国泰万发工业有限公司 ThaiUnionManufacturingCo.,Ltd.,Thailand	2007.02 – 2012.02	
(2007)外饲准字044号	猫罐头 WetCatFood	珍喜金装金枪鱼佐小银鱼猫罐头 FancyFeastRoyaleTenderTunaTossedwith-Whitebait-CannedCat-Food	配合饲料 Compound-Feed	猫 Cat	泰国泰万发工业有限公司 ThaiUnionManufacturingCo.,Ltd.,Thailand	2007.02 – 2012.02	
(2007)外饲准字045号	猫罐头 WetCatFood	珍喜金装滑嫩金枪鱼块猫罐头 FancyFeastRoyaleFineFlakesof-TunaCanned-CatFood	配合饲料 Compound-Feed	猫 Cat	泰国泰万发工业有限公司 ThaiUnionManufacturingCo.,Ltd.,Thailand	2007.02 – 2012.02	

登记证号	通用名称	商品名称	产品类别	使用范围	生产厂家	有效期限	备注
(2007)外饲准字 046 号	猫罐头 WetCatFood	珍喜鲜美海白鱼猫猫罐头 FancyFeast-SeafoodFilet-sOceanWhite-FishFeast-CannedCat-Food	配合饲料 Compound-Feed	猫 Cat	泰国泰万发工业有限公司 ThaiUnionManufacturingCo., Ltd., Thailand	2007.02 – 2012.02	
(2007)外饲准字 047 号	猫罐头 WetCatFood	珍喜金装黄鳍金枪鱼配全虾猫罐头 Fan-cyFeastRoyale YellowFinTu-nawithW-holeShrimp-CannedCat-Food	配合饲料 Compound-Feed	猫 Cat	泰国泰万发工业有限公司 ThaiUnionManufacturingCo., Ltd., Thailand	2007.02 – 2012.02	
(2007)外饲准字 048 号	猫罐头 WetCatFood	珍喜金装金枪鱼伴海鲜柳猫罐头 Fan-cyFeastRoyale WhiteMeat-TunaAffair-withSeafood-StripsCanned-CatFood	配合饲料 Compound-Feed	猫 Cat	泰国泰万发工业有限公司 ThaiUnionManufacturingCo., Ltd., Thailand	2007.02 – 2012.02	
(2007)外饲准字 049 号	猫罐头 WetCatFood	珍喜金装金枪鱼配对虾猫罐头 Fan-cyFeastRoyale TunaBan-quetwithW-holePrawn-CannedCat-Food	配合饲料 Compound-Feed	猫 Cat	泰国泰万发工业有限公司 ThaiUnionManufacturingCo., Ltd., Thailand	2007.02 – 2012.02	
(2007)外饲准字 050 号	猫罐头 WetCatFood	珍喜鲜嫩鱼柳伴虾猫罐头 FancyFeast-Flaked-fish&ShrimpFeastCannedCat-Food	配合饲料 Compound-Feed	猫 Cat	泰国泰万发工业有限公司 ThaiUnionManufacturingCo., Ltd., Thailand	2007.02 – 2012.02	

登记证号	通用名称	商品名称	产品类别	使用范围	生产厂家	有效期限	备注
(2007)外饲准字 051 号	维生素 B_{12} VitaminB_{12}	露他维® B_{12}1% Lutavit® B_{12}1%	饲料级维生素 Vitamin-FeedGrade	所有动物 AllAnimal	德国巴斯夫公司 BASFAktiengesellschaft, Germany	2007.02 - 2012.02	续展登记
(2007)外饲准字 052 号	植酸酶(产自黑曲霉) Phytase (byAspergillus-niger)	酶他富® 5000 Natuphos® 5000	饲料级酶制剂 FeedEnzyme	猪和鸡 Pigandchick-en	德国巴斯夫公司 BASFAktiengesellschaft, Germany	2007.02 - 2012.02	续展登记
(2007)外饲准字 053 号	β-木聚糖酶和β-葡聚糖酶(产自长柄木霉) β-Xylanaseandβ-Glucanase (byTrichodermalongibrachiatum)	钻石强力酶 BX+BG NopcozymeI-IBX+BG	饲料级酶制剂 FeedEnzyme	所有动物 AllAnimal	新加坡大祥资源有限公司 DiashamResourcesPteLtd., Singapore	2007.02 - 2012.02	续展登记
(2007)外饲准字 054 号	浓缩猪肉蛋白 PorcineProtein-Concentrate	多美蛋白粉 PRO-PEPF	蛋白质饲料 ProteinFeed	反刍动物除外 Animalexcep-truminant	美国国际营养公司 InternationalNutritionInc., USA	2007.02 - 2012.02	
(2007)外饲准字 055 号	鱼粉 Fishmeal	白鱼粉(特级) WhiteFishmeal (Superfine)	蛋白质饲料 ProteinFeed	反刍动物除外 Animalexcep-truminant	美国 Premier 太平洋海鲜公司 (工船加工:S.S.Ocean-Phoenix) PremierPacificSeafoods, Inc., USA (ProducedinFactory-Trawler:S.S.OceanPhoenix)	2007.02 - 2012.02	
(2007)外饲准字 056 号	嗜酸乳杆菌和酿酒酵母 Lactobacillusaci-dophilusandSac-charomycescere-visiae	百宝饲 Bio-Boss	微生物饲料添加剂 MicrobialBi-oticFeedAd-ditive	所有动物 Allanimal	韩国韩森生物科技有限公司 HansonBiotechCo., Ltd., Ko-rea	2007.02 - 2012.02	
(2007)外饲准字 057 号	磷酸盐(镁、钠、锰、锌、铜、钴和钙) SaltDiacidPhos-phate(Magnesium, Sodium, Man-ganese, Zinc, Cop-per, Cobalt&Cal-cium)	可得福® Calgophos®	矿物质预混合饲料 Mineral-Premix	猪和禽 PigandPoultry	维克越南合资公司 VirbacVietnamJointVenture-Company, Vietnam	2007.02 - 2012.02	

登记证号	通用名称	商品名称	产品类别	使用范围	生产厂家	有效期限	备注
(2007)外饲准字058号	枯草芽孢杆菌、酿酒酵母和淀粉酶(产自枯草芽孢杆菌和黑曲霉) Bacillussubtilis, Saccha-romycescerevisi-aeandAmylase (byBacillussubtil-isandAspergillus-niger)	超益 SuperDairy	饲料添加剂 FeedAdditive	猪、禽和牛 Pig, poul-tryandcattle	美国生物系统有限公司 AmericanBiosystems, Inc., USA	2007.02 - 2012.02	
(2007)外饲准字059号	蛋白酶(产自枯草芽孢杆菌)和淀粉酶(产自解淀粉芽孢杆菌) Protease (byBacil-lussubtilis)an-dAmylase (by-Bacillusamyloliq-uefaciens)	纽森特酶 NuScent	饲料级酶制剂 FeedEnzyme	所有动物 Allanimal	美国生物系统有限公司 AmericanBiosystems, Inc., USA	2007.02 - 2012.02	
(2007)外饲准字060号	蛋白酶(产自枯草芽孢杆菌)和淀粉酶(产自解淀粉芽孢杆菌) Protease (byBacil-lussubtilis)an-dAmylase (by-Bacillusamyloliq-uefaciens)	杰威酶 LLPAC - HE1600L	饲料级酶制剂 FeedEnzyme	猪、禽和牛 Pig, poul-tryandcattle	美国生物系统有限公司 AmericanBiosystems, Inc., USA	2007.02 - 2012.02	
(2007)外饲准字061号	肉骨粉 MeatandBoneMeal	牛肉骨粉 Bovine-MeatandBone-Meal	蛋白质饲料 ProteinFeed	猪和鱼 Pigandfish	澳大利亚肉类加工私人有限公司 Townsville 工厂 AustraliaMeatHold-ingsPtyLimited, Townsville-Plant, Australia	2007.03 - 2012.03	
(2007)外饲准字062号	肉骨粉 MeatandBoneMeal	牛肉骨粉 Bovine-MeatandBone-Meal	蛋白质饲料 ProteinFeed	猪和鱼 Pigandfish	澳大利亚肉类加工私人有限公司 Rockhampton 工厂 AustraliaMeatHold-ingsPtyLimited, Rockhamp-tonPlant, Australia	2007.03 - 2012.03	
(2007)外饲准字063号	肉骨粉 MeatandBoneMeal	牛肉骨粉 Bovine-MeatandBone-Meal	蛋白质饲料 ProteinFeed	猪和鱼 Pigandfish	澳大利亚肉类加工私人有限公司 Purrawanda 工厂 AustraliaMeatHold-ingsPtyLimited, Purrawanda-Plant, Australia	2007.03 - 2012.03	

登记证号	通用名称	商品名称	产品类别	使用范围	生产厂家	有效期限	备注
(2007)外饲准字064号	鱼粉 Fishmeal	红鱼粉(一级) PeruvianRedFishmeal(Ⅰ)	蛋白质饲料 ProteinFeed	反刍动物除外 Animalexceptruminant	秘鲁 Armadores 渔业公司 Ilo 工厂 ArmadoresPesquerosS.A., IloPlant, Peru	2007.03-2012.03	
(2007)外饲准字065号	鱼粉 Fishmeal	红鱼粉(一级) PeruvianRedFishmeal(Ⅰ)	蛋白质饲料 ProteinFeed	反刍动物除外 Animalexceptruminant	秘鲁 ChimboteNorte 渔业公司 Chimbote 工厂 PescaPeruChimboteNorteS.A., ChimbotePlant, Peru	2007.03-2012.03	
(2007)外饲准字066号	鱼粉 Fishmeal	秘鲁红鱼粉(一级) PeruvianRedFishmeal(Ⅰ)	蛋白质饲料 ProteinFeed	反刍动物除外 Animalexceptruminant	秘鲁 Hayduk 渔业公司 Rázuri 工厂 PesqueraHaydukS.A., RázuriPlant, Peru	2007.03-2012.03	
(2007)外饲准字067号	鱼粉 Fishmeal	秘鲁红鱼粉(一级) PeruvianRedFishmeal(Ⅰ)	蛋白质饲料 ProteinFeed	反刍动物除外 Animalexceptruminant	秘鲁 Hayduk 渔业公司 Vegueta 工厂 PesqueraHaydukS.A., VeguetaPlant, Peru	2007.03-2012.03	
(2007)外饲准字068号	鱼粉 Fishmeal	秘鲁红鱼粉(一级) PeruvianRedFishmeal(Ⅰ)	蛋白质饲料 ProteinFeed	反刍动物除外 Animalexceptruminant	秘鲁 Hayduk 渔业公司 Paita 工厂 PesqueraHaydukS.A., PaitaPlant, Peru	2007.03-2012.03	
(2007)外饲准字069号	鱼粉 Fishmeal	秘鲁红鱼粉(一级) PeruvianRedFishmeal(Ⅰ)	蛋白质饲料 ProteinFeed	反刍动物除外 Animalexceptruminant	秘鲁 Hayduk 渔业公司 Ilo 工厂 PesqueraHaydukS.A., IloPlant, Peru	2007.03-2012.03	
(2007)外饲准字070号	鱼粉 Fishmeal	秘鲁红鱼粉(一级) PeruvianRedFishmeal(Ⅰ)	蛋白质饲料 ProteinFeed	反刍动物除外 Animalexceptruminant	秘鲁 Mar 联合公司 Callao 工厂 CorporacióndelMarS.A., CallaoPlant, Peru	2007.03-2012.03	
(2007)外饲准字071号	鱼粉 Fishmeal	秘鲁红鱼粉(一级) PeruvianRedFishmeal(Ⅰ)	蛋白质饲料 ProteinFeed	反刍动物除外 Animalexceptruminant	秘鲁 Mar 联合公司 Paita 工厂 CorporacióndelMarS.A., PaitaPlant, Peru	2007.03-2012.03	
(2007)外饲准字072号	鱼粉 Fishmeal	秘鲁红鱼粉(一级) PeruvianRedFishmeal(Ⅰ)	蛋白质饲料 ProteinFeed	反刍动物除外 Animalexceptruminant	秘鲁 Mar 联合公司 TambodeMora 工厂 CorporacióndelMarS.A., TambodeMoraPlant, Peru	2007.03-2012.03	
(2007)外饲准字073号	鱼粉 Fishmeal	秘鲁红鱼粉(一级) PeruvianRedFishmeal(Ⅰ)	蛋白质饲料 ProteinFeed	反刍动物除外 Animalexceptruminant	秘鲁 Exalmar 渔业公司 Chimbote 工厂 PesqueraExalmarS.A., ChimbotePlant, Peru	2007.03-2012.03	
(2007)外饲准字074号	鱼粉 Fishmeal	秘鲁红鱼粉(一级) PeruvianRedFishmeal(Ⅰ)	蛋白质饲料 ProteinFeed	反刍动物除外 Animalexceptruminant	秘鲁 EPESCA 公司 Chancay 工厂 EPESCAS.A., ChancayPlant, Peru	2007.03-2012.03	

登记证号	通用名称	商品名称	产品类别	使用范围	生产厂家	有效期限	备注
(2007)外饲准字 075 号	鱼油 FishOil	秘鲁鱼油 Peruvian-Fishoil	能量饲料 EnergyFeed	水产动物 Aquaculture-animal	秘鲁 Capricornio 渔业公司 Callao 工厂 PesqueraCapricornioS.A., CallaoPlant, Peru	2007.03 – 2012.03	
(2007)外饲准字 076 号	鱼油 FishOil	秘鲁鱼油 Peruvian-Fishoil	能量饲料 EnergyFeed	水产动物 Aquaculture-animal	秘鲁 Hayduk 渔业公司 Coishco 工厂 PesqueraHaydukS.A., Coishco Plant, Peru	2007.03 – 2012.03	
(2007)外饲准字 077 号	鱼粉 Fishmeal	北太平洋白鱼粉(三级) NorthPacificWhiteFishmeal(Ⅲ)	蛋白质饲料 ProteinFeed	反刍动物除外 Animalexceptruminant	美国西部海产公司 DutchHarbor 工厂 WestwardSeafoods, Inc., DutchHarborPlant, USA	2007.03 – 2012.03	
(2007)外饲准字 078 号	狗罐头 WetDogFood	宝路®成狗粮 400 克罐头(牛肉) Pedigree® AdultDogFoodCan400g (Beef)	配合饲料 CompoundFeed	成犬 AdultDog	澳大利亚每食富澳大利亚新西兰公司 MasterfoodsAustraliaNewZealand, Australia	2007.03 – 2012.03	
(2007)外饲准字 079 号	狗罐头 WetDogFood	宝路®成狗粮 400 克罐头(鸡肉) Pedigree® AdultDogFoodCan400g (Chicken)	配合饲料 CompoundFeed	成犬 AdultDog	澳大利亚每食富澳大利亚新西兰公司 MasterfoodsAustraliaNewZealand, Australia	2007.03 – 2012.03	
(2007)外饲准字 080 号	狗罐头 WetDogFood	西莎®成狗粮 100 克罐头(鸡肉) Cesar® AdultDogFoodCan100g (Chicken)	配合饲料 CompoundFeed	成犬 AdultDog	澳大利亚每食富澳大利亚新西兰公司 MasterfoodsAustraliaNewZealand, Australia	2007.03 – 2012.03	
(2007)外饲准字 081 号	狗罐头 WetDogFood	西莎®成狗粮 100 克罐头(牛肉和蔬菜) Cesar® AdultDogFoodCan100g (BeefandVegetables)	配合饲料 CompoundFeed	成犬 AdultDog	澳大利亚每食富澳大利亚新西兰公司 MasterfoodsAustraliaNewZealand, Australia	2007.03 – 2012.03	

登记证号	通用名称	商品名称	产品类别	使用范围	生产厂家	有效期限	备注
(2007)外饲准字 082 号	狗罐头 WetDogFood	西莎®成狗粮 100 克罐头(牛肉和肝) Cesar ® AdultDogFoodCan100g (BeefandLiver)	配合饲料 CompoundFeed	成犬 AdultDog	澳大利亚每食富澳大利亚新西兰公司 MasterfoodsAustraliaNewZealand, Australia	2007.03 – 2012.03	
(2007)外饲准字 083 号	狗罐头 WetDogFood	西莎®成狗粮 100 克罐头(羊肉) Cesar ® AdultDogFoodCan100g (Lamb)	配合饲料 CompoundFeed	成犬 AdultDog	澳大利亚每食富澳大利亚新西兰公司 MasterfoodsAustraliaNewZealand, Australia	2007.03 – 2012.03	
(2007)外饲准字 084 号	狗罐头 WetDogFood	西莎®成狗粮 100 克罐头(鸡肉加起士) Cesar ® AdultDogFoodCan100g (Chicken&Cheese)	配合饲料 CompoundFeed	成犬 AdultDog	澳大利亚每食富澳大利亚新西兰公司 MasterfoodsAustraliaNewZealand, Australia	2007.03 – 2012.03	
(2007)外饲准字 085 号	狗罐头 WetDogFood	西莎®成狗粮 100 克罐头(牛肉) Cesar ® AdultDogFoodCan100g (Beef)	配合饲料 CompoundFeed	成犬 AdultDog	澳大利亚每食富澳大利亚新西兰公司 MasterfoodsAustraliaNewZealand, Australia	2007.03 – 2012.03	
(2007)外饲准字 086 号	狗罐头 WetDogFood	西莎®成狗粮 100 克罐头(鸡肉和蔬菜) Cesar ® AdultDogFoodCan100g (Chicken&Vegetables)	配合饲料 CompoundFeed	成犬 AdultDog	澳大利亚每食富澳大利亚新西兰公司 MasterfoodsAustraliaNewZealand, Australia	2007.03 – 2012.03	
(2007)外饲准字 087 号	奶粉 DriedMilkPowder	营养金全奶粉 Nutri –Gold ® DriedMilk	蛋白质饲料 ProteinFeed	家畜、水产和宠物 Livestock, aquacultureandpet	美国国际原料公司 InternationalIngredientCorp., USA	2007.03 – 2012.03	

登记证号	通用名称	商品名称	产品类别	使用范围	生产厂家	有效期限	备注
(2007)外饲准字 088 号	蛋白酶(产自枯草芽孢杆菌)和淀粉酶(产自解淀粉芽孢杆菌) Protease (byBacillussubtilis)andAmylase (byBacillusamyloliquefaciens)	得益 LLPAC1B5000	饲料级酶制剂 FeedEnzyme	所有动物 Allanimal	美国生物系统有限公司 AmericanBiosystems,Inc., USA	2007.03 - 2012.03	
(2007)外饲准字 089 号	铁蛋白盐 IronProteinate	奥普铁 Optimin® Iron	矿物质饲料添加剂 MineralFeedSupplement	所有动物 Allanimal	美国创实营养公司 TrouwNutritionUSA,LLC., USA	2007.03 - 2012.03	
(2007)外饲准字 090 号	果寡糖 Fructo -oligosaccharide	普乐肥 Profeed-Maxflow-Mg	饲料添加剂 FeedAdditive	猪、鸡和鱼 Pig, broilerandfish	法国特沃斯集团谢弗里耶尔糖厂 Tereos,Sugar -making-PlantofCHEVRIERES, France	2007.03 - 2012.03	
(2007)外饲准字 091 号	鱼粉 Fishmeal	Independent88 牌纯红鱼粉(一级) Independent88PureRedFishmeal (Ⅰ)	蛋白质饲料 ProteinFeed	反刍动物除外 Animalexcept-truminant	新西兰 Independent 渔业有限公司 IndependentFisheriesLtd., NewZealand	2007.03 - 2012.03	
(2007)外饲准字 092 号	鱼粉 Fishmeal	Independent88 牌纯白鱼粉(一级) Independent88PureWhiteFishmeal (Ⅰ)	蛋白质饲料 ProteinFeed	反刍动物除外 Animalexcept-truminant	新西兰 Independent 渔业有限公司 IndependentFisheriesLtd., NewZealand	2007.03 - 2012.03	
(2007)外饲准字 093 号	鱼粉 Fishmeal	红鱼粉(二级) RedFishmeal (Ⅱ)	蛋白质饲料 ProteinFeed	反刍动物除外 Animalexcept-truminant	泰国太平洋食品冷冻有限公司 PacificMarineFoodProductsCo.,Ltd.,Thailand	2007.03 - 2012.03	
(2007)外饲准字 094 号	鱼粉 Fishmeal	红鱼粉(二级) RedFishmeal (Ⅱ)	蛋白质饲料 ProteinFeed	反刍动物除外 Animalexcept-truminant	泰国开发鱼粉企业有限公司 FishmealMarketingDevelopmentCo.,Ltd.,Thailand	2007.03 - 2012.03	续展登记
(2007)外饲准字 095 号	牛舔砖 LickforCattle	牛宝利 CalflyxEasy-Breather	精料补充料 Concentrate-Supplement	牛 Cattle	英国凯迪克有限公司 CaltechLtd.,England	2007.03 - 2012.03	

登记证号	通用名称	商品名称	产品类别	使用范围	生产厂家	有效期限	备注
(2007)外饲准字096号	牛舔砖 LickforCattle	牛高镁 Crystalyx ® CattleHighMag	精料补充料 Concentrate-Supplement	牛 Cattle	英国凯迪克有限公司 CaltechLtd., England	2007.03 - 2012.03	
(2007)外饲准字097号	牛舔砖 LickforCattle	牛特补 Crystalyx ® CattleBooster	精料补充料 Concentrate-Supplement	牛 Cattle	英国凯迪克有限公司 CaltechLtd., England	2007.03 - 2012.03	
(2007)外饲准字098号	鱼油 Fishoil	FifeshireFishing牌鱼油 FifeshireFishingBrandFishOil	能量饲料 EnergyFeed	反刍动物除外 Animalexceptruminant	新西兰Sealord集团有限公司 SealordGroupLtd., NewZealand	2007.03 - 2012.03	
(2007)外饲准字099号	鱼粉 Fishmeal	Lucky88牌白鱼粉(特级) Lucky88BrandWhiteFishmeal(Superfine)	蛋白质饲料 ProteinFeed	反刍动物除外 Animalexceptruminant	新西兰Sealord集团有限公司 SealordGroupLtd., NewZealand	2007.03 - 2012.03	
(2007)外饲准字100号	鱼粉 Fishmeal	阿拉斯加低温白鱼粉(一级) AlaskaL/TWhiteFishmeal(Ⅰ)	蛋白质饲料 ProteinFeed	反刍动物除外 Animalexceptruminant	美国彼得潘海产公司King-Cove工厂 PeterPanSeafoods, Inc., KingCovePlant, USA	2007.03 - 2012.03	
(2007)外饲准字101号	鱼粉 Fishmeal	秘鲁红鱼粉(一级) PeruvianRedFishmeal(Ⅰ)	蛋白质饲料 ProteinFeed	反刍动物除外 Animalexceptruminant	秘鲁2020渔业公司Supe工厂 Pesquera2020S.A.C., Supe-Plant, Peru	2007.03 - 2012.03	
(2007)外饲准字102号	鱼粉 Fishmeal	红鱼粉(三级) RedFishmeal(Ⅲ)	蛋白质饲料 ProteinFeed	反刍动物除外 Animalexceptruminant	越南南越有限责任公司 NamVietCorporation, Vietnam	2007.03 - 2012.03	
(2007)外饲准字103号	L-苏氨酸 L-Threonine	饲料级L-苏氨酸 L -Threonine-FeedGrade	饲料级氨基酸 AminoAcid-FeedGrade	所有动物 Allanimal	味之素(美国)哈特兰德公司 AjinomotoHeartlandLLC., USA	2007.04 - 2012.04	续展登记
(2007)外饲准字104号	鱼粉 Fishmeal	双豚牌红鱼粉(三级) DoubleDolphinBrandRedFishmeal(Ⅲ)	蛋白质饲料 ProteinFeed	反刍动物除外 Animalexceptruminant	马来西亚新集发鱼粉厂有限公司 SinChipHuatFishmealSdn. Bhd., Malaysia	2007.04 - 2012.04	续展登记

登记证号	通用名称	商品名称	产品类别	使用范围	生产厂家	有效期限	备注
(2007)外饲准字 105 号	鱼粉 Fishmeal	阿拉斯加海洋食品牌白鱼粉(一级) AlaskanOcean Seafood ® WhiteFishmeal (Ⅰ)	蛋白质饲料 ProteinFeed	反刍动物除外 Animalexcep-truminant	美国阿拉斯加海洋食品股份有限公司 AlaskaOceanSeafoodLP, USA	2007.04 – 2012.04	续展登记
(2007)外饲准字 106 号	鱼粉 Fishmeal	秘鲁红鱼粉(一级) PeruvianRed-Fishmeal(Ⅰ)	蛋白质饲料 ProteinFeed	反刍动物除外 Animalexcep-truminant	秘鲁 ElAngel 渔业工业公司 Rázuri 工厂 PesqueraIndustrialElAngelS. A., RázuriPlant, Peru	2007.04 – 2012.04	
(2007)外饲准字 107 号	鱼粉 Fishmeal	北太平洋牌白鱼粉(一级) NorthPaci-ficBrand-WhiteFishmeal (Ⅰ)	蛋白质饲料 ProteinFeed	反刍动物除外 Animalexcep-truminant	美国 Alyeska 海鲜公司 AlyeskaSeafoodsInc., USA	2007.04 – 2012.04	
(2007)外饲准字 108 号	棕榈脂肪粉 PalmFattyPowder	乳美肥 RumiFatR100	能量饲料 EnergyFeed	乳牛 DairyCow	马来西亚艾可有限公司 EcoFeedSdn.Bhd., Malaysia	2007.04 – 2012.04	
(2007)外饲准字 109 号	棕榈脂肪粉 PalmFattyPowder	速速肥 SusFatS100L	能量饲料 EnergyFeed	猪 Pig	马来西亚艾可有限公司 EcoFeedSdn.Bhd., Malaysia	2007.04 – 2012.04	
(2007)外饲准字 110 号	猫干粮 DryFoodforCat	领先成猫干粮(鸡肉红萝卜和鲑鱼鳀鱼口味) LiderCatsSa-bores[SR]DryFood (Chicken&Car rotand-Salmon&An-chovetaforAdul tCats)	配合饲料 Compound-Feed	成猫 Adultcat	巴西达拓宠物食品公司 TOTALAlimentosS.A., Brazil	2007.04 – 2012.04	
(2007)外饲准字 111 号	狗干粮 DryFoodforDog	领先成犬干粮(鸡肉和马铃薯口味) LiderChips[SR] DryFood (Chickenand-Potato-forAdultDogs)	配合饲料 Compound-Feed	成狗 Adultdog	巴西达拓宠物食品公司 TOTALAlimentosS.A., Brazil	2007.04 – 2012.04	

登记证号	通用名称	商品名称	产品类别	使用范围	生产厂家	有效期限	备注
(2007)外饲准字 112 号	狗干粮 DryFoodforDog	秀美超能小型犬幼犬干粮 Superme Fil-hotesMiniePeaquenoPorteS-RDryFood	配合饲料 Compound-Feed	幼狗 Puppy	巴西达拓宠物食品公司 TOTALAlimentosS.A., Brazil	2007.04 – 2012.04	
(2007)外饲准字 113 号	狗干粮 DryFoodforDog	秀美超能小型犬成犬干粮 SupermeAdul-to-MiniePeaueno PorteSRDry-Food	配合饲料 Compound-Feed	成狗 Adultdog	巴西达拓宠物食品公司 TOTALAlimentosS.A., Brazil	2007.04 – 2012.04	
(2007)外饲准字 114 号	狗干粮 DryFoodforDog	秀美超能小型犬老年犬干粮 SupermeSe-niorMiniePeau enoPorteS-RDryFood	配合饲料 Compound-Feed	老年狗 Olddog	巴西达拓宠物食品公司 TOTALAlimentosS.A., Brazil	2007.04 – 2012.04	
(2007)外饲准字 115 号	狗干粮 DryFoodforDog	百博幼犬干粮 BigBossJu-nior[SR]DryFood (forPuppies)	配合饲料 Compound-Feed	幼狗 Puppy	巴西达拓宠物食品公司 TOTALAlimentosS.A., Brazil	2007.04 – 2012.04	
(2007)外饲准字 116 号	狗干粮 DryFoodforDog	百博成犬干粮(鸡肉口味) BigBossMaxi-moDesempen-ho[SR]DryFood (Chicken-forAdultDogs)	配合饲料 Compound-Feed	成狗 Adultdog	巴西达拓宠物食品公司 TOTALAlimentosS.A., Brazil	2007.04 – 2012.04	
(2007)外饲准字 117 号	狗干粮 DryFoodforDog	力派均衡幼犬干粮 EquilibrioFil-hotes[SR]DryFood (forPuppies)	配合饲料 Compound-Feed	幼狗 Puppy	巴西达拓宠物食品公司 TOTALAlimentosS.A., Brazil	2007.04 – 2012.04	
(2007)外饲准字 118 号	狗干粮 DryFoodforDog	力派均衡成犬干粮 EquilibrioAd-ultos[SR]DryFood (forAdult-Dogs)	配合饲料 Compound-Feed	成狗 Adultdog	巴西达拓宠物食品公司 TOTALAlimentosS.A., Brazil	2007.04 – 2012.04	

登记证号	通用名称	商品名称	产品类别	使用范围	生产厂家	有效期限	备注
(2007)外饲准字 119 号	猫干粮 DryFoodforCat	力派均衡幼猫干粮 Equilibri-oGatosFil-hotes[SR]DryFood (forKittens)	配合饲料 Compound-Feed	幼狗 Kitten	巴西达拓宠物食品公司 TOTALAlimentosS.A., Brazil	2007.04－2012.04	
(2007)外饲准字 120 号	猫干粮 DryFoodforCat	力派均衡成猫干粮 Equilibri-oGatosAdul-tos[SR]DryFood (forAdultCats)	配合饲料 Compound-Feed	成猫 dultcat	巴西达拓宠物食品公司 TOTALAlimentosS.A., Brazil	2007.04－2012.04	
(2007)外饲准字 121 号	斑蝥黄 Canthaxanthin	加丽红 15% JiaLiHong15%	饲料着色剂 FeedPigment	家禽 Poultry	帝斯曼营养产品法国有限公司 DSMNutritionalProducts-FranceSAS, France	2007.04－2012.04	
(2007)外饲准字 122 号	植酸酶(产自米曲霉) Phytase (byAspergilluso-ryzae)	乐多仙®植酸酶 P5000（包被颗粒） RONOZYME® P5000(CT)	饲料酶制剂 FeedEnzyme	猪和家禽 Swineand-poultry	丹麦诺维信公司 NovozymesA/S, Denmark	2007.04－2012.04	
(2007)外饲准字 123 号	丙酸、丙酸铵、斑脱土和海泡石 PropionicAcid, AmmoniumPropi-onate, Bentonite－Montmorillonite-andSepiolite	宜可富迈可 IQFMI-COBAN® Pre-mix	饲料防霉剂 FeedMould-Inhibitor	所有动物 Allanimal	西班牙宜可富化学及药品开发有限公司 InvestigacionsQuimicasYFar-maceuticas, S.A., Spain	2007.04－2012.04	
(2007)外饲准字 124 号	肉粉 MeatMeal	鸡肉粉 PoultryMeat-Meal	蛋白质饲料 ProteinFeed	猪和水产 Pigan-daquaculture	新西兰 N.Z. 鱼产品有限公司 N.Z.FishProductsLtd., NewZealand	2007.04－2012.04	
(2007)外饲准字 125 号	鱼粉 Fishmeal	白鱼粉(一级) WhiteFishmeal (I)	蛋白质饲料 ProteinFeed	乳猪和水产 Pigletan-daquaculture	阿根廷 Marplatense 工业合作有限公司 CooperativaMarplatensede-pescaeIndustrializacionLimi-tada, Argentina	2007.04－2012.04	
(2007)外饲准字 126 号	鱼粉 Fishmeal	阿拉斯加牌白鱼粉(特级) AlaskaBrands WhiteFishmeal (Superfine)	蛋白质饲料 ProteinFeed	反刍动物除外 Animalexcep-truminant	美国 Golden 阿拉斯加海鲜有限公司(工船加工) GoldenAlaskaSeafoods, LLC, USA (ProducedinFacto-ryVessel:M/VGoldenAlaska)	2007.04－2012.04	

登记证号	通用名称	商品名称	产品类别	使用范围	生产厂家	有效期限	备注
(2007)外饲准字 127 号	鱼粉 Fishmeal	北太平洋白鱼粉(三级) NorthPacificWhiteFishmeal(Ⅲ)	蛋白质饲料 ProteinFeed	反刍动物除外 Animalexceptruminant	美国 Supreme 阿拉斯加海鲜公司(工船加工) SupremeAlaskaSeafoods, Inc, USA (ProducedinFactoryVessel:M/VExcellence)	2007.04 – 2012.04	
(2007)外饲准字 128 号	鱼粉 Fishmeal	ICICLE®白鱼粉(特级) ICICLE® WhiteFishmeal (Superfine)	蛋白质饲料 ProteinFeed	水产动物 Aquaculture	美国 Icicle 海鲜公司 (工船加工) IcicleSeafoods, Inc, USA (ProducedinFactoryVessel:M/VNorthernVictor)	2007.04 – 2012.04	
(2007)外饲准字 129 号	鱼粉 Fishmeal	秘鲁红鱼粉(一级) PeruvianRedFishmeal(Ⅰ)	蛋白质饲料 ProteinFeed	反刍动物除外 Animalexceptruminant	秘鲁 Mediterraneo 渔业公司 TambodeMora 工厂 MediterraneoFishS.A.C., TambodeMoraPlant, Peru	2007.04 – 2012.04	
(2007)外饲准字 130 号	鱼粉 Fishmeal	秘鲁红鱼粉(一级) PeruvianRedFishmeal(Ⅰ)	蛋白质饲料 ProteinFeed	反刍动物除外 Animalexceptruminant	秘鲁 NegociosAtenea 公司 Pacocha 工厂 NegociosAteneaS.A.C., PacochaPlant, Peru	2007.04 – 2012.04	
(2007)外饲准字 131 号	鱼粉 Fishmeal	秘鲁红鱼粉(一级) PeruvianRedFishmeal(Ⅰ)	蛋白质饲料 ProteinFeed	反刍动物除外 Animalexceptruminant	秘鲁 Marinos 产品加工公司 Ilo 工厂 ProcesadoradeProductosMarinosS.A., IloPlant, Peru	2007.04 – 2012.04	
(2007)外饲准字 132 号	乳清粉和酵母粉 WheyandDriedYeast	百泰-A GroBiotic® A	蛋白质饲料 ProteinFeed	水产动物 Aquaculture	美国国际原料公司 InternationalIngredientCorp., USA	2007.04 – 2012.04	
(2007)外饲准字 133 号	鱼饲料 FishFeed	海丰宝增红增色极品(中粒/浮上性) HaiFengBohChernHongFishFood(M)	配合饲料 CompoundFeed	鲷 Cichlidfish	台湾海丰饲料有限公司 HaiFengFeedsCo., Ltd.	2007.04 – 2012.04	
(2007)外饲准字 134 号	酸化乳清和棕榈油 AcidWheyandPalmOil	酸化乳清粉 Pictacid40PA.O	能量饲料 EnergyFeed	乳猪 Piglet	法国宝莱蛋白质公司 BonilaitProteins, France	2007.06 – 2012.06	续展登记
(2007)外饲准字 135 号	蛋氨酸铬 ChromiumMethionineChelate	美铬佳 1000 MiCroPlex1000	矿物质饲料添加剂 MineralFeedSupplement	生长育肥猪 Growing –finishingPig	美国金宝公司 ZinproCorporation, USA	2007.06 – 2012.06	续展登记
(2007)外饲准字 136 号	蛋氨酸铬 ChromiumMethionineChelate	美铬佳 3% MiCroPlex3%	矿物质饲料添加剂 MineralFeedSupplement	生长育肥猪 Growing –finishingPig	美国金宝公司 ZinproCorporation, USA	2007.06 – 2012.06	续展登记

登记证号	通用名称	商品名称	产品类别	使用范围	生产厂家	有效期限	备注
(2007)外饲准字 137 号	水合硅铝酸钠钙 HydratedSodium-CalciumAlumi-nosilicate	霉可脱-AZ MYCOADA-Z	饲料添加剂 FeedAdditive	所有动物 Allanimal	美国南方矿产品公司 SouthernClayProducts, Inc., USA	2007.06 - 2012.06	
(2007)外饲准字 138 号	鱼粉 Fishmeal	三文鱼红鱼粉(一级) SalmonRed-Fishmeal(Ⅰ)	蛋白质饲料 ProteinFeed	反刍动物除外 Animalexcep-truminant	智利 LosGlaciares 有限公司 LosGlaciaresS.A., Chile	2007.06 - 2012.06	
(2007)外饲准字 139 号	鱼油 FishOil	三文鱼油 SalmonFishoil	能量饲料 EnergyFeed	水产动物 AquaticAni-mal	智利 LosGlaciares 有限公司 LosGlaciaresS.A., Chile	2007.06 - 2012.06	
(2007)外饲准字 140 号	鱼饲料 FishFeed	海丰自然红观赏鱼饲料(小,中粒/浮上性) HaiFengNa-tureRedFish-Food(S&M)	配合饲料 Compound-Feed	鲷 Cichlidfish	海丰饲料股份有限公司 HaiFengFeedsCo., Ltd.	2007.06 - 2012.06	
(2007)外饲准字 141 号	实验鼠用饲料 LaboratoryRodent-Feed	美福-18 LaboratoryRo-dentDietMF -18	配合饲料 Compound-Feed	实验鼠 Laboratory-MouseandRat	日本东方酵母工业株式会社千叶工厂 OrientalYeastCo., Ltd., ChibaFactory, Japan	2007.06 - 2012.06	
(2007)外饲准字 142 号	肉骨粉 MeatandBoneMeal	牛肉骨粉 Bovine-MeatandBone-Meal	蛋白质饲料 ProteinFeed	反刍动物除外 Animalexcep-truminant	乌拉圭 Grinsol 公司 GrinsolS.A., Uruguay	2007.06 - 2012.06	
(2007)外饲准字 143 号	肉骨粉 MeatandBoneMeal	混合肉骨粉(牛羊猪) Mixed-MeatandBone-Meal(Bovine, OvineandPig)	蛋白质饲料 ProteinFeed	反刍动物除外 Animalexcep-truminant	新西兰 KeepItClean 有限公司 KeepItCleanLimited, NewZealand	2007.06 - 2012.06	
(2007)外饲准字 144 号	鱼粉 Fishmeal	鲤鱼牌红鱼粉(三级) IkanPros-esRedFishmeal(Ⅲ)	蛋白质饲料 ProteinFeed	反刍动物除外 Animalexcep-truminant	马来西亚振潮兴鱼粉股份公司 ChinTeowHinFishmealSdn. Bhd., Malaysia	2007.06 - 2012.06	
(2007)外饲准字 190 号	维生素 A 乙酸酯 VitaminAAcetate	露他维® A500S Lutavit® A500S	饲料级维生素 Vitamin-FeedGrade	所有动物 Allanimal	德国巴斯夫公司 BASFAktiengesellschaft, Germany	2007.11 - 2012.11	续展登记
(2007)外饲准字 191 号	维生素 E 乙酸酯 VitaminEAcetate	露他维® E50S Lutavit® E50S	饲料级维生素 Vitamin-FeedGrade	所有动物 Allanimal	德国巴斯夫公司 BASFAktiengesellschaft, Germany	2007.11 - 2012.11	续展登记

登记证号	通用名称	商品名称	产品类别	使用范围	生产厂家	有效期限	备注
(2007)外饲准字 192 号	鲍鱼饲料 AbaloneFeed	东立牌九孔鲍鱼饲料 TungLiBrand-AbaloneFeed	配合饲料 Compound-Feed	鲍鱼 Abalone	东立饲料工业股份有限公司 TungLiFeedIndustrialCo., Ltd.	2007.11－2012.11	续展登记
(2007)外饲准字 193 号	鱼饲料 FishFeed	丸九鱼饵（天下无双）MarukyuFish-ingBait (#1342Tenkmusou)	配合饲料 Compound-Feed	鱼 Fish	日本丸九株式会社 MarukyuCo., Ltd., Japan	2007.11－2012.11	
(2007)外饲准字 194 号	鱼粉 FishMeal	南非红鱼粉（一级）SouthAfricanRedFishmeal（Ⅰ）	蛋白质饲料 ProteinFeed	反刍动物除外 Animalexcep-truminant	南非圣海伦娜港湾渔业有限公司 STHelenabayFishingIndus-triesLimited, SouthAfrica	2007.11－2012.11	
(2007)外饲准字 195 号	鱼粉 FishMeal	阿曼红鱼粉（一级）OmanRed-Fishmeal(Ⅰ)	蛋白质饲料 ProteinFeed	反刍动物除外 Animalexcep-truminant	阿曼鱼粉鱼油制造厂 FishMealandOilFactoryLLC, Oman	2007.11－2012.11	
(2007)外饲准字 196 号	维生素 A 乙酸酯 VitaminAAcetate	麦可维™A 水分散型 500 Mi-crovit™AProsol 500	饲料级维生素 Vitamin-FeedGrade	所有动物 Allanimal	安迪苏法国有限公司 AdisseoFranceS.A.S., France	2007.11－2012.11	
(2007)外饲准字 197 号	维生素 A 乙酸酯 VitaminAAcetate	麦可维™A 超性能型 1000 Microvit™A-Supra1000	饲料级维生素 Vitamin-FeedGrade	所有动物 Allanimal	安迪苏法国有限公司 AdisseoFranceS.A.S., France	2007.11－2012.11	
(2007)外饲准字 198 号	维生素 E 乙酸酯 VitaminEAcetate	麦可维™E 混合型 50 Microvit™ EPromix50	饲料级维生素 Vitamin-FeedGrade	所有动物 Allanimal	安迪苏法国有限公司 AdisseoFranceS.A.S., France	2007.11－2012.11	
(2007)外饲准字 199 号	D-生物素 D-Biotin	麦可维™混合型生物素 2000 Microvit™H-Promix2000	饲料级维生素 Vitamin-FeedGrade	猪和鸡 Pigandpoultry	安迪苏法国有限公司 AdisseoFranceS.A.S., France	2007.11－2012.11	
(2007)外饲准字 200 号	DL-蛋氨酸 DL-Methionine	罗迪美™-NP99 Rhodimet™-NP99	饲料级氨基酸 AminoAcid-FeedGrade	所有动物 Allanimal	安迪苏法国有限公司 AdisseoFranceS.A.S., France	2007.11－2012.11	
(2007)外饲准字 201 号	蛋氨酸羟基类似物 DL -Methionine-HydroxyAnalogue	罗迪美 TMAT88 Rhodimet™AT 88	饲料级氨基酸 AminoAcid-FeedGrade	所有动物 Allanimal	安迪苏西班牙公司 AdisseoSpainS.A., Spain	2007.11－2012.11	

登记证号	通用名称	商品名称	产品类别	使用范围	生产厂家	有效期限	备注
(2007)外饲准字 202 号	水合硅铝酸钠钙 HydratedSodium-CalciumAlumi-nosilicate	霉可脱-DFM YCO-ADDF	饲料添加剂 FeedAdditive	猪、鸡和奶牛 Pig,poul-tryandcow	美国南方矿产品公司 SouthernClayProducts,Inc.,USA	2007.11 - 2012.11	
(2007)外饲准字 203 号	水合硅铝酸钠钙 HydratedSodium-CalciumAlumi-nosilicate	百霉净 Elisorb	饲料添加剂 FeedAdditive	所有动物 Allanimal	新加坡威发药业有限公司 VetpharmLaboratories(S)Pte. Ltd.,Singapore	2007.11 - 2012.11	
(2007)外饲准字 204 号	维生素 E、C 和大豆磷脂 VitaminE、Cand-SoybeanLecithin	圆环克 Circolin®	饲料添加剂 FeedAdditive	猪 Pig	德国麦尔威股份有限公司 MIAVITGmbH,Germany	2007.11 - 2012.11	
(2007)外饲准字 205 号	牛至香酚 OreganoCarvacrol (Origanu-maetheroleum)	好力高 5%粉末 Orego-Stim5% Powder	饲料添加剂 FeedAdditive	猪和家禽 Pigandpoultry	英国美力盾动物健康有限公司 MeridenAnimalHealth,UK	2007.11 - 2012.11	续展登记
(2007) 外饲准字 206 号	乳清粉 Whey Powder	低蛋白乳清粉 Deproteinized Dairy Whey	能量饲料 Energy Feed	仔猪和犊牛 Piglets and calf	美国奶品特殊品公司(专为美国国际生物营养有限公司生产) Milk Specialties Company, USA (Produce for Bio-Nutrition International, Inc., USA)	2007.11-2012.11	续展登记

饲料质量监督与检验

为加强饲料及畜产品质量安全监督管理，保障养殖动物产品质量安全，根据农业部《关于开展 2007 年饲料质量安全监测工作的通知》（农办牧 [2007]2 号）的年度计划，按照畜牧业司（全国饲料工作办公室）统一部署，国家饲料质检中心等 33 家部省级饲料质检机构 2007 年对全国 30 个省（区、市）的饲料生产、经营和使用环节的饲料产品质量、瘦肉精等违禁药物、反刍动物饲料中牛羊源性成分等进行了监督抽查，并对国产和进口饲料添加剂标签、生产许可证和批准文号进行了检查。

一、监测结果总体情况

1.饲料产品质量安全监测。对全国 30 个省（区、市）4 124 家饲料生产、经营企业的饲料产品进行了抽检，抽查检测 6 627 批次，合格 5 896 批次，总合格率为 88.97%。与 2006 年相比（89.38%）下降 0.41%，其中配合饲料合格率为 88.21%，浓缩饲料合格率为 90.61%，复合预混合饲料的合格率为 96.04%，微量元素预混合饲料的合格率为 85.26%，维生素预混合饲料合格率为 86.67%，国产饲料添加剂合格率为 88.10%，进口饲料添加剂合格率为 95.03%，动物源性饲料合格率为 73.45%，进口宠物饲料合格率为 91.04%。不同饲料产品合格率对比见图 1。

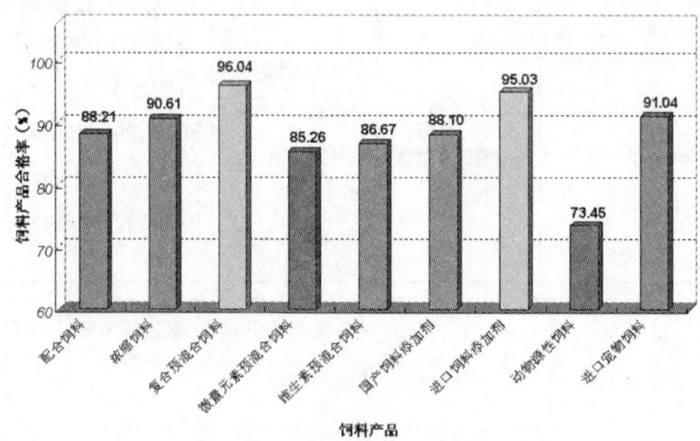

图 1　不同饲料产品合格率

2.瘦肉精等违禁药物专项整治监测。（1）饲料中瘦肉精等违禁药物专项监测。对全国 30 个省（区、市）3 186 个饲料生产、经营企业和养殖场（户）的饲料产品进行了抽检，抽查检测 5 898 批次，违禁药物检出 44 批次，检出率为 0.75%。与 2006 年（1.39%）相比下降 0.64%，其中抽检猪配合饲料 1 836 批次，检出 2 批次，检出率为 0.11%，比 2006 年（0.23%）相比下降 0.12%；禽配合饲料 1 599 批次，检出 20 批次，检出率为 1.25%，比 2006 年（2.61%）相比下降 1.36%；水产配合饲料 574 批次，检出 17 批次，检出率为 2.96%，比 2006 年（4.26%）相比下降 1.30%；生猪尿液 1 889 批次，检出 5 批次，检出率为 0.26%。违禁药物检出率对比见图 2。

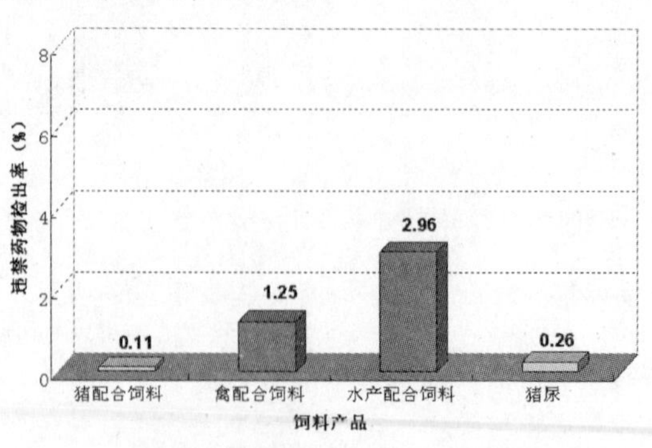

图 2　饲料及猪尿中违禁药物检出率

(2)重点省份瘦肉精等违禁药物专项监测。对浙江、江西等2省的8个屠宰场进行监测,抽检猪尿样品1 020批次,检出违禁药物11批次,检出率为1.08%,其中检出盐酸克仑特罗和莱克多巴胺分别为11批次和0批次,检出率分别为1.08%和0。检测了河北、浙江、江西、河南、湖北、湖南等6省的15个县(市)的988个养殖场(户)的猪尿样品3542批次,检出盐酸克仑特罗或莱克多巴胺15批次,检出率为0.42 %。养殖场猪尿样品中违禁药物检出率比2006年(1.31%)下降0.89%,其中检出盐酸克仑特罗12批次、莱克多巴胺3批次,检出率分别为0.34%和0.08%。违禁药物检出率见图3。

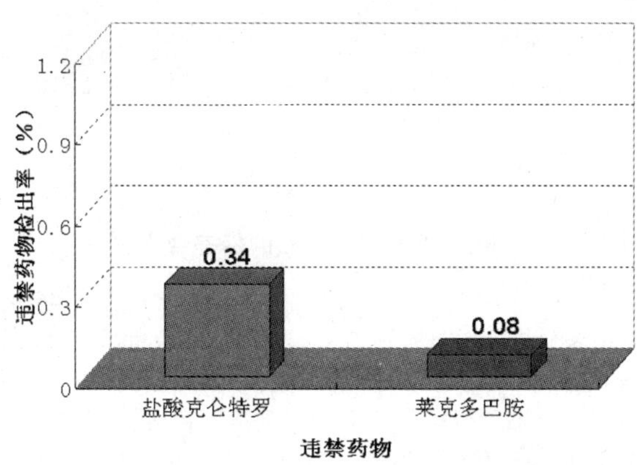

图3 违禁药物检出率

3.反刍动物饲料中牛羊源性成分例行监测。对全国24个省(区、市)3 672个生产、经营反刍动物饲料和动物源性饲料企业和2 434个牛羊养殖场(户)进行了抽检,抽查检测饲料样品8 974批次,检出含有牛羊源性成分的126批次,检出率为1.40%。比2006年(1.64%)下降0.24%,其中牛羊商品饲料3 702批次,检出率为1.21%;牛羊养殖场(户)自配饲料4 380批次,检出率为1.14%;国产动物源性饲料647批次,检出率为2.01%;进口动物源性饲料248批次,检出率为1.21%。检出牛源性成分122批次,检出率为1.36%;检出羊源性成分27批次,检出率为0.30%;同时检出牛源性和羊源性成分23批次。牛源性成分的检出率比羊源性成分的检出率高出1.06%。不同饲料产品中牛羊源性成分的检出率对比见图4。

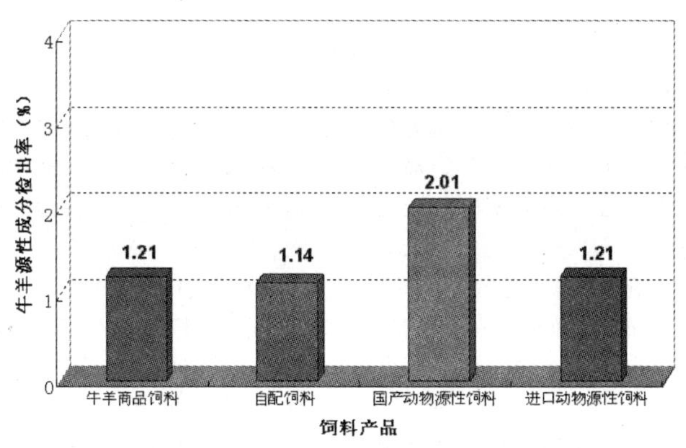

图4 不同饲料产品中牛羊源性成分的检出情况

4.饲料标签检查。共检查饲料产品标签8 514份,合格7 506份,标签合格率为88.16%。比2006年(86.03%)上升2.13%,其中检查配合饲料和浓缩饲料标签4 609份,合格率为92.54%;检查添加剂预混合饲料标签1 486份,合格率为90.17%;检查饲料添加剂标签366份,合格率为84.70%;检查进口饲料添加剂标签181份,合格率为88.95%;检查进口宠物饲料标签201份,合格率为88.56%,检查动物源性饲料标签755份,合格率为48.21%。不同饲料产品的标签合格率见图5。

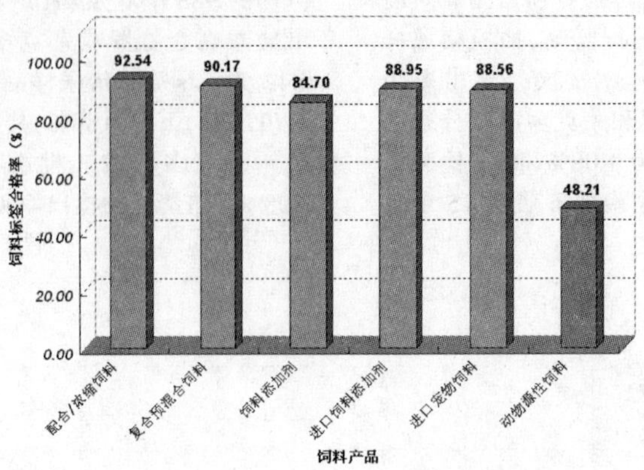

图 5　不同饲料产品的标签合格率

二、监测结果分析

1.饲料产品质量安全监测结果分析。不同饲料产品质量状况比较:(1)配合饲料和浓缩饲料。共监测 3 995 批次配合饲料和浓缩饲料产品，不合格产品 440 批次,不合格率为 11.01%。不合格产品中有 240 批次饲料粗蛋白质不合格,占不合格配合饲料和浓缩饲料产品的 54.55%。主要原因:一是由于 2007 年鱼粉、豆粕等蛋白原料价格继续攀高,而饲料销售价格不能同步提高,少部分企业为降低成本调整了饲料配方蛋白质用量。二是部分规模较小的企业质量意识淡薄,工作不到位,对产品质量监控不严。三是存在标签上虚高营养成分的故意行为,标示高含量以迎合市场需要的现象。四是猪配合饲料监测项目锌不合格也较为突出,共 50 批次,占配合饲料不合格产品的 15.70%。主要原因是人为大剂量添加锌元素以迎合市场需要。配合饲料和浓缩饲料的卫生指标主要是镉、铅、黄曲霉毒素 B_1、沙门氏菌超标。

(2)动物源性饲料。共抽查 469 个生产、经营企业的动物源性饲料产品 565 批次,合格 415 批次,合格率为 73.45%。在 150 批次不合格的动物源性饲料产品中,有 94 批次是鱼粉,约占 6 成。主要不合格项为砂分指标,不合格率为 11.85%。其次是胃蛋白酶消化率较低,不合格率为 9.64%。造成鱼粉砂分超标的主要原因:一是鱼粉生产工艺落后、设备简陋、陈旧;二是没有严格执行《动物源性饲料产品安全卫生管理办法》;三是不排除人为掺杂。

(3)添加剂预混合饲料。抽检添加剂预混合饲料 1 290 批次,合格 1 223 批次,合格率为 94.81%(见附表 1)。其中复合预混合饲料合格率为 96.04%,微量元素预混合饲料合格率为 85.26%，维生素预混合饲料合格率为 86.67%。

预混合饲料不合格指标有:水分、铅(指复合预混合饲料)、主含量(指维生素预混合饲料)。水分超标 30 批次,占 67 批次不合格预混合饲料的 44.78%。铅超标 14 批次，占 45 批次不合格复合预混合饲料的 31.11%。铅超标主要是所使用的矿物质添加剂质量低劣所致。8 批次不合格维生素预混合饲料中 7 批次主含量不合格,其中 6 批次主含量为 0。

(4)国产饲料添加剂。抽检饲料添加剂 395 批次,合格 348 批次,合格率 88.10%。其中矿物质合格率为 90.95%，维生素合格率为 84.93%，氨基酸合格率为 83.33%。主含量不达标 26 批次,占不合格样品(47 批次)的 55.32%。

抽检维生素添加剂 146 批次,其中氯化胆碱 133 批次,合格 112 批次,氯化胆碱合格率 84.21%。氯化胆碱主含量为 0 或接近 0(含量 5%以下)的 13 批次,占氯化胆碱不合格品的 61.90%。不合格氯化胆碱中,绝大部分来源于经营环节。主含量不达标主要是造假所致,经营环节的氯化胆碱质量问题严重。

(5) 进口饲料添加剂。共抽查进口饲料添加剂 181 批次,合格 172 批次,合格率为 95.03%,比 2006 年(97.70%)下降 2.67%,其中抽查氨基酸类产品 109 批次,合格率为 100%;维生素类产品 54 批次,合格率为 94.44%;微量元素类产品 7 批次,合格 5 批次,合格率为 71.43%;其它添加剂产品 11 批次,合格 7 批次,合格率为 63.64%。

(6)进口宠物饲料。共抽查北京、上海、天津、重庆四个直辖市的 72 家宠物饲料经销单位的进口宠物饲料产品 201 批次。其中,狗干粮 123 批次、狗罐头 18 批次、猫干粮 46 批次和猫罐头 14 批次。检测了产品的营养指标和卫生指标,产品合格 183 批次,合格率为 91.04%,比 2006 年(92%)下降 0.96%;检查 201 个产品标签，标签合格 178 批次，合格率 88.56%,比 2006 年(66.98%)上升 21.58%。

2. 瘦肉精等违禁药物专项整治监测结果分析。(1) 饲料及猪尿中瘦肉精等违禁药物监测结果分析:A.猪配合饲料。抽查检测猪配合饲料 1836 批次,检出违禁药物 2 批次,检出率为 0.11%,其中生长育肥猪配合饲料中检出莱克多巴胺 1 批次，未检出盐酸克伦特罗。仔猪配合饲料中呋喃唑酮检出 0 批次，地西泮检出 1 批次。2006 年猪配合饲料中违禁药物的检出率为 0.23%；B.蛋禽育成期及肉禽配合饲料。抽查检测蛋禽育成期及肉禽配合饲料 905 批次，检出喹乙醇 20 批次，检出率为 2.21%。2006 年蛋禽育成期及肉禽配合饲料中喹乙醇的检出率为 2.54%；C.蛋禽产蛋期配合饲料。抽查蛋禽产蛋期配合饲料 694 批次，苏丹红检出率为 0；D.水产配合饲料。水产配合饲料中没有检出呋喃唑酮和氯霉素。抽检的 513 批次草鱼、鲤鱼等水产配合饲料中，检出喹乙醇 17 批次，检出率为 3.31%。与 2006 年(4.26%)相比下降 0.95%；E.养殖场(户)的生猪尿液。抽检养殖场(户)的生猪尿液 1 889 批次，分别检出盐酸克伦特罗和莱克多巴胺 2 批次和 3 批次，检出率为 0.11%和 0.16%。

(2) 饲料及猪尿中不同违禁药物检出情况对比。检测盐酸克伦特罗 2 916 批次，检出 2 批次，检出率为 0.07%；检测莱克多巴胺 2 916 批次，检出 4 批次，检出率为 0.14%；检测苏丹红 694 批次，检出 0 批次；检测呋喃唑酮 870 批次，检出 0 批次，比 2006 年(0.26%)下降 0.26%；检测地西泮 809 批次，检出 1 批次，检出率为 0.12%，与 2006 年(0.13%)基本持平；检测喹乙醇 1 418 批次，检出 37 批次，样品不合格率 2.61%，比 2006 年(2.99%)下降 0.38%；检测氯霉素 574 批次，检出 0 批次。由此可见，饲料中苏丹红、呋喃唑酮、氯霉素违规使用已经基本得到了抑制，而喹乙醇的违规使用情况依然存在，禽配合饲料和水产配合饲料中添加喹乙醇的问题仍然突出。饲料及猪尿中不同违禁药物检出率对比见图 6。

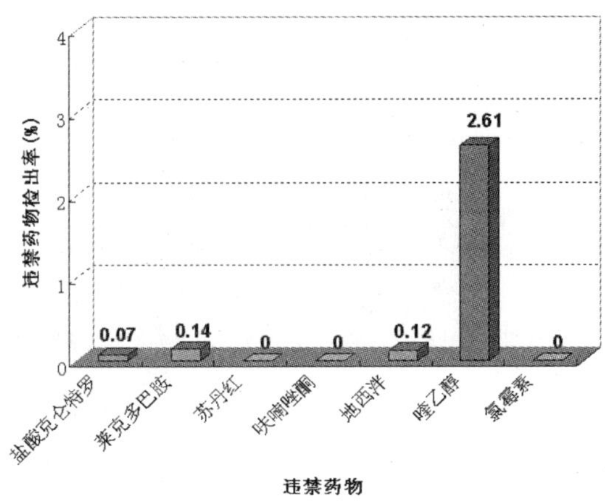

图 6 饲料及猪尿中不同违禁药物检出率(%)

(3) 重点省瘦肉精等违禁药物专项监测结果分析。对河北、浙江、江西、河南、湖北、湖南等 6 省份的 15 县 81 个乡镇 247 个村的 988 个养殖场(户)进行监测，抽检猪尿样品 3542 批次，分别检出盐酸克伦特罗和莱克多巴胺 12 批次和 3 批次，检出率为 0.34%和 0.08%。2006 年的检出率分别为 0.52%和 0.79%。15 批次阳性样品来自 8 家养殖场(户)，场(户)检出率为 0.81%，比 2006 年(1.85%)下降 1.04%。对浙江、江西 2 省的 8 屠宰场进行监测，抽检猪尿样品 1020 批次，检出 11 批次，检出率为 1.08%。检出盐酸克伦特罗 11 批次，没有检出莱克多巴胺。浙江省抽检 597 批次，检出盐酸克伦特罗 7 批次，检出率 1.17%；江西省抽检 423 批次，检出盐酸克伦特罗 4 批次，检出率 0.95%。

3. 反刍动物饲料中牛羊源性成分例行监测结果分析。不同饲料产品中牛羊源性成分检出情况比较：(1) 牛羊商品饲料。共抽查检测牛羊商品饲料 3 702 批次，检出牛羊源性成分 60 批次，检出率为 1.62%，比 2006 年(1.21%)上升 0.41%。在牛羊商品饲料中，添加剂预混合饲料 361 批次，检出 2 批次，检出率为 0.55%；浓缩饲料 1 420 批次，检出 28 批次，检出率为 1.97%；精饲料补充料和配合饲料 1 921 批次，检出 30 批次，检出率为 1.56%(精饲料补充料 1 436 批次，检出 24 批次，检出率为 1.67%；配合饲料 485 批次，检出 6 批次，检出率为 1.24%)。不同牛羊商品饲料中牛羊源性成分检出情况见表 1。2006 年添加剂预混合饲料、浓缩料、精饲料补充料和配合饲料的牛羊源性成分检出率分别为 0.55%、1.21%、0.96%、1.86%。可以看出，浓缩饲料和精饲料补充料的检出率分别上升了 0.76%和 0.71%，2007 年牛羊商品饲料的检出率上升主要由浓缩饲料和精料补充料的检出率上升拉动的。分析原因，主要是牛奶价格回升，个别饲料生产企业为了提高奶产量，添加使用了可能含有牛羊源性成分的鱼粉、肉粉或肉骨粉。

表 1　不同牛羊商品饲料中牛羊源性成分监测结果

饲料品种	样品数	检出数	检出率/%
预混合饲料	361	2	0.55
浓缩饲料	1 420	28	1.97
精料补充料	1 436	24	1.67
配合饲料	485	6	1.24

(2)牛羊养殖场(户)自配饲料。共抽查检测牛羊养殖场(户)自配饲料 4380 批次,检出牛羊源性成分 50 批次,检出率为 1.14%,比 2006 年(2.14%)下降 1%。自配饲料中牛羊源性成分的检出率比牛羊商品饲料的检出率(1.62%)低 0.48%。而在 2006 年,自配饲料中牛羊源性成分的检出率比牛羊商品饲料的检出率高 0.93%(见图 8)。

(3) 动物源性饲料。共抽查检测动物源性饲料 892 批次,检出牛羊源性成分 16 批次,检出率为 1.79%,比 2006 年(2.06%)下降 0.27%。其中进口动物源性饲料检测 248 批次,检出 3 批次,检出率为 1.21%,比 2006 年(1.75%)下降 0.54%;国产动物源性饲料 647 批次,检出 13 批次,检出率为 2.01%,比 2006 年(2.26%)下降 0.25%。国产动物源性饲料的检出率高出进口动物源性饲料的检出率 0.8%。

在动物源性饲料中,抽检进口鱼粉 246 批次,检出牛羊源性成分 3 批次,检出率为 1.22%,比 2006 年(1.75%)下降 0.53%。抽检国产鱼粉 592 批次,检出牛羊源性成分 11 批次,检出率为 1.86%,比 2006 年(1.93%)下降 0.07%。国产鱼粉的检出率高出进口鱼粉的检出率 0.64%(见图 7)。

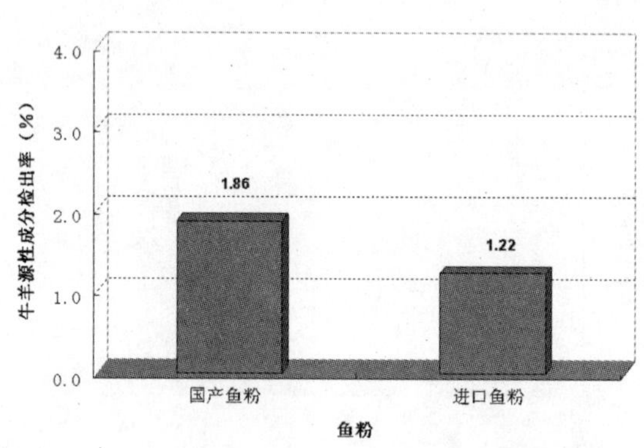

图 7　国产和进口鱼粉中牛羊源性成分检出情况

不同饲料产品中牛羊源性成分检出情况见图 8。

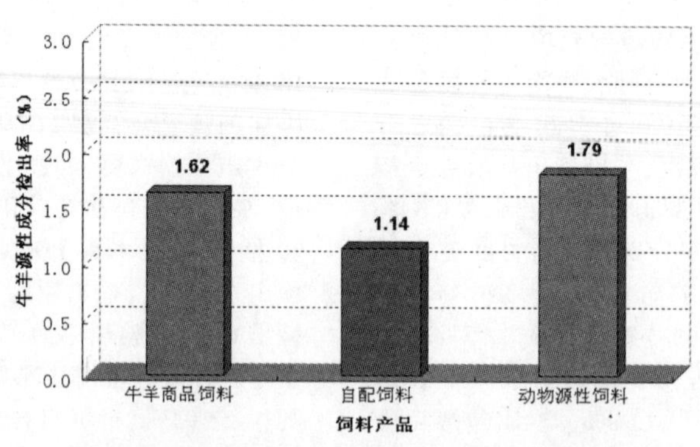

图 8　不同饲料产品中牛羊源性成分检出情况

4.饲料标签专项检查结果分析。饲料标签单项分类统计:除进口饲料和饲料添加剂外,抽查饲料标签 8 132 批次,合格 7 167 批次,合格率为 88.13%,比 2006 年(86.19%)上升 1.94%。从饲料标签 20 个单项检查结果看,与 2006 年同样,不合格项主要是"净重(或净含量)"、"产品成分分析保证值"和"含有药物饲料添加剂的产品"等单项指标。其中"净重(或净含量)"问题最突出,有 390 批次没有使用法定计量单位标明,占不合格总数(3636 批次)的 10.73%;其次有 291 批次产品成分分析保证值与所执行的标准不一致，占全部单项指标不合格总数的8%;"含有药物饲料添加剂的产品"项问题也很严重,有259批次不合格,占不合格总数的7.12%。有216批次的产品成分分析保证值与所执行的标准不一致,占不合格总数的5.94%;有216批次没有标明主要原料及添加剂名称,占不合格总数的5.94%;有213批次产品标准编号不齐全、不准确,占不合格总数的5.86%。

共抽查国产饲料添加剂和添加剂预混合饲料1 686批次,其中生产许可证不合格66批次,不合格率3.91%;批准文号不合格74批次,不合格率4.39%。同时无证无号、假证假号等现象依然存在。

三、存在的问题

1. 粗蛋白含量不足仍然是配合和浓缩饲料合格率下降的主要原因。本次共抽检配合饲料和浓缩饲料产品3 995批次,440批次不合格产品中有240批次为粗蛋白含量不合格,占不合格产品的54.55%。主要原因:一是下半年鱼粉、豆粕等蛋白质原料价格上涨,而饲料销售价格又不能同步提高,企业为降低成本而调整了配方;二是部分规模较小的企业质量意识淡薄,工作不到位,对产品质量监控不严;三是存在标签上虚高营养成分的故意行为,标示高含量以迎合市场需要的现象。粗蛋白是饲料最重要的质量指标,质量指标不合格虽然不会影响畜产品安全,但会直接导致动物生产能力下降、增加养殖成本,影响畜牧业增效和农民增收。

2.现阶段检测方法无法区分有机砷和无机砷,砷超标问题凸显。在现代动物营养学研究中砷元素被认为和硒、碘一样,是动物机体的一种必需元素,但也是有毒有害元素。饲料中的砷主要有两个方面的来源,一是无机砷超标的劣质矿物质添加剂,二是作为动物抗病原微生物和促生长类饲料添加剂的有机砷。砷化物在畜禽体内沉积少,其排泄物中的砷在土壤中大量蓄积,使土壤中的含砷量大幅增加,通过食物链对人体健康造成危害。由于目前的检测方法无法区分有毒的无机砷和相对无毒的有机砷,对砷超标一直没有判定,致使一些无机砷含量超过2 mg/kg标准规定限值和有机胂添加量超过农业部168号公告规定限值的饲料产品大量流入市场,给畜产品安全和环境安全带来隐患。

3.经营环节氯化胆碱质量低劣。本次抽检氯化胆碱133批次,不合格产品21批次,主要是主含量不合格。在不合格品中,主含量为0或接近0(含量5%以下)的劣质产品13批次,占不合格品的61.90%。劣质产品中绝大部分(95.83%)来源于经营环节,经营环节的氯化胆碱质量问题严重。

4. 水产和禽配合饲料中违规使用喹乙醇问题凸显。本次对饲料和猪尿的抽检,未检出苏丹红、呋喃唑酮、氯霉素等违禁药物。但抽检的513批次水产配合饲料中,检出喹乙醇17批次;抽检的905批次蛋禽育成期及肉禽配合饲料中,检出喹乙醇20批次。超范围使用喹乙醇问题凸显。

5.鱼粉掺假现象依然存在。抽检的362批次鱼粉中19批次铬超标,超标率达到5.25%。抽检的838批次鱼粉中有14批次检出含有牛羊源性成分,检出率为1.67%。2006年鱼粉的铬超标率为4.58%,牛羊源性成分检出率为1.85%。说明鱼粉掺假现象依然存在。

6.商品饲料中牛羊源性成分检出率出现反弹。本次抽查,精料补充料、浓缩饲料的牛羊源性成分检出率均比2006年有明显上升。主要原因是为了提高产奶量人为添加和生产过程中的交叉污染。商品反刍动物饲料由于销售范围广,产品流向不易控制,潜在传播"疯牛病"的风险更大,应引起高度重视。

7. 进口饲料添加剂和宠物饲料标签问题亟待规范。大多数生产或经营进口饲料添加剂的企业都能严格执行我国《饲料标签》标准,对产品加贴中文标签,规范标注。但仍有一些产品的标签存在标注不完全的问题,有的企业仍在使用20世纪90年代老标签。宠物饲料标签存在的问题主要是未按规定在包装袋上标注进口登记许可证号,主要成分指标标注不全,没有标注"本产品符合饲料卫生标准"和储存方法,个别产品无中文标签等。

四、对策措施和建议

1. 进一步加大对监督抽查结果的通报和查处力度。进一步扩大对监督抽查结果的通报范围,加大对不合格企业的管理和处罚力度,严格按照《饲料和饲料添加剂管理条例》和《动物源性饲料产品安全卫生管理办法》等规定,对本次抽查中发现的违法违规企业(场、户)进行严肃查处,促进企业增强质量、安全意识,鼓励饲料企业进行HACCP管理等质量体系认证。历年的监督监测结果也证实了经营环节的产品合格率较低,应加强对饲料流通过程的监控,建立必要的管理措施,对流通渠道和过程纳入饲料监管的范围。

2.加大对饲料产品质量指标的抽查力度。近年来由于饲料监督检查的重点放在饲料安全卫生指标,再加上畜产品产量相对过剩,价格持续低迷,与之相关的饲料等行业也进入微利时代。为争夺和维持饲料市场,许多经营者也不得不维持生产。在盈利水平降低到一定程度后,由于经营者极力降低成本,致使饲料的质量有所下降。质量指标不合格虽然不会影响畜产品安全,但会直接导致动物生产能力下降、增加养殖成本,进而影响畜牧业增效和农民增收。因此,产品质量与安全两方面都要加强监测,巩固已取得的成效,全面提高饲料及养殖产品质量安全水平。

3. 加大对畜禽水产养殖环节违规使用违禁药物的监管强度。随着国家对饲料中违法使用违禁药物查处力度的增大和饲料质量安全监测工作的逐年开展，在饲料中违规使用瘦肉精、莱克多巴胺的现象已基本得到了抑制，但实际上养殖环节违规使用违禁药物的现象还依然存在，非法使用违禁药物的行为更加隐蔽。同时，在水产饲料中添加喹乙醇的问题更加突出，因此，需加大对畜禽水产养殖环节违规使用违禁药物的监管强度。

4.开展氯化胆碱等饲料添加剂的专项整治行动。针对氯化胆碱主含量严重不足的问题，建议开展氯化胆碱专项整治行动。对不合格产品和企业进行跟踪监测，跟踪抽样检测样品数可预先列入辖区监控计划。同时，根据饲料质量安全状况的变化，适时开展其他饲料添加剂，如肌醇、甜菜碱、植酸酶的专项整治行动。

5. 加强动物源性饲料和反刍动物饲料产品的安全管理。针对上半年牛羊商品饲料检出率出现反弹的现象，应进一步加强对反刍动物饲料的监管，在对养殖场(户)自配饲料进行重点监管的同时，也不应放松对生产商品反刍动物饲料企业的管理，及时查处违规企业，封杀含有牛羊源性成分反刍动物饲料产品，坚决切断疯牛病传染源。

6.加强对玉米蛋白粉、宠物饲料、动物源性饲料“蛋白精”的专项检测。根据国家饲料质检中心 2007 年 5~7 月对部分省份玉米蛋白粉、宠物饲料、动物源性饲料中三聚氰胺排查结果，建议主管部门加强对三聚氰胺项目的检测。

7.继续完善、规范有关饲料标准的制定工作。针对监测过程中遇到的饲料标准和检测方法存在的问题，需要抓紧做好修订、完善工作。如有机砷的检测标准，浓缩饲料、复合预混合饲料、水产饲料中镉的判定值标准，水产饲料卫生标准等，应尽快组织专家对与饲料质量和产品安全密切相关的难点问题进行攻关，完善统一莱克多巴胺、牛羊源性成分的检测方法；规范提高饲料产品的企业标准，建立企业标准信息库，对企业标准实行社会监督。

（顾君华）

科技与推广

2007年是国家“十一五”科技计划实施的第二年,国家进一步加大对饲料科技创新,特别是饲料蛋白质工程项目的支持力度。国家863计划现代农业技术领域“农业蛋白质工程技术及产品”重点项目立项,项目紧紧围绕国家重大需求,瞄准国际蛋白质工程技术发展前沿,重点突破重要功能新蛋白质的发现、异源蛋白质的高效表达、功能活性肽的分子设计以及工程菌的高密度发酵、过程放大和大规模生产等核心技术,建立农业蛋白质工程研发的创新体系与研究平台,创制有重大应用价值的蛋白质新产品。通过项目的实施,全面提升我国农业蛋白质工程研发的自主创新能力,使我国农业蛋白质工程研发在整体上达到国际先进水平。其中涉及饲料蛋白质工程课题2项,分别是:饲料用酶的分子改良与产品研制,饲料用抗菌肽的分子改良与产品研制。

饲料用酶的分子改良与产品研制重点研究突破饲料用酶分子改良和高效表达的关键技术,实现重大产品的产业化生产,全面提升我国饲料用蛋白质产品研发的自主创新能力,在整体上达到国际先进水平。主要研究内容包括:针对饲料用酶的特殊要求,重点开展最具应用价值和市场急需的木聚糖酶、葡聚糖酶、半乳糖苷酶、甘露聚糖酶、角蛋白酶等饲料用酶的分子改良和产品研制,获得同时具有高比活、耐高温、pH作用范围广、抗胃肠道蛋白酶等高性能的改良酶,构建高效表达工程菌,建立高效发酵生产工艺技术及相关技术标准,实现产业化生产。通过3年的研究实现4种主要饲料用酶的产业化,木聚糖酶、葡聚糖酶、半乳糖苷酶和甘露聚糖酶在工程菌中的表达量≥5g/L,效价分别达到100 000IU/mL、50 000IU/mL、5 000IU/mL和8 000IU/mL,改良酶可耐受饲料制粒温度80℃以上,有效pH范围扩展到2~8,对胃肠道蛋白酶的抗性达到90%以上。

饲料用抗菌肽的分子改良与产品研制课题针对饲料用抗菌肽国内外尚未有规模化生产的现状,建立饲料用抗菌肽分子改良、高效表达及发酵生产技术,开发出饲料专用抗菌肽新产品。主要研究内容包括:针对饲料用抗菌肽的特点和要求,应用蛋白质工程分子设计技术和高效表达技术,开展防御素等抗菌肽的分子改良和产品研制,获得对主要饲料有害真菌和细菌均有高效杀灭作用的广谱抗菌肽,构建高效表达工程菌,建立高密度发酵技术和产品后加工技术,并确立饲料用抗菌肽的产品标准和应用技术规范,实现产业化生产。通过3年研究将实现4~5种抗菌肽产品的产业化生产,抗菌肽的表达量≥2 mg/mL,改良抗菌肽对致病性细菌的半致死浓度达到0.1μg/mL、对致病性真菌的半致死浓度达到0.2μg/mL,建立相应抗菌肽制剂的相关质量标准和应用规范。

国家863计划现代农业技术领域“动植物生物反应器”重点项目也立项开展与饲料相关的研究。重组疫苗与饲用动植物生物反应器课题将开展重组植酸酶等的转基因植物秸秆、种子作为新型饲料或饲料添加剂的功能评价方面的研究并建立相关生产规范。重点研制高效表达植酸酶等蛋白的植物(玉米等)生物反应器,建立饲用植物生物反应器技术体系;研究含重组植酸酶等的转基因植物秸秆、种子作为新型饲料或饲料添加剂的生物学功能;建立相关动植物生物反应器及其产品生产规范。

2007年由浙江省农业科学院,浙江绿嘉园牧业有限公司,宁波舜大股份有限公司完成的“规模化猪、禽环保养殖业关键技术研究与示范”获得了国家科技进步二等奖。项目通过氨基酸平衡技术、酶调控技术和无抗生素饲养技术的创新和集成,成功地解决了猪、禽饲养减排难题。通过猪鸡消化代谢试验,测定饲料蛋白质氨基酸在猪鸡体内的消化代谢规律,建立起包括2 600多个参数的氨基酸消化率参数库。通过动物试验和数学模拟,研究出“动态理想蛋白质模式”,应用这项技术可以配制低蛋白高效配合饲料。项目针对低质饲料消化率低的问题,组织产学研联合攻关,研发出酶制剂系列产品,最终开发出猪禽环保饲料,经实际应用,可使粪尿氮磷减排25%~35%。

2007年国家继续加大科技成果推广力度,饲料科技成果推广立项项目显著增加。科技部农业科技成果转化资金立项支持饲料推广项目14项,国家重点新产品计划立项支持饲料推广项目15项,国家火炬计划立项支持饲料推广项目15项,国家星火计划立项支持饲料推广项目32项。

2007年科技部农业科技成果转化资金支持推广的饲料项目

序号	项目名称	承担单位
1	饲用基因工程酶新产品中试	北京挑战农业科技有限公司
2	食用畜产品安全养殖生产中抗生素替代技术的集成与中试	上海创博生态工程有限公司
3	新型增效微生菌制剂的中试	宿迁苏旺饲料有限公司
4	泰和乌骨鸡功能性预混合饲料配制技术中试与示范	江西农业大学
5	抗菌肽饲料添加剂试产及示范应用	广东暨大基因药物工程研究中心有限公司
6	生物饲料添加剂生产技术中试	贵州柳江畜禽有限公司
7	西藏家畜抗灾过冬育肥饲料生产性示范试验	西藏达氏集团有限责任公司
8	舍饲牛羊营养舔砖开发及补饲技术中试与产业化示范	宁夏农林科学院畜牧兽医研究所(有限公司)
9	一种新型有机硒源饲料添加剂的产业化开发	青岛宝依特生物制药有限公司
10	对虾饲料专用高效益生素转化与示范	中国水产科学研究院南海水产研究所
11	油菜饼粕饲用浓缩蛋白规模化生产装备集成中试	农业部规划设计研究院
12	苜草素饲料添加剂中试生产与应用示范	中国农业科学院北京畜牧兽医研究所
13	新型饲料添加剂藤茶黄酮中试	中国农业科学院饲料研究所
14	菜籽粕(皮)饲用浓缩蛋白、植酸、菜籽多酚制取工艺及成套设备中试	国家粮食储备局武汉科学研究设计院

2007年度国家重点新产品计划立项推广的饲料项目

序号	项目名称	承担单位
1	饲料级微生物添加剂(酿酒酵母)	北京龙科方舟生物工程技术中心
2	无公害复合生物有机饲料	北京加冠兴农生物科技有限公司
3	饲料用甘露聚糖酶	北京伟嘉人生物技术有限公司
4	新型高效安全畜禽免疫增强剂-胞肽	天津市润拓生物技术有限公司
5	蒸汽压片(谷物)玉米饲料	河北凯特饲料集团有限公司
6	富川689增绒保羔催奶浓缩颗粒料	内蒙古巴彦淖尔市富川饲料科技有限责任公司
7	中华鳖配合饲料(稚鳖粉)	福建正源饲料有限公司
8	青贮宝	山东宝来利来生物工程股份有限公司
9	饲料高活性干酵母	安琪酵母股份有限公司
10	新型高效饲用肠溶酶	湖南尤特尔生化有限公司
11	低盐度南美白对虾饲料及添加剂	广东粤海饲料集团有限公司
12	益长素	广东新南都饲料科技有限公司
13	叶黄素	青海泰康生物技术研究所
14	高效舍饲牛羊复合生化核心补充饲料	宁夏大学科技发展公司
15	棉籽低聚糖	北京中棉紫光生物科技有限公司

2007年度国家火炬计划立项推广的饲料项目

序号	项目名称	承担单位
1	资源高产奶牛精补料研制与推广	北京资源亚太饲料科技有限公司
2	木聚糖酶生产技术推广项目	中国农科院饲料研究所
3	抗氧化剂——乙氧基喹啉	宜兴市天石饲料有限公司
4	年产2万t玉米芯载体氯化胆碱(粉剂)	徐州汉威饲料有限公司
5	微囊化半胱胺生物饲料添加剂的研制与产业化	杭州康德权饲料有限公司
6	微生物催化法生产烟酰胺(维生素PP)	浙江来益生物技术有限公司
7	生物发酵法生产无抗原豆粕技术的产业化	浙江中大饲料有限公司
8	溶菌酶高产菌株筛选与发酵	合肥市爱博生物技术有限公司
9	饲用丁酸盐系列生产	新奥(厦门)农牧发展有限公司
10	5000t/年生物发酵法生产D–泛酸钙产业化项目	山东新发药业有限公司
11	安全、经济、高效三阶段乳猪料	山东六和集团有限公司
12	清汤发酵高技术规模化生产核黄素项目	湖北广济药业股份有限公司
13	常温固相法合成饲用有机微量元素的产业化	广州天科生物科技有限公司
14	高活性饲用复合酶产业化生产	宁夏正旺生物技术有限公司
15	双低菜粕制备生态营养配合饲料技术开发及产业化	南通巴大饲料有限公司

2007年度国家星火计划立项推广的饲料项目

序号	项目名称	承担单位
1	高效安全环保型猪饲料规模化生产	中国科学院亚热带农业生态研究所
2	生态型蛋鸡饲料的研制与推广	北京资源亚太饲料科技有限公司
3	绿色安全无抗生素猪预混料的产业化	北京君德同创农牧科技有限公司
4	益生菌移动发酵工艺及无抗发酵饲料	北京肉多多生物科技有限公司
5	秸秆生化生物饲料的开发应用示范	天津商业大学
6	新型水产预混合饲料	天津纳尔生物科技有限公司
7	优质安全配合饲料的研制与开发	海城市三合畜禽有限公司
8	利用畜禽下脚料生产高氨基酸羽血粉饲料项目	铁岭曙光农业发展集团有限公司
9	复合型银杏叶生产饲料添加剂产品开发	徐州新大饲料有限公司
10	无公害饲料添加剂——天然植物提取物制剂“强普素”	镇江天和生物技术有限公司
11	野马追中药材饲料添加剂产业化开发	淮安市康达饲料有限公司
12	家兔新型配合饲料及预混料开发	宿迁市康迪富尔饲料科技有限公司
13	新型安全特种水产饲料研发及产业化	海盐县金利达饲料有限公司
14	年产3.4万t水产、畜禽饲料技术开发	温州虹丰粮油集团公司
15	梭子蟹软颗粒饲料应用推广	宁波市海洋与渔业研究院
16	有机微量元素单晶络合技术与甘氨酸锌的开发	建德市维丰饲料有限公司
17	活性生物无机质预混料产业化生产	福建省新闽科生物科技开发有限公司
18	饲用微胶囊脂肪粉的研究与应用	新奥(厦门)农牧发展有限公司
19	高效环保型海水鱼饲料的研发与产业化	厦门百穗行实业有限公司
20	新型海藻饲料的开发与产业化	青岛明月海藻集团有限公司

序号	项目名称	承担单位
21	绿色生物酶蛋白饲料添加剂规模化生产与推广应用	鹤壁市立世蛋白质饲料有限公司
22	天然植物提取物—绿之素在畜牧业中的开发与应用	河南省金鑫饲料工业有限公司
23	农作物秸秆规模化加工生产优质模块饲料	上蔡豫胜香饽饲草有限责任公司
24	优质淡水鱼饲料产业化开发	荆州市津港饲料有限公司
25	利用猪、牛副产品精深加工保健宠物饲料技术开发与推广	湘潭市福满堂宠物食品有限公司
26	环保型高效畜禽微生态制剂产业化开发	湖南中业科技发展有限公司
27	健康环保水产养殖安全饲料添加剂的综合开发利用	广东省农业科学院畜牧研究所
28	降脂中药饲料添加剂的研制	佛山科学技术学院
29	猪鸡低蛋白日粮配套技术的开发与利用	四川省畜科饲料有限公司
30	绿肥蛋白饲料技术推广与优质肉牛产业化	贵州省织金县科农绿色产业发展有限责任公司
31	无公害肉猪配合饲料技术推广与优质肉猪产业化	遵义市金鼎农业科技有限公司
32	新型复合酶及微生物饲料添加剂的产业化开发	陕西省科学院酶工程研究所

（吴子林）

饲料工业职业技能鉴定

1.2007年1月　畜牧饲料行业指导站在行业内推荐了10个职业技能鉴定站进入“农业高技能人才建设项目单位”,设立并实施该项目,是农业部加强农业高技能人才工作,为发展现代农业和建设社会主义新农村提供人才保障的重要举措。通过该项目的实施,不断改善农业高技能人才培训和鉴定评价条件,完善鉴定手段,提高鉴定评价的科学性、公正性和有效性,促进农业高技能人才队伍建设。

2.2007年2月　劳动和社会保障部、农业部联合颁布“家禽繁殖工”等5项国家职业标准。

3.2007年4月　由劳动部、农业部职业技能鉴定指导中心和畜牧饲料行业指导站人员组成,完成了对山东省饲料监察所职业技能鉴定站质量管理体系认证验收工作。

4.2007年8月　农业部批准21家单位为“农业高技能人才培养金蓝领计划”首批试点单位。河北省畜牧站和新疆畜牧科技培训中心列入其中。启动实施农业高技能人才培养“金蓝领计划”,其目的是通过该计划的试点和探索,逐步建立培养体系完善、评价和使用机制科学、激励和保障措施健全的农业高技能人才工作新机制。促进试点单位加快培养一批结构合理、技能精湛、素质优良的技术技能型、知识技能型和复合技能型的农业高技能人才,不断满足发展现代农业、推进社会主义新农村技能人才的迫切需求。

5.2007年8月　全国畜牧饲料行业职业技能鉴定考评员培训班在延吉举办,共有26个省市的141名考评员参加了培训。

(杜凤杰)

饲料工业标准化

2007 年,饲料工业标准化在标准项目质量管理、标准专项研究、探索国际标准工作等方面下功夫,取得了较好成绩。

一、标准制修订工作取得较大进展

饲料工业标准申报立项、审查和报批是饲料标准委员会的日常管理工作，也是标准化工作的重要内容。2007 年年初,申报了饲料工业国家标准 126 项,目前,已有 75 项通过国标委审查,初步确定立项,在网上进行了公示;2007 年 7 月,申报饲料工业农业行业标准 27 项,其中 8 项被农业部采纳,列入 2008 年农业行业制定和修订项目申报目录中。截止目前,饲料标准委员会共审定标准 15 项,国标 13 项,行标 2 项,审查报批标准共 38 项,其中,国家标准 20 项,农业行业标准 17 项；经国标委和有关行业部门批准发布的饲料工业标准国家标准和行业标准共计 37 项(见表)，国家质检总局颁布的 32 项，农业部颁布的 11 项。其中,《配合饲料中脱氧雪腐镰刀菌烯醇的允许量》《饲料中苏丹红染料的测定 高效液相色谱法》《饲料中三聚氰胺的测定》等都是在饲料行业监管急需的情况下,通过快速程序制定的;另外,2007 年年底年前能完成预审工作的标准约有 20 项。

2007 年，国家质量监督检验检疫总局和国家标准化管理委员会组织开展的“中国标准创新贡献奖”评选活动。《饲料中盐酸克伦特罗的测定》《饲料用大豆粕》分别获“中国标准创新贡献奖”二等奖、三等奖。这是在继 2006 年《饲料标签》获奖的又一次获奖,是对我国饲料工业标准化工作的充分肯定。

表:2007 发布实施的饲料工业国家标准和行业标准目录

序号	标准代号	标准名称
1	GB 13078.3-2007	配合饲料中脱氧雪腐镰刀菌烯醇的允许量
2	GB/T 21033-2007	饲料中免疫球蛋白 IgG 的测定 高效液相色谱法
3	GB/T 21034-2007	饲料添加剂 羟基蛋氨酸钙
4	GB/T 21035-2007	饲料安全性评价 喂养致畸试验
5	GB/T 21036-2007	饲料中盐酸多巴胺的测定 高效液相色谱法
6	GB/T 19371.2-2007	饲料中蛋氨酸羟基类似物的测定 高效液相色谱法
7	GB/T 19542-2007	饲料中磺胺类药物的测定 高效液相色谱法
8	GB/T 21037-2007	饲料中三甲氧苄胺嘧啶的测定 高效液相色谱法
9	GB/T 6438-2007	饲料中粗灰分的测定
10	GB/T 6439-2007	饲料中水溶性氯化物的测定
11	GB/T 21107-2007	动物源性饲料中马、驴源性成分定性检测方法 PCR 方法
12	GB/T 21108-2007	饲料中氯霉素的测定 高效液相色谱串联质谱法
13	GB/T 21100-2007	动物源性饲料中骆驼源性成分定性检测方法 PCR 方法
14	GB/T 21101-2007	动物源性饲料中猪源性成分定性检测方法 PCR 方法
15	GB/T 21102-2007	动物源性饲料中兔源性成分定性检测方法 实时荧光 PCR 方法
16	GB/T 21103-2007	动物源性饲料中哺乳动物源性成分定性检测方法 实时荧光 PCR 方法
17	GB/T 21104-2007	动物源性饲料中反刍动物源性成分(牛、羊、鹿)定性检测方法 PCR 方法
18	GB/T 21105-2007	动物源性饲料中狗源性成分定性检测方法 PCR 方法
19	GB/T 21106-2007	动物源性饲料中鹿源性成分定性检测方法 PCR 方法

序号	标准代号	标准名称
20	GB/T 21264-2007	饲料用棉籽粕
21	NY/T 1258-2007	饲料中苏丹红染料的测定 高效液相色谱法
22	NY/T 1344-2007	山羊用精饲料
23	NY/T 1345-2007	添加剂预混合饲料中肌醇的测定
24	NY/T 1372-2007	饲料中三聚氰胺的测定
25	NY/T 1421-2007	饲料级双乙酸钠
26	NY/T 1444-2007	微生物饲料添加剂技术通则
27	NY/T 1447-2007	饲料添加剂苯甲酸
28	NY/T 1448-2007	饲料辐照杀菌技术规范
29	NY/T 1457-2007	饲料中氟哌酸的测定 高效液相色谱法
30	NY/T 1458-2007	饲料中盐酸异丙嗪、盐酸氯丙嗪、地西泮、盐酸硫利达嗪和奋乃静的同步测定 高效液相色谱法和液相色谱质谱联用法
31	NY/T 1459-2007	饲料中酸性洗涤纤维的测定
32	NY/T 1460-2007	饲料中盐酸克仑特罗的测定 酶联免疫吸附法
33	NY/T 1461-2007	饲料微生物添加剂 地衣芽孢杆菌
34	NY/T 1462-2007	饲料添加剂 B-阿朴-8′-胡萝卜素醛(粉剂)
35	NY/T 1463-2007	饲料中安眠酮的测定 高效液相色谱法
36	NY/T1497-2007	饲料添加剂 大蒜素(粉剂)
37	NY/T1554-2007	饲料粉碎机质量评价技术规范

二、国际标准化工作取得了一些突破

对国际标准及发达国家的标准化体系和现状了解不够清楚，一直是困扰我国饲料工业标准化发展的瓶颈。2007 年，通过努力，我们在饲料工业国际标准化方面取得一些突破。

1.2007 年年初，饲料标准委员会提出申请由 O 成员转变成为 P 成员并获得批准。饲料标准委员成为国际标准化组织食品技术委员会动物饲料分委员会(ISO/TC34/SC10)的国内技术对口单位。

2.协助畜牧业司组团赴美国参加畜牧业、饲料工业质量安全技术法规及标准体系培训。该团原本是 18 人的团，但通知下发后，各省共有 28 位同志报名要求参加，最终通过各方努力，争取到了 25 个出国名额。目前，该团的前期组织工作基本完成。

3. 实质性参与国际标准了国际标准化组织的相关活动。2007 年 4 月，组织秘书处的工作人员及有关专家参加了 CAC 食品添加剂委员会(CCPR)第 39 届会议、CAC 食品中污染物委员会(CCCF)第 1 届会议；2007 年 10 月，推荐中国农业大学张丽英教授到罗马参加 ISO 的有关标准化体系研究的会议。

三、标准体系专项研究成绩显著

1. 饲料标准委员承担的饲料质量安全标准体系研究专项进展顺利。2006 年，饲料标委会获得国家标准化管理委员会下达的“农业标准化重要标准体系专项研究项目--饲料质量安全标准体系研究”课题。在 2006 年饲料质量安全标准体系框架的基础上，抓紧研究，完成了饲料质量安全标准体系表及研究报告初稿。2007 年 6 月中旬，组织召开饲料质量安全标准体系研究项目中期汇报会，向有关部门汇报饲料质量安全标准体系研究项目的进展情况，研究讨论并修改饲料质量安全标准体系表及研究报告初稿。目前，该课题的饲料质量安全标准体系表及研究报告已基本完成，于 2007 年年底组织验收。这项目的完成对建立健全的我国饲料质量安全标准体系，提高我国饲料质量安全监控水平和畜牧养殖产品在国际市场的竞争力，有效地打破国际动物性食品贸易中的技术壁垒等方面具有重要意义。

2.积极参与了《农业和食品标准“十一五”发展规划》的编制。2007 年 1 月下旬，按照有关部门的要求，提出“十一五”期间饲料工业标准科研项目 30 项、标准制、修订项目 528 项，拟参与制定的国际标准项目 27 项的建议。

3.参与了《2008~2010 年资源节约与综合利用标准发展规划》的编制。2007 年 9 月，按照有关部门要求，结合饲料行业标准化工作实际，提出饲料行业资源节约与综合利用国家标准、行业标准基本框架、

2008~2010年重点制修订的相关标准项目22项以及推动资源节约与综合利用标准化工作的措施的建议。

四、加强了项目质量管理，确保标准项目完成质量

严格标准制修订工作程序，确保标准编制质量。为做好标准的起草工作，2007年8月，饲料标准委员组织举办饲料工业标准编制培训班，对标准项目起草专家进行标准编制培训，以确保标准起草质量；另一方面，标委会明确要求起草单位要在标准征求意见的基础上，对标准征求意见稿进行会审，另外，饲料标准委员组织成立了饲料工业标准技术咨询专家组，提前介入标准预审，使标准审查关口前移，确保标准送审稿的质量，为标准技术审查把关。

（粟胜兰）

饲料行业质量认证

2007年中国饲料工业(配合饲料、浓缩饲料、预混合饲料)产量达到1.23亿t,同比增长11.50%。连续3年突破1亿t大关,占世界总产量1/5,连续17年稳居世界第2。但同时饲料工业面临着极大的挑战。一是重大动物疫情,造成畜牧生产不稳定;二是饲料原料价格高涨,饲料企业成本大幅上升;三是饲料市场竞争加剧,违规生产劣质饲料和乱加违禁添加剂时有发生,饲料企业原料监控缺失,极大威胁和影响了畜产品安全质量。

在饲料行业机遇与并存的形势下,北京华思联认证中心在农业部畜牧饲料行业主管部门的指导下,按照国家认监委和认可规范要求,紧紧围绕饲料安全主题,继续推进安全管理体系(HACCP)及饲料产品认证,认真做好良好农业规范(生猪家禽GAP)及FAMI-QS(欧盟饲料添加剂管理体系)认证,充分发挥畜牧饲料技术资源优势,在全国率先为畜牧饲料行业提供专业化质量认证服务,努力提高饲料产品质量,并赢得了业内广泛赞誉,取得了丰硕成果,积累了宝贵经验。

一、启动饲料行业质量认证宣传推广工作

为进一步提高饲料企业对质量认证工作的认识,北京华思联认证中心在北京、上海、天津、广州等地相继举办了ISO9 000和HACCP培训班。通过举办培训班,既进一步在全国饲料企业中宣传HACCP技术对提高饲料产品安全质量作用,同时也培训一大批既懂饲料生产又懂HACCP管理技术的人员。同时,北京华思联认证中心已经在北京、上海、广州、黑龙江、江苏等省、市的63家企业进行了HACCP项目的推广示范试点工作,试点企业涵盖了添加剂预混合饲料、畜禽配合饲料、水产饲料等,北京华思联认证中心先后对各试点企业生产流程进行了详细分析,找出其中关键点,指导企业制定了对应于关键控制点的关键限值、监控程序、纠偏措施及验证程序等,对不恰当参数值进行反复验证,直至满足监控要求。同时还指导部分企业对文件管理、生产记录、监测记录等档案性文件进行系统梳理,规范档案管理。通过项目试点表明在饲料企业实施HACCP管理,使饲料企业的整体素质和生产管理水平得到提升,大大提高产品在市场中的竞争力,同时提高了生产效率、有效降低了不合格产品的出现频次,减少了返工率,从而使产品质量进一步提高。

二、发挥专业技术优势,全面实施配套认证服务

1.ChinaGAP是China Good Agricultural Practice的缩写,意为中国良好农业操作规范。该规范是国家认监委参照国际上公认的良好农业规范标准结合中国农业国情而起草的中国农产品种养殖规范。在上级主管部门的支持下,北京华思联认证中心结合行业优势,在畜牧行业里大力宣传良好农业规范(GAP),并于2006年12月获得国家认监委批准,从事生猪、家禽模块的GAP认证,取得良好效果。并于2007年9月参与认监委《认证认可关键技术研究与示范GAP项目试点》的工作,根据认监委要求圆满地完成了项目,为进一步在中国养殖企业推广GAP起到了积极的作用。目前,已有广州力智、北京峪口禽业等多家规模化养殖场通过GAP认证。

2.欧盟饲料添加剂法规1831/2003规定,自2008年1月1日,凡未获得欧盟FAMI-QS认证的企业,其产品将无法进入欧盟市场。为促进我国饲料添加剂的出口,消除贸易壁垒,北京华思联认证中心与欧盟饲料添加剂和添加剂预混合饲料协会多次沟通,该协会也经过多方面考察,最终确认北京华思联认证中心为中国境内唯一从事FAMI-QS业务的认证机构。为帮助出口企业全面了解进出口相关程序、法规及最新要求,应对欧盟当局于2007年11月对我国饲料添加剂出口企业的现场检查,北京华思联认证中心邀请欧盟有关当局官员举办相关讲座,为出口企业提供与欧盟当局直接交流的机会,帮助企业直接了解欧盟对饲料添加剂进口的有关要求。

3. 北京华思联认证中心严格按照认监委批准范围开展认证工作,成绩显著。2007年,北京华思联认证中心在畜牧、饲料行业发放质量管理体系证书79张、HACCP认证证书63张、饲料产品认证证书5张、良好农业规范认证证书3张、FAMI-QS证书18张(见2007年获证企业附录)。

三、通过推进饲料认证,饲料企业整体素质提升

调查显示,通过认证审核,饲料企业完善了内部管理措施,强化了原料控制,实现了生产要素全过程控制,成品不合格率显著下降,降低了损耗,产品质量安全得以充分保证。通过培训与认证,极大地促进企业产品安全质量提高,使饲料认证工作显示出巨大质量保障作用。专业、系统、规范的质量保证体系架构，对饲料行业持续健康发展具有重要意义。从企业应用HACCP等管理技术的效果看，通过认证使饲料产品质量得到了明显提高。据不完全统计，企业在实施HACCP认证后，产品合格率提高了3%~5%，企业市场客户反映良好，产品安全、质量稳定，销售势头强劲，为企业带来巨大经济效益。

四、饲料行业质量认证工作中存在的问题

1.饲料标准体系不健全、技术法规不完善。我国饲料标准体系建设相对滞后，从产品质量标准到检测方法标准都有许多需要完善的地方，认证实施过程中缺乏有效的指导依据，这在一定程度上增加了实施认证管理的难度，阻碍了HACCP管理体系及其他相关行业认证的推广实施。今后仍需不断加大饲料标准体系方面的研究和投入，逐步完善标准体系。

2.企业对质量认证工作缺乏足够认识。北京华思联认证中心自成立以来长期在饲料行业推行HACCP安全管理体系及相关认证，然而在实施认证过程中发现，国内许多饲料企业对HACCP体系及相关认证的认知程度不够，缺乏系统、深入了解，在经营中更多考虑经营利益，而忽略了风险控制，这在一定程度上影响了我国整个饲料行业推广实施质量认证体系。

五、建议

1.继续加强安全管理体系及相关认证的宣传、推广和培训力度。饲料产品关乎养殖产品安全，关系到广大人民的身体健康。饲料企业实施食品安全管理体系及相关认证是实施全过程控制的良好解决之道。在行业通过各种宣传推广及企业员工培训，使企业充分认识到HACCP及其他相关技术在控制产品质量风险，提升产品质量、提高生产效率、增加企业效益方面的优点，逐步取代对食品安全管理体系及相关认证程序复杂，增加成本的固有认识。最终切实保证我国饲料产品畜乃至产品的质量安全。

2.政府加大扶持力度。通过第三方认证对企业管理水平，产品质量实施监督是国际通行的做法。在农业生产领域，特别是畜牧、水产生产领域，专业性强，风险相对不可控(如疫情的暴发、重大食品安全事故等)，第三方认证可作为政府监管的有益补充。建议有关部门加大对饲料行业和养殖行业的认证扶持力度，鼓励企业积极运用专业认证手段提高自身综合实力，全力保证畜产品及饲料产品安全。

附录一

北京华思联认证中心2007年获证企业名单

序号	企业名称	认证类型
1	北京市粮食公司	H
2	通威股份有限公司盐城分公司	Q+H
3	广州市海维饲料有限公司	Q+H+P
4	佛山市三水番灵饲料有限公司	Q+H
5	河南启正饲料有限公司	H
6	广州市番禺区大川饲料有限公司/广州市海合饲料有限公司	Q+H
7	广州市海合饲料有限公司	Q+H
8	上海港为食品科技有限公司	H
9	北京德青源农业科技股份有限公司	H
10	内蒙古恒兴饲料科技有限公司	Q+H
11	河南川府饲料有限公司	Q+H
12	山东通威饲料有限公司	Q+H
13	湖南海大生物饲料有限公司	Q+H
14	江苏兄弟维生素有限公司	Q+H+F
15	成都海大生物科技有限公司	Q+H
16	北京渔经生物技术有限责任公司	H
17	泰州海大生物饲料有限公司	Q+H
18	苏州海大饲料有限公司	Q+H
19	佛山市海航饲料有限公司	Q+H

序号	企业名称	认证类型
20	金钱(湛江)有限公司	Q+H
21	北京澳瑞思生物营养技术有限公司	H
22	北京天农饲料有限公司	Q+H
23	北京爱绿生物科技有限公司	Q+H
24	中山市得福肉食制品有限公司	Q+H
25	浙江国光生化股份有限公司	Q+H+F
26	北京市爱德利都饲料科技开发有限公司	Q+H
27	青岛赛特香料有限公司	Q+H+F
28	富阳市优派特生物技术有限公司	Q+H+F
29	沈阳波音饲料有限公司	Q+H
30	天津市正元饲料科技有限公司	Q+H
31	四川普爱饲料有限公司	Q+H
32	北京君德同创农牧科技有限公司	Q+H
33	张家港市宏新化学制药有限公司	Q+H+F
34	廊坊通威饲料有限公司	Q+H+P
35	辽宁波尔莱特农牧实业有限公司	Q+H
36	上海光明荷斯坦牧业有限公司	Q+H
37	山东六和集团有限公司	H
38	贵阳吉隆单宁化工有限公司	H+F
39	上海源森医药原料有限公司	Q+H+F
40	青岛大信饲料有限公司	H
41	浙江嘉善诚达药化有限公司	Q+H+F
42	上海三维饲料添加剂有限公司	H
43	天津爱都饲料有限公司	Q+H
44	广州兆华金丰农牧实业有限公司	Q+H
45	长沙兴嘉生物工程有限公司	Q+H+F
46	广东旺大生物科技有限公司	H
47	上海新农饲料有限公司	Q+H+P
48	上海天邦饲料有限公司	Q+H
49	天津牧佳饲料有限公司	Q+H
50	上海大冠饲料科技有限公司	Q+H
51	通威股份有限公司沈阳分公司	Q+H
52	上海新牧动物保健品有限公司	H
53	广州牧歌饲料科技有限公司	Q+H
54	微山宏信食品有限公司	Q+H
55	武汉艾立动物营养有限公司	Q+H
56	广州市吉康动物营养保健有限公司	Q+H
57	广州东荣天然色素有限公司	Q+H
58	广州市科虎生物技术研究中心	Q+H
59	广州市江丰实业股份有限公司	P
60	通威股份有限公司绍兴分公司	P

序号	企业名称	认证类型
61	北京市华都峪口禽业有限责任公司	Q+H+P+G
62	北京大风家禽育种有限责任公司	G
63	寿县福润禽业食品有限公司	G
64	黑龙江省嘉宝生物技术开发有限公司	F
65	陕西天维生物制品有限责任公司	Q+F
66	山东寿光巨能金玉米开发有限公司	F
67	恩贝集团有限公司(原名:山东恩贝集团有限公司)	F
68	肥城阿斯德化工有限公司	F
69	贵阳倍隆化工有限公司	F
70	宁夏伊品生物工程股份有限公司(原:宁夏伊品生物工程有限公司)	F
71	新奥(厦门)农牧发展有限公司	F
72	江苏春之谷生物制品有限公司	F
73	山东碧隆巨佳胆碱有限公司	F
74	三门峡市峡威化工有限公司	F
75	临沂先锋科技有限公司	F
76	新奥(厦门)农牧发展有限公司	F
77	江苏春之谷生物制品有限公司	F
78	贵阳倍隆化工有限公司	F
79	肥城阿斯德化工有限公司	F
80	山东寿光巨能金玉米开发有限公司	F
81	中化(青岛)生物技术有限公司	F
82	山东鲁抗医药股份有限公司	F
83	黑龙江省嘉宝生物技术开发有限公司	F
84	浙江爱迪亚营养科技开发有限公司	F
85	苏州函数集团有限责任公司	F
86	北京桑普生物化学技术有限公司	F+H
87	河北天寅化工股份有限公司	F+H
88	云南优耐特动物食品有限公司	F+P
89	寿县福润禽业食品有限公司	G
90	广东旺大生物科技有限公司	H
91	太原市潞威动物保健品有限公司	H
92	上海富朗特动物保健有限公司	H
93	天津帝凯维动物营养有限公司	H
94	上海三维饲料添加剂有限公司	H
95	金朝生物科技(上海)有限公司	H
96	重庆希望饲料有限公司	H
97	北京农大利生物技术中心	H
98	北京安农科技有限公司	H
99	海南大海水产饲料有限公司	H
100	厦门百穗行实业有限公司	H
101	武汉明天生物科技有限公司	H

序号	企业名称	认证类型
102	广东通用科技研究所有限公司	H
103	重庆国雄饲料有限公司	H
104	北京德青源农业科技股份有限公司	H
105	北京渔经生物技术有限责任公司	H
106	北京澳瑞思生物营养技术有限公司	H
107	贵阳吉隆单宁化工有限公司	H
108	上海新牧动物保健品有限公司	H
109	青岛大信饲料有限公司	H
110	广东加大实业有限公司	H
111	湖北武汉正达饲料有限公司	H
112	辽宁华达牧业有限公司	H
113	上海飞帆饲料有限公司	H
114	四川龙蟒磷制品股份有限公司	H
115	上海农好饲料有限公司	H
116	上海诺瑞宠物用品有限公司	H
117	上海同仁药业有限公司上海兽药厂	H
118	四平市万海牧业有限公司	H
119	张家港市宏新化学制药有限公司	H+F
120	浙江普洛医药科技有限公司	H+F
121	北京英惠尔国际科技发展有限公司	H+F+Q
122	北京挑战牧业科技有限公司	H+Q
123	浙江国光生化股份有限公司	H+Q+F
124	北京新世纪劲能生物科技有限公司	P+H
125	北京市华都峪口禽业有限责任公司	P+Q+H
126	青岛大海跃水产饲料有限公司	Q
127	大连翔大生物技术有限公司	Q
128	沧州市华丰兽药有限公司	Q
129	河北环球饲料添加剂有限公司	Q
130	泊头市冀利牧业科技有限公司	Q
131	广东恒兴集团有限公司	Q
132	正大康地(蛇口)有限公司	Q
133	正大康地珠海有限公司	Q
134	正大康地(蛇口)有限公司–番禺厂	Q
135	正大康地汕头有限公司	Q
136	正大康地(澄海)有限公司	Q
137	北京金泰得生物科技有限公司	Q
138	双城市荣耀饲料生物技术开发有限公司	Q
139	广州力智农业有限公司	Q
140	陕西西荆实业集团有限公司	Q
141	陕西大农饲料科技有限责任公司	Q
142	沈阳伟嘉牧业技术有限公司	Q

序号	企业名称	认证类型
143	哈尔滨市联丰饲料有限公司	Q
144	上海希望农业有限公司	Q
145	大成万达(天津)有限公司山东分公司	Q
146	吉林省五禾牧业发展有限公司	Q
147	成都朗迪生物技术有限公司	Q
148	北京九州大地生物技术有限公司	Q+H
149	北京北农大动物科技有限责任公司	Q+H
150	北京德宝群兴科技有限公司	Q+H
151	广州兆华金丰农牧实业有限公司	Q+H
152	上海光明荷斯坦牧业有限公司	Q+H
153	广东恒兴饲料实业股份有限公司	Q+H
154	湛江恒兴特种饲料有限公司	Q+H
155	珠海恒兴饲料实业有限公司	Q+H
156	湛江恒兴珊瑚饲料有限公司	Q+H
157	北海恒兴特种饲料有限公司	Q+H
158	浙江恒兴饲料有限公司	Q+H
159	沈阳市富士牧业有限公司	Q+H
160	上海朝翔生物技术有限公司	Q+H
161	天津牧丰饲料有限公司	Q+H
162	金朝生物科技(河北)有限公司	Q+H
163	济南天天香有限公司	Q+H
164	上海美农饲料有限公司	Q+H
165	北京资源亚太饲料科技有限公司	Q+H
166	广东湛大蓝科股份有限公司	Q+H
167	湛江粤华水产饲料有限公司	Q+H
168	湛江东腾饲料有限公司	Q+H
169	博尚生化饲料(湛江)有限公司	Q+H
170	湛江市海田水产饲料有限公司	Q+H
171	珠海经济特区大海水产饲料有限公司	Q+H
172	山西汇福科技发展有限公司	Q+H
173	岳阳岳泰集团有限公司	Q+H
174	广西防城港岳泰股份有限公司	Q+H
175	唐人神集团股份有限公司	Q+H
176	天津正大饲料科技有限公司	Q+H
177	中山市泰山饲料有限公司	Q+H
178	佛山市顺德区全兴水产饲料有限公司	Q+H
179	佛山市顺德泰峰膨化饲料有限公司	Q+H
180	天津市大洋饲料有限公司	Q+H
181	正大康地(蛇口)有限公司混合饲料厂	Q+H
182	北京牧强科技有限公司大同分公司	Q+H
183	河南大陆农牧技术有限公司	Q+H

序号	企业名称	认证类型
184	河南聚丰饲料科技有限公司	Q+H
185	沈阳正大畜牧有限公司	Q+H
186	北京嘉禾动物营养科技有限公司	Q+H
187	北京绿海之舟饲料科技有限公司	Q+H
188	北京康华远景科技有限公司	Q+H
189	广州市罗氏企业有限公司	Q+H
190	广东金品动物营养有限公司	Q+H
191	广州天科生物科技有限公司	Q+H
192	广州市白云钟落潭先达饲料厂	Q+H
193	广州市盈禾动物药业有限公司	Q+H
194	淮安通威饲料有限公司	Q+H
195	北京永正科技有限责任公司	Q+H
196	北京三元禾丰牧业有限公司	Q+H
197	北京正丰饲料有限公司	Q+H
198	北京市恒丰饲料制造有限公司	Q+H
199	广州市博仕奥生化技术研究有限公司	Q+H
200	广东科邦饲料科技有限公司	Q+H
201	天津市泰康饲料厂	Q+H
202	上海邦成生物科技有限公司	Q+H
203	中山市比克生物科技有限公司	Q+H
204	上海大冠饲料科技有限公司	Q+H
205	上海创博生态工程有限公司	Q+H
206	河南爱普饲料有限公司	Q+H
207	哈尔滨远大牧业有限公司	Q+H
208	天津双丰科技饲料有限公司	Q+H
209	上海黑马饲料有限公司	Q+H
210	武汉绿常青动物科技有限公司	Q+H
211	河南宏邦生物科技有限公司	Q+H
212	河南泛亚农大饲料科技有限公司	Q+H
213	哈尔滨青禾科技有限公司	Q+H
214	河南启正饲料有限公司	Q+H
215	陕西金冠牧业有限公司	Q+H
216	孝感市南申饲料药物有限责任公司	Q+H
217	武汉天元饲料有限公司	Q+H
218	石家庄天元饲料有限公司	Q+H
219	陕西正大有限公司	Q+H
220	广州市兴腾科生物饲料有限公司	Q+H
221	广州市番禺区大川饲料有限公司	Q+H
222	佛山市三水番灵饲料有限公司	Q+H
223	广州南宝饲料有限公司	Q+H
224	广州市众望饲料有限公司	Q+H

序号	企业名称	认证类型
225	广州市骏宝饲料有限公司	Q+H
226	山东通威饲料有限公司	Q+H
227	广州市海合饲料有限公司	Q+H
228	通威股份有限公司盐城分公司	Q+H
229	金钱(湛江)有限公司	Q+H
230	上海东方希望动物营养食品有限公司	Q+H
231	内蒙古恒兴饲料科技有限公司	Q+H
232	河南川府饲料有限公司	Q+H
233	北京市爱德利都饲料科技开发有限公司	Q+H
234	湖南海大生物饲料有限公司	Q+H
235	成都海大生物科技有限公司	Q+H
236	佛山市海航饲料有限公司	Q+H
237	苏州海大饲料有限公司	Q+H
238	泰州海大生物饲料有限公司	Q+H
239	北京爱绿生物科技有限公司	Q+H
240	广西帝凯维动物营养有限公司	Q+H
241	山东六和集团有限公司	Q+H
242	沈阳波音饲料有限公司	Q+H
243	天津市正元饲料科技有限公司	Q+H
244	天津牧佳饲料有限公司	Q+H
245	龙口乐加宠物食品有限公司	Q+H
246	北京君德同创农牧科技有限公司	Q+H
247	上海天邦饲料有限公司	Q+H
248	四川普爱饲料有限公司	Q+H
249	天津爱都饲料有限公司	Q+H
250	辽宁波尔莱特农牧实业有限公司	Q+H
251	广州市诚一水产科技有限公司	Q+H
252	广州市科虎生物技术研究中心	Q+H
253	广州东荣天然色素有限公司	Q+H
254	广东新南都饲料科技有限公司	Q+H
255	扬州通威饲料有限公司	Q+H
256	广州市吉康动物营养保健有限公司	Q+H
257	广州牧歌饲料科技有限公司	Q+H
258	石家庄金光饲料有限公司	Q+H
259	武汉艾立动物营养有限公司	Q+H
260	通威股份有限公司沈阳分公司	Q+H
261	武汉天龙饲料有限公司	Q+H
262	湖北天海饲料有限公司	Q+H
263	杭州亿万饲料科技有限公司	Q+H
264	东方希望集团有限公司浓缩饲料厂	Q+H
265	陕西石羊(集团)农牧有限公司	Q+H

序号	企业名称	认证类型
266	石家庄飞龙饲料有限公司	Q+H
267	新郑市金利饲料厂/新郑市银丰饲料厂	Q+H
268	通威股份有限公司茂名分公司	Q+H
269	武汉七因和饲料技术系统有限公司	Q+H
270	广州普台宝生物科技有限公司	Q+H
271	中谷集团农牧科技有限公司	Q+H
272	天津全药动物保健品有限公司	Q+H
273	大成蓝雷营养科技(天津)有限公司	Q+H
274	湛江海大饲料有限公司	Q+H
275	江苏兄弟维生素有限公司	Q+H+F
276	青岛赛特香料有限公司	Q+H+F
277	长沙兴嘉生物工程有限公司	Q+H+F
278	浙江嘉善诚达药化有限公司	Q+H+F
279	徐州汉威饲料有限公司	Q+H+F
280	云南省陆良和平化工有限公司	Q+H+F
281	宜兴市天石饲料有限公司	Q+H+F
282	诺伟司饲料添加剂(上海)有限公司	Q+H+F
283	广州市澳洋实业有限公司	Q+H+P
284	广州市江丰实业股份有限公司	Q+H+P
285	上海新农饲料有限公司	Q+H+P
286	湖南正虹科技发展股份有限公司	Q+H+P
287	通威股份有限公司绍兴分公司	Q+H+P
288	通威股份有限公司四川分公司	Q+H+P
289	广州市容川饲料有限公司	Q+H+P
290	广州力智农业有限公司饲料厂	Q+H+P
291	广州市海维饲料有限公司	Q+H+P
292	廊坊通威饲料有限公司	Q+H+P

注: Q:质量体系认证;H:HACCP 认证;P:饲料产品认证;G:良好农业规范认证;F:欧盟 FAMI-QS 认证

(李燕松)

中国饲料工业信息体系

中央在 2007 年“一号文件”中明确提出，要“加快农业信息化建设。用信息技术装备农业，对于加速改造传统农业具有重要意义。健全农业信息收集和发布制度，整合涉农信息资源，推动农业信息数据收集整理规范化、标准化。”农业部也正式发布了《“十一五”时期全国农业信息体系建设规划》，确定了“十一五”时期全国农业信息体系建设重点，提出“十一五”时期全国农业信息体系建设要基本达到“功能齐全、体系完备、高效共享、反馈灵敏”的总体要求，达到基本满足现代农业发展、建设社会主义新农村的需要，整体运行功能接近同期发达国家中等水平的总体目标。

饲料工业信息作为涉农信息资源组成部分，在服务“三农”的过程中发挥了重要作用。饲料信息化建设既是现代饲料业发展的内在要求，也是贯彻落实科学发展观、加强机关效能建设、展示饲料行业形象的现实需要。

一、信息体系发展总体情况

2006 年，中国的饲料工业信息建设继续稳步向前发展，主要表现在以下几个方面：

1.政府主管部门积极推动饲料行业信息建设。饲料行政管理部门积极推进网上办公。2007 年，从农业部到地方饲料行政管理部门，互联网的使用更加普及化，很多行政工作都通过网上来完成。申报、登记、审批、公示等工作都可以实现上网公开。2007 年，全国饲料工作办公室对“中国饲料工业统计信息系统(http://tongji.chinafeed.org.cn)”重新进行改版升级，使省、市、县的饲料管理部门和企业，都可以通过这个系统，在月、季、年度的时间段里上报饲料统计数据，不仅方便快捷，而且大大提高了工作效率，为饲料管理部门及时决策提供了参考，也推进了饲料行业管理部门、企业加快了信息化的应用。全国饲料工作办公室还积极推动全国饲料和饲料添加剂生产企业许可证系统开发和建设，节省了时间，提高了效率。

2.地方饲料行业协会网站建设速度加快。中国饲料工业信息网作为中国饲料工业协会的官方网站，是国内饲料行业成立较早的网站之一。它在产品供求、行业会讯、人才招聘、公告通知、政策法规等方面为饲料行业协会、企业能够提供较为及时、准确的信息服务，为饲料行业的信息起了示范作用。2007 年，黑龙江、上海、江苏、北京、陕西、辽宁、广东、山东、湖南和湖北等省建立的饲料行业网站，内容更丰富、全面，功能更完善，成为政府、协会、企业交流的重要窗口。

3. 饲料企业信息化水平不断提高。随着 Internet 应用的不断深入发展，饲料企业门户网站已发展成为企业对外的重要窗口，通过企业网站，不仅可以让外界更全面地了解企业，同时，也能够为用户和合作伙伴提供更完善的服务，增强企业与用户和合作伙伴之间的关系。2007 年，饲料行业大部分企业基本都有自己的企业网站，部分大中型饲料企业不仅内容丰富，功能完备，甚至有的企业还有电子商务的功能。另外，一些管理成熟的饲料企业也在进行办公自动化管理、财务管理软件、人力资源管理、进销存管理软件应用和销售业务管理系统、仓库管理系统等方面的应用，提高了饲料企业的生产力和生产效率。例如，台湾大成集团在大陆重点拓展食品和饲料两大市场领域，近一两年在应用 SAP 管理系统，SAP 是推动大成发展最能动的因素，通过整合流程，优化了公司工作流，有效管理了业务资源，节省了时间，提高了管理效率，为有效决策提供及时可靠的信息。

4.信息基础设施条件不断改善。近年来，随着信息技术的快速发展，各地都不同程度地加强了信息基础设施建设。随着企业信息化的不断深入及认识的不断提高，企业和管理部门对信息化建设的投入力度也不断加大，不仅配备有电脑、打印机等基础设备，还配有通过网络硬件设备等，有条件的企业还配备了网络服务器，并由硬件投入为主向软硬兼顾发展。信息化建设更好更快地前进打下了良好的基础。信息基础设施条件不断改善。

5.网络与传统媒体相互结合。传统媒体有其独特的优势，覆盖面广、直观、传播速度也很快，电视、广播、报纸等常规传播渠道也是当前获取饲料行业相关信息的主要渠道。在充分利用互联网等现代信息技术的同时，传统媒体与互联网迅速结合，优势互补，也是当前饲料行业信息化的一种趋势。

6.信息队伍建设加强。做好饲料信息工作需要一批相对稳定的、高素质的信息化人才。信息员队伍是饲料信息服务体系建设的重要组成部分。在推进饲料信息服务体系建设的同时，更要注重管理、技术人员和基层信息员队伍的建设。各级饲料管理部门对饲料信息工作积极和重视，2007 年，农业部、各省(市)都定期举行饲料统计信息员培训班，地市级也多次举办相应的饲料统计信息培训，饲料管理部门要求企业按时上报饲料相关信息，促进和推进了饲料行业信息化的发展。个别省份还多渠道、多形式地对广大信息员进行计算机和网络知识培训。

7.企业获取信息的渠道增多。随着饲料行业信息化的不断发展，饲料企业获到信息的渠道不断增加，而且方便快捷。近几年，饲料行业涌现出一大批专业的网站，他们在饲料科技、原料市场、人才招聘等方面各有专长，能够提供更专业的服务；Email 已经可以代替电话成为商务交流使用最多的工具之一；手机使用越来越普及，手机短信也成为企业信息传播和沟通的重要方式。个别大企业还设有专门的信息中心，负责行业、企业相关信息的采集和分析，为企业决策提供参考。

8.饲料信息传播力度和广度提高。互联网的快速发展，对饲料信息的快速发展起到极大的推动作用。当在国内著名的搜索引擎 baidu 上搜索“饲料”一词，出现的词条为 3 000 万个，同比提高了约 58%；在 google 上搜索“饲料”一词，也会搜索到 1 900 万个结果。

二、存在的问题

饲料行业信息化建设过程中，存在的问题主要表现在以下几个方面：

1.信息化工作机制和体系尚不完善和系统，政策和企业支持力度仍需加强。对信息化投入仍显不足；很多企业“重硬轻软”，对硬件的投资占到整个信息化投资 80%以上，而配套软件投入相对滞后。

2.很多企业缺乏信息化意识和有关人才。国内相当多饲料企业对信息化的认识和介入程度尚不令人满意。尽管目前很多企业都不同程度开展了信息化建设，但他们并非全都对什么是企业信息化、如何实施信息化有透彻的了解，许多企业以为只要建了一个财务管理系统或建立一个企业网站就算实现信息化了。此外，企业找到一批既懂信息技术又懂企业管理的复合型人才较难，这直接影响企业信息化进程。

3.饲料信息的开发利用滞后于网络建设。信息内容总量不足，质量不高，结构不合理，已成为信息化发展的瓶颈。

4.信息技术应用水平不高。在整体上，信息技术应用水平落后于实际需求，信息技术的潜能尚未得到充分挖掘。

5.信息安全性差，抗侵害能力弱。计算机病毒、网络攻击、垃圾邮件、系统漏洞、网络窃密、虚假有害信息和等问题日渐突出，如应对不当，可能会给企业发展带来不利影响。

6.信息发展不平衡。国内不同地区饲料企业的信息技术应用水平和网络普及程度很不平衡，东西部地区、城乡之间差距较大，不能够协调发展。

部分饲料行业信息网站

网站名称	网址
中国饲料工业信息网(中国饲料工业协会)	http://www.chinafeed.org.cn
中国畜牧兽医信息网	http://www.cav.net.cn
中国饲料网络数据库	http://www.chinafeedbank.com.cn
中国饲料经济专业委员会	http://www.chinafeedeco.com
中国农业科学院饲料所	http://www.caasfri.com.cn
国家饲料科技与经济网	http://www.cfeed.net
广东饲料工业信息网	http://www.gdfeed.org.cn
辽宁省兽药饲料信息网	http://www.lnsy.gov.cn
陕西饲料网	http://www.siliao.sn.cn
江苏饲料信息网	http://www.jsfeed.org.cn
黑龙江省兽药饲料网	http://www.hljsy.cn
东方饲料信息网	http://www.sfta.org.cn
湖南饲料工业信息网	http://www.hunanfeed.com
湖北饲料工业信息网	http://www.hbslgyxx.gov.cn
中国饲料资源网	http://www.zgslzy.com
北京饲料行业信息网	http://www.bjslxh.com
山东饲料行业信息网	http://www.sdfeeds.com

网站名称	网址
中国饲料行业信息网	http://www.feedtrade.com.cn
中国饲料资源网	http://www.zgslzy.com
中国饲料在线	http://www.chinafeedonline.com
中国汇易饲料网	http://www.chinajci.com
益农网	http://www.efeedlink.com.cn
东北饲料信息网	http://www.nefi.com.cn
南方饲料信息网	http://www.sfe.net.cn
中国饲料原料信息网	http://www.feedonline.cn
中国牧业网	http://www.china-ah.com
中华农牧企业网	http://www.boyar.cn
中国饲料信息网	http://www.china-feed.com
中国饲料添加剂信息网	http://www.chinafeedadditive.com
中国饲料添加剂网	http://www.cnfeedadd.com
中国饲料技术网	http://www.feedtech.com.cn
中国饲料人才网	http://www.feedjob.com.cn
中国饲料科技网	http://www.slkj.net
中国饲料粮油信息网	http://www.cnslly.com
中国饲料企业管理传播网	http://www.chinafine.net
畜产饲料网	http://www.xcslxx.com
中国饲料网	http://www.siliaonet.cn
中国饲料机械网	http://www.sinofeed.net/

注：排序不分先后。

（孙志强）

地　方　篇

北京市饲料工业

【发展概况】 北京饲料行业经过20多年的调整发展，现已进入行业发展的初步成熟阶段，即行业整合时代来临，并随着发展而进入了新的发展时期。其表现：大型企业开始整合提升，呈现强强联合之势；企业间竞争已由“点”“面”竞争，上升到整体产业链上的竞争；产品高档化，品牌核心化和产品安全化明显；企业在北京继续第二轮投资，进行合作并购和投资入股，从而促进了北京饲料行业的稳步发展。

2007年是“十一五”规划全面贯彻落实的关键年。北京市饲料工业协会把建立饲料安全、优质、高效生产体系，促进产业持续发展作为2007年的工作重点，并加强饲料对农业、农民增收的服务工作。但2007年初就受到了饲料原料价格剧烈波动和畜禽疫情的严峻考验。饲料主要原料价格已涨至历史最高点，市场波动剧烈，使饲料产品经营销售十分困难。好在国家对此相继出台了扶持养殖业的相关优惠政策，使畜牧养殖业的形势有了较大的好转，从而拉动了饲料行业的发展，饲料产量不断回升。2007年北京市饲料产销量的总体情况表现为先减后增，总产量同比略有3%~5%的增长。从饲料产品结构上分来看，添加剂和预混合饲料的发展处于平稳；浓缩饲料、配合饲料在不同时期及不同品种上则为有增有减，而市属部分企业在改变传统经营模式或在产业延伸方面下了功夫者，则产品销量有一定幅度的增长。

在新的饲料行业发展时期，北京市饲料企业现有557家，总产量近254.87万t，年总产值290.48亿元；从业人员2.06万人，其中大专以上高等学历技术管理人员占27.01%。与此同时，2007年北京饲料企业不断发展壮大，不仅拥有国家级重点龙头企业如：北京大北农饲料科技集团，北京资源饲料科技集团等；中国名牌产品饲料企业：北京正大畜牧有限公司等；还有国家重点高新技术企业、全国饲料30强企业以及具有实现“公司+农户”经济发展和推进“三元种植”“山区资源开发利用”及“饲料工业返哺农业”等。这些企业具备了拉动种植，带动养殖加工等延伸产业链的能力。

【主要工作】 北京市饲料工业协会，在北京市农委的指导下，按照协会章程，以促进行业发展规范行业秩序，坚持为政府服务和企业服务的工作思路，协助政府加强饲料安全管理和企业产品质量安全管理，做好政府委托的各项工作；并以加速科研成果的推广应用和为都市型农业科技服务为工作重点，为新北京、新奥运做好各项工作，并作出贡献。

2007年北京市饲料工业协会除做好有关规定和要求工作：饲料行业特有工种培训考核鉴定工作；组织企业开展ISO、HACCP认证工作；组织企业参加畜牧业暨饲料工业展览会参展工作；与兄弟省市互动联谊与参观学习活动；为企业咨询服务和调研工作；依法办好协会主办的《饲料与畜牧》杂志工作；承办或主办饲料发展形势分析及法律法规技术知识培训或研讨会工作等，并重点做了下面几项工作，反响很大，受到好评。

1. 首届北京市饲料工业与北京畜牧养殖业合作论谈大会。北京市饲料工业协会与北京市畜牧兽医总站，为坚决贯彻落实“十一五”规划时期新农村建设发展规划和加快发展都市型现代农业的精神，充分发挥和整合北京饲料业和养殖业的优势，以科学发展观统领发展全局，合作共赢、共同发展为宗旨进行两大行业发展合作论谈会，得到了全国畜牧兽医总站、中国饲料工业协会、北京市农委、农业局、北京市各区县政府部门的重视，受到饲料企业和养殖小区、养殖户的欢迎，参会代表120多人。会上有专题讲座，大会后还进行了交流，会议开得圆满成功。

饲料工业是上拉动种植农业和下带动畜牧养殖的中间重要产业，也是保证人类安全食品源头的产业。北京畜牧养殖业正处于向集约化，标准化转型时期，建立了养殖小区，散养户逐渐减少。因此，对饲料需求、安全、优质、高效等方面随之提出更高的要求，饲料业亦应与其共进发展，并保持持久合作，这是必然趋势。

2.建立推荐产品追溯制。北京市饲料工业协会推荐产品，是由北京市饲料工业协会根据饲料相关法律法规、饲料产品生产安全和质量、标准，以及企业诚信和用户反应等方面条件，企业自愿申报，并在严格初审后，再组织业内相关专家进行复核评审，评选后由北京市饲料工业协会公示。为了维护企业、消费者的权益、利益，以及维护市场公平有序出发，北京市饲料工业协会与北京市技术监督局对推荐产品实施“防伪标识”，除防伪外，还可进行产品质量追溯查询。从2007年4月开始实施，至2007年底涉及736个产品，结果无一投诉，而且被推荐使用产品的企业的产销量都有不同程度的提高，提高幅度40%~70%不等。因此，推荐产品追溯制值得推广。此工作从2007年4月26日~11月1日，北京市饲料工业协会由专家评选出736个推荐产品，还接受了各地通过12365客服中心查询，相关电话437次，均无一投诉。由此说明北京市饲料工业协会推荐的产品是保质保量的，生产企业是遵守诚信的。

3.编制北京市饲料行业能耗水耗指导指标。北京市饲料工业协会为贯彻落实“十一五”规划的工业节能、节水、节地的精神，北京市饲料工业协会除向各饲料生产企业宣传以科学发展观统领，努力建设资源节约型和环境友好型社会不断提高饲料经济发展质量和效益，同时还于2007年8月积极争取到北京市工经联的"节能降耗采集数据制定饲料行业指导指标编制工作",认真组织了工作小组和评审专家组。

此项工作,过去各省市饲料行业还无现成的资料和数据作参考,只能以北京市统计局 2006 年的"规模以上工业行业"中相类的能耗为依据。同时制定时要以先进性,可行性和差异性(即对不同加工工艺和不同饲料产品类别要区别对待)的制定原则,分 3 个步骤进行工作。第一步,对北京市饲料生产企业调研,由北京市饲料工业协会工作组和专家组人员先后到现场对北京市饲料生产的大、中、小型 14 个企业进行了宣传和能耗水耗数据的调研;第二步,汇总数据进行初编、审编、认证、征求企业意见;第三步,协调制定出《北京市饲料生产企业能耗、水耗指导指标》,并于 2007 年 12 月获得北京工业经济联合会的通过,待报相关部门批准后再行发布。

4.编制《天然矿物质饲料通则》国家标准。北京市饲料工业协会于 1995 年初在全国省市饲料工业协会中率先成立了 "天然物中草药饲料添加剂专业委员会"(后改名为"天然物添加剂专业委员会")。并随即开展相关服务工作,对饲料行业产生了一定影响。其中主持制订"天然物饲料及其添加剂"标准方面作出了成效,如 2002 年由委员会主持制订的《天然植物饲料添加剂通则》国家标准于 2003 年批准发布。2007 年又接受了全国标准委员会下达的《天然矿物饲料添加剂通则》国家标准的制订任务(编号:20068159-T-469),于 2007 年 10 月写出了送审稿,在同月的专家审定会上,建议更名为《天然矿物质饲料通则》。据此"天然物添加剂专业委员会"积极调研修订,至 2007 年底已按要求编制完毕。

5.加强特有工种职业技能培训鉴定工作。北京市饲料工业协会"北京特有工种职业技能鉴定主站(022 站)"于 1998 年由劳动和社会保障部和农业部批准成立"农人函(1998)劳社培就司(1998)"。并按照农业部的就业准入时间表,鉴定站分别设立"饲料行业职业技能鉴定"培训点。在中国农科院饲料所工艺室设立了"培训鉴定饲料生产中控室操作工"培训点,培训 22 人。在北京饲料监察所设立了"培训鉴定饲料检化验员"培训点,在燕北机械集团设立了"培训鉴定饲料机械维修工"培训点。先后进行了相关培训鉴定,使北京市 60%的饲料生产企业从业人员参加了各种培训鉴定班。

2007 年鉴定站为加强培训工作,向协会主管部门北京市农委汇报了此项工作,得到了重视。并由北京市农委饲料行政业务主管部门、北京市农业局和北京市饲料协会鉴定站三方开了沟通会议,此项工作更进一步受到重视,得到新的进展。因此,2007 年培训饲料化验员 63 人,机械维修工 52 人,总计 115 人,获得证书 94 人,合格率平均达到 82.83%。为饲料生产安全产品及企业规范管理建设奠定了扎实的基础。

6. 组织企业参加展览会。2007 年 5 月 19 日~21 日由中国畜牧业协会和中国饲料工业协会联合主办"2007 中国畜牧业暨饲料工业展览会",北京市饲料工业协会组团参加了本次盛会。有近 30 家企业报名参加了展会,组团与直展的普通展位、特装精品展位近 180 余个,企业参展积极性非常高,经北京市饲料工业协会认真组织,充分展示了北京市饲料工业整体实力,再现企业形象,得到了中国饲料工业协会等有关部门的肯定和表扬。

2007 年北京市饲料工业协会在上级主管部门的领导指导下和饲料企业的大力支持下,以及北京市饲料协会全体工作人员的共同努力下取得了一些成绩,也为北京市的饲料行业有序进行,不断繁荣发展做了应尽的努力。北京市饲料工业协会应在行政主管部门的领导下,更好地加强自身建设、不断提高各方面素质的同时,发挥好协会桥梁纽带作用。现在,饲料行业已成为一个新兴的产业,已发展到了一个包含饲料加工、饲料资源、饲料机械、添加剂工业、饲料科研、饲料经营等分支的完整的饲料工业体系。但就目前整个行业现状提出几点希望设想:首先饲料业要发展就要有行业的领军企业,不仅要在做强做大上下功夫,更要在方方面面领先,成为国际化的集团公司;其二,要加快中小企业的发展。目前饲料行业中小企业占着相当大的比例,随着相关法规的不断出台和完善,中小企业将会优胜劣汰,健康、快速地发展,成为规模企业;其三,国家相关政策的进一步倾斜;其四,加强各类协会的建设,更多地赋予协会的职能和任务,积极有效地促进饲料行业的发展壮大。

(北京市畜牧管理处)

天津市饲料工业

【发展概况】2007 年天津市饲料生产企业共有 202 家,其中添加剂预混合饲料企业 94 家,饲料添加剂企业 31 家。

1. 产品产量稳步增加。2007 年全市饲料产量 196.35 万 t,比 2006 年增加 34.95 万 t,同比增长 21.66%。其中配合饲料 124.71 万 t,浓缩饲料 57.36 万 t,添加剂预混合饲料 14.27 万 t。配合饲料比 2006 年增加 25.08 万 t,浓缩饲料比 2006 年增加 8.87 万 t,添加剂预混合饲料比 2006 年增加 1 万 t,同比分别增长 25.18%、18.29%和 7.55%。

2.从业人员素质不断提高。2007 年天津市饲料行业从业人员 6 995 人。具有大专以上学历为 2 993 人,占职工总数的 42.79%。其中博士 7 人、硕士 59 人、大学本科 1 177 人、大学专科 1 750 人。从技术工种看化验员 249 人,占职工总数的 3.56%、中控室操作人员 167 人，维修工 200 人，分别占从业人员的 2.39% 和 2.86%。

3.饲料产品质量不断提高。2007 年全市饲料监督抽检 700 多批次，饲料产品合格率在 95%以上，对检出不合格的产品天津市农委下发督办函，定期进行调查处理，产品抽检的问题企业交上书面整改材料，最后将处理结果全市公告。

【主要工作】2007 年天津市主要抓了以下工作：1.饲料行业的监管力度加强。配合奥运会狠抓食品安全的重点工作，对饲料作为投入品的监管力度进一步强化。一是将全市饲料企业进行分解，凡坐落在哪个区、县的，天津饲料办公室都与这个区、县主管饲料工作的区、县长部门签订企业饲料产品质量安全合同书，主管区县长在与主管部门签订合同书，层层签订合同书，使饲料产品质量落实到专人负责；二是在健全监管责任制的同时，还加大饲料产品的检测力度。全市安排检测任务 1 000 批次(下半年)，要求检测部门每周将检测结果上报天津饲料办，对检测出问题的产品，反馈给区、县主管领导，督促查找原因，问题解决结果在反馈给天津饲料办公室，对成绩突出、工作认真、方法得当的区、县，天津饲料办公室定期给予全市通报表扬。

2.饲料行业市场更加规范。一是对已经获得许可证企业的专项检查。对不具备生产条件的 5 家企业提出整改要求，整改仍达不到要求的上报农业部注销；二是对饲料企业产品标准进行全面审查，对不合格产品标准协助企业重新修订；三是饲料企业的标签逐一品种的检查，此项工作用了整整一年的时间。

3.饲料行业培训工作加强。为了提升饲料行业的管理水平，2007 年加强了饲料执法、企业管理人员和职业技能人员的培训工作。举办 4 期执法和管理人员培训，把新出台的政策法规、行政执法中的技巧、执法文书的制作、对生产和经营企业现场执法程序等知识进行培训，同时将执法文书的样本发给区、县执法人员手中，目的是丰富执法经验，规范执法行为。举办 3 期化验员的培训，规范饲料企业化验员的检测方法、程序、记录。

4.饲料行业的标准化管理。大力推进饲料工业标准化工作。实行饲料企业标准化生产，标准化管理，是饲料工业可持续发展的重要标志。一年来，重点抓企业的标准化管理，对生产、销售、检测、库房等直接影响产品质量的环节要求规范管理。在全市范围内做的好企业天津饲料办公室组织参观学习交流，这样的活动全年共组织 10 次。被参观的企业以私营企业为主，通过参观学习使企业非常受益，正如有的企业负责人说，不是只有独资企业规范，国内企业也可以做到规范生产等要求。在推广标准化管理方面，除了组织参观、学习，重点还帮助有条件的企业实施 IS9000 和 HACCP 企业管理、安全质量管理体系认证，现已经有 22 家企业做认证，还有 10 家企业正与认证中心取得联系。

【存在问题】1.机构问题：从市到区、县饲料管理部门普遍机构不健全、人员不到位，已经成为影响饲料工作正常开展的主要因素。

2.由于一些客观原因饲料质量监督抽查工作，存在监督、抽查总是对大企业，从而忽略了监督抽查的目的和意义。

3.农业部每年的检测任务应改变抽检方法，省际之间互相抽检，防止走过场，真正达到抽检的目的。

(天津市饲料工业办公室)

河北省饲料工业

【发展概况】2007 年，河北省建成时产 1t 以上(含 1t)的饲料生产企业 805 家，比 2006 年减少 5 家，减少 0.60%；其中时产 5t 以上(含 5t)的饲料生产企业 476 家，比 2006 年增加 196 家，增幅为 70%，大型企业增长幅度大。全省饲料生产能力达 2 990t/h。全省饲料产品总产量 835.10 万 t，比 2006 年增加 89.86 万 t，增长 12.06%；其中配合饲料 664.38 万 t、浓缩饲料 158.81 万 t、添加剂预混合饲料 11.91 万 t，配合饲料比 2006 年增加 85.28 万 t、浓缩饲料比 2006 年增加 4.74 万 t，增幅 14.73%和 3.08%。饲料加工业总产值达 185.29 亿元，比 2006 年增加 47.12 亿元，增幅 34.11%。

河北省共有饲料添加剂生产及分装企业 133 家，各种饲料添加剂总产量 12.50 万 t，其中维生素类(包括氯化胆碱)10.80 万 t、矿物元素及其络合物 0.20 万t、酶制剂 0.30 万 t、微生物 0.80 万 t、其他类 0.30 万 t。

河北省共有动物源性饲料生产企业 66 家，产品总产量 15.90 万 t，其中鱼粉 11.16 万 t，骨粉、肉骨粉 2.48 万 t，其它原料近 2.20 万 t；饲料机械制造专业和兼业厂家 5 家，共生产饲料机械 475 台(套)。

【主要工作】1. 饲料法规的学习宣传工作已见成效。2007 年 4 月份，举办了“饲料生产企业审查合格证”培训班，对《饲料生产企业审查办法》进行了宣贯。同时，下发文件，要求各市结合农资打假工作，充分利用广播、电视等新闻媒体，把学习、宣传饲料《条例》《办法》的活动掀起高潮。据统计，全省共印发宣传材料 100 多万份，书写、悬挂宣传标语条幅 14 000 多条，出动宣传车 340 辆次，出动宣传人员 1 000 多人次。

另外，积极配合全国饲料办，开展了《饲料法》的立法调研工作，先后召开座谈会 10 次，参加座谈人员 134 人次，收到各市反馈意见 34 份，圆满完成了《饲料法》立法调研提纲规定的内容。

2.打击非法制售和使用“瘦肉精”等违禁药品的行为进一步加强。一是加强领导，明确责任。共下发了

8 个文件，召开了 4 次会议，进一步明确了任务和责任；二是明确监管重点。制定并下发了《2007 年查处“瘦肉精”等违禁药品专项治理行动实施方案》，对各市查处“瘦肉精”等违禁药品工作提出了具体要求；三是加强督导检查。首先要求各市在法定节假日前都要开展查处“瘦肉精”等违禁药品大检查活动，在各市自查的基础上，省局进行督导检查。2007 年，共检查了 8 个市的 33 个县（市），71 个饲料生产企业、65 个经营企业、132 个养猪场（户）、16 个养鸭场（户），11 个屠宰加工厂（点），共检测猪尿样品 1 153 批次，鸭配合饲料样品 16 批次；其次配合农业部饲料监测中心（南宁）对唐山市的丰南、丰润两县（市）的瘦肉精、莱克多巴胺进行了拉网式检查，共监测了 24 个乡镇，220 个规模养猪场（户），监测猪尿样品 600 多批次；然后加强抽样监测，会同河北省饲料监督检验站对全省 11 个市育肥猪、仔猪、鸡和鱼配合饲料中违禁药品进行了抽样监测，共抽取样品 1 975 批（次），合格率 99.54%；再次加强情况通报，2007 年召开了 3 次大型饲料企业联席会，2 次饲料办主任会议，及时通报有关情况。4 月份，唐山市在自检中查出“瘦肉精”阳性样品，11 月份，农业部通报了全国 36 个大城市畜产品质量安全例行监测结果，都及时通知有关市抓紧查处，追根溯源，并向全省系统内进行了通报；最后加强技术培训，在石家庄市举办了两期“瘦肉精”“莱克多巴胺”快速检测培训班。据统计，全省全年累计抽查饲料生产企业 630 家（次），经营企业 1 750 家（次），50 头以上的规模养猪场 2 236 个（次），抽取猪尿样 2 541 批次，饲料样 269 批次，猪饮用水 52 批次，目前尚未发现阳性样品。

3.进一步加强饲料生产企业市场准入制度。一是严格审批条件，统一验收标准。为了确保“农业部 73 号令”贯彻落实，下发了《关于做好饲料生产企业换发〈饲料生产企业审查合格证〉的通知》《关于贯彻落实农业部 73 号令有关事项的通知》两个指导性文件，并于 4 月份举办了“饲料生产企业审查合格证”培训班，要求各市采取企业自查、市县普查的方式，对饲料生产企业进行审查。据统计，全省应换证 1 308 份，截至 2007 年 12 月底，已换证 394 份；二是严格审核审批。从 2007 年 5 月 1 日起，严格按照农业部 73 号令规定对申报企业进行审核，并到实地检查验收。2007 年，向农业部申报饲料添加剂生产许可证 29 个，新报及换发添加剂预混合饲料许可证 61 个，发放动物源性饲料产品卫生质量安全合格证 7 个，饲料添加剂产品批准文号 38 个，添加剂预混合饲料产品批准文号 380 个；三是加强对获证企业的事后监管。2007 年 6 月和 10 月，对石家庄、沧州的 60 家获证企业进行了检查；四是加强对无证企业的查处工作。2007 年，查处无证非法生产饲料添加剂、添加剂预混合饲料的企业 22 家，许可证到期不换证，非法生产添加剂预混合饲料 36 家。

4.加大监管力度，治理整顿饲料市场。一是加强饲料质量监测。共抽取监测样品 254 批，合格 236 批，合格率 92.91%；二是加强反刍动物饲料中牛、羊源性成分的监测。抽取了牛、羊养殖场自配饲料、动物源性饲料共 210 批，合格率 100%；三是开展了对宠物饲料的专项治理工作。首先开展了对“蛋白精”的专项整治活动，在全省共抽取样品 360 批次；其次开展了对宠物饲料的专项治理。全省共检查宠物饲料生产企业 1 家，玉米蛋白饲料生产企业 5 家，抽取并送检犬粮、猫粮各 1 份、玉米蛋白粉 5 份。10 月份，配合农业部饲料监测中心（济南）对沧州、衡水进行“蛋白精”监测，共检查了沧州、衡水 14 个县的 121 家饲料生产经营企业，监测样品 404 批次；四是开展氯化胆碱生产企业的专项治理工作。2007 年 3 月、8 月和 10 月，会同河北省饲料产品质量监督检验站，对沧州市的氯化胆碱获证企业进行了突击检查，共检查了 37 家企业，并随机抽取了样品，专门在沧州市召开了质量分析会，对不合格的企业进行了通报；五是严肃处理违规企业。2007 年，共收到举报饲料违法案件 5 起，全部结案；六是加大执法检查力度。2007 年，结合年检、备案、换证等工作开展专项整治，全省累计出动饲料执法人员 2 500 多人次，出动车辆 1 000 多辆次，检查饲料生产企业 1 000 多家，经营企业 2 000 多家，规模养猪场（户）2 000 多个，立案 75 起，共没收销毁假劣饲料和饲料添加剂 10 000 多 kg，罚没款 9.50 万元。

5.成功举办了协会成立 10 周年庆典活动。2007 年 6 月 28 日~29 日在石家庄成功举办了主题为《绿色梦想 金色未来》的河北省饲料工业协会成立 10 周年大型庆典活动，全面回顾了协会 10 年的发展历程，展示了河北省饲料工业取得的辉煌成就，唱响了河北省加强饲料安全和畜产品安全的主旋律。整个庆典活动主题明确，以饲料安全和畜产品安全为主线；规格高，农业部、河北省政府、河北省农业厅领导出面、出席这次庆典活动，并在庆典大会上讲话；人气旺，河北省内外饲料行业有近 500 人参加。精心编排的《走向辉煌》庆典晚会高潮不断，为明星企业隆重颁奖和获奖企业代表的安全倡议签名等环节反响强烈。与河北省电视台合作录播饲料行业庆典晚会以及请专业人员创作反映饲料行业生活的语言类和歌曲类节目，这在全国均属首次。与会领导和全国饲料行业同仁对庆典活动丰富的内容、隆重的场面、周密的组织以及河北省饲料行业团结向上的氛围、取得的成就等给予了充分肯定和高度评价。

6.实施名牌战略，促进企业争先创优。根据河北省政府“质量兴省，名牌兴企”的战略方针，积极组织和引导全省饲料企业争先创优，河北省涌现出了一批优秀企业和名优产品。为了进一步鼓励和引导饲料企业做大做强,提高核心竞争力,推动河北省饲料业持续健康发展,由企业自愿申报,各市审核、推荐,省局组织有关专家实地进行考察,本着公开、公正的原则,评选出了河北省饲料行业30强企业和明星企业。这些企业不仅是河北省饲料工业的形象代表,也是河北省饲料工业快速健康发展的排头兵。通过对这些企业的隆重表彰和大力宣传,有力地促进了河北省饲料企业争先创优的积极性。

7.积极组织交易会和考察学习活动,促进行业间交流。为展示河北省饲料工业发展取得的成就,促进企业间交流,选择了河北省12家有代表性的饲料添加剂、添加剂预混合饲料和饲料机械生产企业,并组织了饲料行业100多人参加了5月19日~21日在宁波举行的“2007中国畜牧业暨饲料工业展示交易会”。组织河北省50家饲料企业的73个展位参加了“河北省2007年畜交会”,超额完成了省局下达的65个展位的招展任务。组织河北省饲料行业38人对江苏、浙江等省市的饲料工作进行了考察学习。

8.《饲料科技》杂志和网站稳步发展。通过积极参加相关活动,加强与企业的沟通联系,改进工作方法等,巩固了老业务,拓展了新业务,不仅按照年度工作计划顺利完成了12期《饲料科技》杂志的编辑、出版工作,而且保证了企业宣传业务的平稳发展。饲料科技网站基本完成了升级、改造工作,信息量在不断增加,更新速度在不断加快。

9.筹建完成了河北省饲料工业协会专家库。经过广泛征集,从高等院校、科研机构、检测机构以及大型企业中筛选了62名在饲料加工、动物营养、畜牧养殖、兽医、饲料机械等专业方面有特长的省内高级人才,组建了河北省饲料工业协会专家库,并在饲料科技网站上设置了“专家推荐”专栏,以方便从业人员与有关专家的沟通联系,充分发挥专家们在促进河北省饲料业、畜牧业快速健康发展中的重要作用。

【存在问题】1. 由于专项经费不足,致使饲料执法和“瘦肉精”专项整治活动无法全面开展。

2.多数县(市)没有专职的饲料管理人员。

3.饲料检测体系不健全。

(河北省饲料工作办公室)

山西省饲料工业

【发展概况】2007年山西省各级饲料管理部门紧紧围绕“加快现代化饲料业建设,积极推进健康养殖,为建设社会主义新农村和构建和谐社会做出贡献”这一中心,紧张有序地开展了旨在提高行业整体素质和强化饲料安全监管的多项工作,收到了明显的社会效果。主要表现为:饲料产量稳步增长,总产量达211.20万t;质量不断提高,产品的整体合格率保持在95%以上;没有发生重大饲料安全事故。在饲料市场形势比较严峻的情况下,饲料企业依然保持着积极进取,知难而上的良好状态。

2007年全省饲料总产量211.20万t,同比增长4.84%;其中,配合饲料122.54万t,浓缩饲料85.29t,添加剂预混合饲料3.37万t。同比分别为增长11.88%,下降3.79%,增长3.11%。从产品结构上看,2007年可生产猪饲料61.23万t,同比下降13.52%,其中,猪配合饲料25.34万t,猪浓缩饲料34.95万t,猪预混合饲料0.94万t;蛋禽饲料94.09万t,同比增长10.80%,其中蛋禽配合饲料58.46万t,蛋禽浓缩饲料34.23万t,蛋禽预混合饲料1.40万t;肉禽饲料38.94万t,同比增长28.09%,其中肉禽配合饲料27.49万t,肉禽浓缩饲料10.93万t,肉禽预混合饲料0.53万t;反刍动物饲料14.03万t,同比增长15.54%,其中反刍配合饲料9.02万t,反刍浓缩饲料4.55万t,反刍预混合饲料0.46万t;水产饲料1.54万t,同比增长16.46%。

【主要工作】1. 及早安排部署2007年的工作要点,做到年初有计划,年末有总结。2007年1月9日,山西省饲料办、山西省饲料协会联合举办了饲料工业协会年会和各市饲料办主任座谈会,会议在认真总结分析2006年全省饲料工业和饲料工作经验教训的基础上,提出了2007年的工作要点、主要措施和工作目标。会后形成了山西省2007年饲料监管工作要点,并以文件形式印发各级饲料管理部门,使各级饲料管理部门、各饲料生产企业理清了思路,明确了重点,为实现全年的工作目标,奠定了思想基础。

2.宣传和普及饲料法律法规知识,及时传递行业信息,开展新技术的推广普及工作,积极为企业提供技术服务。为全面提高饲料行业的整体水平,使每位从业人员真正树立知法、懂法、守法的观念,自觉维护饲料和畜产品市场秩序。全年共举办培训班、讲习班等4次:(1)《饲料和饲料添加剂管理条例》及其6个配套规章的宣讲,共培训行业人员1 000多人次;(2)为帮助饲料企业及时了解和掌握国内外行业信息和行业动态以及产(商)品价格走势,避免和克服企业发展的盲目性,邀请中国饲料工业协会信息中心的专家举办了2007年饲料形势分析会,帮助企业解决了很多方向性、战略性问题;(3)针对饲料企业在售后服务过程中,有帮助养殖户免疫接种的服务内容,却存在免疫技术不规范的问题,本着既要保护企业的服务积极性,又要帮助他们提高服务质量的精神,特别邀请省家畜疫病防治方面的专家做了《重大动物疫病的防控与免疫》技术讲座,对规范和提升企业的服务质量乃至综合素质起到积极的作用;(4) 邀请国内外饲料方面的专家学者为山西省饲料企业技术人员、管理人员进行了饲料、养殖新技术和新产品专题讲座。

3.认真组织落实饲料质量安全监测计划，圆满完成了全年的监测任务。根据农业部的安排部署，山西省饲料办组织各市饲料管理部门学习文件，培训采样方法，合理安排采样和检测任务，并制定了完善的工作方案，超额完成了农业部下达的监测任务。2007 年共抽样 970 批次，完成计划 107.80%，产品平均合格率为 95.20%。其中饲料产品质量安全监测，抽样 162 批次，产品合格率为 90.10%；“瘦肉精”等违禁药物专项整治监测，抽样 197 批次，合格率为 100%；反刍动物饲料中牛羊源性成分例行监测，抽样 259 批次，合格率为 97.70%；三聚氰胺专项监测，抽样 352 批次，产品合格率为 90.40%；饲料标签检查，抽样 352 批次，产品合格率为 93.20%。通过这些监督检查，及时发现饲料产品质量存在的问题和饲料企业存在的违规行为，进一步规范了生产经营秩序，净化了饲料市场，消除了饲料安全乃至畜产品安全隐患。

4.严格市场准入制度，依法加强饲料和饲料添加剂生产企业资质的审核发放工作。农业部第 73 号令《饲料生产企业审查办法》颁布以后，山西省饲料工业办公室即以会议、文件等形式积极进行了宣传，通过《山西饲料》杂志印发了全文及释义，还组织各市饲料管理部门负责人集中进行了学习和培训，成立了山西省饲料评审委员会。按照部令和有关通知要求，于 2007 年 5 月 1 日正式启动了饲料生产企业审查工作。2007 年共对 73 家企业进行了审核，对其中具备条件的 50 家企业发放了《饲料企业审查合格证》。并对 12 个饲料添加剂和添加剂预混合饲料生产企业进行了材料审查和现场审核，上报农业部，核发或换发了生产许可证。全年共办理饲料添加剂和添加剂预混合饲料产品批准文号 184 个。

5.继续开展了饲料行业特有工种职业技能鉴定，为推行就业准入制度和实施《饲料生产企业审查办法》创造条件。饲料职业技能鉴定是山西省每年的一项例行工作，一般都在后半年举办，为了配合《饲料生产企业审查办法》顺利实施，山西省饲料行业特有工种职业技能鉴定站在工作极度紧张的情况下，把饲料职业技能鉴定作为一项重点工作对待，于 2007 年 4 月 19 日~25 日，举办了饲料检化验员、饲料厂中央控制室操作工和饲料加工设备维修工 3 个工种的职业技能鉴定，共有 287 人报名参加，经考试、考核有 266 人达到合格水平。

6.了解行业情况，反映企业诉求。在调查研究饲料业发展的过程中，得知饲料企业在用盐问题上有很多怨言，一是很难买到畜牧用盐；二是指被定使用人用盐，甚至是水洗盐，价格高，增加了饲料成本。对这种不利饲料企业发展的问题，在进一步核实情况的基础上，积极向山西省政府主要领导反映情况，得到山西省领导和相关部门的重视。

7.积极开展饲料产业化调研和《饲料法》立法调研，为完善饲料法律体系提供依据。农业部办公厅下达开展《饲料法》立法调研通知后，通过深入饲料生产企业，召开座谈会等形式，对 118 项提纲内容进行了认真的调查研究，按照规定的时限完成了调研任务。根据山西省政府晋政办发电[2007]51 号《关于在全省开展农业产业化经营对策的调研工作的通知》，以“饲料加工能力和销售情况”为题进行了调查研究，按时完成了调研任务，并撰写了调研报告。

8.按照饲料条例和相关配套规章，依法对 35 个持有饲料添加剂和添加剂预混合饲料生产许可证企业、8 个动物源性饲料产品卫生合格证企业进行了年度备案工作。根据备案情况，对不参加备案和备案不合格的企业依照有关规定分别进行了通报批评和限期整改。

9.及时认真完成信息统计工作，力求做到按时、准确。2007 年初，对各市负责信息统计工作的同志统一进行了培训，使他们掌握新版统计软件的操作。同时克服人员紧张，工作衔接不顺畅等困难，及时上报了季报表和年报表，并督促重点跟踪企业按时上报月报表。

10.办好一刊一网，充分发挥主流媒体的宣传导向作用，大力营造安全、和谐、共赢的饲料环境。2006 年，山西省饲料工业协会与山西农科院饲料科技中心联合创办了《山西饲料》连续性内部出版物，还在《山西畜牧信息网》上开辟了饲料网页，把政策法规、最新科技、实用技术、市场动态等信息源源不断地传送到企业和行业管理者手中，帮助他们解决了一些具体问题，因此受到饲料和养殖工作者的一致好评。2007 年山西省饲料工业协会进一步加大工作力度，由季刊改为双月刊，并充实和修改了相关栏目和内容。一年来，编辑部自觉遵守新闻出版政策，紧紧围绕行业重点工作、热点问题开展工作，在政府和企业之间架起了一座相互了解和沟通的桥梁。如涉及量大面广的《饲料生产企业审核办法》颁布后，编辑部一方撰写宣传文章，另一方面分期刊发全文、释义及审核标准，使企业全面了解了国家的产业政策和技术规范。国务院组织实施的《产品质量和食品安全专项整治行动方案》启动以后，一刊一网积极配合饲料与畜产品质量安全整治工作，除正面宣传外，还曝光了一批违规企业，以此对诚信企业产生激励作用，对违规企业起到了警示效果。由于《山西饲料》始终坚持正确的舆论导向，坚持真心实意为行业发展服务的思想，很多读者、作者都把办刊物作为自己的事情来对待。现在主动投稿的人增加了，读者的范围扩大了，期发行量已由去年的 1 500 份增至 2 000 份。今后，山西省饲料协会还将继续加大支持力度，努力维护好这一舆论平台，为饲料和畜牧业生产、经营、消费营造良好的社会环境。

【存在问题】1.由于省、市、县3级饲料管理部门长期处于无人员编制、无工作经费的状态，致使行业管理工作不能全面、深入开展。

2. 相关职能部门之间存在职责交叉或职能界线不清的问题，对饲料产品重复检验、乱检查、滥罚款现象仍然存在。

3.饲料原料价格节节攀升，加上饲料生产企业数量多、规模小、竞争激烈，饲料产品价格没有同步提高，导致饲料企业经济效益严重下滑。

4.畜禽养殖场(户)尤其是养猪户补栏积极性不高，大都持观望态度，饲料企业的开工率普遍下降。

(山西省饲料工业办公室)

内蒙古自治区饲料工业

【发展概况】2007年以来，内蒙古自治区饲料业经受了禽流感、猪高致病性蓝耳病等重大疫情冲击，经历了饲料原料、石油价格上涨的严峻考验；克服了原料、运输、劳动力成本持续上升等不利因素，在全行业的共同努力下，继续保持了良好的发展势头。截至2007年底全区饲料生产企业共407家，其中动物性饲料生产企业24家，2007年新建企业111家，其中动物性饲料生产企业4家。2007年饲料加工产量为188.48万t，同比增长22.33%。其中配合饲料100.57万t，同比增长25.85%；浓缩饲料83.15万t，同比增长15.04%；添加剂预混合饲料4.76万t，同比增长152.20%。

【发展特点】1.配合饲料增长迅速，产品结构进一步优化。随着养殖业内部结构性调整速度加快，自配饲料越来越多地被商品化饲料替代，特别2006年以来受玉米、豆粕等原料价格上涨的影响，一部分浓缩饲料用户也改用配合饲料，需求量迅速提高，使得全区配合饲料产量出现同比25.80%大幅度增长，其在商品饲料产品中的比重也同比上升了1%。

2.原料价格居高不下，企业利润持续下滑。受全球能源、粮食价格上涨影响，饲料原料和多种饲料添加剂价格均出现不同程度上涨。2007年1~5月，玉米、豆粕、蛋氨酸等各主要饲料原料同比平均涨幅为39%，而同期猪、肉禽、蛋禽等配合饲料产品同比平均涨幅为24%。饲料生产企业消化了15%的成本上涨压力，利润普遍下滑。

【主要工作】1.饲料检测工作。为了加强饲料和饲料添加剂质量安全监管，保障饲料和养殖产品质量安全，按照《农业部关于下达2007年饲料安全监测计划的通知》(农办牧[2007]2号)的安排，以及自治区饲料工作办公室《关于开展2007年饲料质量安全监测计划的通知》(农牧发[2007]21号)文件精神，内蒙古饲料草种监督检验站对全区10个盟市生产、经营和使用环节的饲料进行了监督抽查，现将有关监测结果表明：2007年全年共检测饲料、饲料添加剂、动物源性饲料等饲料安全样品140批次，合格样品103批次，样品合格率73.50%；瘦肉精等违禁药品监测155批次，合格样品155批次，样品合格率100%；反刍动物饲料样品518批次，合格样品517批次，样品合格率99.80%。抽查企业和样品合格率同2005年、2006年相比有所下降，说明近年来内蒙古自治区饲料质量很不稳定，存在问题较多，需要加强饲料安全监管。

2.饲政管理工作。(1)2007年4月举办全区饲料法规培训班，对《饲料和饲料添加剂管理条例》《动物源性饲料产品安全卫生管理办法》《饲料生产企业审核办法》《内蒙古自治区饲料和饲料添加剂管理办法》进行了全面学习，还请专家讲解了建厂应具备的基本条件、生产经营中应遵守的规则，以及饲政管理人员进行市场监督检查时应掌握的程序和技术等。

(2)根据农业部有关饲料检验化验员应取得相应的国家职业资格证书、持证上岗的规定，要求饲料和饲料添加剂生产企业必须有两名以上持证上岗的检化验员。2007年对新办证企业进行检化验员职业技能鉴定培训，共培训饲料检验化验员48名。

【存在问题】1.饲料产品质量总体合格率有所下降，营养指标不合格问题突出。2007年的饲料产品普遍性安全因素检测合格率为73.57%，同比下降4.72%，在检出的37批次不合格产品中，配合饲料和浓缩饲料中粗蛋白质含量不合格的有16批次，粗蛋白质等营养指标不合格严重影响了内蒙古自治区饲料产品的总体质量水平。主要原因一是部分企业质量意识不强，对产品质量控制不严；二是部分企业使用低价低质原料，导致产品质量下降。

2.饲料卫生指标依然超标，影响饲料产品质量，危害人体健康。动物源性饲料产品卫生指标不合格参数主要是铬和沙门氏菌；预混合饲料产品卫生指标不合格参数主要是砷和铅；配合饲料、浓缩饲料不合格参数主要是铅、氟和黄曲霉毒素B_1等。饲料产品中卫生指标超标，影响了产品质量，影响了动物的正常生长，给养殖生产造成损失；这些有毒有害物质通过动物体内积蓄，影响产品质量，危害人体健康。

3.动物源性饲料质量和标签问题亟待解决。动物源性饲料如鱼粉、骨粉和肉骨粉等产品合格率和标签合格率一直很低，两者之间互为因果关系，且恶性循环。鱼粉等属于大宗饲料、成批量散装进口，到港口后进行分装。进口单位没有加贴标签意识，绝大多数袋装产品没有标签，经过多次倒手后，如果出现质量问题，将无法溯源，也给假冒伪劣产品有了可乘之机。

因此，针对此类情况，应采取相应的措施与建议：一是各盟市畜牧饲料行政主管部门要高度重视饲料质量安全监管工作，落实属地管理责任，加强组织领导，强化行政执法，加大监管工作力度，确保养殖业产品和饲料质量安全；二是要以内蒙古自治区畜产品质量安全整治为契机，认真查找影响本地区饲料质量安全的问题和隐患，依法对问题企业和养殖户进行严肃查处，要进一步加强饲料法律、法规宣贯工作，营造全社会关注饲料质量安全的良好氛围。

（内蒙古自治区饲料工作办公室）

辽宁省饲料工业

【发展概况】1.饲料工业发展情况。饲料工业生产保持稳步健康发展。据统计2007年，饲料生产年双班设计能力20 000万t；饲料产品产量802.42万t，同比增长6.85%，其中配合饲料464.35万t，同比增长14.64%；浓缩饲料327.53万t，同比下降0.96%；添加剂预混合饲料10.54万t，同比下降30.84%。全年实现饲料工业总产值167.50亿元，同比增长8.03%。

2.饲料原料业发展情况。据统计，2007年饲料原料总产量为63 478t。其中鱼粉42 050t，骨粉、肉骨粉产量为17 432t，血粉420t，其它为3 585t，实现产值29 060万元。

3.饲料添加剂业发展情况。饲料添加剂产量稳步发展。据统计，2007年，饲料添加剂总产量为342t，其中维生素K_3 160t，微生物添加剂180t，共实现产值2 704万元。

4.饲料机械业发展情况。饲料生产机械大型成套设备增加，小型成套设备下降。据统计，2007年饲料加工机械设备总量为659台(套)。其中时产10t以上成套机组15套，同比持平；时产5~10t成套机组30套；时产1~5t成套机组42套，同比下降84.09%；单机台数为574台，其中粉碎机106台、混合机89台、制粒机37台。实现产值103 644万元。

【发展特点】1.人员素质不断提高。2007年，饲料企业职工人数19 877人，同比增长14.86%。具有大专以上学历为4 866人，同比增长5.78%。其中博士30人、硕士132人、大学本科1 585人、大学专科3 139人。从技术工种看，化验员1 355人，占职工总数6.82%；中控工425人，占职工总数2.14%；维修工992人，占职工总数4.99%。

2.饲料生产企业经济类型结构不断优化。2007年全省饲料企业总数为1 106家，其中，国有企业8家，集体企业1家，私营企业705家，股份制企业374家，港、澳台及合资企业14家。从整体上看，随着改革的深入，国有、集体企业数量大幅度下降，私营、股份制类型企业数量大幅度上升。

3.饲料产品结构更加合理。饲料加工企业坚持以市场为导向，根据市场需求的变化，及时调整饲料产品结构。据统计，2007年配合饲料占饲料产品总量的57.87%；浓缩饲料占饲料产品总量的40.82%。在配合饲料中，猪饲料43.48万t，占配合饲料的9.36%，同比下降3.98%；蛋禽饲料250万t，占配合饲料的54.05%；肉禽饲料116.72万t，占配合饲料的25.14%，同比上涨了21.14%；水产饲料22.87万t，占配合饲料的4.93%；反刍动物饲料13.85万t，占配合饲料的2.98%；其它饲料16.45万t，占配合饲料的3.54%。在浓缩饲料中，猪饲料121.73万t，占浓缩饲料的37.16%，同比下降了7.57%；蛋禽饲料116.45万t，占浓缩饲料的35.55%，同比下降了11.72%；肉禽饲料78.48万t，占浓缩饲料的23.96%，同比下降7.99%。

4.产业化经营趋势日显突出。大型饲料企业为做大、做强，充分发挥技术与人才优势，以饲料为龙头，向产前、产中、产后延伸。辽宁省的大成、禾丰饲料公司等两家企业被评为国家级重点农业产业化龙头企业；沈阳波音、辽宁众友、大连祥泽、鞍山东鹏等32家企业被评为省级产业化龙头企业；沈阳爱特杰、大连富康源、鞍山东来饲料等64家企业被评为市级产业化龙头企业。

【主要工作】1.加大饲料质量监督抽检与检查，确保饲料质量安全。一是积极开展饲料质量安全专项整治行动。组织省市县乡四级监管人员，出动行政执法及相关检查人员约1.50万人次，对全省从事饲料和饲料添加剂的生产、经营、使用单位的千厂万店进行了拉网式检查。查处违法案件80多起，查获假劣饲料总货值50多万元。依法取缔了4家无《动物源性饲料安全卫生合格证》的动物源性饲料生产企业，有力地规范辽宁省饲料市场秩序，打击了假冒伪劣饲料产品，保证了饲料产品质量安全；二是加大了饲料质量安全监督抽检力度。增加检测项目，由过去只检测营养指标，逐步向安全指标、卫生指标和营养指标同时兼顾过渡。据统计，2007年全省饲料监督抽检1 060批次，合格率98%，同比提高3%。根据监督检查监测结果，省局及时下发督办函，对不合格产品及时跟踪调查，依法处理。并按照"五不放过"的原则，彻底追查源头，严惩违法犯罪分子，警示教育饲料和养殖从业人员，维护饲料市场秩序，保证饲料产品的质量安全；三是加强行业管理，确保饲料与畜产品质量安全。以打击"瘦肉精""非法添加蛋白精"等违禁药物为突破口，加大专项整治工作力度，禁止使用原料药，严格控制畜产品中磺胺类药品等残留超标；四是加大对《动物源性饲料安全管理办法》宣传，严格执行动物源性饲料生产企业准入制度，禁止用动物源性饲料饲喂反刍家畜，切断通过饲料传播"疯牛病"的途径；五是以加强饲料标签管理为重点，加大对饲料生产、经营和使用环节的监管力度，从源头上保证畜产品质量安全。

2.加强行政审批与延伸服务，严格饲料生产企业市场准入。一是加强行业指导，严格行政审批。在全省范围内"实行统一受理、一次性告知、限时办结、统一送达、全程透明"的公开行政审批综合办公程序，极大地方便了企业，提高了行政审批的工作效率；二是以贯彻落实《饲料生产企业审查办法》为契机，严格生产企业市场准入制度，逐级组织开展了法律知识培训，在全省范围全面启动换证工作；三是对照现场审核标准，对现有饲料生产企业，按照通过一批、整改一批、关闭一批的总体思路，严格生产条件审查。对生产设备、技术力量、质量控制符合要求，生产设备先进，化验设备齐全，有通过技能鉴定持证化验人员，管理规范的饲料企业直接换证，年末完成换证饲料生产企业150家；对生产设备一般，有化验设备，无化验员证，管理一般的企业，给一段整改时间，待具备条件在及时申报；对只有生产设备，无化验设备，无化验人员，饲料产品质量安全无保证的的企业，限期整改到位，反之坚决予以取缔。对新建饲料生产企业，严格按照《饲料生产企业审查办法》的要求，由省市饲料办联合组成验收小组，依照考核表的要求逐项检查，通过细化考核内容，严格现场考核，把好企业准入关；四是以饲料添加剂和预混合饲料企业年度备案为契机，对全省饲料添加剂和预混合饲料生产企业进行整顿。通过检查有9家饲料添加剂、预混合饲料企业不具备继续生产条件，建议农业部注销其生产许可证。

3.加强行业指导，努力打造辽宁饲料行业30强。积极鼓励饲料加工企业通过兼并或重组等方式，加快企业规模化和集团化发展步伐，提高企业抵御市场风险的能力；引导企业通过体制创新和机制创新，打造饲料品牌，提高企业产品的市场竞争力。根据企业质量管理状况、守法运营、售后服务、产品市场占有率及客户满意程度等条件，在全省1 024家企业中，组织评选出辽宁饲料企业30强。30强企业饲料产量占全省饲料总产量的47%，产值占总产值的50%。这些企业在引领行业发展、规范企业管理、开展诚信经营等方面发挥了积极作用。积极在行业内开展了以诚信为主题的"五不活动"，即不生产销售假劣产品、不使用违禁药物及非法添加物质、不虚假宣传、不欺诈经营、不拖欠职工工资。这项活动的开展，对增强企业的法律意识、责任意识和诚信意识起到了积极的推动作用。

4.率先在全国实行动物营养师职称系列。目前全省饲料行业具有大专以上学历人员取得高、中、初各类专业技术职称人数仅占10%左右。为解决多年来饲料从业人员技术职称晋升难的问题，鼓励饲料从业技术人员立足行业、做好企业、服务社会，建议辽宁省人事部门在职称系列设置上能关注学科上的细分，单独设立动物营养师职称系列。经与辽宁省人事厅多方沟通，辽宁省在动物卫生专业系列中单独设立了动物营养师职称系列，其评审等级分别为高级动物营养师；动物营养师；助理动物营养师。

5.积极发挥饲料工业协会桥梁和纽带作用。一是以协会为依托，积极开展管理、技术培训活动，组织国内外30余位著名企业家、专家、学者讲授企业管理、畜禽、水产配合饲料、酶制剂、饲料检验、饲料机械等多个领域的热点问题，参加培训人员总计达1 500余人；二是积极开展学术和信息交流，成功举办了"饲料原料解析讲堂""饲料企业管理沙龙""养猪技术沙龙"等活动。密切了辽宁省饲料协会与企业的关系，促进了行业技术水平和管理水平的提高；三是积极开展饲料行业职业技能鉴定工作。全年共鉴定饲料检验化验员6期，其中，参加检验化验员中级鉴定的143人，合格138人；初级232人，合格224人；参加中控鉴定的中级73人，合格71人；参加维修工鉴定的中级52人，合格50人。

（辽宁省饲料工作办公室）

吉林省饲料工业

【发展概况】 2007年，吉林省共注册饲料生产企业为586家。其中生产添加剂预混合饲料的企业22家，生产饲料添加剂的企业13家。全省饲料工业产品产量341.65万t，其中配合饲料产量182.70万t、浓缩饲料产量144.88万t、预混合饲料产量14.07万t、添加剂33.14万t，同比分别增长10.73%、3.49%、3.50%和181.40%。实现工业总产值87.30亿元，同比增长11.90%。

【组织机构】 在行政管理上，省、市(州)、县(市、区)三级政府都在牧业管理部门中成立了独立的或兼职的饲料工业管理部门(即饲料工作办公室)。其中，省、市级全部为独立部门，县级中还有部分是兼职单位。共有行政执法人员244人。在质量检验上，有2个省级饲料质量检验机构。分别隶属于牧业管理部门和质量监督管理部门；12个市级饲料质量检验机构。其中，3个隶属于牧业管理部门，9个隶属于质量监督部门；在县级牧业部门还没有能够开展正常检验工作的饲料质量监督检验机构。

【主要工作】 1.制定方案，确保"饲料保障工程"顺利实施。根据全省牧业经济发展现状的实际，按照省局"六大"工程安排，为更好地落实"饲料保障工程"，在局党组的领导下，经过反复调研和考证，制定出了《吉林省饲料保障工程实施方案》。并下发到九市州，在全省全面贯彻执行。

2.开展市州互检，有效地保证了全省饲料产品质量和食品安全。为贯彻落实国务院《全国产品质量和食品安全专项整治行动方案》精神和省政府《关于吉林省产品质量和食品安全专项整治行动方案》的要求,从 2007 年 8 月 27 日~31 日,历时 5 天进行了全省饲料生产经营市场大检查。本次检查采取了 9 市州互检互查的方式,将 9 市州饲料工作办公室的同志分成 3 组,每组检查(本组成员所在市、州以外的)3 个市州。这次检查覆盖了全省 9 市州。参加大检查执法人员 63 人,动用检查车量 29 台,共检查 17 县(市、区)中 51 家生产企业、17 家经营企业(户)和 24 家规模养殖场(户)。在省市县 3 级饲料管理部门的团结协作和共同努力下,圆满完成了工作任务,达到了净化市场、锻炼了队伍、提高了饲料管理部门地位的目的。

3.树立典型,推动节粮食草型畜牧业快速发展。为加快吉林省粗饲料开发工作,提高全省秸秆过腹转化利用率,打好发展节粮型畜牧业的基础。2007 年 9 月 12 日在公主岭市召开了全省粗饲料开发现场会。公主岭市、前郭县牧业局等单位作了典型经验介绍,参观了四平市新天地草业有限公司。这次会议的召开对加快吉林省秸秆的综合开发利用,促进节粮食草型畜牧业的快速发展产生了巨大的推动作用。

4.搞好配合,完成了农业部调研组在吉林省开展饲料行业相关问题调研工作。2007 年 7 月、9 月农业部先后两次派调研组到吉林省进行工作调研。按照调研组的要求安排相关饲料生产企业与调研组进行座谈,并向调研组详细汇报了吉林省饲料行业的实际情况。使调研组准确掌握了吉林省饲料行业的实际情况,圆满完成了调研组对吉林省有关饲料行业方面的调研工作。

5.准确无误,促进饲料统计工作上了新台阶。统计工作是基础性工作,为了及时准确地做好统计工作,2007 年加大了这方面的工作力度,及早布置、适时督查,保证了统计报表的准确汇总和及时上报,使统计工作又上了一个台阶。

6.转变作风,完成了参加吉林省软环境办的“政行风热线节目”直播工作任务。为了转变工作作风,树立良好的牧业(饲料)管理部门形象。按照全省的统一部署,积极参加“政行风热线节目”直播工作,作客省人民广播电台直播间,为全省的听众(特别是农民朋友)宣讲有关法律法规及国家和吉林省委、吉林省政府的相关政策。解惑答疑,收到了很好的社会效果。

7.积极努力、加强学习,扩大并增强省级检测机构检验能力和检验水平。按照国家年初饲料工作会议上提出的有条件的省份开展“牛羊源性成份检测”增项的要求,吉林省饲料工作办公室同吉林省兽药饲料监察所共同努力开展工作。一方面积极挖掘潜力,将弃用的厕所改造成实验室;另一方面吉林省牧业管理局协调省直其它检验机构,使 PCR、凝胶成像仪等仪器设备共享。同时,在基础设施、仪器设备到位的基础上,吉林省兽药饲料监察所派员参加了国家有关方面的培训、到兄弟省取经,掌握了检测基本程序和方法,在吉林大学有关专家的指导下,开展了 3 次检测实验,结果符合国家要求,并完成了省内计量认证增项。

8.借助载体,加大了吉林省粗饲料开发利用的力度。自从年初提出秸秆等粗饲料开发利用“百千万”行动计划以来,全省上下紧紧围绕“百千万”行动计划确立的“2007 年秸秆等粗饲料加工企业发展到 40 个、规模饲养场(小区)500 个、规模养殖户 6 000 个”的建设目标,积极引导和帮助农民选择优良饲料品种,落实种植面积,积极推广青贮饲料,为农民提供技术和信息服务。截至 2007 年底,全省建设饲料加工企业达到 40 个、规模示范乡 109 个、规模饲养场(小区)500 个、规模养殖户 6 000 个,完成年初计划。

【存在问题】1.饲料产品质量监管经费不足,交通工具缺乏,监管手段落后。

2.牧业(饲料)管理体系中,饲料产品质量检验机构建设滞后,与饲料行业的发展和监管工作的需要很不适应。

3.原料市场价格波动频繁,阻碍了饲料业的平稳发展。

4.饲料企业低水平重复建设严重。致使企业开工不足,生产设备闲置。

(吉林省饲料工作办公室)

黑龙江省饲料工业

【发展概况】2007 年,黑龙江省饲料工业克服了禽流感、猪高热病、生猪市场波动和饲料原料涨价等因素的影响,饲料业与畜牧业仍实现了健康、协调发展的良好局面。截至 2007 年末,全省饲料产量达 570 万 t,同比增长 1.79%,其中:配合饲料产量 270 万 t,同比增长 3.85%;浓缩饲料产量 278.03 万 t,同比增长 7.35%;添加剂和预混合饲料产量 21.97 万 t,同比下降 46.41%;动物源性饲料产量 4 万 t,同比增长 2.50%。饲料工业总产值达 134 亿元,同比增长 3.08%。目前,全省饲料生产企业达 876 家,年双班生产能力达 940 万 t,其中:添加剂企业 60 家,添加剂预混合饲料企业 180 家,配合、浓缩和单一饲料企业 852 家。年加工能力 5 万 t 以上的企业达 45 家,年加工能力 1 万 t 以上的企业达 185 家。

【发展特点】1.企业技术改造和重组步伐加快,产业规模进一步壮大。哈尔滨青禾饲料公司、哈尔滨博微饲料公司、哈尔滨普凡饲料公司、哈尔滨远大牧业有限公司等企业采取走出去发展战略,相继在吉林、北京、河北、浙江、山东等省建厂,哈尔滨英瑞斯饲料公司、哈尔滨光威饲料公司、哈尔滨华隆饲料公司等一批企业相继新建了厂房,改进了生产工艺;哈尔滨联丰饲料公司、哈尔滨双来饲料公司、哈尔滨市中旭饲料公司和齐齐哈尔市牧源饲料公司等一批企业通过资产重组、联营合作等方式,跨区组建了一批大中型饲料企业集团,实现了企业的扩张。

2. 饲料产品结构进一步优化,产品质量稳步提高。配合饲料、浓缩饲料、饲料添加剂和添加剂预混合饲料等各类产品结构趋于合理。奶牛精料补充料或奶牛专用浓缩饲料增长较快,产量达到 115 万 t,仔猪颗粒饲料所占比重增长较快,达 85%以上,饲用膨化玉米、膨化大豆等饲料产量猛增,饲料转化率明显提高。

3.资源开发利用力度增强,饲料原料及添加剂工业发展迅速。豆粕(饼)、玉米蛋白粉等蛋白质资源开发的步伐加快,大豆蛋白肽、大豆磷脂、DDGS、酵母饲料、非蛋白氮等蛋白资源得到广泛利用,饲料原料生产能力进一步扩大,部分产品还出口到俄罗斯、韩国、蒙古等一些国家或地区。目前,黑龙江省豆粕(饼)加工企业达 300 余家,总生产能力达 1 000 万 t,实际产量达 700 万 t;玉米膨化饲料产量达 15 万 t,直接转化玉米 300 万 t。肇东成福集团利用玉米资源丰富的特点,新建生产了饲料级赖氨酸(含量 65%)产品,年加工能力可达 2 万 t。

4. 企业与畜牧生产基地的利益对接关系逐步密切,产业化经营水平不断提高。一些饲料企业注重延长产业链条,采取“公司+农户(或协会)”的产销直挂经营机制,密切了饲料企业与基地农户的利益对接关系,提高了产业化经营水平。如哈尔滨新胜饲料公司投资 1000 多万元新上了肉鸡屠宰加工项目,并与养鸡户签订供应饲料、回收肉鸡合同,牵动了养鸡业的快速发展,使企业和养鸡户获得了“双赢”;哈尔滨英瑞斯饲料公司、哈尔滨远大牧业有限公司、哈尔滨富康牧业有限公司等饲料企业还上了种畜禽项目,通过示范引带并与农村养殖专业协会签订饲料销售合同方式,减少了销售中间环节,求得了共同发展。伊利集团杜蒙公司、完达山集团、北大荒(宝泉岭、望奎)肉业等一些大型畜产品加工企业相继上了饲料加工项目,进一步增强了牵动畜牧生产基地发展的能力。

【主要工作】1.开展调查研究,明晰发展思路。为了更好更快地推进全省饲料产业升级,深入全省各地 100 多家企业调查了解饲料产业存在的主要问题,广泛征求和了解企业对行业发展和管理部门的意见。经过梳理,进一步明确了饲料业发展的指导思想、产业布局、发展重点和对策措施。同时,为了学习借鉴兄弟省饲料业发展和管理经验,2007 年黑龙江饲料办与饲料协会借参加全国会议之机,共同组织部分副会长企业单位、市地饲料办主任赴江西、湖南、广东等省进行考察。通过考察学习,学到了经验,找到了差距,开阔了视野,明确了方向,增强了干劲,统一了思想,进一步坚定了实施“四大战略”,走整合提升、创新发展之路。

2.搞好宣传培训,强化队伍建设。充分利用《饲料博览》《东北饲料信息》和黑龙江畜牧信息网、东北饲料信息网等媒体,及时广泛地宣传国家、黑龙江省有关政策法规,使行业能够及时了解有关的产业政策和信息。组织编辑印制了《饲料政策法规汇编》1000 册,并分发到饲料生产经营企业和各级饲料管理人员。2007 年 5 月举办了由市地县管理人员和企业 300 多人参加的“全省饲料法规培训班暨饲料管理工作会议”,邀请了全国畜牧总站、中国饲料工业协会信息中心等有关领导、专家,讲解了《饲料生产企业审查办法》(释义)和《饲料和饲料添加剂管理规范和法律制度》《饲料标签存在的问题及对策》《饲料统计报表制度》等,表彰奖励了全省饲料管理工作先进集体和先进个人, 进行了执法典型经验交流,培训效果显著。

按照农业部有关规定,黑龙江省饲料办还组织开展了饲料职业技能培训鉴定工作,分别于 2007 年 1 月和 12 月举办了两期饲料企业化验员培训班,培训学员 140 人,经鉴定考核合格的报农业部审核发证。

3.组织产品监测,确保质量安全。完成了农业部饲料例行抽检任务 1 013 批,抽检合格率为 94.50%,同比增长 4.20%;抽查饲料标签 232 个,合格率为 92.67% ,同比提高了 8%。

完成了农业部“蛋白精”等非法添加物专项监测任务 350 批,抽检合格率 97.43%,位居全国前列。同时,完成了宠物饲料企业、部分谷物蛋白饲料企业专项监督检查工作。

开展了全省 300 个批次的饲料产品质量安全监测任务,抽检合格率为 90%。其中,省内饲料监测样品 259 批,合格率为 90.30%,省外饲料监测样品 241 批,合格率为 82.50%。抽查饲料标签 209 个,合格率为 86.67% ,同比提高了 4%。本次省内统检未检出“瘦肉精”、“苏丹红”、莱克多巴胺、氯霉素等违禁品。

为了增强不合格企业质量安全意识,切实提高饲料质量安全水平,黑龙江饲料办于 2007 年 7 月和 12 月分别召开了国家和省内统检不合格企业负责人参加的整改工作会议,向企业通报了监测结果,提出了整改要求,并责成当地饲料管理部门依法对不合格企业进行了处罚。

4.强化制度建设,规范行政审批。为了进一步规范现场评审行为,完善工作程序,制定了《饲料生产企业申报审批办法》,明确了饲料生产企业申报条件和申报审批、年度备案程序,并在有关网站公开。同时,黑龙江省饲料办组织成立了评审专家委员会,制定了工作章程(草案),并尝试行政审批会审制,集体研究确定审批许可事项,从而保证了审核和行政审批工作的质量。2007 年共受理饲料添加剂和预混合饲料、配合(浓缩)饲料、动物源性饲料申(换)证企业 201 个。完成了饲料添加剂、预混合饲料、动物源性饲料生产企业年度备案审核工作。经审查合格由省本级审批或上报农业部审批 176 个,建议农业部注销添加剂许可证 4 个,预混合饲料许可证 10 个。

5.严格监管整治,维护市场秩序。为进一步搞好行业管理,规范市场秩序,打击无证、无批准文号、无标准、无标签和滥用违禁药品等违法生产经营行为,从源头上确保饲料和畜产品质量安全,组织开展了全省兽药饲料生产经营市场专项联合整治行动,制定了“2007 年黑龙江省兽药饲料打假专项整治行动实施方案”,转发了农业部“蛋白精”、畜产品(饲料)质量安全检查验收等一系列专项监督检查文件，并于 2007 年 5 月~6 月专门组成 3 个检查组,分别由饲料办、兽药饲料所主要领导带队,采取暗查方式,对全省各县(市)的部分饲料经营和生产企业、养殖场进行地毯式检查,对发现的问题和假饲料企业进行了通报和依法查处。尤其是根据群众举报,省、哈市饲料管理部门邀请黑龙江卫视新闻组同志在 2007 年“3.15”活动当日联合行动,共同端掉了一处无证生产饲料兽药黑加工厂,并在黑龙江卫视频道新闻节目中播出,起到了较好宣传效应。据统计,2007 年全省在饲料专项整治和执法工作中，共出动饲料执法人员 5 000 多人次,检查生产企业 800 多个、经营企业 2 000 多个、养殖场(户)300 多个,查处无证生产企业、无产品批准文号 100 多个,没收假劣产品 400 多 t,罚款 50 多万元。

6.做好服务指导,促进行业发展。完成了黑龙江省饲料协会与黑龙江省饲料办分离和协会秘书处移交工作。在工作上坚持为行业、为企业服务思想,并注重发挥协会作用。一是积极帮助企业落实饲料产品免征增值税、陈化粮处理等相关产业政策,按照农业部“四大战略”要求,指导企业研究确定发展策略;二是建立了饲料统计报表制度和饲料市场信息报价点,确定了统计员、信息员和跟踪统计企业,在《东北饲料信息》建立了信息平台,提高了对市场预警预报能力,为行业和企业科学决策提供及时有效依据。另外,黑龙江饲料办还分上、下年度召开饲料生产形势分析会议,总结情况,分析问题,预测走势,提出对策,使企业规避了风险;三是指导企业标准化生产。积极推广无公害饲料饲养标准，帮助企业审核修改企业标准 40 余项,推进了饲料行业标准化进程;四是组织开展行业论坛和诚信宣言活动。黑龙江省饲料办与协会共同举办了“饲料行业发展论坛”,与会企业家感到报告选题好,阐述既有理论又有实践,很受启发。为了促进行业自律,组织全省 20 强企业、优秀原料供应企业,在黑龙江省饲料协会第四届理事会第二次理事扩大会议上联合发起了《饲料行业诚信联合宣言》活动,带头讲诚信、讲质量、讲安全,推进行业自律;五是组织企业参观考察活动。组织企业参加了在宁波举行的“全国饲料工业展示交易会”；接待安排了由大连商品交易所、中国大豆网、中国玉米网 10 等余家有关期货交易和媒体单位组成的畜牧饲料业考察团,促进了南北交流和优势互补。

(黑龙江省饲料工业办公室)

上海市饲料工业

【发展概况】1.产值产量略有上升。截至 2007 年底,上海市共有饲料生产企业 130 家。2007 年上海市饲料工业产品总产量 115.49 万 t,同比增长 3.79%,其中:配合饲料 91.23 万 t,同比增长 3.26%;浓缩饲料 8.07 万 t,同比增长 2.56%;添加剂预混合饲料 16.18 万 t,同比增长 7.54%；饲料添加剂 5.50 万 t，同比增加了 103.70%；饲料工业总产值 42.38 亿元，同比下降 5.23%。

2.产品质量基本稳定。2007 年饲料产品质量基本与 2006 年持平,饲料中药物(包括违禁药物)和有毒有害物质等的抽检合格率基本稳定在 95%左右。

3.产品结构日趋合理。饲料工业持续、平稳、安全地发展,特别是科技含量和附加值较高的饲料添加剂增幅达 100%以上；预混合饲料的产量增长也相对较快，其中蛋禽饲料和反刍饲料同比增长 25%左右;浓缩饲料中的肉禽饲料出现了迅猛的发展，增幅达 600%以上。

4.行业素质不断提高。经过连续几年对从业人员专业法规的培训,上海市饲料企业的法律意识明显增强,守法的自觉性加强,行业的自律度提高;饲料的管理与执法水平也不断提升,科学执法、文明执法、规范执法已成为市、区县执法部门的共识,行业的和谐度明显提高。

5.行业管理不断深化。饲料企业通过 HACCP 的推广应用,在加强对关键因素控制的同时,也提升了企业的管理水平。各区县对兽药饲料的监管力度明显加大,行业管理不断深化。

【主要工作】2007 年，上海市各级畜牧兽医部门、监督、监测机构和行业协会采取各种有效措施,加强市场整治和监管,强化行业自律和诚信,营造公平的竞争平台,保证饲料和畜产品质量安全,促进养殖业持续稳定发展。重点做了以下几项工作:

1.严格准入,加强对饲料企业的规范管理。开展了对 30 家饲料许可证企业的跟踪检查，做好年度备案工作。加强了对《饲料生产企业审查办法》的贯彻落实。印发了《关于开展 2007 年上海市饲料生产企业审查工作的通知》,并制定了《上海市饲料生产企业审查工作实施意见》及配套办法;召开了“上海市饲料生产企业审查工作动员大会暨饲料生产企业负责人法规培训班”和“2007 年度上海市饲料生产企业审查人员培训班”,并建立了审查工作人员库。通过这些工作,进一步加强了企业对切实贯彻落实饲料生产企业审查工作的认识，为企业进一步加强生产质量管理能力、提高饲料标准化水平、做好审查工作打下了基础。

2.加强检测，提高饲料产品质量安全水平。完成了2007年度上海市饲料质量安全监测计划2 500多批，合格率95%以上。重点加强了对饲料中药物（包括违禁药物）、饲料中有毒有害物质、饲料产品质量及饲料中牛羊源性成分的检测。开展了对产地生猪出栏前尿样的盐酸克伦特罗、莱克多巴胺及沙丁胺醇等违禁物质监测30 000多份，飞行检测12 000多份，结果均为阴性。同时，根据全国饲料工作办公室要求，自2007年4月底开始加强了对饲料中“三聚氰胺”的监测；根据气候特点在黄霉季节加强了对奶牛饲料中黄曲霉素的监测。

3.强化监管，规范饲料生产、经营、使用行为。加强了对流通领域动物源性饲料、水产饲料和进口饲料标签的检查。积极落实农业部《动物源性饲料安全卫生管理办法》，对动物源性饲料的生产、经营和使用等环节进行规范管理，特别是对奶牛场自配料中使用牛羊源性成分的监督检查，未发现使用动物源性饲料的行为。加强对养殖场的专项检查，不断规范养殖环节安全使用饲料的行为。对上海市196家饲料生产企业使用药物及非法添加物的情况进行了专项检查，对违法使用和添加违禁药物的生产企业、超范围生产饲料的企业假冒产品批准文号的行为进行了查处。开展了对饲料经营企业的检查。紧急清查了违法生产、经营和使用“ESB生物蛋白精”的行为。要求企业必须对进货的蛋白原料进行“三聚氰胺”把关，经检测合格后方可使用，并在采购合同中加以责任约定。通过对蛋白饲料的专项抽检，对输入本市的含三聚氰胺的160t蛋白饲料产品进行了查封，销毁了20t宠物饲料。通过严格监管，有效地遏制了“瘦肉精”在本市饲养环节的违规行为，打击了蛋白饲料中含“三聚氰胺”的行为，提高了饲料产品的质量安全，保障了市民的食肉安全。2007年，全市累计出动执法人员2 127人次，立案查处案件62起，没收假劣饲料5 675kg，涉案总货值117万元，罚没款65万元。共检查畜禽养殖场1 336家次，饲料企业421家次，饲料经营企业148家次；开展各类饲料法规培训班7期，累计培训525人次。发放各类宣传资料5 000多册。根据专项整治行动提出的各项任务和目标，抓源头、抓环节、抓规范，完成了对全市533个规模化养殖场、135家饲料许可证生产企业的检查率达到100%以上，对饲料经营企业的检查率达到50%以上，没有发生地产生猪瘦肉精中毒事件。

4.以HACCP为抓手，提高企业管理水平。推进饲料企业HACCP安全质量管理体系认证工作。在咨询和认证过程中注重把饲料法规和行业管理要求相结合，使认证真正为行业规范与发展服务。加强对饲料行业从业人员的培训。组织饲料行政管理和执法监督人员、饲料生产企业负责人、饲料生产企业标准化人员和质量人员的培训，以提高从业人员的整体素质。同时，要求对各类饲料企业实行事先告知和承诺制度。加强对饲料企业的档案管理。市兽药饲料监督所建立了每家企业的电子档案。在日常检查中，注重对许可证企业设备、设施、人员、生产工艺等变动情况的核查，对不符合条件的企业及时上报和清理，加强了对获证后企业的监管力度。

（上海市饲料工作办公室）

江苏省饲料工业

【发展概况】2007年江苏省饲料产业按照“大原料、大安全、大企业、大市场”的发展战略，紧紧围绕江苏省饲料及畜产品质量安全，以确保饲料安全，壮大产业发展为工作目标，抓管理保安全，抓服务促发展，不断规范饲料生产经营行为，饲料产业继续保持快速增长的发展态势。总体形势可概括为饲料需求增加，产销两旺，原料大幅上涨，经营效益下降，大企业优势显现。据统计，2007年江苏省饲料总产量553.01万t，首次跨过500万t大关，比2006年增加117.17万t，同比增长26.88 %，饲料工业总产值139.78亿元，比2006年减少31.35亿元，同比下降18.32%。

【发展特点】1.畜牧业效益提高拉动了饲料市场。全省畜牧生产稳步发展，生猪生产快速恢复，家禽生产增长较快，奶业生产稳步增长。畜产品价格整体保持高位运行，养殖效益总体好于往年，直接拉动了饲料产业的发展，饲料市场产销两旺，猪饲料同比增长14.22%，蛋禽饲料同比增长51.81%，肉禽饲料同比增长48.90%。

2.产品结构调整，配合饲料增长幅度大，浓缩饲料略有下降，添加剂预混合饲料持平。随着原料市场的变化，养殖水平的提高，以及劳动力转移，配合饲料产销量大幅增加，达492.41万t，同比增长31.76%；肉禽、水产配合饲料保持了强劲的增长势头，成为江苏省配合饲料的主打产品，分别占配合饲料总量的34.78%和36.94%。

3.大中型企业优势显现。在市场竞争中依靠市场和品牌优势，市场覆盖率提高，产销量大幅度增加。全省2007年在生产饲料企业587个，比2006年减少77个，同比下降11.60%。全省饲料年产5万t以上企业有29个，比2006年增加了9个。饲料产量260.70万t，比2006年增加了98万t，占全省总产量的46.50%，提高了9.30%。年产值1亿元以上的企业有45个，产值106.15亿元，占全省总产值的57.50%。

4.产品安全质量稳步提高。2007年饲料质量安全监测，全省配合饲料、预混合饲料、浓缩饲料抽检平均合格率 89%,其中全省产品抽检合格率 93%,饲料标签合格率 84%,与 2006 年持平。饲料中瘦肉精等违禁药物专项整治监测,全省合格率 98.87%,反刍动物饲料中牛羊源性成分例行监测,合格率 99.50%,均高于往年。

【组织机构】 2007 年,经江苏省编制委员会批准,成立江苏省畜牧兽医局,局内设畜牧处。撤销江苏省饲料站,设江苏省饲料工作办公室,与畜牧兽医局畜牧处合署办公。

【主要工作】 1. 严格资格审核,强化生产企业准入管理。在继续加强饲料添加剂和添加剂预混合饲料生产企业现场考核和产品批准文号审核、动物源性饲料生产企业的考核发证工作的基础上,2007 年重点推进饲料生产企业审查合格证考核发证工作,制定了《江苏省饲料生产企业审查工作程序》,明确企业申请、部门受理、专家现场考评、公示、审查、批准发证等程序;市级饲料管理部门负责受理,组织专家现场考核,江苏省饲料管理部门负责审查、上网公示、发证公告。2007 年 4 月和 7 月,江苏省组织举办了两期全省饲料审查工作和管理法规培训班,严格审查企业生产条件,规范审查行为,统一审查尺度,强化审查责任和工作纪律。通过培训考试,确认了全省 153 名饲料生产企业现场考核评审专家。2007 年共有 39 个企业已获得饲料企业审查合格证,全省审查工作有序进行。

2.实施全面普查,组织饲料市场的专项整治。全省畜牧投入品专项整治行动共发放各类宣传资料 79.58 万份,出动执法人员 7 424 人次,受理举报案件 88 件,立案查处 177 起,结案 156 起,查获没收各类不合格饲料产品 638t,货值金额 103.97 万元,挽回经济损失 227.28 万元。

3. 实施长效监管,抓好饲料产品的质量安全抽检。根据农业部部署,开展了全省饲料生产、经营企业的配合饲料、浓缩饲料、预混合饲料和添加剂、动物源性饲料质量安全监测、饲料中瘦肉精等违禁药物专项整治监测和反刍动物饲料中牛羊源性成分例行监测工作。饲料质量安全监测抽查 210 份饲料产品,饲料中瘦肉精等违禁药物专项整治监测抽查 178 份样品,反刍动物饲料中牛羊源性成分例行监测抽查 200 份牛羊饲料和动物源性饲料,抽检 362 份饲料产品和原料的“蛋白精”。开展畜产品中盐酸克伦特罗例行监测,由江苏省畜产品检验测试中心牵头,组织各市畜产品质检中心,集中人力,统一时间,每月抽样,月中检测,月底汇总结果。全年共组织检测“瘦肉精”样品 6 240 个,监测合格率为 98.50%。

4.实施重点监管,全力追查非法饲料“蛋白精”。根据农业部和江苏省政府的统一部署,江苏省各地立即行动,组织精干力量,采取有力措施,严格监管,全力追查非法饲料“蛋白精”。及时组织开展对宠物饲料和饲用谷物蛋白粉的专项检查,先后共检查饲料生产企业 500 家(包括 2 家宠物饲料企业)、经营企业 1 484 家、养殖场 265 家,同时对宠物配合饲料和饲用谷物蛋白粉进行抽样,共检测 27 个样品,未检出含三聚氰胺。

5.推进饲料科技创新工作。2007 年江苏省首次将一批新饲料添加剂及其新制剂的产业化开发列入江苏省农业三项工程的项目范围,安排专项资金,扶持饲料添加剂的开发研制,积极研发新型微生态制剂、酶制剂、酸化剂、植物提取物、有机螯合物等系列产品。

6.努力为企业做好服务工作。做好日常的企业咨询工作,为企业解决管理、技术、信息问题。加强了“江苏饲料信息网站”的建设,办好《江苏饲料》内部资料,及时更新网页,将政策法规、管理规定、行业动态、市场信息向企业发布,形成宣传、贯彻、落实饲料管理法规、规章的快速通道;并将相关表格式样、文号公布、企业名录等内容放在了网上,方便了企业和管理人员的索取。

组织参加了 2007 中国畜牧业暨饲料工业展示交易会,全省共有 30 多家企业参加展览,展位近 200 个,充分展现了江苏饲料产业发展成就和企业风采,特别是牧羊、正昌、布勒饲料机械设备,无锡正大、宜兴天石、郁氏农牧的饲料添加剂在展会上大放光彩,受到行业领导和全国同行的高度评价。

7.组织技能的培训与鉴定。2007 年先后举办了 4 期初中级中央控制操作工和 3 期中级饲料检验员培训鉴定的培训鉴定。共有 217 名饲料化验员通过中级技能考核,608 个中控工通过职业技能考核,获得农业部职业资格证书。至此,全省持证的饲料检化验人员为 1 788 名,中控工 628 个,为饲料企业验收发证和产品的质量安全发挥了保障作用。

【存在问题】 2007 年下半年以来饲料原料价格大幅上涨,饲料企业总体效益下降,玉米、豆粕、饲料添加剂同比上涨 20%~40%。原料价格的大幅上涨直接影响了饲料行业的经营秩序,原料采购困难,成本难以消化,饲料企业经营效益下降。同时也拉动了养殖成本上升,成为当前畜禽产品价格居高不下的主要因素。

(江苏省饲料工作办公室)

浙江省饲料工业

【发展概况】 2007 年,浙江省饲料工业虽然受全球粮食价格攀升、饲料原料价格大幅度上涨、燃油等运输成本及养殖成本增加等因素的制约,但由于国家对生猪生产等强有力的扶持政策和畜产品市场价格的坚挺等利好的趋动,仍呈现饲料产量、产值保持较大增长的可喜局面,全省饲料生产有序发展,为全省畜牧业的持续、健康发展提供了有力的保障。据统计，2007年底，全省饲料工业总产值111.33亿元，同比下降14.92%；饲料总产量422.92万t，同比增长7.49%，其中配合饲料402.15万t、浓缩饲料4.79万t、添加剂预混合饲料15.98万t，同比分别增长6.95%、20.70%和18.73%；各类饲料添加剂14.21万t，同比增长15.53%。

【发展特点】1.品种结构调整，水产饲料和家禽饲料比例上升。浙江省的饲料产品中，95%以上是配合饲料，分饲料品种来看：猪饲料产量181.60万t，同比下降5.01%；蛋禽饲料57.60万t，同比增长15.38%；肉禽饲料产量177.28万t，同比增长44.17%；水产饲料产量95.37万t，同比增长30.75%；反刍饲料产量3.66万t，同比增长18.01%；其他饲料产量8.51万t，同比增长4.78%。除猪饲料外，其它品种饲料均稳步增长，特别是水产饲料和家禽饲料增幅较大，在配合饲料中所占比重分别由19.40%和45.98%上升至23.71%和58.40%，比例进一步加大。

2.原料价格大幅上涨，配合饲料量大利薄。2007年，在全球粮食价格继续大幅攀升、国内市场猪肉、禽蛋价格创历史新高的形势下，各种饲料原料价格涨幅迅猛，其中玉米价格已创历史新高。到2007年11月底，浙江省玉米进货价格已达1 930元/t、豆粕3 820元/t、次粉1 480元/t、棉粕2 300元/t、菜粕2 050元/t，分别比2006年11月份上涨21.40%、62.20%、23.30%、69.20%和32.90%，玉米蛋白粉和磷酸氢钙的价格也翻番。同时，在2006年微量元素添加剂大幅上涨的形势下，2007年几乎所有的维生素类饲料添加剂原料和蛋氨酸也大幅上涨，其中维生素E、维生素K_3、维生素C、维生素B_1、维生素B_2、泛酸钙、生物素、烟酸、叶酸的价格均涨幅在1倍以上。饲料原料价格的大幅度上涨，迫使饲料生产企业对成品饲料价格也作了多次的调整。据调查，猪配合饲料从年初的平均2 200元/t上调到2007年11月底的2 800元/t，上调600元/t，而同期饲料原料成本上涨了700元/t，且上半年配合饲料的提价明显滞后于原料上涨，因此，前三季度多数饲料生产企业生产量大、产值高，但利润相对较低，第四季度利润不错。

3. 以维生素为主的饲料添加剂继续保持快速增长的同时且品种增多。随着国际和国内市场需求的拉动，2007年饲料添加剂特别是维生素类饲料添加剂产量有了较大幅度的提高。据统计，浙江省现有各类饲料添加剂生产企业112家，总产量14.21万t，同比增长15.53%，其中维生素类产品专业生产企业30余家，产量达8.38万t，同比增长23.78%，继续保持全国维生素类饲料添加剂主要生产和出口大省地位。维生素生产企业2007年的经济效益扣除原料上涨、环保要求提高等因素外，总体效益应是较高的年份。同时，浙江升华拜克生物股份有限公司和浙江普洛医药科技有限公司新增色氨酸生产，浙江国光生化股份有限公司新增苏氨酸生产，生产总量超过2 000t，已批量出口欧美等国家。到目前为止，浙江省共有10多家添加剂原料生产企业已将产品推向了国际市场，全年创汇3亿多美元。

【主要工作】2007年，浙江省紧紧围绕保障畜产品安全这个目标，依法监管，强化服务，狠抓饲料质量管理，加大对违禁药物的监管力度，取得了明显成效：

1.继续着力于加强畜产品安全监管，保障动物产品消费安全。为保障全省畜产品质量安全的有效监控，各级农业部门继续狠抓省长《专题会议纪要》和浙江省府办公厅《全省"瘦肉精"专项整治工作方案》的落实，以扩大抽检范围、加大抽检频次、严厉查处违法使用"瘦肉精"案件为抓手，严把生猪养殖、上市和屠宰环节"瘦肉精"抽检检测三道关，严厉打击使用"瘦肉精"等违禁药物违法行为，成效显著。全年全省养殖环节和屠宰环节共抽检生猪尿样及肉品46.34万批次，"瘦肉精"等违禁药物检测阳性率低于0.2%，其中省级突击抽查1 500多批次，曾存在畜产品安全隐患的个别县(市、区)违法使用"瘦肉精"的状况得到有效遏制。具体措施：一是统一行动，加强饲料生产源头监管；二是完善长效监管机制，狠抓畜产品安全责任制的落实和监督检查；三是突出重点，进一步加强重点地区的监管；四是加强监督检查，确保上市畜产品的质量安全；五是完善监管手段，保障畜产品质量的有效监控；六是加大抽检频次，有力震慑违法使用"瘦肉精"嚣张气焰；七是依法查处，严厉打击违法行为。

2.加强引导、宣传和服务，进一步做大做强浙江省维生素类饲料添加剂产业。维生素类饲料添加剂是浙江省的优势产业，在全国乃至全球都有很高的知名度，为进一步做大做强浙江省维生素类饲料添加剂产业，着重加强三方面工作：一是加强引导，鼓励企业开拓创新。引导和鼓励企业研究开发科技含量高的维生素产品，投入资金不断改进产品生产工艺，有效打破了过去主要饲料添加剂产品被国外龙头企业垄断的局面，极大地推进了饲料行业和养殖业的发展；二是加强宣传，推进名牌战略实施。积极承办和组织企业参加各种形式的维生素类高层论坛会和展览会，充分展示企业实力，共同探讨自主创新、联合发展、塑造知名品牌、拓展全球市场、引领维生素产业科学发展等问题，进一步提升浙江省"新昌制药"、"新和成"、"鑫富"、"花园"等自主品牌的知名度和影响力。2007年，浙江医药股份有限公司和浙江新和成股份有限公司的维生素产品被评为中国名牌产品；三是加强服务，促进企业规范管理。提高服务意识、提升服务水平，尽力帮助企业共同解决产业发展中遇到的各种问题，促进企业又好又快发展。

3.加强管理、依法监督,着力于饲料行业的发展和提升,确保投入品安全有效。(1)宣传贯彻农业部新颁布的第73号令《饲料生产企业审查办法》,严格饲料准入管理。依据农业部第73号令,结合浙江实际,本着监管重心下移,调动市、县积极性的原则,重新修订印发《浙江省饲料生产企业审查登记办法》,切实做好与《浙江省饲料生产企业审核登记办法》的衔接。为做好宣贯工作,4月份举办了各市及重点县(市、区)饲料管理部门参加的农业部新颁布的第73号令《饲料生产企业审查办法》和《浙江省饲料生产企业审核登记办法》宣贯培训班,统一各地饲料监管标准。同时为使生产、使用者了解并执行《浙江省饲料生产企业审核登记办法》,在农村信息报撰文,解读《浙江省饲料生产企业审核登记办法》等。

(2)会同省工商局,清理整顿非法生产饲料加工窝点。3月份会同省工商行政管理局联合下发了"关于进一步加强饲料加工和经营环节监管工作的通知"。要求各地农业和工商部门联合行动,迅速组织力量对辖区内饲料加工和经营单位(点)进行一次全面清查,重点检查有无《饲料生产企业审核登记证》,是否超范围经营饲料产品,有否滥用药物或使用"瘦肉精"等违禁药物等。对那些只有粉碎机和搅拌机,无质检设备、无技术人员,不能保证饲料产品质量安全的饲料加工点,以及以经营饲料的名义进行代加工的饲料经营企业或个人要坚决取缔。据调查,通过整顿,德清县、海盐县等取缔了一批非法生产饲料加工窝点。

(3)组织开展全省饲料产业情况调研,汇总分析各市饲料持证企业、代加工点、自配料等各种形式的饲料生产模式。通过调研,基本摸清了全省饲料产业现状,研究提出了进一步做大做强浙江省饲料产业对策的调研报告。此外,积极做好浙江省饲料行情信息收集分析工作,及时为饲料生产企业和广大养殖场户提供玉米、豆粕等原料价格行情波动信息及预测,为饲料生产、使用者提供信息服务。

(4)抓重点、拓服务、促发展,指导和协助饲料协会做好各项服务工作,共同促进行业健康有序发展。2007年,浙江省饲料工业协会围绕办会宗旨,结合实际情况,在现有的职能范围内,以服务为中心,以组团参展、技能鉴定、技术培训为重点,开展行业调查、行业协调、行业自律、信息建设、品牌建设等工作,提升协会的服务能力。一是组织企业参加全国性行业展览,协助企业开拓市场;二是开展技术培训、推动行业科技进步;三是做好饲料行业职业技能鉴定工作,新开设了中控工的技术培训和技能鉴定项目,推进就业准入制度的实施;四是反映行业诉求,发挥协调职能;五是以畜产品安全为重点,开展会员的诚信建设及行业自律工作;六是注重品牌建设,做好优秀企业的推荐工作;七是做好协会的信息建设;八是配合省饲料工作办公室对全省饲料产业发展现状进行调研,为政府、行业主管部门制订相关政策提供建议和意见;九是不断探索创新,开拓协会服务新领域。

(浙江省饲料工作办公室)

安徽省饲料工业

【发展概况】2007年安徽省饲料工业总产量214.58万t,突破200万t关口,同比增长26.76%。其中配合饲料192.52万t,增加42.40万t,同比增长28.25%;浓缩饲料17.73万t,增加1.71万t,同比增长10.64%;预混合饲料4.32万t,增加1.19万t,同比增长37.79%。全年饲料产量呈现总体上涨态势,4个季度产量分别增加12万t、3万t、10.10万t和20.10万t。全年配合饲料总体上涨,与2006年同期比较,一季度上升15.50%;二季度持平;三季度上升8.50%;四季度上升45.30%。从分析来看,产量增加主要集中在肉禽饲料,从2006年一季度的16.70万t,增加到2007年四季度的39万t,产量翻了一番。

【发展特点】1. 饲料生产主要受养殖业生产的影响。2007年一季度养殖业恢复较快,饲料生产也快速增长。一季度饲料总产量46万t,同比增长35.20%,其中以配合饲料涨幅较为明显,达15.50%,其中肉禽饲料上涨较为显著,产量23.70万t,比2006年同期产量增加7万t;二季度增加绝对值有所缓慢,但仍然呈现上升趋势,上升势头较缓;三季度受畜禽养殖行情影响,产量再次提升,达57万t,比2006年同期产量增加10.10万t;四季度受市场行情再次刺激,产量进一步提升,达66.40万t,创历史新高。

2.饲料原料涨幅较大。安徽省饲料原料玉米平均价格达1 800元/t,超过小麦,同比上涨超过20%。从2007年5月份开始,玉米和豆粕价格持续上涨,玉米最高峰上涨到1 850元/t,豆粕最高涨到3 800元/t,企业生产压力大。

3.企业科技创新投入力度加大。2007年初,由安徽省饲料工作办公室协助申报的合肥迈克罗生物工程有限公司研制的"地顶孢霉培养物"(商品名称为"虫草欣康"),被批准为新饲料添加剂。此产品系安徽省首个获得农业部批准的新饲料添加剂,也是填补了我国同类饲料产品的空白,将对发展安全优质畜产品、推动科技兴饲、改善养殖环境具有重要意义。不少饲料生产企业不断加大饲料开发力度,生产出了虫草、发酵豆粕、发酵啤酒糟、油脂、血浆蛋白、益生菌、光合细菌、松针粉、酵母硒、中草药提取物等10多种安徽省空白产品,一批新的饲料原料企业陆续开工,这也为安徽省饲料工业的发展注入新活力,并逐步成为新的经济增长点。

4.经过市场洗礼,饲料企业和养殖企业进行连锁发展。因受饲料原料上涨等因素影响,大中型企业在巩固自身成果的同时,进一步拓宽经营思路,联合养殖企业进行连锁发展,实现利益共同体。据悉,安徽省合肥华仁集团在发展饲料行业的同时,不断细化集团旗下各公司的职能,相互发展,同时积极利用现有资金开辟新的市场,发展养殖基地,为市场提供产-供-销一条龙的服务。

5.政府部门招商引资力度加大,逐步形成上规模的饲料产业园区。安徽省肥东县通过招商引资先后引进通威股份有限公司合肥分公司、安徽新希望饲料有限公司以及安徽省大北农农牧科技有限公司等多家企业落户园内,斥资 1.06 亿元,建成了年综合生产能力 70 万 t 的饲料生产产业群,肥东县政府还承诺享有增值税“一免一减半”,所得税“两免三减半”的优惠政策,支持新建企业发展,目前仅上述 3 家企业共建成 6 条生产线,具备生产各种畜禽、水产饲料及各种特种动物饲料。仅通威股份有限公司合肥分公司在半年的时间内,实现销售收入近 7 000 万元。

【主要工作】2007 年在上级业务部门指导和省农委的领导下,安徽省承接 2006 年的成绩,努力完善自身,主要做了以下工作:

1.坚持不懈抓好法制宣传。总结 2006 年宣传的成功经验,2007 年继续将相关法规揉合到典型事例或养殖技术上,以事宣法、以技宣法。在安徽省农委统一组织下深入到农村基层,为农户排忧解难。据统计,安徽省共出动宣传车 868 多车次,执法人员 4 190 人次,电视广播宣传 130 余次,报刊宣传 78 次,发放各种宣传资料 200 万余份,张贴宣传标语 28 000 余条,主要内容有:《饲料和饲料添加剂管理条例》《农产品质量安全法》、畜禽产品质量安全知识问答、动物饲料中禁用药品名录、违禁药品对人体健康的危害等。对新出现的“蛋白精”事件,虽然在安徽省没有出现问题,但为了防微杜渐,在相关媒体上进行大力宣传,引导养殖场(户)遵守国家的法律法规。

2.严格行政审批制度。2007 年 5 月 1 日起正式实施《饲料生产企业设立审查办法》(农业部第 73 号令),积极同政策法规处联系,平稳有序地与《安徽省饲料生产企业审查合格证明管理办法》(试行)相衔接。截至目前,上报农业部申请颁发添加剂预混合饲料生产企业 25 家,已获得农业部颁发生产许可证企业 22 家,发放预混合饲料产品批准文号 165 个,发放审查合格证 31 家。

3.强化畜产品及饲料质量安全监管。一是瘦肉精整治。凡是在各种检测中,发现生猪瘦肉精检出阳性的,安徽省都按照“五不放过”原则一一追求。全年共抽检样品 196 批,合格率 99.20%。其中蛋禽育成期及肉禽配合饲料 35 批,检出喹乙醇 1 批,合格率 97.10%;盐酸克伦特罗和莱克多巴胺、仔猪料呋喃唑酮、仔猪料中地西泮检出率为 0;二是三聚氰胺监测共抽样 354 批次,合格率 90.40%。主要原因是《饲料中三聚氰胺标准》发布时间不久,企业意识淡薄,同时检测设备和方法存在问题,难以把握饲料原料安全;三是饲料质量安全监测。全年共抽查安徽省内外 70 个企业产品,合格 56 家,合格率 80%;抽查饲料、动物源性饲料产品 176 批,检验合格 156 批,合格率为 88.60%。

4.制订专项整治方案。2007 年初,办公室制定了《安徽省饲料市场专项整治方案》并下发到各市饲料管理部门,要求各市积极行动起来,为安徽省畜牧业投入品监管行动起来。下半年,应农业部办公厅的要求,制定了《安徽省畜产品专项整治工作方案》,成立了相应的领导小组,展开畜产品质量安全大检查。根据要求共检查获证饲料生产企业 252 余家,其中饲料添加剂、添加剂预混合饲料 125 家,配合饲料 127 家,安徽省饲料办公室随机抽查饲料添加剂、添加剂预混合饲料企业 80 家。兽药饲料经营单位 2 756 家,规模养殖场(户)732 家,查处违法经营企业 16 家,查处兽药 136 箱,饲料 13 310kg,涉案金额 5.12 万元,罚款 12.80 万元。对规模养殖场(户)进行抽检 780 个,瘦肉精、三聚氰胺等违禁药品检出率为 0。检查定点屠宰场 227 个,农贸市场 288 个次。查处病害肉总重量 4 100kg,全部进行了无害化处理。

5.开展饲料执法监督和饲料市场整治。2007 年春秋季,根据省农委统一安排,分别开展春季、秋季饲料市场专项监督检查,重点是各市饲料执法单位的操作是否规范,是否按照春秋季饲料行业整治工作方案的要求进行。从检查的情况看,安徽省饲料行业执法文明,操作规范,对自身要求严格,能够按照方案的要求严格执行,工作分解到位,市场秩序井然。

(安徽省饲料工作办公室)

福建省饲料工业

【生产概况】2007 年福建省饲料生产快速发展。全年饲料工业总产值达 91.78 亿元,同比增长 3.37%;总产量 299.39 万 t,同比增长 21.94%。其中饲料加工产品产量同比增长 19.90%,达 299.40 万 t;添加剂 3.80 万 t,同比下降 19.10%;动物源性性饲料产品 5.70 万 t,同比增长 338.50%。饲料加工产品中,配合饲料 274.85 万 t,同比增长 20.18%,占饲料加工产品产量的 91.80%;浓缩饲料 6.13 万 t,同比增长了 47.52%,占饲料加工产品产量的 2.05%;添加剂预混合饲料 18.41 万 t,同比增长了 45.20%,占饲料加工产品产量的 6.15%。

2007 年全省有饲料和饲料添加剂生产企业 271 家,其中饲料添加剂生产企业 23 家,预混合饲料生产企业98家,动物源性饲料产品生产企业14家。生产的饲料品种不仅有猪、鸡、鸭、鳗鱼、对虾、鲈鱼、甲鱼、鹌鹑等系列产品,而且还生产糖蜜酵母、α-淀粉、啤酒干酵母、蛋白胨等,饲料添加剂植酸酶、维生素A和维生素D等产品在全国饲料添加剂市场占有一定的影响。福建天马饲料有限公司所生产的健马牌水产饲料产品于2007年9月11日国家质量监督检验检疫局授权中国名牌战略推进委员会在人民大会堂召开的“中国名牌表彰大会”上,获得“中国名牌”产品称号。这是福建省饲料行业首个获得“中国名牌”的产品。

【组织机构】2006年,福建省进行了畜牧兽医管理体制改革。将饲料管理职能和兽药管理职能合并,在福建省农业厅设立了饲料兽药管理处,5个编制。保留福建省饲料工作办公室的牌子,附属于福建省农业厅饲料兽药管理处。

【主要工作】1.加大宣传力度,贯彻落实饲法规宣贯会议的有关政策精神。为贯彻落实农业部《饲料生产企业审查办法》,2007年3月及4月,福建省饲料办分别组织召开了《饲料生产企业审查合格证》发放工作布置会和饲料生产企业评审员座谈会,传达了农业部在扬州召开的饲料法规宣贯会议的有关政策精神,学习《饲料生产企业审查办法》释义以及饲料生产企业审核要点。积极推进全省饲料生产企业(配合饲料、浓缩饲料、精料补充料和单一饲料)的审查工作,规范企业生产行为,从源头上消除饲料质量安全隐患,确保饲料安全和食品安全。

2.强化培训和指导,提高各类人员素质。一是深入开展学习、宣传、贯彻落实《农产品质量安全法》及《饲料和饲料添加剂管理条例》《兽药管理条例》等农业法律法规活动,组织各级饲料管理部门及饲料生产企业人员培训学习,特别宣传贯彻农业部新颁布实施的《饲料生产企业审查办法》等有关法规,促进饲料管理工作顺利实施;二是开展饲料工业职业技能鉴定工作。全年共举办了8期饲料职业技能培训鉴定班,培训鉴定饲料检化验员、饲料厂中央控室操作工和饲料厂设备维修工369人次,344人获得相应职业资格证书;三是开展饲料和饲料添加剂、食品安全使用知识培训工作。编印了《饲料政策法规选编》1 000份,分发至各饲料管理人员及各企业;编写了《兽药、饲料和饲料添加剂安全使用问答》,并印发到各市县5 000册。配合全省农产品质量安全整治行动,派人分别在福州、福清、厦门和泉州开展了4次饲料和饲料添加剂及农产品安全知识培训,共有500余人参加。

3.依法行政,加强饲料行政审批管理工作。一是按照《行政许可法》和有关要求,积极推行政务公开及推进效能建设。公开工作职责、联系电话;公开行政审批的项目和有关规定;公开办事的依据、程序、时限和结果等,加强行政管理,提高办事效率;二是根据《饲料和饲料添加剂管理条例》及其配套法规,从人员要求、生产场地、生产设备、质量检验、主要管理制度和卫生环境等方面对全省新设立或换证、迁址的饲料和饲料添加剂生产企业进行审查验收,督促企业完善饲料生产条件和质量保证体系,提高饲料安全意识并将之贯穿整个生产过程。2007年,全省共有25家饲料添加剂和添加剂预混合饲料生产企业获得农业部核发的《饲料添加剂生产许可证》或《添加剂预混合饲料生产许可证》,其中11家企业为许可证期满申请换证企业,14家企业为新办企业;2家配合饲料生产企业获得省农业厅核发的《饲料生产企业审查合格证》;1家动物源性饲料产品生产企业获得省农业厅核发的《动物源性饲料产品生产企业安全卫生合格证》。全年共核发357个添加剂预混合饲料和饲料添加剂产品批准文号。

4.加大监督管理,保证产品质量安全。一是做好饲料企业年度备案工作。根据《饲料管理条例》等有关规定,为了做好获得《饲料添加剂和添加剂预混合饲料生产许可证》和《动物源性饲料产品安全卫生合格证》的企业年度备案工作,于2007年2月发出通知,对企业年度备案工作进行督促催报。2007年7月,召开了饲料添加剂与预混合饲料年度备案情况通报会。2006年福建省有105家企业持有111个有效的饲料添加剂和添加剂预混合饲料生产许可证,共有11家动物源性饲料产品生产企业持有《动物源性饲料产品生产企业安全卫生合格证》。通过企业年度备案工作,及时了解企业生产经营现状,加强了饲料生产企业管理;二是开展饲料质量检测。根据农办牧[2007]2号《农业部办公厅关于下达2007年饲料质量安全监测计划的通知》,积极配合福建省兽药饲料检查所开展福建省饲料质量检测活动。全年总共抽检426批样品,超额完成6批,产品合格率为93.19%。并按要求组织各地饲料管理部门对18家饲料质量监督检查不合格的企业进行处理;三是以三聚氰胺为重点,开展饲料非法添加物专项检查。为严厉打击非法生产、销售和使用“蛋白精、瘦肉精、莱克多巴胺和苏丹红”等非法添加物的违法行为,从源头防止违禁物流入饲料生产和使用环节。首先开展三聚氰胺专项调查活动。2007年5月,根据农业部通知精神,在厦门市进行了两次宠物饲料三聚氰胺的抽检。根据福建省食品安全委员会办公室的要求,深入三明市鼎辉化工贸易有限公司和三明化工集团有限公司调查三聚氰胺的生产和经营情况。调查结果表明福建省内饲料生产企业没有向这两个公司购买过三聚氰胺。2007年6月,联合福建省动物卫生监督所对和昌(福建)食品有限公司生产、福建闽侯天一农牧有限公司生产的饲料中被检出三聚氰胺进行了调查,初步查明三聚氰胺来源于鱼粉。2007年7月，根据全国饲料办公室要求，配合福建省动物卫生监督所对10家采购了含有三聚氰胺鱼粉的饲料生产、经营企业进行调查处理。2007年9月，与福建省动物卫生监督所共同对海马饲料公司生产的水产饲料中含有三聚氰胺进行了检查核实；其次，开展全省三聚氰胺监测工作。按照农业部《关于开展“蛋白精”等非法添加物专项监测的通知》（农牧发[2007]12号）要求，与福建省兽药饲料监察所共同研究制定了全省“蛋白精”专项监测工作方案，召开了全省“蛋白精”专项监测工作部署会议，组织九设区市开展全省饲料生产企业的“蛋白精”（三聚氰胺）抽检工作。在全省九个设区市共抽检饲料样品489批，合格452批，产品合格率为92.40%。其中动物源性饲料抽检82批，合格78批，合格率为95.10%；配合/浓缩饲料抽检281批，合格251批，合格率为89.30%；植物性蛋白饲料抽检126批，合格123批，合格率为97.60%。检测工作于10月中旬全面结束，圆满完成农业部下达的任务；四是开展农产品质量安全专项整治活动。按照《福建省农业厅关于印发福建省农产品质量安全专项整治工作方案的通知》（闽农市[2007]383号）和《农业部办公厅关于印发<畜产品质量安全整治行动实施方案>的通知》（农牧办[2007]33号）要求，以农产品质量安全专项整治行动为契机，全面提升饲料和畜产品质量安全水平，组织省区市饲料管理机构对辖区内的饲料添加剂、添加剂预混合饲料生产企业实施监督检查，全省25家饲料添加剂生产企业没有发现违法生产行为。

5.贯彻落实新饲料工业统计制度。一是对企业进行新饲料工业统计制度培训。落实按照农业部新饲料工业统计制度的有关要求，为使有关单位掌握新版统计软件使用方法，2007年5月26日召开饲料工业新统计制度说明会。邀请中国饲料工业协会信息中心的专家对饲料工业新统计制度及新版统计软件使用方法进行了说明。各设区市饲料管理机构、饲料和饲料添加剂生产企业具体负责饲料统计工作人员一共240人参加了会议；二是做好饲料工业数据统计分析工作。第二季度开始，全省各饲料企业初步实现了网上上报统计数据，并能按季度及时上报数据，较好地完成了农业部饲料统计任务。

【存在问题】福建省饲料安全监管工作通过全省饲料管理部门的共同努力，取得了一定的成效。但从饲料生产、经营、使用等环节看，仍然存在薄弱环节，主要体现在：

1.配合饲料生产企业的管理有待于进一步加强。农业部《饲料生产企业审查办法》于2006年11月颁布，2007年5月1日起实施。该项工作在各地饲料管理部门的努力下，取得了明显的进展，但是离过渡期结束时间短，任务重，还需要进一步加大工作力度。

2.饲料管理机构不健全、人员少、经费缺、监管手段弱等老问题没有得到改变，对饲料生产、经营和使用环节的监管工作，仍然是以突击检查为主要方式，无法做到常态化。

（福建省饲料工作办公室）

江西省饲料工业

【发展概况】2007年江西省工业饲料在经历原料价格跳跃式上涨（玉米涨幅30%、豆粕涨幅60%），生产与市场需求结构调整矛盾加剧的发展过程中，依然实现了全年总产量359.89万t，同比增长9.01%。其中配合饲料达到234万t以上，同比增长11.53%；浓缩饲料84.90万t，同比下降2.26%；预混合饲料41万t，同比增长22.41%。产值达100.80亿元的好成绩。各级饲料管理部门与质量检测机构不断加强依法监督管理力度，确保了饲料产品的安全与质量。

【发展特点】1.饲料生产经营向规模化、专业化方向发展。随着饲料监管工作的加强和饲料平均利润下降，一些小企业越来越难以生存，被迫关门。一些规模较大的企业通过兼并、联合、重组等形式，实行低成本扩张，形成大型企业集团。江西正邦集团收购民星兽药厂和江西省种猪育种中心，产业链得到很好延伸；江西双胞胎集团收购江西上高康达尔饲料有限公司、江西万年万富饲料厂，在广东、广西、四川兴办饲料厂，并改善饲料品种结构，市场竞争力显著增强；江西加大实业有限公司还走出去，在广东南海兴办了分厂，并收购一家万头猪场，积极开拓广东市场。通过招商引资、调整产业结构，乐平市的江西天新药业有限公司、江西省德兴市异百勤维生素c钠有限公司分别建设了年产2 000t以上维生素B_1和维生素B_2生产线，填补了江西省空白。

2.区域性差异明显，主产区已凸现。江西省饲料业经过20多年的发展，生产区域化程度越来越明显，饲料企业主要分布在南昌、赣州两地，它们的饲料总产量达到330万t以上，占全省总产量的90%以上。

3.饲料生产经营企业质量安全意识大大增强。随着宣传和监管工作的到位，特别是饲料管理部门严厉查处经营、使用禁用药品典型案例的警示教育，江西省广大饲料生产者、经营者、使用者对国家的有关法律、法规有了进一步的了解，认清了确保饲料安全的重要性和紧迫性，意识到了生产、经营和使用禁用药品的危害和后果，增强了依法生产和经营的自觉性。

【主要工作】1.积极宣传国家有关饲料法律、法规，提高饲料生产（经营）者依法生产（经营）的自觉性。2007年，江西省饲料办充分利用各种媒介广泛宣传《饲料和饲料添加剂管理条例》《饲料生产企业审查办法》。广大饲料生产（经营）者法律意识显著增强，绝大多数做到了依法生产和经营。

2.依法行政，严格审批事项。根据《关于修订农业行政许可规章和规范性文件的决定》(农业部令第38号)的规定，江西省饲料办对2007年1月1日以前取得饲料添加剂和添加剂预混合饲料生产许可资格的106家企业进行了“年度备案”；组织有关专家组成评审组对33家企业的申证、换证材料进行了审核和实地考核，有31家企业已通过考核，获得或换发了农业部颁发的生产许可证；核发添加剂预混合饲料产品批准文号80个，核发添加剂产品批准文号23个。

3.依据《饲料和饲料添加剂管理条例》严厉查处违规企业。2007年江西省饲料办按照农业部和省农业厅的安排和部署，组织了多次饲料“打假”专项斗争和违禁药品专项整治活动。在调查摸底、掌握饲料生产、流通及养殖领域中违规行为的基础上，组织优势力量进行突击查处。为督促指导各地的饲料“打假”和违禁药品专项整治行动，江西省饲料办配合农业部在全省进行“瘦肉精”拉网检查，在4个区市共抽检猪尿样600批次，还4次抽调有关人员组成检查组，赴全省11个区市，对各地的工作进行了督促检查，并着重检查了重点饲料市场、中小饲料生产企业、规模养殖场(户)。有效地遏制了使用违禁药品的势头。

4.积极开展饲料工业职业技能鉴定工作。加强职业技能培训和鉴定是全面提高行业职工素质，保证饲料工业持续、稳定、健康发展的一项重要基础工作。为搞好此项工作，江西省饲料办做了大量深入而细致的工作，成功举办了多期初、中级饲料检验化验员职业培训及职业技能鉴定培训班。

【存在问题】1.经费不足。江西省各级财政预算中没有饲料和畜产品监管方面经费，难以满足监管工作的需要。

2.机构不全，监测手段缺乏。部分县的饲料管理职能部门尚未明确，导致部分地区饲料监管力度不够。饲料及畜产品质量检测机构不健全，省以下大多没有饲料及畜产品检测机构，有的虽有机构和人员，但监测手段特别是饲料及畜产品安全监测手段缺乏，不能有效地开展工作。

3.饲料管理体制不顺。有的部门越权介入饲料行业管理，造成政出多门，大大降低了《饲料和饲料添加剂管理条例》和饲料管理部门的权威。

(江西省饲料工业办公室)

山东省饲料工业

【发展概况】2007年山东省上下认真落实科学发展观，积极争取并落实国家和山东省各项扶持政策，坚持又好又快发展方针，较好地应对了畜产品市场波动、饲料原料涨价等重大影响，使全省畜牧业保持了比较平稳的发展。各类畜禽养殖效益较高，数量有增有减，畜牧业对农民增收的拉动大于2006年。2007年山东省畜牧业产值1 481亿元，同比增长3.50%左右；肉类产量957万t，同比增长13.98%；蛋类产量429万t，同比增长2.73%；奶类产量381万t，同比增长19.30%；水产品产量778万t，同比增长2.78%，其中海水养殖产品385.70万t，同比增长3.26%；淡水养殖产品112.60万t，同比增长10.22%。

畜牧水产养殖业的平稳发展，尤其是生猪生产的恢复，家禽业的增长，以及淡水养殖的发展，有力地促进了饲料业的发展。2007年全省饲料生产呈大幅增长态势，是近几年来发展较快的一年。上半年由于受疫病和养殖周期波动的影响，生猪存栏下降，猪饲料产销受到很大影响。下半年，饲料原料价格的大幅上涨对饲料生产造成了很大冲击，但在国家一系列扶持畜牧业发展政策的强力推动和市场拉动双重作用下，生猪生产逐步恢复，家禽生产增长较快，水产、牛羊生产稳定，饲料工业产销两旺。从全年总体形势看，饲料生产保持了较快增长的良好局面。可以概括为：总量大幅增长，结构变化加大，成本费用上升，企业单位产量效益下滑，大企业继续扩张，小企业举步维艰，一体化经营、专业化生产发展迅速。

据统计2007年饲料产量1 371.83万t，同比增长19.22%。从结构看，配合饲料增幅较大，产量1 127.63万t，同比增长30.39%；浓缩饲料下降，产量202.91万t，同比下降17.02%；预混合饲料稳定，产量41.29万t，同比下降0.03%。在配合饲料中，肉禽饲料大幅度增长，猪饲料呈恢复性增长，其它料稳中有降(见表)。配合饲料增长是发展的大趋势，因为养殖业格局发生转变，规模化、标准化养殖增多是主要原因，玉米等原料价格大幅上涨及费用增加，购买浓缩饲料和预混合饲料配比全价配合饲料变得越来越不合算，一些养殖户直接购买配合饲料饲喂。山东省是养禽大省，2007年家禽生产基本摆脱高致病性禽流感疫情束缚，出现较大转机，产业发展得到恢复，再加上受猪肉产量下降和价格上升影响，家禽养殖量大幅度提升，特别是肉禽养殖快速发展，存养量和出栏量比2006年都有较大比例增加，肉禽养殖效益也明显提高。鸡蛋价格基本在高位调整，蛋禽养殖量也比2006年明显增加。后期，生猪生产受政策和市场的双重拉动，补栏量迅速增加，特别是母猪存栏增加较多，养猪业呈现迅速恢复性增长。

配合饲料中各种饲料对比 单位:万 t

年份	猪饲料	蛋禽饲料	肉禽饲料	水产饲料	反刍饲料	其它饲料
2006 年	146.56	118.56	518.60	39.64	16.10	25.37
2007 年	148.34	105.44	785.09	48.79	22.05	17.91
同比增减	1.21%	-11.06%	51.40%	23.08%	36.68%	-29.40%

饲料生产企业效益明显下降。不少企业感到增产不增效,产量虽然稳定甚至大幅上升,但效益没有同步增长。2007 年是饲料原料波动最大的一年。从维生素、微量元素、氨基酸等“小原料”到玉米、豆粕、鱼粉等大原料,全面涨价,有的甚至成倍增长。饲料产品价格虽有所上升,但涨幅明显不如原料涨幅大,并且价格提升速度远比不上原料价格提升速度, 总是滞后。由于大部分企业没有库存足够的原料,导致成本明显加大。另外,运输、销售等其他方面也存在费用增加的问题。因此,饲料企业单位效益明显下滑,不少企业一度出现亏损,个别企业甚至倒闭。

企业格局变化较大,集团优势更加明显。2007 年的一个显著特点是,大企业无论从数量和效益上均好于中小企业,并且继续进行扩张,品牌优势更加凸显。一些大的集团企业,凭借雄厚的技术力量、品牌效应、人才、资金、市场、原料成本、经营管理等方面的优势,以及强大的竞争能力和市场开拓能力,饲料产量大幅度增加。据调查,六和集团 2007 年饲料产量达到 513 万 t, 亚太中慧达到 150 万 t, 山东和美达 50 万 t,环山、中基、临沂富达、天普阳光等其它大企业产量均比 2006 年大幅度增加,全省排名前 10 位的饲料生产企业的饲料产量占全省饲料产品产量的 50%以上。一些小型的没有品牌效应的饲料企业渐渐失去竞争优势,占整个市场的比例越来越小。由于受畜牧业生产形势及市场的影响,企业联合、兼并速度加快。合作已成为产业发展的主旋律, 互利共赢的观念逐步深入人心。发挥强势企业优势,进行资源、资产重组,优胜劣汰,这是行业升级发展的必然规律。

饲料产业链条延伸更加明显,一体化经营、专业化生产进展较快。实施产业化、一体化经营,这是现代饲料业的发展方向。一些大型饲料企业,纷纷建立标准化养殖场,打造自己的肉食加工体系,以饲料为基础,向养殖业、加工业延伸。如六和集团、亚太中慧、山东环山等超前一步发展,其它大企业也取得了实质性进展。一体化经营,就是饲料企业不单纯抓生产,而是饲料原料、生产、市场、技术服务一起运作,形成一体化的产业链,以减少风险。从某种程度上说,企业是在运作原料、市场、信息和服务。实行专业化生产,也是现代饲料业发展的一个突出特点。对有些饲料企业来说,面面俱到,每个品种都生产,反而什么也搞不好。这些企业就应当找准自己的优势产品和优势项目,做好做大,使企业不断做大做强。

山东省饲料产品的质量安全情况总体较好,在省内外享有比较高的声誉,这也是山东省饲料业稳定健康发展的基础。但从 2007 年全省饲料监督抽检结果看,饲料产品合格率略有下降。主要问题是,饲料产品主要成分含量不够,个别卫生指标超标,违规使用兽药,动物源性饲料、添加剂和加有药物饲料添加剂饲料标签标识不规范,牛羊源性成分检出反弹等。主要原因:一是中小饲料加工企业受资金、技术、人才、管理等诸多因素以及市场行情影响,生产、经营举步维艰,生存已成问题。因此,疏忽质量管理,甚至采购低质低价原料以求降低成本;二是企业对饲料法律法规和有关规定熟悉不够,了解不深,导致生产经营不规范;三是动物源性饲料的管理仍很薄弱。山东省生产鱼粉、骨粉和肉骨粉的企业有 300 多家,取得安全卫生合格证的企业只有二分之一, 市场监管难度比较大。进口的动物源性饲料,从海关进来后,就直接进入到经营单位和使用单位,并且很少有标签,销售渠道多,倒手次数多,即使监督抽查发现质量问题,也很难追溯到生产或销售单位,给动物源性饲料的监管带来很大困难。

【组织机构】根据山东省政府《关于兽医管理体制改革的意见》(鲁政发[2006]119 号),山东省畜牧办公室更名为山东省畜牧兽医局,仍作为省农业厅的副厅级内设机构。负责全省畜牧业、兽医、饲料、草原(场)监督管理工作。山东省畜牧兽医局设饲料处,对上可使用“山东省饲料工作办公室”的名义。

【主要工作】2007 年, 全省普遍加强了饲料质量安全监管, 从 2007 年初三聚氰胺事件到下半年的饲料和畜产品质量安全专项整治、迎接欧盟检查以及饲料监督抽查监测等,各级饲料管理部门做了大量卓有成效的工作。

1. 很好地完成了饲料质量安全例行监测抽检工作。按照全省饲料质量安全监测计划,全年共抽查饲料产品 879 批次, 其中饲料质量安全抽查样品 261 批,违禁药物抽查 231 批,牛羊源性抽查 405 批。各市饲料管理部门认真落实饲料质量安全属地管理责任,对监督检测不合格的企业,按照《饲料和饲料添加剂管理条例》的规定进行了处理。同时,认真分析本辖区内存在的问题,在饲料企业所用原料、饲料标签、动物源性饲料、允许添加的药物和禁用药物使用情况等方面进行重点监督检查,依法查处饲料生产、经营和使用环节中的违规行为。

2. 积极配合农业部和省政府调查组调查处理蛋白粉(三聚氰胺)事件。三聚氰胺事件发生后,山东省饲料办立即组织人员赶赴出事地点开展调查工作,并积极协助农业部和山东省政府调查组调查处理。与此同时, 安排全省其它各市对辖区内的蛋白饲料生产、加工、经营和使用环节进行突击排查,重点查处辖区内是否有违规生产饲料用蛋白质的行为。在全省抽查饲用蛋白粉和宠物饲料,并配合农业部检查组进行抽样检查,进一步加强了饲料原料的监管。

3.开展了三聚氰胺等违禁物质专项监测工作。为进一步加强饲料原料的监管, 保障饲料质量安全,促进畜牧水产养殖业发展,下半年组织开展了蛋白饲料中添加三聚氰胺等违禁物质专项监测工作。共抽查样品 760 批次,其中省饲料监察所抽样 360 批次,农业部饲料质量监督检验测试中心(南京)在山东省抽样 400 批次。

4.查处举报案件。全年共查处 5 起举报案件。针对省外"瘦肉精"协查要求,组织有关市、县开展了追溯源头工作。

5. 积极参加农产品和食品质量安全专项整治行动。按照国务院和省政府的统一部署,从 2007 年 8 月下旬~12 月底,在全省范围内开展为期 4 个月的产品质量和食品安全专项整治行动。饲料作为畜产品质量安全的重要环节,专项整治的任务较重。根据农业部和办里的总体要求,结合当前饲料质量安全管理的工作重点,一是制定了《全省饲料和饲料添加剂产品质量安全专项整治实施方案》。要求通过开展整治行动,不断提高饲料产品质量,促进畜牧业发展,向社会提供安全放心的动物产品。同时要加强饲料管理队伍建设,提高依法行政能力,建立和完善保证饲料产品质量安全的长效机制;二是各级畜牧饲料管理部门真抓实干,加强督导,使专项整治工作取得明显成效。全省共出动执法人员 21 663 人次, 检查生产企业和经营场所 10 250 个,立案查处 171 起,查获没收不合格产品 222t,涉案金额 288 万元。其中全省各级对饲料添加剂和添加剂预混合饲料及动物源性饲料生产获证企业检查率达到 100%,整改饲料生产企业 130 家,完成不符合项整改 209 项次;三是配合农业部畜产品整治组在山东省的督导工作, 对山东省的整治工作信息、进度、成效等及时作了汇报,实地检查了养殖场、饲料厂、批发市场等;四是积极参加山东省专项整治督导工作。结合山东省饲料办工作实际,从防疫检疫、投入品管理、养殖生产等环节入手,进一步熟悉掌握工作标准、要求、重点和时限等。深入基层、企业、场点等实地检查,通过实地检查督导,发现问题,即时提出整改,效果较好。经过积极工作,有力推动和促进了当地畜产品质量安全专项整治工作的顺利开展。通过开展专项整治行动,进一步提高了全行业对食品安全重要性的认识,锻炼了饲料管理执法队伍,提高了依法行政能力,对于建立和完善饲料产品质量安全保障长效机制具有重要意义。

6. 努力做好迎接欧盟对山东省饲料添加剂和预混合饲料考察工作。欧盟是山东省饲料添加剂和预混合饲料出口的重要国际市场,欧盟专家组来华实地考察及评估结果,将直接影响我国饲料产品对欧出口贸易。因此,高度重视,精心准备迎检。一是开展调查摸底。主要是山东省饲料添加剂和预混合饲料企业情况,出口企业的完整概况,特别是产品出口到欧盟的企业,包括产量和出口量;负责饲料监管的各级主管部门的机构和职责,监督体系及协调机制;负责饲料添加剂和预混合饲料官方检测实验室网络信息以及开展的活动; 有关的法律和管理规定、程序等;2006 年官方监管数据,包括机构数据、标准、监管活动周期、采样数量及分析结果、对监管结果的处理等;二是与检验检疫部门一起选择迎检企业,并督促企业做好迎检准备工作;三是配合农业部、国家质量检验检疫总局预检工作组对山东省进行预检工作。针对预检当中发现的问题,督促相关单位进行整改;四是全程陪同欧盟检查组对山东省的检查。由于准备比较充分,使得检查工作进行得很顺利。

7.严格企业管理,规范生产经营。按照农业部第 73 号令和山东省饲料办有关制度规定的工作程序,严格企业生产条件审核把关,进一步规范饲料行政审批工作。采取开会、举办培训班、印制材料、网上公告等形式,全面宣贯农业部《饲料生产企业审查办法》,将该规章的精神宣贯到各级饲料管理部门和每一个饲料企业。制定印发了《山东省饲料生产企业审查工作规定》和《审查工作要点》等规范性文件,进一步促进饲料生产企业审查工作的制度化、程序化,增强工作的透明度和科学性。从 2007 年 5 月份开始,饲料企业审查工作全面展开,通过这项工作,严格饲料生产企业准入,全面提高饲料行业整体素质;依照法律、规章和山东省饲料办有关制度规定的工作程序,严格饲料添加剂和添加剂预混合饲料生产企业和动物源性饲料企业生产条件审核把关并开展年度备案工作,加强上述企业的事前审核和事后监管。

8.做好饲料统计信息工作。全省认真贯彻落实新的统计制度,完成了月报和季报统计工作,对新的《全国饲料工业统计报表制度》和饲料信息统计网络系统,进行了培训,运用网络传输统计信息,提高了工作效率。进一步完善山东省饲料行业信息网,发行饲料行业通讯 5 期,为广大饲料生产、经营企业和用户提供准确、及时、有效的市场信息服务。

【存在问题】改革开放特别是近 10 年来山东省饲料

行业取得很大成就，但是也存在不少问题，有些问题将影响和制约山东省饲料业的发展。就饲料内部来说主要问题有：饲料法律法规不适应当前实际；监督管理需要进一步规范；基层队伍建设严重滞后；行业自律不够；整体规模太小抗风险能力不足；名牌产品少等等。

1.国内外原材料价格上涨过快，饲料工业发展将长期受原料制约。一是玉米等能量饲料不足，山东省是农业大省，粮食和农副产品下脚料非常丰富，可用于饲料的原料产品品种多、数量大，但是由于受其他工业生产用粮影响，山东省玉米等主要粮食产品有较大缺口，要依靠外调和进口；二是蛋白饲料资源严重不足。蛋白饲料是饲料工业的重要资源，其中最主要也是用量最大的就是豆粕，山东省饲料用豆粕很大部分要从东北调进或者从国外进口。

2.政策性投资渠道不通。上个世纪 80 年代初期饲料工业发展由国营的饲料公司占主导地位，到 90 年代以后，各地饲料公司经营困难，民营企业迅速发展壮大成绝对主力，民营饲料企业在发展过程中主要靠自身积累和民间融资发展，很少享受到优惠的政策性投资，在一定程度上限制了饲料工业的发展。

3.资源开发不足，秸秆牧草利用水平不高。山东省饲草饲料资源丰富，农副产品加工业发达，各种畜产品、农产品、蔬菜、果品加工的下脚料非常多，经过加工都是非常好的饲料原料。但是由于受豆粕加玉米饲料配方模式的影响和饲料科技水平限制，有效利用的还是很少一部分。

4.规模化程度不高。山东省有接近 1600 家饲料生产企业，2007 年产量 1 372 万 t，平均 0.85 万 t。和广东省相比，平均规模不到广东的一半。更不要说与发达国家相比(美国 2007 年平均 10 万 t 左右)。这一面有待行业自身发展联合，另一方面从行政管理方面，利用换发饲料审查合格证的有利时机，进一步提升企业档次。

5.动物疫情的防控形势仍很严峻，需加大行业宣传力度，正确引导消费。

（山东省饲料工作办公室）

河南省饲料工业

【发展概况】2007 年河南省饲料生产总体形势：总量增长，利润下降；大企业越做越大，小企业面临出局。先是上半年猪肉价格攀升，后是下半年饲料原料暴涨；使饲料生产企业受到一定影响；进入 2007 年 8 月份以后，由于各级政府对畜牧业的空前重视和全省畜牧系统坚挺的引导，出台了一系列扶持畜牧业发展的政策，使河南省畜牧业受到阵痛之后，掀起了新一轮的迅速发展，据不完全统计，全省新建养殖小区 530 个，总数达到 4 350 个，新发展规模养殖场(户)近 4 万户，总数达到 60 万户；生猪、肉鸡、蛋鸡规模饲养比重分别达到 52%、95%、66%，农业部专题在漯河召开现场会，总结推广河南省规模化、标准化生产的经验。

畜牧业的稳定发展，促进了河南省饲料工业的可持续稳定发展。全省饲料工业加工产品总产量达到 852.05 万 t，同比增长 5.82%；产值达到 194.51 亿元，比 2006 年增加 21.53 亿元；瘦肉精阳性检出率 0.28%，低于农业部 1%的要求，饲料产品合格率 94%。

【组织机构】河南省畜牧局饲料处（河南省饲料工业办公室）作为全省的饲料行业行政管理部门，设立于 1995 年，现在工作人员 5 人。河南省饲料工业协会成立于 1996 年，第一届理事会历时 6 年，2001 年 12 月协会理事会换届为第二届理事会。2006 年 11 月 8 日换届为第三届理事会，现有团体会员单位 193 个，个人会员 141 人，协会设有秘书处负责日常工作，附属于河南省畜牧局。

【主要工作】1.结合饲料市场专项整治，进一步加大饲料质量监管力度。一是 2007 年初下发了《河南省畜牧局关于 2007 年度饲料工作要点》，组织了两次全省饲料市场专项检查。重点打击“六无”饲料生产企业，严格查处生产销售不合格饲料产品现象。要求各级饲料主管部门要加强对饲料市场的专项整治，确保饲料产品不出问题，推动畜牧养殖业的健康发展。据不完全统计，2007 年全省共出动执法人员 508 人，整顿饲料市场 879 个次，检查饲料生产、经营企业 8 652 个次，立案查处案件 213 起，结案 203 起，查获没收过期霉变、假冒和不合格饲料 154t，价值 29 万元；二是加强对获证企业的监管，组织了饲料专项检查。下发了《关于在全省开展饲料质量安全专项检查的通知(豫牧办字〔2007〕1 号)》文件，组织各级饲料管理部门对本辖区获得生产许可证的企业和安全卫生合格证企业和饲料经营门市部进行监督检查。共检查饲料添加剂生产企业、添加剂预混合饲料生产企业和动物源性饲料生产企业 242 家、饲料经营门市 755 个。全省获证企业检查率达到 100%。同时省局抽调 14 个市级饲料管理人员 18 人，组成 6 个检查组，在 2007 年 10 月 9 日~11 日分别对郑州、商丘、新乡、鹤壁、驻马店和周口等市 23 家中小型获证企业和动物源性饲料生产企业和 46 个饲料门市部进行了交叉检查。检查数占全省获证企业总数的 10%，符合农业部的要求。对于擅自改变生产条件，降低生产标准而达不到法定要求的 13 家饲料生产企业发出了限期整改的通知书，对于套用批号、假批号和无证号生产的 5 家企业，发出了停产整改，予以查处的通知书；三是针对目前饲料行业有使用蛋白精等非法添加物的现象，于 2007 年 11 月 26 日举办《河南省饲料质量安全培训班》。全省 18

个省辖市和6个扩权县的饲料办负责人以及45家饲料生产企业、饲料销售门市部、原料供应门市部、自配饲料养殖厂的负责人等近80人参加了培训。与会的30多位企业负责人联合签发了“不使用违禁药品、非法添加物，确保饲料质量安全”的倡议书。

2. 坚持不懈地抓好瘦肉精等违禁药品的专项整治工作。2007年初下达了《河南省畜牧局关于加强“瘦肉精”等违禁药品专项整治工作的通知》，对此项工作进行了安排部署。各地市也根据河南省局的统一安排，强化组织领导，周密安排，采取了一些有效的措施，收到了较好的效果。一年来，全省共抽检尿样20 677批次，阳性检出58批次，检出率0.28%，同比下降0.07%，低于农业部的部控要求，完成了年初制定的目标任务。其中：配合农业部在新乡市新乡县开展拉网式检查1次；省局分别组织在鹤壁市淇滨区、新乡县、原阳县和遂平县开展瘦肉精拉网检查2次；开展了6个省辖市屠宰场例行检查3次。

3.严格饲料行政审批，加强证号管理。2007年是《饲料生产企业审查办法》实施的第一年，按照农业部的统一部署，从年初就全面准备，安排此项工作。一是积极参加全国培训，全面领会审核要求；二是根据全国统一要求，结合河南省实际情况，编写适合河南省饲料企业使用培训教材；三是聘请河南工业大学、河南农业大学、河南省农科院和郑州牧专的有关专家教授，组成专家现场评审组，力求做到评审的公开、公平、公正；四是根据《行政许可法》和《饲料生产企业审查办法》的有关规定，委托各省辖市畜牧局受理饲料企业的审核申请，减少企业来回奔波的便民措施；五是举办了二期《饲料生产企业审查办法》培训班，对参加审核的人员和企业人员进行“饲料生产企业现场审核表、审核程序、企业应准备的硬件、软件和审核要求”等进行培训。截至目前，已有140家饲料企业通过审核，取得了《饲料生产企业审查合格证》。同时认真受理饲料添加剂、添加剂预混合饲料生产许可证和饲料产品批准文号的申报工作。2007年共受理审办生产许可证43个，上报农业部40个，已经农业部核发生产许可证38个，使河南省总数达到223个；全年审核发放饲料产品批准文号127个，使全省批准文号发放总数达到1 385个；受理、审核、发放动物源性安全卫生合格证4个，使全省发放总数达到45个，进一步规范了从业者的生产行为。

4.积极开展饲料行业三个特有工种的培训。2007年共举办4期饲料行业特有工种人员培训鉴定班。培训化验员211人、中控工241人、维修工106人，培训鉴定合格率达94%，使河南省目前获证人员总数达到2 130人。进一步规范了用人单位和劳动者的行为，提高从业人员素质，起到积极的推动作用。

5.搞好饲料行业的统计工作。组织了各地市和有关企业人员认真学习新版的饲料工业统计报表电子版，圆满完成了2006年度河南省饲料工业统计的年报、2007年度季报和重点企业的月报网上统计工作。

6.引导饲料企业做大做强，争创省级名牌产品。为帮助河南省一些大中型企业，特别是全省10强企业，更迅速地发展，2007年主动同省名推委和省名牌办联系，向他们介绍全省的饲料行业发展过程，介绍全省10强饲料企业情况。同时，组织有条件的企业参与省名牌产品的申报工作。通过努力，河南广安、河南雄峰、林州萌发、河南大用、河南永达等5个企业获得2007年河南省名牌产品称号，河南牧鹤、河南宏展、河南宏邦、河南海润、河南广安、郑州开创和三门峡酶制剂厂等7个企业的饲料产品获得2007年河南省优质产品称号。

（河南省饲料工业办公室）

湖北省饲料工业

【发展概况】2007年湖北省饲料工业发展情况可以概括为：产销量全面增长，猪饲料、水产饲料平稳增长，禽饲料大幅增长。工业饲料总产量427.50万t，销售额103.50亿元，同比分别增长6.50%、14.30%。其中猪饲料198.69万t，蛋禽饲料44.47万t，肉禽饲料46.83万t，水产饲料136.38万t，同比分别增长37.19%、9.17%、23.95%、-22.96%。

【主要工作】1.加强饲料生产许可管理，严把企业准入关。一是规范饲料添加剂和预混合饲料生产许可证、产品批准文号审批管理，建立饲料生产标准、产品标签评审和备案制度，组织专家现场评审企业生产条件。全年上报农业部审批28家企业生产许可证，饲料办核发产品批准文号431个；二是贯彻《饲料生产企业审查办法》，制定出台《湖北省饲料生产企业设立审查和年度备案工作规范》，成立现场评审专家委员会和综合评审委员会，委托市州饲料办组织初审和现场评审，全年有35家企业通过审核，另有100多家企业正在积极准备换证工作；三是跟踪监管获证企业。对全省89家饲料添加剂、添加剂预混合饲料生产企业开展2006年度饲料生产许可证年度备案工作，监察了企业生产必备条件，确保了饲料产品质量。

2.开展饲料质量安全专项整治行动。一是全年组织对饲料产品质量和“瘦肉精”“蛋白精”等违禁药品监测2 300批次，合格2 215批次，合格率96.30%。湖北省饲料办针对检测出的不合格产品，责成各市州追根溯源，依法按“五不放过”原则进行了查处；二是贯彻落实全国产品质量工作会议精神，制定《畜产品质量安全整治行动实施方案》，分别在荆州、武汉等地组织开展了专项整治现场检查和法规宣传活动，营造了良好的执法环境。同时组织开展全省跨区交叉检查，饲料添加剂获证企业检查率100%；三是根据农业部宠物饲料专项整治行动紧急电报通知，湖北省及时到生产企业抽检宠物饲料样品送国家饲料质检中心(北京)检测，并和湖南省饲料办公室组成联合检查组，检查中没有发现企业使用不合格饲料原料的情况。

3.饲料制假售假行为，督办查处重大案件。开展春秋季饲料市场整治行动，收缴了一批假冒伪劣产品，取缔了数家经营企业，整顿和规范市场经营行为。查处黄冈龙感湖区养殖户违规使用“瘦肉精”行为，查没“瘦肉精”0.5kg，依法对养殖户和违禁药物经销商分别处以行政罚款和刑事拘留处罚，切实提高了执法震慑力。

4.积极实施名牌发展战略。湖北省大中型饲料企业依靠科技创新和现代化管理，以品牌、产品质量和优质服务开拓市场，积极实施名牌发展战略。湖北广济药业公司生产的饲料级核黄素被评选为中国名牌产品，实现湖北省“中国名牌”饲料品牌零的突破，是湖北省获此殊荣的5个农业类产品之一。同时，湖北广济药业、武汉正达、武汉明天、武汉艾立、武汉邦之德、宜城襄大、潜江闽星等7家企业生产的饲料添加剂、畜禽饲料被评为湖北名牌产品。

5. 饲料工业标准化生产。一是加强标准制定工作。协同湖北准化协会饲料专业委员会，完成湖北省地方强制性标准《猪禽饲料中砷、铜、硒允许量》的制定任务，2007年4月1日起在全省执行。该标准的实施，标志着湖北省在全国率先发起并倡导通过控制饲料中重金属的添加量，意义十分重大。同时，还参与7个饲料级色素测定国家标准的起草和评审工作；二是加大标准执行力度。在饲料生产审批管理过程中，加强对饲料企业行业标准和标签的评审工作，建立各饲料生产企业标准和标签档案，指导企业修制订标准，提高企业标准制定水平，从源头上把住产品的质量安全关；三是开展饲料产品质量和HACCP管理认证工作。宣传饲料质量管理体系认证知识和方法，组织企业开展认证工作。目前全省有50余家企业通过了ISO9000国际质量认证或HACCP管理认证，提高了企业质量管理水平和标准化生产能力。

6.组织开展调研工作，为行业发展献计献策。一是开展《饲料法》立法调研工作，认真总结《饲料和饲料添加剂管理条例》执行情况，分析存在的问题，研究进一步加强饲料行业管理的措施，扎实地开展调研工作，按时向农业部提交了调研报告；二是根据湖北省政府修改政府规章的通知精神，对《湖北省饲料和饲料添加剂管理办法》中的有关条款进行了8条修改，经厅审定后上报湖北省政府；三是摸底调查全省饲料管理机构设立情况。全省市级饲料管理机构基本健全，县级只有44.40%的成立有机构，大部分是兼职干部，基本无工作经费，监管手段落后；四是为落实好湖北省政府提出的创建畜牧水产大县的发展战略，湖北省饲料办和湖北省饲料工业协会于2007年8月9日在武汉召开协会(第三届)第三次会长办公会暨饲料工业发展研讨会，就当前饲料工业发展形势和影响因素和饲料企业整合、兼并、重组等问题进行了分析和探讨，会议形成专题报告上报有关领导。

7.依法实施行业管理。认真执行《农产品质量安全法》《饲料和饲料添加剂管理条例》及其规章等法规，加强管理队伍和检测机构建设，严把饲料生产企业准入关，加快饲料生产企业审查合格证审核发放工作，推进HACCP、ISO认证工作。

8.加强科技创新和管理创新。利用好常规饲料原料，综合开发各类农副产品资源，加快天然无残留及环境安全的新型饲料添加剂的开发与生产，不断提高饲料转化率和安全水平。

9.指导饲料企业整合提升和联合发展。推动企业兼并和资产重组，积极引导有条件的企业实行整合提升和联合发展，培养壮大龙头企业和知名品牌，努力形成一批拥有一定知识产权、自主创新能力强的大公司和企业集团。坚持“品牌兴饲”的发展战略，指导饲料企业在发展中创名牌，在创名牌中促发展，不断提升产品科技含量和企业核心竞争力。

10.转变作风强服务。大力加强饲料管理部门政风、作风建设，坚持内强素质、外树形象，牢固树立“敬业为农、优质服务、文明执法、廉洁高效”的行业新风。充分发挥行业协会桥梁和纽带作用，加强行业自律和管理，开展职业技能培训、鉴定和质量管理认证工作，搞好信息服务工作。

【存在问题】1.湖北饲料工业整体块头不大，尤其是大集团、带动力强的企业不多。

2.在全国叫得响的饲料精品名牌不多，企业发展名牌、壮大名牌不够。

3.产品同质化严重，创新性产品较少，导致在国内市场没有竞争优势和定价话语权，企业利润微薄。

4.部分企业“小、散、乱”的状况还未根本扭转，管理手段落后，安全隐患依然存在。

(湖北省饲料工作办公室)

湖南省饲料工业

【发展概况】2007年，湖南省饲料业受上半年生猪存栏量减少、原材料价格上涨、生产成本增加等不利因素影响，全省饲料产销量一度下降。下半年呈现强劲反弹。全年饲料总产量为687.20万t，产值199.39亿元，同比分别增长10.68%、10.81%。其中配合饲料530.29万t，浓缩饲料117.12万t，预混合饲料39.79万t。同比涨幅分别为17.59%、-12.75%、11.50%。

【发展特点】1.产量先降后升稳步增长。上半年受生猪疫情影响，生猪存栏下降，散养户急剧减少，饲料产量滑坡。由于受疫情影响，养殖场户备栏不充分，存栏降低，饲料消费随之下降。始于 2006 年 6 月，席卷全国 21 个省市(区)的高致病性猪蓝耳病，湖南省湘潭、益阳、常德、长沙等重灾区养殖业受到重创，广大养殖户心有余悸，不敢补栏。湖南省生猪存栏同比平均减少 10%以上。据重灾区宁乡县的调查，生猪存栏数不及 2006 年同期的 50%，个别乡村只有 2006 年同期的 1/3，有的整个村里寻不到多少猪。同时前两年猪价连续走低，挫伤了农民养猪积极性，农民生猪养殖出现亏损，加之出现疫情，有的甚至宰杀掉母猪。湖南省猪饲料在饲料问题中比重大，生猪存栏少，饲料销量随之下滑。可以说畜禽疫情已成为制约饲料业发展的关键因素。下半年全省养殖与饲料生产形势出现强劲反弹，猪价上涨，生猪养猪优惠政策开始实施，养殖户补栏积极，饲料生产量销量随之增长。

2. 具有传统优势的浓缩饲料减幅明显。由于疫情、猪价及劳动力成本等因素的影响，带来湖南省养殖业另一个显著的特点是散养户受到极大冲击，数量大幅减少，可以形容为“雪崩”式的递减，致使湖南省具有传统优势的浓缩饲料明显下降。许多企业为了寻求出路，不得不调整产品结构，把目标转向了竞争优势不明显而利润空间较少的配合饲料等产品，虽然弥补了量，却大为减少了利润。

3.饲料原料价格全面快速上涨，企业不堪重负。虽然湖南省盛产稻谷，但玉米仍是猪饲料中的主打原料。2006 年我国玉米产量并未减少，但由于玉米深加工(用玉米生产燃料乙醇、酒精、淀粉、赖氨酸等)用量猛增，加上铁路运输困难、玉米种植户囤货观望等因素影响，导致玉米供不应求，价格上涨。1~5 月，玉米均价为 1 517 元/t，同比增长 25%，且一路上扬，高峰价位达 2 000 元/t，同比增长 31%。其它饲料原料如鱼粉、豆粕、棉、菜粕、赖氨酸、矿物质饲料添加剂等均有大幅度的上涨。到 11 月底湖南省豆粕为 3 900 元/t，同比增长 44%。棉粕 2 400 元/t，菜粕 2 300 元/t，同比分别增长 60%、64%，磷酸氢钙 3 000 元/t，同比增长 100%，多维 95 元/kg，同比增长 58%。但饲料原料价格与饲料产品价格上涨的幅度不一致，饲料产品售价涨幅要低些。原料的涨价占去了饲料企业的大量利润，严重影响了企业产量和效益的发挥，同时饲料原料价格上涨使得生猪饲养成本增加，影响农民购买力。

4.其它因素影响。如股市看涨、公务员工资上涨、物价上涨、人们心理预期升高等，削减了投资养殖业的热情。

虽然由于上述不利因素影响了湖南省饲料工业的快速发展，但从全年总体来看，饲料产量产值均有增长，这是因为：一是党和政府高度重视肉价上涨等民生问题。温家宝总理在陕西视察时就指出：“让农民养猪能挣钱，城里人特别是低收入家庭又吃得起肉”，道出了肉价涨落的“和谐”原则。中央政府迅速出台了一系列扶持生猪养殖政策。如母猪补贴、养猪保险、养殖小区建设等，广大养殖户养猪积极性高涨，及时繁育、补栏。湖南省规模养殖比例已达 44%，同比增长 16%。商品饲料的入户率和全程使用率均明显上升，分别达到 60%和 40%，商品饲料消费量随之上升；二是上级的正确领导和全行业的齐心协力。农业部、省厅、局领导多次指出，饲料行业是农业产业化的排头兵，与农民是同一条战线的战友。肉价、饲料上涨是周期性波动的正常反映，一定幅度的上涨对保护农民养猪积极性有好处。据调查，湖南省饲料企业在饲料原料价格加权平均上涨 20%左右的情况下，饲料销价上涨不到 10%，饲料企业在关键时刻牺牲了自己的利益，作出了让利决策，帮助农民渡过难关，促进了养殖业的发展；三是部分饲料企业对原料价格高价位运行态势已有预测，利用集团采购优势较低价格购进了一批大宗原料，增强了抵抗市场风险的能力；四是饲料产品结构不断调整优化。不少企业在低谷时期调整生产品种，以中低档次的饲料产品和配合饲料为主；开发高科技产品，配方更科学，效价更为提高。全省来看，鱼配合饲料增长幅度最大，鸡鸭料也有所上升；五是一批新增的饲料企业异军突起，大型饲料企业发挥了较好的作用。2006 年以来，湖南省新建和技改万吨以上的饲料生产企业 27 家，投资 5.64 亿元，新增单班生产能力 118 万 t。因此，从单个企业来看，全省大部分饲料企业销量下降，但从全省总体来看，由于新增企业及产能的增加，减缓了滑坡程度，冲抵了销量的下降，使得全省饲料销量总体上升。

【主要工作】1. 大力宣传贯彻《饲料生产企业审查办法》。为了大力宣贯农业部《饲料生产企业审查办法》，在年初召集全省市州饲料办人员进行了学习和贯彻，随后省畜牧水产局以湘牧渔发〔2007〕28 号下发贯彻实施《办法》的通知。为了使农业部的精神迅速传达到各地各企业，加快实施进度，先后派员到全省 14 个市州，召开辖区内饲料企业与县(市区)饲料办负责人参加的培训班，进行宣贯和学习。湖南省饲料办公室同时也制定了实施方案，组成了专家评审组，印制了《申请表》和《审核表》，确定了市州企业编号程序，为顺利开展核发《合格证》工作做了前期准备。

2. 认真做好生产许可证和安全卫生合格证备案审查。按照饲料法律法规的有关规定，对持有生产许可证和安全卫生合格证的企业进行了年度备案审查。通过年度审查备案，目前全省生产许可证持证企业有 247 家。其中预混合饲料企业 176 家，添加剂企业 71 家。202 家通过了年度备案审查，其中预混合饲料企业 153 家，添加剂企业 50 家。11 家企业生产条件不完善，待完善后再进行年度备案。在规定时间内未进行备案审查的24家企业，于7月底召开企业负责人学习培训后进行了补办。9家企业由于生产经营转向、生产许可证到期未换证和连续两年未进行备案等原因，已报农业部办理注销手续。全省持有安全卫生合格证企业24家，本次通过年度备案审查的有18家，未进行备案审查的企业6家。

3.狠抓饲料产品质量安全监管。为了加强饲料和畜禽水产品质量安全监管，严厉打击非法制售和使用“瘦肉精”、“蛋白精”等禁用药品的违法行为，湖南省在2006年开展整治“瘦肉精”百日会战，巩固成果的基础上，又进一步制定了《2007年畜禽水产品质量安全工作实施方案》和《2007年全省饲料执法工作方案》，确定了专项整治行动的指导思想、工作目标、整治重点、保障措施，并下达了全省饲料质量安全监测计划及样品抽检数目。按照农业部《关于进一步加强动物源性饲料安全监管工作的通知》要求，开展了动物源性饲料生产企业、使用单位、销售市场三项检查与抽样。美国发生宠物食品中毒事件后，按照农业部部署，对全省宠物饲料生产企业进行了调查摸底，并配合农业部检查组到企业生产现场进行了全面检查并抽样。同时按照农业部农牧发〔2007〕28号文件的要求，湖南省畜牧水产局以湘牧渔发〔2007〕70文转发了《农业部关于严厉打击非法生产经营和使用“蛋白精”违法行为的通知》，全省饲料管理部门开展了一场声势浩大的打击“蛋白精”的专项整治行动，对辖区内的饲料生产经营企业进行了一次全面的监督检查。9月份农业部开展全国农产品质量安全专项整治行动以来，按照厅、局的统一布署，认真制定方案，积极加入整治行动，抓好大案要案的查处。有计划有步骤地开展了“打击‘蛋白精’等非法添加剂”、“饲料企业产品质量安全检查”、“宠物饲料市场整治”、“养殖场(户)违禁药品及违禁化学物质检查”等4项专项整治行动。整治期间，共检查生猪尿样1 500批次，饲料及蛋白原料400批次。全年全省共出动饲料行政执法人员9 987人次，检查企业2 260个，整顿市场及经营网点738个，受理举报案件109起，共查获假冒劣质饲料598t，货值123万元，挽回经济损失246万元。认真组织对市州县饲料行政执法的监督检查。10~11月，组织执法检查组赴益阳、常德等6个市州进行了执法监督检查。督促他们公开、公平、公正地开展执行活动，对大案、要案要求及时上报。上半年重点对岳阳云溪区贩卖瘦肉精大案进行了严厉的打击，配合公安部门抓捕了犯罪嫌疑人4人。

4. 对申证和换证企业进行了严格的现场审核。2007年是实施农业部《饲料生产企业审查办法》的第一年，湖南省饲料办公室组织专家评审组，会同市州县饲料办，对120多家申证企业，按照农业部的有关规定进行了现场审查。目前已有98家企业通过了审查，并获得《合格证》。审查信息已通过湖南饲料工业信息网进行了网上公布。2007年内，有29家添加剂预混合饲料生产企业申请《生产许可证》，有24家企业提出换证申请，为此，湖南省饲料办组织专家评审人员到这些企业进行严格的现场审核。同时对已获证企业核发了262个产品批准文号，审查了120多个产品标准和标签。

5.积极组织职业技能鉴定和统计培训。为了提高饲料生产企业的检化验水平，同时为饲料生产企业申证工作服务。与饲料职业技能鉴定站举办了两期饲料检化验员职业技能培训与鉴定，全省共有270余人参加培训与鉴定，265人通过理论知识和实际操作技能考核，获得职业资格证书，其中初级149人，中级116人。

为落实农业部新版统计报表制度，举办了全省饲料统计培训班。各市州饲料办负责饲料工业统计的同志及各重点跟踪企业统计员参加了培训。培训班为学员详细讲解了新的统计报表制度及填报流程，并进行了网上模拟填报的操作演示，确保每位学员能够独立操作。

6.组织名牌产品申报工作。与湖南省质量技术监督局一道，组织饲料企业实施名牌战略，开展“中国名牌产品”、“湖南名牌产品”申报评审工作。饲料行业列入2007年中国名牌产品评价目录的有水产饲料、饲料级维生素；列入湖南名牌产品评价目录的有：鱼用系列饲料、禽用系列饲料，另还有饲料加工机械。9月，唐人神集团水产饲料获得“中国名牌产品”，正虹集团、怀化正大、湖南华港、沅江通威、岳阳新宏、永州鼎立、岳阳楼氏、常德润锦、岳阳康大、长沙湘金等10家企业的鱼用或禽用系列饲料获得“湖南名牌产品”称号。

7.扎实做好饲料法立法和行业发展的调研。对饲料行业的热点难点问题，积极开展调查研究，探索促进行业发展的有效措施。一是高度重视《饲料法》立法调研工作，依照农业部办公厅下达的调研提纲，认真组织了调研。针对饲料安全监管执法难度大、管理规章制度不到位、《条例》中需要补充完善等一些问题，提出了建议，向农业部提交了一份万多字的调研报告。二是由省委政研室牵头组织省畜牧水产局、省饲料办和各市州畜牧局，对全省饲料产业的发展进行了专题调研，走访了10多家大型饲料企业，召集了省直有关部门负责人和专家进行了座谈讨论。调研组形成的《关于加快湖南省饲料产业发展的调研报告》，引起省政府领导的高度重视。

8.协会开展了一系列活动。协会为了配合全省饲料行政管理工作，开展了一系列行之有效的活动。经过一段时间筹备，年初正式开通湖南饲料工业信息网站。召开了大型饲料企业座谈会，就联合经营问题进行了探讨；针对当前肉价上涨，组织饲料企业参加了湖南省物价局组织召开的生猪生产形势座谈会；参加了2007中国畜牧业暨饲料工业展览会和大中型饲料企业联谊会；与来湖南考察的北京、福建、黑龙江、湖北同行进行了工作情况交流；组织长沙、岳阳部分企业负责人到山东、河南、福建考察学习。

【存在问题】1. 企业整体竞争力低。不少企业规模过小，造成资源浪费和市场无序竞争，影响整个行业竞争力。

2.产品质量安全隐患多。一是“瘦肉精”、“蛋白精”等违禁药品和化学物质对养殖业、饲料工业的危害依然存在，导致猪肉等食品质量不合格，危害消费者的健康。二是大部分小企业，生产粗放，质量检测不到位，缺乏严格的质量管理和品质控制，致使一些质量不合格饲料流入市场。特别是在蛋白原料价格上涨的情况下，许多生产企业的粗蛋白质含量达不到标准规定值。在2007年国家安检中，湖南省共检测饲料产品183批次，不合格产品29批次，其中粗蛋白质含量不合格为22批次，占不合格产品的76%。三是从国家到地方饲料标准体系、监测体系和安全监管体系不健全，监管和检测存在多头管理的现象，导致质量低劣饲料进入市场后存在一些监管空白。四是安全监管难度加大。质量标准缺乏，执法检测手段落后，执法工作经费紧缺，对饲料安全的监管还不能完全到位。

3.湖南省内原料资源短缺。湖南省是个饲料生产大省，其产量、产值在全国位居前列，但湖南省又是饲料原料严重缺乏的省份，80%的主要饲料原料都要由外调入。由于饲料原料的短缺，在很大程度上，增加了湖南省饲料生产成本，影响饲料企业生产。

4.饲料产业投入少。一是发展资金严重不够。湖南省饲料企业95%以上是民营中小企业，资金占用多、利润低、积累少，自身投入十分有限，贷款融资困难，制约了企业扩大再生产。许多饲料龙头企业通过粮食、肉食加工转化和办养殖基地，给农民带来了实惠，但企业很少得到政府项目和资金的支持。二是科技开发投入很少。三是质量安全监管经费困难。

（湖南省饲料工业办公室）

广东省饲料工业

【发展概况】2007年是广东省实施“建设饲料强省”战略的第一年，全省各级饲料（畜牧兽医）管理部门紧紧围绕畜牧业、饲料业发展，以农民增收，社会稳定为主题，以防控高致病性禽流感等重大动物疫病，促进生猪生产发展和畜产品安全监管工作为重点，精心组织，扎实开展各项工作，取得显著成效。

全省饲料和饲料添加剂生产企业631家，工业饲料产品产量达1 403.66万t，同比增长7.88%；总产值351.75亿元，同比增长12.01%。从产品类别来看，其中配合饲料1 349.63万t，同比增长8.31%；浓缩饲料22.08万t，同比增长7.10%；添加剂预混合饲料31.95万t，同比减少7.30%。从产品品种来看，其中猪饲料315.35万t，同比减少6.25%；蛋禽饲料136.87万t，同比增长10.71%；肉禽饲料652.80万t，同比增长11.75%；水产饲料286.62万t，同比增长18.43%；反刍动物等其他饲料0.09万t，同比减少64.21%。

【发展特点】1.产量快增。主要原因：一是新建厂不减，老厂增加产能；二是猪禽散养户和中小型养殖场由于原料涨幅大、原料紧俏和自采购原料质量不稳定转向购买商品饲料；三是家禽生产利润可观，发展迅速；四是水产养殖继续发展，尤其恢复出口刺激生产发展；五是生猪价格高企、国家多项政策扶持生猪发展，使生猪生产呈恢复发展态势。

2.结构调整。一是添加剂预混合饲料产量下降；二是猪饲料比重下降。

3.效益下降。一是各种饲料原料价格大幅上涨；二是企业费用增加：电费、运输成本、重油产蒸气费用、银行贷款利息等均上升；三是饲料产品升价远远赶不上饲料原料成本上升幅度。

4.行业优胜劣汰。由于饲料原料价格的上涨和剧烈变化，行业竞争愈加激烈，呈现弱者淘汰、强者愈强的局面，中小型企业惨淡经营、市场份额减少，而集团企业、大型企业凭借实力进一步扩张。据不完全统计，2007年全省因经营不善、资金短缺导致停产或倒闭的饲料企业29家，转让或被兼并的7家。面对激烈的竞争，企业均积极加强管理，内部挖潜，采取了加强原料采购分析管理、优化调整配方、完善内部管理等等措施，以控制运作成本，提高竞争力。

【组织机构】广东省畜牧兽医局为省农业厅内设副厅级行政管理机构，负责全省畜牧、兽医防疫、饲料、兽药管理工作。内设3个处室：综合处、畜牧处（加挂省饲料工作办公室牌子）、兽医处。饲料管理工作由广东省饲料工作办公室具体负责。

【主要工作】1.规范行政许可，全面宣贯政策法规。农业部第73号令《饲料生产企业审查办法》于2007年5月1日开始施行。及时制订印发了《广东省饲料生产企业设立审查和年度备案工作规范》，举办了全省饲料法规培训班，对各市饲料办和评审专家进行培训。各市也按要求纷纷举办培训班对辖区内的企业进行培训，指导企业按新的审核条件进行整改，由上至下层层宣传贯彻，落到实处。

2.强化安全监管，确保饲料质量安全。2007年广东省开展了多项检查整治行动，多管齐下取得了良好成效：一是持续深入开展“瘦肉精”等禁用药品专项整治行动，保持打击“瘦肉精”的高压态势。各地投入大量的人力物力，进一步提高监测范围和频率，加强执法力度，有力地打击了违法使用“瘦肉精”的行为，有效地保障畜产品质量安全。据统计，2007 年广东省各地共抽取 82.50 万份生猪尿样、2 040 份饲料/水样本检测盐酸克伦特罗、莱克多巴胺，共查处案件 671 宗，销毁生猪 3 206 头，圈养生猪 4 913 头。生猪尿样中盐酸克伦特罗、莱克多巴胺确认阳性率均低于 1%的控制目标，饲料/水盐酸克伦特罗、莱克多巴胺筛选阳性率均为 0；二是开展饲料质量安全监测工作。根据农业部 2007 年度饲料和违禁药品监测计划，全省共检查 298 家饲料和养殖企业，抽检商品饲料样品 299 批次，食槽料/猪尿 135 批次，检查饲料标签 288 批次；三是组织开展饲料添加剂和添加剂预混合饲料生产企业的年度备案工作，结合备案工作对获证企业的生产条件、质量保证体系和特有工种人员持证上岗等方面进行检查；四是积极应对美国、南非宠物饲料中毒事件。组织开展宠物饲料执法大检查和饲料企业“蛋白精”专项检查行动。全省各地对饲料企业进行全面检查，并抽取了 440 批次饲料样品进行“蛋白精”监测；五是全面开展畜产品安全专项整治行动。按照国务院和农业部的统一部署，2007 年 8~12 月广东省积极认真全面开展畜产品安全专项整治行动。在整治行动中，全省各级累计出动执法人员 21 500 人次，检查饲料生产经营单位 6 600 个次，查处案件 32 宗，查获假豆粕、进口鱼粉等饲料产品 50 多 t，涉案货值 80 多万元。2007 年 10~11 月，广东省工作小组还实地抽查了 30 多家企业，未发现有违规企业。畜产品质量安全专项整治行动取得较好效果。

3.加强行业引导，推动饲料强省建设。2006 年 9 月，正式提出“建设广东饲料强省”的奋斗目标。2007 年是实施“强省”战略的开头年，全省上下共同努力，做好宣传、调研和引导等工作，为饲料强省的建设开了个好头：一是成功举办了首届广东饲料发展战略高层论坛。论坛邀请了国务院研究中心、农业部、广东省有关领导和国内外专家、企业家，围绕“建设广东饲料强省”作主题报告和发言讨论，行业领导、企业家、学者等逾 1000 人参加了盛会，广东省领导、农业部领导以及广东省直有关部门领导出席了论坛。论坛反响十分热烈，得到了广泛的认同和赞赏，为建设广东饲料强省统一了思想、明确了思路；二是实施名牌战略，通过创名牌带动行业水平的提升。2007 年名牌战略再结硕果：广东省有 3 家企业 3 个产品获得“中国名牌”，占全国名牌水产饲料的 3/10；有 17 家企业 17 个产品首获“广东省名牌”；三是继续推进 HACCP 安全管理体系及产品认证。目前全省已有 60 多家企业通过 HACCP 认证，还有很多企业通过了 ISO 体系认证，企业把认证作为从源头规范饲料生产，加强对饲料生产过程的安全控制，确保饲料安全，提升企业整体素质和管理水平，提高竞争力的重要措施来抓。

4.强化服务工作，营造良好发展环境。坚持以人为本、便民利民的思想，高效完成各项行政许可和服务工作。组织对 19 批新办、换发生产许可证企业和动物源性饲料产品生产企业进行现场评审，及时上报农业部申办许可证，发放《动物源性饲料产品生产企业安全卫生合格证》7 个，《饲料生产企业审查合格证》82 个。审查标签、核发产品批准文号 900 多个。组织评审企业产品标准 331 个。组织举办 10 期饲料检验化验员、中控工、维修工培训鉴定。

5.宣贯新统计制度，做好统计分析工作。行业统计和信息分析是一项基础而又重要的工作。及时准确的统计，掌握数据，有助于了解行业发展动态，发现行业发展的问题，是科学决策的基础。2007 年新的《饲料工业统计报表制度》出台和新统计软件应用后，广东省饲料办公室及时宣传并举办培训班对各市进行培训。各地也纷纷举办培训班对企业进行培训，保证了新制度的贯彻落实，以及新统计软件的推广应用。广东省的经验做法得到农业部的充分肯定，在 2007 年的全国饲料统计工作会议上作了典型发言。

6.开展立法调研，配合做好《饲料法》起草工作。《饲料法》已通过立项并正在起草之中。这是一部对饲料业发展有着重大意义的法律，广东省按照农业部要求认真组织调研，并提交高质量的调研报告。

【存在问题】一是行业整体素质仍待进一步提高；二是饲料质量安全隐患依然存在，行业监管力量弱、经费缺、手段不强，与监管的任务和要求有一定距离。

（广东省饲料工作办公室）

海南省饲料工业

【发展概况】2007 年海南省饲料工业生产总产值 36.45 亿元，同比增长 43.44%，饲料工业为促进海南畜牧业又快又好发展作出了积极的贡献。截至 2007 年底共有饲料生产企业 39 家。2007 年全省各类饲料生产总量 123.18 万 t，同比增长 13.79%，其中配合饲料 116.67 万 t，同比增长 10.86%；浓缩饲料 1.30 万 t，同比增长 43.24%；添加剂预混合饲料 5.20 万 t，同比增长 148.64%。在配合饲料中猪饲料 32.21 万 t，同比增长 6.98%；禽类饲料 63.29 万 t，同比增长 7.94%；水产饲料 19.35 万 t，同比增长 26.66%。

【发展特点】1.饲料总量快速增长、质量显著提高、产品结构不断优化。2007 年海南省饲料总产量保持较高的增长速度，同比增长 13.79%，饲料抽查监测总体合格率为 96.13%，同比提升 1.5%，饲料中“瘦肉精”“莱克多巴胺”等违禁药物连续 4 年保持检出率为 0。饲料产品结构趋于合理，2007 年配合饲料、浓缩饲料、预混合饲料比例由 2006 年的 84:1:5 调整为 2007 年的 95:1:4；猪、禽、水产配合饲料的比例由 2006 年的 29:55:16 调整为 28:53:19,逐步形成适合海南省养殖业实际需要的产品结构。

2.饲料需求剧增、原料价格上涨,企业压力加大。海南岛四面环海,对防止动物疫病传播形成了天然的屏障,成为中国最大的无规定动物疫病区示范区。由于近两年全国发生的猪链球菌病、高致病性禽流感等疫情的影响,岛外市场对海南省畜禽及水产品需求量明显加大,特别是对生猪的需求。2007 年全省生猪出岛 80 万头,同比增长 91%;生猪出口 1.20 万头,同比增长 71.40%;文昌鸡出岛 1 800 万只,同比增长 20%;文昌鸡出口 350 万只,同比增长 1043.80%。养殖业的快速发展使饲料社会需求量剧增。同时,由于海南远离原料产区,原料价格居全国之首。2007 年以来,海南省玉米、豆粕、麦麸的进货价格连续上涨,2007 年 11 月进货价格分别为 2 000 元/t、3 980 元/t、1 700 元/t,分别比 2006 年同期上涨 40.80%、56.52%、41.66%,饲料级氨基酸、多种维生素等添加剂价格也成倍增长。原料价格上涨,人工成本及水电费用增加,给企业增加生产成本约 40%。而企业产品价格调整明显滞后于原料上涨,导致行业整体效益下降。

3. 产品科技含量不断提高。在现代集约化养殖中,饲料对提高养殖业生产水平发挥着关键作用。在当前国内外激烈的市场竞争下,海南省饲料企业本着以“安全第一、优质取胜”的竞争理念,注重企业内部科技创新能力的提高,并通过开展企业与科研院校等单位联合与合作的途径,推进饲料工业高新技术产业化,不断加快饲料科研成果的转化,使海南省行业涌现出一批具有科技含量高、竞争能力强的优势产品,提高企业的市场竞争力。

4.产业化经营成为企业带动农民增收的龙头。为了适应当前国内外激烈的市场竞争形势。海南省一批饲料骨干企业以做大做强饲料基础产业为主,并通过多元化经营,延伸并完善产业链结构,其链条覆盖了饲料生产、动物养殖、良种良苗、兽医药品和畜产品加工等各个领域,在提高企业综合水平和效益的同时,也增强了企业竞争力和抗风险能力。如海南歌颂、裕泰、通威等饲料骨干企业,积极推进“企业+基地+农民”的产业化经营模式,发展以贴近市场与农民增收密切的特色产业,促进企业与农民互动发展,达到“双赢”目标。

【主要工作】1. 加强饲料法规宣传,落实产业扶持政策。加强饲料法规的宣传,是强化行业管理的基础。海南省在加强行业管理过程中,注重抓好饲料法律法规的宣贯,不断增强行业法律意识,提高企业执行法律的自觉性,为行业自律打下基础。同时,积极落实中央和农业部有关饲料行业发展的各项政策,发挥政策的推动作用,把饲料企业产品免征增值税、引进饲料加工设备、仪器减半征收关税和增值税等政策落实到每一个饲料生产企业,并为企业办理产品免税提供检验检测服务。

2.严格企业管理,实施准入制度。一是严格执行国家《饲料和饲料添加剂管理条例》《饲料生产企业审查办法》和《海南省饲料和饲料添加剂管理办法》的规定,加强对申请设立的饲料生产企业进行严格审查,提高准入门槛,限制不具备生产条件,小型作坊式的企业进入饲料行业,依法维护饲料行业生产秩序和平等竞争。2007 年全省获农业部核发《饲料添加剂生产许可证》企业 11 家;《添加剂预混合饲料生产许可证》企业 10 家;海南省农业厅核发添加剂和添加剂预混合饲料产品生产批准文号 131 个;核发《动物源性饲料产品生产企业安全卫生合格证》企业 4 家。全省完成 80%的配合饲料生产企业审查和发证工作;二是实行就业准入制度。全省饲料企业特有工种(检验员、中控工、设备维修工)人员上岗持证率达 92%;三是加强饲料企业年度备案工作,通过一年一度对企业进行年审备案管理,及时掌握企业生产经营管理状况,对不具备生产条件和连续 2 年不办理年审备案的企业责成整改,提高行业整体素质,全省饲料企业年审备案率 98%。

3.加强兽药饲料质量监测和承诺,保障畜产品质量安全。按照农业部关于《畜产品质量安全整治行动实施方案》的总体要求,围绕海南省农业厅提出的“4 大目标”“3 大领域”和“8 大行动”的整治方针,在全省范围组织开展对兽药饲料生产,经销企业和规模养殖场进行 100%的监测,推行保障兽药、饲料产品质量安全承诺,促进企业法人增强质量意识,认真履行社会责任,取得较好的成效。

(1)兽药监测。全省共完成兽药抽检任务 104 批次,平均合格率为 62.90%,比 2006 年的 65.40%低 2.50%。完成 708 家兽药经营点的监测,监测率达 100%,完成 8 家兽药 GMP 认证企业的监测,监测率达 100%。

(2)饲料监测。全省共完成抽检饲料样品 362 批次,总合格率为 96.10%,比 2006 年的 94.60%上升 1.50%。全省查获假劣饲料 10 多 t,处理违法案件 25 起,罚款 10 万元,连续 4 年未检出盐酸克伦特罗、莱克多巴胺、安定、乙烯雌酚、呋喃唑酮等违禁药物。

(3)蛋白精监测。重点组织对海口地区主要的饲料生产、经营企业以及饲养场进行专项执法检查,共抽检样品近 212 批次,涉及 18 个饲料生产企业、25 个饲料经营企业和 10 个养猪场,“三聚氰胺”检出率为 0;完成农业部下达海南省“蛋白精”280 批次的抽样任务。检测结果合格 264 批次,不合格 16 批次,合格率为 94.30%。

(4)违禁药物监测。重点组织开展对畜禽规模养殖场监测,严格监控养殖场非法使用违禁药物和非法添加物。全省共完成监测年出栏万只以上的规模家禽养殖场609个,占全省规模家禽养殖场的100%;完成监测年出栏千头以上的规模养猪场292家,占全省规模养猪场100%,专项监测“瘦肉精”、“三聚氰胺”“莱克多巴胺”和“苏丹红”等违禁和非法添加物检出率为零。

(5)宠物饲料监测。以连锁超市宠物饲料为重点开展专项监测。与有关部门联手开展对海口市的大润发、大同货仓、新一佳、家乐福、万福隆、万家隆等6家超市进行专项检查,突出检查进口宠物饲料《进口登记证》和产品标签,检查结果进口狗粮贴《进口登记证》率达100%,产品标签比较规范。但也有个别超市专柜经营《宠物壮骨钙片》的标签标注内容缺少产品成分分析值及产品标准编号,当场责令将标签不合格的产品全部下架,另作处理。

(6)畜产品质量监测。结合农业部下达海南省的兽药残留年度监测计划,积极开展兽药残留监测工作。2007年共抽检猪肉56批次,检验硝基咪唑类药物56批次,检测合格率100%,与2006年合格率(100%)持平;抽检鸡肝55批次,检验磺胺类药物55批次,检测合格率93.33%,与2006年合格率相比下降6.67%

(7)推行产品质量承诺制。全省签订饲料和饲料添加剂质量安全承诺书的饲料生产企业42家,占企业总数的93.30%;签订产品质量安全承诺书的饲料经营店697家,占经营店总数的91.90%;签订家禽质量安全承诺书的家禽养殖场580个,占规模家禽养殖场总数的95.20%;签订畜产品质量安全承诺书的规模养猪场286家,占规模养猪场的98%。

4.推进饲料企业质量管理体系认证和过程管理。加大促进饲料标准化生产和质量安全监管工作力度,2007年全省通过IS09000、IS014000系列认证和HACCP认证的企业有7家。企业建立和推进产品质量管理体系,把质量安全监控关口前移,消除源头饲料产品质量安全隐患,提高企业质量管理意识,促进行业质量竞争和整体素质的提高,为海南省养殖业产品出岛出口提供保障。

5.加强检验检测能力建设。以海南省兽药饲料监察所建设为重点,通过无疫区建设项目的投入,不断完善更新一批检验检测仪器设备,使监测手段得到明显增强,基础设施和工作条件明显改善。2007年拥有红外分析仪、液相色谱仪、气相色谱仪、原子吸收分光度计,荧光分光光度计等仪器设备50多台套,具备饲料和饲料添加剂产品感官指标、营养指标、卫生指标、药物残留、禁用药物等质量安全检测能力,为海南省养殖业安全和落实企业饲料免税政策提供技术支撑。

6.积极开展《饲料法》立法调研工作。根据全国饲料办公室关于做好《饲料法》立法调研工作的通知要求,及时制定《饲料法》立法调研方案,并由海南省饲料办公室牵头组织了海南省兽药饲料监测所、海南省畜牧技术推广站、海南大学等单位有关专家分别组成调研组,先后深入各市县畜牧兽医局和海口农工贸(罗牛山)股份公司、通威股份有限公司海南分公司、罗牛山规模化商品猪场总部等近20家生产和养殖企业开展调研。在调研过程中尤其关注对饲料质量安全监督监测、自配饲料的管理制度及加强饲料生产和经营行为监管等问题的调研,并把调研情况形成调研报告呈报全国饲料办,按时完成《饲料法》立法的调研任务。

【存在问题】1.饲料工业企业整体素质参差不齐,与新型工业化要求还有较大差距。在饲料行业里还存在一些企业生产规模较小,技术力量薄弱,企业管理水平落后,发展后劲严重不足,无序竞争现象依然存在。

2.饲料及畜产品仍然存在质量安全隐患。饲料及畜产品质量安全直接关系到消费者的食用安全和身体健康。近年来对“三素两精”等违禁违规药物的使用屡禁不绝,养殖产品面临食品安全信任危机,对公共卫生安全带来潜在威胁,不利于饲料工业和养殖业持续健康发展。

3.饲料原料资源严重短缺。随着市场对养殖产品需求的日趋旺盛,同时养殖业产业化、规模化程度不断提高,对饲料粮的需求将不断增加,导致部分饲料原料缺口越来越大,资源短缺仍是新时期制约饲料业发展的瓶颈。从长期来看饲料资源短缺问题将是制约海南省饲料生产的主要因素。

4.企业科研技术人才缺乏。“科技和管理是企业发展的基础,人才是科技和管理的根本”。饲料工业经过20多年的发展,已经进入微利时代,企业要降低成本,提综合效益和整体竞争力,根本出路在于科技创新。目前很多企业没有自已的科研队伍,在新饲料资源的开发和绿色环保型饲料添加剂的研制及应用方面都缺乏相应的科学研究。企业科研人才的缺乏,限制了企业自主创新能力的提高,这已成为影响企业发展的障碍。

5.饲料标准体系不健全。饲料标准体系不健全,一方面表现出企业标准水平较低,在标准中指标也不齐全,不能完全体现产品所应具有的功能特性。另一方面产品指标定得过低,降低了产品中营养物质的含量。因此,加强饲料产品质量标准化体系的建设、规范企业标准,已成为亟待解决的问题。

(海南省饲料工作办公室)

广西壮族自治区饲料工业

【发展概况】2007年全区饲料生产大幅增长,是近几年来发展较快的一年。上半年由于受疫病和养殖周期波动的影响，生猪存栏下降，猪饲料产销受到一定影响；下半年，在国家一系列扶持畜牧业发展政策的强力推动和市场拉动双重作用下，生猪生产逐步恢复，家禽生产增长较快，水产、牛羊生产稳定，饲料工业产销两旺。全区全年饲料产品产量达 395.39 万 t，产值 107.10 亿元，同比分别增长 11.44%、17.32%，产品合格率 93.7%，保持了稳定增长的势头。商品饲料和养殖场盐酸克伦特罗及莱克多巴胺检出率分别为 0%、0.36%，顺利完成年初确定的工作目标。

【发展特点】1.大企业发展加快，集团优势更加明显。2007 年大企业继续进行扩张，品牌优势更加凸显。一些大的集团企业，凭借雄厚的技术力量、品牌效应、资金、市场、原料成本、经营管理等方面的优势，饲料产量大幅增加，全区排位前 10 名企业的产量占全区总产量的 42.85%。桂林力源粮油食品公司属下南宁、桂林、临桂、玉林漓源四家饲料企业 2007 年的饲料产量达 67 万 t，同比增长 48.89 %，占全区总产量 16.95%。一些没有品牌效应的小型饲料企业渐渐失去竞争优势，占市场比例越来越小。

另外，新希望、温氏、双胞胎等大型外省饲料企业利用集团优势继续加大扩张力度，加大对广西重点养殖地区饲料生产市场的投资，以扩大市场份额。如四川新希望集团在玉林投资 5 000 万元、年生产能力达 20 万 t 的饲料加工厂已投产运行；双胞胎集团计划投资 6 000 万元建设年产 30 万 t 的饲料加工厂；广东温氏也计划在陆川投资 3000 万元、建设年生产能力为 10 万 t 的饲料加工厂，目前养鸡场已建成投产；南方新希望在桂林重新选址并新建了厂房，年生产能力有原来的 8 万 t 提高到 20 万 t。

2.饲料产业链向养殖、畜禽产品加工产业延伸，一体化经营、专业化生产进展速度加快。一些大型饲料企业纷纷扩大养殖、加工环节的投资，走“公司+基地+农户”产业化道路，建立标准化养殖场，打造肉食加工体系。如桂林力源公司由单纯饲料加工，发展成为集饲料加工-鸡苗孵化-肉鸡饲养-肉鸡加工-鸡产品销售于一体的肉鸡生产链，2006 年该公司在全区及区外新增规模养鸡户 3 500 户，使规模养鸡户已发展到 10000 户，年出栏肉鸡达 5 000 万只；南宁正大畜牧公司由饲料加工和肉鸡生产，发展成为集“饲料加工-鸡苗孵化-肉鸡饲养-肉鸡加工-鸡产品销售“于一体的肉鸡生产链” 和饲料加工-饲养种猪-供应仔猪-回收肉猪”的生产链。南宁百洋饲料集团公司追加投资 2680 万元对原有的罗非鱼、叉尾鮰加工生产线进行技改，扩大产能 2 万 t，水产品年生产设计能力由原来的 1 万 t 增加到 3 万 t。

3.区位优势凸显，大型粮油加工企业纷纷落户沿海港口城市，广西蛋白饲料原料生产能力大幅提高。2007 年，一个最为显著的特点是，一些大型粮油加工企业纷纷看好广西沿海港口的区位优势，分别落户钦州和防城港，并以此为依托建立起了几个以生产豆粕为主的大型单一饲料企业。目前在钦州已经投产和在建的有钦州大洋粮油、钦州华港制油和广西冬马年年丰粮油有限公司等 3 家企业，建成后年加工大豆能力将达 200 万 t；在防城港已经建成的两家企业是大海粮油工业（防城港）有限公司和惠禹饲料蛋白（防城港）有限公司，年加工大豆能力分别达到 250 万 t 和 150 万 t，其中惠禹饲料年产蛋白饲料能力 120 万 t，2007 年这两家企业生产豆粕共达到 142.27 万 t。

4.产品质量稳定提高，品牌意识逐步加强。全年共监督检查饲料生产、经营、使用企业 582 家，年抽查饲料总量达 6 049 批（份），其中饲料 972 批，饲料产品总合格率 93.70%；抽查了 94 家（次）屠宰场、549 家猪场共 5 077 份猪尿样品，检出违法使用盐酸克伦特罗和莱克多巴胺养殖企业各 1 家，检出率仅为 0.20%，饲料中瘦肉精检出率已连续三年为零。近年来，饲料企业更加注重质量，品牌意识进一步加强，饲料产品涌现了一批广西名牌产品，2007 年，北海市恒兴特种饲料公司的虾配合饲料、南宁市百洋饲料科技公司的虾配合饲料、鱼配合饲料，桂林市漓源公司、广西富丰集团公司的鸭配合饲料荣获广西名牌产品称号。

【主要工作】1.明确工作思路，制定工作方案，落实监管资金。2007 年初根据《农业部关于开展 2007 年饲料及畜产品质量安全监测工作的通知》（农牧发[2008] 3 号）精神，结合广西实际，制定了《2007 年广西饲料和饲料添加剂质量安全管理工作方案》，明确目标，落实责任，突出重点地区和重点环节，采取有力措施，全年落实饲料及畜产品质量安全监测经费 295.90 万元（其中自治区财政 212.90 万元、农业部专项资金 83 万元），部署和组织各市饲料管理部门、自治区饲料监测所和 7 个市级饲料质检机构，有计划、有步骤地对辖区的饲料和饲料添加剂生产、经营和使用企业（户）的配合饲料、浓缩饲料、添加剂预混合饲料、饲料添加剂、饲料原料、动物性饲料和动物排泄物等进行质量安全监督检测，从而有效确保了饲料及畜产品质量安全监测计划等各项任务顺利完成。

2.以农资打假和食品安全专项整治行动为契机，围绕重点，扎实开展饲料及畜产品质量安全监管工作。(1)积极参与农资打假和食品质量安全专项整治行动。全区各级饲料管理部门认真贯彻落实农业部和自治区关于开展农资打假和食品质量安全专项整治的行动方案，做到真抓实干，加强监督指导，专项整治工作取得了明显成效。全区共出动执法人员 7 799 人次，检查生产企业和经营场所 5 030 个，立案查处案件 89 起，查获没收不合格产品 108.90t，涉案金额 23.03 万元。

(2)加大监测和处罚力度,严厉打击使用瘦肉精等违禁药物行为。制定的《2007年饲料和饲料添加剂安全管理工作方案》明确提出以加强源头治理、市场整治和长效机制建设为重点,加强生产、经营、使用环节监管工作,继续对“瘦肉精、莱克多巴胺”等违禁药物保持高压严打态势:一是继续加强源头治理,加大对重点地区中小型养猪场监督抽检力度。采取中央和地方不定期和针对性的抽检、屠宰场/养殖场联动监测、节假日重点监控相结合,溯原产地拉网检测的方法,先从屠宰场抽查,发现阳性可疑样后通过检查随行免疫证明追溯到相应的养殖场监控,从源头把关。尤其加大在中国-东盟博览会期间7个重点城市屠宰场的抽检,全年共组织开展了6次瘦肉精拉网式检查,共抽查了广西14个市549家(次)养猪场和94家(次)屠宰场,共计抽检猪尿样5077批,同比增10.25%,抽查132家饲料厂商品饲料318批,通过追溯查源,发现并查处了两起生猪养殖场使用“瘦肉精、莱克多巴胺”的案件;二是严格执法,违者必究。对两个违法使用莱克多巴胺和盐酸克伦特罗的猪场实行了严厉处罚,监控其生猪不得上市销售,直至再次抽检合格后方可上市出售,并分别给予5万元和1万元的经济处罚。南宁市对今年在生猪屠宰环节检测出瘦肉精阳性的两起案件,依法对其生猪来源地(市、县)作出了3个月内禁止进入南宁市市场的处罚决定;三是加大生猪主产区监控工作。博白、兴业、八步等生猪主产区发挥“瘦肉精”快速检测实验室作用,全面采用胶体金免疫吸附法在当地开展现场监督抽检。由于加大了抽查力度,对违法使用违禁药物的企业和个人起到了震慑作用,使用违禁药物的养殖场大大减少,2007年供应广东省和海南省的生猪没有因查出使用违禁药物而被封杀的情况。

(3)以饲料药物和卫生指标为重点强化饲料质量监督。2007年,广西进一步加大养殖环节饲料和饮用水中的药物含量、反刍动物饲料中牛羊源性成分、鱼粉等动物源性饲料产品的抽检力度。全年监督检查饲料生产、经营、使用企业582家,抽检饲料产品972批次,饲料产品总合格率达93.70%。另外,在195家生产、使用单位中监测反刍动物饲料中牛羊源性成分,共抽检205批次产品,其中反刍动物饲料166批,动物源性饲料39批,检出率为0。

3. 认真抓好饲料和饲料添加剂质量安全的基础管理工作。(1)全面部署申证和换证工作。组织宣贯农业部《饲料生产企业审查办法》,制定了《广西饲料生产企业审查工作细则》,开展饲料生产企业现场审核示范,进一步规范了各市饲料管理部门审核工作,提高了管理水平。全年共核发32家企业《饲料生产企业审查合格证》。申办和换发饲料添加剂和添加剂预混合饲料生产许可证企业29家,审核发放34家企业的306个产品批准文号,核发了1家鱼粉生产企业《动物源性饲料产品生产企业安全卫生合格证》。

(2) 积极推进HACCP试点工作。为提高广西畜牧养殖企业、饲料生产企业的标准化意识和标准化水平,进一步推进HACCP、GAP标准在广西畜牧业的实施,保障产品质量安全,2007年还组织举办了广西畜牧与饲料行业HACCP、GAP宣传贯彻培训班,收到了良好效果。

(3) 扎实开展饲料行业职业技能考核鉴定工作,2007年共举办了4期职业技能鉴定考试(检化验员、中控工),有238人报名参加考核鉴定,获证210人。

(4) 强化质检机构检验检测人员的业务培训,提高检测技术水平。举办了全区饲料管理和质检体系培训班和广西动物性食品卫生安全质量检测技术高级研修班,参加培训的检测技术人员达100多人。

4.加强信息交流,为企业提供服务。及时组织研讨会、技术讲座,邀请国内外专家作专题学术报告,全年共举办各种形式的研讨会、技术讲座8次,参会人员在1 150人次以上,大力推动饲料行业科技进步;定期举办饲料企业厂长经理例会,共同分析饲料产销形势及难、热点问题,探讨应对措施,保障饲料行业健康发展。

【存在问题】 1. 饲料产品质量安全问题仍未得到根本解决。(1)瘦肉精等违禁药品经过多年的严厉打击和整治,在饲料生产过程中已基本杜绝非法使用行为,但在养殖、流通环节,仍发现有少数养殖场以身试法。个别企业有违法使用违禁药物添加剂和色素等行为。

(2)饲料原料价格大幅上涨导致企业生产成本增加,在效益下滑、竞争激烈的情况下,部分企业为降低成本而使用次级鱼粉和本地玉米,但又不注重原料质量检验,导致粗蛋白质含量不足、黄曲霉毒素B_1超标等现象。

2. 饲料生产企业内部管理不规范现象仍比较严重。部分企业管理制度形同虚设,现场管理混乱,生产台帐、留样观察记录不全,产品难以溯源;小企业的生产技术、检化验人员流动性大,影响产品质量的稳定性。

3.行业管理基础工作有待进一步加强。(1)执法及检测机构能力不足。饲料检测机构跟不上检测任务逐年增加的形势需要。特别是市级检测机构的检测设备、人员配置和检测经费严重不足,只能检查常规项目和一般卫生指标,饲料产品的抽查监测面仍不够广泛。

(2)饲料统计报表制度执行得不好,影响了对全行业的全局性把握。主要是对统计分析工作不够重视。全区35个重点企业,只有十几个企业能填报统计年报;有的饲料办在填报报表时有漏填数据、数据前后矛盾的现象。

(广西壮族自治区饲料工业办公室)

重庆市饲料工业

【发展概况】2007 年是重庆饲料发展历程中最为辉煌的一年。由于全国生猪价格大幅上涨，中央和重庆市政府相继出台了多项生猪扶持政策，极大地激发了全市养殖户生产积极性，规模养殖场建设如雨后春笋，有力地带动了全市饲料行业的快速发展。2007 年，全市饲料工业产品产量达 164.61 万 t，比 2006 年增加 20.44 万 t。其中配合饲料 122.57 万 t，比 2006 年增加 20.45 万 t；浓缩饲料 28.31 万 t，比 2006 年增加 4.77 万 t；添加剂和添加剂预混合饲料 13.73 万 t，比 2006 年增加 7.39 万 t；产值 33.79 亿元，同比下降 20.69%。全市有饲料加工企业 278 家，年生产能力 396 万 t，拥有年生产 1 万 t 以上的企业 27 家，10 万 t 以上生产企业 4 家，2007 年末职工 9 089 人。

【组织机构】重庆市饲料工业办公室于 1986 年正式成立，附属重庆市农办。1996 年转到重庆市农业局后改为市农业局内设机构。2000 年机构改革时不再是重庆市农业局单独的内设机构，改为附属重庆市农业局畜牧兽医处。2005 年重庆畜牧兽医体制改革，畜牧兽医处分为畜牧处和兽医处，重庆市饲料工业办公室则附属于畜牧处。到 2007 年底，全市 40 个区县有 28 个成立饲料办公室，未成立饲料办的区县也将职能归到畜牧兽医部门，并配备相应人员负责饲料工业的日常监督管理工作，逐步健全重庆市饲料工业的管理体系。

【主要工作】1.强化日常监管。一是加强饲料添加剂获证企业的监管。对全市 31 家办理了《饲料添加剂生产许可证》的生产企业，从获证情况、包装标签、产品种类和产销记录等方面进行全面检查，检查情况总体良好。包装标签基本规范，产销档案较为完备，无添加或生产"瘦肉精""蛋白精"等违禁产品的行为；二是加强饲料产品质量的监管。全年共抽检饲料 434 批次样品，合格 394 批次，合格率 90.78%，违禁药物检出率 9.22%；三是加强对饲料原料管理。重点对原料供应商是否标注中文标识，是否能出示《安全卫生合格证》或《进口产品登记证》进行检查，对存在问题的销售企业进行宣传教育并责令整改。同时，对全市范围内的反刍动物饲料生产、流通和使用环节进行检查，对数家奶牛养殖户饲喂自配饲料检出了"牛羊源性成分"，给予了教育处罚；四是严查添加激素和禁用药品。把严查添加激素和禁用药品作为饲料安全专项整治的重中之重，通过检查，未发现一例添加"瘦肉精""莱克多巴胺"和"苏丹红"的违法行为。对经营和使用"蛋白精"的企业，给予了较重处罚，合计罚款 11.80 万元，追回、收缴和销毁了违法产品 4.28t。

2.增强执法力度。重点查处无证、无号生产企业；生产、经营、使用停用禁用或者淘汰的饲料和饲料添加剂；在饲料和动物饮用水中添加激素类药品或者使用"瘦肉精""蛋白精"等的行为，对生产、流通和使用环节实行全面监管。全年检查饲料生产企业 210 多家，检查门市(摊点)1 960 多个，拉网式检查规模化养殖(小区)场 436 家，出动执法车辆 3 600 余台(次)，出动执法人员 9 200 余人(次)，立案查处 72 个违禁添加和伪劣饲料案件，累计罚款 46 万元，追回、收缴并销毁违法饲料和饲料添加剂 21 700kg。全市饲料生产经营秩序得到明显好转，制假售假和违禁添加的不法行为得到了有效遏制。

3.加大宣传培训。利用"重庆市农产品质量安全宣传周活动""放心农资下乡进村活动""农业科技下乡活动"等，采用发放宣传资料，现场咨询、答疑，播放影像资料等多种形式，大力宣传《农产品质量安全法》《饲料和饲料添加剂管理条例》等法律法规、介绍畜产品安全生产、消费知识，宣传畜产品质量安全技术，取得了较好的效果。全年举办各类法律法规培训 39 期，参训人员 2 000 余人。开展业务素质培训，培训饲料检验化验员、饲料厂中央控制室操作工、饲料加工设备维修工 104 人。发放《农产品质量安全法》《饲料和饲料添加剂管理条例》《饲料药物添加剂使用规范》《标签标准》《饲料识假辩假常识》和《饲料安全使用须知》等宣传资料 2.10 万份(册)。

(重庆市饲料工业办公室)

四川省饲料工业

【发展概况】2007 年四川省工业饲料总产量达 632.23 万 t，产值为 175.20 亿元。全省有饲料和饲料添加剂生产企业 968 家，其中国有 10 家，集体 9 家，私营 639 家，联营 10 家，股份 255 家，港澳台 5 家，外商 16 家，其他 24 家。全年工业饲料产量中配合饲料为 504.74 万 t，浓缩饲料 96.17 万 t，同比分别增长 21.28%和 4.18%，添加剂预混合饲料 31.32 万 t，同比下降 7.78%。配合饲料中：猪饲料 175.12 万 t，占 34.70%；禽饲料 270.27 万 t，占 53.55%；水产饲料 43.36 万 t，占 8.59%；反刍饲料 5.55 万 t，占 1.10%。

【发展特点】1.工业饲料产量较快增长。2007 年以来，在各级政府扶持畜牧饲料业发展政策的强力推动和市场拉动下，四川饲料工业克服了原料价格大幅上升、自然灾害频发等各种不利因素的影响，保持了稳定发展的良好势头。工业饲料产量同比增长 16.55%，工业总产值同比下降 11.49%。

2.饲料品种结构发生较大改变。受生猪生产形势影响，猪、禽等主要工业饲料产量比重出现较大改变，其中猪饲料产量 289.65 万 t，占 45.81%，同比增长 1.63%；禽饲料 277.50 万 t，占 43.89%，同比增长 47.03%。

3.饲料质量安全形势良好。2007 年，全省共抽检

1 125 家生产、经营和使用环节企业或单位的 3 892 批次饲料产品，合格率 92.50%，较 2006 年提高 3%，其中违禁药物的检出率为 0。这是全省开展对饲料中违禁药物监测以来，首次未检出违禁药物。

4.饲料企业参与产业化经营势头强劲。截至 2007 年底，全省有 20 家饲料企业被评为农业产业化省级重点企业，有 5 家饲料企业被评为农业产业化国家级重点企业。近年来，饲料企业积极探索与养殖户共赢发展的产业模式，不断延伸产业链条，推动企业做强做大做优。如企业主导型的"公司+合作社+农户"的通威模式，承包投资型的"公司+园区+农户"的圣迪乐模式，科技驱动型的"四良"推广的正大模式，以人为本型的"公司+合作社+基地+农户"的大北农模式，结对帮扶型的全产业过程扶持的巨星模式等。

【主要工作】1.精心组织，周密部署，深入开展饲料市场专项整治工作。继续把"饲料市场专项整治"作为首要工作，制发了《2007 年全省饲料市场专项整治工作实施方案》，整治的重点内容是生产、经营、使用违禁添加物的行为，无证生产或不具备生产条件的加工行为以及经营市场的整顿规范；重点区域是全省无公害畜产品基地、猪肉出口基地和无规定动物疫病示范区；重点环节是使用环节。通过专项整治，进一步规范和净化了饲料市场，对保障饲料和畜产品安全发挥了重要作用。据统计，2007 年全省共出动执法人员 43 445 人次，检查生产企业 779 个、经营户 40 092 户、集贸市场 5 023 个，受理举报投诉案件 258 件，立案查处 280 件，结案 275 件，其中案情重大的案件 2 件，查获假冒伪劣产品 400.90t，货值 198.70 万元，捣毁制假售假窝点 17 个，挽回经济损失 320 万元。

2.继续开展"全覆盖"饲料质量安全监督抽查行动。一是对全省具有生产资格的饲料企业以及部分饲料经营单位、养殖场(户)进行监督抽查，同时制发了《饲料质量安全监督抽查工作行为规范》。2007 年，全省抽检生产企业 814 家共 2 192 批产品，合格率 91.20%，较 2006 年增加 1%；抽检经营环节饲料产品 334 批，合格率 82.30%，较 2006 年增加 11.90%；牛羊源性成分检出率 2.30%，较 2006 年降低 1.1%。二是加大对质量抽查不合格企业的处罚力度，对 54 家不合格生产企业、78 家经营单位和 1 个养殖场进行了通报和查处，同时取消其不合格产品的免税资格。三是建立重点跟踪企业档案，将全国和全省饲料质量安全监测中有不合格产品的企业，以及被举报经查处确有违法违规行为的企业登记在案，作为重点跟踪抽查对象，加大监管力度。

3.开展"三聚氰胺"(俗称"蛋白精")和抗生素滤渣整治行动。一是根据农业部《关于追查涉嫌经营、使用"ESB 生物蛋白精"企业的通知》要求，在全省范围开展了清查工作，对涉嫌违规销售和使用过"ESP 生物蛋白精"的一家饲料企业和经营部进行了严肃查处。同时对全省宠物饲料生产企业进行了突击检查和抽样检测。针对出现的问题，举一反三，下发了《关于加强饲料质量安全监管工作的通知》，进一步加大对蛋白饲料生产企业及使用单位的监管力度，确保产品质量安全；二是根据有媒体反映四川彭州有使用抗生素滤渣饲喂畜禽的情况，与四川省委宣传部、四川省委农办等相关单位密切配合，对彭州、新都等地的抗生素滤渣生产企业、使用单位和饲料企业进行了专项检查，对一家无生产资格，违规使用青霉素滤渣做原料生产饲料的企业进行了严厉处罚。同时下发了《关于严防使用抗生素滤渣作为饲料的紧急通知》，在全省范围内开展了对人用和兽用抗生素药品企业的抗生素滤渣是否流入饲料生产经营企业及养殖场（户）的拉网式清查。

4.严格饲料行业准入，提高行业整体素质。一是认真贯彻《饲料生产企业审查办法》，及时开展了对农业部《饲料生产企业审查办法》的宣传贯彻工作，制定了四川省《关于做好<饲料生产企业审查办法>贯彻实施工作的意见》。按照"认真清理、严格准入"的原则，对合格证开展了换发工作。通过换证审核，淘汰了一批落后企业，全省饲料生产企业条件明显改善，行业整体素质显著提高。2007 年，全省有 38 家企业通过审查，获得《饲料生产企业审查合格证》；二是认真开展生产许可证获证企业的年度备案审查工作。对生产条件变化较大，群众投诉反映较多以及部省通报过的违规企业进行了重点监督。通过年度备案审查，及时上报注销了 13 家许可证企业的生产资格，保障了饲料产品质量安全。

5.做好服务工作，创造良好政务氛围。一是进一步简化审核手续，提早安排免税工作，方便企业及时到国税部门办理免税审批。将免税检测与全覆盖抽查相结合，既加大了对饲料安全质量的监控力度，又避免重复检查对企业正常生产造成影响。2007 年共完成 665 家饲料生产企业的免税审查；二是抓好行业统计工作，切实做好信息服务。开展了饲料工业统计信息网上填报工作，改变了过去层层上报、纸质报送、误差较大的落后方式，采取了企业网上报送、直达省级，实现了统计数据的全面、准确、快速。强化了饲料定点调查统计工作。优选了 20 家具有较强代表性的饲料生产企业，每月跟踪其产量的增减、原料价格的涨跌、成品价格的波动，为准确分析行业发展状况，科学预测生产形势，进而为主管部门决策提供了可靠依据。

【存在问题】1. 企业整体素质与新型工业化的要求差距较大。

2.质量安全隐患仍然存在。

3.支持保障体系还不完善。

（四川省饲料工业办公室）

贵州省饲料工业

【发展概况】2007年贵州省饲料工作以两个1号文件精神为指导，以贵州省委、省政府提出的建设生态畜牧业大省为目标，积极推进养殖方式转变，努力提高饲料工业综合生产能力，有力地推动了畜牧业和饲料工业持续、健康发展。2007年，贵州省畜牧养殖业和饲料工业继续保持全面增长的好势头。

【发展特点】由于2006年猪价大幅下跌，2007年一季度全省生猪存栏同比大幅减少，造成市场上生猪价格大幅上涨，饲养生猪效益上升，养殖户的养猪热情增长，使二季度生猪存栏数有所上升，但同比降幅仍较大。由于一季度畜禽存栏下降等原因，饲料需求不足，饲料生产及销售形势下滑；二季度饲料生产因畜禽养殖补栏需求上升而逐渐好转；三季度，饲料生产出现强势增长，多数企业产量创新高，新希望公司9月份产量突破万吨，破历史最高纪录，全年饲料产量比2006年总体增长。畜牧和饲料生产形势表现为:畜禽存栏减少出栏增加，生猪、猪肉价格仍在高位运行。饲料原料价格持续走高，工业饲料产量和销售量持续上升，饲料产品价格稳中略增，养殖效益持续利好。

2007年贵州省共生产饲料48.22万t，总产值3.23亿元，生产总量同比增长14.08%。其中：生产配合饲料25.16万t(猪饲料6.29万t、禽饲料11.61万t、水产饲料5.86万t、反刍饲料0.89万t)，同比增长18.69%；生产浓缩饲料22.96万t（主要是猪浓缩饲料)，同比增长10.02%;生产添加剂预混合饲料0.1万t，同比下降50.74%。

同时，由于贵州省市场潜力大、利润相对丰厚，贵州省外企业在贵州省创办饲料生产企业的积极性也在持续增长，希望集团的新希望、特驱希望、东方希望2007年在贵阳、黔西南州等地建立4个年单班产10万t的大型饲料生产企业，四川龙蟒公司技术及管理人员筹资7 000万在黔南建立大型磷酸氢钙-贵州森威实业有限责任公司，将贵州饲料工业的技术水平和产能提升了一个很大的档次，加上已经在贵州建厂的江西正邦、湘大骆驼、台农、华港、处处春等省外大型饲料企业在贵州省投资建立的大型饲料厂，贵州省饲料工业在未来几年将有一个快速发展。

【组织机构】贵州省饲料工作办公室设在贵州省畜牧兽医局，与草业饲料处合署办公，正处级行政单位。编制5人，现有2人。贵州省饲料工业协会附属于贵州省饲草饲料工作站，经贵州省编委批准、贵州省民政厅注册登记，有3个事业编制和3个社团编制。贵州省饲料行业职业技能鉴定站附属于贵州省饲料工业协会，与协会合署办公。

【主要工作】1.认真组织《饲料生产企业审查办法》的贯彻实施。《饲料生产企业审查办法》颁布后，贵州省饲料办发文要求各地、县饲料管理部门及企业进行宣传，同时组织全省各市(州、地)饲料办领导举办培训班，培训审核要点、行政审批程序及相关法律法规，提高饲料行政人员执法和管理水平，确保在下一步饲料生产企业审查时能准确执行《饲料生产企业审查办法》。

2.严格依法行政审批。为严格依法行政审批，规范管理，由贵州省农业厅发文《关于规范饲料行业行政许可的通知》，取消对饲料生产、经营企业办理《饲料生产(经营)登记证》。2007年5月1日起，饲料生产企业设立按照农业部令2006年第73号《饲料生产企业审查办法》办理。并且，统一由贵州省农业厅政务大厅受理，使用由农业部统一规定的行政许可审批表格，由农业厅统一行政许可法律文书，在实行行政许可时，严格按照法定程序和时限进行工作。2007年完成了19家新办企业的颁发审查《饲料生产企业审查合格证》工作。

3.开展动物源性饲料、饲料添加剂和添加剂预混合饲料生产企业年度备案。按要求对全省20家获证饲料添加剂和添加剂预混合饲料生产企业、18家动物源性饲料产品生产企业在进行2006年生产、经营情况年度备案，同时要求现场重点检查化验室的建设和运行情况。

4.加大饲料质量安全监管力度。针对贵州省2006年饲料质量安全监测结果存在的部分产品粗蛋白等营养指标不合格、经营环节产品质量低于生产环节、饲料产品安全问题依然存在、动物源性产品安全问题严重等现象，2007年加大了饲料质量安全监管力度，除要求完成农业部下达的饲料抽检任务外，贵州省局下达全省各市(州、地)饲料质量监督检测任务800批，“瘦肉精”检测任务2000批，“蛋白精”检测任务360批，重点查处养殖环节使用“瘦肉精”等违禁药物、生产环节添加“蛋白精”等非法添加物及饲料产品质量低下等安全与质量问题。同时贵州省局制定《贵州省畜产品质量安全整治行动实施方案》印发各市(州、地)，要求通过开展畜产品质量安全整治行动，不断提高畜产品质量，进一步加强畜牧饲料行业管理队伍建设，提高依法行政能力，建立和完善畜产品质量安全的长效机制。

5.加强饲料行业职业技能鉴定工作。《饲料生产企业审查办法》施行以前，鉴于贵州省饲料工业发展现状，许多企业未建立和完善检化验室，在《饲料生产企业审查办法》施行后，对企业设立化验室建设有了明确规定，要求每个企业必须有2名饲料检验化验员经鉴定合格后持证上岗。

为保证在2008年5月1日前全省饲料生产企业审核换发新证时化验室条件符合，饲料检验化验员的职业技能鉴定工作就显得十分重要，而且时间紧、任务重，为做好此项工作，贵州省饲料办派员并组织市(州、地)人员参加农业部组织的饲料职业技能考评员培训，积极培训师资力量，同时积极配合省饲料工业协会举办了两期共55人的饲料检验化验员职业技能鉴定。

6.积极开展《饲料法》调研工作。根据农业部办公厅“关于开展《饲料法》立法调研工作的通知”精神，贵州省饲料工业办公室立即组织全省各市(州、地)饲料办及饲料监察所、饲料生产企业、饲料监管、执法机构、饲料检测检验机构围绕农业部《饲料法》立法调研提纲展开调研。通过深入生产企业、经营市场、经营户、养殖场及饲料执法和监督检验部门了解情况，召开专题座谈会，总结多年来饲料执法、监管实际工作经验。重点调研了：《饲料和饲料添加剂管理条例》执行中存在的问题；饲料行业发展和管理之间存在的主要矛盾；《饲料法》应建立的主要制度；饲料管理需要协调的部门等内容。专题调研了：饲料管理和监测机构；动物源性饲料管理；饲料用药管理及饲料使用管理；自配饲料管理；饲料进口和新饲料管理；饲料生产和经营行为监管；饲料质量安全监督监测等内容。及时完成了农业部安排的任务。

7.大力推广优质工业饲料，提高工业饲料普及使用率。为配合全省优质畜产品基地、畜禽养殖小区建设，筹资50万在优质畜产品基地和养殖小区开展了畜牧业养殖方式转变饲养示范，加大工业饲料的使用技术培训，对2006年养殖小区使用优质、高效、安全饲料示范项目进行认真督促检查，及时总结推广经验和成绩。全年推广工业饲料170万t，完成省政府160万t的目标考核任务。

(贵州省饲料工作办公室)

云南省饲料工业

【发展概况】2007年，云南畜牧业总体呈稳定发展势头。仔猪、活猪、猪肉、鸡蛋、活鸡、牛羊肉等畜产品价格持续攀升，养殖效益大幅提高。禽类生产高速增长，禽类及其产品产销两旺。生猪生产逐步加速，补栏加快，产量增长提速，生猪生产滞缓局面逐步改变，回升势头明显。与畜牧业生产形势一致，全省饲料工业呈现稳定发展的良好形势。

【发展特点】1.饲料产量实现稳定增长。2007年，全省有饲料生产企业359家，饲料工业产品产量为250.22万t，同比增长11.18%。其中配合饲料产量为181.18万t，同比增长8.47%；浓缩饲料65.24万t，同比增长19.68%；添加剂预混合饲料3.80万t，同比增长8.54%。2007年饲料工业产值为65.06亿元，同比增长5%。从饲料产品品种来看，禽饲料产量增长较快，猪饲料总体呈现逐步上升势头。2007年配合饲料中猪饲料为48.97万t，与2006年基本持平；蛋禽饲料为42.72万t，同比增长15.91%；肉禽饲料为60.03万t，同比增长19.44%；水产饲料为27.40万t，与2006年持平。饲料添加剂工业实现同步增长，作为云南省资源优势产业的饲料级磷酸氢钙产量达到50.50万t，同比增长49.46%，产值达到10亿元。

2.饲料原料价格上涨，生产效益下降。2007年，玉米、豆粕、氨基酸、维生素、微量元素等饲料原料呈现全面上涨，玉米价格从年初的1 400元/t上涨至约1 700元/t，上涨21.40%；豆粕从年初的2 400元/t上涨到3 800元/t，上涨58.30%；氨基酸、维生素涨幅也较大。由于成本上升，多数生产企业相应上调了饲料产品价格，但产品价格的涨幅远低于原料价格的涨幅，饲料生产维持微利经营状态。

3.饲料生产及质量安全水平不断提高。云南省继续加大饲料和畜产品质量安全整治工作力度，抓好饲料和畜产品质量安全监督抽检，开展全省畜产品质量安全专项整治行动，并借实施《饲料生产企业审查办法》的契机，对饲料生产企业进行进一步清理，对饲料企业各项生产条件进行审查。通过一系列安全整治措施，全省饲料质量安全水平明显提高。2007年全年完成饲料产品抽检1 827批，产品质量合格率为90%，比2006年提高1%；抽检畜产品105批和育肥猪尿样3 000批，未检出瘦肉精、莱克多巴胺等违禁药物。

4.规模化程度提高，产业化优势明显。云南省积极采取相应扶持政策，鼓励饲料企业充分发挥与农民联系紧密的特点，采取“订单农业”“公司+农户”等方式，把饲料原料生产、加工、销售、养殖等环节有机联系起来。全省饲料工业规模化程度大大提高，部分企业延伸产业链，向养殖业和畜产品加工延伸，对相关产业的带动作用日益明显。目前全省年生产能力万吨以上的企业达54家，生产能力5万t以上的企业有20家，生产能力10万t以上的大型企业10家。饲料工业产值上亿元的企业约有15家，其中神农集团、昆明正大、昆明黄龙山三家企业的饲料产量为61万t，占全省饲料产品产量的24.4%。全省排名前10位的神农、正大、黄龙山、广联、广卫、西尔南、希望、金钱、惠嘉、湘大等企业的饲料产品产量达105万t，占全省饲料产品产量的42%。神农、正大、黄龙山、西尔南等企业已发展成为国家级和省级重点龙头企业。在饲料原料价格上涨和疫病影响的不利形势下，这些大企业表现出较强的抵御风险能力，不仅实现了饲料产销量稳定增加，而且产品质量稳定。

【主要工作】1.加强法律法规宣传及培训，进一步提高对质量安全重要性的认识。为贯彻实施好《国务院关于加强食品等产品安全监督管理的特别规定》《饲料和饲料添加剂管理条例》《农产品质量安全法》和《饲料生产企业审查办法》等法律法规，云南省于2007年

5月和6月举办了3期饲料法律法规和饲料生产条件审查培训班，饲料行业监管部门、饲料检测机构、饲料生产企业的负责同志共500多人参加了培训，印发了500多份饲料及相关法律法规培训资料。通过宣传培训，进一步提高了各级饲料管理部门加强饲料和畜产品安全监管的紧迫感和责任感，提高了饲料生产者、销售者和使用者的质量安全意识，对推动全省饲料和畜产品安全工作具有重要意义。

2.认真执行《饲料生产企业审查办法》，规范饲料生产行为。按照《饲料生产企业审查办法》的要求，各省要对饲料生产企业设立条件进行重新审查发证。借此契机，云南省重新制定了《设立饲料生产企业审查事项的申办指南》，并对审查事项进行了培训，之后从2007年6月开始按照《饲料生产企业审查办法》的规定，对申报办证的饲料生产企业进行严格审核，坚决取缔达不到生产条件的小企业、小作坊，通过严格审查，提高了饲料生产门槛，进一步规范了饲料生产行为，从源头上保证饲料产品安全。截至2007年底，云南省已审核发放21家企业的生产审查合格证。

3.狠抓饲料产品质量安全监督抽检，提高全省饲料产品质量安全水平。为保证饲料产品质量安全，云南省制定了《2007年度云南省饲料质量安全监测计划》，并于3月份召开了全省饲料、兽药监察所长会暨饲料、兽药质量安全监管工作会议，部署了2007年监督监测工作任务。2007年的检测重点一是饲料卫生指标和饲料中违禁药物；二是反刍动物饲料中牛羊源性成分；三是部分畜产品中违禁药物检测；四是饲料标签。安排全省范围内完成饲料产品抽检1790批，畜产品抽样及检测100批，猪尿中瘦肉精等违禁药物检测2400批，检查饲料标签2300个。按照农业部要求，2007年8月份又在重点地区安排抽检饲料样品480批次进行蛋白精检测。检测工作已全面完成。全年完成饲料产品抽检1827批（次），产品质量合格率为90%，同比上升1%。抽取畜产品105批和育肥猪尿样3000批进行瘦肉精、莱克多巴胺等违禁品检测，均未检出。针对饲料产品质量检测和蛋白精专项检测中的不合格企业，各地已按照《饲料和饲料添加剂管理条例》及时进行了处理，要求企业认真分析出现不合格产品的原因，尽快整改，不允许类似情况再次发生。

4.加强饲料安全整治及打假，杜绝制售假劣饲料产品行为。一是结合饲料质量安全抽检工作，按照《饲料和饲料添加剂管理条例》规定，对抽检中出现的不合格企业进行严厉查处，严惩制售假冒伪劣饲料产品的行为，全方位整顿饲料市场；二是按照农业部和省的安排，开展饲料和畜产品安全专项整治行动。组织完成辖区内70家饲料添加剂和添加剂预混合饲料生产企业、11家动物源性饲料生产企业的全面检查，检查率100%。开展经营环节饲料和饲料添加剂产品标签检查和饲料市场整治。检查800多个饲料经营门市，检查饲料标签3000个，并对各地的专业市场进行了全面检查。查处不合格标签56个，标签合格率为98%。在对专业市场和门市进行检查时，查出过期饲料2000余千克，已要求强制下柜并监督销毁。对360多家饲料生产和养殖企业进行违禁药品和违禁添加物专项检查，未发现违禁添加瘦肉精、莱克多巴胺、苏丹红等违禁药物和违禁添加物的行为。

【存在问题】当前云南省饲料工业发展存在的问题和困难。1.由于饲料原料价格持续上涨，饲料生产效益下滑，极大地制约了饲料工业的发展，并对饲料产品质量造成一定影响。少数企业为降低生产成本，使用廉价原料投入生产，导致部分饲料产品质量下降。同时，动物疫病、油价上涨等因素导致饲料生产成本提升，使行业竞争更加激烈；

2.随着生猪生产加快恢复，猪肉价格呈现一定下跌，而饲料原料价格持续上涨，生产成本依然较高，饲料生产企业压力较大；

3. 由于饲养成本增加和部分养殖户对养殖业的审慎态度，云南省生猪养殖仍存在局部地区补栏不积极的情况，在一定程度上影响饲料需求量；

4.饲料和畜产品安全监管经费不足，监督监测体系薄弱，监测手段落后，饲料产品质量提高慢。饲料和畜产品安全仍存在较大安全隐患；

5. 云南省饲料生产大型企业少，中小型企业较多，饲料生产总体水平不高，行业竞争力和抗风险能力不强。

（云南省饲料工作办公室）

陕西省饲料工业

【发展概况】2007年全省饲料工业总产量达到286.27万t，实现饲料工业总产值89.74亿元。其中配合饲料109.20万t，浓缩饲料160.92万t，添加剂预混合饲料16.15万t，比“十五”末增长11.43%、21.75%和21.43%。推广配合饲料606万t，比“十五”末增长16.54%。

【发展特点】1.产品质量持续稳步提升。全省定期目录共抽查746批次样品，合格产品695个，合格率达93.22%，较2006年91.18%提高2.04个百分点；全省免征增值税共抽查饲料产品880批次，合格率为97.50%，较2006年96.7%提高0.8个百分点；另外从生产、经营和使用环节抽查反刍动物饲料样品302批次，合格率为100%。“瘦肉精”连续8年未检出。

2.产品结构调整，比重优化。在猪禽饲料持续快速发展的同时，反刍料和水产料呈现较快增长态势，成为陕西省饲料工业发展的亮点。在饲料工业总产量中，猪饲料比重38.65%，禽饲料比重41.36%，水产饲料比重 6.67%，反刍饲料比重 11.28%，其它饲料比重 2.05%，与陕西省养殖业结构调整同步发展。同时配合饲料比重 38.15%，浓缩饲料比重 56.21%，添加剂预混合饲料比重 5.64%。

3.各类饲料品种全面增长。全省饲料总产量中，除饲料添加剂和单一饲料外，5 大类饲料品种持续增长。猪饲料 110.65 万 t，同比增长 4.66%；禽饲料 118.40 万 t，同比增长 5.75%；水产饲料 19.08 万 t，同比增长 9.05%；反刍饲料 32.28 万 t，同比增长 16.28%；其它饲料 5.86 万 t，同比增长 42.03%。

4.新建和技术改造势头强劲。2007 年全省新增和技术改造成套设备 28 台(套)，为提升行业综合能力发展提供了支撑保障。同时 2006 年全省新建企业 64 家和技术改造企业 31 家全部投入生产，上述企业的投产运行为行业加快发展注入了新的活力，扩大了饲料生产能力，促进和稳定了全省饲料工业产量的持续增加。

5.社会效益成效显著。全省共推广配合饲料 606 万 t，每吨配合饲料比传统粗放养殖直接增加收入 200 元，可为农民增加收入 12.12 亿元，同时可节约粮食 181.8 万 t，每吨粮食平均按 1 500 元计算，这一环节又可为农民节约 27.27 亿元，两项合计为农民增加收入 39.39 亿元；二是增加了税源和财政收入，饲料工业上缴各种税金 4.5 亿元，直接拉动社会效益 36 亿元；三是扩大和提供了社会就业机会，解决城镇和农村剩余劳动力 15 万多人次。为维护社会稳定和促进社会和谐科学发展做出了贡献；四是据不完全统计，全省各种培训达 4 000 多场次，无偿培训农民科学养殖技术人员达 60 多万人次；五是推进了种植业结构的加快调整，进一步加快了由粮、经二元种植结构向粮、经、饲三元种植结构转化的步伐。促进了粮食的有效转化，全年共转化玉米 363 万 t，粕类、麸皮和矿物等副产品 207 万 t。

【组织机构】陕西省饲料工业办公室成立于 1986 年，隶属于陕西省农业厅，全额财政拨款事业单位，编制 17 名。

【主要工作】1.积极部署，扎实做好 73 号令的宣贯落实工作。为做好农业部第 73 号令《饲料生产企业审查办法》的贯彻落实，陕西省一是制定了陕西省实施《饲料生产企业审查办法》办法；二是印发了《饲料生产企业审查合格证》过渡期有关问题的通知；三是印制了《饲料法规汇编》；四是组织召开了全省贯彻实施《饲料生产企业审查办法》宣贯会；五是成立了陕西省《饲料生产企业审查合格证》审查领导小组；六是先后 3 次召开了试点现场观摩会；七是两次组织对饲料生产企业贯彻 73 号令和申证情况进行了督察。截至年底，84 家企业获得了《饲料生产企业审查合格证》；八是为了配合 73 号令的贯彻落实，陕西省组织全行业管理部门和各企业参加了千人饲料法规知识竞赛活动，提高了饲料法规知识的普及率。

2.认真开展调查研究，指导行业健康有序发展。一年来，陕西省主要开展了 6 次调查研究工作。一是按照农业部要求，组织行业相关部门和饲料企业，开展了《饲料法》立法调研工作，结合陕西饲料工业发展实际，按时上报了调研报告；二是为贯彻落实温家宝总理在陕调研讲话精神，确保陕西省饲料工业的稳步发展，促进陕西畜牧业的快速增长，陕西省及时组成两个调查组，对西安、渭南、咸阳等关中四市一区 30 家大中型企业的饲料生产、饲料原料价格、饲料产品价格等生产方面的情况进行了为期一周的深入调查，形成了调研报告，对指导饲料工业生产发挥了积极的促进作用；三是 2007 年 9 月份省市管理部门联合对西安、咸阳和渭南三市 100 家饲料生产企业贯彻农业部 73 号令等情况进行了督查，通过督查和现场宣贯农业部 73 号令，促进了企业申证工作的进度；四是就鱼饲料及鱼饲料添加剂管理工作进行了调研，起草了专题报告《关于水产养殖中的兽药、饲料和饲料添加剂监督管理职能有关问题的报告》，进一步明确了水产养殖中的兽药、饲料和饲料添加剂监督管理职能；五是积极参与省国税局对“饲料生产行业增值税评估方法方案”进行了调研，出台了陕西省《饲料生产行业增值税纳税评估办法》，进一步规范了行业做好免征增值税工作的程序；六是组织千人开展了饲料工业产品入户率调查活动。组织在全省 11 个市(区)，60 个县(区)，290 个乡(镇)，866 个村开展了饲料产品入户率调查；全省共调查农户 177 315 户，其中畜、禽、鱼养殖户 99 911 户，占调查总户数的 56.35%；使用工业饲料产品 70 339 户，入户率达到 70.40%，比 2004 年全省饲料产品入户率 56.90%提高 13.50%。

3.加强监管，确保饲料产品质量安全。根据农业部等通知要求，陕西省精心安排，认真组织实施，组织在全省范围内开展了 6 次饲料行业行政执法工作，全省饲料行政执法共出动人员 3 021 人次，检查市场 1 803 个，检查企业 640 家，抽查养殖场 2 045 个，查处违规违禁及不合格产品 77 个，立案 5 件，结案 5 件，查处产品数量达 42.8t，价值人民币 11.32 万元。注销饲料添加剂和添加剂预混合饲料生产许可证 6 个，吊销添加剂预混合饲料生产许可证 2 个。通过专项活动的开展，有力促进了行业的健康发展，确保了饲料产品质量安全。

4.严格企业准入许可管理，提升行业发展水平。2007 年陕西省共完成 17 家饲料添加剂企业的《生产许可证》材料的审核上报工作，已有 16 家获得了国家颁布的生产许可证，为 20 家饲料添加剂和添加剂预混合饲料企业核发了 80 个产品批准文号，为陕西省直企业核发标签认可号 232 个，对 2006 年度获得《生产许可证》的企业进行了年检工作。另外完成了3家动物源性饲料生产企业的《卫生合格证》审核发放工作,对获得卫生合格证的企业按期完成了年度备案工作。在获证企业年检中,陕西省严格审核,对年检不合格的企业强制要求整改,对整改不合格的企业注销了准入证,提升了行业整体水平。

5.突出行业特点,开展创评工作。根据陕西省"创佳评差"活动的总体安排,结合行业发展特点,对2006年获得"十佳饲料企业""文明饲料办""文明饲料监测站(所)""饲料执法先进个人"和"优秀营销员"等进行了表彰。对2007年行业精神文明建设工作进行了安排。在全省继续开展了诚信建设年活动和饲料安全活动,组织20家企业发起了"诚信联盟",向全省饲料行业发出"诚信联盟"倡议书。组织50家企业开展"饲料安全倡议"活动,向全省饲料生产企业宣布了"饲料产品安全宣言"。

6.推进认证工作,提高标准化水平。一是在行业全面开展了"6S"管理工作,下发了《关于在全省饲料生产企业推行"6S"管理体系的意见》,为行业认证工作的开展奠定了基础;二是重点组织完成了《奶牛浓缩饲料》等3项地方标准修订和《猪用浓缩饲料》等5项地方标准的制定工作,这8项地方标准已由省技术质量监督局颁布,并于2007年5月1日起实施;三是印发了《关于加强全省饲料产品标签管理工作的通知》,进一步规范了全省饲料标签的统一管理工作。

7.做好行业宣传,增强信息交流。一年来,陕西省一是以《陕西饲料报》为载体,共出刊发行《陕西饲料报》24期36万份,为行业的政策和信息交流搭建了良好的互动平台;二是加强饲料信息网建设,发布网上信息60条,促进了行业电子信息交流工作;三是加强在重点媒体上的宣传工作;四是组团近100人参加了2007年中国畜牧业暨饲料工业展览会,陕西省9家企业15个展位参加了展示交易会。

8.加强行业培训,推进整体技能。根据国家农业行业实行就业准入的职业目录,结合陕西省饲料生产企业持证上岗情况,对饲料检验化验员、饲料厂中心控制室操作工、饲料设备加工维修工和饲料粉碎制粒工开展了两次技能培训和鉴定工作,241人获得了资格证书。组织召开了国家一类新兽药"喹烯酮预混剂"技术讲座和饲料生产设备技术讲座。

【存在问题】1.饲料原料供应偏紧,价格上涨过快,不利于饲料行业的健康发展;2.饲料企业的利润大幅下滑,饲料企业经营较为艰难;3.受动物疫情的冲击,广大养殖户补栏积极性不是很高;4.饲料产品安全仍存在隐患,不规范添加药物的情况仍然存在;5.行业管理经费不足,基层管理机构有待加强。

(陕西省饲料工业办公室)

甘肃省饲料工业

【发展概况】2007年甘肃省现有工业加工饲料生产企业283家,2007年饲料总产量116.14万t,营业收入26.42亿元,工业总产值29.07亿元。其中配合饲料70.42万t,浓缩饲料45.12万t,各类饲料中猪饲料44.83万t,蛋禽饲料30.55万t,肉禽饲料15.06万t,水产饲料1.53万t,反刍饲料17.29万t。浓缩饲料、牛羊精饲料补充料继续增长,猪鸡配合饲料、添加剂预混合饲料和饲料添加剂生产保持平稳。

【发展特点】1.新办饲料企业迅速增加。2007年新办生产配合饲料、浓缩饲料企业28家,动物源性饲料生产企业1家,饲料添加剂和添加剂预混合饲料企业2家,生产运行情况良好,发展迅速。兰州正大作为甘肃省大型龙头企业2007年销量达13万t,武威希望、兰州石羊、兰州博亚等企业产销量都有不同程度的增长,新建企业武威新正大、武威铁骑力士、白银伟农等几个大型饲料生产企业生产和销售量逐月增加。

2.饲料企业质量意识增强。随着饲料监管力度不断加强,市场激烈竞争生产的规范程度和生产企业的质量意识明显提高。2007年,有30家饲料生产企业,制定了浓缩饲料产品质量标准,并推出浓缩饲料产品;1家生产动物源性饲料产品的企业,制定了饲料用乳粉及乳清粉企业标准,并取得了动物源性饲料产品卫生合格证;1家饲料添加剂企业,制定了饲料级叶黄素(源自万寿菊)企业标准,填补了甘肃省饲料用着色剂的空白。

3.饲料产品结构多元化。2007年,甘肃省饲料产品结构发生了变化,改变了以前产品结构单一的局面,形成了产品结构的多元化。新办饲料企业中,饲料用草产品、饲料用菜籽粕、饲料用苹果渣、马铃薯饲料等当地特色农产品原料的企业数量增加。配合饲料中,改变了过去猪禽饲料各占一半的局面,反刍动物饲料增长较快,水产饲料也有所增长。在饲料结构调整方面步伐加快,大型龙头企业增长幅度超过了中小企业。产业结构的调整,增强了企业竞争力。

4.饲料生产企业效益分析。从2007年调查统计情况看,甘肃省多数饲料生产企业效益下滑。一是原料价格上涨。2007年,玉米收购价1 620元/t,同比上涨20%;麸皮1 200元/t,同比上涨9%;豆粕4 300元/t,同比上涨100%;二是饲料产品价格上涨空间较小。猪配合饲料2 500元/t,鸡配合饲料2 250元/t左右,同比上涨12%。猪浓缩饲料4 500元/t,鸡浓缩饲料3 050元/t,同比上涨20%;三是饲料销量下降。由于饲料价格上涨,养殖成本增加,加上2007年猪的养殖量减少,导致饲料需求量下降;四是一些小型饲料厂由于受资金、技术等方面的影响,被迫减产或停产,而大型饲料企业电、煤、油等生产资料费用上升,生产成本增加，企业利润减少。

【主要工作】 1. 加大了饲料生产企业生产条件审查力度。2007 年，认真贯彻执行《饲料和饲料添加剂管理条例》《饲料添加剂和添加剂预混合饲料生产许可证管理办法》《动物源性饲料产品安全管理办法》和《饲料生产企业设立审查办法》。加强对甘肃省饲料企业生产许可和生产条件审查工作，按照"认真清理、严格准入" 的原则开展生产条件合格证审查和换证工作。2007 年对 36 家饲料生产企业进行了生产条件审核，并核发了生产条件审查合格证书。同时，受理了 3 家新办添加剂预混合饲料生产许可证企业和 3 家到期换证企业的材料；对 2 家动物源性饲料生产厂家核发动物源性饲料安全卫生合格证。组织企业制定企业标准，会同省技术监督局审定 8 家企业猪、鸡、鱼全价配合饲料、浓缩饲料、饲料添加剂、添加剂预混合饲料 40 余个产品标准；同时制定了饲料企业标准备案制度，企业标准经专家审核，通过审核认可后报质量技术监督局备案。

2.加大饲料质量监测工作。按照农业部《2007 年全国饲料产品质量安全监测计划》和《2007 年反刍动物饲料中牛羊源性成分例行监测计划》的要求，及时下发了《关于开展 2007 年全省饲料质量安全监测和反刍动物饲料中牛羊源性成分例行监测的通知》。2007 年完成饲料及生猪尿检测样品 780 批次，完成计划的 105%。并对 2006 年饲料质量安全监测和反刍动物饲料中牛羊源性成分例行监测中发现的问题，进行了专项整治。对不合格的饲料产品就地查封，并在当地媒体上进行了公告。认真审查了生产经营者的资格，整顿饲料产品的证、号、标签，检查企业生产条件和生产设备。依法严厉打击了"六无"饲料企业(即无生产许可证、无生产合格证、无卫生合格证、无产品批准文号、无产品标准、无产品标签)。

在全省开展了"蛋白精"等非法添加物专项监测工作。对全省 14 个市(州)饲料及饲料原料生产、经营企业的饲料产品进行三聚氰胺专项监测。抽查检测蛋白饲料 142 批次，配合饲料、浓缩饲料样品 280 批次。检查在饲料中添加"蛋白精"的违法行为，切实保证饲料和养殖产品的质量安全。

3. 加大饲料经营和使用监管力度。 2007 年，甘肃省下发了《进一步加强兽药饲料监管的通知》，要求各地加强饲料经营企业和养殖户的监督管理，定期对饲料经营户和养殖户进行检查。要求全省所有饲料经营企业必须要有与经营饲料、饲料添加剂相适应的仓储设备，有具备相关知识的技术人员，有必要的产品质量管理制度。经营企业进货时必须核对产品标签、产品质量合格证。严禁经营、使用"六无"饲料和饲料添加剂和停用、禁用或淘汰的饲料、饲料添加剂以及未审定公布的饲料、饲料添加剂。

4.加强饲料法规宣传。《饲料生产企业审查办法》下发后，在全省饲料行业中认真组织学习《饲料和饲料添加剂管理条例》，对"动物源性饲料产品卫生安全管理办法"和"饲料生产企业审查办法"规定的具体操作程序进行宣传，提高饲料管理人员的业务素质和对持续健康发展饲料业重要性的认识。结合"放心农资下乡宣传周"活动，组织执法人员和专业技术人员在现场设立咨询点，组织兽药、饲料生产企业参加产品展示，向群众推介一批信誉好的兽药、饲料产品；宣传科学选购、识假辨假与依法维权知识，现场解答农民疑难问题，普及兽药、饲料相关法规知识，发放宣传材料 3 万余份。营造了农资打假范围，切实维护了农民利益。

5.强化了培训工作。2007 年 6 月份，举办了全省饲料法规培训班，邀请农业部和甘肃农业大学有关专家对饲料法规及饲料发展战略进行了专题讲座，对 14 个市(州)饲料主管负责人、统计员和部分饲料企业负责人、检化验人员进行了饲料法规和有关饲料知识的培训，为顺利开展《饲料生产企业审查合格证》换发工作奠定了基础。

按照《饲料生产企业审查办法》有关要求，开展了饲料企业管理人员政策法规培训，培训新从事饲料管理和执法工作人员。开展了饲料检化验人员和饲料厂中央控制室操作工上岗前培训，培训饲料检验化验员 89 名，中央控制室操作工 30 名，提高了甘肃省饲料检验员和中控工的理论水平和业务能力，做好饲料检化验人员和中控工持证上岗的相关工作；举办了饲料法规宣贯和行业统计工作培训班，加强标准化管理，促进了行业统计工作。并各按照农业部的要求，及时上报了饲料基层统计报表、季度报表和年度报表。

6. 组织召开了两次饲料生产企业负责人参加的座谈会。分析饲料生产形势，了解饲料行业发展中存在的问题，及时调整了管理的重点和方向，确定了管理和扶持相结合的工作思路，把管理与服务相结合，对全省饲料行业的发展起到了积极的推动作用。

【存在问题】 1.饲料监管体系建设存在差距。一是管理力度不够，部分地区未设饲料管理部门，虽具有职能，但职责不够明确，使得监管力度弱，措施不到位，存在管理上的空白；二是监管队伍人员不足，管理仅停留在事前管理上，缺乏事后监督，更难以开展执法检查等有力度的监管办法和措施；三是基层监测体系力量薄弱。市、州级饲料监测所设备陈旧，能承担的监测分析项目有限。

2.饲料经营环节问题较多。饲料经营渠道多，从业人员的素质差，许多经营者对饲料产品的技术指标、专用性、使用规范等不能全面掌握，饲料经营者本身也是以盈利为目的，存在一些经营者隐瞒或夸大产品信息，误导或欺骗消费者的现象。

3.饲料质量安全问题较多。由于缺乏相应的管理法规,所以管理难度也很大。一是生产、经营及使用者受利益的驱动,是造成现阶段甘肃省饲料产品质量安全问题的直接原因。再加之生产、流通、消费脱节,加大了饲料安全的风险。管理重点仍是单纯的抓生产,还没有转到抓总量平衡和安全卫生上来;二是违禁药物的监控存在空白区。目前对违禁药物的监控只是抽查,不排除存在使用违禁药物但未抽查到的可能;三是饲料安全溯源制度不够完善;四是存在滥用药物的现象,一些药物的停药、休药制度未能得到有效落实。

(甘肃省饲料工业办公室)

青海省饲料工业

【发展概况】2007 年是青海省饲料工业近 10 年的发展历程中比较艰难的年份。上半年受高致病猪蓝耳病等因素的不利影响,生猪存栏减少,配合饲料产销量出现低迷状态,企业经济效益普遍下降。下半年由于受国内饲料原料价格大幅度上涨,对饲料生产企业造成较大冲击,致使养殖业受到一系列的连带影响,奶牛业因养殖成本的大幅攀升而存栏下降,牛羊育肥规模和数量减少,致使下半年反刍动物精料补充料需求量下降比较明显,造成大部分企业经营成本上升,经济效益下滑,中小企业步履艰难。据不完全统计,2007 年青海省全年饲料产品总量为 9.31 万 t,与 2006 年同期相比,减产 0.73 万 t。其中配合饲料 7.80 万 t,减产 1.72 万 t,同比下降 18.09%;动物源性饲料生产产量为 1.51 万 t,同比增长 0.28 万 t;饲料添加剂 0.98 万 t,产销量与 2006 年基本一致。饲料原料菜籽饼 1.85 万 t,增加 0.31 万 t,同比增长 20.30%。实现饲料工业产值近 0.51 亿元,全省饲料生产形势不容乐观。

【组织机构】青海省饲料工作办公室隶属于青海省农牧厅领导的县处级建制,行政编制 2 人,现与青海省农牧厅草原处合署办公。

【主要工作】1.强化饲料法律法规宣贯工作,安排布置饲料生产企业合格证的换发工作。农业部颁布的《饲料生产企业审查办法》(中华人民共和国农业部令第 73 号)从 2007 年 5 月 1 日正式实施,为确保该办法的顺利实施,举办了两期全省饲料管理部门和生产企业饲料法规宣贯培训班。青海省从事饲料管理工作负责人和各个饲料的生产企业厂长(经理)、业务骨干 120 余名同志分别参加了培训。通过培训学习,切实提高了饲料行政执法人员政策水平,全面掌握了饲料生产企业审查的技术要点,规范了企业审查工作程序,进一步增强了做好审证工作的责任感和紧迫感。饲料企业负责人了解了国家出台的一系列法律法规,明确了设立饲料生产企业的基本条件和要求,具体安排布置了饲料生产合格证换发工作和企业年审的有关事项。

2.全面开展农资打假工作,依法取缔非法饲料生产经营企业。根据全国农资打假电视电话会议精神和农业部《2007 年全国农资打假和监管工作要点》要求,制定了《青海省畜产品安全整治工作实施方案》,组织开展了全省饲料生产、经营企业打假工作。共检查全省饲料生产企业 53 家,饲料经营企业 118 家,规模化养殖场及牛羊养殖户 16 家,检查各种饲料产品 120 批次,饲料药物添加剂 25 批次,饲料标签 352 批次,封存劣制饲料产品 19.70t,对无证照生产劣质饲料的两家企业,分别处罚 5 600 元和 3 459 元。不具备饲料生产条件的 29 家企业责令停止生产经营活动,其中已取得《营业执照》的 7 家企业,通过工商行政部门更变或注销《营业执照》,有效地整治了饲料的生产、经营和使用环节的秩序。

3.强化饲料产品质量安全检测工作,提高饲料及畜产品的质量安全。根据农业部《关于下达 2007 年饲料质量安全监测计划》的要求,结合青海省实际情况,下发《关于开展 2007 年度青海省饲料产品质量安全监督检测工作的通知》,组织完成了西宁、海东、海南等地 1 市 1 地 1 州 4 区 5 县 189 家饲料生产经营企业和畜禽养殖场 335 批次饲料产品的抽检任务,合格 319 批次,合格率为 95.20%。同时在养殖企业配合饲料及饮水中连续多年未检出盐酸克伦特罗等国家明令禁止使用的违禁药品和有毒、有害物质。

4.完成了饲料生产企业的年检备案工作,规范生产经营秩序。按照《饲料添加剂和饲料添加剂预混合饲料生产企业生产许可证管理办法》和《动物源性饲料产品生产安全卫生管理办法》等有关要求,青海省下发文件对企业年度备案工作提出了具体的工作要求。通过采取资料审查与实地抽查相结合的方法,完成了青海省 8 家动物源性饲料企业,6 家饲料添加剂及饲料添加剂预混合饲料生产企业年度年检备案工作。另外青海省还组织专家审查了 10 家饲料生产企业,其中给 2 家企业核发了《动物源性饲料生产企业安全卫生合格证》、8 家企业颁发了《饲料生产企业审查登记证》。

5.开展饲料行业职业技能培训、鉴定工作,不断提高从业人员素质。按照农业部《饲料工业行业检验化验员等三个职业实行就业准入制度实施方案》的有关要求,开展了饲料工业行业从业人员初级工职业培训技能培训、鉴定工作。青海省 25 家饲料企业 43 名从事饲料检验化验员和维修工两个岗位的技工参加了技能鉴定工作,其中 21 名饲料加工设备维修工、22 名饲料检验化验员分别通过技能鉴定的专业理论知识笔试和实际技能操作考核,取得了农业部颁发的合格人员的职业资格证书。

6.强化饲料统计报表人员的培训,按期完成饲料统计报表工作。农业部新修订的《全国饲料工业统计报表制度》(以下简称《统计制度》)对饲料统计报表的方式、统计的内容和报送的时间进行了重大的修改,4月份,青海省派人参加了全国饲料统计培训班,系统学习了新版统计报表软件。2007年6月举办了全省饲料统计人员培训班,全面培训了2007版饲料统计报表软件操作方法,安排部署了饲料统计工作任务,规范了统计报表的工作程序。

【存在问题】1.饲料监管工作不到位。由于青海省饲料监管人员大部分为兼职,对不具备生产经营条件的企业查处不力,部分地区的饲料经营秩序比较混乱,危害了饲料工业和养殖业的健康发展。

2.饲料监测机构体系不健全。目前青海省仅有省级饲料监测机构,无州、地、市级饲料监测机构,致使省级饲料监测机构每年的饲料质量监测任务重,工作范围广,不能对全省的饲料生产企业进行有效的抽检,饲料产品饲料存在一定的安全隐患。

(青海省饲料工作办公室)

宁夏回族自治区饲料工业

【发展概况】2007年宁夏回族自治区共生产饲料产品61.03万t,其中配合饲料52.55万t,浓缩饲料7.09万t,添加剂预混合饲料1.39万t,年生产能力72万t,实现工业产值14.65亿元。饲料工业的发展,有力促进了畜牧业的发展,2007年,全区畜产品产量稳步增长,肉类总产量达30万t,禽蛋产量7万t,奶类产量94万t,水产品产量7.70万t。奶牛生产势头强劲,清真牛羊肉稳步发展,年底全区奶牛存栏32万头,肉牛饲养量达150万头,肉羊饲养量达1 055万只,出栏596万只;生猪、家禽全面恢复,生猪全年饲养量300万头,其中出栏165万头,家禽饲养量达3 000万只,其中出栏1 780万只(滩鸡418万只)。全年利用玉米青、黄贮120万t,农作物秸杆80万t,苜蓿草粉(颗粒)8万t。全区共有各类饲料加工厂182个,其中时产5t以上饲料加工企业18个,年产5t以下饲料企业123个,浓缩饲料企业6个,预混合饲料企业5个,饲料添加剂企业20个,单一饲料企业6个,已获饲料生产企业审查合格证18个。

【组织机构】2002年,根据宁夏自治区机构改革要求,宁夏饲料工业办公室由自治区畜牧局划归自治区农牧厅管理,定员编制:5人;性质:参照公务员管理;经费:全额拨款。宁夏饲料工业协会,1994年换届至今,饲料协会和饲料办公室二块牌子,一套人员。

【主要工作】1.宣贯饲料法律法规,促进依法办事。在全区各市、县农牧部门、饲料生产、经营部门,开展了饲料法律法规的宣传活动。(1)利用网络宣传,将饲料法律法规制成电子版,在宁夏农牧信息网上宣传,先后有13部饲料法规上网;(2)利用媒体进行宣传,先后在报刊、电视台进行宣传,发放《饲料法规文件汇编》200余册,便于行业人员学习和查阅;(3)召开全区饲料管理及政策法规培训班,将《条例》及《新饲料和新饲料添加剂管理办法》《饲料添加剂品种目录》、以及地方法规、行政执法程序等内容进行了培训;(4)利用下企业,了解饲料生产形势、养殖动态等机会,在企业中进行宣传,促使企业依法生产、经营,确保饲料产品的安全可靠。

2.加强饲料质量监管,确保产品安全。农业部下达宁夏各类饲料检测任务1 000批次,宁夏饲料办配合自治区兽药饲料监察所,在全区18个市、县抽样,共检测各类饲料1 064批次。其中,饲料质量安全检测172批次,合格率84.30%;"瘦肉精"抽检161批次,合格率100%;饲料中牛羊源性成分检测405批次,合格率达99%;三聚氰胺抽检320批次,合格率85.60%。

3.开展饲料市场专项整治,规范饲料市场生产经营秩序根据农业部《关于畜产品质量安全整治行动实施方案》,按照自治区农牧厅工作布署,先后开展了农资市场安全整治行动,共对全区200余家生产、经营及养殖部门饲料产品进行监督检查,发现15个不合格品种,2 000余件饲料不符合规范要求,对此进行了查处。受理不合格产品举报4起,查处不合格产品180t,取缔经营门市部5家。2007年8月、9月,由甘肃省饲料办公室牵头,与法规处、市场信息处、兽药饲料监察所联合,会同各市、县(区)工商部门组成联合督查组,对全区各饲料加工厂(点)、养殖企业进行秋季安全大检查,形成部门相互协作、共同监督管理,为规范饲料生产经营提供了有力的组织保障,为净化宁夏饲料市场,保护养殖业的利益奠定了良好的基础。

4.建立健全饲料行政执法监督体系,确保执法队伍稳定。2003年,宁夏建立执法队伍,由于机构改革,人员变化较大,2007年10月份,甘肃省饲料工业办公室提出了《关于加强饲料监督管理建议》农(饲)发[2007]418号文,要求各市、县(区)重新确定饲料执法监督机构和监管人员,并将监管机构、监管人员名单、举报电话公布于众,便于养殖户投诉和接受社会监督;建议实施联合执法质量追溯制。目前,全区已成立27个执法机构,执法人员102人,完成120家饲料企业经销网点台账登记,严格检查登记无证生产、经销假冒伪劣饲料、使用违禁药物及添加剂,以及在牛羊料中添加牛羊源性饲料。

5. 严把企业审核关。依法对申请办理生产许可证、产品批准文号的企业,组成专家组现场考核。全年共审核验收饲料生产企业26家,办理生产许可证18家,上报农业部3家,审批办理生产批准文号134个,同时配合工商部门对20余家饲料生产经营企业的设立、营业执照进行年审备案。

6.举办动物营养讲座,提升行业人员业务素质。2007年8月份,邀请全国动物营养专家对全区饲料厂长、经理及科技人员进行矿物质营养元素知识讲学,会议就动物营养方面有关知识、问题在专家与业内人员之间展开互动式交流,为企业领导与科研人员掌握动物营养知识、了解最新技术发展动态,提供良好的学习机会。

7. 开展饲料行业特有工种岗位人员职业技能培训。2007年12月17日,对全区饲料行业特有工种岗位进行培训,已有饲料检化验员28人,中心控制室操作工13人,设备维修13人获得职业资格证书。

8.开展饲料行业立法调研。按照农业部《关于开展(饲料法)立法调研工作通知》,自治区农牧厅成立了专题调研组,由甘肃省饲料办公室牵头就饲料法、饲料行业就业准入制度、宠物饲料市场进行了专题调研。先后走访全区饲料企业、养殖户60余家,咨询专家10余人次,开座谈会4次,完成了专题调研报告。提建设性建议13条,其中“关于加强饲料质量监督管理”建议,被批准实施,对促进全区饲料管理工作起到了积极作用。

【存在问题】1. 饲料企业规模偏小,企业科技人才缺乏,资金有限,制约了企业的发展。

2.饲料执法队伍稳定性差,人员大多兼职,且来自多个部门,统一协调有困难。

3.违禁药物的非法使用依然存在,部分企业、养殖户受利益驱使,违法违规添加违禁药物,致使企业的产品质量受影响。

4. 自配料、自带配方委托加工饲料现象依然存在,设备简陋,科技含量低,质量难以保证。

5.部分企业信息化制度薄弱,信息传递不畅,影响工作。

(宁夏回族自治区饲料工业办公室)

新疆维吾尔族自治区饲料工业

【发展概况】2007年新疆维吾尔自治区有各类饲料企业267家,比2006年减少43家。其中饲料加工生产企业109家(每小时生产能力491t),单一饲料(碳酸钙、动源、饼粕类)的生产企业158家。饲料加工生产企业按产品的类型分 (有重复计算): 配合饲料企业81家,浓缩饲料企业48家(兼产),添加剂预混合饲料企业24家, 饲料添加剂企业4家 (其中2企取2证),单一饲料158家。按企业登记注册类型分:国有企业13家,集体企业1家,私营企业118家,股份合作企业124家,外资企业3家,其他企业8家。

2007年全区生产各类饲料136.78万t,同比增长5.21%。饲料工业总产值28.76亿元,同比增长4.42%。其中配合饲料123.24万t,同比增长6.41%;浓缩饲料11.62万t,同比下降7.17%;添加剂预混合饲料1.92万t, 同比增长14.78%, 各类饲料中商品饲料占62.92%。

【发展特点】1.饲料产量快速增长。2007年,在国内饲料原料大幅上涨,生猪养殖存栏下降,畜产品价格持续上扬, 以及国家政策扶持等诸多因素的影响下,新疆畜牧业生产亦保持了较好的增长势头,主要畜产品出口周边国家和销往内地,从而带动了新疆饲料工业持续较快发展,饲料总产保持较大幅度的增长,其中猪、禽配合饲料快速增长,反刍动物饲料所占比例明显上升,浓缩饲料有较大幅度下降。

2.饲料产品质量保持稳定。按照农业部《2007年全国饲料产品质量安全监测计划》工作总体部署和要求,对全区生产、经营和使用环节的饲料监督抽查,并开展了瘦肉精等到违禁药物专项整治活动。全年共抽检各类饲料产品622批次,总体检测合格率在95%以上,违禁药物检出率在2%以下。检测结果表明,新疆正规饲料生产企业生产的配合饲料、浓缩饲料、精饲料补充料、预混合饲料产品质量稳定,抽检合格率高,而在销售、使用环节抽样的饲料产品合格率低,仍有部分企业、养殖户受利益的驱使,违规使用劣质饲料原料,违规在饲料中添加违禁药物。

3.饲料产品结构日趋合理。从产品结构看,猪禽饲料仍占主导地位。在配合饲料中, 猪配合饲料中11.93%, 蛋禽占到了20.89%, 肉禽配合饲料占35.76%,禽配合饲料占56.65%,水产饲料占11.04%,反刍动物的精饲料补充饲料占配合饲料的19.18%;在浓缩饲料中,猪浓缩饲料占到了40.85%,蛋禽浓缩饲料占到37.93%,肉禽浓缩饲料占到14.73%;在预混合饲料中,猪饲料占31.66%,蛋禽饲料占23.21%,肉禽饲料占8.02%, 反刍动物预混合饲料占到了27.10%。

4.反刍动物饲料不断增加。开发牛羊育肥料、奶牛和羔羊代乳料、反刍家畜微量元素复合预混合饲料、牛羊复合营养舔块等产品在畜牧业生产中的应用不断扩大,对提高新疆饲料工业的科技水平发挥了示范带头作用。

5. 饲料生产企业迎来了难得的发展机遇。由于2007年内饲料原料价格全面上涨, 特别是玉米、粕类、鱼粉、氨基酸等主要饲料原料涨幅较大,致使饲料成品价格上涨。2007年上半年,饲料成品价格涨幅明显滞后饲料原料涨幅,尽管养殖效益丰厚,但企业利润有限,出现产量上升,利润相对下降的现象。2007年7月以后,随着养殖高峰的到来,饲料成品价格经几次调整,已接近原料涨幅,饲料生产企业呈现近几年少有的产销双赢的局面。

6.企业间协作加强,共同维护行业发展。新疆饲料企业经济成分多元化，既有国有企业，也有私有企业，有外省的企业，也有国外企业，随着新疆饲料行业的发展，以及国家《饲料生产企业审查办法》的实施，各企业普遍认识到行业的整体提升首先应当依靠行业自律，杜绝无序竞争；企业对提高饲料质量，加强饲料安全的认识程度加深；企业间合作以及信息交流与沟通进一步加强，有效地解决了行业间存在的各种共同问题，新疆饲料行业呈现良好的发展局面。

【组织机构】2007年自治区饲料工业领导小组办公室(加挂“自治区饲料行业管理办公室”)负责全疆饲料行业管理工作，是依照公务员管理的事业单位，定编5人，领导职数2人。2007年全区15个地州市已有14个地州市成立了饲料管理机构，并开展了行业管理的各项工作。自治区兽药饲料监察所(加挂新疆饲料质量监督监测所)负责全区饲料监督监测工作，8个地州有饲料监察室(所)。全区有3所农业院校设置饲料营养专业，新疆畜牧科学院设立了饲料研究所。

【主要工作】1.加强饲料行业的管理，规范行政许可行为。(1)办理饲料生产企业生产许可证、批准文号、免税审核、设立条件审查等业务。严格执行国家《饲料生产企业审查办法》，规范对饲料生产企业的审查程序，统一了饲料生产企业设立条件，审核批准和工作程序。截至2007年12月底，全区共有38家配合饲料、浓缩饲料、精料补充料及单一大宗原料企业获得《饲料生产企业审查合格证》；办理各类产品登记文号951个；办理和重新办理饲料产品免税审核企业45家。组织专家会同自治区技术监督局对45个企业90个产品标准进行了审查。根据农业部23、24号令和自治区有关规定，对6家饲料添加剂和添加剂预混合饲料生产企业进行了审查，其中3家企业通过审查获的农业部颁发的生产许可证；办理产品批准文号43个。

(2)组织召开全区28家添加剂预混合饲料及23家饲料添加剂生产企业生产许可证备案工作，对20家饲料添加剂和添加剂预混合饲料生产企业进行现场检查，对在检查中发现问题较多的3家企业给予警告并要求限期整改；农业部对2家预混合饲料生产企业因两年没有生产、1家添加剂生产企业因两年没有生产、15家添加剂生产企业因其产品管理范围发生变化向农业部提出了予以注销企业生产许可证的建议。

(3)为贯彻落实《饲料生产企业审查办法》(中华人民共和国农业部令第73号，以下简称《办法》)和做好饲料工业统计工作，2007年4月24日~25日，新疆自治区饲料行业管理办公室在乌鲁木齐组织召开了全区饲料政策法规宣贯及饲料行业统计培训班，全疆15个地州市饲料办的负责同志、负责统计的人员以及饲料生产企业经理、技术人员共270余人参加了培训。重点就《办法》释义和审查要点、饲料工业统计报表制度、统计软件、饲料标签等进行了讲解，还邀请了自治区技术监督局标准化处领导就标准化工作进行了专题讲座。

召集全疆15个地州市饲料办的负责同志召开座谈会，针对各地州宣贯《饲料生产企业审查办法》(中华人民共和国农业部令第73号)交流了经验，就下一步按照《饲料生产企业审查办法》对企业的换证审核进行了具体安排。

(4)2007年6月7日，新疆饲料办召集大中型企业对2007年上半年饲料产销形势进行了分析，主要内容为饲料生产情况、生产形势、存在问题和未来走势。

2.积极开展饲料行业法规制、修订工作。(1)组织开展《饲料法》调研。按照全国饲料工作办关于《饲料法》立法调研的要求，2007年5月15日~23日，组织两个调研组赴南北疆6个地州(市)，发放问卷20余份，与6个地州市的饲料管理部门和40余家各类饲料生产企业负责人进行座谈，深入30多家饲料生产企业就新疆饲料工业发展现状，饲料生产、经营、管理中存在的主要问题，以及《饲料法》立法建议等内容进行了深入调研。各级饲料管理部门和饲料企业一致认为，《饲料和饲料添加剂管理条例》及一系列配套规章的实施，对加强饲料行业管理和促进饲料工业的快速发展起到了重要作用，《饲料法》的立法必将进一步规范行业管理，保障饲料工业的持续健康发展。配合农业部《饲料法》立法调研组在新疆的调研工作，得到农业部调研组的好评。

(2)修订了《新疆维吾尔自治区实施<饲料和饲料添加剂管理条例>办法》(自治区人民政府令第100号)。按照新修订的《饲料和饲料添加剂管理办法》和《饲料生产企业审查办法》的规定，对100号令中第4条、第6条、第7条和第8条中的关于企业申报、产品标准、产品留样时间等作了相应的修订。

3.加强饲料产品质量安全监管。为加强饲料产品质量安全监督管理，保障养殖产品质量安全和人民身体健康，按照农业部《2007年全国饲料产品质量安全监测计划》工作总体部署和要求，对全区生产、经营和使用环节的饲料监督抽查，并开展了瘦肉精等到违禁药物专项整治活动。饲料产品质量安全监测任务150批次，饲料中违禁药物专项监测600批次，反刍动物饲料中牛羊源性成分监测任务1 100批次。上半年共抽检各类饲料产品622批次，总体检测合格率在95%以上，违禁药物检出率在2%以下。

2007年下半年根据《农业部关于严厉打击非法生产经营和使用“蛋白精”违法行为的通知》(农牧发[2007]8号)和《农业部关于开展“蛋白精”等非法添加物专项监测的通知》(农牧发[2007]12号)的精神，在全疆开展“蛋白精”等非法添加物专项整治及监测工作,抽检蛋白饲料任务220批次,抽检猪、禽、水产、反刍动物配合饲料、浓缩饲料任务380批次。

4.完成了饲料工业统计汇总。完成了2006年全区饲料生产企业统计上报。完成了2007年季度生产情况汇总上报。

5. 开展了饲料行业职业技能鉴定。于2007年9月16日~25日在石河子市开展了饲料检验化验员进行初、中级等级《职业资格证书》的考核与鉴定。共有94人参加考核鉴定,其中86人合格。

6.加大农区畜牧业工作力度。按照农业综合开发项目管理办法,加大对项目管理的力度。2007年温宿县秸秆养畜项目和新和县秸秆养畜项目通过了自治区级验收,同时督促检查了和硕、且未、和静3个项目。组织南达公司、大华公司编制了2007年秸秆养畜示范项目实施方案,并通过了农业部的审核,全区在建秸秆养畜项目共6个。加强与农机局协调工作,参与农机补贴项目的实施。开展了全区畜牧业机械现状和发展趋势的调研工作。

7. 推动饲料行业科技进步。大力开发牛羊育肥料、奶牛和羔羊代乳料、反刍家畜微量元素复合预混合饲料、牛羊复合营养舔块等产品。召集项目成员单位总结自治区科技成果推广项目"工业化饲料新技术规模化生产"工作情况,项目由工业化饲料3大类别的8个子项目组成,分别由新疆农业大学动物科技学院、新疆天物科技发展有限公司、新疆天康畜牧生物技术股份有限公司、新疆泰昆集团有限责任公司、新疆畜牧科学院畜牧所、饲料所共同承担。项目的转化内容和各项技术经济指标达到了项目实施计划的要求,个别项目超额完成了计划指标,对提高新疆饲料工业的科技水平发挥了示范带头作用。

【存在问题】1.行业管理薄弱,执法体系不健全。饲料管理机构不健全,管理主体不明确,行政执法和监测体系不完善。这与饲料工业的快速发展和人们对畜产品质量安全要求不相适应。

2. 科技研发能力低。新疆有丰富的饲料原料资源,但由于研究力量薄弱等诸多原因,大量的基础性研究和饲料资源开发性研究几乎没有进行,饲料科研多为低水平重复。

3.饲料产品结构不合理,科技含量不高。高技术含量,高附加值,适销对路的产品开发,生产能力不足,市场竞争能力差。牛羊育肥饲料和反刍动物精料补充料尚处开发阶段,农村养殖中配混合饲料使用率低,不能满足养殖业发展的需要。

4.饲料企业布局不合理。企业布局不合理,中小企业开工不足,从业人员素质有待提高。新疆大型饲料企业过多集中在乌鲁木齐至石河子、伊犁一带,而喀什、和田、塔城、哈密等地饲料企业由于规模偏小,技术落后,产品单一,质量不稳定而处于停产或半停产状态。

5.饲料质量安全存在隐患。少数企业为追求经济效益,在饲料中添加违禁药物,超范围使用饲料添加剂,在反刍动物中饲料部添加动物源性饲料。特别是在销售和使用环节由于监管难度大,违规事件时有发生。

(新疆维吾尔族自治区饲料工业领导小组办公室)

大连市饲料工业

【发展概况】2007年, 大连市饲料生产企业经换证规范,由原来的177家减少为129家。(其中:添加剂预混合饲料生产企业27家,动物源性饲料生产企业35家,浓缩饲料、配合饲料、单一饲料、精料补充料生产企业67家); 饲料产量和产值分别为120万t和24亿元(其中浓缩饲料、配合饲料114.64万t,添加剂预混合饲料2.18万t,动物源性饲料3.18万t),与2006年相比实现两位数增长,增长速度在全省继续保持领先水平。

【组织机构】大连市农村经济委员会畜禽产品安全处(大连市饲料工作办公室),行政编制5人。主要工作职责是:制定全市饲料、兽药行业发展规划和政策措施;负责无公害动物产品和产地监督管理;负责饲料和饲料添加剂生产企业审查登记;核发兽用生物制品和兽药经营许可证;负责制定和组织实施饲料、兽药、畜产品质量监控计划;负责饲料、兽药行业监督管理和行政执法工作。

【主要工作】大连市农村经济委员会畜禽产品安全处(大连市饲料工作办公室)的工作职责有三大方面:饲料管理、兽药管理和畜禽产品安全。2007年,在领导的重视和支持下,经过全行业职工的共同努力,大连市饲料兽药业继续稳步发展,畜产品安全水平进一步提高:在市直机关工委组织的年度"双最佳"评选活动中,"瘦肉精" 整治工作再度被评为 "最佳服务成果奖"; 在辽宁省动监局组织的全省兽药饲料市场专项整治检查和畜牧业倍增计划考核中, 大连市的兽药、饲料和畜产品安全监管工作名列前矛;在农业部组织的全国36城市畜产品质量安全例行监测中, 大连市猪肉中"瘦肉精"全年5次检出率均为0,继续名列全国第一。

1.加强指导服务,规范行业管理。一是按照国家、辽宁省饲料办的要求,在全市饲料企业中组织开展了饲料生产企业换证工作,下发《关于换发饲料生产企业审查合格证的通知》,依据新出台的《饲料生产企业审查办法》的要求,对企业进行了指导培训,规范饲料企业配套生产条件、产品标签和企业标准,对申请换证企业进行严格的现场检查和验收,全市首批通过的换证企业94家;二是配合完成全市27家饲料添加剂和添加剂预混合饲料、35家动物源性饲料产品生产企业安全卫生合格证的年检备案工作,进一步提升了大连市饲料行业整体素质和管理水平;三是组织召开了大连市饲料协会一届三次理事会,通报了2006年度大连市饲料行业质量信得过企业评审结果和饲料生产企业年度备案结果,加强行业自律,充分发挥协会桥梁和纽带的作用;四是结合开展"放心农资下乡进村宣传周"活动,在全市灾后农资供应和识假辨假知识宣传咨询现场会上,通过开办知识讲座、现场咨询、散发宣传资料等形式,宣传兽药饲料的识假辨假常识,向农民推介了放心兽药、饲料企业,公布了假冒伪劣兽药黑名单,向社会公开了各级监管部门举报电话,为灾后畜牧业迅速恢复生产提供保障;五是深入基层调研大连市饲料行业发展状况,完成了《大连市饲料行业发展状况调查报告》,提出了行业发展的思路和框架,为领导决策提供参考和依据。

2.加强监督管理,完善监督执法。大连市饲料工作按照国家、省市的要求,工作重点由注重发展服务转向管理监督整顿。一是下发《畜产品安全及兽药、饲料专项整治工作安排》,并对2006年度立案查处的两家违法饲料生产企业进行了全市通报;二是加强饲料兽药生产、经营企业的监督检查,规范生产经营秩序。检查饲料生产经营企业150家余,检查兽药经营企业80余家,取缔了一家无证经营兽用生物制品的兽药店;查处一起经营假劣疫苗案件,涉案金额1.30万元。查处5家无证和违规生产的饲料生产企业,并按《饲料和饲料添加剂管理条例》进行了处罚;三是按照市农委的工作布署,组织开展了饲料、兽药春秋季打假工作,重点对违禁、假劣兽药及饲料生产企业违规添加物质及药物饲料添加剂使用情况进行监督检查。

3.加强饲料产品检查,确保畜禽产品安全。饲料产品安全是畜禽产品安全的源头和基础。一是结合省畜产品安全工作会议精神,制定并下发了《2007年大连市畜产品安全工作要点》《2007年大连市饲料兽药监督抽检方案》,并组织开展了全年的监督抽检工作;二是为确保全市的畜禽产品安全,加大了饲料产品的抽检数量,全年抽检饲料样品560余批次,合格率86%;三是组织开办了三期检验化验员培训班,二期企业管理、产品质量标准培训班,二次企业负责人现场学习培训会,围绕企业管理、产品标准及产品质量进行培训和指导,倡导企业从自身做起的行业自律,公平的行业竞争理念,完善的企业管理水平,生产出优质的饲料产品,从源头上保障畜禽产品的安全。

【存在问题】基层无专职饲料管理人员;企业对饲料管理工作不重视;企业规模小,组织分散,秩序较混乱,科技含量低,缺乏发展和创新意识,制约行业健康发展。

(大连市饲料工作办公室)

青岛市饲料工业

【发展概况】2007年全年完成各类饲料总产量142万t,实现销售收入42亿元,同比分别增长7.60%和8.60%。

【主要工作】1.创新工作思路,把握重要环节,把饲料安全放在突出位置抓紧抓好。2007年青岛市饲料行业发展由以数量提高为主转向以质量提高保证安全为主要特征的新的快速发展模式,特别是在消除"瘦肉精"、"蛋白精"(三聚氰胺)及违禁药品危害、加强动物源性饲料管理从源头上消除各种质量安全隐患、引导和帮助企业强化自律意识和行动、加强行业管理及加大监督检查力度等方面,创出了一套行之有效的新工作思路和工作模式。一是强化培训,提高认识。在全市范围内组织各级饲料管理部门和生产经营企业进一步开展法制宣传和培训,全面贯彻有关法律法规和规范性文件、标准等规定。各市、区按照全市统一部署,层层开展了各种培训活动,进一步提高了全行业对饲料安全工作重要性的认识和严格执行《饲料和饲料添加剂管理条例》《产品质量法》等法律法规的工作和执法力度,有力地加强了行业和市场管理;二是深入开展"瘦肉精""蛋白精"及违禁药品专项整治。各市、区根据市里部署,开展了两次"瘦肉精""蛋白精"等违禁药品专项整治行动,重点查处在饲料生产过程中添加违禁添加物和市场上含有违禁添加物的饲料和饲料添加剂。在各市区按市统一部署每季度进行一次拉网式全面检查的基础上,对全市生产企业进行了重点检查,对经营企业进行了重点抽查,以确保饲料安全工作质量。2007年农业部、山东省畜牧办公室三次来青岛市抽样检测"蛋白精"情况,共抽检样品99个,全部检测合格;三是按照山东省畜牧办公室《全省饲料和饲料添加剂产品质量安全专项整治实施方案》和青岛市畜牧兽医局关于质量安全专项整治的部署,青岛市饲料行业自2007年9月1日开始,通过下发文件、总体部署、明确要求、不定期调度考核等方式,广泛宣传和发动,在全市饲料行业开展了质量安全专项整治行动。检查的重点是蛋白粉、鱼粉、肉骨粉、豆粕等蛋白饲料产品,氯化胆碱、无机盐、加兽药的饲料产品以及进口的饲料产品,重点地区是蛋白饲料集中产地,无证生产问题比较突出的地区和经常出现质量安全问题的地区;四是认真贯彻《动物源性饲料安全卫生管理办法》,加强对动物源性饲料生产、经营、使用等各个方面的管理,按国家和省部署,严防"疯牛病"等动物疫情,从源头上保证了饲料质量和安全;五是强化企业自律意识和自觉行动。生产企业从严格执行《饲料标签》和《饲料卫生标准》,实施标准化规范管理入手,强化自律意识和自觉行动;经营企业和饲料使用单位从严格执行《产品质量标准》入手,严格自律，不断提高规范化水平。经过一年的努力，全行业特别是 130 多家饲料生产企业和数千家饲料经营企业自律意识显著增强；六是在企业自律的基础上，各企业都签定了“饲料产品质量安全承诺书”，其中从遵纪守法到内部管理，从生产条件达标到质量安全保证都做了详细约定和明确承诺。2007 年，对各企业承诺执行情况进行了由点到面的认真检查。首先各企业按统一部署的标准进行了各项承诺执行情况自查，写出自查报告后，各市区按照评选标准和要求，推荐本市区承诺大检查优秀企业。对各市区推荐的企业进行全面复查，对达标的企业将在适当的时机进行表彰，这些工作强有力地保证了青岛市的饲料安全，同时，对青岛市饲料行业又好又快科学发展，产生了积极的推动作用。

2.认真贯彻农业部 73 号令，全面做好饲料生产企业核发焕发“四证”工作。根据全国饲料工业发展形势，农业部发布了 73 号令，对全国饲料行业在新形势下发展提出了新的要求，对配合饲料、浓缩饲料、单一饲料、精料补充料生产企业提出了 6 大方面 80 项具体标准，要求自 2007 年 5 月 1 日起，凡新建企业一律按新标准考核合格后方能进入行业，原有老企业要全部在一年内达到新标准要求，考核合格后换发新的生产许可。这项工作涉及到青岛市近百家老饲料生产企业和全部新饲料生产企业，工作量十分大，内容十分复杂。为保证青岛市饲料行业管理部门和相关饲料生产企业能迅速达到农业部提出的新要求和继续保持全国领先水平，采取了一系列工作措施。首先，在胶州举办了有各区、市分管局长和饲料管理部门负责人参加的贯彻落实农业部 73 号令及相关政策法规和核、换发证工作培训班以吃透农业部 73 号令精神，依法行政，规范执法，核、换发证程序、内容、80 项标准的控制要点等为重点，进行了全面培训，培训结束后进行了考试。从考试情况看，培训效果十分明显。参加培训班的各区、市分管局长和管理部门负责人都深有感触地说：培训班办得太好了，确实收获很大；二是在黄海饭店举办了全市相关饲料生产企业主要负责人贯彻落实农业部 73 号令及相关政策法规培训班，相关企业负责人 130 多人参加了培训。李红兵局长和青岛市饲料工业协会张成堂会长在培训班开幕式上就“如何适应新形势、努力推动新发展、切实达到新要求”等主要内容作了具有指导性的讲话。通过培训，各企业对农业部提出的新要求、新标准、发展新方向有了较详细地了解，对企业如何跟上形势的发展，如何达到新的要求，有了具体的把握，为青岛市全面做好农业部 73 号令和相关政策法规的落实工作，打下了很好的基础；三是培养典型，以点带面。在全市选了 10 个不同规模、不同类别、不同经济性质、基础较好的企业进行试点，通过试点，总结经验，指导面上工作，收到了事半功倍的效果。

2007 年，全市饲料添加剂生产许可证、添加剂预混合饲料生产许可证、饲料生产企业审查登记证、动物源性饲料安全卫生合格证（简称“四证”）审批立项 23 家；新发放饲料添加剂和添加剂预混合饲料许可证 14 个；动物源性饲料安全卫生合格证 6 个；按农业部 73 号令规定的新条件发放饲料生产企业审查登记证 10 家。通过核、换发证工作，进一步规范了全市饲料生产秩序，进一步提高了全市饲料生产企业综合素质。

3.加快科技创新步伐，推动全行业科技创新再上新台阶。按照市畜牧兽医局《关于认真贯彻落实全市饲料行业科技进步会议精神的通知》要求，把科技进步与在饲料和畜牧水产养殖业推广使用绿色、安全、环保、高效型饲料原料和饲料添加剂作为主要工作来抓，收到了初步成效。资源节约型、环境友好型饲料原料谷氨酸菌体蛋白，全年试验使用了 300 余吨，既节约了等量的粮食，又减少了污染环境的排放，还降低了企业的生产成本，收到了很好的效果，受到了企业的欢迎。在每个市、区初步树立了科技创新典型企业，以点带面，推动本市、区科技创新工作全面展开。同时，分别在中国海洋大学、中国水产科学院黄海水产研究所、青岛农业大学挂牌成立了 3 个“青岛市饲料工业科技成果研发基地”，在饲料工业科技进步方面，均收到了显著成果。

青岛饲料工业科技成果研发中国海洋大学基地开展了对虾和海参高效免疫增强剂的研制和开发工作，一方面加深了无脊椎动物免疫唤醒机理的理论研究，另一方面改进了免疫增强剂在对虾和海参饲料中的使用技术，开展了一系列产学研相结合的工作，收到了显著的成果。针对 2007 年鱼粉、豆粕等饲料原料普遍涨价的问题，为饲料企业及时科学的调整饲料配方，一方面保证了企业对市场原料价格涨价的适当承受能力，另一方面保证了饲料质量的稳定、安全和高效。中国水产科学院黄海研究所基地以无污染、无残留鱼类促生长添加剂技术为核心，并将蛋白寡肽理论引入其中，研制出了海水鱼类不同生长阶段酶制剂、益生素、免疫增强剂、诱食剂等绿色添加剂，同时利用低值鱼类、水产下脚料采用多肽酶定向等先进技术，生产蛋白多肽，肽聚多糖、微生物衍生物、微生物发酵物等，这些新技术、新产品获得了 4 项国家发明专利，产业化后，不但为鲆鲽类养殖户带来巨大经济效益，还解决了我国当前所面临的药物残留问题，在为社会提供无残留、安全的水产品和提高我国水产品的国际竞争力等方面，发挥了重要作用。青岛农业大学基地的“优质瘦肉猪配套系高效健康支撑技术研究”“微量活性培养剂调控幼龄猪禽免疫机理研究”“奶牛过瘤胃氨基酸高能复合物生产及应用技术研究”“纳米氧化铜作为动物饲料添加剂的基础研究”等，都取得了新的进展。目前，该校已有多名专家、教授被青岛近10家饲料企业聘为技术顾问，并承担了多项校企联合科研攻关课题，紧紧围绕企业的技术需求，在新型饲料添加剂和动物饲料研制等方面，开展了密切的技术合作。

4.开展专项整治，规范饲料市场秩序。根据青岛市的饲料管理工作任务目标，于2007年初制定了《青岛市2007年饲料市场秩序清理整顿工作方案》，对全年饲料市场的整顿作了计划安排。在全市范围内组织开展2007上半年、2007下半年两次饲料市场集中清理整顿和“3个专项整治”，共印发宣传材料41 360份，出动车辆1 926车次，出动人员4 241人次，整顿市场121个，检查企业2 812个次，没收假劣饲料产品19.70t；对饲料标签标准等3个专项进行检查；还对饲料生产各个环节进行检查，特别是动物源性饲料原料、蛋白原料等采购原料合格、合法性，质量控制、成品监测与产品质量等环节进行检查；拉网式检查饲料市场经营中是否有无证产品、违禁成分存在；检查养殖户是否添加使用“瘦肉精”等违禁成分，是否使用不符合卫生安全标准的动物源性饲料，或给牛羊添加使用动物源性饲料。按《山东省饲料和饲料添加剂产品质量安全专项整治行动方案》和《青岛市畜产品质量安全专项整治行动方案》的统一部署，集中开展了全市饲料和饲料添加剂产品质量安全专项整治活动，规范检查饲料和饲料添加剂生产经营企业1260余个，确保了饲料产品质量安全。突击检查，杜绝违禁，维护饲料市场安全。一月份根据上级严查“红心”蛋的部署，对全市饲料生产、经营企业和养殖场(户)的仓库进行集中检查，确保了无添加使用苏丹红等违禁成分的非法行为，保证饲料和畜禽产品质量安全。针对以往渔用饲料和饲料添加剂鱼龙混杂的状况，积极开展专项检查，对渔用饲料和饲料添加剂企业从原料到成品库全面检查，不留任何死角，规范了渔用饲料和饲料添加剂生产。

在市场秩序清理整顿工作中，进一步加大了对生产和流通领域饲料产品抽样检测的工作力度，指标层层分解落实到每个市、区，各个步骤、环节完成时间及工作要求明确到位，使抽检工作的力度和作用进一步加大和凸显。全年共抽检样品280个，超额完成了抽检样品计划。在清理整顿市场秩序整治工作中，同时抓了以下3项工作：一是在完成280批次饲料和饲料添加剂产品抽样检测任务的基础上，做好了农业部、山东省对青岛市相关的检查和产品抽样检测，组织各市、区及时进行处理；二是对外地进入青岛市的饲料产品继续加大了监督力度，特别是对检测不合格的产品和企业，在严肃查处后，一直进行跟踪监管；三是对经营、使用无证动物源性饲料产品的，对经营者、使用者依法进行严肃查处。

5.继续做好职业技能鉴定工作。为认真贯彻国家《劳动法》《职业教育法》《饲料和饲料添加剂管理条例》等一系列法规文件，全面落实农业部《关于积极推进农业职业技能开发工作意见》及《饲料生产企业审查办法》，在进一步明确全市饲料行业职业技能开发与鉴定工作要本着创新理念、讲求实效、满足需要、服务企业的原则基础上，经研究制定了《2007年全市饲料行业特有工种职业技能鉴定工作意见》下发至各市、区饲料管理部门和各饲料生产企业，保证了全市饲料行业职业技能鉴定工作的连续性、计划性和科学性。为满足新建企业特有工种人员的需要，全年分4次，组织专家讲师、督导员和考评员对全市92名中央控制室操作工、饲料加工设备维修工、饲料粉碎制粒工和46名饲料检验化验员，进行了鉴定前辅导、理论考试和现场实际操作考核鉴定。参加鉴定人员成绩全部合格，获得了国家职业资格证书，达到了持证上岗的要求。

6.做好相关行业管理和服务工作。一是2007年初在局里召开的“全市兽药饲料监管工作会议”上，认真总结了2006年的行业管理和服务工作，肯定了成绩，表彰了先进，找出了不足，认真布置了2007年的各项工作，并专门下发了文件，建立了各项工作的考核制度，为做好全行业管理和服务工作奠定了良好的基础；二是2007年7月上旬，在黄海饭店召开了全市饲料行业半年工作总结会，对2007年上半年的工作进行了系统的总结，对2007年下半年的工作提出了明确的新要求，特别是对各项工作考核和各项工作的档案管理进行了认真地总结和具体的布置；三是与美国大豆协会联合举办了两次研讨会和培训班。其中2007年7月举办了“最新饲料加工技术及饲料营养研讨班”；2007年10月举办了“新饲料原料链建立及新饲料原料使用”研讨班。这些内容对青岛市饲料行业针对性强，很受企业欢迎；四是2007年6月又在宁波举办“2007中国饲料工业展示交易会”。这是学习经验、搜集信息、广交朋友、宣传自己的很好舞台。组织了17家优势企业参加展示了35个展位，通过宣传介绍扩大了企业影响，组织了不参展的企业到会上参观，以便利用这个平台，取得学习、交流、启发、提高的效果；五是牵头组织饲料检测站及有关市区饲料管理部门，对饲料生产企业的相关产品组织进行了抽样检测并办理了产品免税确认等相关手续，把国家对饲料行业的优惠政策落到了实处；六是组织完成了在全市饲料生产企业进行ISO9000、HACCP和饲料产品认证等全面质量认证情况调查，在此基础上做出实施计划及方案，全市已有40多家企业通过和正在进行产品质量体系和产品安全体系等认证，把企业质量认证管理工作推上更高的水平；七是积极组织实施创名牌战略，使青岛市在同等城市饲料行业中拥有“中国驰名商标”等各类名牌最多的基础上，2007 年又获得了一块“中国名牌”；八是按要求，及时组织各市、区准确的完成统计报表与其它统计信息资料上报任务。为领导决策及时提供了各种饲料行业的相关信息。

【存在问题】2007 年青岛市饲料行业管理工作在比较困难的市场形势下又取得了新的成绩，这是在青岛市畜牧局的正确领导下，与各市区饲料管理部门和青岛市饲料工业协会共同努力的结果。但在肯定成绩的同时，也要看到存在着一定的问题。如各市区工作进展不平衡问题；一般性产品多，高新产品仍然较少的问题；中、小企业面临困难较多和整体经济效益偏低，影响了发展后劲的问题；各市、区饲料管理部门经费少、人员少、无工作车辆，严重影响了工作效率问题等。对存在的问题，将认真研究解决。

（青岛市饲料工作办公室）

宁波市饲料工业

【发展概况】2007 年全市饲料加工产品产量 32.38 万 t，同比增长 2.30%，其中配合饲料产量 28.27 万 t，同比减少 2.60%；浓缩饲料和添加剂预混合饲料产量为 8 072.38t 和 9 458.7t，增幅分别达到 18.60 倍和 4.90 倍；鱼粉产量为 2.34 万 t，同比减少 2.90%，饲料工业总产值达 26.25 亿元，同比增长 102.50%，这是宁波市饲料工业产值首次超过 20 亿元。目前，全市共有各类饲料和饲料添加剂生产企业 46 家，其中配合饲料生产加工企业 19 家，鱼粉等单一饲料生产企业 22 家，添加剂和预混合饲料生产企业 5 家，产品遍及猪、禽、牛、兔、淡水鱼、虾、蟹、鳖和鳗鲡等畜禽、水产及部分特种经济动物系列，饲料产品齐全。

【发展特点】1. 猪饲料产量平稳，禽饲料大幅增长。2007 年上半年，受到生猪养殖周期影响，饲养量有所下滑，但是自 2007 年 8 月份宁波市政府出台《关于贯彻落实国务院促进生猪生产持续发展保障市场有效供给政策的意见》（甬政发[2007]64 号）后，全市生猪养殖场户养殖积极性普遍提高，存栏量逐步回升，直接带动猪饲料需求量上升，2007 年全市猪饲料产量达 6.69 万 t，同比增长 6.20%。受猪肉价格高位运行的影响，禽肉、禽蛋等替代产品需求量增加，全市家禽饲养量大幅上升，禽饲料需求旺盛，全市家禽饲料总产量达到 11.34 万 t，同比增长 13.40%，其中蛋禽饲料 2.19 万 t，同比增长 79.10%，肉禽饲料 9.14 万 t，同比增长 4.20%。

2.原料价格呈波动性上涨，企业效益普遍下滑。2007 年以来，玉米、豆粕等大宗饲料原料价格大幅上涨，直接增加了饲料生产企业成本，而下游饲料产品价格提价相对迟缓，同时增幅也达不到原料价格的上涨幅度，因此对饲料生产企业造成了较大冲击，企业利润普遍出现下降。以宁波舜大股份有限公司为例，2007 年饲料销售收入 8 000 多万元，但利润同比却减少了 50%以上。

3.浓缩饲料和添加剂预混合饲料产量成倍增长。2007 年下半年以来，宁波市生猪、家禽等主要畜禽生产形势较好，饲料使用量增加。由于浓缩饲料、添加剂预混合饲料等产品生产进入门槛相对较高，需由饲料生产企业提供，全价饲料使用量增加后直接拉动浓缩饲料、添加剂预混合饲料等饲料产品需求量上升，2007 年全市浓缩饲料、添加剂预混合饲料产量达到 8 072.38t 和 9 458.7t，分别同比增长 18.60 倍和 4.90 倍。

4.水产饲料和鱼粉产量回落。2007 年，由于水产品价格上涨幅度明显小于养殖成本的上升幅度，影响了养殖户的积极性，导致水产料产量下降，2007 年全市水产料产量 10.26 万 t，同比减少 11.50%。受进口鱼粉价格下滑的影响，国产鱼粉价格比去年同期有较大幅度的回落，导致宁波市鱼粉生产企业生产积极性不强，产量有所下降，2007 年全市鱼粉产量为 2.34 万 t，同比减少 2.90%。

【组织机构】2006 年初，在宁波市畜牧兽医总站的基础上，组建宁波市畜牧兽医局，挂宁波市饲料工作办公室牌子，具体负责全市的饲料和饲料添加剂管理工作。

【主要工作】1.加强法律法规宣传。《浙江省饲料生产企业审查登记办法》已于 2007 年 5 月 1 日起开始施行，为使全市各级饲料管理人员掌握新办法精神，宁波市饲料办召开了饲料生产企业审查登记办法培训班。通过学习和讨论等形式，学员迅速领会了新办法的要点。同时，各地采取多种形式，积极开展新办法的宣传工作，使广大饲料生产企业深入了解新办法及相关规定，使新办法真正落到实处。

2. 加强调查研究。根据浙江省饲料工作办公室《关于开展饲料产业情况调查的通知》（浙饲办发[2007]5 号）精神，对持证企业、饲料代加工点、饲料经营单位和规模养殖场自配料情况开展了调查工作，通过市、县两级饲料管理部门的共同努力，完成了企业持证生产模式、饲料代加工生产模式和自配料生产模式的效益分析，并形成了《宁波市饲料产业发展报告》的调研材料，对宁波市饲料生产形势、存在问题及有利条件等方面进行了分析，提出了今后宁波市饲料产业发展的对策和建议。

3.强化饲料安全监管工作。饲料和饲料添加剂产品直接关系动物产品质量和消费者安全，为规范饲料和饲料添加剂生产经营和使用行为，宁波市饲料管理部门开展了以下几方面工作：一是严把饲料生产企业审查关。自《浙江省饲料生产企业审查登记办法》实施以来，市饲料办严格按照新办法的有关规定，对申请

《饲料生产企业审查合格证》的企业进行认真审查、分类指导,把好准入审查关。目前,全市已有20家饲料生产企业获得了饲料生产企业审核登记证或审查合格证,21家企业获得了动物源性饲料产品生产企业安全卫生合格证;二是严厉打击非法生产经营和使用“蛋白精”违法行为。根据《转发农业部关于严厉打击非法生产经营和使用“蛋白精”违法行为的通知》(浙农转发[2007]88号)文件精神,市农业局迅速行动,下发了《关于进一步加强饲料行业监督管理工作的通知》(甬农发[2007]91号)文件,要求各地切实抓好新办法贯彻落实,把好饲料生产经营监督关,督促养殖场(户)完善养殖档案记录,确保城乡居民动物产品消费安全;三是协助浙江省饲料办做好年度备案工作。按照浙江省饲料办开展动物源性饲料产品生产企业安全卫生合格证、饲料添加剂和添加剂预混合饲料生产许可证年度备案工作的要求,宁波市饲料工作办公室督促生产企业如实、规范填写备案表,并要求企业认真开展自查自纠,对发现的问题要及时进行整改。

【存在问题】1.饲料产业发展不断萎缩。饲料行业本身是个微利行业,主要依靠规模效应产生企业效益,而宁波市一部分生产企业由于生产规模小、技术水平相对落后、经营管理方式粗放等原因,加上今年以来大幅上涨的玉米、豆粕价格,企业利润明显下降,生产难以维持,致使5家企业关门停产。

2.饲料和饲料添加剂经营使用不规范。随着规模养殖场使用自配料越来越普遍,给饲料行业发展造成了很大的冲击,同时饲料代加工的存在也使个别不法养殖户使用违禁产品有机可乘,严重威胁畜产品的质量安全。同时,有些饲料经营户及养殖户非法经营和使用违禁物品的手段越来越隐蔽,使监管工作面临严峻的挑战。

3.监管体系不健全。根据调查,目前只有宁波市设有饲料工作办公室,县(市)、区一级没有专门的饲料管理机构,而且管理人员大多数是兼职的,使得饲料安全监管工作处于心有余而力不足的尴尬局面。同时市、县两级畜牧兽医局(站)尚未建立起专门的饲料化验和检测实验室,严重制约了饲料和饲料添加剂监管工作的开展。

(宁波市饲料工作办公室)

厦门市饲料工业

【发展概况】截至2007年底,厦门市现有饲料工业企业52家,从业人员3 750人,全年实现工业总产值25.17亿元,年总产量达73.08万t,其中猪饲料18.13万t,蛋禽饲料8.25万t,肉禽饲料16.91万t,水产饲料23.45万t,浓缩饲料0.87万t,预混饲料3.28万t,添加剂0.27万t,其它1.97万t。全市饲料工业发展总体与2006年相比稳步增长。

【发展特点】1.大型饲料生产企业继续保持优势,全市总产值上亿元的企业有7家,分别是厦门银祥实业有限公司、厦门海灵宝水产饲料有限公司、厦门百穗行实业有限公司、厦门浦头饲料有限公司、厦门通威饲料有限公司、厦门大北农饲料有限公司、厦门金达威维生素股份有限公司,这7家企业的全年工业总产值为16.95亿元,占到全市饲料工业总产值的67%,说明企业正朝着规模化、集约化发展,在激烈的市场竞争中,强者愈强,企业越规范,发展势头就更猛。

2.水产饲料占有量进一步提高,产量跃居全省第一,全省水产配合饲料59.70万吨,厦门的水产饲料占到全省的40%。

3.一些饲料生产企业发展特色产品,满足市场需求,如厦门金达威维生素股份有限公司是全球最大的维生素 D_3 生产企业之一,又在内蒙古设立全资子公司,主要生产羊毛脂胆固醇,该项目年设计生产能力600t胆固醇和2 500t羊毛醇,使金达威一跃成为全球最大的胆固醇生产企业。新奥(厦门)农牧有限公司的脂肪粉获得2007年国家星火计划项目和火炬计划项目,与获得2005年国家星火计划项目和火炬计划项目的“丁壮素”形成两大拳头产品,在国内处于领先地位,是“理想脂肪酸模式的倡导者”。

4.企业重视品牌效应,2007年度,全市饲料企业获得“福建省著名商标”的有6家,

获得“福建省名牌产品”称号的有6家,国家级重点龙头企业有2家。

【组织机构】2007年,厦门市饲料管理工作仍然附属于厦门市农业局畜牧兽医处,由于没有专职人员,全市饲料行业的宏观管理和协调工作由畜牧兽医处负责,行业日常管理工作由厦门市动物防疫监督所和厦门市饲料工业协会相互配合,并会同厦门市农业行政执法支队,共同加强对饲料行业的监督管理工作。

【主要工作】1.组织专题培训,宣传安全知识。根据《饲料和饲料添加剂管理条例》《饲料生产企业审查办法》的有关要求,厦门市专门举办饲料安全生产培训班,邀请有关专家对全市配合饲料、浓缩饲料、单一饲料生产企业进行统一培训,发放学习宣传材料1200册,广泛宣传产品质量安全知识。

2.加强条件审核,规范饲料生产。聘请厦门大学、集美大学等高校有关专家、教授组成饲料生产企业审核验收专家小组,对全市所有饲料生产企业的生产条件和生产状况逐个进行检查审核,截至2007年底,共审核企业32家,对符合生产条件的企业,及时整理材料报送福建省饲料办审核,对不符合生产条件的企业下达责令限期整改通知书,督促整改。截至2007年底,已有21家企业报送资料到福建省饲料工作办公室的审核,并在全省已获得《饲料企业生产审查合格

证》的9家企业中，厦门就占了8家。

3.开展专项检查，确保饲料安全。2007年，厦门市组织开展了饲料生产企业专项检查。由市农业局畜牧兽医处(市饲料办)、市动物防疫监督所、市饲料工业协会等部门组成的检查组对厦门市所有饲料生产企业进行专项整治检查，出动35人次，检查饲料、饲料添加剂、添加剂预混合饲料生产企业52家。同时，检查组还对每个生产企业随机抽取了2份样品，统一送福建省农业厅检测，未发现违法添加三聚氰胺等违禁药品的现象。

4.开展例行检测，强化质量标准。厦门市委托市农产品质量安全检验测试中心对全市饲料企业的产品卫生指标及是否有违禁药品添加进行例行监督检测，全年随机抽检饲料企业39家，抽查饲料产品150份，其中合格产品142份，合格率为94.70%。

5.抓好标准审核，严格备案制度。为加强饲料企业标准化工作，严格企业产品标准备案制度，组织饲料生产企业审核验收专家小组对饲料企业的配合饲料和浓缩饲料的产品标准进行技术审核，审核通过后，再送质量技术监督部门备案。全年共审核各类饲料生产标准112个。

6.转变工作作风，强化服务意识。在强化对饲料生产企业监督管理的同时，树立为行业发展服务，为企业秉公办事的意识，及时为合格生产的饲料企业办理免税证明。在办理过程中，认真按照国家对饲料产品的免税政策，严格把关，认真核对。全年共为44家饲料生产企业办理了免税证明。

【存在问题】1.受城市规划发展的定位，厦门市畜禽养殖逐年下降，一些企业被征地后，在本地无法找到新的厂址，只能往周边城市转移，饲料总产量增长不快。

2.有的企业生产发展规模较小，管理不够规范，产品质量不够稳定，市场竞争能力较低，企业面临生存困难处境。

3. 有些饲料生产企业和养殖场对产品质量和安全重视不够，实验室形同虚设，检验人员和检测仪器设备都不能满足保证产品质量的要求。

4.饲料管理体系不够健全，监督管理手段较为单一。市饲料办没有专职人员管理，各区没有专门的饲料管理机构，使得饲料安全监管工作无法处于常态化。

(厦门市饲料工作办公室)

深圳市饲料工业

【发展概况】2007年深圳市的饲料管理工作以抓饲料质量安全为重点，以为企业服务为宗旨，在为企业创造了良好的发展环境的同时，扎扎实实做好饲料管理工作，提高了深圳市的饲料质量安全水平。受畜禽饲养量变化及高致病性猪蓝耳病疫情等影响，2007年深圳市饲料生产波动很大，但总体而言呈现出上升趋势，总产量和2006年相比有较大的增加。

从统计数字来看，深圳市饲料生产总体上呈现出波动较大，总量上升的趋势，详细情况见下表：

时间	饲料总产量(万t)	配合饲料产量(万t)	浓缩饲料产量(万t)	预混合饲料产量(万t)
一季度	16.3	13.0	1.6	1.7
二季度	14.5	11.1	1.6	1.8
三季度	32.4	25.0	4.2	3.2
四季度	30.0	24.0	3.0	3.0
全年总计	93.2	73.1	10.4	9.7

2007年和2006年同期相比，饲料产量增幅约为25%。1~3季度的产量已超过2006年全年的产量。从表中可以看出，产量的增加主要是在4季度。增加原因主要有以下几点：

1. 由于2007下半年开始畜禽产品价格大幅上升，较高的利润刺激畜禽饲养量增加，导致饲料需求增加，各饲料厂的产量普遍增加。

2.由于玉米、豆粕等大宗原材料价格上涨幅度较大，一些原来自己配料的中小型养殖场自配料成本反而更高，使这部分养殖场转而购买配合饲料。同样由于原料上涨，许多小饲料厂因无利润而停产，深圳市的饲料厂(特别是配合饲料厂)大都具有一定的规模，订单增加，有些厂甚至出现加班加点赶订单的情况，这也是产量增加的原因之一。

3.一些饲料厂在进行了内部的股份改革后，经营者积极性提高，生产管理更规范，在销售上积极寻求新客户，在一定程度上也促进了产量的提升。

【发展特点】1.饲料产品种类日益丰富。这两年新办企业注重研究开发环保、科技含量较高的新型的蛋白饲料、微生物制剂、新饲料添加剂等，不断丰富深圳市的饲料产品种类。

2.想方设法，适应市场变化，稳定现有生产情况。在饲料原料不断涨价及动物疫病频频发生的不利因素影响下，面对急剧变化的市场环境，生产企业通过不断调整产业结构和饲料品种结构，提高科技含量，做好售后服务等措施，运用正当的竞争手段，营造良好的竞争氛围，千方百计稳定生产及客户。

3.2007年配合饲料的产量出现了较大幅度的增长，而浓缩饲料、添加剂及预混合饲料在所有饲料中的比重不断提高，产业结构更趋合理，更符合深圳实际情况。此外，各饲料品种构成更加专业化。

4.经营情况良好的企业规模不断壮大。为适应日益激烈的市场变化，企业进行强强合作，扩大企业经营规模，如金新农公司等。今后还需进一步引导企业做大做强，注重增长方式的转变，注重产品质量，不断提升我市饲料企业的后继竞争力。

5.饲料产品质量及安全进一步提高。一是通过开展饲料及畜产品中“瘦肉精”等违禁药品专项整治行动，深圳市饲料生产企业中没有发现使用“瘦肉精”及违禁药品的情况；二是开展有关专项检查，通过检查促进整改，不断提升深圳市饲料产品质量。

【主要工作】1.开展饲料质量安全宣传及法规培训，引导生产企业提高质量安全意识。认真贯彻落实国家、广东省有关质量安全文件及工作精神，引导饲料生产企业提高对饲料质量安全的认识和重视，倡导以先进和有效的管理手段，提高饲料产品的质量安全水平。为贯彻落实农业部第73号令，在全市范围内做好饲料生产企业审查合格的申请、审核、发证等到相关工作，深圳市饲料办公室和深圳市饲料监测所联合举办了一期宣贯《饲料生产企业审查办法》及新统计办法的专题培训班，请广东省饲料工作办公室罗建民副处长及傅婕丹科长对全市饲料生产企业的企业负责人、质量负责人和统计人员进行了培训，全市共有近40家企业90多人参加了此次培训，培训取得了很好的效果。企业普遍反映，通过这次培训，使大家对审查办法的相关规定有了较为全面的了解，同时也为下一步工作的顺利开展打下了良好的基础。

2. 完成全省饲料质量安全监测计划和违禁药物专项整治抽样及送样工作。根据广东省农业厅《关于下达2007年全省饲料质量安全监测计划和违禁药物专项整治监测计划的通知》(粤农函[2007]56号)的要求，开展了深圳市2007年度饲料质量安全监测和违禁药物监测抽样送检工作，此项工作具体由市饲料监测所完成。总共出动人员80余人次，抽检饲料企业20家，抽取饲料样品42份，其中配合饲料13份，预混合饲料13份，浓缩饲料8份，饲料添加剂2份，动物源性饲料1份，血浆粉等其他类饲料5份，包括广东省农业厅要求的全部必检样品。抽样完成后，按要求将封存完好的样品送到农业部饲料质量监督检验测试中心(广州)检测。目前，深圳市饲料工业办公室没有接到广东省农业厅以及上级饲料行政管理部门关于在2007年度饲料监督抽查中检出不合格样品的通知。

3.做好饲料生产企业免税监督抽检工作。为做好2007年度饲料免征增值税产品的抽样检验工作，按照深圳市国家税务局、深圳市农林渔业局《关于进一步做好深圳市饲料产品检测及免征增值税管理有关问题的通知》(深国税发[2005]75号文)的有关要求，于2007年1月开始接受饲料企业免税产品抽检申请，截至5月底基本完成此项工作，使饲料生产企业能更好享受国家免税政策，同时要求企业主动和检测机构取得联系，做好样品的抽检工作，从抽检的情况来看，大部分企业的产品质量较好。抽检合格的企业均已顺利得到国家税务部门的免税。

4.开展专项检查，促进企业规范生产。一是开展饲料农资打假工作，共出动60人次到20多家饲料生产企业进行检查，重点检查这些企业用药情况和规范使用情况，未发现有使用违禁药物和不规范使用药物的情况；二是加强动物源性性饲料产品安全检查。按照《动物源性饲料产品安全生产管理办法》，对深圳市的两家动物源性饲料生产厂家的安全生产、质量控制等情况进行了全面检查；三是根据广东省饲料办的要求，对深圳市进行宠物饲料生产者企业及谷物蛋白生产企业进行检查，经查，深圳市没有这类生产企业。

5. 认真做好饲料添加剂和添加剂预混合饲料生产许可证换证工作、产品批准文号的重新核准及生产体系验收、饲料标签等日常管理工作。

(1)认真做好饲料生产饲料标签及批准文号管理工作，2007年共办理50多个饲料产品的标签备案手续，受理产品批准文号初审100多个。并完成批准文号抽检的组织工作。

(2)配合广东省饲料办对6家新办、到期换证的饲料厂进行进行现场审核，这些企业均通过了考核验收。

(3)根据《饲料生产企业审查办法》的要求，对深圳市饲料生产企业进行材料的初审和组织专家进行现场评审。2007年，共有13家企业提交了申请，已有4家企业取得审查合格证，有5家企业已完成评审工作，材料上交省饲料办审核，另外3家企业正在办理。

(4)做好饲料工业信息报表的统计，汇总，并按要求按时上报省、市饲料办。

(5)按照国家劳动和社会保障部及农业部推行职业资格证书制度的规定，积极组织我市饲料企业参加饲料检化验员、中控工、维修工等特有工种的持证上岗培训。按照饲料审查办法的规定，检验员、中控工至少2人持证上岗，有些企业达不到要求，企业反映，中控工的培训较少，找不到地方培训，深圳市饲料办积极主动和相关培训部门积极联系，并将相关信息通知企业。2007年以来，企业根据各自的要求对人员进行培训，大部分企业已达到审查办法的要求。

(6)发挥饲料协会作用，召开有关质量安全报告会及饲料企业座谈会，了解企业的难处及商谈应对原料暴涨、养殖企业赊账等问题，及时将国家、广东省有关政策告之生产企业，为企业做好服务工作。

6. 完成饲料三聚氰胺问题监督检查和专项调查工作。2007年5月，深圳市饲料工作办公室收到局领导批转的市政府文件，深圳市出入境检验检疫局对该局备案的深圳市15家饲料企业进行产品产品质量检测，在其中三家企业的产品中检出三聚氰胺。深圳市政府就此事召集了相关单位开了专门会议。会议并作出部署，由市农林渔业局牵头就三聚氰胺事件进行详细的调查。根据会议的精神及市农林渔业局的指示，按照《农业部关于严厉打击非法生产经营和使用“蛋白精”违法行为的通知》(农牧发[2007]8 号)和市政府会议纪要的要求,对全市饲料生产企业进行拉网式的“三聚氰胺”调查抽检。

(1)成立专门小组,制定工作方案,精心组织,周密部署。成立了以农林渔业局梁俊乾副局长为组长、深圳市饲料办、深圳市饲料监测所、深圳市技术监督局和深圳市出入境检验检疫局为成员的“饲料产品中三聚氰胺问题联合工作组”,工作组决定由深圳市饲料办、深圳市饲料监测所具体承担抽样检查工作。深圳市饲料监测所制定了《深圳市饲料生产企业“三聚氰胺”调查抽样工作方案》,采取现场调查和抽样检查同步进行的工作方式,抽取的所有样品分送到深圳市计量质量检测研究院或出入境检验检疫局检测。检查组首先对上述三家饲料企业进行了调查,三家饲料企业表示没有在饲料中添加三聚氰胺,检查组经详细检查,在三家企业内并未发现三聚氰胺原料。

(2)截至 8 月底,共出动人员 70 余人次,检查饲料生产企业共 30 家,并对其中 17 家进行了抽样,抽取样品 32 份,包括进口鱼粉 15 份,国产鱼粉 5 份,酵母粉、豆粕、玉米蛋白粉等植物饲料原料 5 粉,各类饲料成品 7 份。在所有被检企业现场均未发现三聚氰胺原料或添加剂产品。样品经深圳市计量质量检测研究院和出入境检验检疫局检测,在其中四家饲料企业抽取的进口鱼粉中检测出三聚氰胺。

(3)对相关企业的后续调查。检测结果出来后,工作人员先后到 4 家进行后续调查。调查发现这 4 家企业鱼粉原料的采购程序合法,其上级供应商均具备农业部备案的进口登记许可证,许可证号码核对无误,产品均有出入境检验检疫局的入境货物检验检疫证明,但是均没有进行三聚氰胺项目检测。4 家公司的负责人都表示没有向鱼粉中添加三聚氰胺。通过对这 4 个样品的分析,4 个进口鱼粉样品经检测虽含有三聚氰胺,但是检测值都很低,抽检的饲料产品均未检测出三聚氰胺。分析后认为在进口鱼粉中检测出三聚氰胺应该属于污染所致,但污染的途径和方式不明。三聚氰胺作为一种“假蛋白”而被添加到动物饲料中,其目的是使得在检测蛋白质含量时能提高其检测值。但鱼粉在饲料中的添加比例一般在 3%~5%之间,此次检查检测出如此低含量的三聚氰胺对提高饲料蛋白的含量并无意义。因此得出结论:深圳市饲料生产企业未发现人为蓄意添加三聚氰胺的行为。

7.全面开展深圳市饲料产品质量专项整治行动。按照《广东省产品质量和食品安全专项整治工作规范要求》和深圳市《农产品质量安全重点整治暨全国第三次专项整治现场会迎检实施方案》的统一部署,深圳市饲料办在专项整治工作中具体负责饲料产品质量安全的监督检查。

(1)周密部署,落实责任。由深圳市饲料监测所制定《深圳市饲料质量安全整治方案》并由深圳市饲料办批准实施,同时制定《深圳市饲料厂专项整治检查路线》《全国第三次农产品质量安全专项整治深圳市饲料厂检查表》等一系列配套记录和表格。

(2)广泛发动,全面动员。于 2007 年 11 月 12 日下午召开饲料质量安全专项整治动员大会,全市 40 家饲料生产经营企业负责人全部到场,与会人员近 70 人。深圳市饲料办杨平副主任在会上传达了上级文件的具体精神,深圳市饲料监测所实验室黄主任布置了此次专项整治的检查内容及工作要求。通过动员,全市饲料行业进一步统一了思想,端正了态度,保证了各饲料企业在这次专项整治行动中做到有的放矢,重点突出。

(3) 加强现场监督检查。检查组共出动 21 个组次,91 人次,检查了 35 家饲料企业,宣贯人数 2339 人。通过此次专项整治活动,全面提高了饲料生产企业产品质量安全意识,达到了专项整治的目的,深圳市饲料办也对深圳市饲料生产企业生产、管理状况有了更为全面准确的了解,为今后和饲料管理工作打下了更为坚实的基础。

8.依法对国家监督抽检不合格的企业进行查处。(1)在 2006 年的国家饲料质量安全监督抽检中,深圳市希科安公司的一个产品检测不合格,根据广东省农业厅粤农饲[2007]001 号文的要求,对该公司进行立案调查,调查组人员对该公司进行了详细的调查,并到公司产品的主要销售地进行了实地调查和取证,最终对该公司做出没收违法所得 3 750 元,罚款 3 800 元的行政处罚,该公司表示接受并表示会认真总结此次的教训,在今后的生产经营活动中,严格管理,保证产品质量。

(2)2007 年 9 月,深圳市饲料办收到市农林渔业局转来的深圳出入境检验检疫局《关于深圳市天牧实业有限公司饲料分公司大猪预混合饲料检出禁用药物的函》,反映该局在某供港活猪注册饲养场使用的天牧饲料有限公司生产的大猪预混合饲料(4314SP)中检测出禁用药物莱克多巴胺。

对此进行了调查,一是对该公司的药房、原料仓库、产品仓库以及投料区进行全面细致的检查,没有发现莱克多巴胺原料;二是对库存三个批次的大猪预混合饲料(4314)产品都进行现场抽样,样品送国家饲料质量监督检验中心(北京)检测,同时对库存的大猪预混合饲料(4314)产品 3.14t 进行登记保存,保存期间企业不得使用、销售、转移、损毁和转移改批产品。经检验,送检的三份样品中未检出莱克多巴胺。深圳市饲料工作办公室把调查情况以及检测结果函告深圳出入境检验检疫局,以建立更加紧密的工作联系。

(深圳市饲料工作办公室)

企 业 篇

重点企业经验介绍

科技创新是发展的源动力
——北京挑战农业科技有限公司

北京挑战农业科技有限公司是由中国农业科学院创办的大型高新技术股份制农业企业集团公司，集科研开发、生产经营、技术服务、国内国际贸易于一体，以高科技含量的饲料添加剂、预混料和动物保健品为主要发展方向。集团投资成立了北京挑战生物技术有限公司、北京挑战牧业科技股份有限公司、天津市挑战生物技术有限公司、温州海螺挑战生物工程有限公司等，集团在饲料添加剂、预混合饲料以及动物保健品等方面都取得了巨大的成绩。

北京挑战农业科技有限公司以中国农业科学院、饲料研究所、国家质检中心等科研院所为坚实后盾。拥有业界著名科研技术专家多名，其中博士生导师2名、博士9名，技术力量雄厚，并按ISO9001、GMP标准建立起了质量控制体系。密集的人才优势、严格的生产管理，有效地保证了集团产品质量的优越和稳定。

北京挑战农业科技有限公司注重科技创新，现已研制开发出的20多个系列的200余种产品，具有较高的科技附加值和广泛的市场适用性，深受用户好评，覆盖全国多个省、自治区，并远销欧美及东南亚地区，已发展成为行业内高科技发展方向的领头羊，正致力于打造世界级的酶制剂制造商而努力，为我国饲料行业的科技进步和发展做出了突出贡献。

集团与中国农业科学院饲料研究所合作，设立了自然科研基金、“十一五”攻关项目基金，用于科技研发，强有力的技术和资金保障，使集团的产品不断推陈出新：由中国农业科学院饲料研究所承担研制，挑战集团开发转化、国家“863”科技攻关课题中第一个对饲料行业资助项目的科研成果——植酸酶，是挑战集团科研的重要成绩；在挑战集团与中国农业科学院饲料研究所的共同努力下，在国内率先开发研制了用于替代抗生素促生长的非抗生素饲料添加剂——二甲酸钾，处于国内领先水平；高科技的预混料，在多年来的实践中，受到了广大客户的广泛认同，销量不断增长，遥遥领先......领先的科技、优质的产品、完善的服务，是挑战集团一直坚持的理念，致力于为广大客户创造最大的利益，回报客户，回报社会是挑战集团不变的宣言。

2007年，是北京挑战农业科技有限公司持续稳定发展的一年。在这一年中，集团在研发创新、企业宣传、产品销售等方面都取得了长足的发展。在这一年中，北京挑战农业科技有限公司也取得了多项荣誉。

2007年，挑战集团加快投资发展的力度，在集团对外投资方面做出了很大的工作。集团在行业中寻找行业内优秀的有共同理念的合作者，于2007年5月与厦门金达威共同投资生产维生素B_2。2007年，挑战集团站在了另外一条起跑线上，从发展畜牧业饲料业转向整个生物领域，公司在确保已经取得了一些成绩的相关产业继续稳步提高，同时解放思想、拓展视野，投入应用更广阔领域的生物技术产业。挑战集团审时度势，借助“天时、地利、人和”等诸多方面的优势条件，快速发展。

2007年，挑战集团多次参加了国内外大型展会，并且取得了良好的反响。3月，挑战集团参加了在泰国曼谷举行的亚洲国际集约化畜牧展览会。展会期间，中央电视台驻泰国记者对挑战集团副总裁吴培君先生进行了专题采访，泰国当地媒体对3家具有代表性的企业：巴斯夫、安迪苏、挑战集团进行了回访。5月，挑战集团参加了备受关注的2007中国畜牧业暨饲料工业展览会。集团3大支柱产业——北京挑战生物技术有限公司、北京挑战牧业科技股份有限公司、天津市挑战生物技术有限公司在展会上大放异采。10月，挑战集团参加了在四川成都举办的中国动物保健品暨兽医技术展览会，公司良好的信誉、优秀的产品，逐步晓喻川渝云贵等西南诸省，并越来越受到养殖户的青睐。

2007年，挑战集团在科技研发方面取得了一定的突破。“饲用基因工程酶新产品中试”项目被列入2007年度国家农业科技成果转化资金项目之一。“饲用基因工程酶研究与新产品中试”项目是农业科技成果转化863资金项目，由中国农业科学院饲料研究所研究主持，挑战集团负责推广应用。目前，此项目已经达到国际先进水平。同年，挑战集团总裁徐俊宝先生、技术总监杨禄良博士潜心专研，发表了学术论文《饲料配制技术和农业立体污染》。此文提出了通过饲料配制技术解决农业立体污染。这篇论文论述精辟、见解深刻,对于综合防治农业立体污染工作有着重要的意义,被选编至《立体污染综合防治——农业篇》一书中,此书由中国农业科学院副院长章力建博士主编,中英文同时正式出版。

2007年,是挑战集团成立以来最不平凡的一年。2007年11月19日,集团10周年庆典在北京九华山庄隆重召开,来自农业部、全国畜牧总站、中国饲料工业协会、北京市饲料监察所、北京民营科技实业家协会、中国农科院、天津市静海县等地区和部门的上百名领导出席了会议,20多个媒体对庆典进行了报道。挑战集团全国各地的700多人参加了会议,隆重的庆典仪式、精彩的文艺晚会,充分显示了挑战集团10年发展的辉煌成就。

随着国家对环保问题的重视,2007年行业就有一些厂家被叫停或者整改,给整个行业敲响了警钟。解决这些问题有赖于科学的进步、国家法律制度的完善、各层领导的重视以及规范的过程的实施,食品安全、绿色环保是大势所趋,同时也是一个不可逆转的方向。北京挑战农业科技有限公司注重产品的环保,这些产品还要能起到促进动物生长,降低饲料消耗,提高饲料转化效率的效果。酶制剂产品的研发和生产、销售是以后发展的一个方向。2008年,北京挑战农业科技有限公司将加强创新。

经过10年的发展,集团现已成为大型高新技术股份制农业企业集团,在行业内率先倡导绿色安全理念,为畜牧业的发展和人类的健康做出了积极的贡献,多次受到农业部和中国饲料工业协会的表彰,获得了“中国饲料科技进步与应用奖”“科学技术进步奖”“北京市饲料行业先进集体”等多项荣誉,在社会上享有较高的声誉。

挑战集团不仅注重创造经济效益,还热心参加社会公益事业。集团在与禾丰集团的合作中,设立“禾丰——挑战杯”资助创业专项基金,并成功举办“禾丰——挑战杯”中国饲料重大科技进步与应用评选颁奖活动,积极推动我国饲料行业的创新与应用;与中国农业大学等高校合作,赞助贫困学生,使一心求学的莘莘学子不因贫困而失去学习的机会,在2006年被评为“感恩励志”助学工程先进单位;与中国农业科学院研究生院合作,开展共同委培专业硕士等活动,致力于为饲料行业培养更多的技术人才,为饲料业的繁荣发展贡献自己的力量。

挑战集团得到了国家、省、市等各级领导的广泛认同。挑战集团在10年的发展中不断取得进步,获得了众多荣誉。领先的科技是挑战集团的竞争优势,也是集团不断取胜的重要保证,集团重视科技研发,科研项目多次获得国家级荣誉:“饲用植酸酶的生产与应用技术项目”荣获“2005中国饲料科技进步与应用奖”;“甜菜碱化学合成工艺及工业化生产技术”被授予“部级科学技术进步奖3等奖”;“基因工程酵母生产饲料用植酸酶”被授予“国家科学技术进步奖”。优质的产品是挑战集团的科研成果,也是集团奉献给行业和同仁最好的礼物,集团生产的“挑战”牌饲料产品荣获“质量、服务、信誉”消费者可信产品,“中国著名品牌”等多项荣誉;领先的科技、优质的产品、完善的服务,使挑战集团享有盛誉,2001年被评为“重承诺、守信用”企业,2002年被评为“北京市饲料行业先进集体”,在2004年被评为“2004年度守信企业”;2006年被评为“全国饲料添加剂科技创新优秀企业”。

扎实推进社会主义新农村建设是当前农业工作的重点,北京挑战农业科技有限公司将以此为己任,全面贯彻落实科学发展观,认真履行好职责,进一步创新思路,坚持高科技、高标准、高效率,把挑战集团打造成为世界级的酶制剂制造商,为饲料业的发展做出更大贡献!

珍惜今天 志存高远

——北京昕大洋科技发展有限公司

北京昕大洋科技发展有限公司于1999年9月,由中国农科院饲料界、生物界专家联手创建的高新技术企业。公司创立9年,坚持走“人才、科技、管理、文化”的兴业之路,集科学研究、产品开发、生产经营于一体,立足高科技、高素质、高标准、高品质,秉承“浓缩科技精华与您共分享”的经营理念和“稳定恒远达天下”的产品理念,致力于饲料领域的广泛交流与合作,依靠雄厚的人才优势、科研实力、科学高效的管理机制和良好的企业文化,在不断变化、竞争激烈的市场中,顺势而为,站稳脚跟,保持公司稳定、健康、持续、快速发展,现已成为国内知名饲料添加剂和饲料生产厂家。公司主营饲料添加剂、预混料、浓配料3大系列80多个品种,业务网络遍及全国,通达世界。

公司已通过ISO9001质量管理体系、ISO22000和HACCP食品安全体系及FAM-QS的认证,真正实现了产品生产的规范化、优质化、系列化、安全化。

一、人才——公司稳定持续发展的坚实基础

21世纪企业的竞争就是人才的竞争。昕大洋人能从战略的高度认识加强人才队伍建设的伟大现实意义和深远历史意义,把“6个坚持”作为企业的用人之本,即:坚持任人为贤、引培并举的人才战略;坚持先用品德,后用能力的用人原则;坚持组成以高学历,多学科,老、中、青相结合的人才梯次结构,形成学科间、年龄、性格间的互补;坚持德、能、勤、绩有机组合的用人标准;坚持个人与企业同步发展,让员工的命运和企业的命运联系在一起的方针;坚持“选好人,压担子,重培养,提待遇”的做法。目前,已经建立起拥有研究员、教授、博士后、博士、硕士等具高端理论知识和实践经验的国内外知名专家、学者为核心的科技研发和技术服务队伍;懂技术、重质量、善管理的生产队伍;具备专业管理知识和丰富经验的管理队伍;具有把握市场、驾驭全局、吃苦耐劳的销售队伍,真正使昕大洋的人才队伍形成一个团结向上,富有朝气,精干务实,勇于创新,坚韧不拔,能走向世界,特别能拼搏的坚强团队。

二、科技——公司赖以生存和发展的坚强基石

"科技是第一生产力",走科技兴业之路是昕大洋的唯一选择。"企业发展,科技当先"不是一句空话,昕大洋人通过9年的实践,已深深体会到了科技的力量和价值。公司成立以来,一直致力于高科技、节能增效、绿色环保饲料和饲料添加剂的研究、开发与应用,通过"人才、市场、研发、项目、资金、机制"6个方面的有机结合,不懈努力,不断探索,勇于创新,敢为人先,保持了公司产品的稳定、优质,实现了新产品研发、生产、销售一条龙,在保持原有产品基础上,成功推出了引领行业发展方向的植酸酶高端产品——液体植酸酶和耐高温植酸酶,保持了行业的领先地位。提供多品种、高品质、能充分满足不同用户需求的优质、高效产品,服务社会,是昕大洋人的不懈追求。

三、管理——公司健康发展的重要保证

公司建立之初,就确立了依靠管理,保证企业健康发展战略思想,始终强调"以人为本,点面融合,科技兴业,发展为本"的管理理念,坚持"严格要求与人性化管理相结合"的基本做法,构建了"层次分明,职责明晰,运行有序"的管理格局,实现了"制度的规范化,管理的人性化,执行的坚决化",使公司管理水平不断提升,保证了企业的健康发展。研究适合企业发展和符合员工实际的管理体制,实现现代管理理论与企业的最佳融合,是昕大洋研究解决的重要课题,公司将继续坚持以现代企业制度治理企业的原则,坚持严格正规的企业管理,以国家法律为准绳,以规章制度为规范,向管理要质量,向管理要效益,继续全面提升公司管理水平,把昕大洋建立成为行业的标杆。

四、文化——公司凝聚力的充分体现

成功的企业,必然有良好的企业文化。昕大洋自创立以来,萃取企业文化建设精华,保持文化建设与企业发展同步进行,坚持以形象带动人,靠事业凝聚人,用机制激励人,以"爱党、爱国、爱人民"为政治信仰,以"珍惜今天,志存高远"为核心;以发展高科技产品为目标;以"树昕大洋形象、创昕大洋品牌"为己任;以"体现价值、奉献社会"为使命;发扬"自尊自强、勤奋敬业、严谨务实、追求卓越"的企业精神;树立"质量、成本、用户至上"意识;继承"艰苦奋斗、勤俭节约"传统美德;营造"人人关注、人人参与、人人奋进"的工作氛围;优化"互为理解、帮扶支持、协调配合"的企业环境;倡导平等待人、诚信做人;鼓励勤奋学习、不断创新,无私奉献、共同发展。昕大洋经过9年的积累和沉淀,形成自己了独特的企业文化,并以此教育全体员工,提高了公司内部的凝聚力。

昕大洋依靠"人才、科技、管理、文化"的协调发展,成功打造了优秀企业和知名品牌,创建至今,已拥有自己的专利产品,先后荣获中国饲料工业优秀会员单位、全国质量、服务、诚信示范单位、全国饲料添加剂科技创新优秀企业、北京市饲料工业行业优秀企业等称号,植酸酶系列产品获得全国饲料市场用户满意产品、中国饲料产业著名品牌、中国饲料市场十佳畅销品牌、全国性价比用户满意度五星级品牌等殊荣。主打产品全国销量第一。

昕大洋将通过实施"产品升级、创新、延伸、国际化"4大战略,实现产品优化,完成资源整合,推进企业综合发展,来争做国内一流的专业化生产企业,为中国饲料工业的发展做出自己应有的贡献。

公司的前方是销售
销售的前方是后方

——北京三元禾丰牧业有限公司

2007年是中国经济高速、健康发展的一年,同时也是畜牧饲料行业激烈竞争、优胜劣汰的一年。全年受高热病的影响,生猪存栏数量锐减,导致饲料销售困难;豆粕、棉粕、磷酸氢钙、维生素、微量元素等蛋白和资源性原料价格的暴涨导致饲料成本陡增;燃油、煤、电价格及人员工资上涨导致企业运营成本高幅上涨;逆境下求生的本能又导致行业内部的恶性竞争。沧海横流方显英雄本色,北京三元禾丰人直面挑战,奋勇争先,充分发挥自身的核心竞争力,使得2007年的饲料销售量总体上升60%,同时在企业管理的各个方面,亦取得了长足发展。

一、拥有科技,拥有成功

禾丰人以永远从客户的需求出发,不断开发新产品,决不因循守旧;永远诚实经营;永远以服务社会为宗旨,靠科学技术和创造性劳动来发展自己为原则。北京三元禾丰牧业有限公司由创业之初一名不见经传的科技型创业公司发展成为北京市优秀的饲料企业,在饲料行业中发挥着越来越重要的作用。

北京三元禾丰科技创新实力的发展源于科技人才的不断进取和对饲料科技的孜孜以求。2007年由北京三元禾丰自主创新研制的奶牛全混日粮(TMR)项目,在北京市科委的项目评选中获得了北京市高成长自主创新项目的奖励和支持,使得该项目得到了推广,提高饲料粮的乳成分,提高奶牛的产奶量,减少疾病的发生。该项目的研制成功,使北京三元禾丰在众多的饲料科技企业中脱颖而出,一支独秀。

二、知识就是力量,团结就是力量

北京三元禾丰自创立以来就注重人才的培养和团队的建设。目前向集团输送中高级管理人员已超过10人,成为集团人才培养基地之一。坚持不断地学习已经成为企业发展的源源动力,有计划、有组织、有目的性的培训、考核、选拔,给员工提供不断地学习和成长的平台,“专家就是赢家”根植于每名员工的内心。通过与行业高校、科研机构的一系列合作,在学校师生中产生重大影响,以保证公司永远拥有最可靠的人才来源。公司施行“以人才吸引人才”的策略,从多渠道广纳贤良,唯才是举,为科技人才提供了广阔的发展空间和施展舞台。

同时公司自上而下地形成极强的凝聚力,群策群力,民主、平等、和谐的企业氛围不仅为员工提供了良好的就业环境,更为企业的持续发展提供了另一个源源动力。因此北京三元禾丰非常重视团队建设,各部门间良好的团队协作充分地保证了企业的高效运作。

三、创新式营销

市场瞬息万变,营销也必须与时俱进,坚持自主创新才能创造奇迹。2007年,北京三元禾丰更是在市场营销方面大胆改革,开创了独特的营销模式:

1.新产品的开发成为销量上升的新亮点。2006年末,北京三元禾丰的管理者从职业和专业化的角度认识到反刍动物饲料和猪场专用全价饲料将成为2007年乃至今后大有潜力的市场,便积极与荷兰德赫斯集团合作创新开发出10余个奶牛专用饲料和猪用饲料新产品。这些新产品经过近一年的市场检验,已成为公司销量增长的新亮点。同时乳猪粥状教槽料的开发,更是在国内同类产品中独树一帜,成为具有禾丰独具特色的产品,受到业内同行和客户的瞩目。

2.“五会”模式成为销量增涨的有力支撑。招商会、养殖技术研讨会、对比实证会、新产品推介会和经销商培训会被禾丰人称做“五会”。2007年,北京三元禾丰在新产品推出后,适时地召开对比实证会和新产品推介会;在新市场召开对比实证会和招商会;在固有市场召开对比实证会和经销商培训会,同时配合适合当地养殖情况的养殖技术研讨会,使更多的客户全方面多角度的认识并接受了北京三元禾丰产品,为客户创造了极高的经济效益。

3.销售人员的合理分配为销售工作注入了活力。2007年,北京三元禾丰创新地将产品销售人员分为猪饲料事业部、禽饲料事业部和反刍饲料事业部。每一部门有专人负责,每一事业部的人员只销售本事业部所属的产品,在这样的一个背景下,企业更有方向性的对销售人员进行企业文化培训、专业技能培训和产品知识培训,使销售人员成为事业部所属区域内的专家,以更高的职业素养服务于畜牧业。

4. 多品牌战略为市场的重复占有提供捷径。禾丰、天地、爱普特、德赫斯等品牌相继开发,使业务人员在同一市场区域可以拥有不同品牌的经销商。一方面提高了产品在当地市场上的影响力,另一方面也为提高北京三元禾丰产品的市场占有率提供了一条捷径。

四、强有力的后方保障

北京三元禾丰向来坚信“公司的前方是销售,销售的前方是后方”。

随着销量的快速增涨,企业的产能和产品质量在很大程度上就会成为制约企业发展的瓶颈。北京三元禾丰的生产设备因老化陈旧,已严重地影响到生产的效率。面对这种情况,北京三元禾丰在2007年初制定了全年生产设备改造及厂房设备扩建的计划。在不影响正常生产的前提下,北京三元禾丰新安装并投入使用一条年产10万t的制粒线,同时将预混料车间与浓缩料车间完全分离。全年对设备改造20余处,提高整体产能15万t,新增库房建筑面积5 000m²,可多仓储原料和成品上万吨。在品质控制方面,又增加了3名实践经验非常丰富的品控员,提高了对原料和成品的质量验收标准。加强和巩固了产品的稳定性,使产品在市场上更具竞争力。

2007年北京三元禾丰的事业得到了长足发展,拥有7年奋斗历程的北京三元禾丰所取得的成绩也足以令公司自豪!今后愿向更多的优秀企业学习,改进自身的不足。同时也愿与同行企业一道,为北京饲料工业、为国家民族饲料工业的发展做出更大的贡献!

多元经营 铸就品牌

——河北凯特饲料集团有限公司

河北凯特饲料集团始建于1985年,公司位于河北省沙河市金百家民营工业园区,距京珠高速公路沙河市进出口仅2km,交通便利。集团公司经过20多年的发展,现已成为一个以饲料生产为主,集牧业、粮油、贸易、食品、科研开发为一体的现代化企业集团公司。集团拥有河北凯特饲料有限公司、凯特集团保定清苑分公司、河北金凯牧业有限责任公司、沙河市天凯生态食品有限公司、沙河市海丰实业有限公司、石家庄凯特生物科技开发有限公司、石家庄反刍动物研究所、凯特奶牛小区等分公司。集团公司现有总资产25600万元,占地总面积600亩,职工500多人,年产值7亿元。1998年公司被河北省人民政府评为“河北省百强私营企业”,1999年、2003年、2007年被评为

“河北省著名商标企业”;2003年被评为“河北省饲料行业20强企业”;2004年被河北省省委省政府授予“河北省农业产业化重点龙头企业”;2005年被中国饲料工业协会评为“全国30强饲料企业”;董事长杨海增同志先后被评为“河北省优秀厂长经理”、“邢台市乡镇企业系统劳动模范”、“邢台市农村致富带头人”;2002年4月出席了共青团中央组织召开的全国农村青年工作会议,受到国务院总理温家宝同志的亲切接见,并被授予“全国农村青年创业致富带头人”称号。

一、艰苦创业,滚动发展,铸就凯特品牌

1985年党的改革开放政策深入农村,凯特集团董事长杨海增独具慧眼抓住机遇,针对养殖业投资少、见效快、风险小、适合农村发展的特点,率先办起了养鸡场,并带动周边养殖业的发展。随着饲料用量的加大,1987年适时创办了沙河市桥东饲料厂。1989年扩大生产规模,达到年产万吨的生产能力。1995年又筹资500万元,新建一座年产10万t微机监控的饲料成套加工设备生产线,且依靠党的优惠政策及正确领导,使企业得到迅猛发展,使“凯特”品牌走进了千家万户。为了给广大养殖户提供综合性、全方位服务,公司先后建立了年存栏10万套种鸡、供应雏鸡500万只的种禽公司,创建了海丰贸易公司和莽源油脂公司,1998年5月成立了凯特集团。为进一步满足日益扩大的市场需求,提高竞争力,2002年投资800万元新上年产20万t饲料生产线,一举成为当时华北最大的饲料加工企业,带动了农民玉米种植产业更大发展,年转化农民余粮7万t,辐射带动农户1 600户。

随着我国加入WTO,为进一步提高企业管理水平和产品质量,增强市场竞争力,2002年3月企业通过了ISO9001国际质量管理体系认证。为贯彻党中央、国务院、农业部及党政领导加强饲料安全工作的指示精神,公司积极贯彻,严格执行,并成为河北省首批“饲料安全宣言发起单位”。凯特饲料以其质量优良、品种齐全、价格合理、服务周到而深受养殖户好评,产品覆盖河北、河南、山东、山西、等10多个省市、100多个县、上千家经销商,辐射带动4 000多个养殖户,公司产品在当地市场占有率达到25%以上。“凯特”牌饲料先后被评为“河北省名牌产品”、“中国国际农业博览会名牌产品”、“河北省重点名牌产品”,2001年承担农业部全国农牧渔业丰收计划推广项目,集团连年被评为“中国饲料工业协会优秀团体会员单位”,成为河北省饲料工业的一面旗帜。

二、二次创业,以绿色生态产业为龙头,把企业做强、做大

21世纪初,随着党和政府对农业投入的加大,积极发展现代农业,扎实推进社会主义新农村建设,集团制定了中长期发展战略,即:“围绕饲料生产向前后两方面纵深发展,即一方面是饲料的前沿——绿色饲料添加剂的开发生产;另一方面是畜禽产品的深加工”。发展目标是“以饲料生产为主,创造市场,超前发展,成为多元化经营的现代化企业集团”。

1.开发绿色饲料。随着现代化饲料工业的快速发展,人民生活水平的提高,对绿色、无公害食品的需求不断增加,饲料安全成为关系食品安全和人民群众利益的一件大事,为此,集团公司适时于2001年成立了石家庄凯特生物科技开发有限公司,致力于绿色环保饲料、高科技生物科技项目的研究。现已开发生产了益酶生、益生源等系列产品,对绿色饲料生产和环境保护提供了有效途径。同时高效生态饲料添加剂-益酶生(生物复合酶)荣获河北省科技厅颁发的“高新技术产品证书”;石家庄凯特生物科技开发有限公司被河北省科技厅认定为“高新科技企业”。

2.实现畜产品深加工,做长产业化链条。为加强农业产业化发展,实现深加工,作长产业化链条,2001年集团投资成立了沙河市天凯生态食品有限公司,实行“公司孵化雏鸡,放养农户,供应饲料,成鸡、鸡蛋回收,食品深加工”一条龙服务形式。2003年,凯特种禽有限公司被河北省畜牧局认定为“河北省无公害畜产品产地”,并辐射带动周边农户养殖业的大力发展,计划3年内发展绿色无公害养殖基地规模达到100万只,积极探索一条绿色生产基地建设工作,从畜产品的源头及各个环节把好绿色产品质量关,保证向人们提供优质、健康的绿色食品。

3.成立反刍动物研究所,建设奶牛小区,促进奶牛业的发展。新世纪初,中国消费者协会提出了“为国门强壮加杯奶”、“要强壮,天天奶”的口号,而现在我国人均乳品消费量不及世界平均水平的6%,奶业发展面临跨越式发展的大好时机。凯特奶牛小区建设正是适应了这一奶业发展趋势,有利于促进奶牛产业的形成。按照农业产业化经营的发展思路来调整农业产业结构,企业一方面面对市场,一方面又要引导农民适应市场需求,从而发挥资源优势,形成专业化、区域化、适度规模化的奶牛养殖产业带。按照“公司+小区+农户”的经营模式,计划到2010年培育20个50头左右,100个30头左右,300个10头以上的奶牛专业户,形成产供销一体化经营,减少农民产业结构调整的盲目性和市场风险,增加农民在结构调整中的主动性,实现增加农民收入的目的,实现农民致富奔小康的有效途径。现已建成两个奶牛小区,吸收农户40户,奶牛存栏达到600头。

4. 引进世界最新饲料生产技术——蒸气玉米压片,力创中国反刍动物饲料第一品牌。2005年,凯特集团与中国农业大学合作投资1 500万元从美国罗斯坎普·钱皮恩(ROSKAMP)公司引进世界上先进的蒸气压片谷物饲料全自动生产线。这一项目的投入彻底改变了过去我国在畜禽饲养当中精料全部采用生食的状况，极大提高了饲料的科技含量，改变了谷物饲料的分子结构，提高了淀粉的糊化度，极大地提高了动物对谷物饲料中的营养素的消化和吸收。蒸汽压片玉米饲料进一步提高谷物饲料淀粉的消化率，代表了利用谷物饲料发展畜牧业的方向，并将带来谷物饲料加工利用方面的一场革命。应用该项目生产的压片谷物饲料饲喂畜禽，将直接使农民受益，服务“三农”，对于解决农民就业和提高农民生活质量、改善农村生态环境，均具有重要的作用。

三、制定三个“三年规划”，走向新的辉煌

未来的10年是凯特集团战略发展的10年，公司将以优秀的企业价值观和宏伟的前景目标为指导，本着客观、务实的原则，制订了凯特集团以3年为阶梯的中期发展规划，即：第一个3年规划：本着调整产业的结构，优化资金分配的思路，重点发展饲料和贸易，走专业规模发展的路子，以夯实基础；第二个3年规划：在前者的基础上，增加生物科技和绿色食品两条主线，提供大量的绿色、无公害食品；第三个3年规划：在规范管理的基础上，把饲料、贸易、生物、科技、绿色食品4条主线全面推向辉煌。

回首过去，立足现在，展望未来，既有创业初期的艰辛，初尝成功果实的喜悦，又有远期战略目标的召唤，前进过程的坎坷，坚强的意志和奋斗不息的勇气，公司已实现了一个个既定目标，未来的战略设想也同样会得以实现。在集团上下齐心协力、脚踏实地、拼搏进取下，凯特集团将会如虎添翼，快马加鞭，创造新的辉煌。

组装先进技术 推广适宜产品
——山西汇福科技发展有限公司

山西汇福科技发展有限公司是由农业科技人员创建的高科技企业，是中国饲料百强企业、全国首家饲料产品认证企业、农业产业化国家重点龙头企业。“十五”期间汇福科技获得了山西省政府“五一劳动奖状”并荣记集体一等功的奖励。公司下辖5个生产基地、4个养殖服务基地、3个配套服务中心，形成了以饲料的研发、生产为主，种畜禽养殖、养殖场户技术服务、禽蛋品加工、原料检测、饲料原料贸易等为辅的一条龙产业化经营模式。

“组装先进技术，推广适宜产品”是汇福科技的经营理念。公司采用瑞士布勒成套生产设备，应用美国Brill配方技术，根据山西省畜牧养殖特点调配出的7大系列近百个品种的饲料产品，以其“配方技术先进，产品质量稳定，饲喂效果良好”赢得了养殖户的好评及社会的认可，成为山西省农牧科研成果转化的重要载体。汇福科技新威科饲料是山西省著名商标。

“注重人员与设施的匹配”、“以人为本”是汇福科技的用人理念。公司现有员工近300人，大专以上学历占非生产人员60%，其中农牧及相关专业人员占80%以上。公司注重员工个人与公司和谐发展，积极为应届毕业生提供实习岗位，将员工的落户、档案的存放、各种保险的交纳作为解决员工后顾之忧的重点工作来做。保证员工的收入与公司发展的同步增长，让员工体会“我工作、我发展、我快乐”的工作境界。

“品质卓越，服务至上，用户满意是公司最大的心愿”是汇福科技的质量方针。公司率先在山西省饲料行业通过ISO9001质量体系、HACCP危害分析与关键点控制安全体系认证，使产品质量得到有力保障。公司组建了由山西省农科院老专家牵头、公司中青年专家为主的技术服务队伍，坚持“服务工作24h前安排妥当，应急服务36h到达现场”的服务理念，及时、准确、专业的为广大养殖户服务；建立汇福畜牧服务网，通过开展“威科服务就在您身边”系列活动，送技术、送产品、送服务到养殖第一线，现已覆盖山西全省地市一级、辐射河南、河北、内蒙、陕西部分地区的销售服务网络，真正实现了“使用汇福产品，享受网络服务”的诺言。

“汇百科为民造福”是汇福科技的企业使命。公司将发展方向定位于能力最强的农牧科技服务，应用农业科学、动物科学，研究、设计、开发、生产、制造并销售安全饲料，引导养殖户科学养殖，提高效益，让畜禽奉献更多；不遗余力地提高产品和服务的品质，不断促进农牧领域的发展；提供专业服务，使客户获得受益的解决方案。在实现公司稳步发展壮大的同时，汇福科技努力承担自己的社会责任，在山西农大、太原畜牧兽医学院设立奖学金、助学金；主动解决职工困难；在特定节日慰问农科院、周边地区的中小学生；免费为社会青年进行养殖技术培训等。积极推进公司“公德计划”的实施，使客户、公司、社会和谐发展，共同前进，展现了公司“务实、守信、努力、创新”的企业精神，将发展企业、为民造福的信念落到了实处。

“一诺万金，信用比山高”是汇福科技追求的企业形象。公司坚持“不轻诺，诺必行”的做事原则。2001年3月，汇福科技与全国34家大中型饲料企业，共同发布了《新世纪饲料安全宣言》，承诺不掺假使劣，不使用违禁药物和超标饲料添加剂，并严守承诺，接受监督。公司要求在和客户的业务往来过程中，无论是多么小的承诺，也应积极的去兑现，从而受到了业内同行与广大客户的普遍赞誉。多次被中国饲料工业协会评为重承诺、守信用单位。通过开展全员参与的学习文化知识、演唱企业歌曲、共度企业节日、共享学习心得等“让汇福文化起来”系列活动，使公司文化不断得到提升,公司形象得到不断改善,并为公司发展提供源源动力。

展望未来,汇福科技将继续发扬“踏实、敏捷、坚韧、严谨”作风,以“引导养殖户科学饲养,提高效益,促进区域农牧业现代化,带动农民增收;达到员工、用户、社会满意;技术、收益、事业成长;争做中国饲料行业升级的排头兵”为己任。新威科要成为山西新农村建设的新力量,要成为山西省发展新型饲料工业道路的推动者。

提高养殖效益 带动区域发展

——山西晋龙集团饲料有限公司

山西晋龙集团饲料有限公司是山西省最大的饲料生产企业和山西省农业产业化经营省级重点龙头企业。总部位于稷山县,下设临汾、太原和运城 3 个分公司。运城分公司位于空港新区,正在建设中。现有 1 条年产 40 万 t 级和 3 条 10 万 t 级的现代化饲料生产线。饲料产品拥有鸡、猪、牛、鱼饲料 4 大系列和蛋鸡、蛋种鸡、肉鸡、育肥猪饲料 4 大拳头产品以及其它的 100 多个品种。共有员工 360 人,其中大专以上学历者 38 人。近 3 年来,公司饲料产销量均突破 20 万 t。

一、企业发展对“三农”的带动作用

1.每年转化农副产品 18 万 t。晋龙公司每年可转化农产品(玉米、大豆、小麦等)及其副产品(麸皮、豆粕、棉粕、菜粕、饼类等)18 万 t,解决了数以千计的农民卖粮难、卖麸难、卖饼难等问题。

2.增加了畜牧业收入 1.75 亿元。晋龙公司每年饲料所供养的鸡有 500 万只,猪 5 万头。若按 2007 年每年每只蛋鸡纯收入 25 元计算,全年可为养鸡户增加纯收入 1.25 亿元;2007 年按每出栏一头猪纯收入 500 元计算,全年可为全市养猪户增收 2 500 万元。仅此两项合计即可为农民增加纯收入 1.50 亿元。

3. 增加了农村剩余劳动力和下岗职工万余人就业。随着饲料生产、供给和养殖业的发展,每年可增加农村剩余劳动力和下岗职工万余人就业。他们可从事饲料生产、原料与产品运输、饲养鸡、猪、牛、鱼等动物和加工屠宰、贩运畜禽及其产品以及信息、技术服务等工作。

4.拉动了相关产业增收近亿元。随着企业的不断发展、壮大和龙头作用的发挥,晋南畜牧业的发展,尤其是稷山、新绛、万荣、河津等县市的畜牧业发展出现了前所未有的喜人景象:一群群养殖重点户、专业户不断涌现;一批批养殖重点村、专业村层出不穷;数以千计的农民通过养殖脱贫致富达小康;数以百计的畜牧经济人、贩运户、农副产品加工者、运输者、经销商等均随着畜牧业的发展变成了十万元户、几十万元户甚至百万富翁……

有了晋龙公司龙头的带动作用,就有了稷山县十多年稳居全省蛋鸡养殖业之首的辉煌;有了晋龙公司龙头的带动作用,就有了晋南养殖业的长足发展;有了晋龙公司龙头的带动作用,就有了全国鸡蛋生产基地——稷(山)、新(绛)、河(津)、万(荣)区域的形成。

晋龙公司一个企业的发展,带来了一个产业--畜牧业的兴盛,一个产业的兴盛带动了相关产业的发展,如农业、商业、金融业、屠宰业、交通运输业及其它农副产品加工业的发展,相关产业的发展带来了整个晋南乃至全省经济的振兴。据不完全统计,每年因晋龙公司的发展,除畜牧业本身的增收外,还可使相关产业增加收入近亿元。

5.加速了种植业、养殖业、加工业等生态农业的良性循环和农业产业化的进一步形成。

二、晋龙是如何带动晋南养殖业发展

1.科技领先,为养殖户提供能产生最高效益的产品。在当今饲料销售市场的竞争进入白热化阶段形势下,养殖户最终选择使用的只能是能产生最高效益的饲料。为满足用户这一需求,公司坚持:(1)聘请国内著名专家指导饲料配制技术;(2) 派送技术部专家到外地听课、参观、学习、实践、“取经”;(3)每年投资 45 万元,聘用 400 多个养殖户搞饲料对比试验,先后共筛选出数千个理想的饲料配方,以适应和满足不同季节、不同生育期畜、禽、鱼类的生长和生产需要;(4)技术创新。公司研制出的产蛋鸡配合饲料,在适宜的条件下,健康鸡群用后产蛋率达到 90%以上能维持 8 个月左右,创全省最高,达到国内领先水平。

2.狠抓服务,全力提高养殖业效益。(1)技术服务:每年投资 40 万元,用两个月时间,将 7000 多养殖户接回公司进行分期轮训。帮助客户提高饲养、管理与经营技术,进而提高效益;每月出版一期《晋龙快讯》,分别发到各养殖户,指导养殖生产和疫病防控;每天给养殖户发三至五个短信,指导饲养管理、疫病防治等养殖生产,推广最新技术;成立了由 30 多名专业人员组成的售后服务队、畜禽服务部,坚持常年走村串户为养殖户服务;(2)信息服务:《晋龙快讯》每期均为用户传递最新养殖技术、市场行情、未来趋势预测等信息。每天给养殖户发 3~5 个短信,提供市场行情,预测未来养殖效益。让销售畜禽及其产品者,销得最高价,获得最大利;让购买仔猪、鸡苗、药品、器具的养殖户,买到质量高、价格低、最适宜的养殖必需物品。

3.以点带面,牵动区域养殖业大发展。为促进晋南地区养殖业的大发展,在 20 多个县、市、区的多数乡村分别选择养殖大户,为引路典型。先对他们进行集中培训:帮助他们首先学精畜禽饲养管理、品种选择、疫病防治、圈舍建设、经营方式等知识技术。待他们成功并获益后，再通过他们引导和带动本村或本区其他养殖户共同致富。以点带面，促进区域养殖业大发展。如稷山县西社镇三界庄村，全村 3 100 人，10 年前养鸡总数不过 5 000 只，但近几年，通过大户引路，以点带面，推广晋龙饲料，养鸡存栏数发生了巨大变化：在胡林生、胡武栋、杨喜奎等养鸡大户的带动下，三界庄村近几年蛋鸡存栏一直维持在 50 万只以上。仅此一项，每年可为全村群众增加纯收入 1 500 万元(2007 年每只鸡年纯收入 25 元)，人均增加纯收入 403 元。

科技铸品牌 创新谋发展

——赤峰市畜研所"双信"饲料厂

赤峰市畜牧兽医科学研究所"双信"饲料厂位于赤峰市松山区五三乡农研地区，全厂有研究员 5 人、副研究员 7 人、中级专业技术人员 20 余人；拥有现代化的饲料加工设备和从瑞典 Tector 公司引进的饲料检测仪器。1990 年建厂以来，饲料厂秉承"以饲料生产为核心，示范推广、服务社会"的办厂方针，依托赤峰市畜研所的人才和技术力量，自主研制开发了"双信"牌畜禽保健系列饲料。2006 年双信饲料厂被内蒙古自治区政府评为农牧业产业化重点经营龙头企业，与种鸡场、种猪场同时批准为无公害畜产品生产基地。目前，正在建设时产 20t 饲料的全自动饲料生产线。

2007 年，"双信" 饲料厂立足本地区畜牧业发展实际，采用最新的计算机优化饲料配方并根据赤峰市土壤特点及原材料营养成分指标不断创新，同时，严把质量关，并积极响应国家产业政策号召，严格遵守无污染、无残留环保政策和饲料管理企业行业标准，严禁使用违禁药品、添加剂、激素等，着力打造绿色、环保品牌，使自主研发的转化率高、适口性好、营养比例均衡的"双信"蛋种鸡、商品蛋鸡用系列浓缩料、预混料、猪用系列全价料、混合料、添加剂、牛羊专用营养补剂等保健饲料系列产品达到 15 个品种，"双信"牌系列保健浓缩饲料销售量达到 6 万 t、预混合饲料达到 6 000t，在赤峰市场占有率为 20%~25%，销售额 4 000 万元左右。

2007 年，在全国总体养殖业都不景气的情况下，"双信"饲料厂销售量仍能有增无减、稳步上升，并且取得了前所未有的成绩，主要得益于以下几个方面：

一、"质量优异、安全放心"是"双信"成功的金钥匙

双信饲料厂创办之时，赤峰市已有大大小小的饲料厂 50 多家，但是当时市场管理混乱、质量良莠不齐，让生产企业及养殖户均看不到希望，严重影响了本地区饲料行业的发展。"双信人"看在眼里、急在心里，制定了"信誉+信心=双信"即对养殖户、市场讲信誉，对饲料厂发展有信心的经营理念，在"质量"与"安全"上下功夫。在生产过程中，视质量为生命，严格质量管理，建厂不久便顺利通过了 ISO9001 国际质量体系认证，并被评为免检企业；同时严把环保关，绝不添加任何违禁药品、添加剂。经过几年的发展，双信饲料以"质量优异、安全放心"得到了养殖户的认可与信赖，已成为赤峰地区畜牧行业的名牌产品。据调查，使用双信料的养殖户所饲养的蛋鸡 90%产蛋率保持在 4 个月以上，生产性能在全国保持较高水平。正是因为双信饲料质量优异、安全放心，经常出现经销商与养殖户排队买料、提前 3 个月订料的可喜景象。

二、贯彻以人为本、实施人才兴厂战略是"双信"的不懈追求

双信饲料厂经理李志明同志 1982 年毕业于辽宁大学化学系，1988 年被内蒙古自治区国外智力引进办公室派往澳大利亚科工组织(CSIRO)学习。在他看来，企业核心竞争力的本质是人的能力，最终应回到人才培养机制的建立上。专业能力和服务能力需要依靠人才来支撑，为客户创造更大价值的基础是对内部员工价值的尊重。因此，对于饲料厂发展急需的人才，尤其是懂技术、善经营、会管理的复合型人才，除通过建立新型的人才聘用制度，采取主动灵活的方式加快引进以外，每年派遣 2~3 名员工到国内外进修；同时加强对外合作交流，与澳大利亚国家研究中心、中国农业大学、内蒙古农牧科学院、内蒙古农业大学等院校、科研院所、企业均建立了良好的合作关系，并聘请著名营养专家卢德勋等专家作为客座研究员。到目前为止，全厂已有研究员 5 人、副研究员 7 人、中级专业技术人员 20 余人，人力资源雄厚，为双信饲料厂的可持续发展奠定了坚实的人才基础。

三、科技创新是"双信"拓展市场获得用户信赖的法宝

多年来，双信饲料厂始终把加强科技创新，提高产品的科技含量作为一项重要工作来抓，开展针对性强的项目研究，先后承担了国家、自治区、赤峰市各级各类项目 20 余项，主要有《畜禽饲料保健系列产品技术开发》、国家科技部科技成果转化项目《畜禽饲料保健系列产品及其配套技术系统集成的中试和示范》、国家重点科技成果推广项目《畜禽保健饲料在草地牛羊舍饲模式下的应用与示范》、自治区科技厅《禁牧舍饲条件下不同类型区的牛羊饲草料营养供给技术集成研究与示范》等。目前仍承担着自治区人事厅优秀留学回国人员择优资助重点项目《非常规蛋白质饲料资源在肉羊、肉牛上的开发利用》。这些研究立足于赤峰地区畜牧业发展实际，比如经过饲养试验，饲喂 01 和 02 号蛋鸡浓缩饲料蛋鸡育成率可达 95%以上且体重达标整齐度好;饲喂 03 号产蛋鸡浓缩饲料,蛋料比可达 1:2.35~2.5;饲喂 06 号仔猪浓缩饲料、07 号生长育肥猪浓缩饲料,料肉比可达 2.8~3.2:1,4 个月出栏体重可达 100~120kg。

四、强化售后服务、完善科技服务体系是“双信”可持续发展的催化剂

近年来,赤峰地区畜牧业发展迅速,但是多年以来,由于受分散经营、小规模饲养的传统养殖习惯的影响和农牧民养殖户一直缺少有关饲草料加工调制等方面的技术,致使养殖户在生产过程中饲养管理不当、饲喂不合理等因素一直存在,造成畜禽生产性能参差不齐,质量达不到市场标准,产品竞争力下降,使养殖业整体经济效益滑坡。为了改变这种情况,双信饲料厂在多年的发展中,建立起了完善的服务机制,组成了 38 人的“科技保姆”服务队伍,采取分片包干、跟踪到户的生产销售配套服务将保健饲料送到养殖户家中,同时对养殖户进行饲料饲喂、畜禽圈舍设计、消毒、温度湿度测量等饲养管理、疫病防治等方面的指导与培训,并为养殖户建立档案卡和服务卡,以便及时回访。此外,针对农牧民需要通过资金扶持、技术培训培养农牧民猪禽经纪人、建养殖示范小区、建立“猪禽 120”疫病快速反应服务中心、编写科技培训教材,举办蛋鸡、种猪饲养管理、疫病防治、饲草料加工等方面的科技培训班、科技讲座。实践证明,这种创新的科技服务形式,非常适合本地区农牧民的需要,能够快速、及时地为养殖户解决生产中遇到的各种问题,并加以培训与指导,使双信饲料厂“产品携带技术和服务”的作用得到了充分发挥:对养殖户有益-增收致富了;对“双信”有益-规模壮大了;对社会有益-促进了农牧业产业化的发展。现在,“科技保姆”服务队伍已经成为双信的“形象代言人”、农牧民心中的“及时雨”,被老百姓誉为“致富的财神”。

五、塑造先进的企业文化是“双信”获得市场竞争优势的关键

在推进企业快速发展的过程中,“双信”高度重视企业文化的建设,初步建立了具有“双信”特色、富有原创性的文化理念体系,利用节假日开展丰富多彩的职工业余文化活动,陶冶了职业情操,提高了文化品味,塑造了良好的企业形象,增强了企业的凝聚力和向心力。同时,“双信”以人为本,大力营造利于人才成长的舞台,生活上家庭化、培训上学校化,工作上重视个人的选择与突破。

多年来,“双信”高擎“以科技进步、科技创新促发展”的战略大旗,立足产品品质,瞄准科技高端,通过科研创新,夯实并提升核心竞争力,使“双信”始终保持着旺盛的创造力和生命力,铸就了“双信”品牌强大的能量和动力。在未来的发展中,“双信”将一如既往,以振兴本土品牌、农牧民增收致富为己任,在饲料行业领域里继续演绎精彩。

品质为本 客户至上

——内蒙古牧泉元兴饲料有限责任公司

2007 年是中国奶牛饲料艰难的一年,随着饲料原材料的不断上涨,奶牛价格的下跌,奶户养殖效益减少,奶牛养殖业陷入低谷。相比 2006 年,全国饲料销量下降明显,饲料利润也在降低,在如此困难的行业内生存和发展,势必要求企业具备更强的抗风险能力和抗压能力,作为全国专一生产奶牛饲料的大型企业——内蒙古牧泉元兴饲料有限责任公司在风雨中继续稳健前行,创造了在低谷中发展壮大的佳绩。

一、让利奶户,服务奶源,经营指标稳步增长

内蒙古牧泉元兴饲料公司作为伊利集团原奶事业部的子公司,一直紧紧围绕集团“品质为本、客户至上”的核心经营理念,为奶源基地提供服务,保证原奶质量。2007 年是奶业的低谷,许多奶户放弃多年的养殖业,纷纷弃“牛”而去,公司按照集团和事业部的整体发展战略,通过整合集团、社会资源,大力推动奶价补贴销售策略,分别在呼包地区、巴盟伊盟地区、东北地区的主要奶源核心地区,通过取消中间商、直接让利于奶户的奶价补贴销售策略,使奶户得到最大的实惠,稳定了基地核心区市场,逐步实现原奶业务与饲料业务的完全营销整合;由于奶户得到了实惠,养牛积极性不断提高,科学饲养意识也得以加强,奶料比逐渐趋于平衡,不仅提高了牛奶产量,牛奶质量也有所改善,乳中干物质和蛋白质等都有不同程度的提高。

公司利用奶源网络优势,对奶源基地加大服务力度。通过义诊、讲课、现场培训、拜访和回访客户、分发宣传资料等多种形式,为奶户提供服务,利用先进的仪器设备,如 B 超仪、修蹄仪等,对不同区域不同市场定期的服务,提升奶户饲养水平。组建业务员-技术服务人员-技术专家三级人员组成的服务体系,使服务水平不断提升,对于稳定和开发市场,服务奶源都起到了积极的作用。

在集团和事业部正确的战略指导下,公司 2007 年饲料销量 27.06 万 t,同比增长 14.90%,销售收入 500.10 万元,同比增长 23.30%,实现了在行业低谷期继续稳步增长的佳绩。良好的发展势头也为公司带来了诸多荣誉,2004 年获得全国首家奶牛饲料产品绿色认证,2005 年通过 ISO9001 质量管理体系认证,2006 年通过有机产品认证;获得中共呼市委员会呼市人民政府颁发的农牧业产业化经营龙头企业,中国畜牧业首批放心品牌,绿色诚信品牌等;申请六项国家专利,已获两项批准;多项科技成果获呼和浩特市科技进步奖。

二、稳定质量，技术创新，研发饲料新产品

2007 年原材料价格飞速上涨，公司经营压力加大，在这种艰难的情况之下，公司没有以牺牲质量来求得发展，而是在困境中继续稳定质量，把质量放在第一位。

从原料入厂、配方、生产、成品出厂等各个环节进行质量管控。在原辅料质量控制方面，通过强化细化各区域的质量标准执行，来加强原料合格率的监控，并加大考核力度，使原辅料合格率均达到和超过了预定目标。

原料价格上涨，货源不稳对配方调整也带来了挑战，总公司通过和各区域分公司经理、技术质量管理人员的有效沟通，对价格上涨情况下质量的重要性达成共识，坚持在配方调整中多次少量，质量第一，成本第二的原则，实现全年产品稳定。生产环节上，严格按照操作规程执行，注意细节管理，最终达到出厂成品检验合格率 100%的质量目标。

按照集团事业部的战略目标，推广完全满足奶牛的生长和生产需要的全系列化产品，树立专业化生产企业的品牌形象。根据不同生产阶段和生产、管理、环境细分产品规格、档次，满 50 多个品种，其中高产奶牛饲料喜多多、大富、牛旺旺、围产奶牛饲料、犊牛饲料已成为公司的拳头产品，受到用户的好评。

新产品开发是企业持续发展的动力，公司与中国农业大学、中国农科院畜牧所、内蒙古农业大学等单位进行技术合作，通过引入新技术如生物技术、离子平衡技术、营养调控技术、膨化技术等，和新理念如最佳的蛋白能量比、氨基酸互补原理、矿物质元素间的协同与拮抗原理等，不断开发新产品，现已成功开发了功能性奶牛饲料产品，如改善繁殖性能、高产奶牛饲料金元兴的产品，预防瘤胃酸中毒的饲料添加剂产品，和预防乳房炎、降低体细胞的产品等，产品的开发注重在提高奶牛健康与利用年限的基础上提高产奶量和改善乳品质。

三、制度管控，职能管理，规范生产经营各环节

在内部管理上，继续推行 ISO9001 质量管理体系，通过职能部门的流程制度来规范各区域分公司的管理，实行标准化指导标准化作业。2007 年顺利通过认证公司的监督审核，继续保持 ISO9001 质量管理体系证书。

通过细化工作职责对组织机构进行重新策划，使重叠的和空白的管理得到确认，做到了每一个细节都有人管，进一步提升了执行力。2007 年公司专门成立了生产管理部，专门负责生产方面的职能管理，通过生产管理部来统一、规范、指导各个生产区域，达到生产环节的畅通。在安全生产方面，对各区域的生产关键岗位人员持证上岗、关键安全环节的检查及新上岗人员的培训进行了重点关注，整顿了无证或证照不符合工作的情况，大大避免了安全事故的发生。统一设备管理，建立完善细致的设备台帐，使资源得到共享。结合饲料生产特点，制定和完善了原料的利用率、维修费、物料消耗费及燃动费的标准和目标，并通过月度、季度、年度考评来达到预定指标。

在生产制度流程上，本着统一规范的思路，结合不同生产现场的不同特点，整理出一套指导各地生产管理的标准制度，通过生产作业的标准化来实现生产环节的标准化。同时为了更加强化生产操作的标准，将生产操作标准做成可目视的手册张贴于车间，指导生产工人的标准作业。

公司运用灵活的绩效体系来提高人员的工作积极性，通过设定细致的工作目标来提升业务人员的能力，通过细化考核指标，从硬性指标到制度流程的执行力度都一一细化作为考核指标，改变了由过去单纯的考虑销售任务量而扩展到同时考核人员的基本素质，真正发挥激励作用，经过一年的实施，业务人员激励体系已更加完善。对内部行政人员的绩效考评上，将 OEC 周清与月度 OEC 结合起来，这种把工作过程与工作结果结合起来的考核体系，大大增强了公平性和合理性，使优秀员工更能脱颖而出，也使考评工作更有依据性，避免了以一时的工作结果而论英雄的武断考评，使考评更加趋于客观。同时也加大了对人员技能的培训和评估，尤其是技术人员的技能。公司根据技术人员所要求的技能，通过笔试和实际操作二者相结合的方式进行评比和考核，不但强化人员的工作技能，而且还考评出了优秀者，为人员晋升、薪酬等提供了依据。

四、提升采购质量，控制采购成本

2007 年饲料行业原料市场波动较大，货源变得紧缺，原料采购也从买方市场变为卖方市场。为了提高原料质量、控制采购成本，公司对区域、分公司的采购过程进行严格的把关和审批，履行各项采购管理制度，结合市场行情及时调整采购计划，并对大宗原料总公司进行统一采购，通过与有信誉有实力的大厂家合作，保证了供货数量、原料质量以及采购价格上低于市场价。

通过对供应商的调整，逐步由直接与生产厂家合作而取代与中间商合作的采购形式，使原料质量合格率有了明显的提高，目前的原料进厂合格率在 99%以上，为公司生产优质产品提供了源头保障。

同时在定向采购小料的采购思维中寻找突破，努力寻找新厂家、寻求新产品，在技术部门的大力配合和支持下，成功完成了小料从定向采购到比价采购的转型。这样一来，不仅使公司的采购成本大大降低，而且寻找到了更优质的小料，切实降低了采购成本。

在未来的发展道路上，公司将采取各种策略措施，为企业做大做强实现可持续发展提供保证。如强化业务流程，关注销售细节，提高人员业务和服务的综合能力；推广饲料与饲草业务的整合销售，配合原奶提高牛奶的质量和产量；倡导服务营销理念，实现服务引导销售，为奶源的健康持续发展做好基础服务工作；密切关注奶业生产的发展，结合集团奶源基地建设，准备 TMR 的配送、标准化生产、农牧业生态循环链等先进生产模式与饲料销售的结合。

在伊利集团“引领中国乳业，打造世界品牌”的愿景指引下，内蒙古牧泉元兴饲料公司将会为更高的目标--“开创中国奶牛饲料第一品牌”而继续努力奋斗。

注重科研开发 推行方案营销

——内蒙古蒙泰大地生物技术发展有限责任公司

内蒙古蒙泰大地生物技术发展有限责任公司成立于 1997 年 1 月 8 日。是北京九州大地生物技术集团股份有限公司与内蒙古农牧业科学院共同投资兴办的现代化高科技饲料企业，是北京九州大地生物技术集团股份有限公司的控股子公司，主要从事预混合饲料的生产和销售，产品总计有 9 大系列 200 多个品种，涉及畜禽、水产、反刍动物及特种畜禽类。公司注册地位于呼和浩特市。

公司成立十余年来本着“根植大地，共享成长”的经营理念，积极研发、生产更具适应中国养殖业发展的预混合饲料、浓缩饲料、配合饲料产品，取得了不菲的业绩，注册资本由成立时的 80 万元增长为 371.40 万元，年销售收入突破 2 000 万元，成为本区域市场最大的预混合饲料生产及销售厂家。

一、组建并拥有一支高素质、专业化的管理团队

经过十余年的培养，公司目前已经拥有一支在营销、生产、人力资源、研发、品控、采购、财务等方面术有专攻的专业化人才团队，公司的硕士及高、中级职称以上的各类专业人才数十人，从事着管理、研发、品控、技术服务等工作。90%以上的员工具有大专以上学历。公司重视选人、用人、育人、留人的人才培养观，建立了以内部培养为主，外部引进为辅的科学、规范的晋升机制，目前公司从事中层管理工作的人员 70%都是从具有着基层工作经验的优秀员工中培养提拔上来的，他们具备工作激情高、专业技能强、对企业认知度高等优势，并通过一系列的激励政策，使得员工在一进入公司就有着明确的方向与目标，积极主动地完善自己各方面的技能，真正地实现与企业共同成长。

二、制定并形成了科学的管理制度和完善的工作流程

科学的管理和完善的流程是规范企业管理的重要手段，是企业核心竞争力的重要体现，也是企业执行力的重要内容之一。内蒙古蒙泰大地生物技术发展有限责任公司致力于推进科学化、系统化、规范化、实用化的管理模式，形成公司统一的管理手册，以此来推进企业的营销管理、生产管理、人力资源管理、行政管理、采购管理、财务管理，使企业管理上了一个新台阶，有力地促进了企业经营工作的有效开展。

三、开拓并建立了成熟的市场营销网络

公司成立十余年来注重市场开发和营销网络建设，奉行“一切为了客户，为了客户一切”的服务理念，积极推行“方案营销”和扁平化营销通路建设，将客户、用户视为企业发展的共同体，全力服务于养殖大众。内蒙古蒙泰大地生物技术发展有限责任公司已经在河北、山西、内蒙古、宁夏、陕西、甘肃、青海等省区形成了较为完善的市场网络，各类产品深得广大用户信赖，拥有极高的品牌美誉度，这为公司的长远发展提供了强有力的市场保障。

四、形成了较好的科研基础和开发能力

公司注重适合市场需求的实用技术的开发和引进，坚持自主创新为主、引进为辅的技术发展战略，加快企业技术进步，提升企业的核心竞争力。公司引进内蒙古畜牧科学院研究员卢德勋博士的“反刍动物系统整体营养调控理论和技术”，作为开发反刍动物饲料的技术依托，并结合集团公司在饲料生产研发方面所积累的技术参数，加以熟化，开发引领未来奶牛业发展所需的饲料产品如犊牛高档膨化代乳饲料、奶牛调控型围产期精补料等系列产品，形成更为完备的反刍动物饲料体系。同时公司在自主技术创新方面做了很多扎实性的工作：追踪当前国内外最新养殖技术、吸纳动物营养最新研究成果，建立了企业自有原料数据库和不同畜种、不同生理阶段的企业内控产品技术参数，推出了更具时效性的各种畜禽、水产、反刍动物、特种动物类的预混合饲料、蛋白浓缩饲料、配合饲料和动物药品等系列产品，以适应未来养殖业发展。

“十一五”是我国经济发展的一个非常重要的时期，也是我国饲料工业更为繁荣的时期，内蒙古蒙泰大地生物技术发展有限责任公司将继续奉行“质量第一，用户至上”的经营宗旨，积极倡导并发展“绿色、安全”的饲料产品，为饲料工业的进一步发展做出应有的贡献。

信息领先 务实创新

——大连富康源牧业科技发展有限公司

大连富康源牧业科技发展有限公司，成立于

1995 年，经过 10 余年全体员工的共同努力，现已发展成为从事淡水养殖试验、研制、开发、生产生物饲料、有机饲料、复合预混合饲料、复合多维饲料的综合性高科技民营企业，被评为大连市龙头企业，质量信得过企业，辽宁省饲料行业 30 强企业，成为东北地区较大的预混合饲料生产企业，产品覆盖东北地区，辐射华北、西北、华东地区并出口东南亚。

公司在应用高科技饲料技术的基础上，结合中国养殖业的特点，综合畜牧和水产养殖业的实际，建立了国际饲料信息网站。通过最先进的电脑配方和严格的生产控制，生产出高质量的畜禽、水产养殖用预混合饲料、富康多维、抗仔猪下痢蛋白源，并给全国 30 多家企业配给 0.50%专用预混合饲料。产品具有生长有效性、食用安全性、动物适口性、营养平衡性的特点。严把产品质量关，从源头上保证畜产品的安全性。

为保持公司核心竞争力重视科研投入，高薪聘请前世界粮农组织专员、著名的营养学博士加盟富康源公司，此后相继又聘请了韩国汉城大学博士、动物营养学博士等一大批国内外知名的营养专家、教授、学者加入到富康源公司，使公司的整体科技攻关能力得到提升。高素质的人才队伍换来了高水平的生产加工工艺，公司拥有国内一流的饲料科研队伍和技术装备。通过梯队式开发，公司技术中心连续完成包括原料生物学效价评估、动物营养需求参数、环境条件评估等综合了多学科、多领域的饲料配方研制项目，不断推出新产品，在不降低饲料产品营养质量的前提下，灵活运用配方设计来控制成本，保持了公司产品的性价比优势和利润率水平。积极参与饲料行业标准的制定，在行业内积极倡导饲料安全，倡导生产“无公害饲料”。中国饲料协会会长白美清视察公司，给予富康源很高的评价。

为了实施国际化品牌战略，推进企业现代化管理进程，经国家批准，在大连开发区黄海大道西侧 4 号征地 5.80 万 m^2，其中水域 4 万 m^2，土地 1.80 万 m^2，建成集绿色饲料生产、畜禽水产和农业科研为一体的高科技发展基地。现已开发生产 12 大系列、50 多个品种的畜禽和水产预混合饲料添加剂。

为了使公司经营管理更上一层楼，公司总经理参加清华大学 EMBA 总裁班学习。公司设管理总部，采取了职能式垂直管理模式，标准化管理，由公司负责生产全部添加剂预混料。预混料是配合饲料的核心，是营养基础，决定了配合饲料的功效，科技含量高、附加值高，由公司统一生产预混料保证了以饲料配方为核心的技术安全，为了加强质量管理，确保产品质量，通过几年的发展、完善，建立了现代化管理制度，于 2003 年通过了 ISO9001:2000 质量管理体系认证。公司切实贯彻实施 ISO9000 族质量管理标准，建立质量管理和质量保证体系，制定了公司的质量手册、程序文件。公司制定了《原料采购标准》、《饲料生产工序质量控制规范》、《产品检验标准》等措施对原料进货、产品生产、成品进行控制；制定《纠正和预防措施控制程序》，对生产过程进行纠正和预防措施控制；制定《服务控制程序》，及时处理顾客反映的产品质量和在使用中的问题。近年来，本公司的产品合格率达到了 99%以上。

先进的硬件设备、科学的营养配方、严密的生产管理、使公司生产出优质的产品。“富康源”品牌产品以其生长有效性、动物适口性、使用安全性、营养平衡性的特点得到了合作厂家、养殖用户的青睐，为日后市场规模的扩大打下了坚实的基础。作为农牧业龙头企业，充分发挥龙头企业的带头作用就在于能够拉动更多的企业为其服务，比如物流、运输等，同时也能够带动更多的农户，使农民走上农业产业化的道路。这不仅使企业受益，也使农户受益。公司正在带动周边农户上已形成了一个有效的机制，建立了“公司+基地+农户”的模式，以多种形式达成原料供应协议，发展订单农业。指导农民科学饲养，为农户提供免费的技术支持，传授科学的喂养方法。这样一来，不仅使农户生活有了着落，也提高了他们的科技水平。目前，公司已带动周边几万农户走上产业化道路，安置农村剩余劳动力万余名，这些农户的年收入高于普通农民数千元。深入到华北、西北、华东地区的技术人员，以工促农、以工兴农，用工业化眼光全力培育农业优势，宛如一支科技下乡的队伍，带动 10 万余户农民走上富裕路。采取技术+农户的形式，带动 1 000 多户农户饲养肉蛋鸡致富，截至目前已向市场供应草鸡 2 000 多万只。同时该地区从推进工业项目中得到启发，大力引进适合各区域农民增收、农户致富、农业发展的新兴项目，以此带动农户加快产业结构调整。

自公司成立以来，始终一贯坚持“绿色、环保、健康、高效”的企业宗旨。以“人本、敬业、创新、务实”为企业精神，努力实现高科技产品打造高效环保畜牧业的企业目标。争做国内一流的饲料、添加剂专业化企业。竭诚与广大同仁合作，共创未来，为实现东北老工业振兴，致力于中国饲料业发展，做永远高品质、高效益的现代化企业。富康源竭诚为您服务：您的需要就是富康源的需要，您的未来就是富康源的未来。

发挥人才资源 共享核心价值

——哈尔滨青禾科技有限公司

哈尔滨青禾科技有限公司成立于 1999 年，是以研发、生产、销售畜禽预混料、浓缩料为主的专业化股份制企业，公司座落在哈尔滨高新技术产业开发区，占地 3.80 万 m^2，建筑面积 16 000 m^2，拥有国内先进的自动化生产线及配套齐全的检测设备,年生产能力24万t,总资产5 000万元。公司生产的"谷实"牌饲料产品销往黑龙江省、吉林省、内蒙古自治区、辽宁省等地区,年产销量10余万t,年产值约3亿元。"谷实"牌饲料产品以质量优异稳定、性价比高而在用户中享有较高的声誉,2006年9月,"谷实"商标被哈尔滨市政府评为"哈尔滨市著名商标",2006年12月被哈尔滨市政府评为"高新技术企业"。

公司注重现代化管理模式的运用和人才优势的发挥,通过现代企业管理制度的运用,充分发挥人才资源的作用。公司在董事会领导下,实行营销、产品、财务与行政三条管理线平行运作,协调发展,每个岗位权、责明确,充分发挥每位员工的潜能,使员工与企业共同发展、共同进步。

人才是公司发展之本,公司现有员工200余人,其中大专以上学历约30%,汇集了业内知名的畜禽营养专家、兽医专家、高级管理人员及诚实、热情、敢于挑战的营销队伍,同时公司立志建立学习型组织,通过有计划的学习和培训,不断提高员工的工作技能,使公司在不断变化的市场中居于领先地位。青禾科技团队注重工作中的协作,倡导同荣共辱、敢于挑战,把个人目标融入团队目标之中,在拼搏与创新中使青禾逐步成为黑龙江省内著名的饲料企业。

公司自成立以来,一直致力于新产品的研发,以研制、生产适合市场需求、营养平衡、安全的饲料产品为目标,积极与东北农业大学、美国大豆协会、奥特奇生物制品(中国)有限公司、诺伟司(上海)有限公司等国内外著名的科研院所及著名企业合作,陆续开发出猪、鸡、牛用预混合饲料30余种,浓缩饲料40余种,配合饲料10余种,充分满足了广大养殖户饲养的不同生理阶段畜禽的营养需要。公司不断采用新的环保型饲料添加剂,研发高科技产品,提高产品质量,推广健康养殖模式,减少环境污染,为用户创造更多的效益。2004年被中国饲料工业协会评为"全国饲料工业科技进步先进集体",2003年12月、2006年3月均被评为哈尔滨市"十强饲料企业"。

公司采用先进的生产工艺,拥有国内先进的生产设备,浓缩料、配合料车间安装有一套产能为18万t的自动化生产设备,预混料车间安装有一套按GMP标准设计的产能为6万t的全不锈钢机组,设备配置及生产条件均达到国内一流水平。公司十分重视产品质量管理,配备了先进的质量检测仪器设备,不断提高质量管理人员的技能,严格执行原料标准,实行生产过程全程监控,成品全面检测,保证产品质量。2006年9月公司通过了ISO9001-2000国际质量体系认证及HACCP食品安全管理体系认证,并严格执行ISO9001-2000质量体系和HACCP食品安全管理体系,严把质量关,为广大养殖户提供安全、可靠的产品。2005年被黑龙江消费者协会评为"消费者满意产品"。

公司秉承"青禾与您一起成长,谷实与您共同分享"的核心价值观,与供应商、经销商开展真诚的合作,针对养殖户养殖技术薄弱、经营管理经验不足的特点,公司设置了专门的技术服务部门,在向广大养殖户提供质量优异稳定的饲料产品的同时,向养殖户提供先进的饲养管理方案,开展卓有成效的技术推广和服务活动,及时对客户进行技术咨询与指导,同时公司还通过《谷实与养殖》专刊为用户提供饲料管理、疾病防治、市场信息等专业服务,帮助养殖户养殖成功并获得最大的效益。2004年被哈尔滨市政府授予了"守合同重信用企业"。

青禾科技公司是一个敢于挑战、善于合作的团队,公司有信心、有能力使公司的技术、产品、营销及各项经营活动不断进步,并随着市场需求的变化不断改进公司的产品和服务。为适应市场不断拓展的需求,公司正向集团化发展,为我国饲料工业的发展、为广大农牧民的富裕做出新的更大的贡献。

伙伴天下 共同成长

——哈尔滨远大牧业公司

哈尔滨远大牧业有限公司是由一大批优秀学子们创建的专家智能型高新技术企业,是以饲料研发与推广、种猪繁育、养殖新技术推广为主的专业化公司。公司始创于1996年9月,现已发展成拥有资产8 000余万元和年产值逾3亿元的中国畜牧行业知名企业,2005年经哈尔滨市经济委员会、哈尔滨市统计局统计,哈尔滨远大牧业有限公司为《2004年哈尔滨市工业企业销售收入50强》单位。现为中国饲料工业协会常务理事单位,黑龙江省饲料行业协会常务副会长单位,哈尔滨市饲料行业协会会长单位,农业产业化市级重点龙头企业。

在这个传统而成熟的行业里,远大牧业能在短短10年里从众多民营企业中脱颖而出,持续壮大,主要原因是它在发展壮大的过程中,始终坚持用质量和创新作为自己前进的法宝。

一、质量承担责任,诚信创出品牌

与一些小饲料厂家不同,远大牧业在成立之初,就把为消费者提供安全食品作为自己的责任,将质量视为企业的生命,建立了一套严格、规范的质量管理体系,并购置了一批先进的分析测试仪器,组建了检、化验中心,通过科学、严格的检验、检测手段,确保产品从原料入库到半成品、成品等生产过程的每一环节都符合质量要求。同时远大牧业还不断地更新、完善,修订、提升各类产品标准,使产品质量始终紧贴消费者的需要。2006年远大牧业公司所有产品均通过GB/T19001-2000idtISO9001:2000标准质量管理体系及HACCP-EC-01食品安全管理体系认证。

严格的质量管理,使远大牧业形成了全员质量管理的观念,使质量管理落到了实处,在经营中坚持不合格的原材料不能入库、设备不能带“病”工作、不能生产出有问题的产品、不合格的产品不能出厂等“不放过”原则,使产品质量有了保证,在市场上、客户中树立起了“优质、高效、诚信、稳定”的企业品牌形象。公司生产的猪、鸡、反刍动物用系列饲料产品畅销东北三省及内蒙古地区,浓缩饲料、配合饲料、预混合饲料年产销量已近10万t,企业产品抽检合格率达100%,客户满意率在98%以上。由于公司在饲料行业所做的突出贡献,公司荣获了“黑龙江省饲料行业10强企业”哈尔滨市“连续3年产品质量监督检查合格企业”“中国市场知名品牌”“东北三省先进民营科技企业”等多项荣誉。

二、梧桐引来金凤凰,技术创新有保障

远大牧业从创立之初就深深地意识到人才的重要性,把人才视为公司创新的基础和源泉,为吸引并留住人才,先后引进了留日博士、留加博士、教授等多位高端人才,并根据每个人才的特点,创建了个性化的激励机制,设身处地为他们解除后顾之忧,使他们能在远大牧业这个大舞台大显身手。同时公司还通过“请进来、送出去”等多种方式,大力培养公司内有潜力的员工,使他们成长为高新技术人才。

公司技术力量雄厚,其中博士学位4人,硕士学位4人,大专以上学历占60%以上,同时还储备了一大批素质较高的管理、研发和营销人才,不断推动企业技术创新。公司自成立以来,先后承担了省、市、区多项科技攻关计划项目,其中“超早期断奶仔猪料研制”“奶牛专用酵母培养物研制”“阴阳离子平衡型干奶牛颗粒浓缩料研制”等项目已进行产业化推广,推动了省饲料工业发展,给广大养殖户带来了更显著的经济效益。公司也由此获得了黑龙江省科学技术厅、黑龙江省高新技术产品认定委员会颁发的《高新技术产品证书》、哈尔滨高新技术产业开发区颁发的《高新技术企业证书》等殊荣。

三、强强联合,奠定企业竞争优势

远大牧业自创立以来,即以发展民族饲料工业、志创黑龙江第一畜牧品牌为己任,注重实效,不断创新,追求卓越。公司于2001年3月与哈尔滨博大预混合饲料厂合并重组,于2004年3月与深圳市金新农饲料有限公司强强联合,两次重组使远大牧业飞跃式增强了自己的竞争优势,核心技术增强了、市场拓展了、生产规模扩大了。

为了满足公司不断发展的需要,2005年远大牧业在哈尔滨开发区投资3 000万元建设了工艺先进、设备一流的新厂,新厂采用了先进的生产工艺流程,全部选择了国内最先进设备,生产全过程电脑监控,高度自动化,可实现年产浓缩饲料、配合饲料、预混合饲料20万t,进一步促进了黑龙江省饲料工业的发展,为广大养殖户带来了更显著的经济效益。

四、创新营销组合及网络模式,构建和谐双赢

远大牧业在与经销伙伴的合作中,始终坚持“伙伴天下,共同成长”的核心价值观,帮助经销商及客户逐步改变了饲料行业传统的“总经销→二级商→三级商”这种管理不完善、风险较大的做法,推出了全新的营销组合及网络模式,通过产品销售组合、销售价格组合、促销组合等方式,以“合作伙伴”和“管理公司”的双重身份为客户打造分销、直销终端、连锁经营、综合模式等网络模式,大大增强了经销商及客户的竞争力和优势,增进了相互之间的信任,使合作关系更紧密、更牢固,构建了和谐双赢。

哈尔滨远大牧业有限公司将秉承“伙伴天下,共同成长”的核心价值观、“全情投入,持续卓越”的企业精神、“科技为本,行业典范”的企业使命,为农民富裕和幸福、推动农牧企业产业化进程做出自己的贡献。

落实科学发展观
走产业化经营道路

——双城市荣耀饲料生物技术开发有限公司

荣耀公司始创于1997年,经过10年的探索和发展,本着“共创荣耀”的企业宗旨,不断的整合资源优势,不断的完善企业产业链条,已发展成为集饲料生产、粗饲料生产、农牧机械研发制造和CLA功能牛奶加工为一体的产业化集团公司。

在这短暂而漫长的10年中,荣耀公司始终坚持“科教兴牧、产业报国”的理念,以“发展饲料工业,振兴民族经济,干一番事业,富一方人民”为指导思想,以“社会效益、生态效益、科技效益、人才效益、服务效益、管理效益、规模效益”为创业原则,不断审时度势,不断开拓进取,不断自我总结,不断创新发展,形成了自己独具特色的管理模式和企业发展道路。

一、推动产农牧联合,创造科学发展新模式

让农民放心,促进农民增收,推进农业产业化经营,大力发展农产品深加工环节,提高农产品的附加值。荣耀公司生产和销售的“荣耀”牌奶牛、肉牛、肉羊和生猪等多种营养型绿色生态预混合饲料、浓缩饲料达60多个品种,为推动奶牛饲养产业化发展做出了重要贡献。其中奶牛浓饲料为全国主要生产厂家之一,产品曾被黑龙江省科技服务团推荐为“农民致富科技产品”。

取之于农，用之于农，还之于农。双城市是黑龙江省优质玉米生产主产区之一，每年玉米除了一少部分用来饲喂奶牛外，大量被燃烧掉，造成资源浪费的同时污染了环境。荣耀公司积极寻找玉米利用的新出路，提出以农业订单的形式大力推广青玉米种植，将玉米有效的“过腹还田”，并探索出了“企业+种植户+养殖户”的产牧农联合运作新模式，得到了有关领导及部门非常重视，并大力支持，形成青贮种植、奶牛养殖、机械研发为一体的产业化链条，取得了显著的经济效益、社会效益和生态效益。2003 年以来，荣耀公司带动农户每年种植青玉米 1 万亩，生产优质青饲料 5 万 t，可供饲料喂近 7 000 头奶牛，每年为青贮玉米种植户增收 110 万元，为养殖户增收 476 万元。

二、强化科学管理，以质量创品牌

为了保障广大农民养殖户的切身利益，荣耀公司坚持“以良心做产品，以质量促增收”，严格实施 ISO9001：2000 质量标准，加强对各工序的质量考核，24 小时跟踪检测，坚决做到不合格的半成品不进入下道工序，不合格产品不流入市场，实行质量一票否决，并将质量考核与工人工资挂钩，从而保证了产品出厂的合格率达 100%，切实保护广大养殖户的经济利益。过去，曾有专家对奶牛传统饲养断言说“稀喂是老大难，无法解决”，但凡是使用了荣耀饲料后，经过服务营销员的指导、示范，现在都实现了干喂，大大提高了饲料的利用率。而且保证了奶牛的营养需求，延长了奶牛的生产寿命，解决了农户中奶牛发病率高、奶量不稳、奶脂率低的问题。荣耀的客户曾测算过：用荣耀饲料，每头奶牛产奶比传统饲养方法综合效益增收近千元。广大养殖户得到了实惠，对“荣耀”更加信赖。

三、落实科学发展观，促进产业生产模式升级

农牧民以往奶牛饲养采用的是单户养殖、简单粗放饲养的生产方式，奶牛个体存活率低、产奶量少，农民收入无法保障。为了能够更好的推动农村发展、带领农民致富，改变以往落后的生产模式，荣耀公司坚持科学发展观，大力推进奶牛科学化、规模化、数字化、集约化饲养。一方面，公司经常组织技术人员到农村进行科技讲座，免费培训农民，免费赠送资料，给农民进行科技示范，指导农民进行品种改良、饲料管理、疾病防治，帮助农民提高科学养殖水平，解决农民的疑难问题。另一方面，公司还重点扶持规模较大、饲养规范的养殖户，通过推广 TMR 饲养技术以及对奶牛个体饲养过程信息化管理服务，指导养殖户调整奶牛精、粗饲料喂配比，推进奶牛的科学化饲养进程。

在科学合理的饲养方式下，奶牛单产量在 4.50t/a 的基础上提高了 15%，增产 0.68t/a，按双城地区近 10 万头奶牛数量计算，10 年来共增加直接经济效益 12 亿元 、间接效益 1.20 亿元。

四、以人为本，构建特有企业文化

荣耀公司关注广大员工的衣食住行，兴建了员工食堂和休息室，改善了员工的工作环境；对生活有困难的员工给予资助，解决了员工的后顾之忧，提高了员工的生活水平。为了丰富员工的文化生活，除在平日里组织员工学法制、学业务等活动，还大力培育积极向上的精神风貌，公司开办内部刊物，许多员工积极为刊物写稿，尽情抒发自己对生活的感受、对工作的思考、对事业的追求。公司每逢元旦、春节、五一、十一、中秋等重大节日，都要开展多种多样的庆祝活动，或组织大家外出参观旅游，或举办大型职工文艺表演活动。很多在荣耀工作的员工，都被荣耀的文化所感染，积极投身于家乡的经济、文化建设。

面对已经取得的成就，荣耀公司并没有停止前进的脚步，而是在专业化经营的基础上进一步扩展和拉伸产业链，构建具有自己特色的多元经营格局。成立双城市荣耀农牧业机械有限公司，专业研发、生产和销售现代农牧业机械产品，其中 YKB-50 型半自动青贮(圆捆)打捆机和裹包机技术处于国内领先水平，并被国家列入农业机械购置补贴产品目录。成立传喜(北京) 乳业有限公司，与中国农科院畜牧所合作项目——国家“十五”重大科技成果传喜牌 CLA 功能牛奶推向市场，填补了中国功能牛奶的空白，着力打造中国功能牛奶第一品牌。成立世纪荣耀(北京)饲料有限公司，拓展华北市场，推进荣耀品牌快速向全国推广。

如今的荣耀公司，已经由单一的饲料经营，发展到饲料、机械、乳业的多元经营格局，以饲料加工为主体逐步形成了青贮种植-农牧机械-饲料加工-奶牛饲养-功能乳品加工的产业链发展经营体系，由一家地域性公司成长为拥有 4 个分支公司、业务遍及全国的实业集团。

新的历史时期，荣耀人将继续秉承共创荣耀的企业宗旨，以创新求发展，紧密结合信息技术与生物技术，不断提高新技术开发与应用力度，严格贯彻 ISO9001 质量管理体系，不断提高产品质量、服务质量和客户满意度，走出一条科技含量高、经济效益好、资源消耗低、环境污染少、人力资源利用率高的新型工业化畜牧业发展道路，实现畜牧产业从数量扩张到质量提高的转变，从市场服务经营到技术服务经营的转变，为民族农业畜牧业做好服务，推进中国反刍动物饲养管理的标准化与国际化。

发挥龙头作用 打造行业品牌

——上海杰隆生物制品有限公司

上海杰隆生物制品有限公司为上海杰隆生物工

程股份有限公司全资建立的专业从事动物源性蛋白与活性肽生产与服务的高新生物技术企业。几年来，杰隆坚持以“高端动物源性蛋白与活性肽行业的领航者”为目标，本着“用高新生物技术改造传统产业”的思路，以畜禽屠宰企业的副产为原料，资源化开发，生产血浆蛋白粉、血球蛋白粉、肠粘膜蛋白粉、珠蛋白肽等高档饲料蛋白。既减轻了的废弃物对环境的破坏，又形成了年产万吨优质饲料蛋白的生产与供应能力，目前在全国各地已建成13个生产基地，2007年利税突破1 000万元，实现了经济效益和社会效益的双丰收。

一、用品质构建品牌的基础

杰隆坚持实施“差异化”经营发展战略。同质化、价格战是国内饲料行业的普遍现象，为避免恶性竞争，立志树立动物蛋白饲料原料行业品牌领导者的形象。1999年开始从工艺研究入手、到2002年技术转化后产品上市，坚持“站在高端看高端”，以国际同行为杰隆跨越与超越的标杆，高起点、高标准起步。历经几年的磨练，成功实现了“跟随到领导”的转型，从起步时的血浆蛋白粉、血球蛋白粉等相对单一的产品，发展到现在低灰分血浆蛋白粉、高免低灰分血浆蛋白粉、珠蛋白肽、血红素等多个产品线，每年都有进步。充分发挥建立的技术平台的优势，产品品种结构更完善，持续发展能力得到进一步提升。

二、用技术塑造品牌的个性

“独特工艺、专利产品，生物技术、个性服务”，是杰隆多年来坚持塑造的产品品牌的特质、个性与行业形象。杰隆充分发挥生物技术与饲料技术之间的交叉学科优势、或跨学科跨行业应用，着力打造产品指标的标准化、检测方法的标准化、生产工艺的标准化，多项规程、方法填补了行业空白。已经获得2项技术专利，多项技术攻关先后被列为国家星火计划项目、国家中小企业创新基金项目、上海市攻关项目、上海市四新推广项目等。并积极应用建立的方法体系个性化服务于行业，在推动行业进步的同时，通过技术手段提升了自我品牌的发展空间，从而塑造了高技术、高品位、高规格的高端品牌形象。

三、用管理建立品牌的保障

品牌的公众形象体现在外在的、有形的、具体的工作。杰隆不断细化和规范管理流程与规程，通过了ISO9000:2000管理论证，正全力推进HACCP论证。从销售、生产、技术等业务部门到后勤保障体系，强化客户中心意识。以销售队伍为主体，整合和发挥团队力量，通过整合营销服务于客户特别是品牌客户与大客户。建立了CRM管理系统，实施销售管理的信息化、电子化，强化客户服务过程的指导与统筹，提高信息应用效能，使信息成资源，生产、技术按市场要求与市场的规律组织生产与服务客户。通过实施专利申请与商标注册等知识产权保护手段，加强了品牌的自我保护。

四、用市场彰显品牌的力量

品牌的知名度、美誉度最直接的是通过市场的接受度和客户的忠诚度来实现。杰隆坚持面向国内、国外两个市场阵地，成功实现了产品出口与内销并举的局面。外销已成功建立越南、菲律宾、泰国、马来西亚等4个国家和地区的销售渠道，内销成功坚持产业链下游大客户与知名品牌的高端客户合作策略，产品覆盖了国内20余个省份，服务到了国内诸多知名企业。是国内同行业企业中第一个走出国门的单位，国内市场超过30%的市场份额，与国内同行相比，处于领先地位。

追求卓越品质 树立质量安全理念

——上海富朗特动物保健有限公司

上海富朗特动物保健有限公司是澳大利亚在上海投资的一家专门从事动物营养产品制造与经营的中澳合资企业，专业从事动物营养、动物保健品的研发、制造与销售。

富朗特公司拥有动物营养、畜牧兽医及化学等专业背景的硕士、博士等高素质人才和以美国MBA为后盾的现代管理人才，是一支富有团结协作和开拓创新精神的优秀年轻团队，随时为客户提供饲料配方调整、技术咨询、生产指导和销售培训等全方位的服务。

目前，富朗特公司专业生产维生素预混料：具有基础动物营养和动物保健型维生素预混料两个系列，标准配方包括通用、畜、禽、水产和宠物用等5大系列26个品种。富朗特维生素预混料是公司动物营养专家充分考虑当今国内外养殖业的发展趋势，根据动物的不同品种和生长阶段对维生素营养水平的实际需要；充分考虑了各种维生素和其他饲料添加剂之间的协同和拮抗作用，使各种营养素之间达到平衡；充分考虑了疾病或环境因素的变化所产生的应激对动物生产性能的负面影响；选用国际上剂型最稳定，生物效价高的优质维生素单体原料；选用物理和化学指标(承载性能、流动性、比重、pH值、静电。粗脂肪等)最适宜的脱脂米糠为载体，并配备优良的辅佐剂而精心设计的不同系列配方，以充分满足不同的市场需求。因此，富朗特维生素预混料可以有效提高畜禽的抗病能力和生产性能，并在增加畜禽免疫力方面有独到之处。

为了给中国带来国际质量标准的富朗特产品，公司自成立以来就十分注重产品的质量管理，并组织以总经理为首，各部门主管为成员的质量安全管理小组对公司产品生产的整个质量管理体系进行不断监督、跟踪和完善。

2005 年 4 月,公司顺利通过了 HACCP 食品安全管理体系认证,取得了产品通向国际市场的“通行证”。这不仅走在了上海市饲料生产企业的前列,亦走在了全国维生素预混料生产企业的前列。自此,公司严格按照 HACCP 的管理要求,在 4 个关键控制点(CCP 点:原料接收、配方输入、电子秤配料和混合),13 个生产控制点(较称、领料、称量、复核、投料、混合、标签、接料、称量、包装、出料率、记录填写、清场卫生、成品入库)进行全程监控,并从物料准用、成品放行、仓库管理、及售后跟踪等多个方面抓产品质量,确保以质量为核心,生产出高稳定性的多维产品。同时,坚持发现问题、解决问题和落实问题的原则,使公司的质量管理体系得到不断完善。在 2006 年和 2007 年的两次监督审核中,公司的质量安全管理体系均都得到了认证小组的高度评价,而且公司的内部管理和产品都赢得了市场的充分认可,公司的知名度和美誉度得到了极大的提升。

目前,公司已基本形成具有公司特色的质量控制体系,拥有较完善的留样制度及较全面的产品追溯系统。但同时,为了建立更完善的,更具富朗特特色的质量管理体系,需以更高的标准来要求自己。

富朗特公司严格执行食品安全管理体系 ISO22000:2005 及 HACCP 原理的要求,凭借一流的设备、完善的工艺、严格的品控和先进的管理,进行各种维生素预混料的生产。

首先,公司生产部配备了目前最先进的双轴桨叶式混合机、高精度的电子秤,运用先进的生产工艺,采用逐级混合的方式、严格按照生产工序进行生产,确保产品的混合均匀度变异系数小于 5%。同时,质检部对整个生产过程进行全程质量跟踪,以确保产品的优异品质。

其次,公司质检部实验室配备了先进的检测仪器——美国梅特勒 1/10 000 电子天平、日本岛津高效液相色谱仪(HPLC),Automatic Palarmeter 旋光仪等。以检测原料维生素单体的含量以确保原料的合格率,检测维生素预混料中的每一种单体维生素的含量以保证富朗特维生素预混料产品的质量稳定性。且公司所有检测用的维生素单体标准品均从美国进口。所有单维原料和复合维生素成品的检测均采用国际标准。

公司以订单的快速执行、物流的最优化处理、规模化的经营理念,薄利多销的运作方式来获得双赢。经过公司强大销售队伍的不断努力和拓展,富朗特公司的销售和服务网络已逐步建立——以上海为中心辐射全中国。同时,公司配备了精湛的技术队伍为市场提供专业的技术支持,包括饲料厂的配方支持和指导、饲料加工工艺的全程支持及饲料厂发展规划支持等诸多方面。与此同时,富朗特公司一直致力于开拓国际市场。

上海富朗特动物保健有限公司是一个以“品质”为理念,以“顾客”为上帝的专业维生素预混料制造商。在以后漫长的岁月中,公司将进一步坚定产品质量和安全理念,不断完善具有富朗特特色的质量安全管理体系,以高稳定、高质量的产品回报顾客。

国际化牧羊引领中国走向世界

——江苏牧羊集团有限公司

江苏牧羊集团坐落于中国历史文化名城——扬州市,创建于 1967 年。经过 40 年的发展壮大,现已成长为集饲料机械及工程、粮食机械及工程、环保设备及工程、食品机械及工程、输送设备及工程、仓储工程、钢结构工程、自动化控制技术及工程等产品研发与制造、工程设计与安装为一体的著名企业集团。2005 年,“牧羊”商标被国家工商总局认定为“中国驰名商标”,2006 年,牧羊袋式除尘器被评为“中国名牌”产品,牧羊成为饲料机械行业中唯一同时拥有这两项殊荣的企业。2007 年,牧羊相继取得国家钢结构专业承包一级资质、中国大企业集团竞争力 500 强、中国科技名牌 500 强、中国机械 500 强等荣誉,为公司的长远发展奠定了坚实的基础。

牧羊集团现有员工 1 380 人左右,其中机械设计与制造、热处理、饲料加工工艺、工民建、电气自动化、计算机应用、动物营养、通风除尘、粮食工程、仓储工程、化学工程、环境工程、油脂工程、市场营销等各类专业技术人才 600 多人,使牧羊具有强大的产品研发能力。

通过多年努力,牧羊现已开发研制了各种性能优越的饲料、粮食机械产品 100 多个系列,600 多个品种,可以承接从普通畜禽饲料到高档水产膨化料的各类饲料成套交钥匙工程,充分满足了用户的需求。特别是在牧羊的新产品中,被评为国家级高新技术产品的有 18 项、国家级重点新产品有 16 项,承担国家火炬计划项目 7 项、省级火炬计划项目 6 项,获省部级以上科技进步奖 13 项,拥有专利技术 200 多项。几年来,集团先后被评为国家重点高新技术企业、江苏省高新技术企业、全国专利工作先进集体、全国饲料行业科技进步先进集体、全国饲料工业 30 强企业、江苏省知识产权重点保护单位、江苏省饲料工业 20 强等荣誉。牧羊被国家饲料工程技术研究中心认定为饲料机械研究基地,江苏省现代饲料加工装备工程技术研究中心。

通过近几年的技术改造,集团拥有了一大批先进的加工设备,如 2 台大功率的进口激光切割机、数控加工中心、数控折弯机、数控枪钻、大型数控机床、真空淬火炉、酸洗磷化生产线、专用油漆涂装生产线、美国原装进口装配式钢板仓生产线等，同时公司也拥了较为先进的检验和检测设备，并建有行业内屈指可数的大型试验培训基地。在此基础上，2007年，集团董事会根据发展需要，组织相关人员及有关专家对未来5~10年的战略采购进行了论证，从战略层次上确定了未来的技改方案，进一步充实牧羊的制造能力，为全面满足客户需要及国际化进程奠定了夯实的基础。

集团自1998年起全面通过ISO9001国际质量体系认证，2002年通过ISO9001-2000版质量管理体系认证，牧羊每一项新产品，每一座工程所采用的产品都经过严格的性能测试，使产品的质量得到了充分的保证，从1998年起，牧羊产品先后荣获江苏省名牌产品、质量信得过产品称号。

在牧羊特有的文化创新上，牧羊领导树立经营与文化并重的新发展观，使企业的经营发展战略与创新文化培育结合起来，并使文化建设作为企业经营发展战略的支撑和牵引。牧羊在2006年就设立企业创新办公室，负责处理全集团所有员工对于产品或管理的创新信息。每年创新办公室都收到上万条创新信息，对于能给企业带来重大利润的信息，公司都给予重奖。企业创新精神和创新能力基于全体员工的文化素质和技术技能。为此，牧羊制订鼓励学习和创新的制度，使"全员学习、全过程学习、终身学习、全体创新、不断创新"成为企业全体员工的自觉行动和组织行为准则。规定每年集团领导带头参加学习培训，普通员工每年不能低于40个小时的培训学习。

精心的设计、精湛的制造、精细的施工、全方位的服务以及牧羊长期秉持的"让公司共同前进"的理念使牧羊赢得了用户的长期认可和良好的社会信誉。通威集团、新希望集团、正大集团、唐人神集团、六和集团、大北农集团、恒兴集团、东方希望集团、正虹集团、大成集团等众多国内外著名企业集团都成为牧羊的长期战略合作伙伴，牧羊为他们承建了近千座饲料成套工程、仓储工程、粮食工程，实现了双方的共同发展。

走向世界的牧羊，始终保持谦虚的姿态，"重点是向国际同行进行学习，提高技术和质量水平。"牧羊的近期目标是建立一个覆盖全球80%饲料机械市场的销售与服务网络，海外服务点达到50个，培养出一支符合国际职业规范标准的员工队伍。到2010年，要有15%的外籍员工，分布在各个主要销售与服务地区，要保证牧羊的销售和售后服务2天内到达的承诺兑现。在牧羊看来，一个完善的国际化饲料机械销售与服务网络将极大地加快牧羊的国际化进程，同时降低海外投资及运营成本。近几年来，牧羊已在50多个国家和地区建立起销售网络，全球代理商致力于牧羊产品的国际开拓。数据显示，牧羊成套设备及工程已经出口至瑞士、比利时、土耳其、泰国、印度尼西亚、伊朗、乌克兰、马来西亚、埃及、南斯拉夫、越南、加拿大、缅甸、新西兰、澳大利亚、日本、韩国、新加坡、菲律宾、叙利亚近60个国家。同时通过欧洲大工程的带动，牧羊产品全部通过CE认证，为进一步做大高端业务市场开辟了道路。"带领中国标准走向世界，参与世界竞争。"多年来，牧羊完美演绎着中国民族工业自主品牌走向全球市场的布局。但与此同时，牧羊居安思危，正在建立以危机意识为主的企业文化。

牧羊人将继续大力发扬"创新、负责、协作、效率"的企业精神，坚持技术创新、产品创新、管理创新、服务创新，大力推进产品精品化和市场国际化，全力打造牧羊饲料机械全国第一品牌形象；在现有饲料机械、成套工程、仓储工程三项销售全国第一的基础上，力争国际事业部、配件、粮机、电控销售在行业内排名第一，钢结构销售苏中第一。以"创国际一流品牌，铸牧羊百年基业"的宏伟目标为追求，不断创新，锐意进取，为将牧羊建设成为拥有多元领先业务的著名机械制造和工程安装企业而努力奋斗！

坚持创新之路　实现高效成长

——淮安市康达饲料有限公司

淮安市康达饲料有限公司是由董事长兼总经理姜滢等人筹资组建的民营有限责任公司。成立于2000年4月，是一家以饲料工业为主，集水产养殖、河蟹与龙虾专卖为一体的现代化科技型农牧企业。现有6条配合饲料生产线，1条浓缩饲料生产线，1条预混合饲料生产线，生产过程采用先进的自动化系统控制。各类专业技术人员占员工总数30%以上。

伴随着企业形象和产品档次的不断提升，销售市场不断拓展，企业效益稳定增长，产品畅销苏、浙、沪、皖、湘、鄂、赣、闽、鲁、琼、粤、冀、津、辽等14个省市的养殖区，覆盖我国河蟹、龙虾主要养殖区域，产品质量受到用户的广泛好评，其中河蟹、龙虾饲料销量在全国名列前茅。

通过8年的努力，企业不断发展壮大，被认定为全国守合同重信用企业、江苏省高新技术企业、江苏省质量奖企业、江苏省渔业产业化龙头企业。主导产品被评定为中国名牌产品。

一、产品创新，树产业特色

公司产品涵盖配合饲料、浓缩饲料、添加剂预混合饲料的各品种、规格型号的产品。近年来，为规避不必要的市场竞争，通过科技创新不断提高产品档次，集中力量大规模生产具有自主知识产权的绿色高效河蟹、龙虾饲料，逐步显现出良好的经济、社会效益和广阔的市场前景。在产品创新上力求做到人无我有、人有我优,立争短期内成为龙虾饲料领域的领跑者。

二、技术创新,增强企业发展后劲

近年来分别与中国农科院饲料研究所、南京农业大学、中国海洋大学、淮阴工学院、淮海工学院等一批科研院所建立了广泛的产学研合作关系。建设的金康达研发中心正在申报省级工程技术中心,与南京农业大学、淮阴工学院合作成立了淮安市新型饲料添加剂工程技术研究中心,为企业技术创新提供了可靠的研发平台。通过自主创新,开发具有自主知识产权的野马追中药材饲料添加剂、绿色高效河蟹饲料、绿色高效贝类饲料等产品,被科技部列为国家星火计划推广项目;野马追中药材饲料添加剂,绿色高效河蟹饲料被评定为省、市高新技术产品,提升了产品的科技含量和附加值。

三、管理创新,完善质量保证

2002年率先推行ISO9001质量管理体系，并通过认证,2005年通过HACCP食品安全控制体系认证,2006年通过了ISO14001环境管理体系认证、GB/T28001职业健康安全体系认证。完善的管理体系,过硬的产品质量,提升了产品的市场美誉度。2005年被评定为江苏省名牌产品,2006年被评定为江苏省质量信用产品,2007年获中国产品的最高奖项——中国名牌产品称号。

四、制度创新,实现企业规范运作

康达公司的创业资本全部是民营资本,创业之初即引入了现代企业制度，注册成立了有限责任公司。按照公司法和公司章程运作,责、权、利和产权关系明晰,人、才、物得到了高效运作。企业规模不断发展壮大,同时拥有水产品加工厂、肉食品加工厂、养殖分公司、河蟹事业部等多个经济实体。公司资产8年增长20倍。目前正在按照现代企业制度要求,筹组金康达集团公司,力争实现第二次飞跃。

五、模式创新,开创盈利新方式

坚持饲料生产与研发,水产品养殖与加工,基础产业联动发展,积极开展行业内收购、租赁和兼并。加强品牌运作,大力实施品牌经济的盈利模式。积极采用“公司+基地+农户”的模式,开展产业化联动。首先是重抓原料基地建设,通过与农户或专业合作组织合作,对基地进行统一管理,着力打造企业“第一车间”,目前被农业部批准的绿色基地有15 000亩。其次,是重抓养殖基地建设,与养殖户达成养殖协议,定期组织专家授课,指导农户进行科学养殖,同时用公司的品牌进行产业带动,至2007年末,采用“金康达”商标包装了11.60万亩的合作养殖基地和5 320亩的产权养殖基地,取得了巨大的经济效益。目前已有近万农户加入“公司+基地+农户”产业链,有效地整合了政府、企业、金融机构、科研院所和养殖户等各种社会资源,实现了多位一体的共赢,为建设社会主义新农村提供了宝贵的创新经验。

六、加强品牌保护,确立战略目标

康达公司的市场创新,核心是思维创新。康达人有着超前的创新意识和品牌意识。2003年注册了自己的商标——“金康达”,取义“金色辉煌,小康通达”,清晰、明了、简约地沟划出了企业的胸襟和理想。“金康达”商标被认定为江苏省著名商标。

七、积极奉献,回报社会

康达公司创办以来，公司在获得经济效益的同时,不忘回报社会,赢得了各界人士和广大群众的普遍赞誉。

加强研发体系　推行一体化模式

——淮安天参农牧水产有限公司

淮安天参农牧水产有限公司是江苏省级农业产业化重点龙头企业,江苏省饲料行业20强企业,是淮安市政府确定的重点骨干企业和首批中小企业版上市辅导企业,是一家以饲料加工为主、畜禽养殖、水产养殖和粮食仓储为辅的大型农牧企业,主营业务有畜禽水产配合饲料、浓缩饲料、预混料和粮食收储及畜禽水产养殖与加工,涉足金融担保、生物原料开发、农产品深加工等。

公司秉承“以人为本,务实创新,诚信服务,追求卓越”的企业理念,发扬“和、诚、干、学”的企业精神,立志奉献精品和追求客户满意最大化的质量方针,2003年即通过了ISO9000国际质量管理体系认证,2006年又在行业内率先通过了ISO22000食品安全管理体系认证、中华人民共和国出入境检验检疫总局“出口食用动物(水生动物)饲用饲料”生产备案,荣获淮安市人民政府立功奖,先后被评为省粮食系统先进单位、江苏省农业产业化优秀龙头企业、江苏省农民满意收购企业,中国饲料工业协会“信得过产品”等称号。

一、夯实管理基础

1.规范日常管理。以“追求企业可持续成长”为准则,在管理中注重整体优化,追求系统管理,扬弃经验式、粗放式的随意管理,追求管理精细化、科学化、规范化和制度化;强化绩效考核与绩效管理,要求公司各部门制定制度、标准、业绩考核实行数据化。

2.稳步推进组织结构的调整。为了适应激烈的市场竞争,提高公司的竞争能力,公司聘请了中国人民大学的专家组,对天参进行了全面调研,在对内、外部环境进行综合分析和诊断的基础上，建立了精干、协作、高效的绩效导向型组织架构,理顺了各部门的工作职责,同时对公司的管理流程、绩效考核体系等做了相应调整，实现了从结果管理向过程管理转化，避免了内部消耗，降低了管理成本，提高了工作效率。

3.优化市场布局。为进一步提高经济效益，公司对部分市场进行整合，加强经营效果分析，对毛利不高和不能形成长远投资收益的市场，选择退出或者减少投入，实行“能进能退，效益优先”的原则，把队伍及时向相对稳定，有前景的市场集中，不断提高市场开发成效；加强对新市场的评估，对市场成熟度、当地环境等进行充分调研，敏锐及时挖掘新的经济增长点。

4.积极实施人才战略。公司根据整体发展规划和市场情况，坚持“以人为本”的原则，科学合理地制定了公司人力资源配置规划。先后引进大专院校毕业生和技术工程师近百人，将技术人员、高素质人员结构比例提高到52%。

公司定期给员工提供培训学习的机会，要求员工与企业共同成长，同步提升，先后派往北京、上海、南京和青岛等地的大专院校学习260多人次；不断完善薪酬制度的动态运行机制，维护员工利益；天参尊重每位员工的个性，尊重员工的个人意愿，尊重员工的选择权利，所有员工在发展机会面前人人平等。

5.培育企业文化，增强企业凝聚力。为了使企业文化深入人心，公司把企业文化建设与企业管理相互融合在《员工手册》中，规范员工行为，使企业文化形成一种良性的约束力量。公司定期安排在职培训，举行“我为公司发展献计策”等座谈会，让员工人人参与其中，凝聚向心力和强化主人翁意识，从“要求我这样做”转化为“我应该这样做”的理念，激励工作激情，提高生产效率，形成创业动力。通过文化对管理的先导作用，实现了职工与企业同目标同成长，为企业发展提供强有力的保障。

二、加强研发体系的建设

近几年来，公司技改投入6 300多万元，扩大产能，改进生产工艺，提高了过程质量控制水平，使得产品质量始终处于领先水平，技术改造也降低了耗能，降低了生产成本，提高了产品的市场竞争力。

引进新技术，研发新产品，与中科院南海研究所合作开发特种水产饲料，开发了龙虾、罗氏沼虾、南美白对虾等高性能专用饲料。修订了地方标准《龙虾养殖技术规范》，从瑞士布勒公司引进国际先进设备完善工艺，年生产能力达20多万t，加工成本处于业内优秀水平，为迎接新型工业化时期的到来，做好了充分准备。

三、一体化模式，产业化经营

投身政府支农号召，做优惠农基地。一抓基地建设，先后在涟水县、泗洪县和安徽等地区建立“公司+基地+农户”的项目，截至2007年底，合同种植面积达20多万亩，惠及农户近3万户；二抓“示范园”建设，一期投资5 500万元在洪泽县西顺河等4个乡镇建设了“淮安天参水产科技园区”6处，占地面积为近2万亩，集研发、示范、产业集群等功能于一体，农户水面出租给公司，农民进园区从业拿工资，每人月工资不低于1 000元；三抓“一体化”发展，以袁集等16个挂钩小区为核心，供种苗→供饲料→帮防疫→收畜禽→屠宰分割。

作为省级农业产业化重点龙头企业，几年实践证明，把工业发展理念融合到农业发展中去，通过产业集群拓展，提升区域高效农业竞争力，是壮大龙头企业，实现快速发展非常成功的路径。

四、多方合作，实现共赢

在农业产业化龙头企业发展中，普遍存在融资问题。2005年12月，经市发改委牵头，由天参公司联合淮安市8家省级以上龙头企业共同出资，成立了苏北第一家龙头企业担保公司–淮安兴农担保有限公司，承接政府对龙头企业的支持，为企业的发展提供高效、优质的信用担保服务，有效解决了长期以来农业龙头企业融资难的问题。

只有与农民紧密合作，才是农牧企业发展的可靠保证；只有增强自主创新能力，才能驾驭国际市场风云。天参公司坚信发展理念，一定会走出一条具有中国特色的大型农牧企业发展之路。

重视科技创新　打造企业文化

——徐州正昌饲料有限公司

徐州正昌饲料有限公司是由中泰合资兴建的农牧饲料企业，于1995年12月25日成立。在各级领导、社会各界的关心支持下，企业取得了有目共睹的成就。现已发展为包括徐州正昌饲料公司、徐州永昌饲料公司、淮安正昌饲料公司、省级饲料科技研发中心等成员单位在内的集团公司。产品已形成核心预混合饲料、中档普通饲料和高档膨胀饲料3个档次，覆盖猪鸡鸭鱼牛羊兔7大系列、共150多个品种。

一、重视人才建设

公司自成立以来，就先后从全国各大专院校、科研院所及饲料集团引进50余名技术人才，同时聘请著名畜牧、水产学院毕业，从事养殖研究几十年的专家、学者加盟正昌公司。截至目前，徐州正昌公司具有大专以上文化程度的占职工总数的60%以上，其中工程师、高级工程师级占10%。

为了不断提高员工队伍的整体素质，公司一直致力于对职工进行思想、技术、业务培训。行之有效的培训可以传承企业文化、团队理念和专业技能。多年来，公司每年都举办多种培训，全方位提高员工业务技术素质。不断地学习、充电，促进了企业团队整体水平的提高，使这支团队时刻保持积极向上的青春活力。

二、重视科技创新

5年前，徐州正昌成立了技术创新小组，由技术素质高、综合能力强的精干人员20余人组成，其中有多名南京农业大学、江苏农学院、北京农业大学等多家院校的研究生，结合其他岗位近60余位技术人员，共同进行了市场调研、质量改进、成本降低、产品研发等。公司每年用于科研经费的投入占销售收入的比例达3%以上。多年来共研制新产品160多个，覆盖猪、禽、牛、羊、鱼、兔等6大系列、各个阶段，并做到开发一个成功一个。其中“福乐兴”红心蛋中草药蛋鸡预混料，荣获2002年徐州市科技进步二等奖；植酸酶低磷生物复合预混料，2005年度被江苏省科学技术厅认定为“省高新技术产品”；2005年12月，公司又获得“产品质量国家免检”称号，这是我国企业产品质量管理的最高奖项。2007，两种新产品又被评定为“江苏省名牌产品”称号。所有这些成绩的取得，都为企业的发展奠定了坚实的基础，提高了市场竞争力。

投资建设的“饲料工程研发中心”，购置了国际先进水平的近红外分析仪、气相色普仪、液相色谱仪、氨基酸分析仪、高效液相色谱仪配两元泵紫外检测器、小型发酵罐、菌种培植罐等设施，可对原料及成品进行全面的营养分析，完成多种数据的精确检测及生物添加剂菌种的培植试验；中心还拥有国际先进的美国百瑞尔(Brill)饲料配方系统，现代化的检测仪器可保证和满足所有产品的全项目检测要求。目前整个技术中心的基础研发条件居国内饲料行业前列。2007经江苏省经济贸易委员会评审，被评定为“省级企业技术中心”。目前正在积极申报国家级企业技术中心。

三、打造优秀企业文化

“舞台文化”是徐州正昌企业文化的重要组成部分，是企业文化的中坚和桥梁。培育先进的舞台文化，就是要搭建员工成长的舞台，成功的舞台。让员工在企业的发展中成长和成功，才是一个企业最大的成功。所以正昌大力营造有利于人才成长成功的舞台，生活上家庭化，培训上学校化，工作上重视个人的选择与突破，当人人都在这个舞台上发挥出自己的才能和潜能时，当人人都得到成长与成功时，企业的成功也就是顺理成章的了。

“正昌大舞台，人人都精彩”。徐州正昌饲料公司的舞台文化，激发起职工极大的创业激情。正是在这样的氛围中，正昌饲料公司才会在竞争激烈的饲料行业脱颖而出，创造了一个又一个奇迹。公司连年产销量频创新高，每天公司内车水马龙，生产、发货，各车间紧张忙碌却又秩序井然。

徐州正昌在做好企业经营管理的同时，时刻不忘回报社会，履行企业社会责任。公司先后拿出数百万元，捐助希望工程、整修社区道路、赞助上级党委政府组织的相关文化活动等公益事业。回顾过去，徐州正昌历经10载，取得了令人瞩目的骄人成就；展望未来，全体员工将以更加努力的工作，实施科学管理，彰显科技实力，为我国社会主义新农村建设，贡献自己应有的力量。

攻坚克难　创新发展

——浙江科盛饲料有限公司

浙江科盛饲料有限公司是一家集饲料生产、销售、科研及其他多种经营于一体的饲料企业，下设科技研发中心，是浙江省最大饲料企业之一，第一批浙江省农业科技企业，浙江省农产品加工示范企业和浙江省劳动保障诚信单位，绍兴市重点农业龙头企业，公司的科技研发中心为省、市级技术研发中心，浙江省农产品加工企业技术创新机构。

公司现有正式职工230人，专业人才50余人，并聘请浙江大学、上海水产大学、上海交通大学、江南大学4所大学的教授、博士为饲料研究开发的技术顾问。与浙江大学、上海水产大学、上海交通大学合作建立了产学研基地，共同致力于研发安全高效的各类禽畜水产饲料，以不断增加企业的竞争力。

公司拥有18万t级禽畜饲料生产线、8万t级特种虾蟹饲料生产线、6万t级鱼饲料生产线、1万t级膨化乳猪饲料生产线、2万t级膨化水产和宠物饲料生产线、2万t级甲鱼饲料生产线和5000t级预混合饲料生产线。主要生产南美白对虾、青虾、罗氏沼虾、河蟹、甲鱼、鱼6大系列水产饲料；猪、鸡、鸭、鹌鹑4大系列畜禽配合饲料；预混合饲料、浓缩饲料、天然植物添加剂和微生物制剂。“科盛”牌配合饲料为国家免检产品、浙江名牌产品，“科盛”商标为浙江省著名商标、中国驰名商标。南美白对虾、鮰鱼、甲鱼配合饲料和4%仔猪、4%生长肥育猪预混合饲料获得浙江省商检出口许可证资格。

公司于1997年在浙江省饲料行业内首家通过ISO9002质量管理体系认证；2004年又通过了ISO9001:2000质量管理体系认证，2007年通过复审；2006年开始在企业内全面实施6S管理；2007年还通过了ISO14001:2004环境管理体系、企业标准化良好行为、计量检测体系的认证。

2007年是公司经受多种考验并取得了稳定发展的极不寻常的一年。面对种种困难，公司坚持以科学发展观统揽全局，正确认识和把握需求增长与调整产品结构、转变增长方式的关系，以“坚守企业理念，不断创新，注重管理实效，把握时代脉搏，全心奉献社会，引领广大养殖专业户优化养殖模式，推广养殖技术，确保养殖安全，提高养殖效益，继续肩负服务三农，服务社会主义新农村建设，确保食品健康安全的社会责任”为科盛的使命，为挑战激烈市场竞争夯实基础。

一、战胜困难、克服压力、实行新突破

随着人们生活水平及追求健康安全食品的要求逐步提高，全社会对饲料行业的要求也越来越高。一是对饲料企业安全、质量、标准有较高的要求，把饲料视为食品对待；二是对环保、节能减排有较高要求，企业投入必然加大；三是对科技创新要求大大提高，由于市场竞争激烈，必将促使企业增加科技投入，以保持科技领先地位。与此同时，企业面临压力也不断增大。首先是原材料上涨的压力加大，其次是动物疫病的冲击加大，再次是市场竞争趋于白热化的冲击加大，最后是企业管理成本、人力资本压力加大。

要战胜困难，克服压力，实行新突破，公司清醒地认识到，必须加快转变经济发展方式，调整产品结构，优化产业结构，探索新的经济增长点。公司坚持以“攻坚克难、自主创新、扬自身优势、求得实效”的工作基调，注重新技术、新工艺、新设备的引进和研发，使产品完全融入市场的需要，建立以企业为主体，市场为导向，产学研相结合的技术创新体系，推进企业健康发展。2007 年实现销售收入 3.80 亿元，同比增长 41.30%，实现利润 1 260 万元，同比增长 51.80%，上缴税收 458 万元，成效显著。

二、加强科研合作，增强创新能力，实施自主创新

“科技是第一生产力”，公司以研发中心为技术研究主体，以高等院校作为技术后盾，聘请浙江大学、上海水产大学、上海交通大学和江南大学的教授、博士作为技术顾问，共同致力于开发研究安全、绿色、高效的各种畜禽水产饲料。先后与上海水产大学建立了产学研基地，与上海交通大学建立了国家生命科学与技术人才培养基地、与浙江大学合作建立了动物科学实践教育实习基地，推动了高校与企业的产学研合作。

研发中心根据市场的需求，不断开发新产品，与上海水产大学合作——先后研发了海水鱼、翘嘴红鲌、鮰鱼、淡水鱼系列膨化配合饲料；对南美白对虾的高位池精养专用饲料与养殖技术，黄颡鱼、鲤鱼的体表着色，乌鳢鱼等肉食性鱼类膨化配合饲料的研制和投饲技术，观赏鱼人工配合饲料的配方技术及水产原料资源的开发和利用进行了研究，取得了明显的效果；与江南大学合作——开发了高档乳猪配合饲料和浓缩饲料；与浙江大学合作——开发的“黄酒糟饲料高效利用关键技术研究”“海水养殖贝类用活性饵料开发及应用技术研究”项目已通过省级验收，同时海水养殖贝类用活性饵料开发项目获得省科技进步三等奖，2007 年已推广应用了 1150t 海水贝类配合饲料，大大提高了用户的经济效益，显著降低投料对水环境的污染，改善了贝类的生存环境；与上海交通大学合作——完成了国家农业综合开发产业项目“绿色饲料添加剂的加工研究”项目；2007 年申报的“乌鳢鱼浮性膨化配合饲料的研制及应用技术研究”项目已在浙江省科技厅立项，“南美白对虾无公害生态精养技术集成与示范” 项目已列入国家星火计划项目，南美白对虾饲料包装袋设计取得了国家知识产权局版发的外观设计专利证书。同时为确保动物蛋白的原料质量，开展了鱼粉中组胺、血球蛋白粉和水解羽毛粉的快速挥发性盐基氮、胃蛋白消化率的检测，为稳定三黄鸡饲料的着色效果，开展了叶黄素、玉米蛋白粉、玉米中色素含量检测。

提高自主创新能力，是企业增强市场核心竞争力，实现又好又快发展的根本保证。只有以更高的创新热情，更强的创新能力，更大的创新智慧，才能再创企业发展的新天地，自主创新为公司快速可持续发展注入了强劲剂。

三、实现科学管理，发展品牌优势

企业管理是企业发展的前提，公司坚持“诚信、勤奋、坚韧、敬业、协作、创新”的管理理念，坚持“目标清晰、责任明确、计划周详、实施快捷、考核公正”的管理原则。公司严格执行 ISO9001 质量管理体系，每季进行一次检查，每半年进行一次内审，同时对每季度的体系运行情况进行考核，与经济责任制挂钩。每月组织召开班组长质量例会，评选质量活动优胜者，每月书面通报公司质量运行、纠正措施落实情况，企业全面实施 6S 管理，2007 年公司开展环境管理体系、计量检测体系和标准化良好行为企业的认证并获得通过。为确保产品质量的稳定，严把原料和成品质量关，检测中心对原料、饲料产品的检测率达到 100%，饲料过程产品合格率达到 99.90%，上级饲料抽检合格率达到 100%。为提高企业管理水平，对营销员、技术人员、财会人员和生产车间重点岗位骨干采取“走出去、请进来”的方式进行管理培训，同时到上海、广东等地考察学习，品牌效应已在市场上得到充分发挥。

公司在提升产品档次的同时，积极为养殖专业户做好技术咨询、技术讲座、技术指导等系列化服务，引导养殖户利用科学技术来管理畜禽和水产，在养殖关键期，邀请畜禽水产专家进行现场指导，帮助测定水质，提供防病、治病服务，使专业户获得更多的科学技术知识，有力地推进了企业与养殖户之间的密切协作、密切配合，以达到企业和养殖户双赢的目的，2007 年公司在浙江、上海、江苏、安徽、福建、江西、湖北等地召开了 25 次养殖技术的培训，培训人数达 3 200 人，为客户提供 420 批次产品免费检测服务，为 826 户养殖户作疾病诊断与防治、水质检测与评估服务，编写了《无公害南美白对虾养殖技术手册》《科学养鱼技术手册》《科学畜禽养殖技术手册》等资料，免费赠送养殖户 12 000 余册。

自“科盛”牌配合饲料 2005 年获得国家免检产品

后，如何发展和保持品牌优势，成了科盛公司的首要任务，公司从上至下都意识到创造“科盛”品牌的重要性，形成“人人讲质量、人人懂质量、人人管质量”的良好氛围，2007 年，“科盛”商标被认定为中国驰名商标。艰苦奋斗、科学管理、与时俱进、不断创新的创业精神和突出的创业业绩，使科盛人在业内外都具有很好的示范和带动作用，是科盛品牌优势的显著表现。

加强管理创新 争创一流企业

——浙江新和成股份有限公司

浙江新和成股份有限公司创办于 1988 年，经过近 20 年的发展，现拥有 4 个现代化高科技产业园，总资产达 25 多亿元，占地近 1 000 亩，已成长为一家高科技、高成长、高效益的上市公司。公司系中国 30 强饲料企业、中国名牌产品企业、中国出口名牌企业、全国饲料添加剂科技创新优秀企业、全国守合同重信用企业、浙江省高新技术 50 强企业，为国内最大的维生素类饲料添加剂生产企业之一，连续 10 年为银行 AAA 级信用企业，现已通过了 ISO9001、ISO14001 和欧盟 FAMIQS 体系认证。

一、经营管理

新和成在注重新产品开发的同时，大力实施技术改造项目，创建维生素特色园区，打造先进制造业基地。受新产品开发和规模效益的积极影响，公司近两年销售额保持了快速的增长势头，2006、2007 年分别实现销售额 16.10 亿元、17.40 亿元，其中 2007 年实现利润 9 431 万元，税金 9 845 万元，出口创汇 1.47 亿美元。新和成坚持“以质量求生存、规模求效益”的原则，与巴斯夫、帝斯曼等国际维生素巨头展开激烈竞争。新和成以其优质的产品和良好的服务，吸引了众多饲料企业的眼球，新和成牌维生素也几度被评为全国饲料添加剂交流会推荐产品。

为提高运营能力、降低运营成本，公司推行科学化管理，力求管理全方位创新。公司建立了健全的管理体系和组织网络，在研发、设计、采购、质量、计量、安全、仓储、设备、财务、档案等各个环节制定了 30 余项严格完善的管理标准。对采购、计量、生产等主要环节实施重点成本考核，并大力推行清洁生产实施方案，提高废物利用率，公司由财务部牵头建立公司三级成本费用考核体系。

二、创新发展

新和成技术中心被国家发改委、财政部、海关总署和国家税务总局认定为国家企业技术中心，新和成的浙江省博士后科研工作站为浙江省优秀单位。科研条件的改善和技术开发创新平台的建立，大量的科技投入和高层次科技人才的集聚使得新和成具有了比较强的自主创新能力。新和成已经形成了比较完善的、包含三个层次的技术创新体系。第一层次是中央研究院，第二层是产品系列开发研究所，第三层是生产技术革新研究室，分别从战略制定、产品开发以及技术改造等多方面展开工作。公司以“科技为先，以人为本”的企业经营管理哲学，以国家级企业技术中心为企业技术创新核心，建立了长期稳定的科研投入机制，确保年研发费用占到企业销售收入的 5%以上。近年来，公司对产品技术创新的同时，十分重视对维生素 A 和维生素 E 的关联领域的研究和开发，推动了一系列饲料添加剂和预混合饲料产品的开发和生产，如维生素 AD_3、维生素 D_3、β-胡萝卜素、生物素、斑蝥黄、虾青素等，已有 10 个产品被国家科技部列入国家重点新产品，10 个项目列入了国家火炬计划项目，获得国家发明专利 23 项，另有 10 多项已在受理之中。由于产品经济效益和社会效益突出，为进一步推动我国畜牧养殖业发展作出了较大贡献。

三、质量管理

1.体系认证。新和成坚持“质量第一、信誉第一”的宗旨，建立了一套规范化、科学化和制度化的质量管理体系，并每年进行复核。公司于 1999 年 1 月通过 ISO9001 体系认证，在 2002 年 10 月通过 ISO9001 的换版认证，并不断进行质量管理审核，积极开展各种质量管理活动，提高全员质量管理水平。为增强环境质量管理能力，提高全员环保意识，公司于 2002 年通过 ISO14001 体系认证。为进军欧盟市场，扩大维生素销售渠道，公司在原有 ISO9001 及 ISO14001 的基础上，于 2005 年 11 月通过了 FAMI-QS 体系认证。为规范计量工作，完善计量体系，公司通过了计量检测体系认证。体系认证建设情况如下：

序号	体系名称
1	ISO9001 质量管理体系
2	ISO14001 环境管理体系
3	欧盟 FAMI-QS 体系
4	计量管理体系

2.质量保证。新和成检测中心为国家一级质监机构，具备快速检测各种理化指标的能力，给质量控制创造了良好的条件。质监机构直属质量副总经理领导，下设质量管理科和质量检测部，质量检测部下设公司检测中心、车间检测中心、班组检测中心，对原料进货到产品售后服务全过程制定了相应的控制程序，实行公司级、车间级、班组级三级检验制度。公司还积极培养、培训检验技术人员，现已有 20 多位技术人员拿到了农业部颁发的检测资格证书。在样品检测的方面，公司在采用国标的同时，根据 USP 28、EP5 等国外药典要求制定出了更为严格的内控标准。

四、清洁生产和循环经济

新和成为浙江绍兴市首批通过清洁生产审核的省级清洁生产试点企业，严格按ISO9001和ISO14001体系运作。通过一系列技术改造和工艺设备改进，积极遵循“减量、再用、循环”的原则，通过对处理难度大且经济价值可观的废弃物重新开发利用，不断地降低原料的单耗，实现循环经济。公司现已累计投入9 000多万元用于环保设施建设，投入1亿多元用于清洁生产技术的开发和应用。如新和成已开发成功的维生素A产业清洁生产技术开发项目被列入了国家重点科技攻关项目。

五、标准化建设

新和成是全国饲料工业标准化技术委员会(SAC/TC76)成员单位，也是国内维生素添加剂生产企业唯一入选单位，为全国饲料标准化先进单位。公司下设由质量副总经理直接领导的标准化工作小组，在不断学习国外先进标准化管理的基础上，近年来开展了一系列卓有成效的标准化管理工作。通过标准化管理的深入开展，不仅对自身技术发展水平进行了一次良好检验，也为饲料工业的规范发展作出了一定贡献。

总之，作为中国维生素工业的建设者之一，新和成将继续坚持“低消耗、高技术、高效益”的发展理念，注重自主创新，不断开拓市场，发展名牌产品，以高质量的产品和优秀的技术，为新农村建设作出最大的贡献。

严谨务实　以人为本
——浙江医药股份有限公司

浙江医药股份有限公司主体为新昌制药厂及维生素厂，其前身为浙江新昌制药股份有限公司。浙江医药股份有限公司1999年在上海证交所上市。

浙江医药股份有限公司新昌制药厂创建于1954年，地处浙江东部，东临宁波机场83km，西距杭州150km，位于上三高速公路和104国道边。目前新昌制药厂占地50万m²，是我国维生素类、喹诺酮类和大环内酯类药物的重要生产基地，国家级重点高新技术企业。

浙江医药股份有限公司维生素厂规划用地928亩，主要生产维生素类产品、抗肿瘤药物、基因药物、天然药物和生物制药等产品。目前生产的主要产品有维生素E(全球第二大供应商)、维生素A、维生素H、β-胡萝卜素、虾青素、斑蝥黄等系列产品、维生素D3油(全球第三大供应商)、多种维生素制品和维生素中间体等，产品80%以上出口。

浙江医药股份有限公司一直认为：在21世纪，信息将作为生产力的重要元素，能否充分掌握信息，合理利用信息的关键是人才；“以人为本”的企业文化使浙江医药极为重视人才的吸收与培养，企业每年投入上千万元用于人力资源的开发与人才体系的完善，定期选送高级管理人才到国内外著名高校进行学习；在企业内部推行终身学习制，鼓励员工通过自学提高知识水平；一系列完善的制度激励年轻科技人员到国内外著名高校攻读学位；初步造就了一支朝气蓬勃的高素质科研和管理队伍，并与国家饲料工程技术研究中心、中国饲料工业协会、浙江大学、南京农业大学、中国药科大学、四川抗生素工业研究所、美国东肯塔基大学等30多家国内外科研机构和著名高校建立了包括人才交流、信息交流、产品开发等内容的长期友好合作关系。面对日趋势激烈的国际竞争，浙江医药积极导入CI策略，推行名牌战略，公司在北京、上海、广州等国内30多个大中城市设立了分支机构，并在香港、美国、日本、坦桑尼亚、巴基斯坦等国设有分公司，网络遍及全球。

一、质量保证体系

公司建立了十分完善的质量保证体系。企业积极拓展国际市场，推行国际认证，通过了Skal国际联盟的GMP+HACCP认证和环境职业健康安全管理体系认证，饲料级维生素通过瑞士SGS的ISO22000和HACCP认证，欧盟的FAMI-QS认证。质管部下设质量监督科和质检中心。质检中心拥有3 700m²的质检大楼，下设仪器室、生物效价测定室、化学成分分析室、药理室、微生物测定室、中间体检验室。质检中心负责全厂成品的检测、进厂原辅料的检测以及中间体的检测。拥有世界上先进的分析仪器，如HP1100液相色谱仪，HP6890气相色谱仪，美国尼高力红外光谱仪，鲁道夫全自动旋光仪，METTLER DL18全自动水份测定仪，日本岛津UV2000紫外分光光度仪。质管部按GMP要求来进行全厂的质量管理，制定了质量管理文件及标准操作规程(SOP)4 000多个，完善的GMP管理体系保证了公司生产的每一批产品无论从原料采购，还是到车间生产、产品化验和入库出厂，各个环节均得到了有效控制，确保出厂的产品品质一致。

二、独立的研发中心

公司成立企业R&D中心，紧扣市场脉搏，使新产品的研究与开发瞄准潜在市场；确立“三高二低一结合”(高科技含量、高附加值、高市场占有率；低污染、低消耗，原料新产品上规模与制剂产品上档次相结合)的产品发展战略；企业研究院下设9个研究所，拥有150名中、高级科研人员；企业先后开发成功国家级新药31项，正在开发的国家级新药近40项，其中国家一类新药5项，二类新药18项；2005年“d-生物素的不对称全合成生产新技术”获得国家技术发明2等奖，目前已获得专利授权22项，其中发明专利20

项。并与国内外30多家科研机构和高等院校建立了长期、紧密的合作关系。

三、环保体系

企业是社会生态中的一分子,企业的生存与社会环境和自然环境息息相关,作为一家医药企业,保护环境、造福人类是公司的理想,也是公司义不容辞的责任;企业以“标本兼治”作为环境治理的原则,通过技术进步减少废物排放以求治本,投入3 800万元建成省级达标的污水处理站;浙江省内医药行业中首家建成废渣焚烧炉并通过省级达标验收。2001年4月份通过英国ISO14001、中国CCEMS的认证。

公司先后被评为全国医药系统先进集体,国家重点高新企业、浙江医药行业“双十佳”企业、浙江省出口先进企业、中国饲料行业信得过产品。年年被评为浙江省AAA级信用企业。

企业遵循“以人为本”的企业理念,坚持“关爱人类健康”的企业宗旨,以建设二十一世纪绿色企业为目标,建成全球最大、品种最齐全的脂溶性维生素生产与出口基地。

四、品牌建设

为了开拓国内国际市场,打造自主品牌,众牌图形商标已获得马德里注册。众牌图形、“来益”、“来立信”等商标被评为浙江省著名商标。“维生素E原料及制剂”、“乳酸左氧氟沙星原料药及制剂”、“生物素原料及制剂”先后取得浙江省名牌称号。2007年,众牌饲料维生素系列,被授予中国名牌产品。

五、企业精神

1.企业宗旨:关爱人类健康,做大众卫士。

2.企业目标:建国际一流维生素出口基地。

3.企业理念:以人为本,尊贤尚功;严谨务实,拼搏创新。

4.质量方针:以质量求生存,以品种求发展;有效的过程控制是产品质量的根本保证;提供优质、高效、安全的产品是公司的职责。

5.环保理念:建生态企业,创美好家园。

6.环境职业健康安全方针:遵守法律、以人为本;预防污染、节能降耗;持续改进、全员参与。

浙江医药股份有限公司将一如既往地以“关爱人类健康”为企业责任,用全体员工的集体智慧为全人类的幸福贡献一份力量!

在创新中发展 在发展中进步

——合肥华盟生物技术有限公司

合肥华盟生物技术有限公司是合肥华仁农牧集团投资1 000多万元兴建的大型复合预混合饲料生产厂,其前身是合肥华仁生物技术有限公司,成立于2002年6月。由于后者已升格为集团母公司,其主营业务转移于华盟生物公司。后因场地及产能的限制于2005年7月迁址到合肥双凤开发区,公司占地面积34亩,建筑面积6 000多m^2。是以专门生产畜禽、水产预混合饲料、浓缩饲料为主的农牧企业,具有年生产复合预混合饲料1.2万t、浓缩饲料6万t的生产能力,系安徽省内大型预混合饲料加工企业。公司的产品主要是畜、禽、水产系列复合预混合饲料,产品规格有1%、4%和5%,包装规格有2kg、5kg、20kg和25kg。

公司卓力开发的家禽预混料,尤以肉鸡、肉鸭系列预混料,经过4年来在市场的不断使用,其质量水平及养殖效益得到充分好评,每年使用本企业的肉鸡、肉鸭系列预混合饲料配制生产的全价饲料在20万t以上,饲喂的肉鸡、肉鸭的饲料肉比可分别控制在1.80~2.00和1.90~2.20之间,成活率分别在98%和98.50%以上,每只家禽比同类产品平均多收益0.50元以上。“不断创新、持续改进、追求客户满意”是公司的经营理念。不断强化管理、提升品质、优化服务,推进技术进步与产品创新,在创新中发展,在发展中进步。

一、确立品牌战略目标,推动企业质量工作

华盟公司从事的是预混合饲料生产、销售企业,目前该行业发展虽然迅猛,但竞争十分激烈,伴随着人们对食品安全的日益重视,作为食品生产的源头企业,只有加大科技投入与创新,既能适应市场需要,又能引导行业发展的产品,才能立足于本行业中,因此,必须走科技质量品牌战略之路,把该目标作为公司生产经营工作中的重中之重。通过实施品牌战略计划,企业的生产能力不断提高,销售前景逐年趋好,设备产能得到有效的发挥,生产能力逐年加强,产品销量逐年提高,在2005年各类产品产量为3 607t;2006年为7 140t;2007年达到9 800t,年提高率平均在26%以上,实现销售收入分别为2 148万元、2 319万元、2 600万元,年平均递增16%左右,企业实现利润也同步增长。其次产品的销售范围从当初的以本地区为主,逐渐扩展到省内大部分地市,并有超过15%的产品销售到周边省份,产品所到之处均因其良好的性价比,得到用户认可,截至目前没有一家销售商或客户因产品质量出现纠纷或投诉现象,“华仁爱牧”牌预混料在短短的几年时间内已牢牢扎根于广大用户心中,在省内同行业有着较高的知名度及认可度。

二、加大标准技术研发投入,全面提高产品性能

公司自成立以来,就一直把不断加大科技投入,加强科技创新活动,不断促进产品更新换代,提高产品性能作为企业质量工作的一个重要环节来抓。公司在原技术部的基础上成立了技术研发中心,研发中心由多年从事饲料及畜牧技术专业人员组成,在研发队伍中具有高级职称2人,中级技术职称7人,动物营养硕士2名，据不完全统计仅2007年就投入研发费用达75万元。具体做法有：(1)在新产品研发中，首先为适应新的市场需要，对过去企业标准的指标进行了较大幅度的改进和提升，制订了新的预混料标准，并报请省质量技术监督局批准备案；(2)在自主研发新产品基础上加强与农业大专院校的紧密合作，近几年与安徽省农科院畜牧所合作的经省市科委立项的项目就有4个，涉及到肉鹅饲料与饲养技术，螯虾专用饲料、优质肉鸡饲料、优质水产饲料等项目的研发，有的项目已通过科技局组织的技术鉴定并获得成果证书，并转化为生产力；(3)花费巨资引进先进饲料配方软件，以促进产品设计手段的不断完善和效率的提高；(4)在产品研发方面，积极采用新技术、应用新产品。在充分科学地论证和试验的基础上，大胆把国内同行业有关成熟技术复合在一起，应用到产品的设计理念中，这项技术应用到生产中，对提高家畜家禽生产性能、降低生产成本，提高养殖效益有着显著的作用。该项技术经情报机构检索属国内新创；(5)华盟公司作为集团的核心企业，在紧抓生产与销售工作的同时，苦练企业管理内功，不断建立健全企业管理各项制度，做到用制度规范工作，用制度引领工作。

华盟公司生产的"华仁爱牧"牌复合预混合饲料于2005年被国家质量监督检验检疫总局授予"国家免检产品"称号，公司于2006年12月被评为安徽省高新技术企业，2007年被农业部列为安徽省重点饲料工业跟踪企业(皖农物饲函[2007]6号文件)，2007年9月被评为合肥市首届"名牌产品"称号。并于2006年5月同时通过质量管理体系、环境卫生管理体系及职业健康安全管理体系的"三合一"体系认证。公司的产品质量和管理同步得到了加强。

三、牢牢树立质量观念，打造安全合格产品

质量是企业生存的必要条件。众所周知，原料品质的优劣，生产过程的控制等环节直接影响产品的质量，因此，几年来公司在生产过程中努力做到：

1.严把原料进厂入库关。做到不合格的原料坚决退货、不入库，以控制影响产品质量的源头，使得2007年原料进货检验中不合格退货仅有5t，让步降等接收15t，与2006年相比不合格退货比例从0.20%降到0.13%，不仅节约了企业产品成本，且保证了产品质量。

2.控制生产过程质量关。对能影响产品质量的生产过程各环节，制定了整套工序控制指标；对质量控制点，明确责任人并制定监督复核制度。

3.严把产品出厂检验关。一直坚持产品出厂检验合格率100%，2007年仅蛋白质测定项目就投资1.30万元更新设备，微量元素检测设备也进行了升级换代，检验员均轮岗进行职业技术深造培训，从各环节保障产品的检测准确率，并与安徽省农标中心、安徽省兽药饲料监察所建立长期委托检验合作关系，对产品进行全方位的质量监控。

4.大力采用绿色环保材料，满足动物性食品安全生产需要。自2007年7月份开始，公司投资近100万元购买有机复合微量元素（奥百乐）运用到幼畜、幼禽、高产奶牛饲料中，此举虽然提高了企业的原料采购成本，但却赢得了用户的高度认可，从而赢得了市场，将会带来更好的效益。

四、不断提高企业服务能力，为促进畜牧业发展多做新的贡献

随着畜牧业养殖模式的不断变革，养殖户对新的科学养殖模式的追求，但又缺乏新技术，为了帮助他们早日掌握新的技术及技能，近年来公司一直在技术部门配备专门的技术服务人员，他们的电话24小时开通，哪里有客户的需要就会在第一时间内赶到，为客户解决实际的问题；通过深入基层，走访养殖场(户)，开展业务咨询、义诊、技术讲座，疾病诊断及相关的配套服务。据不完全统计，共举办技术讲座15期、技术座谈会90余次，参加人数近千人次，促销义诊8次，疾病诊断和配套服务200余次，受到了广大饲养场和养殖户的好评和欢迎。这也被证明为成功的"销售+技术服务"的营销模式。

华盟生物作为一家专业的预混合饲料生产企业，虽然在市场迈出了可喜的一步，但距市场的需要仍然有着较大的差距，公司决心在社会各界的期望下，不断改进工作质量，提高服务客户的能力，进一步参与市场，把握市场所需，把企业做大做强，为促进广大农户脱贫致富发挥更大的作用和做出更大的贡献。

科技创新 追求卓越

——厦门金达威维生素股份有限公司

厦门金达威维生素股份有限公司为"国家火炬计划重点高新技术企业"。公司成立于1997年11月。公司拥有3个生产基地：海沧新阳厂区占地2.70万m^2，于1998年初动工兴建，建设总投资愈亿元，主要生产维生素A、维生素D_3产品；金达威工业园位于海沧东孚凤山工业小区，首期建设用地4万m^2，主要生产水溶性维生素A、维生素D_3产品；公司所属内蒙古金达威药业有限公司位于呼和浩特市经济技术开发区托电工业园区，占地面积14万m^2，主要生产辅酶Q10和胆固醇等产品。

2007年由于国家采取宏观调控政策，人民币升值、银根紧缩、国际原油价格暴涨及原材料、农副产品大幅上涨等因素对公司的经营造成了很大压力，面对不利因素的影响，公司全体员工上下一心，通过发挥集体智慧，实现了公司生产经营上新台阶、企业经济效益显著增长的目标。2007年产值同比增长103%，利润同比增长85%，出口创汇同比增长76%，利税同比增长87%。

一、科技创新，持续改进

1.发挥集体智慧，加强对现有产品工艺路线研究和实施工艺技术改造，实现了产量创新高，成本创新低的好成绩，同时也实现了产、销量同步增长。

2.加大科研投入，加强与高校合作，实现新产品、新工艺的研发和新项目建设有较大进展。

公司始终坚持创新是企业发展的源动力。2007年公司累计投入技术开发经费占公司销售收入6.42%，加大了科研投入，加强技术储备，建立健全科技人员激励机制，进一步完善了技术创新体系，公司技术与研发的核心机构——技术中心于2007年被认定为省级企业技术中心。此外，公司继续加大与厦门大学化学系、福大等优秀科研院所合作，还与福师大工业微生物教育部工程研究中心签订产学研合作协议，并联合组建了福建师大金达威联系实验室、“工业微生物教育部工程研究中心金达威微生物工程研究所”开展研发合作。

2007年公司多个研发项目获国家及厦门市奖项，其中自主研发的“高单位食品级维生素系列产品产业化”项目获厦门重大产业科技项目、国家科技部火炬计划项目；“维生素A棕榈酸酯的开发研究”项目获厦门市科技计划项目验收。

二、质量安全，规范管理

公司始终严格按照“质量和信誉是公司的生命，质量和创新是公司的根本，安全和健康是公司的承诺”的质量方针抓质量管理工作。公司先后通过ISO9001、FAMI-QS等体系认证，并进一步建立、健全质量管理机制，使公司产品质量管理实现系统化、规范化、科学化，对生产全过程进行有效的控制。公司产品获“福建名牌产品”、中国饲料行业信得过产品、用户满意产品等称号；公司也因质量管理工作被评为福建省质量管理先进企业、中国饲料行业“最具竞争力企业”等荣誉。

三、清洁生产，节能减排

公司在财力、物力上不惜成本投入环保设施建设，环保投资达到总投资的20%，完善了水、气、声、渣等各项环保硬件设施，保证了三废处理的有效运行，同时，加强产学研合作与自主创新相结合，积极推动环保新技术的应用，环境治理水平逐年提高。近年来公司开展清洁生产活动，通过工艺技术改进、设备更新、强化管理等措施把末端治理与生产全过程控制相结合，提高资源循环利用率，减污增效，取得了明显的经济效益、环境效益和社会效益。公司于2007年获ISO14000环境体系认证。

四、客户第一，真诚服务

在现在服务竞争的时代，使客户满意一直成为公司的追求，在不断提高产品的美誉度、信赖度的同时，持续完善公司内部信息管理系统，并通过信息的有效利用推进市场经营制度的创新。把营销服务上升到企业形象上来，使服务成为公司经营的主旨。通过努力，公司已成为世界上主要的维生素生产厂家之一，主营的产品维生素A系列、维生素D_3系列产品产销率达100%，销售量与2006年相比有较大增长，全球市场占有率逐步扩大。其中所生产的维生素A占全球市场7%；维生素D_3粉占全球市场超过20%。

公司将继续秉持“不断改善人类生活品质，做行业一流企业”的发展愿景，将“创造价值、追求卓越”的经营理念贯彻到生产、销售、售后服务、内部管理等各个环节，为提供能让客户满意的高品质产品和服务继续努力！

支持富农为本 实施村企互动

——青岛九联集团股份有限公司

青岛九联集团股份有限公司是集种禽繁育、饲料生产、肉鸡养殖、宰杀加工、内外贸易于一体的企业。现有总资产10亿元，员工1.20万名，2007年实现销售收入28亿元，出口创汇3 000万美元。九联集团拥有16座父母代种鸡场，存栏种鸡80万套，年孵化能力1亿只；4座饲料加工厂，年饲料加工能力55万t；50座现代化肉鸡饲养场，年出栏商品肉鸡7 000万只；3座肉鸡宰杀加工厂，年宰杀能力9 000万只，4座鸡肉熟制品厂，年熟食品加工能力4.50万t。公司先后荣获“农业产业化国家重点龙头企业”、“中国食品工业肉制品行业10强企业”、“山东省饲料企业50强”等荣誉称号。

九联集团是养殖加工一体化的“农”字号龙头企业，成立初期，就和农村、农民结下了不解之缘。公司的壮大过程就是一个企业帮村、村助企业、村企互动的过程。“公司+合作联社+农场”的“九联模式”是生产经营领域中一次划时代革命，新时期九联集团实施村企互动，加快推进社会主义新农村建设。“在村企互动中发展壮大企业、壮大中的企业不断加大对农村反哺力度、最终达到村企合一”的“民企帮村”三部曲。

2006年，公司帮扶的莱西后庄扶村，农民人均收入10 938元，首批316户村民住上了面积155㎡的单元楼房；在莱西、平度56个村建有企业，带动万余农户以不同形式参与肉食鸡养殖业，户均年增收5 000多元；8 000多农民在公司就业，年支付工资1.20亿多元……

一、在企村互动中发展壮大企业

带动农民增收致富，推动新农村建设，始终是九联集团的奋斗目标。这些年来,九联集团不断的创新"九联模式",加快发展壮大龙头企业,为带动农民致富,加快建设新农村走出了一条成功之路。

1.不断创新"九联模式"带动农民走向致富。九联集团在发展壮大的过程中,创造了"公司+合作联社+农场"的生产经营模式。做法是:集团公司作为发起人出资成立肉鸡生产联合社,向本村村民及公司内部职工定向募股,以上两者为联合社总股本。吸纳基地所在的38个村庄的农民入股,组建肉鸡养殖场,把养殖户的利益与公司利益紧密地结合在一起。这一成功经验,被青岛市政府命名为"九联模式"全面推广,并得到各级政府和国家科技部、农业部、国家质量监督检验检疫局的肯定与大力支持。"九联模式"不仅改变了我国传统的肉鸡养殖模式,使现代化、规模化、标准化肉鸡养殖模式得以实现,结束了困扰中国肉鸡养殖业20多年的疫病与药物残留问题,突破了国外技术壁垒的封锁,而且有效的解决农业增效,农村增收问题。

"九联模式"的推广,促进了企业的发展壮大,推动了农业产业化,带动了农民增收致富。集团通过农民入股,土地及厂房租赁和扶持养殖大户等方式,建设16个种鸡场,存栏种鸡80万套,年孵化能力1亿只;50个现代化肉鸡养殖厂,年出栏商品肉鸡9 000万只。九联集团在养殖、加工的生产链条中,拉动了种植业、包装业、建筑业、交通运输业、餐饮服务业等相关产业的发展,年增加社会效益3亿元,大大提高了农产品附加值和社会效益。

2.建设高水平食品工业园,提高企业生产加工能力。近两年先后投资1.80亿元,建设肉鸡宰杀加工厂1座,年宰杀能力6 000万只,熟食加工能力2万t。是目前国内加工能力最大、水平最高的肉鸡加工企业。建设饲料加工厂2座。园区的3座肉鸡宰杀加工厂年宰杀能力1亿只;4座鸡肉熟食制品厂,年加工能力4.50万t。

3.制定产业发展规划,开辟九联新产业工业园。为充分发挥龙头企业的辐射带动作用,规划了面积5 000亩的九联新产业工业园,总投资30亿元,其中一期投资15亿元,计划2010年完成。目前总投资1.20亿元的集中供热项目已投入运营,该项目不仅大幅度降低九联集团的生产成本,赢得了更大的利润空间,为今后新产业的发展奠定坚实的基础,同时为周边区域配套供热,既降低了污染,又提高了园区的招商能力。目前公司已与雀巢、大元印染、伊利牛奶等多家企业达成了供热协议。年加工30万t的玉米深加工项目正在抓紧前期的可行性论证工作,该项目将依托自主供热、养殖业的优势,实现循环利用。建成后,将成为九联集团的第二大支柱产业。

二、壮大中的企业不断加大对农村的反哺力度

随着企业不断发展壮大,九联集团已成为后庄扶村经济发展的主体。后庄扶村共有658户,2 268人。几年来,集团党委按照"生产发展,生活宽裕,乡风文明,村容整洁,管理民主,全面建设社会主义新农村"的要求,积极参与新农村建设,实行以工促农、优势互补、共同发展,加大了对农村反哺力度。公司先后投资近8 000万元,用于村庄的规划建设和公益事业。

1.投资2 000多万元,建设了莱西上海西路及其大沽河大桥,使周边20多个村庄与市区的对接,成为莱西西部新区的黄金地带,形成了发展的区位优势。

2. 投资3 000多万元,建起了12栋居民楼,316户居民住上的面积155m² 的单元楼。到2010年全村600多户居民全部入住新楼房。结合新农村建设,累计投资1 200多万元,实施了千亩荒山、厂区、住宅小区绿化工程和基础配套设施,使村庄的生态环境明显改善。

3.投资350万元,建设一座高标准的幼儿园;投资600万元,建设一座高标准的九联小学,使周边9个村庄的农家娃和公司员工的子女,也像城里孩子一样接受现代化教育。投资300万元,建设了3 500m² 村委办公楼。投资800万元,建设一所市级乡村医院,聘请专家管理、坐诊,实行新型合作医疗,为群众提供医疗保障。

4.每年拿出20万元用作扶贫基金,并对贫困村民予以资助,确保每一户村民的基本生活和孩子上学都有保障。

5.给全村65岁以上的老人,按65~70岁、71~80岁、81~90岁、91~100岁、100岁以上,分别按每月发放100元、200元、300元、500元、1 000元养老金,对新录取的大学生,奖励3 000元学费。

此外,对有劳动能力的村民,全部安排在公司就业,人均月工资1200元以上;对适龄村民全部实现退休保险,采用土地入股的形式,使95%以上的村民成为企业股东,年分红800多万元,人均分红3 570元。全村基本实现了"居者有股、劳者有岗、住者有房、难者有帮、老者有养、少者有教"的发展目标。

三、村企互动力,攀登"民企帮村"新高峰

近几年来,九联集团在自身健康发展的同时,虽然为后庄扶村的富裕、发展作出了一定的贡献,但离上级政府对公司的期望和要求还相差很远,为此,公司党委、董事会经过反复酝酿、讨论,提出了今后10年发展目标:

1.继续加速发展九联集团整体规模,用10年的时间,将肉食鸡总体规模增加10倍,使孵化、养殖、加工能力由现在的1亿只增加到10亿只。由肉食鸡行业国内10强进入世界前20强,帮助、带动更多的农民致富奔小康。

2. 实现由帮村向带村的转化,"投之以鱼不如授之以渔","输血不如造血"。公司计划用10年时间完成对后庄扶村“三百工程”的建设，即在本村内培养100名厂长、经理级管理人员；培养100名工程师、会计师、技师；培育100个为公司配套的个体企业和工商业者，变劳动力优势为人力资源优势，使后庄扶村民成为适应现代商品经济的高素质的国民。

3.实现由带村到融村的转化。村企融一是公司下一步的发展目标，九联集团的发展需要大量的资金投入，各种形式的股份制、股份合作制企业也必将会应运而生，公司将充分利用这一契机，吸收全体村民加入到股东行列，使全体村民的财产得到最大限度的保值、增值，使分红收入成为村民的主要收入来源之一。公司坚信，只有以经济为基础，以利益为纽带的村企关系，才是真正意义上的村企合一。

4.实现由富村到无村的转化。后庄扶村地处莱西市郊，九联集团是莱西市最大的支柱企业之一，天时、地利、人和的得天独厚优势，为实施城镇化建设奠定了较好的物质基础，具备了城镇化建设的条件，农村变城镇，农民变居民将不再遥远。公司将沿着这一目标，加大二三产业的投入力度，彻底摆脱对农业的依赖。公司坚信，到那时土地将不再使大家辛酸，不再让大家流血流汗，它将成为休闲的乐园、生活的天堂。

公司要不断创新“九联模式”，把企业做的更强更大，在“民企帮村”，建设社会主义新农村，构建和谐社会中做出新的更大贡献。

为耕者谋利 为食者造福

——山东六和集团

2007年六和集团实现销售收入近200亿元，生产饲料513万t，销售鸡鸭禽肉67万t，并先后荣获中国企业500强、中国名牌、中国驰名商标等荣誉称号。六和的快速发展得益于根植产业链的经营策略；得益于人才第一的发展战略；得益于善于创新的企业模式；得益于六和和谐的企业文化；得益于社会各界对六和的支持和帮助。

六和提出“为耕者谋利，为食者造福”的发展愿景，努力提高产业链各环节的效益，为消费终端创造更大价值，营造一个安全、和谐的产业链，推动农牧业现代化。

一、聚合产业力量，壮大产业链条

六和集团以“和”为中心的企业文化在发展中表现出了强大的包容性。多年来，六和与国内外众多优秀企业开展多种形式的合作，并为员工和农民朋友提供形式多样的培训和服务，实现了产业链内部的共同进步、共同成长。

1.团队建设。人才战略是六和的第一战略，六和强调在实践中磨练人才，建立了从企业决策层到员工乃至用户的系统的培训体系：决策层和技术专家定期前往国外考察；与美国威斯康辛大学合作开办了高层经理人EMBA班；经理人定期召开会训式的经营检讨会；选拔骨干员工前往新加坡国立大学参加培训；为基层员工举办文化培训、技术培训；邀请优秀用户、价值用户参加养殖技术研讨会；业务代表开展串户服务，把养殖技术带到养殖户家中。经过多年的选拔和培养，六和聚集了一支阳光正向、务实勤奋的员工队伍，其中博士、硕士生近300人，员工3.60万人。自2005年以来，六和实行了经营权和所有权分离，进一步激活了企业的组织活力。

2.价值链建设。企业的经营有两种模式，一种是自己打造一条产业链，一种是镶嵌在其他产业链上。目前，六和已拥有一条从饲料生产、良种繁育、畜禽养殖、动物保健到冷藏加工、熟食开发为一体的完整的产业链。

3.聚合发展。随着中国经济的快速发展，中国农牧业将逐步参与到国际市场的大比武、大融合。由此，六和提出了“突破边界，聚合成长”的战略主题，先后与新希望集团、陕西石羊集团、山西大象、美国联合饲料公司、加拿大海波尔种猪公司、英国樱桃谷种鸭场等十几家知名企业实现了战略联合，以求内聚合力，共兴行业；外借活力，走向世界舞台。

二、推广现代化养殖模式，提升产业链短板

我国的养殖业目前依然以分散养殖为主，这样的散养模式不利于畜禽产品质量的控制，也不利于养殖户人均效益的提高和产业链的发展，养殖模式的转型势在必行。做为产业链短板的养殖，制约着整个产业链的发展，六和把推广现代化养殖模式作为建设安全、健康、和谐、共赢的大食品产业链的第一步。

1997年，六和率先建起一批标准化养殖示范场，采用自动化养殖设备和现代化管理模式。这种标准化养殖模式，场房建设达到居民住房的建设标准，其内配置了自动水线、料线、风机、水帘、暖风机等，不但能够保证全年养殖，而且舍内冬暖夏凉，通过改善养殖环境，提高了鸡只的抗病能力，降低了料肉比，并大大减少了人工。这种标准化养殖场，存栏肉鸡万只以上，采取标准化的生物安全控制体系，防疫、用药规范，药费大幅度降低，饲料、种苗、兽药逐步采取直销，只鸡利润较小规模散养模式提高了0.50元。此外，标准化养殖模式对于保证食品安全、改善农村环境具有积极作用。

2006年，六和凭借多年积累的丰富标准化养殖经验和专业人才，在平度探索出一条养殖户认可的、操作易行的标准化养殖推广模式，即六和为农户投建标准化养殖场提供设备资金，并协调六和的饲料厂、冷藏厂、种禽场、兽药厂，为养殖户提供场房基建、保姆式技术服务、优质价廉的种畜禽和兽药以及合同回收等整体解决方案。六和先后投入 5 000 万元,共带动标准化鸡鸭舍 1 000 多栋、毛鸭基地 100 多个,商品鸡场 50 多个,共计标准化规模养殖鸡鸭 1.20 亿只。

三、成立担保公司,撬动金融资本注入养殖业

尽管六和为养殖户提供了部分设备资金,但是资金短缺依然是制约标准化养殖快速发展的瓶颈。一栋存栏 1 万只的标准化养殖场需要基建资金 23 万元,流动资金 15 万元,这显然不是大部分农户所可以承受的。

农户发展标准化养殖缺少启动资金,单靠企业补贴肯定是不够的,六和把目光投向了担保中介行业。2007 年 7 月,六和出资 1 500 万元,无棣县政府出资 500 万元,成立了滨州和兴牧担保公司。担保公司可担保其保险金 5 倍的贷款,即 2000 万元注册资本可撬动 1 亿元金融资金,根据养殖周期可周转 6 次,即形成 6 亿元的流动资金,建设约 400 栋标准化鸡舍。

担保公司借助六和的服务公司为用户提供保姆式服务,形成担保公司为养殖户提供资金,帮助企业建立养殖基地,六和庞大的产业链和优质的服务能够确保农户的效益,为担保公司资金安全提供保障的互利共赢关系。担保公司运作模式不但规避了经销商环节,使养殖户每只鸡能够多获益 2 元左右,而且提高了整个产业链的协同能力,为畜牧产业向工业化发展探索出一条新路。截至 2007 年末,无棣的担保公司已发放担保资金 2 061 万元,总存栏规模 290 万只,总投资额 6 000 多万元。此外,六和还在平度、梁山、章丘、潍坊、临邑、新泰等地也逐步推广担保公司模式。

四、推动产业链专业化分工,提高产业链竞争力

标准化养殖技术与传统养殖技术是截然不同的,其指导思想是以现代化的设备减少人力,提高人均劳动效率,并为畜禽提供科学的生长环境,减少疫病发生的机率。这样,农户们就要学习设备使用技术和环境控制技巧等新知识,为此,六和在各片区成立了养殖技术服务公司,为农户提供标准化养殖技术服务指导,并借助六和的商品鸡养殖场,定期组织标准化养殖户召开技术交流会,现场为农户解决技术难题。

养殖技术服务公司还通过整合内部担保公司、种苗场、饲料厂、冷藏厂、兽药厂资源,为养殖户提供"一站式"服务。运作中,担保公司联合六和饲料厂、冷藏厂、兽药厂、种畜禽场,与养殖户签署担保合同和商品鸡回收合同,为养殖户提供直销、直供。这样,不但规避了经销商环节,使养殖户能够多获益近 2 元/只,而且提高了整个产业链的协同能力,使整个产业链的可追溯称为可能,并推动了畜牧产业的专业化分工,为畜牧产业向工业化发展奠定了基础。

在整合了内部产业链的基础上,六和提出了建立由政府、龙头企业、金融机构、担保公司、保险公司、业内同行、合作社和养殖户组成的八位一体的担保养殖新模式。政府开展前期宣传,提供补助、水电路三通和土地审批等优惠服务;企业凭借一条龙优势为养殖户提供基建、技术、培训、饲料、兽药、合同回收等保姆式服务;银行、信用社借助担保公司向养殖户提供资金,担保公司帮助银行降低贷款风险;合作社组织负责组织养殖户,提供技术培训、联保、"五统一"等服务;保险公司为养殖户提供自然灾害、大规模疫病等意外保险。

产业链建设与现代化养殖是相辅相成的。完善的产业链能够推动现代化养殖的发展,现代化养殖是构成安全、健康、和谐、共赢的食品产业链的基础。六和一方面从养殖这个产业链的薄弱环节入手,创新模式,加大投入,推动现代化养殖发展,一方面加强产业链配套建设,提高产业链的信息化程度,构建食品安全体系,营造和谐、共赢的产业链,为行业迈向现代化开创了一条新的道路。

敢于承诺 率先自律
——青岛万福集团股份有限公司

青岛万福集团股份有限公司是一个以农产品加工出口为主的国家大型企业,现拥有总资产 12.7 亿元,拥有万吨大型低温冷藏库、5 000t 恒温保鲜库及先进的生产加工设备,年宰杀生猪 120 万头、肉食鸡 3 000 万只。目前,公司共带动了 38 000 多农户从事蔬菜种植、畜牧养殖,每年为农民增加收入 4 亿多元。2007 年公司实现销售收入 33.60 亿元,出口创汇达 4 758 万美元。

青岛万福养殖有限公司是青岛万福集团股份有限公司的子公司,成立于 1998 年 8 月,总资产 8 900 万元。下设南墅养殖场、朴木养殖场、饲料厂、猪业发展服务部和销售部,是青岛市政府、畜牧局精品工程,国家活体储备基地,青岛市出入境检验检疫局备案养殖场等。

养殖公司饲料厂是集饲料专业生产、科研开发、技术服务、规模化养殖于一体的科技型饲料生产企业,年加工能力 12 万 t,主要经营畜禽各类预混料、浓缩料、全价料的生产销售。万福饲料秉承"客户至上,信誉第一"的经营理念,立足高起点,坚持高标准,微机处理配方、生产过程实现计量自动控制,检测设施和方法完善,产品质量稳定可靠,为社会奉献安全、高效的饲料产品。

一、敢于承诺,率先自律

青岛万福集团股份有限公司从进入饲料行业起,在努力做强做大、促进企业可持续快速健康发展的同时,始终把提高产品质量、确保饲料安全作为企业应尽的义务和必须承担的社会责任。在行业主管部门倡导饲料企业向社会公开承诺保证产品质量安全时，率先响应政府号召，积极联合当地同行业厂家，共同向全社会庄严承诺：绝不使用有毒有害饲料原料，绝不生产销售不安全产品。并以承诺践诺为契机，进一步强化了企业内部管理，完善了质量保证体系。

二、规范的品质监管体系，为产品安全提供保障

青岛万福集团股份有限公司坚持以科技进步为动力，按照国家的标准大力推行标准化生产，对生产、加工、贮运过程的每一个环节实施严格的标准化生产。2005 年通过了国家标准化委员会标准化良好行为 AAA 级确认，并通过国家标准化示范园区验收。2006 年通过良好农业操作规范 GAP 认证。

集团公司不断完善标准化体系建设，先后通过了 ISO9001 质量体系认证、ISO14001 环境管理体系认证、HACCP 认证。为了强化品质监督管理，公司建立了完善的动物保健和品质保障体系，成立了万福检测中心，已通过中国实验室国家认可委员会(CNAS)认可，使用先进精密仪器，进行饲料分析、农残分析、微生物药残检测等，加强对饲料产品的监督管，为产品安全提供了保障。

三、科学规划，严格标准，牢固树立“安全第一，优质取胜”的意识，确保饲料产品质量安全

1.厂房建设标准化，设备设施先进化。(1)科学选址。饲料厂周围无易燃、易爆和排放有害气体、有害粉尘的企业，周围 1 公里范围内无畜禽养殖场，地下水无污染。地质坚实，交通便利，水电设施配套，厂区地形平坦，有利于排水；(2)标准化建设。按照国家有关饲料厂建设的要求，采用混凝土或钢架结构，布局合理，厂区道路全部硬化，减少交叉污染；(3)设备先进。饲料厂拥有国内先进的饲料生产线，配料、加工等环节均由电脑自动控制，误差不超过 0.30‰，使用先进的双轴浆叶式混合机，混合变异系数控制在 5%以内。

2.抓源头，严把原料购入关。为保证饲料产品质量，饲料厂成立了质量安全工作小组，厂长为组长，各科长为质量安全第一责任人。设立原料采购科，专门负责饲料原料采购，严格按照《饲料和饲料添加剂管理条例》和饲料生产要求，完善原料采购制度。在集团公司品管部的监督下，采购科按照采购制度的要求，严格审查原料供应方资质证明，严格控制原料的卫生指标，做到不采购资质不合格的原料，不使用无生产许可证、无产品批准文号、无产品质量标准和无质量合格证的“四无”饲料添加剂产品，不使用无安全卫生许可证的动物源性产品，坚决不使用“瘦肉精”等非法饲料添加物，从源头上消除能直接影响饲料产品质量的不安全因素。质检科等相关部门定期或不定期抽查原料质量，坚决淘汰不合格供应商。

3.实施标准化生产，建立产品质量追溯和召回制度。

(1)科学配方。根据畜禽各生产阶段的不同营养需要，按照农业部相关公告要求，科学设计饲料配方，不使用违禁药物和其他违禁添加物，不超量设计添加微量元素，严格遵循配伍禁忌，严格执行标准规定的添加量和停药期等。

(2)自动化生产。饲料加工从粉碎、配料、混合、制粒、冷却、分级到成品料加工完成，各过程均由电脑控制，做到精确配料，排序加工，严控工艺指标，及时冲洗生产系统，以防交叉污染和药物添加剂残留的不安全污染。同时在生产纪录方面做到完整真实，每批产品有据可查。

(3)完善产品质量追溯制度和产品召回制度。每批原料自进入饲料厂，便做好标识，上面标明原料名称、批号、状态(包括待检、合格、不合格)等内容，避免了原料的误提误用。同时设立了各项记录，做到从原料进厂到成品料出厂都有据可查，保证客户使用的每一批饲料都能追溯到使用的原料生产厂家、生产时间、生产班组。认真做好产品留样和质量跟踪，做到不合格产品决不出厂；发现不合格成品，成品保管人员要立即退回生产车间，并向生产厂长和质检科报告；发现产品存在安全隐患，相关人员有责任和义务立即查清原因。

四、大力完善检测体系，科学检测，提高监测水平

1.招聘专业型人才，强化岗位培训。万福养殖公司从高等院校招收多名专业对口的大学毕业生，分别安排到公司检测中心，饲料厂等相关部门，加强了对饲料产品在生产加工、质量控制、检验检测等各环节的监测能力。对于关键岗位如制粒岗位、中控岗位、现场质检岗位的操控人员，全部实行持证上岗，并定期安排相关人员外出培训。

2.严格产品抽检制度。养殖公司饲料厂完善了自控自检体系，每批原料入厂，必须由质检、保管共同取样，检验合格后方可入库使用。公司检测中心饲料分析室定期抽查，已具备对饲料原料及饲料添加剂、饲料成品主要成分及营养指标、卫生微生物指标、药物残留和其他禁用成分残留等全面的质量与安全检测能力，从而保证了饲料产品的安全性。同时公司与国家饲料质量监督检验中心(北京、武汉)、青岛市产品质量监督检验所等检测机构开展合作，对公司化验室不能够检测的指标进行抽检。

五、积极配合行业主管部门的监督检查

自觉接受饲料管理部门的管理和监督检查，积极配合青岛市饲料办公室、莱西市畜牧局兽药饲料管理科等业务主管部门，做好相关工作，同时对生产过程中发现的异常或安全隐患，主动向业务主管部门举报，咨询处理建议。

六、立足当前，展望未来

1.充分认识安全性对饲料工业的特殊重要性，严格遵守国家法律法规，牢固树立“安全、优质、高效”的思想，把提高饲料产品质量作为饲料企业的首要任务，常抓不懈。

2.重视产品生产过程中的环境治理，着重于科学发展，科学合理地利用饲料原料，大力开发安全性好、资源利用率高、环境污染少的新工艺、新产品，自觉肩负起保护环境、节能减耗和科学利用资源的责任。

3.积极探索保障饲料产品质量安全的新形式、新方法，在集团内部食品行业已成功推行 HACCP 管理体系的基础上，总结经验，把 HACCP 管理体系全面引入到饲料产品生产过程，对饲料生产的全过程进行科学地监控，为勇于实践承诺，全面提高饲料产品质量安全打好坚实地基础，向社会奉献更好、更安全高效的饲料产品。

为行业创造精品 为社会创造价值
——郑州开创饲料有限公司

郑州开创饲料有限公司，创建于 2000 年 10 月，位于郑州市中牟·白沙工业园青年东路，西邻省会郑州，东邻七朝古都开封，背依新、老 107 国道、开洛高速、310 国道，面对陇海、京广铁路，毗邻于郑州国际机场，厂区地理位置优越，交通十分便利。

郑州开创饲料工业园是开创公司斥资 5 000 万元新建的大型现代化生产基地，是集畜禽饲料生产、销售、研发为一体的综合性企业。总占地面积 55 000 m^2，建筑面积 20 000 m^2，注册资本 2 000 万元人民币，借助富有时代感的设计风格和现代手段进行设计，布局合理，环境幽雅，绿化积达 70%，是集生产、办公、环保为一体的绿色生态园区。

公司现拥有固定资产 3000 万元，资产总额 6 000 万元。职工总数 300 余名，各类专业技术人才 100 多人，其中硕士以上学历 39 人，大、中专学历人数为 268 人，公司面向国际市场，引导市场潮流，生产经营主导产品有“2008 系列”、“龙行天下系列”、“8 系列”、“9 系列”、“1 系列”、“6 系列”等浓缩、全价产品，以其稳定的质量和优良的品质远销河北、山西、陕西、山东、江苏、安徽、湖北等周边省份，公司现拥有国内 4 条最先进全自动饲料生产线，所选设备为国内著名饲料机械供应商——江苏牧羊集团成套全自动化加工机组，并制定最新、最先进的生产工艺流程，年生产能力可达 30 万 t，是目前河南省饲料生产能力规模最大的饲料生产线。生产流程实行全套封闭式计算机操作管理，严格按照标准化生产操作，电脑精密 1/1 000 000 控制配方技术，真正意义上实现产品的全自动化生产，高效的保障了产品质量。并于 2005 年 10 月全面通过 ISO9001:2000 国际质量体系认证。开创公司，正以自身实力，放眼全局，逐步向国际化企业方向发展迈进。

公司工作指导思想是以品质为核心，以服务为依托，以顾客为导向，以创新为动力，诚信经营，服务人民；依靠科技和体制创新，推进产品结构调整优化产品结构和企业架构，并提高企业核心竞争；通过加强改造和技术创新，加强营销管理和内部管理，以持续团队提升，建立品牌企业。

近几年来，开创公司在技术开发、产品创新、质量控制、内部管理、企业发展等方面，采取了一系列卓有成效的举措。秉承“加强管理技术创新、增强核心竞争力”的企业发展理念，以国际精英品牌为向导，不断探索钻研，积极转变管理理念，建立健全现代化企业管理制度，着力营造和谐、平等、完善的发展环境。如今，公司拥有一批技术精湛的资深技术人才和洞悉市场走向、服务热情周到的营销人才。同时将企业价值观与经营理念潜移默化的传递给员工，从而塑造出一支具有高度凝聚力和忠诚度的员工队伍，正是每一个开创人所发挥出来的工作热情和创造力，为企业的发展提供了源源不断的动力，为企业走向国际化大舞台打下更坚实的基础。

一、以人为本，是才必争

开创公司为每一位员工提供良好的工作和生活环境，注重对员工进行科学系统的技能知识再培训和法律法规知识培训；为建立独特的开创文化和丰富员工工余生活，公司创办 MBA 培训班、启动 VI 系统，创建阅览室、娱乐活动室、办立内刊、报纸、板报等文化设施，每逢春节、中秋、国庆等节日组织大型联欢晚会，不断提高员工技能和依法经营意识，加大宣传公司良好的企业理念和做人、做事的根本，从而加强了企业的凝聚力和亲和力及诚信经营意识。如今，公司拥有大批技术精湛的资深技术人才与经验丰富的管理人才，为企业登上国际竞争舞台打下坚实的基础。

二、以国际市场为导向，以提高经济效益为中心

在增强企业技术保障机制能力和实力的同时，公司领导高瞻远瞩，积极调整企业的经营战略和经营方式，实现目标市场的占领和企业竞争力的提高。依靠产品质量的卓越和营销团队的奋力开拓，市场空间逐步扩大，营销网络覆盖全国多个地区，制定的长期销售计划，售后服务网络也日益健全，为把开创产品的高品质带给每一位客户提供了先决条件和可靠保证。

三、打造世界品牌，做饲料行业领跑者

一直以来，开创公司都严格奉行“打造世界品牌，做饲料行业领跑者”的企业定位目标，汇集多方优势资源，凭借雄厚经济实力，不断引进国际先进的生产设备。目前，公司现拥有国内 4 条最先进全自动饲料生产线，所选设备为国内著名饲料机械供应商——江苏牧羊集团成套全自动化加工机组，为开创公司扩大市场份额、实现开创饲料的高品质、高需求奠定了坚实基础。在多年的生产过程中，公司也培养了一批专业的生产队伍，把最精良的产品奉献给客户，为开创公司走向国际化提供了永恒的动力。

四、打造绿色办公新环境

21世纪是环保世纪，环境问题日显重要。为营造一绿色生态园区，开创公司时刻遵循"控制污染、节能降耗、美化环境、安全健康"的环保理念，在原材料的处理、生产过程的控制及其它废品的处理方面除要求能满足市场质量、效益等日益提高的要求外，还进一步要求其节省能源、节约资源，遵循循环经济"减量化、再利用、资源化"的经济活动行为原则，力求精益求精，打造绿色办公新环境。

开创公司，自成立以来，秉承"为行业创造精品，为社会创造价值"的理念，以准确的市场定位与高效营销传播完美结合，以诚信品质与个性魅力历经奋斗，致力于饲料的研制开发和市场拓展，为员工提供充分施展才华的舞台，为客户创造最大的经济效益。如今的开创公司，聚集了高素质的设计、营销及管理团队，配备一流国内外先进生产设备，成为一家集研发、设计、生产、销售于一体的专业饲料生产企业，深受业内瞩目。

做为开创人，面对今天，公司努力创造；展望未来，满怀信心，承继着荣耀与梦想，立足于雄厚的根基之上，一如既往地执著于打造世界品牌企业，为做饲料行业领跑者而一路奋进！

上下求索 敢为人先

——湖北广济药业股份有限公司

湖北广济药业股份有限公司是以生产医药原料药、医药制剂、食品添加剂、饲料添加剂等产品为主的国家重点高新技术上市公司，现有总资产9.79亿元，净资产6.89亿元，2007年实现主营业务收入7.94亿元，实现利税总额3.50亿元，出口创汇5 597万美元。公司连续三年饲料添加剂维生素B_2在国内行业市场占有率90%，2007年在世界饲料行业市场占有率达40%，饲料级维生素B_2荣获"中国名牌"产品称号。

一、自主创新，提升竞争力

公司在自主创新上首先是依托下属"广兴技术研究所"和"武汉阳光广济医药开发有限公司"两个研发机构；其次是长期与国外科研机构合作，引进世界前沿技术支持，再次是加大研发投入。自1999年上市后，累计投入研发资金1.11亿元，占销售收入的6.99%。自主创新取得的成果给公司带来了勃勃生机，主要体现在：

1.90年代初公司在与国外研究机构合作的基础上，引进核黄素高产菌株试验室技术，通过"引进、消化、吸收、提高、创新"，历时3年多，大小试验2 556次，投入3 009万元资金，实现了"核黄素新菌种工业化生产新工艺"的应用成功。该技术经专家评审为"国际首创"，1997年获湖北省科技进步1等奖，1998年获国家科技进步2等奖，2005年被国家商务部列入禁止出口技术目录。

2. 改革开放以来，我国饲料工业有了飞跃的发展，从而快速推动了饲料添加剂产品生产。为改变饲料级维生素B_2依赖进口的局面，1998年公司在没有任何技术支撑的前提下，经过一年多的反复试验，制定出含量稳定、颗粒(或粉)形状优于国外同类产品的80%饲料添加剂维生素B_2，该产品于2001年获国家科学技术部、国家税务总局、对外贸易经贸合作部、国家质量监督检验检疫总局、国家环境保护总局联合授予"国家重点新产品"证书。为了满足市场的需求，2002年公司又研制出了高含量(98%、96%)饲料添加剂维生素B_2。目前公司饲料添加剂维生素B_2销售收入占全部维生素B_2销售收入的93%。

3.2003年公司参与国家科委组织的《微生物转化植物甾醇生产雄烯二酮(AD)和雄二烯二酮(ADD)工业化生产工艺开发研究》课题项目(863项目)招标工作，该课题的研发来由：国内AD和ADD用黄姜为主要原材料，采用化学合成方法提取，鉴于此生产方法导致水土流失严重，环境污染大的危害性，国家科技部提出用生物发酵法生产AD、ADD科研项目。公司经过一年多的试验，于2005年11月完成该课题研究，并在专家答辩中获得好评，顺利地完成了国家863科研项目。

4.2005年为了克服饲料级维生素B_2大幅降价、人民币升值、出口退税率下调等不利因素，公司组织专班，自主研发的"核黄素清汤发酵技术"于2006年应用于工业化大生产。经专家评审"填补了国内空白"、"达到国际先进水平"，获湖北省科技进步二等奖，该技术的应用不仅降低了生产成本，而且实现了清洁生产的目的。

二、环保治理，可持续发展

90年代初，公司从生产工艺改革入手，实行源头治污。花了5年多的时间，投入300多万元用无毒无害辅料替代了有毒有害辅料如黄血盐、二、三酸等，确保了排放污水中无有害物质。

2004年公司针对现有排放污水中BOD和COD含量高，对周边环境有影响的现状，对饲料添加剂维生素B_2发酵原料和配方进行优化改进，降低污水排放量。经武穴环保局检测显示：实行清汤发酵工艺，单位产品污水排放量由400m^3/T降至195 m^3/T，废水BOD由12000mg/L下降至6 000mg/L，废水COD由

25 000mg/L 下降到 15 000mg/L。另一方面公司投入 2 600 万元新建一座日处理 2 500t 污水的污水处理厂，经处理后实现三级达标排至市污水处理厂。上述项目均于 2005 年经省环保局验收达标，并通过了 ISO14001 环境认证。

2007 年公司在科学发展观指导下，又投入 5 000 万元对核黄素生产进行节能改造：新购 35t 循环流化床锅炉替代 4 台小锅炉(二台 6t、一台 4t 链条炉，一台 15t 沸腾炉)，可年节标煤 1.38 万 t，布袋除尘后烟尘排放量控制在 50mg/L 以下；使用新型发酵电机，年节电达 2 042 万度。目前该项目被国家发改委列为 2007 年资源节约和环境保护第 2 批国债备选项目。

同时，公司通过反复实验，研究，生产出新的饲料——发酵饲料蛋白(枯草芽孢杆菌，核黄素)，该产品是公司在发酵法生产核黄素过程中，发酵液经提取核黄素后，含有大量菌体蛋白的发酵余液，经喷雾干燥制得。该产品生产采用新建多效蒸发池和喷雾干燥塔独立生产，设备齐全，工艺合理。该生产项目设立只是公司在“湖北省第二批循环经济试点企业”项目中的一个，该项目经济效益主要为每年回收饲料 23 760t，污水处理方面相当于减少 82.50 万 t 生活废水处理，同时可回收水 66 万 t。该产品能够大量生产将对公司在节能减排和可持续的循环经济体系建设中起到积极向上的作用。

三、标准制订，质量有保障

2000 年之前，《饲料添加剂维生素 B_2(核黄素)流动性微粒》质量标准在国内是空白，由于维生素 B_2(核黄素)流动微粒有球形颗粒并具有高流动性，无静电，在饲料生产中可以抑制粉尘的产生，且与其它原料混合，有利于降低生产成本和提高饲料质量等特点，深受国际、国内饲料生产企业的认可。公司在修改企业标准的同时，于 2000 年与国家饲料质量监督检验中心(北京)合作，由公司主导起草《饲料添加剂维生素 B_2(核黄素)流动性微粒》国家质量标准，该标准于 2002 年 2 月 19 日由国家质量监督检验检疫局发布，标准号为 GB/G18632-2002。

质量是企业的生命，百年品牌必须有健全的质量保证体系。多年来，公司致力于各种质量保证体系的基础建设，累计投入 3 600 万元，已有 6 条生产线通过 GMP 认证；在取得单项国际质量认证的前提下，2006 年维生素 B2 生产通过了劳氏质量认证（上海）有限公司的 ISO9001/ISO22000/ISO14001/HACCP/FAMI-QS 五个体系整合认证，为确保维生素 B2 扩大国际市场提供了可靠的保证。

四、人才队伍，注入新活力

公司现有员工 1 104 人，其中高级管理人员 24 人，营销人员 188 人，从事研究开发的科技人员为 139 人(90%以上具有大专以上学历，其中高级工程师 13 人，工程师 118 人)，职能管理人员及技术人员共 794 人。

在当前激烈的市场竞争中，企业要抢占市场制高点，谋求快速、持续、稳定发展，人才已经成为决定因素。公司在加快人才结构调整的同时，优化人才资源配置，通过带薪学习、企业内部培训、以师带徒、岗位锻炼、自学提高等多种途径进行人才培养，然后在人才结构调整的过程中对各类人才进行优化分配，促进人才的合理分布，发挥人才的总体功能。

公司以“待人以诚，执事以信，上下求索，敢为人先”为宗旨，倡导诚信的同时鼓励各个岗位的员工创新。公司力争建设一支有战略眼光、运筹帷幄、驾驭全局的管理队伍；一支了解市场、精通业务的营销队伍；一支功底雄厚、能不断创新的核心技术人员队伍；一支能够熟练掌握各种操作的技术员工队伍。良好人才队伍建设成就了一个良性循环体系，在近些年的努力建设中，湖北广济药业股份有限公司终于在激烈的国际、国内市场竞争中脱颖而出。

立信为本　成就辉煌

——武汉正达饲料有限公司

湖北武汉正达饲料有限公司，创立于 1996 年。是一家集饲料生产、经营、养殖服务为一体的专业饲料企业，公司位于武汉经济技术开发区沌口小区特 1 号，公司注册资本 2 500 万元人民币，公司占地面积 20 000m²，紧临 318 国道，南来北往，连东通西，交通极为便利。

创业十几年，公司已发展成集产品研发、生产经营、养殖服务、客户解决方案服务功能为一体的具有高科技含量的现代大型饲料生产专业企业，年生产能力可达 12 万 t。公司现有员工 118 人，公司现有硕士生 1 人，大专以上学历 78 人，高级技术人员 15 人，高级营销人才 18 人。平均年龄在 33 岁，是一支敢于进取、朝气蓬勃、开拓创新、继往开来的队伍。公司采用牧羊集团先进的饲料加工工艺设备。湖北武汉正达公司为打造企业核心竞争力，特别设立产品研发中心、财务中心、营销管理中心、采购中心、人力资源行政中心、中心化验室等部门。公司所用配方充分研究并结合中国养殖特点，从现代营养学角度出发；从原料的购进到产品加工，直至成品出厂，层层把关，进行严格的“现场品质控制和检验”，严格按照 ISO9000 和 HACCP 进行管理，确保生产一流产品。

公司按照“规模化、集团化、资产化、高新技术化、紧密一体化”的“五化战略”，用三个三年规划把企业做大做强，成立企业集团，完成建设 7 家子公司，10 家参股公司，产业上以饲料产业为核心，向前、向后紧密一体化，延伸产业价值链，开展“公司+农户”、“基地+公司”等市场营销模式。整合各方资源，加大研发投入，占领技术前沿。积极开展品牌战略，形成全国著名饲料品牌。目前已拥有武汉立成饲料科技有限公司、武汉同达饲料有限公司、陕西立成饲料有限公司、湖南立成饲料有限公司等多家子公司。

公司狠抓内部管理，建成企业内部的ERP管理系统，制定了营销管理平台、生产管理平台、质量管理平台、物流管理制度、原料采购管理制度等规范流程。

公司积极开展农业产业化经营，带动武汉养殖产业发展，尤其是在武汉新洲、蔡甸、汉南等武汉周边地区的水产养殖基地、养猪基地、养鸡基地带动养殖户开展健康养殖，走上绿色环保持续发展的小康之路。公司在新产品开发中积极创新，开发的鮰鱼饲料获湖北省出入境检验检疫局颁发的产品证，为湖北的鮰鱼出口产业作出了积极贡献。同时获得湖北省出入境检验检疫局备案的猪用预混合饲料6540、6541、仔猪配合饲料551-20、951等为健康养殖和供港养猪产业提供了安全、高效、优质的产品和技术。2006年公司先后被评为蔡甸区农业产业化区级重点龙头企业和武汉市农业产业化市级重点龙头企业，2007年荣膺湖北省级重点龙头企业称号。

正达公司的4个品牌在湖北、河南、湖南等周边省份饲料市场是强势品牌，很有影响力。在未来5年内公司必须主动出击，结合全国饲料产业格局的调整，迅速开展资产经营。在中南、西南、西北饲料市场，充分运用资产营销优势，大力开展品牌营销，争创全国名牌。2007年公司康路系列鱼饲料产品被评为湖北名牌，受到省、市、区各级的表彰。

十年磨一剑。湖北武汉正达饲料有限公司历经近13年的风雨，走过了她不平凡的创业历程，历经市场经济大潮洗礼的干部员工们，顽强拼搏，始终秉承“立信为本、成就辉煌”的经营理念，靠公司的团队精神和为农户、养殖户服务的诚心，“以诚取心、以情取心、以信经营”；靠科技创新、管理创新和创造性劳动来发展自己、发展企业、支持农业、开创湖北饲料产业新天地。

湖北武汉正达饲料有限公司决心把企业不断做大、做强，并用实际行动来回报广大的养殖户、农户们，支持农业的发展，回报政府的扶持。

构筑一条龙产业链
实施千万生猪工程

——唐人神集团股份有限公司

唐人神集团是一饲料、种苗、动物保健、肉品加工、连锁商业五大产业一条龙经营的首批农业产业化国家重点龙头企业。集团总资产11亿元，下属40多家子公司。骆驼牌饲料畅销全国15个省市，被广大养殖户誉为“饲料一枝花，骆驼富万家”，产品荣获“国家免检”产品，“中国名牌”产品；“唐人神”肉品先后荣获“中国名牌”产品、“中国驰名商标”等荣誉称号，产品深受广大消费者的喜爱。在国家对饲料产业的大力扶持下，近年来，集团获得了较快发展。自1988年投产以来，销售收入平均每年以递增2亿元的速度向前发展。集团已成为全国饲料行业前3 0强企业、全国肉类行业前11强企业、中国制造业500强企业。

一、构筑一条龙产业链，推动饲料产业的发展

发展饲料产业和养殖业，增加农民收入，走一条龙经营之路是非常重要的途径。饲料企业必须与养殖业、肉制品加工企业之间形成饲料、养殖、屠宰、加工、销售一条龙的产业化经营，才能获得发展的优势，保障农民的利益，实现农民增收。在如何构筑一条龙产业链，走一条龙经营之路，增强企业竞争力上，公司走了三步棋：

第一步，打基础。集团的前身是株洲饲料厂，自1988年投产以来，由于不断研究市场，提高产品科技含量，产品供不应求。但是，由于只是单一的饲料，并且规模太小，很难满足养殖户多方面的需求，并且随着饲料工业的发展，虽然极大地带动了养殖业的发展，但在农村却出现了卖猪难的现象，农民增产不增收，其中重要的原因，一是肉制品加工业发展缓慢，二是缺乏科学饲养，品种结构差，养殖成本高，生猪销价低，在市场缺乏竞争力。因此，只有走饲料、养殖、屠宰、加工、销售一条龙的路子，才能解决农民的卖猪难问题，企业也才能增强抵挡市场竞争风险的能力。为此，在发展饲料产业的基础上发展相关产业，1995年，在工商银行的牵线下，兼并了株洲肉联厂，投资5 000万元成立了唐人神肉制品有限公司，开展肉制品加工。为了帮助农民改善生猪品种结构，1996年，又兼并了株洲外贸出口猪场，投资3 000万元兴办了种苗中心，聘请华中农业大学育种专家熊远著院士担任公司技术顾问，引进和培育瘦肉率高、肉品质好的优良品种出售给农民，以满足农民对品种改良的需求。当农民被兽药的假冒产品弄得一筹莫展时，2000年，成功地在上海投资控股了上海新杨兽药厂，兴办了上海湘大新杨兽药有限公司，开展新型兽药的研究和生产。为了让广大市民买上安全放心的肉类食品，2002年，又涉足连锁商业，投资3 000万元兴建了40家唐人神连锁店。这样，从饲料到种苗、兽药、加工、销售，五大产业相互呼应，构筑了一条龙产业链，增强了企业的竞争能力。

第二步，创名牌。饲料企业如果自身没有相当的市场开拓能力和市场创新能力，没有高技术含量的产品和高知名度的品牌,就很难在市场上站稳脚跟。为此,集团把“致力于中国农业产业化经营”作为企业的使命,把科技创新作为企业发展的源动力,走名牌战略之路。为了创造带动市场发展,托起产业市场的名牌产品,公司十分注重科技进步和科技投入。首先,公司非常注重人才的引进和培养。为了培养人才,集团在中国农业大学等全国 11 所高校设立了“唐人神奖学金”,并在近几年连续每年从高校引进 100–150 名各类专业的大学生、硕士和博士研究生,并为他们提供了良好的工作和生活环境条件及施展才华的舞台。几年来,公司引进的各类人才战斗在生产、科研、营销和管理第一线,为公司降低成本、提高产品质量、开创名牌产品、扩大消费群体、改善经营管理、提高企业效益发挥了重要作用。其次,公司不断加大科技投入,建立了大型科研基地,有先进的科研设备、试验场地和检测设备,拥有国内一流的饲料和肉品研究条件,拥有一个省级技术中心,目前还在申报国家技术中心。公司除了拥有自己的科研开发队伍外,还积极加强与国内外科研机构和高等院校的合作与交流,聘请国内外知名的饲料和肉品专家担任集团技术顾问,并先后与高校和科研院所开展技术合作交流。为了提高企业的技术竞争能力,培育竞争优势,公司还引入了中国农业大学、中国肉类食品综合研究中心作为集团的股东之一,为公司下一步发展打下了坚实的科研基础。由于依靠科技进步和科学管理,企业创出了“骆驼”牌饲料和“唐人神”肉品两大知名品牌,唐人神肉品先后被评为“中国驰名商标”和“中国名牌”产品。公司依靠这两大品牌托起了饲料和肉品两大市场,形成了很强的市场开拓能力和市场占有率,为推进饲料工业和养殖业的发展发挥了积极作用。

第三步,上规模。为了发挥龙头带动作用,公司通过实施一条龙经营,推行“公司+农户+市场”的发展模式。公司以契约的方式,把养殖户变成公司的“第一生产车间”,构筑了“市场牵龙头、龙头带基地、基地连农户”的产业化生产体系,使养殖户与公司结成利益共同体,每年带动 10 万农户走上科学养殖致富之路,可直接和间接为农民创造收入 10 亿元。农民喊出了“骆驼富了民,不忘唐人神”赞誉声。为了扩大规模和实力,形成更强的市场带动能力,近几年来,公司通过合资、兼并、租赁等方式,走低成本扩张之路,已在北京、上海、湖南、广西、安徽、江西、云南、河南、河北、四川、贵州、广东、江苏等全国 15 个省市兴办了 40 多家饲料、肉品、兽药等产业子公司,构建了全国市场网络,已形成了年加工处理生猪 260 万头,年产肉制品 4 万 t、年产饲料 350 万 t 的规模和实力,跨入了全国饲料行业和肉类行业的前列。

二、实施十万生猪工程,促进饲料工业的发展

2007 年是中国生猪养殖方式发生裂变的第一年。几千年来,中国生猪传统养殖方式的盲目性导致了 2007 年生猪价格的成倍上涨。为稳定生猪价格,确保农民利益,并彻底解决“上至总理下至平民关心”的“猪肉价格上涨”问题,唐人神集团根据自身“生猪一条龙经营”的优势,决定实施 1 000 万生猪工程,该工程于 2007 年 11 月 26 日在湖南长沙由湖南省发改委、湖南省国家投资项目评审中心牵头,邀请国务院发展研究中心、中国人民大学农业与农村发展学院、中国肉类食品综合研究中心、华中农业大学、湖南农业大学、省畜牧局、湖南商学院、湖南省农业发展银行、招商证券等九家单位的 12 名专家、教授进行了评审。项目总投资 26 亿元,分两期完成,第一期工程为 2008~2010 年,为重点建设阶段,第二期为 2010~2012 年,为发展完善阶段。项目包函 10 个子项目。其中“原种猪场建设项目”已与美国威特先(Whiteshire Hamroc)公司签约,双方合资在中国兴建核心原种场,首个核心原种场从美方引进 1150 头核心群级和曾祖代级原种猪,共同成立“湖南唐人神威特先育种有限公司 (Hunan Tangrenshen Whiteshire Breeding Co., Ltd)”,双方联合育种,保证达到美国本部同步育种水平。项目建成达产后,可实现销售收入 260 亿元,同时可解决 1.50 万城镇人口的就业,就地转移农村劳动力 10 万人,并带动 10 万农户致富,为农户创造 20 亿元养殖效益,全面提升公司的综合竞争能力,努力把唐人神做成中国的唐人神,世界的唐人神。

这些年来,在各级领导和有关部门的大力支持下,获得了较快发展,为推进我国饲料工业和养殖业发展发挥了一定的作用,面对新的机遇与挑战,在新的形势下,集团将抓住机遇,克服困难,与时俱进,充分发挥一条龙的经营优势,实施好 1 000 万生猪工程,把企业做实、做强、做大,为推进我国饲料工业发展和农业产业化进程作出更大的贡献。

形成七大优势 做出岳泰本色

——岳阳岳泰集团有限公司

岳阳岳泰集团有限公司,由湖南理工学院于 1993 年 4 月发起创办、并隶属于该院的校办工厂,使企业有着良好的高等院校科技资源背景。

公司创办 15 年来,由于企业决策层的正确决策与领导,“岳泰”始终保持着高成长率、快速发展壮大的良好势头:企业员工由当初的不足 30 人,发展到如今的 6 300 余人;饲料生产规模由年产能力不足 1 万 t,提升至现如今的 200 万 t;经营范围由当初的单一猪用浓缩饲料,发展到包括畜、禽、水产类及海洋生物饲料和预混料在内的饲料生产与销售、粮食收贮贸易、海港码头仓储,矿产资源开发、房地产开发、兽药制造、高等教育、国际贸易等八大领域；企业资产由创建初期的200万元，扩大到15亿元；企业由一个“小作坊”，发展到下辖18家子公司、300余家分公司、经营部，营销网络遍布全国26个省市区。企业在较短的时间内即实现了“跨跃式”的发展，而一跃成为集科研、生产、国际贸易于一体的跨行业、跨区域、多元化发展的大型综合企业集团。

岳泰集团的快速发展，始终得到了各级党和政府的关心与支持，胡锦涛总书记，全国政协副主席李兆焯，湖南省委书记杨正午、省长周伯华等领导同志先后视察“岳泰”。企业先后获得包括“中国名牌”、“中国驰名商标”、“国家免检产品” 在内的各项政府及社会颁授的荣誉百余项。

岳泰集团始终在坚持“诚实诚信”的经营理念，始终坚持“将‘岳泰’当成大学来办”的办厂方向，不断在创新中求发展，逐渐形成了企业的七大发展优势，做出了“岳泰特色”：

一、坚持实施品牌战略，努力形成品牌资源优势

岳泰集团实施积极的品牌战略，历经“岳泰人”14年的精心培育、打造，“岳泰”2006年从全国28 000余家饲料生产企业中脱颖而出，成为中国饲料行业第一批获得“中国名牌”称号的企业之一。加之企业已获得的“中国驰名商标”、“国家免检产品”商誉，经社会评估机构评估，“岳泰” 的无形资产价值量已超过15亿元人民币。今天的岳泰集团，已经当之无愧地成为了中国饲料行业的品牌领军企业！

二、坚持实施人才兴企战略，努力形成人才开发利用优势

“岳泰”十分重视各类人才的引进、培养、选拔和使用，营造了一个尊重人才、奖掖人才的良好企业氛围和机制，为各类人才在“岳泰”施展自己的才华构建了上佳的发展“平台”。目前，聚集在“岳泰”旗帜下的各类专家、教授、博士、硕士就有70余人；6 300余名员工中，80%以上的员工为大专以上的文化程度。为了储备人才、保持企业拥有可持续发展后劲，“岳泰”与全国著名的江南大学及内蒙古民族大学、湖南理工学院等高等院校及科研院所校企联合，培养及吸纳企业所需人才，并自办有“岳泰大学”，与著名高校联办“EMBA高级硕士研究生班”，培养企业急需的人才。

三、坚持实施科技创新战略，努力形成技术升级创新优势

岳泰集团立足和着眼于高端饲料市场产品的科研、开发与生产，以不断提升产品的科技含量和附加值，做为企业产品开发所追求的目标。目前，“岳泰”的饲料产品，不但涵盖了猪饲料系列，而且还包括了鸡、鸭禽饲料，牛、羊生物饲料，水产及海洋生物饲料等20几大门类。岳泰集团在全国饲料行业中第一个开发出了“乳猪熟化饲料”，先后有25项成果获得国家专利，其中获得国家技术发明专利的“强化型猪用阶段平衡浓缩饲料”，国家饲料标委会还专门为该产品制定了 “国家标准”；“饲料生产线自动监测系统”成果，也荣获湖南省科技进步二等奖。内蒙古通辽岳泰公司组织专家研制的“岳泰牌牛羊生物饲料”，先后获得“国家重点新产品”、“国家级火炬计划项目”、“国家级星火计划项目”、“国家级高新技术产品” 等国家级项目认定，得到国家包括资金在内的多项政策支持。

四、坚持实施效能优先战略，努力形成生产基地布点优势

本着“集中生产、分散销售”的生产基地布点建设原则，岳泰集团在湖南岳阳、内蒙古通辽、广西防城港、山东济宁先后建立了6个生产规模宏大、设备先进的饲料生产企业，形成了“北通辽，南防城，西岳阳，东济宁”的战略布局。生产基地大而强型的合理布局，使企业既减少了固定投资费用，又便于企业集中严格管理、降低生产成本、较好的实现产品质量控制，同时也便利于向各营销分公司、经营部提供及时的产品配送。近年，集团并不断加大对各生产企业的技改投入，先后从美国、瑞士及国内的“牧羊”、“正昌”等著名的饲料机械生产企业，引进先进的大小饲料机械设备126台套，以实现生产装备的现代化、集成化。全集团现有装备产能已达到了200万t，成为全国大型的饲料生产企业之一，并拥有全国饲料行业单体产能最大、自动化水平最高的50万t级饲料生产线，现有装备既可以生产中低档次的粉末状饲料，又可开发生产中高档次的颗粒饲料、膨化饲料；既可生产普通的猪、鸡、鸭饲料，又可开发生产难度较大的水产及海洋生物饲料，企业因此而获得“全国饲料行业科技进步先进企业”荣誉。

五、坚持实施差异化营销战略，努力形成营销网络建设优势

岳泰集团率先在全国饲料行业推行“知识营销模式”，并耗资上亿元资金，构建起了自己在全国饲料行业覆盖面最大、管理最为严密、规范的营销网络和技术服务网络。目前，上述网络已遍布全国26个省、市、自治区域，营销性分公司、经营部等分支机构多达300余家，使企业对市场的信息获取能力、对市场的掌控能力得到提升，将“岳泰”产品直接销给养殖户、经销商，切掉了3级中间代理商，从而大大提高了企业的获利能力。2005年，“岳泰”开拓朝鲜市场，已获巨大成功；2006年，“岳泰”又已启动越南市场的开发战役，并以此为“立足点”，积极开拓东南亚市场。

六、坚持实施精细化经营战略，努力形成企业运营管理优势

岳泰集团注重企业规范化管理，不断整章建制、夯实基础。企业先后制定了包括财务、物资、审计、人事、营销、投资等具有“岳泰特色”的内部管理制度

182个。在运用传统方法管理企业的同时,"岳泰"还积极引进"六西格玛零缺陷管理系统"等现代企业管理方法,先后通过了ISO9001:2000质量管理标准体系、HACCP食品安全管理标准体系、ISO14001环境管理体系三项国际标准体系认证;投入巨资运用现代高科技手段,实现了所有生产性子公司"生产过程全电子监测",使产品质量有了更高的保障。全集团实现了"无纸化"、"数字化"办公,企业管理已经迈上了信息化的"高速公路"。

七、坚持实施集团化运营战略,努力形成原料采购调配优势

岳泰集团在国内东北地区,建有自己的大豆、玉米原料基地;在山东建有自己的鱼粉加工基地,通过自己的农副产品收购公司,集中采购,分散调拨使用,既降低了采购成本,又保证了原料质量。大宗饲料原材料可通过连接各生产企业的铁路专线,直接运抵生产企业的原料仓库。

依靠科技创新 做强饲料主业

——湖南正虹科技发展股份有限公司

湖南正虹科技发展股份有限公司,是一家以饲料为主业的大型企业集团。公司致力于以饲料为龙头的农业产业化建设,除进行饲料和饲料添加剂的生产和销售外,还从事良种繁育、畜禽养殖、肉食品加工、兽药研发与生产以及进出口贸易等业务。20多年来,公司本着"以科技为先导,引领企业发展"的经营思路,坚持"事业无涯,创新无限"的科学发展观,致力于实施"质量为本,科技兴企"和"产业报国,科技兴农"两大主题战略,大力推进企业科技进步与创新,做大做强饲料主业。

一、多管齐下,建设科技创新孵化器

公司始终将科技视为企业发展的"引擎",认为只有科技进步带来的影响才是最具革命性的,才能给企业带来"裂变式"的增长。因此,创业伊始,公司就把科研工作摆在突出的位置。

1.健全科研机构,引进科研人才。早在1991年9月,公司就建立了自己的科学技术研究开发机构——"科研所",由总工程师直接领导;2000年初,"科研所"升格为"科研中心",2006年初,变更为"技术部",下辖科研中心和品控中心。

公司通过专家推荐、社会招聘等方式引进了大批优秀的知识型人才,分配到科研开发、品质控制、客户服务等科技战线上。目前,公司拥有专职科技人员86人,博士后2人,博士8人,在读博士5人,硕士21人,平均年龄仅32岁;分别来自北京大学、南京大学、中国农大、中国农科院等十余所名牌院校,涉及动物营养、畜牧兽医、精细化工等多个专业;而分布在各线上的本科学历以上的技术人员达600多人。强大的研发与推广队伍,为提升公司科研能力、加大科技创新力度奠定了坚实的基础。

2.保障科研投入,优化科研模式。为保障科研活动的正常进行,公司每年按销售收入的一定比例提取费用投入科研,确保专款专用。同时,董事会还可以根据项目发展的实际需要加拨专项资金。充裕的科研经费,使公司科研设施、设备日益完善,为许多重大科研项目的顺利开展提供了强有力的保障。

公司通过与高等院校、科研院所的合作,形成了产学研相结合的技术开发协作机制,初步建立起一套以公司科研机构为主体、面向全社会的开放型科技进步与技术创新体系,即"正虹科研院(筹)+高等院校/科研院所+专家顾问委员会"的模式,做到一个科研课题,一个项目带头人,两个指导老师,一笔专用经费。正虹集团旗下各分子公司的任务是实现科技成果转化,并通过组织科技下乡、"流动课堂"等活动来解决新产品市场推广中的问题。

通过这种科研模式,公司与国家饲料工程技术研究中心、中国农业大学、清华大学、上海水产大学、湖南农业大学、湖南农业科学院等单位建立了良好的合作关系,为促进公司科技创新与进步提供了巨大的智力支持。

3.加强科研管理,注重科研交流。公司实行总工程师领导下的项目管理制。由公司高级技术专家、各高等院校及科研院所专家组成的专家顾问委员会,负责公司研发方向和项目成果的评审。在技术部之内实行专业细分,建立不同的项目小组,分别研究猪、鸡、鸭、鱼、反刍动物等专用饲料。公司制定了《正虹公司科技进步和技术创新管理办法》,全面推行按岗定酬、按任务定酬、按业绩定酬的分配制度。

公司的科技进步不是闭门造车,而是紧跟行业和时代的步伐。公司通过"走出去"、"请进来"的方式,与国内外知名企业、科研机构、行业协会等单位及著名专家教授个人建立了友好关系,经常保持信息沟通。

二、层层接力,充实自主创新产品库

"不是一流的技术,就是落后的技术;不是一流的产品,就是落后的产品。"这是正虹人追求科技进步的信条。饲料技术是实用型技术,必须根据市场需求不断创新。因此,公司科研工作始终做到"生产一代、研制一代、储备一代、预测一代",以确保公司在行业中的领先者、领导者、领跑者地位。

"001"作为正虹的第一个自主创新产品,不仅是正虹的立厂之基、创业之本,而且开创了湖南省养殖业的新纪元。公司科研人员通过持续的配方优化,使"001"不断升级换代、直至第16代,在生长性能、抗疾病能力、瘦肉率及安全性方面日益提高,始终保持全国同类产品领头羊的地位。1991 年,正虹牌"QF-001"猪用浓缩饲料获全国同类产品质量评比"第一名"。1995 年,公司被原国家科委批准为《国家级科技成果重点推广计划》"QF-001"猪高蛋白浓缩饲料项目技术依托单位。

1995 年 9 月,公司研制的"101"乳猪完全颗粒饲料和肉鸡完全颗粒饲料通过了省科委组织的技术成果鉴定。正虹"101"乳猪饲料日增重、料肉比、乳猪成活率等主要技术指标与国内同类名牌产品比,居于先进水平;正虹肉鸡饲料在产品生长速度、育成率、料肉比等主要技术指标与引进的国外同类名牌产品基本相同,但成本更低、效益显著。

1997 年 4 月,公司研制的蛋鸡完全颗粒饲料和蛋鸭完全颗粒饲料同过了省科委组织的技术成果鉴定。正虹蛋鸡饲料育成率 98.60%~99.30%,产蛋率 82.30%~83.10%,全期饲料蛋比 2.65:1,其技术指标超过国内名牌产品,处于国内领先水平;正虹蛋鸭料产蛋期成活率 88%,产蛋率 77%,产蛋高峰持续期 272 天,料蛋比 2.84:1,只年产蛋量 19.39kg,居于国内领先水平。

2001 年 11 月,公司研制的淡水鱼系列配合饲料通过省科技厅组织的技术成果鉴定。正虹鱼料生长速度快,成活率高,全期饵料系数 1.2~1.5:1,主要技术指标达到国内领先水平。

2002 年,公司与国家饲料工程技术研究中心等合作开发纯天然植物提取物--植物多糖、类黄酮复合饲料添加剂通过了教育部组织的技术成果鉴定。值得一提的是,公司与中国农业大学合作完成的"猪优质高效饲料产业化关键技术研究与推广"项目获得了国务院颁发的 2002 年度国家科学技术进步二等奖,这大大鼓舞了正虹人致力于科技兴企、科技兴农事业的信心和干劲。

2005 年 5 月,公司与湖南省饲料工程技术研究中心有限公司合作研制的康健牌饲用复合酶制剂通过省科技厅的技术成果鉴定。康健牌饲用酶制剂工艺简便,成本低,酶活性水平较高,可促进小猪生长速度,改善料肉比,效益显著,达到国内领先水平。

2007 年,由中国农业大学、正虹集团等历经 6 年的科技攻关研发的"猪健康养殖的营养调控技术研究与示范推广"项目获国家教育部科技进步 1 等奖。该技术实现了在不降低生猪生产性能的条件下,提高饲料利用率,降低环境污染,改善猪肉质量,保证食品安全。同年,正虹集团与中国科学院亚热带农业生态研究所、湖南省畜牧兽医研究所、湖南农业大学等几家单位联手研发的"猪氮磷营养代谢调控及环境安全技术研究与应用"项目荣获湖南省科学技术进步奖一等奖。采用该项技术后,猪日粮中蛋白质水平可降低 10%以上,猪的生长全期磷酸钙用量可减少 25%~35%,每头猪可减少氮排放量 3.50kg,磷排放量 0.17kg。

据统计,公司历年推出的饲料和饲料添加剂新产品先后获得国家、省、市级星火科技奖、科技进步奖和各种国家级专业技术展会奖,多达 60 多项。由于新产品的不断推出,公司由创业之初单一的猪浓缩饲料产品发展到 6 大门类(猪鸡鸭鱼牛羊)3 大品系(浓缩饲料、预混合饲料、配合饲料)120 多个品种(依据大中小幼型或产蛋产肉型动物来细分)的饲料产品。目前,"正虹牌"饲料被评定为"国家免检产品"、"中国名牌产品"、"饲料行业信得过产品"和"饲料行业 10 大名牌产品"。"正虹"商标被评定为中国饲料行业第 1 个"驰名商标"。

三、乘势而进,做大做强饲料主业

20 多年来,正虹集团科技创新取得了可喜的成绩。目前,公司在全国各地设有 33 家全资、控股、参股企业,分布于华东、华南、华中、华北四大经营区域,拥有了一批 ISO9001:2000 与 HACCP 认证饲料加工厂、HACCP 认证屠宰加工厂、GMP 认证兽药生产厂、国家级原种猪场、省级良种鸡场、"公司+农户"模式畜禽养殖公司和国际贸易营运中心,成为一家种养加、供产销、农工贸一体化的农牧业企业。

经过 20 年的发展,公司总资产由 32 万元增加到 18 亿元,增长 5 600 多倍。主营业务方面,饲料产品年产销量由最初的 312t 增加到 80 万 t,增长 2 000 多倍;非主营业务方面,生猪、肉食品、动物保健品等产销量均以 30%~40%速度在增长。目前,公司已由一个名不见经传的小型饲料厂成长为我国饲料行业第一家上市公司(被新闻界誉为"中国饲料第一股"),成为农业部等 8 部委联合评定的第一批"农业产业化国家重点龙头企业"和农业部评定的第一批"全国农产品加工业示范企业",在"湖南省十佳农业产业化龙头企业"中排名第一。

"科技是第一生产力,创新是第一竞争力,质量是第一生命力。"正虹集团相信,只要进一步完善以企业为主体的技术创新体系,不断加强自主创新能力,实现市场开拓、技术创新与生产经营的一体化,就一定能够实现企业更大的跨越式发展和产业竞争力的全面提升,为农业产业化国家重点龙头企业做出更大的贡献。

强化集团化运作和专业能力的提升

——广东海大集团股份有限公司

广东海大集团股份有限公司是一家集研发、生产和销售水产饲料、畜禽饲料和水产饲料预混料以及健康养殖为主营业务的高科技型集团公司。经过 10 年的艰苦创业，海大已跻身于饲料行业的前列。海大是在行业竞争进入白热化时诞生的，就这么平凡的一群人，没有权势、没有市场、没有资本、没有什么可依靠，仅凭着一颗颗火热的、对理想不屈不挠追求的心，创造了饲料行业的奇迹，成就一番事业，开创百年基业。2007 年产值达到 30 多亿元，工厂遍布祖国大江南北，产品已帮千万农户致富，拥有了全行业最领先的技术，具备了最为强劲的发展后劲。

海大前面十年的发展，取得了很好的成绩，销量稳步增长，赢利能力也在稳步提升。水产预混料已走向了全国，发展势头迅猛，必将成为海大未来发展的核心支点。外省鱼料市场进展顺利，品牌影响深入人心；广东省内企业赢利能力持续上升，品种结构继续优化。鱼料、鸡料优势明显；虾料板块取得突破，规模进入市场前列，效果市场第一。公司赢利能力增强，出现了养户、代理商、企业三方共赢的局面。药品车间投产并通过了 GMP，种苗、虾苗完成了初步投资。

集团目前有 2 000 多名员工，其中博士 11 人，副研究员 4 人，硕士 40 多人；旗下拥有 1 个研究中心，6 个中试基地，在湖北、湖南、江苏、广东、四川、福建、浙江、广西等地拥有近 30 家分(子)公司。2007 年“海大”商标获得广东省著名商标，海大牌水产饲料获“中国名牌”产品称号。

一、加强集团化运作

未来的竞争将是大集团之间综合能力的较量，是企业文化、战略执行、管理模式、人力资源诸要素的综合竞争。海大目前已基本形成集团管理的组织雏形，明确集团总部和分、子公司定位。完善客户导向的扁平型组织结构，集团总部的定位：1.制定战略，海大要致力为客户创造更大价值，在此目标下进行专业化经营，稳步提升专业能力和服务能力。不做一切与构建核心竞争力无关的经营和业务；2.分配资源，保证对研发、服务等各种专业能力的提升所需的投入，对人、财、物、技术进行集中管理，并在集团层面达到增值；3. 分配人力资源。建立一套完善的人力资源管理体系，建立一套科学、有效的人力资源考核与激励体系，将个人目标与海大目标融为一体；4.构筑能发挥人的才能的平台和建设能凝聚人心的海大文化；5.提炼与推广优秀经验。集团总部的特征不是权力机构，而是为分、子公司提供资源和提供服务，围绕分、子公司的绩效目标提供管理服务和专业服务支持。各中心定位是围绕子公司绩效目标提供专业服务，只为分、子公司经营负责。分、子公司总经理将依靠各中心的专业支持而行使行政管理权力。集团总部对分、子公司实行绩效管理，总部遵从客户需求和市场导向设立绩效目标和 KPI 指标，子公司总经理对绩效目标全权负责并有权获取各个中心的专业资源。

二、加强专业能力的提升

1.坚持技术创新。海大集团非常重视技术创新和科研投入，在十年的发展历程中，深深感受到现代科学技术创新是农业企业发展和新农村建设的必由之路，是海大获取竞争优势的基础。公司充分认识到，饲料业、养殖业是高度依赖技术进步的行业，技术领先是海大下一阶段稳健发展的最大的牵引力。回首过去十年，重视研发是海大的一个战略远见，因为研发人员的艰苦努力，也取得了一些成绩。截至 2007 年科研累计投入已达 7 000 多万元，水产科研成果获得具自主知识产权的核心技术 10 多项，开放出行业领先水平的核心产品 20 多项，每年完成试验项目达 200 多项，其主要成员在国内外重要学术刊物上共发表学术论文 120 多篇，其中 16 篇被 SCI 收录。海大研究中心现已成为国内饲料行业研发力量最强、技术水平最高、科研成果最多的企业技术中心之一，被广东省科技厅授予“农业科技创新中心”“省级工程中心”，被广东省经贸委授予“省级企业技术中心”，被批准设立了博士后工作站分站。

海大组建集团、分子公司 2 级研发体系。集团层面偏重新技术、添加剂研发，分、子公司层面偏重于解决市场问题的研发。大部分博士和高级研发人员沉到市场一线，去分、子公司主持研发工作，为分、子公司绩效负责，研发项目应当从市场中来，研发中心层面将规范试验流程，博士、研发工程师基于市场提出研发项目和完成试验设计，试验过程将由专门人员来做。逐步建立市场导向的绩效管理体系，公司有信心在未来 1~2 年内全面提升产品竞争能力。将逐年提升研发投入。从硬件、软件两个方面完善研发体系，研发队伍将会是一个庞大的队伍，研发管理和人力资源开发将是公司面临的挑战。

2.加强采购管理。加强采购的专业能力：专业化的研究上游市场的发展规律和各种变化因素，专业化的研究供求平衡关系；组建专业化的采购队伍；使用科学的专业化的采购工具，如使用期货工具。海大应从战略高度来重视采购能力的提升，采购优势和技术优势应当成为构建海大低成本优势和产品竞争力优势的两大支柱。

公司的目标是要在采购环节形成大的优势，目前已具备了采购专业队伍的雏形，也已表现也了一定的采购优势，但这仅仅只是开始，分、子公司要对采购提出具体要求，引导采购方向。同时要收集终端需求信息，对采购形成强有力的支持。采购中心要围绕集团目标来组建专业队伍和提升采购能力。

3.加强服务营销。对饲料企业来讲，营销的本质是服务，是保证养殖户能用好海大的饲料。海大下一步真正要把服务落实到行动中，而不是停留在概念上。形成三级服务体系：业务员是服务主体，直接面对客户，完成 80%的客户服务；分、子公司专职服务人员是业务员背后的支持平台，主要完成对业务员服务能力的提升，并负责解决客户出现的较大问题；集团研发中心负责重大问题的解决和大的服务方案的提供。

根据养殖业的发展趋势和需求，集团在局部区域针对不同养殖模式设计科学的养殖流程，对大养殖场、重点养殖户进行全养殖过程的规范管理，海大将提供优质种苗、安全有效的药品、先进养殖技术等支持，以养殖户价值最大化为目标提供全过程的贴身服务。支持平台是海大在苗种、药品、养殖技术各环节的研发和服务能力。在未来将逐步扩大客户服务比例，这将是海大服务的主要方向。

4.完善人力资源体系。下一步的竞争将是企业核心能力的竞争，本质将是人才的竞争。核心竞争力不是技术、规模和资本，而是能培养和产生人才的企业机制，公司具备了各个方面强大人才队伍，就具备了强大的企业能力，这就是公司面临的机遇和挑战。海大面临很好的市场机会，很好的发展机遇，制约公司发展的不是资本、技术、规模，不是竞争对手的强大，而是人才的缺乏，是人才成长的太慢，建立一套科学、有效的人才培养机制将会是公司的核心战略。

人力资源是海大未来发展的最核心资源，海大的价值就是人才的价值，海大的经营就是对人才的经营，人才将是支撑海大生存、发展的唯一因素。公司所有经营者都必须承担人力资源管理的职责，胜任人力资源管理的角色。中、高层应具备先进的人力资源管理的思想，围绕企业战略和业务需求，依靠人力资源部门的专业支持，建立适合海大发展的科学有效的绩效管理、薪酬激励体系，建立通畅的员工上升通道。人力资源管理应成为各级管理者的核心工作内容。

建立一套科学、有效的人力资源考核与激励体系，将个人目标与海大企业目标融为一体，这将是海大建立核心竞争力的关键。

三、塑造基于创新的海大文化

海大将立志成为中国领先、全球一流的农牧业公司，海大的神圣使命是帮助农民致富，为客户创造价值。这一理念要深入人心，公司的存在是因为有超越赢利之外的目标，付出的辛勤基于对更高价值的追求，一切都会变，而海大的这一理念将永不改变。

海大的核心价值观有两个，对外，是为客户创造更大价值；对内，是对员工价值的尊重。企业战略、业务规划都将围绕客户价值而展开，在此目标下，培养各种专业能力，提升管理能力从而具备为客户创造价值的能力，从而获得持续的竞争优势。

员工价值的实现将是海大达成战略目标的基础。人才是海大的唯一核心资源，“以人为本”是公司的核心理念之一，海大致力于建立一套能吸引人才、培养人才、留住人才的机制，创造一个使每个员工都能创造性发挥个人才能的平台。

海大要基业常青，要成为百年老店，就要担负起应有的责任。对客户提供服务，创造价值。给员工提供学习的机会、成长的通道，使员工得到增值。公司将给员工一个稳定、安全、高回报的环境。结合上市，将给核心员工逐步开放股份期权，使核心员工得到更高的利益回报；对于普通员工，将提升待遇，力求成为行业中员工收入最高的企业。针对后几年的规划，公司的业务将成倍增长，产业链将不断延伸，队伍将会从一千多人膨胀到几千人，再到上万人，因此需要大量的干部，大量的核心员工，海大将给员工提供大量的发展机会。

公司将尽快建立完善的人力资源体系，确定核心员工的标准，制度化的实现利益的合理分配。销售人才、专业人才、管理人才都可能成为核心员工。海大要统一思想，只有认可海大的价值观，个人利益服从企业利益的人才会有更好的发展机会。那些缺少客户导向思想，缺乏对制度的尊重，一心追求个人权利和利益的员工，将不再适合海大的发展。基于未来，海大有信心获得巨大的利益，也有信心给核心员工巨大的回报。

目前面临的是一个剧烈变化的时代，海大必须适应变革和鼓励改进，海大必须不断创新。要用战略眼光来审视市场的变化，提升学习能力，任何对经验的死守和个人的神化，都将是死路一条。创新不是浮夸，不是战略层面大的东西，它是从业务链中每一个环节、每一件具体的小事开始，是靠整个队伍、靠更多员工、靠内部成百上千个细小环节的优化改进和创新。公司生逢了一个好的时代，行业给了取得成绩的大好的机会；成绩本来就是团队和集体创造的，必须内心谦卑，心存感激，必须承认个人的渺小，承认个体的局限。几个人、一小部分人带不来海大的辉煌。创新精神来源于内心的谦卑，来源于自我认知的清醒。

企业的核心竞争能力不是技术，不是市场也不是资本实力这些外部资源而是学习的能力，自我批判、自我否定的能力，是员工的学习的能力。善于向竞争对手学习，善于向周围的人学习，只有不断地学习，提高自己，才能提高公司。

服务型定位的本质是为客户创造更大的价值，这是海大下一阶段的基本战略。公司将加大投入提升技术、服务、采购等专业能力，培养更强大的队伍。追求客户价值、追求员工价值，必将造就海大在行业中的核心竞争优势，共同的价值观、共同的理念，将使海大队伍迅速壮大、成长，海大必然要成为行业的领航者，海大人将倾注海大人的智慧、名誉和生命，竭尽全力将海大发展成世界一流农牧企业。

实施全程优质服务
促进农民养猪增收
——广西扬翔饲料有限公司

2007年，广西扬翔饲料有限公司在各级领导的关心支持下，获得较快发展，全年公司饲料总销量26.78万t,同比增长11.5%;加入生猪产业化与公司紧密合作的养殖户达18.30万户,同比增长5%,发展优质商品猪生产达560万头，实现总产值113亿元，农民增收总值达13.60亿元;生猪产业化为各地政府交纳税费等财政收入达1亿多元;实现了农民、企业、政府多赢的良好局面。扬翔饲料公司面临良好的发展机遇,扩张壮大的步伐不断加快。

公司在组织实施生猪产业化的进程中,继续充分利用企业的资金优势,技术资源,市场体系,在生猪品种改良、饲料扶持、技术服务、生猪流通等方面,加大了服务农民的力度,使生猪产业化工作取得了进一步的发展,农民养猪逐步朝着规范化、规模化方向发展,在有效实现了养猪增收方面,取得了阶段性的成绩。

一、抓品种改良服务,从根本上提高广西生猪竞争力

长期以来,农村生猪品种差,商品猪市场竞争力不强,饲养效益低是广西养猪业的普遍现状。广西扬翔饲料公司首先从猪种改良抓起,通过扩建、完善自有大型良种猪场,增加引进国外优良原种公猪、母猪,使品种改良工作具备可靠、足量的种源保障。目前,公司种猪场已增加到6个,包括原种场1个,扩繁场5个,公猪站一个。配套建设一个培训中心,一个疾病检测中心。2005年底引进美国SPF原种猪450头。现存栏种母猪10 000多头,种公猪1 300多头。年为各地用户免费供应优质猪精达260万头份,加盟公司“猪料结合”产业化运作的养殖户,年出栏三元杂商品猪达到600万头以上。品种改良后,农民养猪增收幅度提高了30%左右。

二、严抓饲料质量,开展会议营销,以饲料扶持农民发展生产

公司通过严抓质量、提升品牌知名度,逐步扩大生产规模,以大企业带动大产业发展。以“养猪人的梦想,扬翔为您实现”的理念开展会议营销,会议营销百人以上规模达63次,50人以下规模达2 165次,共培训养猪户科学用料科学养猪知识达9.70万人次;公司通过饲料扶持的方式，促进了广西各地10多万户农民扩大养猪。每年扶持农民发展养猪的饲料总量达到6万t,总值达1.80亿元。主要是通过公司在各地的销售服务网点直接发放给农民。通过跟踪服务,做好资金回笼。实践证明,饲料扶持农民发展生产的投资收益率达20%以上。

三、开展专家技术服务,促进养猪持续增收

专家技术服务。公司聘请30多位畜牧兽医技术服务专家、教授巡回广西各地进行技术咨询、指导服务,为养猪大户做好预防疾病的工作,及时解决养猪技术问题。

技术普及服务。公司在原有畜牧兽医技术服务人员基础上,技术服务网点增加到了2 500多个,技术服务人员达到了2 800多人。在各地大力开展技术培训、技术服务工作。通过现场讲座、培训会等方式,从品改、防疫、管理等方面全面提高农民的养猪技术水平,收到了显著的成效。如陆川县养猪户李达海,得到公司的技术支持和自身的水平提高，规模饲养母猪130头,全部使用扬翔美系猪精进行品种改良,平均每窝产仔10.80头，成活率98.50%肉猪饲养总时间155天，平均每头增加收益达110元以上,2007年增收总额达27万元。

四、构建生猪销售网络

扬翔公司在广西区内外分别建立生猪销售网点共12 000多个。小规模的进行短途消化,大规模的进行跨市、跨省销售。做到有猪卖得及时、卖得出去、卖得好价钱。

实践证明,由于扬翔公司实施从最根本的品种改良紧抓,再通过提供优质达标饲料,开展科学养猪技术培训,派兽医技术专家巡回服务,构建生猪销售网络,使养猪户出栏的商品猪都由于质量好、瘦肉率、屠宰率比土杂猪明显提高而赢得较好的市场价格,平均每头商品大猪增收在110~200元之间,在市场上形成了一定的声誉,促进农民养猪增收,提高养猪户积极性,使公司饲料销量上涨,实力不断壮大。

向管理要效益　以市场求发展
——桂林漓源粮油饲料有限责任公司

桂林市漓源粮油饲料有限责任公司隶属于桂林市力源粮油食品有限公司，年生产饲料能力24万t,是广西大型饲料加工企业之一。

公司有较好的经营机制,投资主体多元化,股东大会、董事会、监事会规范运作,各项制度健全,激励和约束机制比较完善。有雄厚的科技实力,一流的动物营养科研中心,与国际接轨的质量保证体系,门类其全的生产设备。公司采用现代化企业管理,拥有几十名企业管理优秀人才和高级技术专业人才。

2007年桂林漓源在公司董事会的正确领导下，以山东六合为目标、抓管理、降成本,要效益,在饲料行业效益大幅度下降的大环境影响下,经过全体员工的齐心协力,奋力拼搏,全年完成销量194 332t(其中鸡饲料 91 457t，鸭饲料 67 937t，猪饲料 34 938t)，同比总销量增长 42 312t，增幅 25.10%。

2007 年主要抓了以下几方面的工作：

一、认真抓好了对员工业文化、业务技能培训教育，提高了职工的综合素质，保证了各项工作的顺利进行

1.坚持不懈进行周会、月会例会制度。灌输企业文化及其企业精神；分析、介绍当前饲料行业经营状况、企业产品在市场占有率及销售网络建立情况及客户反映的产品质量信息；各部总结周(月)工作情况及存在的问题，提出次月的工作计划。通过例会平台各部通报信息，出谋划策，解决存在的突出问题，采取相应措施，把各项工作落实到实处。

2. 组织班组以上管理人员及部门骨干参加集团公司举办的各类培训班，采取走出去，请进来的方法进行轮番培训，提高他们的管理水平和组织协调能力、办事能力，提高工作效率。

3.抓好业务员综合素质培训。每月底例行对业务员进行业务培训(口才锻炼、业务技能培训等)外，共分两批次派业务员到漓源公司进行科技养殖及畜牧兽医专业知识培训，2007 年 5 月，对新进的本土化业务员进行了为期 3 天的封闭式培训。通过不断的对业务队伍的培训，加强其对企业文化和经营理念的认同，提高了业务技能，整体业务素质有所提高。

4. 车间新招生产工人 19 人及仓管叉车工 18 人全部进行操作技能培训和应知应会理论知识培训，保证了饲料产品生产质量和叉运的工作质量。

二、强化企业管理，加强成本核算，降低费用开支，向管理要效益

1.修改完善了公司各项规章制度及岗位职责。桂林漓源 2006 年 10 月分开运作后，由于机构调整，岗位设置变动，原有的部分规章制度已不适应企业管理要求，因此各部门对各项规章制度及部门的岗位职责进行完善、补充、修改，使各项工作有章可循，全体员工责任明确、各负其责。强化了质量管理，建立和完善了以质量保证体系为核心的企业内部经营机制，达到了企业管理运作规范的目的。

2.管理精细，成本核算到班组。年初班组长会提出：全员动员加强管理，降低成本，向管理要效益。由财务制定了各部门成本核算表单，按月统计核算数据，并将统计结果与临桂漓源进行横向对比，与统计数据前月分析对比。通过统计分析对比，找出存在的的问题，采取应对措施，减少费用开支，降低生产成本成效显著。

三、仓库管理责任落实，原料、成品品质完全率达标

1.原料保管先进先出，防雨淋发热霉变，与一粮库协商出资 5 万元将主要原料仓二、三组棚仓天面进行翻新改造，保证了原料保管质量。仓管员坚持每天巡回检查，及时掌握粮情，发现问题及时采取措施进行处理。

2.饲料成品在库容量少，货位紧张的情况下，坚持先进先出，按出库单墩位发货，做到每周库存盘点一次，一查账物相符，二查近期过期料的品种数量，报计划处协调处理。在产销量高峰日产销 800 多 t，日库存达 1 300t 的情况下，保证了发货基本准确、及时，成品保质期质量没受影响，全年过期饲料降至 0.10%，同比下降 0.30%，达到年度工作目标小于等于 0.20%。

四、合理配置人力资源，满足了生产经营用工需要

生产车间年初以月产 12 000t 定员 2 班生产人员，随着产销量的不断增加，6 月份从 2 班人员增加到 3 班，8 月份从 3 班增加到 4 班 3 运转，新招聘调配增员 28 人，车间人员从 43 人增加到 71 人。

五、实施 5S 现场管理，改善工作环境，减少粉尘流失，提高产品回收率

1.加大车间维护改造。生产车间设备陈旧老化，除尘效率低，导致粉尘飞扬，跑、冒、滴、漏，捆、绑、吊、扎严重，现场环境恶劣，与集团兄弟单位无法相比。为此公司针对车间现状，做了以下改进：

(1)增加除尘风网、改善工作环境。车间除尘风网安装配备不足够，除尘效率低，5 楼、6 楼无吸尘设备，导致粉尘到处飞扬，既污染工作环境，影响回收率，又影响员工的身体健康。从 2006 年 11 月起，根据生产任务及销量情况，实行 3 班 2 运转，抽调 1 个班的人员自己设计、自己制作，安装了两组除尘风网，解决了车间 6 楼两台成品分级筛、混合后清理筛、5 楼 3 条原料分配绞龙、5 楼玉米粉筛、2 次成品分级筛、4 楼成品筛、4 楼玉米、豆粕待粉碎仓等的吸尘、降尘，减少粉尘流失，解决了历年来均未解决的老大难问题。

(2)改造上料龙口，提高回收率。将原一、三线上料龙口两个改为一个，原一级吸尘改为二次降尘，即节省了动力，又减少了因提升物料产生粉尘外扬，使粉尘得到及时回收。经财务统计，2007 年成品回收率达到 98.64%，比 2006 年 1~9 月 98.1%，提高了0.5%，达到了近来年来的最好水平。

(3)大力推行学习山东六合、中慧后，加大了现场管理力度，投入了大量的人力物力对车间进行补漏改造。2007 年 10 月车间在保证完成生产任务前提下，工人们日夜加班，全力以赴清理、整顿工作环境，增加除尘风管，焊补管道烂、漏 100 多处，基本上杜绝跑、冒、滴、漏，捆、绑、吊、扎现象，车间生产工作环境得到较大改善。

2.加强仓库现场管理，减少原料、成品转运散漏损失。做到原料堆码整齐，规范货位标识，新大棚仓配制了货位牌。原料在包装普遍烂漏严重的情况下，组织搬运工、叉车工按操作规程和岗位责任制的要求进行清扫、清理、整理,现场脏、乱、差有所改善。成品仓饲料码放规范,库内干净整洁,散漏现象减少,烂包数从上半年的900多包/月减少到100多包/月。

六、抓好饲料销售网络建设,加强售后服务,开发新产品,扩大销售市场

1.抓销售队伍建设。根据市场需要,成立湘西片区、完善邵阳办事处及衡阳办事处,优化销售队伍,推行业务员本土化(衡阳基本实现本土化4人,邵阳、荔浦、平乐各一人,湘西2人);

2.以市场销售为龙头,扩大销售网点,稳住新、老客户,增加销量。同时营销部成功开发新客户共35户,新客户全年销量完成5 324.14t,成为销量增长的重要组成部分;

3.描准市场需求,在创新上下真功夫,以有竞争力的产品开拓市场,大力开发适销新产品。营销部通过对市场的充分调查、分析,共开发福鑫792等猪饲料及鸭饲料新品种6个,市场反映良好,12月份这6个品种的销量达到670t;完成衡阳土鸡饲料"H510"系列饲料的开发、试验,促销该料销售成功。根据湖南永州地区肉鸭饲料市场情况协助研发部开发了J5491中大鸭饲料,从而使公司肉鸭饲料在永州地区重新树立了品牌;

4.抓住机遇,大力推广猪饲料市场。品种定位准确,市场反馈良好,品牌效应逐步产生。全年猪料完成34 938t,与2006年同期相比增长10 963t,创下猪饲料销售历史最好水平;

5. 完成2006~2007年度顾客满意度调查方案设计、发放、收集、统计和分析、形成报告,完成处理并反馈给相关部门及客户,处理结果80%以上令顾客满意,并让公司和顾客尽量减少损失;

6.加强对窗口工作人员的思想教育培训,认真热情做好服务窗口工作;及时解决处理服务窗口营业厅及成品发货出现的问题,协调处理与顾客间出现的矛盾,年度内顾客投诉次数明显减少,达到年度预定目标。

2007年是桂林漓源各项工作取得了一定的成绩,公司将以新的心态,在2008年勤于思考,开拓进取,扎扎实实做好每一项工作,开源节流,接受新的挑战,实现新的腾飞。

开拓创新　寻求发展

——广西华港农牧发展有限公司

广西华港农牧发展有限公司成立于1994年,公司前身为南宁市华港饲料有限责任公司,是福建华港农牧集团投资于广西的第一家分公司。2000年6月由南宁市江南区政府牵头,南宁市壮宁公司运作,公司以人民币1 000万收购了南宁市国有破产企业——南宁模具中心,也就是目前公司的所在地,占地面积约45亩。收购成功后,公司投资约4 000万元新建了饲料生产车间,分别安装了江苏牧羊集团的420型、600型生产线和一条膨化饲料生产线,年设计生产能力18万t。新厂于2002年7月正式建成投产,年产值和销售量大幅度提升。2005年公司经过充分的市场调研,结合公司实施网箱养鱼产业化的经营模式,又新建了一条特种水产饲料(浮水饲料)生产线。目前公司拥有4条饲料生产线,注册资金1 500万元,在职员工204人,年产值2亿多元,经营状况良好。

公司直接受福建华港农牧集团公司领导,目前设有采购部、生产部、技术部、营销部、财务部、办公室、总经办(5部1室1办),分别由总经理、副总经理和总经理助理分管,在职员工中现有大中专以上学历53人,技术人员11人。人才需求是饲料企业目前最大的问题,未来的饲料企业更需要专业复合型的人才,尤其是既有畜牧兽医知识又具备经营管理、营销服务的人才。公司充分意识到真正决定员工流动的是市场而不是企业,企业无法逃避市场对员工的拉力。员工的忠诚是相对的,流动是绝对的。企业作为一个运动的、活的有机体,它的员工必须保持一个合理的、企业可以承受的流动率,这样才会给企业带来生机和活力。对此,公司已逐步开始实施人才本地化战略,通过企业内部培训提拔和外聘的方式,以"请进来,走出去"的多种形式为员工创造参观学习的机会,提升自身综合素质,大力培养忠诚敬业的本地人才队伍,为公司的发展壮大储备人力资源。同时,公司也大力开展团队活动和文体比赛娱乐活动,培养员工的团队协作意识,增强企业的核心凝聚力。

公司经过充分的调研论证,面对广西水产养殖业和产业化发展的趋势,于2005年11月投资约600万元,新建了一条特种水产饲料生产线,生产浮水性膨化鱼饲料,并与广东海大公司合作,共同开发适合广西水产养殖市场的新产品。同时,公司积极与广西大学动物营养方面的专家合作,依托华港集团的科研实力,相继开发了适合广西养殖市场的童鸡饲料、童鸭饲料、母猪饲料、种鸭饲料。这些特种饲料深受广大养殖户的喜爱。

在广西乃至全国的饲料销售市场的竞争日趋激烈情况下,为了应对市场的不断变化和客户的需求,公司主要通过实施产品的质量意识管理、员工质量教育、质量管理体系实施、设备技改完善等方面的工作保证产品质量的长期稳定。

1.产品的质量管理。主要从原料(进货)质量控制、生产现场(过程质量)控制、产品出厂(服务)控制等三方面进行管理。

2.员工质量意识教育。加强员工质量意识教育,通过订阅质量报刊、播放质量专题片、质量宣传栏、举办培训班等形式，对员工进行有针对性的质量意识教育，使“质量第一”的思想深入员工心中，在员工心中形成“质量责任人人负，人人严把质量关”的意识观念，增强员工的竞争意识和责任感，在员工当中牢牢树立爱岗敬业精神。

3. 质量管理体系实施。公司于2005年通过了ISO9001质量管理体系认证，在生产过程中，严格按ISO9001：2000质量管理体系的要求对影响产品质量的各个环节，包括产品设计、采购、工艺设备、生产制造、检验和试验、包装贮运、销售及售后服务等全过程采取“生产数字化，管理表格化”的方式进行严格控制，在生产经营过程中发现问题及时解决，并制定相应的纠正预防措施，防止类似问题的再次发生，确保每一批产品的出厂合格率均达到100%。

作为企业而言，为保证产品的质量，除了在生产经营过程中加强对产品品质的管理外，更重要的是把售后服务作为企业提高产品市场竞争力的重要手段，严格服务制度，加强售后服务力量，建立健全服务网络，忠实履行对用户的服务承诺，实现售后服务的规范化，完善售后服务机制。

同时，通过各种手段加强对品牌的宣传，包括广告宣传、多种形式的促销活动、利用网站帮助人们从网上获得企业信息、赞助文体赛事以扩大企业影响等等。同时也在各县区、城镇及经销商养殖户等地方和处所在户外挂横幅、标语等进行宣传和公告。公司不断的通过各种途径和方法，宣传和保持公司华港品牌；经过几年的努力，华港品牌已在广西区内享有较高的知名度，赢得了“饲料还是华港好”的良好口碑，产品也荣获“广西名牌产品”和“国家免检产品”称号；同时“华港”牌商标荣获“广西著名商标”称号，是广西区工商局重点保护商标。品牌是现代市场经济条件下企业核心竞争力的综合体现，一流企业做品牌，二流企业做技术，三流企业做产品。因此，品牌是企业产品质量和信誉的标志，未来的市场竞争是品牌的竞争，良好的品牌将是饲料企业参与竞争取胜的法宝。对此，公司在今后的工作中将努力争创“华港”牌商标为“中国驰名商标”，“华港”牌产品为“中国名牌产品”等荣誉，把“创品牌”作为企业发展的重要工作来抓。

要创一流的企业，必须要有一流的产品质量作为载体；一流的产品质量又必须以一流的技术和优质的原材料质量作支撑。可以这样说，采购的原料每降低一分钱，企业就增加了一分钱的纯利润。可见，重视饲料原料的采购管理，适时、适价、适质采购原料，控制好原料成本是全面控制饲料生产成本的关键。在原料采购方面，华港集团充分发挥集中采购的优势，大宗原材料均是集团化采购。公司因处在西南地理位置的特殊性，部分原材料均由公司独自采购。每个企业都有自己的一套采购管理制度，目前在全国饲料企业推广的联合采购和网上采购均是降低采购成本的有效措施，也是较好的采购方式。

在营销方面，主要采用“区域性销售，本土乡情策略，技术完善服务”等方式实施产品销售，充分做到、做好、做细以下几方面的工作：1.选择经销商；2.扶持好经销商；3.领导好经销商。通过努力想方设法将优秀经销商转化为公司本土服务营销员、公司品牌代言人，充分发挥乡情攻势，做好区域性的销售版块管理；同时，公司全力提高一线营销人员的综合素质，要求营销员由游动型的“猎手”转向安家型的“农夫”营销员转变，由“运动员”式营销员向“教练员”式营销员转变，发展终端，要求营销人员的身影更多地出现在鱼塘、猪场和鸡舍、鸭棚，充分发挥专业化营销服务水平，加强终端服务质量和层次，做好区域内的示范户的养殖工作，以点带面，做好核心市场，占领目标市场，带动艰难市场。不论市场如何变化，市场的基本规律不会改变，任何情况下，核心市场都要求努力做好。

根据目前饲料行业和广西养殖市场的情况，未来几年公司的发展思路和经营模式将逐步决定向“公司+基地+农户”的农业产业化和经营多元化的方向发展。即由公司提供资金、技术、种苗和服务，扩大与养殖户、种植户合作，发展“公司+基地+农户”的农业产业化模式，进行养鸡、养鱼和种植玉米、木薯的合作。目前公司在横县六景养鱼基地、江西村金鸡养鸡基地均取得良好的效益，极大地带动了周边的养殖业的发展。公司计划在未来几年加大力量进一步调整产品结构，多开发精细料、高档料等高附加值的饲料，重点提高猪料、水产料的产量；在技术力量、研发经费方面加大投入，结合广西养殖市场的特点，开发高档饲料新产品，增加力量，合理布局，做好“公司+基地+农户”的农业产业化经营模式，带动广大农户开展种养合作，做大做强。

全面发展 走综合创新之路

——三旺集团

三旺集团是集饲料生产、食品加工、畜禽养殖、生物科技、油脂加工和农产品贸易为一体的大型农牧企业。公司成立于1990年，一直坚持“用户满意才算合格”的市场理念，先后在四川、重庆、新疆、甘肃、云南、贵州等省市投资成立了12家农业产业分(子)公司，年总产值20多亿元。

饲料是三旺集团核心产业之一，旗下公司包括成都三旺农牧股份有限公司、成都怡丰行饲料有限公司、成都伍田生物科技有限公司、重庆三旺饲料有限公司、新疆三旺饲料有限公司和甘肃白银三旺饲料有限公司，产品囊括了猪、鸡、鸭、鱼、鹌鹑等各种动物不同饲养阶段的饲料，产品类型包括配合饲料、浓缩饲料、预混合饲料和添加剂等。1995年始，公司就引进了多条生产线，实现了中心控制室电脑监控整个生产线，电脑自动配料，生产记录自动打印的先进生产系统。2003年公司又投入大量资金对设备进行了改造，使得公司拥有的设备在同行业中位居先进水平，集团目前生产能力为配合饲料50万t，浓缩饲料30万t。

三旺集团从建厂起就重视产品质量，集团拥有的"三旺"、"伍田"、"阿甘"、"龙卷风"、"喜洋洋"、"耐促"、"帝龙"等品牌饲料产品以品质稳定，饲养效果突出而得到市场的广泛认可，通过了ISO9001:2000质量体系认证，

为了不断研发新的技术和新产品，集团专门成立了三旺科学技术研究所，目前有从博士、硕士到学士的专业人员51名，同时和川农、西南民院等国内外大专院校合作，不断研发新技术和新配方，通过公司养殖场进行实验和验证，筛选出切合生产实际和符合国内养殖特点的新产品投入市场，确保了公司产品在同行业始终处于领先地位，为公司销量和效益大幅提升起到了重要作用。

在市场销售方面，公司采用"服务营销"的市场模式，把自身定位为养殖业的组织者，而不是纯粹的饲料销售。公司采用"公司+基地+农户"的模式和"公司+协会+农户"等模式，在行业中形成了良好的口碑，也形成了三旺独特的销售模式，三旺饲料覆盖到四川、重庆、新疆、甘肃、陕西、云南、贵州等地区，为地方经济发展和农民致富发挥了一定的作用。

三分饲料七分管理，公司以三旺科技讲演团深入广大农村，向农民养殖户传授3S2P等饲养、管理、防疫的先进经验和新技术，并在不同的地方建立了大量的养殖示范户，以他们的成功经验带动周边养殖户，使养殖户用三旺饲料能真正提高效益。为了确保用户的利谥，公司还建立了一支以高级畜牧兽医师带领的专业售后服务队伍，现场指导用户使用饲料和疫病防治，帮助解决用户的疑难问题，使养殖户用三旺饲料更加放心。

目前，以成都三旺农牧股份有限公司为母公司的三旺集团旗下饲料公司(重庆三旺、怡丰行、新疆三旺、甘肃三旺、云南三旺、伍田生物、贵阳三旺)正在进行资产重组，各项为饲料产业2009年整体上市的工作正在积极进行，资产重组完成后，通过上市，公司规划利用未来3~5年时间，努力将三旺集团的饲料产品销量突破200万t，产值达到50亿元。

为了保证成都三旺农牧公司的顺利上市，公司年产能超过60万t的生产基地正在规划和筹划之中，预计2008年底投产，建成后将成为四川乃至全国单厂生产规模最大的饲料加工基地。

目前，三旺集团饲料公司的上市工作正在积极进行，同时，配合公司上市后产品市场推广的配套项目也在扩建或筹建，三旺集团从为养殖户提供种畜、禽，饲料，肉制品加工等一条龙的服务的产业链模式正在形成。三旺集团正力争发展成为在全国有一定影响和知名度的上市饲料公司。

扎根海南 全力打造养殖产业链
——海南通威发展纪实

通威股份海南分公司成立于2004年底，投资近亿元，年设计生产能力30万t，拥有国内一流水产畜禽饲料生产线，工程于2005年3月1日破土动工，当年7月22日顺利投产。自投产以来，海南通威外抓市场拓展，强化服务意识；内抓企业管理，严格进行质量控制体系管理，保障内部质量运行控制的可靠性，确保产品质量，基本实现三年内将通威罗非鱼饲料打造成海南第一品牌的目标。公司始终坚持"追求卓越，奉献社会"的企业宗旨和"诚、信、正、一"经营理念，并在海南饲料行业中一直保持稳健快速的发展态势，为促进海南省饲料工业及养殖产业的快速发展做出了应有的贡献。

作为中国水产饲料龙头企业，海南通威充分利用通威股份国家级企业技术中心的技术优势和职业团队的精良管理，积极促进海南罗非鱼养殖产业的发展，从罗非鱼苗的培育繁殖、养殖技术的研究传授、药物使用的规范监控、养殖过程的细节控制到成品鱼回收加工，及外贸出口等各个环节加以功能延伸和资源整合，以产业链的一体化打造促进发展，配合海南省政府的"罗非鱼产业化行动计划"方案，与政府携手共同打造海南省罗非鱼的国际品牌，为海南罗非鱼走向世界提供有力支撑。通过产业链的有益探索和有效整合，海南通威正带动海南罗非鱼产业的快速发展，并为海南罗非鱼产业化、标准化、集约化的体系建立和运作奠定了坚实的基础。

2007年是海南通威高速发展、销量和利润实现大突破的关键之年。年初，水产品遭遇抗生素事件，造成罗非鱼出口屏障、鱼价下跌、下半年原材料价格大幅上涨等困扰，产品多次调价吞噬用户的养殖利润，撼动了用户的养殖信心，导致行业增长后劲不足。面对这种情况，海南通威逆势而前，进一步强化、完善内部管理，积极整合市场资源，加强、巩固采购功能，全面提升营销服务和效率，通过一系列扎实有效的工作，全年不但超额完成目标任务，还实现了较大的发展，销量同比增长50.27%，利润同比增长363.06%，真正实现了量利双丰收。

目前，通威股份正强力实施"全国万户重点用户共同成长计划"工作，并已在海南建立起90个共同成

长用户，重点用户，重点关注、重点照顾。两年多来，海南通威依托通威股份强大的技术、研发平台，通过拉网式的宣传培训、典型带动，向广大养殖户传播先进的养殖观念和养殖技术，全面规范饲养管理，特别是针对不同养殖条件提供成套的养殖方案，有效帮助养殖户解决了各种养殖困惑和困难。2005~2007 年，市场部自办养殖技术培训 13 次，解决养殖户疑难问题 400 多个，培训人数达 1 000 多人。同时，建立了科学养殖示范基地 5 个，养殖水面达 1 000 亩，重点用户树牌 10 个，并在文昌、儋州、琼海等地经过筛选确立了 80 余户重点用户，不定期通过专家服务团对用户组织培训，使其经营和管理保持良性发展，将通威帮扶农户、共同成长的共赢理念深植到每个养殖用户的心中，让广大农民朋友切实地得到了实惠，并在这一过程中不断加强对通威企业及品牌的认同和信服。

海南通威良好的经营环境是企业持续稳定发展的重要保障。公司成立以来，一直十分重视加强与当地政府相关部门之间的关系建立和维护，开发区把海南通威作为县内重点和样版企业，负责接待省县级领导的参观考察和相关同业的学习观摩，以此加深了相关部门和领导对通威的了解，扩大了企业的知名度和美誉度。

通威股份落户海南省澄迈县至今，特别得到了海南省省委、省政府，澄迈县县委、县政府及包括省农业厅在内的各级相关职能部门的真诚关心和大力支持，也不断以其在品牌、科研、管理、产品品质等方面的优势，全心全意服务海南人民，支持海南人民增收致富。海南省省委书记卫留成曾率团考察海南通威并指出："希望海南通威凭借通威在行业的优势地位，大力推动海南省罗非鱼养殖业，积极打造海南罗非鱼完整产业链条，为海南省的经济发展做出更大的贡献。"

作为农业产业化国家重点龙头企业，作为目前国内仅有的同时拥有"中国驰名商标"、"国家免检产品"、"中国名牌"等三项国家最高殊荣的大型科技型农业企业，通威股份将立足海南分公司，积极成为助力海南水产、畜禽产业发展的最坚实力量，并忠实地担负起打造罗非鱼国际品牌、为广大消费者提供健康安全食品的社会责任。

战略创新打开思路
机制创新铸就辉煌

——重庆美德核心生物科技有限责任公司

重庆美德核心生物科技有限责任公司，创立于 1997 年 8 月，坐落在人杰地灵的渝西名城重庆永川区经济技术开发区。是一家集高科技预混合饲料和浓缩饲料研发、生产、销售及技术服务为一体的、颇具实力和规模的中型民营企业。公司引进美国技术、德国设备，依托强大的专家团队资源并吸收国内外最新生物科技研究成果，致力于高科技饲料产品研发与成果转化，不断推出高技术含量的预混料及高档浓缩料系列产品。公司生产的关江 978、BST、强化、小肽、富利来、金坛子、金算盘等品牌核心料和高档乳猪料系列产品，以上乘的产品质量、一流的营销服务和优良的性价比，深受广大用户信赖和喜爱，其中 1%的预混料产品销量雄居全国第一。

经过多年的拼搏与追求，公司在业内率先通过 ISO9001:2000 国际质量管理体系认证，先后荣获"年度骨干饲料企业"、"饲料工业十强企业"、"高新技术产品"、"高新技术企业"、"中国诚信企业"和"中国优秀企业"、"农业产业化重点龙头企业"等荣誉称号，现已跻身西南地区最大的核心料生产企业，是目前中国西部地区最大的高科技预混合饲料和浓缩饲料生产基地之一。

重庆美德集团公司在"诚信美德、执着美德、缘聚美德、百年美德"企业文化的引领和统帅下，在创新精神的鼓舞下，始终确信自己所从事的是一个伟大而充满朝气和活力的行业，因此能够在不断总结的基础上敢于创新。尤其值得欣慰的是，通过积极探索和实践，美德人以敢为天下先的创新精神，在业界打造了一个与众不同的、具有美德特色的营销模式，通过这一模式的有效运作，终让美德成为了西南预混合饲料市场的庄家。美德公司在技术研发方面也拥有强大的组织保障和创新能力，能够不断推出具有当今业界一流水平的饲料配方技术，从而保障和提升了主导产品的技术含量，增强了公司的综合竞争实力。

就创新企业的战略和机制而言，归纳起来不外乎三大块：即成本领先策略、差异化策略、集中化策略。

一、成本领先策略。1.通过管理创新和知识型人才的引进，将管理向集约型和规范化转化，树立全员成本意识和实施全面预算管理；2.在保证质量的前提下依靠科技进步来降低成本；3.通过规模经营来实现总成本领先。美德的一个有效做法就是利用美德品牌，吸收社会闲散资本联营办厂，通过扩张来获得成本降低，通过扩张来提升企业品牌，通过扩张来获取规模效益。所以成本领先是提高企业整体竞争优势的核心所在。

二、差异化策略。美德 1997 年建厂时起就推出生产颗粒饲料的基础部分"核心料"，以"养猪使用核心料、颗粒饲料自己造"的理念，赋予产品独特的品牌概念。以"不断提高技术创新能力，长期保持技术领先地位"为长期经营战略，在经营上力求做到与众不同，包装不同规格，规格不同潮流，质量超越时代。

公司认为没有概念的产品就没有灵魂。把高科技的核心料直接送到千家万户，让客户自己生产全价料，使公司及产品能从众多品牌当中脱颖而出。

三、集中化策略。美德企业在经营方向上，一直坚持“主业只做核心饲料，蛋白质缺乏地区做一些浓缩饲料，坚持不做颗粒饲料”的原则；在市场运作方面，也坚持“经营核心饲料的，绝不经营浓缩饲料；经营浓缩饲料的，绝不经营核心饲料”的原则；在产业发展策略上，坚持“以生物饲料项目为核心产业”的原则。

面对竞争日益激烈的市场环境，如何去做呢？

首先，十分强调对市场发展趋势的准确把控。营销工作的重点放在充分挖掘自身固有的优势和潜力之上，通过嫁接现代的营销模式和管理理念，把目标客户锁定为养殖场主，围绕满足他们的偏好，作充分准备，提高自身的综合素质。

要实现这一目标，模式的探索、形成、推出、固化乃至于复制就显得极为重要和必要了。在反复实践和总结分析的基础上，终于找到了一个既能够充分利用现有资源，并且通过资源利用，又能有效降低管理成本，提高经济效益的技术营销模式——美德养猪模式。

伴随养殖业的发展和客户需求的变化，在营销方面，“美德养猪模式”的推出与推广，又一个独具美德特色的营销模式宣告打造完成并闪亮登场，其强大的资源整合功能和极好的运作机理，为广大的客户所认同和接受，进而创造出巨大的经济和社会效益。

美德养猪模式凝集了众多中外养猪专家对养猪业的研究成果，应用国外养猪理论的核心理念，结合我国养猪业实情，形成了一套专门针对集约化猪场的科学、高效、独特的养猪管理模式。其内容包括猪场设计、品种选择、繁殖技术、疫病防控、饲养管理、经营管理、市场行情动态信息等丰富内容，涵盖了猪场经营管理中的方方面面，形成一整套猪场完美的精细化饲养管理方案和系统的猪群健康技术解决方案。该模式经过国内多家集约化猪场的实践，证实是一套科学的猪场系统解决方案。它从根本上解决了长期以来困扰猪场经营发展的一系列难题，它是对传统散养方式的一次挑战。

美德养猪模式具有以下十大特色：1.统一的品牌商标；2.统一的经营理念；3.统一的管理模式；4.统一的质量保证；5.统一的零售价格；6.统一的设备配置；7.统一的店面设计；8.统一的人员培训；9.统一的技术操作；10.统一的员工服装。

加盟美德养猪模式的客户能够获得更高的成功机会，更短的学习时间，卓越的品牌共享，规范的技术培训，专业的技术扶持，完善的运营管理，全面的市场信息，强大的广告支持，规范的市场保护等系列价值体现，在美德发展战略上具有划时代的意义。

美德养猪模式的建立，吹响了美德公司进军集约化市场的冲锋号；可以充分利用现有市场网络资源实现兽药保健品的销售；在模式之指导下兼营种猪，为美德公司原种猪场产品打开了销路。公司有遍布全国的饲料营销网络，这是不可多得的资源，这个网络的容量是十分巨大的，可以充分利用这个资源，实现美德由经营“产品品牌”向经营“企业品牌”的跨越。

“诚信为美、德行天下！”是美德企业文化的核心价值观，讲诚信也是美德企业在市场上取胜的一大法宝。对内对外均要讲诚信。相信在诚信的旗帜下，将与广大客户和社会各界一道，共同创造一个共赢、和谐、良性发展的市场环境和经营局面。如今的美德集团，正挟一系列优势，在跻身行业领军企业的基础上，将向着更高、更远、更大的目标义无反顾一路前行。历史见证了美德企业和美德人与时俱进，顺利发展的足迹，现实昭示着美德将在新的更高平台上去努力创造和创新的雄心，未来等待的将是新的更大的辉煌……

诚信经营 树品牌之路

——重庆市蜀达饲料有限公司

重庆市蜀达饲料有限公司位于重庆市梁平县工业园区，成立于1995年，主要生产销售猪用配合饲料、浓缩饲料及鱼用配合饲料，年产销5万t，成立以来公司牢固树立“用诚信塑造形象，以质量促进发展”的经营理念，短短10年间，公司取得了辉煌的成绩，更得到了社会的认可，这是公司坚持诚信经营、坚持品质取得的结果。

生产经营诚信。诚信经营从根本上看应该是团队诚信，是一种社会的追求。蜀达公司始终如一的坚持诚信生产经营：注重品牌，保证质量，满意用户、创新服务，在这个“服务型经济”的社会，超前谋划，主动运作，坚持以服务为源，以诚信为本，开辟新的服务思想，实施新的服务举措，创造出与众不同的服务品牌，满足用户的合理需求，实现企业与用户的“零距离”。公司坚持：产品质量有问题无条件退赔，价格再低也坚决不用不合格原料生产饲料，保证让每一颗饲料都是合格的。销售一年一个新台阶，蜀达事业更是蒸蒸日上。

公司不但强调对用户诚信，而且重视与供应商达成互利双赢的合作关系。从采购部做起，树公司形象，讲信誉，用一站式服务，为供应商代办验收、验质、审核手续、复核程序。公司规定，采购部必须及时办理供应商货款，决不准拖欠，财务部负责监督支付，否则，采购部、财务部将被处罚。10余年来，签订采购合同15 870份，合同金额达9亿多元，公司从没被投诉过，和蜀达合作过的经销商，养殖户、供应商都说和蜀达做生意安全、省心，还放心！蜀达迎来了四面八方的客户和良好的社会效应,诚信给蜀达带来了巨大的财富。

文明道德诚信。诚实守信是职业道德的根本,也是一个企业文明的标志,更是其可持续发展的必由之路。蜀达公司一贯倡导全体员工诚信行为的养成,守信者在公司受到热烈表彰,损害企业诚信声誉者受到严重处罚,努力营造讲诚信尽职责的良好氛围。确立信用文化作为企业发展的基础,把员工的个体诚信凝聚成企业的整体诚信。把诚信作为蜀达行为的基础,打造团队的诚信。激发员工诚信做人、诚信经营、诚信服务、奉献企业、奉献社会的积极性和主动性,取得了良好的效果。

以优质产品为载体,为用户创造最大价值,是诚信之根本。为此公司坚持走高品质路线,严把产品质量关。首先从源头做起,质监部对购进原料的各项指标进行检验,首先对原料的30%取样检验,合格再实施100%的逐袋抽样检验。对抽取的样品送化验室予以检验。质监部对原料供应商实行匿名检测,即对供应商编号,质监部只按相应的编号提供检测结果,避免人为操作,杜绝不合格品的混入。对存放的库房在原有的基础进行改造,加强了库存通风、换气、防潮处理,对库房的温度、湿度,特别关注每批原料存放的表底层进行监控,保证在库房内不变质。变质原料坚决不准出库使用。在生产过程中严格按照生产指令单进行操作,定岗定员,实行专人负责制。尤其是关键岗位,如投料口,混合机制粒,冷却等重要环节,从而确保各环节均达到工艺要求,以生产出更优质的产品。还注重生产过程中的原材料质量,不合格者严禁投入使用,而且质监部有现场品控员对整个生产工艺环节进行监控,要求必须符合相关要求,从而保障了产品的全面合格。公司化验设备齐全,不仅加强了常规指标检测,而且注重卫生指标的监测,确保出厂产品的全面合格。生产出的产品经现场取样后送化验室对各项指标进行检测,合格后予以销售,不合格者不准销售,为最终产品合格设置了一道预防线。

科技是产品质量的基础,为确保产品不断创新,不断进步,公司坚持长期与专家合作。2004年聘请到四川农大专家周小秋教授作顾问后,产品技术含量更是上了一个新台阶。公司市场主导产品——乳猪配合饲料、猪用浓缩饲料、鱼配合饲料以其高品质、高性价比深受用户青睐,在川渝贵鄂等地享有较高声誉,近几年来,公司产品销售保持了较快的增长速度,充分证明公司确立的诚信经营,树品牌之路是正确之举。

科技创新 造福于民

——重庆民泰香料化工有限责任公司

重庆民泰香料化工有限责任公司成立于1996年,秉承"科技创新,造福于民"的经营宗旨,以"厚德载物,自强致远"为经营理念,经过多年努力,现已成为中国著名的专业化饲料品质改良剂生产厂家。民泰公司拥有一支专业研究香精香料和动物营养的技术队伍,勤奋敬业的营销队伍,拥有先进的生产、检测设备,拥有制备富马酸单甲酯发明专利技术,是率先通过ISO9001国际质量认证的企业(注册号:0112145)。

公司主要产品有:装藏香、五百克、优力甜、优力安肽、香味剂、防霉剂、大蒜素、酸化剂、富血康、抗氧化剂及复合维生素,已覆盖中国20多个省、市、自治区及东南亚部分国家。其中,民泰防霉剂已经在中国销量第一,甜味剂销量也名列全国三甲!在防霉剂领域,重庆民泰也是国内惟一拥有国家发明专利的生产厂家。2000年开始,民泰公司与美国、日本、德国、新西兰、台湾等国家及地区开展技术、管理方面的合作,并和国内多家科研院校进行技术合作,成立民泰生物技术研究室,使民泰产品从精细化学领域拓展到生物化学领域,带给客户全新的动物生产和保健观念。

民泰公司之所以取得今天的成绩,主要开展了以下几方面的工作:

一、树立企业愿景:成为行业最有竞争力的企业,成为行业的领跑者

通过标语张示和每周一次的宣誓等方式,让员工铭记在心,为员工树立了努力工作的明确方向和目标。

二、建设良好的企业文化,将民泰打造成一个钢铁般的军队,一个学习型的团队,一个温暖的大家庭

每年公司都会组织旅游、运动会、啤酒赛、征文比赛、春节联欢晚会等健康向上的活动,积极参与各项社会救助活动,提倡爱心奉献精神,增加团队凝聚力。

三、秉承"科技创新,造福于民"的经营宗旨和"厚德载物,自强致远"的经营理念,坚持科技创新的兴企之路,以诚信经营赢得了广大用户的信赖和支持

产品公司每年都会投入大量的资金,研发出高科技含量的各类新型的添加剂产品,并以其高品质和高效赢得市场的认同。尤其是近几年,公司以"民泰的创新没有句号"及"创新让顾客感动"为主导,利用自身的技术优势,根据市场需求,连续研发出原创型的饲料添加剂新产品。从优力安肽、优力甜、五百克到装藏香,每个新产品的诞生及成功推向市场,都会在饲料界及添加剂行业内造成不凡的影响。其中:

"优力安肽"作为纯天然新型动物生理调控剂,解决动物躁栏、抗应激能力差等问题,提高了采食量。

"优力甜"是国内首创无载体甜味剂,具有安全性高、稳定性好、更甜、更细、更爽口的特点,能完全溶解于水,荣获"2004年度用户喜爱产品"称号。

"五百克"则是中国饲料防霉第一品牌,创造了三个"第一",即第一个人都敢吃的防霉剂,第一个由食用香精做成的防霉剂,第一个既防霉又改善适口性的防霉剂,而且每吨饲料中仅需添加500g,为客户节约了大量的生产成本。2006年,“五百克”荣获“用户喜爱产品”称号。

2006年底,民泰公司又推出新型高档香料——“装藏香”,其香气浓郁,留香时间长,耐制粒高温,具有挑战进口品牌的竞争力。

四、注重新产品的策划推广工作,以创意新颖的宣传方式吸引客户的关注,在宣传企业理念的同时也赋予新产品更强的生命力和延续性

“优力甜”的宣传策划——“民泰的创新没有句号”的逗号广告创意曾荣获《畜牧市场》十佳广告创意奖,至今让人津津乐道。

“五百克”则以埃及木乃伊不朽之奥妙,以及第一个吃螃蟹,第一个吃西红柿的典故引申出五百克的三个“第一”。

“装藏香”则汲取了藏传佛教文化之精髓,以“求人要求真君子,拜佛要拜装藏佛,用香要用装藏香”以及“一只好香,来自天籁,滴滴香浓,装藏情深”的广告策划让人产生从探究“装藏香”文化神韵直至产品本身的想法。

五、建立完善的企业管理制度。在管理模式、组织结构、激励机制、科技创新等方面都严格按照科技型企业的要求运作

截至目前,公司财务状况良好,没有出现一起重大投资及决策的失误。

民泰公司通过的国际质量认证体系(ISO9001:2000)在企业内得到了很好的贯彻和落实,从供应商评定、原材料采购、仓储、在制品、半成品、成品的控制及出厂货物的运输均实现了全程控制,严格按程序操作,做到了每批产品(包括样品)的记录文件都可追溯,成品出厂合格率保证100%,客户投诉率控制在5%以下,本企业因此拥有一批长期固定的客户,且客户群仍在不断扩大。

六、树立以客户为中心的服务思想

为了确保产品在激烈的竞争中立于不败之地,民泰公司加强经营管理,以市场为导向,以质量为保障,严格按照客户的要求组织生产,深入了解客户的潜在需求,建立起完整的售后服务体系,随时为客户提供技术支持,保证了产品销售渠道的畅通。

七、加强人才建设,稳定员工队伍

民泰公司一直把吸纳各类优秀人才作为公司生存和发展的战略方针,经营组织员工培训,并选送优秀员工参加北大、清华的专业学习等,同时,公司还开设了图书馆,给员工提供良好的学习环境,不断提高员工素质,以保证先进管理制度能够充分执行,先进技能得以发挥,创造出优质的服务与信誉。

在未来的道路上,民泰公司将继续专注于饲料品质改良的研发,立志为中国的饲料行业,为中华民族的饲料做出自己的贡献!

因地制宜 大力推进品牌建设

——贵州川恒化工有限责任公司

贵州川恒化工有限责任公司系具有独立法人资格的民营企业,地处福泉市龙昌经济开发区。公司始建于2002年9月,现有职工1 100余人。公司本着诚信、务实、团结、创新的企业精神,充分依托磷、煤资源优势,以大循环经济为中心,致力于磷资源精深加工,重点发展精细磷化工,做强饲料磷化工,拓展稀有金属等资源并实现与磷产业的结合,最终实现综合竞争力最强为经营思想和新一代磷酸专家的经营理念。经过几年的发展,实现了资源与技术的结合,饲料磷酸钙盐规模居国内行业第二,其中磷酸二氢钙产品的技术水平、产销量连续5年独占国内鳌头,产品行销全国各地,并远销东南亚、非洲等国家和地区,现有包括希望集团、通威集团、六合集团等大型饲料集团在内的忠诚客户100余家。“小太子”牌系列产品已成为海内外众多饲料厂商首选品牌,备受顾客信赖与推崇。

2007年,在各级政府的关怀下,在社会各界朋友的支持下,贵州川恒全体干部职工,齐心协力,众志成城,不畏艰难险阻,牢牢抓住了磷酸二氢钙的历史机遇,实现产销量最大,巩固了“小太子”品牌在行业中的地位,为集团公司实现2007年整体经营目标打下了坚实基础;顺市而为,技改五钠装置,转产肥料级磷酸铵盐,创造了2008年公司新的经济增长点;后寨矿井成功达产,打开了资源开发之窗,转变经营思路,建设资源粮仓,为构建资源核心竞争力打下了坚实基础;积极响应地方政府产业规划,与宏福实业总公司实现战略性多方面合作,打造区域经济优势,为公司的发展及福泉瓮福经济带的形成、福泉经济的发展打开了新局面。

一、众志成城,打造经营核心竞争力

面对变化莫测的2007年度原材料市场,川恒公司沉着应战,果断实施磷矿石淡储、多品种矿种及低品位矿种供应渠道开发,采购、生产试行联动绩效评价,充分调动采购人员及生产系统积极性,以效益最大化为标准。2007年,通过多品种矿石及低品位磷矿搭配使用,降低成本近1 000万元,促进了企业效益增长。合理开发培育辅料煤炭、石灰供应商,支持供应商做大做强,通过一年的工作,辅料供应商已经走上较正规的生产,改变了历年来辅料供应被动局面,既保障了公司正常生产,又降低了生产成本。

二、技术进步增效益,工程建设促发展

2007年,是贵州川恒公司实施“十一五”期间项目及寻找新的经济增长点的关键年，湿法磷酸制取工业磷酸一铵成功实现工业化生产，并超过设计能力，为贵州川恒公司实施精细磷酸循环经济产业规划迈出了坚实一步。顺市决策，及时技改工业一铵及五钠装置为肥料级磷酸铵盐，为公司培育了新的经济增长点。30KT/A 磷酸一铵装置、50KT/A 五钠装置、技改工业一铵及五钠装置为 60KT/A 肥料磷酸一铵装置、环保治理工程、厂南渣场及生产配套设施技改等一系列工程建设，使得公司扩能提产工作得以顺利实现。生产综合搂、生活综合楼、美化工程等建设，大大改善了川恒公司生产生活条件。区外高新技术企业及知识产权试点工作开展，承担国家重大科技支撑项目和贵州省重大课题任务——磷石膏综合利用课题任务，获批省级技术中心，既提升了川恒公司技术创新能力，又提高了企业的社会影响力。全稀酸法工艺生产磷酸二氢钙、以及干法磷酸氢钙的广泛运用，提升了川恒公司综合产能，并降低了生产成本近 600 万元，促进了效益增长。

2007 年，川恒公司加大了对新产品新技术的研发费用，投入研发的费用占销售收入的 1.5%以上，各种技术人才和新的技术装备不断配备到技术研发中心，使技术人员的实验条件不断更新和提升。已承担国家科技支撑计划一项（2007BAB08B04）、贵州省科技计划一项（[2007]6001），申请国家发明专利 12 项。已有两项获得实用性发明专利证书。公司于 2007 年分别被贵州省科技厅、省知识产权局评为“区外高新技术企业”、“知识产权试点企业”。

三、企业发展，人才是关键，人才成长促管理进步

川恒公司通过对大中专生及各种人才引进培养，一大批大中专生已迅速成长起来，进入公司生产经营各个环节，增加了企业活力。2007 年人事管理工作有了大幅度提高，企业内部人事管理依法规范开展，降低了企业用工政策风险；培训工作广泛开展，营造了良好的学习氛围并促进了干部员工成长，内外培训相结合及鼓励各种技术技能取证工作开展，调动了全员学习积极性。工会、党总支、团委等组织为公司经营目标开展各种各样活动，促进企业管理及凝聚力提升。

四、创建节能环保型企业，实现可持续发展

公司坚持科学发展观，构建循环经济模式，创建节能环保型企业。随着国家节能减排及宏观调控力度加大，企业的各项生产经营工作必须符合国家法律法规及政策。母液水成功封闭循环使用稳定运行，尾气治理及在线监测装置全面建设，大大改善了厂区生产生活环境。2007 年，是公司 5 年来环境治理效果最显著的一年，获得各级政府及部门好评。依法加强特种作业及外承包方管理，降低了企业安全风险。消防工作进步更是显著，既完善了过去未完善的设施及相关手续，并严格要求新、改、扩建工程按规程申报办理相关手续及完善相关设施。危化品及易致毒品管理严格依法管理，未出现一例违规事件。

在饲料级磷酸钙盐的干燥技术上进行创新和探索，成功采用了全新的燃煤燃烧技术，该技术用有烟煤取代无烟煤，并进行燃气净化脱硫，提高了能源的利用率，煤炭的使用效率由原来的 70%提升到现在的 92%，既显著降低成本又减小了对环境的影响。

五、大力推进品牌建设

打造国内一流品牌成为公司重要内容，为此公司制定一系列的战略计划，并大力推进“小太子”的品牌建设。

2007 年，贵州川恒公司从产品的设计开发、原材料的采购、供应商的评价、生产过程的控制到产品的监视和测量、持续改进等都严格按照 ISO9001：2000 质量管理体系标准组织生产。在各级产品质量监督抽查中全部合格。公司通过技术革新，对磷酸二氢钙产品质量进行持续改进，特别是产品的水溶率及饲效比居本行业首位，顾客满意度大大提升。

以市场为导向和诚信服务创品牌，实施市场细分，锁定目标市场，以顾客满意、进一步提高市场占有率为宗旨。

推行国际或国外先进标准，改善品质，并强化现场质量控制与监督。维护行业声誉，促进矿物质饲料向着绿色、健康的方向发展，积极参与行业打假活动，依法保护品牌地位。

六、回报社会，构建企地和谐关系

川恒公司成立了“川恒助学基金”，2007 年注入资金 30 万元，并捐助 10 万元成立了“寒窗助学基金”，用于支持当地教育事业；同时捐助 50 万元，作为支助当地新农村建设。

贵州川恒化工有限责任公司将着眼于长远发展战略规划，现公司已启动上市工作，力争尽快打通直接融资渠道，并按规划实施，重点发展精细磷化工及循环经济，计划在十一五期间新增投入 3 亿元，实现年销售收入 15 亿元以上，利税总额 3 亿元。

川恒公司始终坚持诚信、务实、团结、创新的企业精神，加快构建循环经济模式的步伐，以技术创新引领公司向着更精、更高、更强的“民营科技型企业”进军。继续坚持“精工精品，创国内一流，科技领先，树国际名牌”的方针，以产品质量为核心，以品牌建设为重点，大力抓技术进步和技术创新，保证公司持续稳步发展，为我国的饲料工业发展做出积极的贡献。

创新品种　推广畜禽一条龙养殖

——昆明正大有限公司

昆明正大有限公司是由泰国正大集团和昆明面

粉厂合作经营的一家云南省规模最大的的现代化农牧企业。公司于1991年10月成立,总投资1 392.82万美元,注册资本640.53万美元,经营范围包括:生产、销售各种全价饲料、浓缩饲料、饲料添加剂和肉雏鸡苗;经营饲料原料、畜禽、蛋类、食品、水产品、兽药,并进行动物诊疗。集饲料生产、商品肉雏鸡苗生产、畜禽一条龙养殖和销售为一体,是云南省科委和云南省经贸厅认证的技术先进型企业。

公司拥有饲料厂、父母代种鸡场各一个。其中,饲料厂年产能24万t,占地面积124亩,建筑面积24.50亩,晒场7.60亩,主要生产设施:美国CPM生产粉碎机2台,制粒机2台;美国豪孚公司产混合机1台;上海正诚制粒机1台;丹麦司博迈特公司产熟化机1台;国产煤锅炉和油锅炉各2台。现有"正大"、"滇星"、"泰阳"3个品牌共400种产品,分别为猪饲料、鸡饲料、鸭饲料、鱼饲料、奶牛饲料等。父母代种鸡场年产1600万羽肉雏鸡苗,占地403亩,建筑面积65亩,生产设施面积59亩。养殖罗斯308父母代种鸡10万套,艾维茵父母代种鸡6万套,以上种鸡年提供商品肉雏鸡苗1600万羽。

近年来,根据公司饲料销售和畜禽一条龙作业项目的发展需要,公司在云南省和贵州省共设立了9个非独立核算的分支机构。

一、深入农村,积极推广科学养殖技术,服务养殖户,服务企业

昆明正大有限公司从成立初始,就像一棵枝叶繁茂的大树,深深扎根在广大养殖户、农户之中,在全省饲料行业中率先进行科技扶贫,无偿投入大量资金,专业技术服务人员上山下乡,服务上门,把科学养殖技术,送到养殖户家中,通过建立示范户做对比试验、免费举办培训班,推广先进的养殖技术,提高了养殖户科学养殖的水平,免费培训养殖户近百万人次,其中2007年,举办各类培训班500多次,支出近100万元,培训班遍及云南各地,受到养殖户、农户的普遍欢迎。为推动全省科学养殖进程,做出了积极的贡献。

二、创新品种,满足用户需求

随着全省畜牧业的发展,广大养殖户要求企业生产优质价廉物美的多品种饲料。为了满足养殖户的需求,2003年以来公司研究开发了滇星牌、泰阳牌两个新品牌,推出了怀孕母猪料、泌乳母猪料等50多个新品种,深受全省养殖户的欢迎。质量是企业的生命,也是养殖发展的安全保障,为此,公司始终坚持使用最好的原料,成品100%抽检合格的规范管理。公司饲料质量在全省历次质检中全部合格,养殖户质量投诉率为0,维护了政府龙头企业的良好形象。

三、提供技术服务,推广养殖业

2003年以来,为了提高专销商、养殖户科学养殖水平,公司曾多次邀请全国著名的畜牧兽医专家来云南授课,深受广大养殖户的好评,取得了良好的社会影响。为了解决农村科学养殖技术资料稀缺的困难,公司印刷养殖手册15万册,疾病挂图20多万张,常年免费向全省养殖户发放,同时将先进的养殖技术录制成VCD在全省农村播放。云南省养殖业的发展是任重而道远的艰巨任务,昆明正大将一如既往积极为政府分忧解难,贡献企业服务于社会的绵薄力量。

四、畜禽一条龙养殖

针对云南省农村养殖业规模小(养鸡2 000~5 000只/户),科学饲养水平低,品质无保障;养殖户无法承受市场行情的波动;且养殖收入低,无法保证农村家庭致富需要的现状,公司启动了畜禽一条龙作业项目,即:由养殖户投资建盖鸡舍,公司从提供鸡苗(猪)、饲料、疫苗(药品),配备专门技术人员跟踪服务,开展技术指导,到销售毛鸡,支付饲养报酬,全程"一条龙"服务,市场风险由公司承担,减轻了养殖户的资金投入,提高了养殖收益,同时也为很多下岗职工解决了再就业问题,为丰富市政府菜篮子工程做出了积极贡献。经过数年的艰苦努力,目前一条龙养殖网络已经从昆明安宁延伸到了易门、曲靖、玉溪、红河、西双版纳、大理、保山、德宏、临沧等,为扩大当地农户的养殖规模、提高科学养殖的水平,增加农户收入,减低养殖成本,为市场提供优质价廉的畜禽产品起到了很大的推动作用。

五、原料基地(订单农业)

公司目前年销售饲料15~20万t,每年需要玉米约8~10万t;2002年经昆明市工商局批准,公司现金收购本地农户自产玉米,价格随行就市;近6年,公司玉米采购已经100%本地化,带动本省农业产值增长近亿元。与此同时,从2002年开始,公司利用自身优势,带动农户扩大种植规模,大力发展优质玉米种植,与农户建立稳定的农产品购销关系,实行订单农业。目前在云南省内已建立10个玉米原料基地,占地4万余亩。具体操作程序是:从各地收集当地玉米优良品种化验粗蛋白,选出粗蛋白较高的黄玉米,通过饲料经销商、农业协会和当地种植户签订定单保护价收购合同,农村协会指导种植。玉米收获后饲料经销商垫资收购,运到公司经化验合格,公司支付玉米款;有合同的玉米当市场价低于保护价时按保护价收购,当市场价高于保护价时按市场价收购,这样公司承担了市场风险但能收到粗蛋白较高的黄玉米。2007年,公司收购优质黄玉米6万多t,有效提升了饲料产品的质量。

六、努力发展种禽业

公司作为全省最大的农牧企业,1991年在全省第一家引进具有国际先进水平的"艾维茵"种鸡品种,十余年来,为养殖户提供1.50亿只优质"艾维茵"肉鸡苗,培养了一大批肉鸡养殖户,为云南省肉鸡养殖业发展做出了积极贡献，目前，云南省白羽肉鸡年需求量为1800万只，原有产品经过长期养殖，存在品种退化、饲养报酬低等不能满足市场需求的问题。公司审视度势，经过认真考察后，从英国引进了当今国际最先进的肉鸡品种“罗斯308”，经饲养证实，“罗斯308”成活率比原有品种提高3%，饲料报酬提高6%。该项目启动后，2007年向全省提供845万羽优质鸡苗。

七、开展无公害产品加工销售

昆明正大成立10多年来，一直秉承“营养平衡、品控严格、科学技术、服务周到”的经营宗旨，严格品质管理，制定完善的标准和严格的检验程序，始终把饲料、鸡苗的生产，提升到“关心人类健康”的高度，拒绝使用不合格的原料；不使用任何政府禁止使用的药物、添加剂；使产品成为具有营养全面、安全性高、品质稳定的“绿色食品”。

为了全面提高公司的产品质量安全水平和市场竞争力，公司积极响应政府的“无公害食品行动计划”、“积极支持、引导企业开展无公害农产品的申报和标志使用，扶持龙头企业”的号召，经过积极准备，努力开展申报认证工作，向“安全第一、质量第一、服务第一、信誉第一”的目标努力。2006年9月，公司的猪、鸡、蛋生产基地被认定为无公害农产品产地。2007年3月，公司生产的正大鸡肉、正大猪肉、正大鸡蛋获得了无公害农产品证书，正大猪饲料、禽饲料、水产饲料荣获“中国名牌产品”称号。

秉承正大集团“爱是正大无私的奉献”的精神，昆明正大作为云南省饲料畜牧行业的佼佼者、农业产业化省级重点龙头企业，将持续、深入发展“畜禽一条龙作业”、“订单农业”等项目，根植云南，生产无公害饲料，为消费者提供安全无公害畜产品做保证，丰富“菜篮子”！响应中国政府产业政策，发挥“正大”产业优势扩展自身农业产业化龙头企业作用，把推动农业农村经济发展作为历史己任，发展正大禽蛋业和健康放心肉食品、创造安全健康绿色食品，促进饲料销售与兽药配套服务。为全省养殖户创收、增收提供强有力的技术支持和服务保障，力争支持做好“三农”工作，努力实践“构建和谐社会”，为云南省社会主义新农村建设，倾力耕耘，奉献爱心！

繁荣云南农牧业，为云南增光添彩！

立足西南 争创一流

——发展中的西南集团

西南集团成立于1993年，是云南省创建较早的饲料企业之一，公司坚持以“平和、低调、不张狂；诚实、守信、利人利己”的做人做事原则，秉承“让大家过上好日子”的宗旨，实实在在的为客户、员工创造着效益，同时企业也在不断持续稳定的发展。公司通过了ISO9001:2000国际质量管理体系认证，是云南省饲料行业前二十强之一，是云南省农业产业化经营省级重点龙头企业。

经过15年的努力，公司正朝着集团化、规模化、产业化、国际化和多元化方向发展。除云南西尔南饲料有限公司外，现还有云南西南红饲料有限公司、云南利德饲料有限公司、越南金星饲料有限公司、云南西南天佑牧业科技有限公司（原种猪场）、云南聚能（文化）产业集团等五家兄弟公司，是云南省本土第一家走出国门，在国外投资建厂的饲料生产企业。

1993年，云南西尔南饲料有限公司的前身西南民族学院科教饲料添加剂厂在昆明成立，属于国有校办企业。当时云南饲料行业还处在起步阶段，各种体制的饲料企业龙蛇混杂，品质优劣共存，市场还处在培育过程中。公司坚持品质优先，诚信共赢的原则，通过努力拼搏，终于赢得了客户和市场，产品一度供不应求。1995年，在云南大理邓川成立了云南西南红饲料有限公司，产品从单一的浓缩饲料延伸到了各种配合饲料，产销量从每年几千吨发展到了几万吨，1998年完成了从国营到民营的改制。

通过改制，企业的自主得到了保障，活力得到了较大的释放，企业进入了蓬勃发展时期，产销量都得到了较大的发展。2004年销量突破6万t，浓乳料占比率达70%以上，并于2004年9月成立了云南利德饲料有限公司。这一期间，公司品牌从单一的“西南牌”扩展到“西南红”“西尔南”“利德”共4大品牌，市场知名度快速提升，取得了较好的社会效益和经济效益。

2005年，在越南前后投资1 600多万人民币建成了全套荷兰生产设备，年产12万吨的越南金星饲料有限公司，是云南省第一家走出国门的饲料企业，通过两年多的艰苦运作，克服了一个又一个的困难，公司终于在2007年12月份开始盈利。同年，公司参股成立了云南聚能文化产业(集团)有限公司，主要从事文化产业。2007年，投资控股昆明镇山天佑种猪场，成立了云南西南天佑牧业科技有限公司，占地近200亩，是云南最大的种猪场之一，是农业部重点扶持的种猪场。2006年，公司在昆明市东郊黄龙山购地近50亩，投资近4 000万元建成了生产能力达18万t的现代化饲料生产基地。在这期间，成立了集团总部，对下属各公司进行了技术、财务和采购的统一管理。根据集团公司的战略规划，公司要向种植业、加工业更进一步发展，延伸产业链；另外，加大对国外及省外投资，扩大饲料板块的规模，成立技术中心，提高科技创新能力。

一、诚实守信

在中国当代社会,诚信对一个人来说是美好的品德,对公司来说是一种影响力。1998年中,当时的一位缅甸原料供应商因病突然去世了,当时公司还欠他一大批货款,而他一样单据和记录都没有,他的家人更是一无所知,公司得知他去世后,立即与他家人取得了联系,并把所欠货款一分不少的送到他家人手中。这件事在当地缅甸原料供应商中引起了轰动,如此讲诚信的公司,谁不愿与之合作。这件事之后到现在,公司与他们合作中只要电话沟通一下,几十万,上百万的原料就可先拉到公司再进行付款。在经营过程中,不论是上游客户或是下游客户,公司都在坚持着诚信的原则与他们合作。在这些年中,经常听客户说这样的话:"与西南集团公司合作,从领导人身上就能知道放心","把货发进西南集团公司,只要质量合格,晚上大可睡安稳觉,不必当心货款问题"等等。得到合作伙伴这样的评价,这就是公司不断发展的法宝之一。

二、高层管理团队的建设

人才是生产力的第一资源,是企业和社会的宝贵财富。培养人才,使用人才,留住人才是任何企业发展壮大的根本。企业发展到一定规模后,高层管理团队的培养和稳定将决定企业今后的发展,西南集团通过对人才不断地培养和使用,现已发展到以董事长为核心的8人的高层管理团队,分管着各公司的技术、财务、销售、采购等各方面,并以极低的流动率受到行业的赞誉。近几年中,饲料行业间管理人员流动很是频繁,西南集团的中层管理人员也受到了强烈冲击,但高层管理团队的稳定,始终使公司发展稳如泰山,没有受到丝毫的影响,现公司在进行着第二梯队管理者的培养,以满足将来发展和扩张过程中对高层管理者的补充。

三、始终坚持以市场为导向

发现市场需求,满足市场需要是任何生产经营企业发展壮大的法宝,西南集团的发展与抓住这个法宝是分不开的。公司刚成立时,发现市场上质量好的产品,只要客户认同就不愁卖,公司就主要在产品质量上下工夫,结果成立不到半年,产品就供不应求。1999年中,各公司还在为地区及县级总经销争得不可开交时,公司调查发现乡镇级经销商已具有直接与公司合作的能力,就果断地取消了地区、县级总经销,直接与乡镇级经销商合作,取得了较好的效果,销量快速提升,客户的稳定性得到了加强。2000年中,市场对浓缩料的油润度及适口性偏好明显,公司果断使用膨化大豆并迅速上了膨化设备,使浓乳料产品质量有了较大提高,并很快赢得了市场,公司浓缩料成为了云南市场主流和名牌产品。2005年,公司通过市场产品结构分析,认为在云南市场要进行规模化运作,禽料应该是一个突破方向,通过市场运作,2007年集团各公司禽料年销量近6万t。同时在2005年中,通过对越南市场的考察和分析,成立了越南金星饲料有限公司。从以上事例看出,不管以前还是将来,以市场为导向将是公司不断发展的法宝之一。

四、稳健的财务管理

公司发展过程中,资金链的连续性是至关重要的,经常报道有许多曾经辉煌一时的公司,由于资金链出问题而瞬间倒下了。西南集团成立至现在,一直执行的是稳健的财务政策,不管做什么事情都是量力而行,决不盲目扩张,虽然这种政策对发展速度有一定的影响,但资金的保障关系到公司的存亡,这才是最重要的,这也是公司制定财务政策所遵循的原则,这个原则使公司成立到现在,不管是受到原料市场剧烈波动,还是通货膨胀,银根紧缩等的影响,公司都能顺利过关并不断发展。

五、做一个有社会责任的企业

公司从成立至今,一直把依法经营作为企业最基本的社会责任来执行,国家实施的每一项规定在公司制度或经营中都得到了体现,配方中从来没使用过违禁药品,抗生素剂量低于国家标准。依法按时纳税,依法为员工购买养老保险,意外伤害险等,为员工提供培训,节假日按国家法定执行,并按劳动法实行每周40小时工作制。这些依法实施的制度对公司短期来说增加了很多成本,但长远来说,应是促进公司发展的最基本的要素。通过不断发展,增加了就业,增加了税收,股东、员工、客户的利益有了保障,同时带动了更多的种植户、养殖户增加收入。集团现有就业人员500多人,固定经销商和养殖场1 000多家,农村养殖户近10万户。每年收购周边县市玉米近6万t,支付农户玉米款1亿多元,促进了农民增收,为云南地区的养殖、种植业发展做出了重要贡献。公司深信中国的明天更美好,西南集团公司的明天也更美好!

舞动龙头 村企共建

——云南神农农业产业集团

云南神农农业产业集团(以下简称"集团")本着"改变农村传统生产模式,致力于发展优质高效农牧业,用科技武装农民,造就现代神农-知识型农民"的事业目标,通过10余年不断开拓、创新,形成了种植-饲料加工-养殖-食品加工-贸易为一体的生猪产业链,是云南省最大的饲料加工、种猪改良及生猪饲养的农牧企业。在云南省建有5个饲料加工厂(广西1个),1个云南省最大的兽药加工厂,1个100万头现代化生猪屠宰加工厂,50多个无公害猪肉专卖店,自2003年引进全球最优秀的PIC配套系种猪以来,在嵩明县建成第一个PIC曾祖代种猪场(每年可提供父母代种公猪近 4 000 头)，在石林建成西南最大的 PIC 祖代种猪场（每年可提供父母代种母猪近 10 000 头)，在全省各地采取“公司+基地+标准+农户”的产业化发展模式推广建设了近 80 个 PIC 标准化生猪养殖基地，2007 年底实现出栏 20 余万头优质商品猪的规模，年饲料产销量 30 万 t，合同基地户出栏优质生猪 21 万头，销售额近 10 亿元，创立了以“东方红”牌为主的系列知名品牌。集团是国家、省、市农业产业化重点龙头企业，全国饲料百强企业，云南饲料行业第一家通过国际质量体系认证、国家标准化认证企业和绿色饲料食品认证企业。初步完成了从土地到餐桌的生猪产业链建设，同时致力于将“滇”牌猪肉系列产品培育为中国优质、高效、安全、生态的名牌产品，为今后做大做强和可持续发展奠定了坚实的基础。

建设社会主义新农村是全社会的共同事业，参与新农村建设，既是农民迫切要求，更是每个神农人的责任，集团积极投身社会主义新农村建设的伟大实践，通过发挥集团生猪产业链的优势，为农村发展、农民增收及“安民事业”做出了一个农业产业化国家重点龙头企业应有的贡献。

一、强化和创新服务工作，促进行业健康快速发展

集团发展至今，十分重视产品的服务营销工作，一直贯彻“根植终端、服务营销”的经营理念，把服务作为产品，帮助养殖户实现养殖效益最大化，在过去的几年里集团结合自身饲料、种猪等产品的推广，对广大农村从事畜牧行业的农户进行技术培训，在普及科技应用的同时，提高其种、养殖技术水平。通过组织学习、培训，培养了 400 多名技术服务和销售人员，深入农村，在田间地头为农民传播农业知识，解决实际问题，为广大的农村养殖户进行养殖技术培训和提供养殖技术服务。集团规定每位技术服务推广人员每月必须到农村开 5 次培训会，拜访 50 家农户，建立 5 家示范户，每次培训人数不少于 30 人，每年培训的农民超过 100 万人次，在集团的支持和帮助下，一大批农民成为养殖技术能手和科技致富典范。

近年来，随着饲料行业和企业的安全意识显著提高，市场竞争日趋激烈，饲料企业的生产和服务更趋专业化，这对集团提出了新的挑战，为此，集团强化和创新服务工作，高薪聘请了国内外专家，在全省相关乡镇创新性地开展了诸如“猪的遗传潜能最大化”、“仔猪快大展示”等一系列的服务和示范工作，将过去的简单地提供产品相关技术服务转化为更加实际的示范对比服务，将饲料销售由过去的比质量、比价格，转化为现在的模式化、标准化的“保姆式”服务营销，以科学直观的数据把服务做到最终消费者“畜禽”的身上，养殖户真正得到实惠，使得饲料工业的发展也更加有后劲，有力地促进饲料行业健康快速发展。

二、发挥和利用产业链优势，增强其产品市场竞争力

发展饲料产业和养殖业，增加农民收入，走一条龙经营之路是重要的途径。饲料企业必须与养殖业、肉制品加工企业之间形成饲料、养殖、屠宰、加工、销售一条龙的产业化经营，才能获得发展的优势，保障农民利益，实现农民增收，在如何构建一条龙产业链，走一条龙经营之路，增强企业竞争力上，集团通过近年的发展走了三步路：

第一步，打基础。由于云南养殖业的分散、小规模的饲养仍然占主导地位，加上原料的不稳定，饲料销售具有一定难度，为此，通过不断研究市场，走饲料、养殖、屠宰、加工、销售一条龙的路子，增强抗市场竞争风险的能力，在发展饲料产业的基础上发展相关产业。2003 年集团引进了全球生产及繁殖性能最好、市场占有率最高的 PIC 配套系种猪，在全省范围进行生猪养殖推广，在生猪推广的过程中，进行 PIC 猪种及相关技术的引进、消化、吸收与自主知识产权的结合，将生猪产业中各环节的关键技术进行系统集成，形成成套的具有操作性的工作程序、标准，建立了一整套符合云南省实际情况的生猪生产的产业化模式，并受云南省质量技术监督局委托由集团负责制定云南省“无公害生猪生产 7 个地方标准”，为加快良种猪的推广速度，积极探索多种形式的利益联结方式，集团年初采取人工授精的办法，在陆良、嵩明、石林、蒙自、普洱等地依托地方畜牧局建立了 10 余个 PIC 优质精液供精站，对地方母猪进行杂交改良；为配合生猪养殖产业的健康发展，2005 年，集团收购并成立了云南五华神农兽药有限公司，完成 GMP 车间改造；在此期间，集团在昆明市经济开发区征地 240 余亩，投资 2.30 亿元，建立神农食品城，年屠宰加工猪肉 100 万头；2007 年起，集团在昆明、曲靖开设无公害猪肉专卖店 50 余家。这样，从饲料加工、生猪养殖、兽药生产、肉食品加工、产品销售等 5 大产业相互呼应，集团构建了一条龙的产业链，增强了企业的竞争力。

第二步，创品牌。企业如果自身没有相当的市场开拓能力和市场创新能力，没有高技术含量的产品和高知名度的品牌，就很难在市场上站稳脚跟，为此，集团把科技创新作为企业发展的源动力，走品牌战略之路。近年来，集团在原有严谨的品控体系和领先的加工工艺的基础上加大饲料方面的科技投入，提高产品科技含量，如：以现代生物技术手段进行液体酶制剂的复合技术和后喷涂工艺技术研究及技术成果产业化应用推广、液体饲用酶制剂在高海拔地区畜禽日粮中产业化生产应用技术，并使用益生菌、益生素以及全球最大的维生素供应商帝斯曼公司的多维进行饲料生产，有效地提高了饲料利用率、减轻环境污染，替代抗生素，实现饲料添加剂“绿色化”，获云南省科技进步奖,有效地降低了抗生素的使用和畜禽粪便对环境的污染。同时集团依据国家"绿色"饲料产品标准,并严格按照公司企业标准,结合 HACCP 安全管理体系及 ISO9000 国际质量管理体系,完成向国家农业部申请饲料认证为绿色饲料并获通过认证,创立了以"东方红"牌为主的系列知名品牌,依托自身产业链优势打造"滇牌"无公害猪肉产品等。

第三步,上规模。2007 年以来,针对云南省广大养殖户的实际情况以及今后养殖业必然向规模饲养的发展趋势,提出"政府引导,公司管理,基地示范,农户参与"的指导思想,利用自身产业链的整体效应和优势,在安宁、石林、晋宁、建水、陆良等地通过"委托饲养"模式发展标准化生猪养殖基地,暨集团提供 PIC 父母代种猪(仔猪)、PIC 专用全价饲料、疫苗、兽药等基地建设所需流动资金,并派驻技术人员,负责全程饲养管理指导,生产过程监控,定期回收合格 PIC 商品代仔猪(肥猪),并支付报酬;农户(村委会)提供符合集团标准的饲养场地、圈舍、设备等固定资产及饲养所需水电、人工,将集团与农户结成风险共担、利益共享的经济利益共同体,通过建立科学合理的连接方式、合理的利益分配机制,使各自的劳动、资金、产品、知识、技术等生产要素得到合理的回报,这样既可保障农户养殖收益,又可实现集团生猪产业链建设中养殖生产质量的全过程控制,对提高农产品质量安全水平发挥了重要作用,集团充分发挥和利用产业链优势,以规模化、标准养殖基地的建设与发展推进和带动饲料销售,产品供不应求。

三、舞动龙头,村企共建,推进新农村建设步伐

建设新农村主体是农民,建设新农村根本是要提高农民素质,培养新型农民。集团也深刻地认识到企业的根基在农村,本着服务当地农业的宗旨,以现有的近 80 个标准化生猪养殖基地为示范载体,集团在省内一部分乡镇按照进村入户的实证工作方式,以每头母猪为单位建立与生猪养殖农户紧密合作关系,开展了"一对一"的帮扶工作,对农户提供全面的系统的养猪生产技术服务,引导农户应用现代养猪生产技术,提高生猪生产效率,同时改变了农村传统养殖"人畜同居"的格局,引导农户应用现代养猪生产技术,实行标准化、规模化饲养,有力地推进"新农村"建设的步伐。

传播正大理念 打造科技平台 促进农民增收

——陕西正大有限公司

陕西正大有限公司是由泰国正大集团与陕西省牧工商总公司联合兴办的大型农牧企业,公司总投资 1 200 万美元,占地近 400 亩,拥有年产 18 万 t 的现代化饲料厂一座,存栏 6 万套父母代种鸡场、孵化厂各一座,并于 2001 年建成杨凌养殖示范中心。2004 年以来,陕西正大通过大力推广标准化养殖模式,2007 年公司年度饲料总销量突破 9 万 t,获得了良好的经济效益和社会效益,铸就了陕西正大"二次创业"新的辉煌!

一、增强凝聚力,打造精英团队

陕西正大在省内率先组建了猪产业、鸡产业标准化推广团队、奶牛服务中心等多支专业技术服务团队。先后从陕西当地、甘肃等地聘请养殖技术专家 20 多人,深入一线,积极推广标准化养殖生产,开展专家顾问式服务,行销人员的业务服务技能也得到了大幅提升。2007 年,行销团队、猪标准化、禽标准化、奶牛服务中心这 4 只团队在市场上相互协作,取长补短,共同奋进,打造出一支能吃苦、能战斗、骁勇善战的精英团队,为企业的进一步发展奠定了坚实的基础。

二、全方位推进畜禽标准化建设

伴随着正大集团在中国农牧业的发展,陕西正大快速组建标准化生产推广服务团队,大力推广正大标准化养殖模式,给千家万户农民带来实实在在的利益,受到广大农民群众的拥护和赞扬!陕西正大标准化养殖模式的推广,引起了省委、省政府的高度重视和社会各界的普遍关注。

为了加快陕西省畜牧产业化发展,公司积极在省内推广畜禽标准化养殖模式,为了响应党的号召,"建设社会主义新农村",陕西正大有限公司本着服务"三农",增加农民收入,促进养殖业健康发展的宗旨,推出"政府+公司+农户"社会主义新农村现代畜牧产业化示范项目。

标准化养殖即用"洋理念、土办法"获取养殖业的"低成本、高效率、高效益"!其要点是推广"四良"配套的标准化生产技术。"四良"指"良种+良料+良舍+良法",也就是饲养良种三元猪,提供猪只生长发育的最佳环境设施,饲喂符合营养标准的正大饲料,采用统一标准的饲养管理和疾病控制技术。

几年来,公司的标准化推广团队足迹几乎踏遍三秦大地,他们积极与各级政府联系,充分利用农闲时间,组织多个"科技巡展",以举办养殖培训、标准化展板及模型展示、典型材料宣传、播放碟片、示范户宣讲、组织座谈等多种形式,将标准化养殖模式送到千家万户,深受广大农民朋友的欢迎,在全省各地迅速建立标准化养殖场 2 000 多个,存栏肥育猪 15 万头。继猪标准化模式之后,又在省内大力推广肉鸡、蛋鸡标准化养殖模式。至此,畜禽标准化养殖模式推广工作在省内全面展开,受到各地养殖户的广泛支持和厚爱!由公司提供优良科宝肉鸡苗、青年育成蛋鸡,采用正大鸡饲料套餐模式饲养。一种全新的、多元化的养殖理念贯穿在老百姓的脑海里,它实实在在改变着人们的养殖观念,影响着人们的生活!截至目前,已在省内建起肉鸡标准化圈舍100多栋,存栏肉鸡30万羽;建成蛋鸡舍60栋,存栏规模50万羽,在改变着养殖户经济效益的同时也为社会提供了更多无公害优质产品,为广大消费者的健康提供了有力保障,建起了一道绿色屏障!

三、饲料销量持续攀升

2004年9月陕西正大连创两项纪录:单月饲料销量历史新高,达到7200吨;单月公司综合盈利创新高。从此,公司"摆脱困境、反败为胜、走向辉煌"的三步走战略的第一、第二步目标顺利实现,公司正行进在一条快速发展的正确道路上。2004年,陕西正大销量达到6万多吨,增长率高达40%。2005年1至4月份比2004年同期销量增长78%,效益同步大大提高!到2005年8月份饲料销量超过8 500t,9月份突破10 000t,猪料突破3 000t,为公司创造了良好的经济效益,极大鼓舞了团队士气和斗志!2006年公司饲料总销量7.3万t,2007年饲料总销量达9万多t,至此,公司"三步走战略"之"走向辉煌"已基本实现,未来会更辉煌!

四、畜产品的城市品牌化运作模式

陕西正大通过大力推进农村标准化养殖和城市食品品牌经营,重组产业链,建立起全新的"厂-商-户-消费者"四赢价值营销模式,从"无公害食品"基地建设入手,推出"安全、优质、新鲜"的正大肉蛋品,以"优质优价"的经营模式快速占领市场,从而形成陕西正大的核心竞争力!2004年正式进军城市肉蛋食品市场,将标准化养殖户生产的肉蛋产品统一收购,率先在西安市场推出了完全符合无公害标准的正大肉品及蛋品,从生产、加工、销售的各个环节确保了食品的安全、优质、新鲜。现在陕西正大的品牌肉、蛋已进入了西安市的50多家超市,产品供不应求,销量逐月翻番。两年来,农村营销网络也得到了长足发展,极大带动了饲料、鸡苗的销售;另一方面,通过农村网络渠道将正大标准化优质产品运送到城市,为品牌化运作提供了良好平台。同时,城市品牌化经营为城市消费提供了"安全、优质、新鲜"的肉品、蛋品。2007年共计回收毛猪8万头,直接带动500户农民养猪,给农民每户增收2万元,累计增收1 000万元。向城市提供优质肉品6 000t,建设肉品网络50家,向城市提供优质蛋品5 000t,直接带动农民养鸡30万羽,为农民增收500万元。"以人为本,体现人文精神",正大的企业文化奠定了其产品在市场上的广阔前景!

五、积极响应政府号召,快速制定企业新的发展方向

2006年的"两会"以后,国家尤其是陕西积极进行"社会主义新农村建设",陕西正大紧跟政府步伐,提出了"建设社会主义新农村标准化养殖模式"和"一村一品"发展模式,新型"公司+农户"合作模式,绿色生态农业模式等以及公司发展5年规划,旨在改善产业结构,加速产业化进程,提高农民收入,提供解决"三农问题"的一种有效途径;为更多的农民脱贫致富提供方式,增加绿色肥料,生产大量的绿色农产品;为城市提供更多的安全、优质、新鲜的肉蛋安全食品,为解决城市的"菜篮子"和食品安全问题做出应有的贡献;通过发展"双绿色模式",不仅解决了养殖规模扩大而带来的环保问题,而且为消费者提供了优质绿色产品。

陕西正大致力于把企业打造成传播先进理念及先进技术的平台,成为连接产业与农民、农民与市场的桥梁,确立在产业及消费市场的领先地位,为树立行业典范,促进产业发展做出积极贡献!

创新管理 逆势飞扬 不断实现新跨越

——陕西省饲料厂

2007年是饲料行业遭受动物疫病和原材料价格暴涨的双重夹击的较为艰难的一年,也是陕西省饲料厂在逆境中落实科学发展观,构建和谐企业,突出和强化内部管理,持续打造企业核心竞争力,把企业经营的优势转化为推动华秦事业持续前进的胜势,并实现良好发展的一年。企业全年完成总销量66 602t,实现销售收入16 738万元,同比分别增长12.30%和22.46%。

一、不断加强企业内部管理,持续打造企业核心竞争力

1.重管理,抓效率,不断提高管理效能。一是调整管理机构,提高管理效能,进一步缩短了管理路径,降低管理成本,提高工作效率,在资源配置、利用方面进行了有益的探索与实践;二是加强干部队伍建设,重视干部的配备和任用,提拔了1名中层干部进入公司高管层,提拔了3名表现优秀、业绩突出的部门助理进入企业管理团队,为企业管理团队增添了新鲜血液,给年青同志提供锻炼成长的平台;三是实施"岗位交流",培养员工换位思维,进一步增进了员工团队协作意识和工作责任心;四是每月一次的部门例会作为企业加强内部管理和沟通协调,持续提高员工素质和工作质量,全面提升企业核心竞争力的一项重大措施。采取相互考评部门的领导和厂级领导参加相关部门例会的办法,以增进了解、加强沟通和协调,从而使部门例会真正成为增强执行力,提升竞争力,促进工作、增进沟通和交流、凝聚职工人心的桥梁与纽带；五是坚持做好干部述职考核、员工民主考核和量化考核，推行末位降薪和末位淘汰制度，把激励与约束的制度落到实处，进一步提高了广大员工对自己工作的关注度和责任心；六是进一步加强公司销售的合同管理、结算管理、计划管理、货款回收管理、库房物流管理、配货管理、服务管理和装货管理。要求各经营岗位工作做到热情、准确、及时有序、到位；把"我要让客户更满意"的承诺体现在工作中；七是推行"窗口岗位服务承诺"，把每个窗口岗位人员的照片和承诺展示给客户，用言行和真诚去对待客户、满足客户，约束自己。同时接受客户的监督，把"一切围绕市场干、一切为了市场干"切实地落实在行动上。

2.重研发、抓细节、产品质量长期稳定。公司的技术团队紧紧抓住产品质量持续稳定和技术创新工作不放松。先后开展了牛、羊饲料、929S 猪饲料、肉鸡饲料新产品开发实验，在产品质量持续稳定的基础上不断创新，根据市场需要和夏季气候特点以及原料价格上涨情况科学调整产品配方，加大了新产品的研发力度，在推出"8 系列肉杂鸡饲料"的基础上，加强了对 109A-40 高产蛋鸡浓缩饲料和 929S 等产品的饲养对比试验，确定了产品的技术定位和功效特点，为产品质量的长期稳定打下了良好的基础。使"华秦"饲料始终保持市场高端前沿品质。

同时按照"提高企业创新力"的要求，通过持续的创新能力建设，陕西省饲料厂技术中心已经获得了陕西饲料行业首家"省级企业技术中心"资格认定。目前陕西省饲料厂与西北农林科技大学联合建设的"陕西省饲料工程技术中心"项目，已经陕西省科技厅批准立项。

3.重过程，抓现场，一切为了市场干。以"两个所有"为工作指导思想，以过程控制为突破口，围绕市场，寻找短板，查缺补漏，不断推进科学管理的进程。一是做好员工培训，抓好班组建设；二是加强能耗管理，严格考核指标；三是推行 6S 现场管理，从细节做起，抓好每一个环节，注重二次粉碎、制粒水分控制等特殊工序，把对用户的承诺贯穿在生产的全过程。

同时不断进行设备的更新和革新，加快了企业装备现代化的进程，为企业持续发展提供支持。2007 年完成了混合机的改造，提高了产品混合的均匀度，完成了配料计算机系统的备份工作。同时自主安装建设了两条设计合理、操作方便的年产能 3 万吨的饲料生产线，提高了企业生产供应能力，彰显了生产技术队伍的实战能力、创新能力和技术水平。

4.重销售、抓服务，积极应对市场挑战。面对"禽流感"疫情影响带来的养殖业存栏大幅下降、养殖户养殖积极性受挫和残酷的市场竞争形势，按照"贴近市场"和"两个不能丢"和"智慧营销，快速应变"的销售工作思路，在"深度营销、赢在终端"上下功夫。一是不断加强市场网络建设、优化、细化营销力量，集中人员进一步拓展局部市场，全面开发和提升局部地区的猪料份额，通过一系列的措施，使局部区域猪料销量上升 50%；二是全力推广畜禽高端产品，使企业的拳头产品在饲料市场白热化竞争时期，始终保持了"华秦"品牌的强势竞争力和对市场的高压态势；三是以营销策略的适时调整为突破口，实施灵活多样的群体营销，促销推进和逆向拉动等策略，实现市场份额的扩大和区域推动；四是以市场服务为保障，强力打造服务型营销。畜禽疫病已成为当今制约畜牧业发展的重要因素，为了能使养殖户靠科学养殖致富，市场部技术人员坚持长年深入市场为养殖户排忧解难，为企业营销铺路搭桥，提供技术支持与服务保障。全年共组织、开展技术服务讲座 42 场次，共计参加培训、学习的客户达 1 900 多人次。安排有关专家、技术服务人员技术服务 1 600 人次，为广大用户提供了有效的技术服务和疫病诊治，使养殖户的损失降到最低，得到了用户的信赖、同行的赞誉和社会的认可。

5.重宣传、展形象，全面提升企业影响力。围绕企业生产经营和重大活动，通过报刊、电视等媒体和挂历、年画、户外广告等形式不间断地开展了大量日常宣传活动，保持和提升了企业社会形象和市场知名度。另外公司还通过"杨凌农高会门票冠名"、向业内同仁赠送《公司的管理》文集、组织养殖户参加"杨凌农高会科技讲坛"、来企业观摩、交流等形式做了大量卓有成效的宣传工作。通过多角度、全方位的宣传，很好地展示了"华秦"的精神风貌，提升了企业形象和影响力。

二、坚持"两手抓"，让两个文明协调发展，成果惠及全体员工

2007 年以创建"省级文明单位标兵"为目标，以提升企业核心竞争力为主题，制定了《2007 年企业精神文明创建规划和活动方案》，开展以提高全厂员工思想道德素质、科学文化素质、管理服务质量、自主创新能力，打造企业核心竞争力为基本内容的职工群众性精神文化创建实践活动。形成了独有特色"12344"企业精神文明建设新工程。一是积极参与饲料行业精神文明建设各项创评活动，并代表陕西饲料行业发起 50 家企业倡议的"饲料安全宣言"和"诚信联盟"，受到社会各界好评。企业荣获省饲料工业办公室授予的"创佳评差"活动"十佳饲料企业"、"诚信企业"、"饲料安全工程先进单位"三项荣誉称号；二是组织开展"企业在我心中，质量在我手中"的"质量月"系列活动，在五一节前夕评选表彰了 6 名"质量标兵"，同时企业 14 位员工被示范区工会评为"工人先锋岗"和"工人先锋标兵"；三是围绕企业"345 攻坚战"经营活动安排，广大员工积极投身企业生产经营各条战线，比业绩、比贡献、比进步,涌现出了一批“质量标兵”、“销售标兵”和“服务标兵”,极大地鼓舞了士气,提升了企业团队的聚合力、战斗力;四是文化娱乐活动丰富多彩。半年来先后组织了“一年之计在于春,一元复始闹元宵”职工文体娱乐活动和“庆元宵、迎奥运职工自行车赛”;庆祝“三八”妇女节的“当好企业半边天”女工主题联欢活动;激励团队、鼓舞士气的“迎五四、祝司庆”员工联欢晚会;“放飞心情,畅想生活”的五一职工春游活动;“创新营销,赢在创新”的营销团队户外拓展活动,以及“营销经理话营销”演讲赛等。通过一系列有主题思想、有内容形式、有纪念意义的活动开展,在继承中创新,在创新中发展,在发展中构建和谐,促进企业文明进步;五是利用“七一”庆祝活动,组织党员开展“以发扬劳模精神,保持共产党员先进性”为主题的向陕西省饲料厂省劳模刘小军学习的活动,并召开座谈会和模范事迹报告会,用劳模精神激励员工,弘扬正气,在企业内引起了强烈反响;六是组织复转军人召开了“庆八一座谈会”,通过回顾自己的成长经历,畅谈企业发展,进一步激活广大员工的劳动热情和工作激情,调动各方力量为企业发展继续拼搏的积极性。

纵观2007年,回顾公司逆势飞扬,奋然崛起,一举成为陕西行业最优秀的饲料企业的奋斗历程,概括起来就是持续建立起来的企业5大核心竞争力发挥了极其重要的作用,也使企业在外部市场的竞争力得到了充分彰显。公司打造出的企业5大竞争优势:一支能征善战、训练有素、能始终保持对市场的高压态势、市场控制力、拓展力强的销售强军;一支思维活跃、善于学习、锐意创新、不断进取的优秀的技术团队;一支团结协作、勤于钻研、吃苦耐劳、能打硬仗的设备管理技术队伍;一支忠诚企业、勇于负责、擅长管理、业务能力强的财会工作队伍;一支扎实好学、勤于实践、善于总结、关爱用户的市场服务队伍。必将支持企业走得更好、更远。

探索养猪产业化模式 加快转型调整

——陕西石羊集团农牧公司

陕西石羊(集团)农牧有限公司始建于1993年,1996年开始在山西投资建设第一家分子公司,2003年与美国PIC公司合作开始进入养殖行业,2006年与国内优秀的农牧企业——山东六和集团公司合作,开始进入食品行业,加快产业建设步伐。现如今已拥有饲料加工企业15家,年加工能力80万t,规模化、标准化养殖场5家,同时在建的4家。年种猪存栏10 000头,为社会提供商品猪60万头。

石羊农牧10余年的发展,不仅在经营上取得了一定的成绩,其产品和良好的企业信誉也得到了社会各界的普遍赞誉,石羊牌饲料从1998年起,连续被陕西省人民政府认定为“陕西名牌产品”。石羊饲料产业被中国饲料协会评为中国饲料工业30强企业。

回顾石羊农牧公司的发展历程,企业的快速发展一个主要因素在于对产业链的深刻认识和积极探索。

一、快速发展的石羊畜牧业

自2003年石羊集团蒲城畜牧发展有限公司成立,至2007年末,石羊集团先后建立了东陈万头育肥猪场,孙PIC祖代扩繁场,宝鸡岐山种猪有限公司,澄县韦庄种猪有限公司,投资控股陕西省原种猪场。2007年末,存栏基础母猪3 000余头,各类猪存栏16 000余头。为进一步提升石羊畜牧业运行水平及质量,适应养殖业产业化发展及转型,生产优质安全可追溯放心肉品,加大区域良种猪改良进程,石羊农牧制定了详实的2008~2010年的养殖业发展规划,本着高起点,高质量,标准示范化,优质服务,快速发展的精神,到2010年使石羊畜牧发展成为拥有原种核心场一个,基础母猪存栏3 000头,年提供种猪2万头;PIC祖代扩繁场2个,存栏基础母猪2 000头,年提供各类种猪1.50万头;二元及父母代种猪场10个,存栏基础母猪10 000头,年提供优良仔猪20万头;推广标准化养殖合同户3 000户,年出栏优质育肥猪100万头;建设10万套父母代肉种鸡场一个,年生产肉雏1 000万羽;建设商品肉鸡示范场两个,年出栏优质商品肉鸡100万只;建设10万套父母代蛋种鸡场一个,年生产优质蛋雏1 000万羽。

石羊集团畜牧发展起点高。首家引进美国PIC祖代种猪,建设专业化PIC种猪扩繁场,美国皮埃希种猪公司是全球最优秀的种猪专业化育种公司,拥有高质量的核心基因群,采用了最先进的生物工程技术,实现了优势基因的组合固化,形成了目前最先进的五元杂交配套系统,充分发挥了纯种多元杂交优势,石羊系PIC猪推广几年来的实践证明,PIC猪在陕西已具有很好的适应性,非常优秀的生产性能,大群饲养条件下出生后135天达到100kg,料肉比达到2.5:1,屠宰率达到73%,瘦肉率高,肌间脂肪适度,肉质风味优秀,在推广中深受饲养户信赖,屠宰场欢迎。

陕西省原种猪场拥有良好的DLY(杜长大)系列原种种群,新美系基因良种基础,自建场以来高度重视核心群选育育种工作,加强生物安全综合管理,坚持了良好规范的育种体系建设,有效保障了种猪质量,形成了区域良好信誉,经过二期项目的建设与发展,基础母猪群年末达到2 000头,计划再增加一个分场,使原种场基础母猪存栏达到3 000头,增加种猪测定系统,建设疾病监测中心,安装电子监控系统,改善通风供暖系统,引进国际一流种猪,加速加大核心群选育,进一步强化育种体系建设,扩大产能,使陕西省原种猪场成为陕西省最重要的种猪育种基地,站在育种金字塔尖发挥强大的育种辐射作用,加强专家化服务队伍建设,促进区域养殖业健康发展。

石羊畜牧发展速度快。在强化优质良种猪生产的同时,加速优良仔猪生产场基地建设,用三年时间形成10 000头基础二元、父母代种猪场规模,年向合同标化户提供20万头优秀安全仔猪,保障合同户专业化仔猪来源,提高养猪行业生产效率。

石羊畜牧基础后势好。石羊农牧高度重视专业化队伍建设,以现有骨干企业为培训实习基地,采用引进与培养相结合办法加快养殖业专门人员的培养,近年来已先后从西北农大,陕西省农业职业技术学院,宝鸡农校,渭南农校,商洛学院,榆林学院,甘肃牧专招录畜牧兽医专业毕业生60余名,先后引进养殖专业技术人员20余名,建立了完善的生产记录分析系统,与测算系统,形成了石羊畜牧基本管理模式,依托集团优势,具有很好的发展潜力。

二、石羊养猪产业化模式的探索

石羊集团对行业发展趋势及存在的问题进行了认真的分析,养殖行业已进入到一个重要的调整时期,在国家经济稳定较快较好发展,新农村建设,消费者安全意识提高,和谐节约型社会建设,强化生态环保等背景下,养殖业向适度规模,规范标准化,产业链一体化转型调整加快,随着受教育人口比例的提高,就业渠道增加,养殖业疫病风险的存在,中国养殖业以散养为主的增长方式正在加速调整,调整的方向是适度规模化,标准化,节约化方向,在这一转型过程中又不可避免的面临几个方面的挑战:1.种畜禽的质量保障问题;2.科学规范化养殖技术推广问题;3.产销结合问题;4.投入调动问题;5.生物安全防疫体系建设问题。这些问题制约着调整进程,严重影响产业发展,这些问题的解决需要龙头企业的大力参与,而企业未来的竞争实质为产业链优势的竞争,石羊依据多年的摸索,积极借鉴行业优秀企业经验,基本形成了石羊养猪产业化模式,其核心内容为:1.建设高标准的优秀种猪繁育基地,大力开展优良种猪推广,积极推广500~2 000头商品猪自繁自养模式,解决仔猪的质量与计划保障问题,专业化仔猪生产场的建设推广,包括圈舍设计,生产管理体系,利用石羊现有猪场开展驻场培训。石羊未来可年提供合格种猪3万余头,满足12万常规种猪存栏的需求,促进年出栏200万头商品猪的生产;2.规范化标准生产模式,实现单舍整进整出,统一设施设计,充分满足猪生长过程中的温度、通风要求,建立生产管理防疫标准化流程,兼顾投资成本理性化要求,目前已有统一圈舍设计,标准化管理流程,培养了40余人的标准化推广队伍,大规模地投入到推广工作之中;3. 合同化供销服务模式,建立长期的合同计划供应体系,跟踪生产指导,保障收购价格,整合仔猪专业生产场,屠宰场,通过规模供应,优良品种,场户对接实现仔猪供应质量上的飞跃,时间上的计划,生猪价格的提高;4.养殖专业担保公司的参与,目前石羊农牧计划投入一定资金,联合政府对产业发展的扶持,对积极投入养殖产业而资金不足的养殖标化户给予担保,全程服务,解决社会资源投入养殖的瓶颈,促进产业升级与转型;5.专业化服务队伍的优质服务,以用户价值最大化为目标,指导用户切实开展规范化管理,标准化作业流程,提高存活率,饲料转换效率,降低成本,创造最佳效益,促进行业健康发展。

石羊农牧公司以饲料为起点,大力发展畜牧养殖,积极探索食品加工模式,从农田到餐桌,全力打造绿色健康的生活品质,在广阔的田野上舞起产业一条龙,为新农村建设和农民增收贡献着自己的力量。

品牌化运作 推进产业进步
——兰州正大有限公司

兰州正大有限公司是泰国正大集团与甘肃省农牧厅合作兴办的大型现代化农牧企业。公司成立于1991年7月15日,1993年8月28日正式投产开业。现拥有年产18万t优质畜禽水产饲料的饲料厂一座,年存栏生产母猪2 400头、生产优良商品仔猪50 000头的猪场两座,年生产100万羽优质青年鸡的鸡场一座。

兰州正大有限公司截至2007年年底,资产总额达到15 248万元,其中固定资产5 054万元,企业资产负债率59%;产销畜禽水产饲料11.50万t,销售种猪2 447头,仔猪50 000头,青年鸡34万只。实现销售收入33 707万元,主营产品产销率达到98%,向国家上缴税金360万元。

兰州正大有限公司大力发展畜禽标准化生产和安全食品品牌经营,创造了适合西北地区畜牧业发展的运做模式。形成了集饲料加工销售、畜禽良种繁育、畜禽养殖、食品深加工与销售、城市品牌经营于一体的多元化发展的业务格局,实现了从农场到餐桌的全过程控制。

兰州正大有限公司充分发挥省级农业产业化重点龙头企业的示范带动作用,广泛利用社会投资资源,在甘肃、宁夏、青海等地区培育和建立了合作型生产基地36家,共饲养母猪群7 200头,年生产能力15万余头;发展幅射户42家,母猪群10 000头,年生产能力20多万头;设立专销网络1 805家,使用正大饲料、建立了档案并落实全程服务的专业户有16 000

多户，有360万蛋鸡、600万只肉杂鸡、300万头猪、4万亩鱼的生产基地直接或间接使用正大饲料。

兰州正大有限公司全套引进世界一流的自动化生产设备，采用正大集团科学的营养配方，按照畜禽不同生长时期的营养需求，生产猪、鸡、鱼、牛、羊等系列饲料100多种。公司严格执行国家和集团的质量标准，所有原料均实行100%严格检验，生产过程实行全程质量控制和管理，确保饲料品质优良。通过了ISO9000国际质量管理体系认证，在国家历次抽检中全部合格，曾连续3次荣获甘肃省“名牌产品”称号，并获得了“国家产品质量免检证书”。

兰州正大有限公司积极响应国家号召，主动参与社会主义新农村建设，以建立新型安全肉蛋食品产业化示范项目，推动社会主义新农村建设为出发点，采用标准化养殖生产方式，为农民提供绿色、高效的新型养殖模式，增加农民收入；建立养殖业、种植业相结合的生态农业和循环经济模式。截至目前，兰州正大已经在甘肃省张掖市、武威市、刘家峡、靖远、天水、庄浪、永登等地建立标准化养殖园区20多家，其生产的“安全、优质、新鲜”的肉品已供应兰州市场。兰州正大还与省内各地区、县各级政府以及宁夏青铜峡市、青海西宁市、湟中、互助等外省区达成初步合作意向，到2012年，通过标准化养殖园区的推广，在甘肃、宁夏、青海地区建立100万头猪、300万只蛋鸡的生产基地，通过品牌化运作，将对推进产业进步，提升农民的收入，提高当地农产品市场竞争力发挥重要的带动作用。

以饲料为依托 以创新为动力

——青海江河源农牧科技发展有限公司

青海江河源农牧科技发展有限公司在青海省委、省政府及有关部门的大力支持、关心和帮助下，经过近8年的艰苦创业，现已发展成为立足青海、充分利用青海资源优势，以全价配合饲料和油菜籽生产加工经营销售为主业，集科研开发、牛羊良种繁育、新型草原灭鼠器械、牧草免耕播种机发明制造、推广及生物灭鼠饵料、毒饵投放器等为一体的青海省农牧业发展科技型企业。目前公司现有总资产9 624万元，其中固定资产3 105万元，无形资产849万元，流动资产5 670万元。职工总人数163人。公司拥有国内最先进的正昌成套饲料生产线一条，年加工能力达10万t。在全省同行业中率先通过了ISO9001:2000国际质量管理体系认证。目前公司生产的江河源牌饲料产品已达5大类51个品种，市场占有率达50%以上。“江河源”牌饲料产品被认定为全国首家“国家A级绿色饲料产品”。

公司在发展好饲料主导产业的同时，以饲料生产为依托，大力拓展业务范围，走多元化、产业化发展新路子，2006~2007年度投资1 800万元新建了年加工能力4万t的油菜籽生产线，年生产菜籽油1.60万t，菜籽粕2.40万t。其产品有一级精炼菜籽油（色拉油）、二级精炼菜籽油(高烹油)、三级精炼菜籽油和四级精炼菜籽油及各种规格的中小包装油品，市场占有率达30%以上。2007年该公司又新建了2万t蚕豆深加工项目已经正式投产，自产品投放市场以来，深受省内外广大消费者的喜爱。公司现为全省最大的饲料加工企业和最大的油菜籽加工企业，省、市两级农牧业产业化重点龙头企业，国家级扶贫龙头企业。

一、以饲料为依托，以科技创新为动力，通过推动现代畜牧业持续、健康发展，促进新农村建设

近年来，公司仅仅围绕“以饲料为依托，以市场为导向，以科技创新为动力，通过与相关龙头企业的合作，连动草业、延伸公司产业链，走产业化可持续发展之路，先做强、后做大，不断增强辐射带动能力，实现双赢”的企业发展理念，把眼睛盯在市场上、把功夫花在管理上。不断强化质量管理，提升技术和服务，实施品牌和名牌战略，打造金色“江河源”品牌，不断将“产品质量有问题，一切事情枉费力”的质量理念深深地植根于每个职工的心里，成为每个职工的最高工作标准。

1.重视新产品的研发工作。饲料业是发展现代畜牧业和食品工业的基础产业，处于十分重要的地位，具有十分重要的作用。优质的饲料是发展高产奶牛和肉牛羊育肥不可缺少的重要条件。为进一步贯彻和落实《国务院关于促进畜牧业持续健康发展的意见》，配合当前的奶源、肉牛基地建设，公司抓住机遇，引进国内最先进的电脑配方技术，常年聘请省内外高级畜牧兽医专家7名，定期搜集国内外最新技术配方、信息，开展饲喂试验效果，研制开发了适合青藏高原寒冷、缺氧气候特点的各种浓缩饲料、全价配合饲料。积极开发利用当地资源、节约成本的开源饲料，目前已形成奶牛和肉牛、羊、猪、鸡及特种经济动物等五大系列69个品种（其中小尾寒羊专用饲料和奶牛精补饲料等5个品种已获得国家发明专利，拥有了自主知识产权）。公司的拳头产品多尔壮奶牛饲料、肉牛羊精补饲料、犊牛饲料、育成牛料、育肥猪料和三黄鸡饲料等产品因富含维生素、氨基酸等多种营养成分，科技含量高、适口性好，营养全面、质量过硬，因而深受广大农牧民养殖户的喜爱。在公司召开的客户联谊会上，“江河源”牌饲料产品多次受到全省养殖户代表的真心夸奖！尤其值得一提的是公司立足青海反刍动物养殖比较发达的实际，根据青海省反刍动物专家研究成果，充分发挥在反刍动物饲料研发生产方面的优势，研发生产多尔壮奶牛饲料能使养殖户每头牛增加5斤的产奶量，而且乳脂率等内在品质也明显提高。研发的种公牛饲料常年供应青海家畜改良中心，大大提高了种公牛精子的活力。研发的母牛料使牛犊成活率显著提高，公司的牛犊饲料还可有效增强牛犊的肌体抵抗力。因此连续多年被评为省和全国饲料工业协会优秀会员，并被授予“全国饲料工业科技进步奖”。

2.提升技术服务，推动本省现代畜牧业健康、持续发展。众所周知，“良种、良法、良医”是现代畜牧业的“三驾马车”。为发展现代畜牧业，为使广大农牧民早日脱贫致富，近年来省、市政府做了大量工作，特别是扶贫整村推进工程的实施取得了明显效果。但因自然条件的限制，以及相当一些农牧民缺乏科学养殖的基本常识，文化素质低，思想观念严重滞后，因此在发展现代畜牧业、小区养殖、疾病防疫、饲料入户喂养方面还存在许多制约因素。为了配合扶贫整村推进，推动奶源、肉牛基地建设，充分发挥农牧业产业龙头企业的作用，公司专门聘请了省内著名的畜牧兽医专家做技术顾问。有计划、有步骤地逐县、逐乡、到村、到户进行走访、集中培训讲解科学养殖基本知识，开展兽医现场服务、疾病防治等技术服务工作，帮助广大农牧民养殖户解决了防疫、治病、养殖等许多实际问题。仅2007年公司在全省范围内对奶牛养殖户、牛羊养殖户、商品猪育肥户等进行养殖技术讲座就达106次，5年来累计开展养殖技术讲座463次，公司还经常积极配合市委宣传部、市农牧局、市科技局和市质量监督局等部门开展文化、卫生、科技三下乡活动，以推动现代畜牧业的发展。

3.加大投入，大力开展饲料科普宣传。为了从根本上树立和培养广大养殖户的科学饲养观念，公司不仅创办了《江河源农牧信息报》半月刊，免费赠送给各州、地、市、县、乡、村和广大养殖户，而且还编辑了适合普通老百姓、通俗易懂的《饲料与养殖知识300问》一书和猪、鸡、羊、奶牛《饲料手册》同样免费赠送给养猪户，截至目前已发放25 000多册。公司为方圆80~100km范围内的养殖户免费送货，对边远地区仅收取运输成本。由于精心创办的刊物、编辑的书籍内容丰富、通俗易懂、实用性、专业性、可操作性强等特点，已成为广大农牧民养殖户的必读之物，成为他们养殖致富的好帮手。公司凭着品质好、见效快和适中的价格优势，特别是良好的技术服务，“江河源”牌饲料赢得了广大养殖户和规模养殖场的信任，从而占领了西宁、大通、湟源、湟中、互助、平安、乐都和各州约31%的市场。通过全面提升技术服务，充分发挥农牧业产业化龙头企业的作用，极大地提高了广大农牧民的养殖积极性。养殖户也从增加收入中尝到了科学养殖的甜头，增强了他们加大对养殖业投入的热情，促进了农牧产业化经营和社会主义新农村建设。

二、以技术创新为动力，促进农牧业产业化发展，参与新农村建设

近年来，公司结合退牧还草工程、草原生态治理工程、鼠害防治、湿地保护等积极参与三江源的生态治理，投入科研经费260余万元，研发生产了拥有自主知识产权的“9MB-1型牧草免耕播种机”和高原鼠兔夹、草原鼢鼠箭以及C型肉毒素灭鼠颗粒饵料、草原灭鼠投饵器等17项国家发明专利产品。其中牧草免耕播种机在果洛草原上试播了42 000亩效果十分良好，受到了当地政府主管部门的高度评价。通过对退化草场进行免耕补播，既不破坏原草场植被，又提高了草地植被覆盖度，恢复草地生态，可改善农牧民生产生活条件，提高草原生产力，促进草原畜牧业发展，从根本上实现农牧民增收、农牧业增效以及地区经济。

注重创新 争创一流

——青海黄河畜兴农牧开发有限公司

青海黄河畜兴农牧开发有限公司是青海省专业从事各类牛、羊、猪、鸡、鸭、鱼等系列全价饲料、浓缩饲料、预混合饲料加工、销售的科技型饲料企业。2005年3月，公司通过了ISO9001:2000国际质量体系认证。公司以人才为本，科技为先导，致力于饲料科技产品的开发推广，以服务于“三农”为己任，以提高社会养殖业技术水平为目标，为促进青海省养殖业的发展和农牧民的增产增收做出了主要的贡献。

一、健全和加强企业管理制度，不断提升企业形象

公司经过国企改制，进行了股份制改造，全面制定并逐步完善了各项管理制度。招聘优秀专业人才，市场营销策划，完善售后服务机制，采取绩效考核，合理薪酬方案，提高安全生产管理、经营管理，对公司员工进行职业技能技术培训，使公司管理和经营水平不断完善，有效地提高了员工整体素质和业务水平，并且造就了一支朝气蓬勃、团结向上的员工队伍，对外树立了良好的企业形象。经过员工们的顽强拼搏，公司已成为青海省知名的饲料专业化生产企业。

二、积极开发和研制新产品，不断拓展市场份额

2000年以来，公司不断引进专业技术人才，经过不懈努力，自主研制开发了各种预混合饲料添加剂新产品，经过养殖户使用后，效果明显，其性能可以和省外的同类产品相媲美，从而结束了公司在全价饲料中添加的预混合饲料只能从省外购进的历史，大大降低了全价饲料的生产成本，公司效益明显提高，养殖户也得到了经济实惠。并且公司通过饲料产品结构调整，精心研制饲料产品配方，打造出自己有特色的拳头产品，采用灵活多变的经营方式，使饲料产品销售市场不断扩大，销量不断增长，在竞争激烈的市场竞争中赢得了一席之地。

三、尝试"公司+基地+农户"的经营模式，探索营销新途径

由于青海省受自然环境的限制，农作物种植业不发达，用于畜禽养殖和饲料加工的农副产品缺少，制约了青海省畜牧养殖业和饲料生产工业的发展。公司进一步调整生产经营思路，在公司周边地区与农业种植户实行订单农业，签定农副产品定向收购合同，在不低于市场价格的基础上，每年大量收购当地农民的农副产品，带动辐射农牧户1万多户，积极推进农区由"粮食+经济作物"二元结构向"粮食+经济作物+饲料"三元种植结构转变。同时公司将收购的农副产品加工成优质的饲料产品，以优惠价返销给当地农户，用于家庭养殖，加快农牧民的增产增收。从2000年开始与当地农户实行"公司+基地+农户"的经营模式后，农户种植情绪高涨，饲料种植面积逐年增加，这样既有效地调整了农牧业产业结构、提高了农牧区经济效益，实现农业增产、农牧民增收，企业降低原材料成本，使农牧户与公司取得了"双赢"效果。

四、支持政府，认真服务"三农"工作

多年来，公司对"三农"工作十分重视，业务部全程监管产品流向，随时掌握市场动态，建立客户档案，配有专门的饲料运送车辆，建立全价饲料和预混合饲料添加剂销售运输中心，其中全价饲料可在80km范围内免费送货，预混合饲料可在500km范围内免费发送。为正确引导广大养殖户的养殖观念，公司不定期聘请专家到各乡、村，进行"科学养殖"和"畜牧防治"等技术讲座，派专业技术人才对养殖户提供养殖规划、饲料配方设计、市场定位分析等配套服务，免费发放养殖手册1万多本，VCD光盘1千多张，从而有利地调动了养殖户的养殖积极性。

五、校企联合，建立科研示范基地

为了提高生产企业与教学单位的科技开发合作，公司和青海畜牧兽医职业技术学院联合办企，建立畜牧业养殖与科研基地，重新修缮原有的猪舍、员工宿舍、开挖鱼塘、开通与外界的公路。旨在引进人才和先进的养殖技术，从事畜牧业养殖和院校实习基地建设，研发高科技饲料产品，扩大企业产品销量，创造公司良好经济效益，提高企业知名度的同时，培养学生实际操作能力，为社会培训优秀实用人才，促进青海省养殖业的稳定发展。

六、挖掘生产潜力，为牧区抗灾救灾争做贡献

公司为青海省农牧厅"青南牧区越冬饲料贮备项目"的定点生产企业。自1998年以来，每年承担青南牧区及周边地区的抗灾救灾饲料生产任务，及时为灾区提供了优质廉价的抗灾救灾饲料，使受灾的牲畜及时得到了补饲，减少了牲畜的大量死亡，将畜牧业生产损失降低到最低程度，受到了各州、县政府和农牧民的高度评价。

企　业　简　介

北　京　市

北京桑普生物化学技术有限公司

北京桑普生物化学技术有限公司创建于1992年。自创办至今，秉承“创造一流生化产品，改善动物与人类健康”的企业宗旨，专业从事研发、产销“安全、环保、高效”型饲料添加剂、添加剂预混合饲料以及特种水产饲料，发展壮大成为饲料行业的主流供应商。

公司先后荣获“中关村科技园50家优秀新技术企业”、“信誉企业”、“全国饲料工业标准化工作先进集体”、“全国饲料工业科技创新优秀企业”等荣誉称号。公司作为全国饲料工业标准化技术委员会成员，参加了Vc酯、肉碱、大蒜素等近10项国家标准、行业标准的制订。

公司建立并有效运行ISO9001:2000、ISO22000:2005(HACCP)以及FAMI-QS等质量安全管理体系。2007年，公司共产销Vc磷酸酯、鱼虾4号、可利康、大蒜素等饲料添加剂类产品2 000t、添加剂预混合饲料10 000t、特种水产饲料5 000t。圆满实现年度经营计划目标。同期，公司在长三角地区投资建设的预混料项目开始运营。

地址:北京市右安门外东滨河路4号

邮编:100069

电话:010-63532238、63536826

传真:010-63532238

网址: http://www.sunpubc.com

北京生泰尔生物科技集团

北京生泰尔生物科技集团成立于1999年，是集动物保健品研发、生产、推广应用并提供养殖、用药等技术服务为一体的国家级高新技术产业集团。以天然药物、化学药品、生物制品、检验用标准品为核心产品。

北京生泰尔生物科技集团在过去的9年里取得了辉煌的成就。以“技术创新”为立企之本，建成11个GMP车间14条生产线、拥有6项国家3类新兽药，获得美国FDA证书(国内惟一一家农牧企业)，产品出口至美国、欧盟、日本、蒙古、巴西、韩国、英国、埃及、台湾等国家和地区。

公司现有资产总额5 000多万元，在职员工近300人，各类高中级人才占公司总人数的63%，公司占地3.90万m²，建筑面积10 000多m²。“崇尚科技，人人共享”是企业的价值观，“点点滴滴汇聚非凡品质”是公司对行业的责任。

电话:010-61732152、61732153

传真:010-61732157

网址:www.centreherbs.com

E-mail:centre@centreherbs.com

北京市爱德利都饲料科技开发有限公司

北京市爱德利都饲料科技开发有限公司隶属于北京市营养源研究所，是专门从事饲料研发、生产与销售的高新技术企业。

公司汇集了中国农大、北京市营养源研究所等知名院所的高技术人才，技术力量雄厚，现有博士、硕士数名，专业技术人员几十名，保证了爱德利都产品在行业技术及服务上的领先地位。

公司凭借着优秀的专业技术人才、一流的生产设备，先进的加工工艺，现代化的管理理念，使现有的畜、禽、水产、特种毛皮动物养殖用系列预混合饲料、浓缩饲料、配合饲料等产品，以其高科技、高品质在行业中享有盛誉。公司产品被北京市饲料协会评为“饲料行业推荐产品”，爱德利都在激烈的市场角逐中树立了强劲的品牌优势。

公司于2007年通过了ISO9001:2000质量管理体系认证及HACCP食品安全管理体系认证，并被评为“北京市高新技术企业”，被北京市饲料工业协会评为“优秀企业”等称号，这标志着爱德利都公司在食品安全、产品质量、企业管理等方面达到了一定的先进水平。

公司秉承“质量第一、信誉至上、以科技为先导、以创新求生存、以服务促发展”的宗旨，坚持贯彻“高科技、多创新、低成本、高性能”的经营方向，并一如既往地坚持以市场为导向，注重产品开发的超前性和品质的一贯性，以功能性创新去引领市场、服务社会，不断提升产品科技含量，开发用户满意的新产品，回馈广大客户的厚爱。

北京市恒丰饲料制造有限公司

北京市恒丰饲料制造有限公司于2000年正式成

立，位于景色秀丽的平谷区。以生产畜禽用配合饲料、浓缩饲料、预混合饲料为主。

公司占地 30 亩，一期投资 3 000 万元，装备了年产 15 万 t 的目前国内最先进的电脑程控浓缩料生产机组、膨化机组、制粒机组、预混合饲料机组等多套生产加工机组。建成总储备量达 3 000t 仓储区。

公司于 2005 年通过了 ISO9001:2000 国际质量管理体系认证、HACCP 国际食品安全管理体系认证、中国饲料产品认证。作为饲料工业协会的常任理事单位和优秀企业，恒丰公司连年被北京市工商局评为市级“守信企业”。2007 年公司率先通过了农业局《饲料生产企业审查合格证》的换证工作，取得了继续生产饲料的资格。

为了公司的长远发展，公司董事会审议确立了“以质量为根本，以服务为核心”的发展战略，在未来五年内，公司将在各地建立品牌化，标准化的综合性服务组织，为养殖户提供全方位的服务，带领中国养殖业迈上更高的台阶。

北京天福莱生物科技有限公司

北京天福莱生物科技有限公司是专业从事天然中草药植物提取技术及生物技术的研究开发，生产绿色、环保、安全、健康、风味型饲料添加剂产品及其他天然生物产品的高科技生物技术企业。

公司自 2001 年成立，一直坚持以技术创新、产品创新为立足点，以生产绿色饲料和间接为人类提供绿色健康食品为己任，公司科研人员在创始人兼首席技术专家汪鲲博士带领下研制开发出“天然植物多糖、类黄酮提取物复合饲料添加剂”技术，通过了国家教育部的鉴定，并多次获得国家专项资金支持，该项目由国家饲料工程技术研究中心协助完成。产品主要有畜禽类、水产类、奶牛等系列。

河北省

河北邢禽饲料有限公司

河北邢禽饲料有限公司成立于 2005 年 5 月，地处邢台市高新技术开发区。是以配合饲料、浓缩饲料、预混合饲料生产为主，集种猪场、鸡场为一体的新创立民营企业。

公司“制定以蛋鸡饲料生产为基础，重点开发猪浓缩饲料、预混料”的发展战略。避实就虚，走差异化道路，并以锁定目标，不畏艰难，执着专注，重点突破，使公司迅速得以发展。产品畅销河北、山西、山东、河南等地，树立了邢禽品牌，提高了企业的知名度和美誉度，成为河北省同行业发展最快的企业之一。由此在公司成立仅两年多时间内，先后被评为河北省饲料行业 30 强企业，邢台市 50 强企业，河北省农业产业化重点龙头企业，河北省重合同守信用企业。产品被评为河北省优质产品、河北省第 8 届消费者信得过产品等荣誉称号。

公司坚信通过企业文化引领，打造高绩效团队，以“致富农村，服务城市，共同富裕”为使命。坚持“诚信铸就品牌，创新开创未来”的经营理念，一定能开创未来美好的明天。

地址：河北省邢台市高新技术开发区
邮编：054001
电话：0319-3972938、3972902
传真：0319-3972901
网址：http://www.hbxqsl.com
E-mail：hbxqsl@sina.com

河北民旺饲料有限公司

河北民旺饲料有限公司成立于 1999 年 9 月，现有员工 108 人，其中教授 2 人，博士 1 人。大中专学历以上管理人员 56 人。是从事饲料生产、养殖、科研、贸易为一体的现代化企业集团。几年来，在各级政府部门和各界朋友的支持下蓬勃发展，“民旺”、“博进”、“争鸣”3 大品牌，产品涉及猪、鸡、兔、羊的全价料、浓缩料和预混料，产品已销往河北、河南、山西、山东、安徽、江苏、内蒙古等省，深受广大用户的信赖和好评。2007 年公司被河北省畜牧兽医局和河北省饲料工业协会联合评为“河北省饲料行业 30 强”及“河北省饲料行业 10 大明星企业”，2007 年底被河北省人民政府认定为“河北省农业产业化重点龙头企业”同时通过 ISO9001:2000 国际质量管理体系认证。

公司始终坚持“永做饲料精品，奉献社会民众”的企业宗旨，致力于推动绿色畜禽养殖业的发展为己任，以人才为中心，科技为先导，开创中国畜禽养殖业的光辉道路，民旺公司计划在未来的 3~5 年内争创“中国驰名商标”和“中国名牌产品”，创民旺百年伟业，铸中国饲料品牌，为振兴民族饲料工业而奋斗！

保定鲜尔康生物工程有限责任公司

保定鲜尔康生物工程有限责任公司是由河北省科学院微生物研究所转制组建。成立于 2001 年 6 月。公司独家生产的产品-饲用葡萄糖氧化酶（商品名鲜尔康）是河北省科学院微生物研究所自主研发的具有独立知识产权的产品（已获国家发明专利）。该产品是一类氧化酶制剂，主要成分为 β-D 葡萄糖氧化还原酶，辅基为黄素腺嘌呤二核苷酸。其作用是在细胞呼吸代谢中催化物质氧化还原反应。具有多重生理功效:极强的解毒功能、抑菌作用、抗氧化效果。同时无任何毒副作用。在畜牧水产领域应用具有广阔的前景。该产品被我国农业部率先在世界上批准为允许使用的饲料添加剂。它通过消除肠道病菌生存环境,保持肠道菌群生态平衡,解除霉菌毒素中毒,把动物肠道保护提高到了更为全面的水平,使我国向着"绿色养殖"的方向前进了一大步。

在养殖业不断向绿色动物源性食品发展的今天,鲜尔康全面替代抗生素后取得的理想饲喂效果,得到了我国绝大部分省市用户认可,甚至受到国外养殖业的关注,无不良反应记录。为更好地服务于养殖业,公司一方面深入研究产品的作用机理,不断扩大应用领域,另一方面扩大生产规模,争取为绿色养殖业的发展做出更大贡献。

山西省

洪洞金地饲料有限公司

洪洞金地饲料有限公司位于山西省洪洞县辛村乡辛南村,是山西省饲料工业协会常务理事单位,临汾市饲料工业协会副会长单位。公司现有员工 89 人,其中专业技术人员 49 人,销售网络遍及全省,产品以其质优、稳定、高效深得用户及经销商的信赖,2007 年销售各类饲料 3.95 万 t,实现销售收入 16 500 万元。有力地带动了周边养殖业的发展。

多年来,公司一直坚持"以科技求生存,以服务求发展,向管理要效益"的原则,坚持走适合自己发展的路子。2006 年公司率先通过了 ISO9001:2000 国际质量管理体系及 ISO22000 食品安全管理体系双认证,从采购、质检、生产、销售、服务各个环节层层把关,制定岗位操作标准和岗位生产责任制,同时健全企业各个环节的台账,环环有记录,事事有数据。通过开展"抓住不落实的事、倒查不落实的人"等一系列活动,使产品包包都合格,样样是精品。对用户提出的合理化的建议,及时采纳并在生产过程中加以改进。多年来,公司产品质量不断提高,产品销量也不断加大。

山西新立源生物科技有限公司

山西新立源生物科技有限公司是一家集饲料添加剂的科研、生产、销售为一体的科技型股份制企业,公司以"追求卓越,永不止步"为经营理念,"以质量求生存,以创新求发展"为企业的宗旨,公司立足高起点、高标准和高效益为用户服务。

公司创建于 1998 年,占地面积 2 000 余 m^2,经过 10 年的发展,现如今的车间占地面积达 10 多万 m^2,拥有一整套现代化的生产设备和科学的管理体系,年设计能力生产各类饲料添加剂和添加剂预混合饲料 1 万多 t。2006 年、2007 年分别获得农业部颁发的添加剂预混合饲料和饲料添加剂生产许可证。公司曾参与山西省饲料工业办公室主持的"蛋鸡日粮添加甜菜碱开发研究"项目,该项目已通过山西省科技厅的科技成果鉴定,属国际先进水平(晋科签字[2003]第 252 号)。本公司现拥有高级工程师 10 名,高级畜牧师 10 名,副教授 23 名,工程技术 30 名、饲料检验、化验 20 名、经营管理 20 名等各类专业人员共 100 多人。

山西新立源生物科技有限公司是当地农业产业化的龙头企业之一,依托自身的实力,在目前基础上,以自主研发的"蛋鸡日粮添加甜菜碱开发研究技术"为支撑,进行甜菜碱的推广应用工作。在现有示范推广的基础上进一步扩大转化应用规模,生产更多更好的安全无公害畜产品,以保证人类健康和畜牧业可持续发展。

公司将以先进的生产技术,一流的产品质量、合理的产品价格,优质的服务与各界朋友通力合作,互惠互利,共谋发展!在以后的发展中,坚持以技术为先的领导方针,多方面、多渠道、多方式积极引进人才,在饲料行业再创佳绩。

内蒙古自治区

东方希望包头动物营养有限公司

东方希望包头动物营养有限公司位于包头市稀土高新技术产业开发区,是东方希望集团于 1997 年独资建立的年产 20 万 t 规模的大型饲料企业。公司汇集集团 20 多年的饲料研究成果,结合本地区养殖实际,运用现代化生产工艺和精益管理思想,生产出了一系列科技含量高、营养全面平衡、质量稳定、安全健康的猪、鸡、鸭、鱼、牛、羊等各种浓缩及配合饲料。

公司自 1997 年 10 月建厂至今,产销量一年一个台阶。已经从建厂初期的 1 万多 t,增加到 2007 年的 6 万 t。使公司产品在内蒙古周边省市的市场占有率逐年提高,极大地提高了公司产品的知名度和认同感。在集团的提倡和号召下,公司连续几年大力推行精益化管理,提倡多用机器少用人,降低劳动强度,提高劳动效率。2007 年在劳动力成本日益增加的情况下,公司人员降低而产量大幅增加,劳动效率同比翻一番。另一方面,秉承了集团的价值观:为消费者付出多一点。因此,公司的品牌形象在日益提高,深受养殖户的信赖,产品在市场上提升了竞争力。相信有当地政府的大力支持,集团优秀的管理观念,公司一定会在内蒙古西部这片热土上茁壮成长!

内蒙古华富饲料有限责任公司

内蒙古华富饲料有限责任公司创建于1999年，是一家新型专业生产和销售畜禽、水产复合预混合饲料、浓缩饲料和配合饲料为主的高科技民营饲料企业。现有员工130多人，其中具有高、中级职称26人；现占地面积40亩；公司下设年产10万t现代化微机配料生产车间、饲料原料贸易公司、兽药经营部和一个中型化验室。2007年产值达8 000万元，生产经营品种达150种。

公司与中国农业科学院、中国农业大学、内蒙古畜牧科学院、内蒙古农业大学技术合作，生产"华富"牌、"大天"牌、"大华"牌、"康富源"牌四个品牌畜禽、水产系列饲料。基于在人力资源、技术产品、管理等方面的优势，近年来经营业绩得到迅猛发展，深得同行的赞赏，已成为土左旗饲料行业中的排头兵，列内蒙古地区前茅。特别是近年来，随着奶牛业的发展，华富以稳定的质量，最优的性价比，一体化的服务，赢得了广大用户的好评，现已与诸如加牛公司等十几家百头以上规模化牛场合作。销售网络覆盖张家口地区，锡盟、乌兰察布市、呼市、包头、巴彦淖尔、鄂尔多斯、乌海市。今后，公司将继续以"踏实、稳健"的经营理念，继续加强技术研发力度，为广大养殖户提供性价比最优的产品与全方位的服务。

华富公司始终秉承"报国兴牧、成就自我"的企业理念，发扬"谦虚、协作、勤俭、创新、自立、自强"的企业精神，努力探索经济一体化、知识经济、网络信息化时代大背景下的现代化企业运作方式。坚持以人为本、以科技为先导，强调创新求变争当一流、"致力于以高科技发展当地畜牧业"。企业追求的目标是中国一流的饲料科技企业。

地址：内蒙古呼和浩特市察素齐中山路南端

邮编：010100

电话：0471-8118041、8111140

传真：0471-8123501

辽宁省

大连富盛牧草科技园发展有限公司

大连富盛牧草科技园发展有限公司创建于2003年1月，注册资本1 000万元。是大连苜蓿草产业的"龙头企业"，是集种植、加工、引进、推广于一体的大型高新技术企业。公司以科技兴农、实现中国草产业现代化、改善生态环境、带动农民增收、农业增效、农村繁荣为宗旨。工厂占地面积24 000m²，其中生产车间4 800m²及国际标准钢结构库房3 492m²，种植基地万余亩。企业制定了一套完整的生产管理模式并得到了质量监督部门的认证，并下发了Q/DFA2004、Q/DRA2007公司企业标准中的技术管理标准，在同行业中率先得到了认证。公司引进美国凯斯纽荷兰牧草专业收割、打捆等配套设备，使生产实现了机械化，并引进中外合资大型牧草颗粒加工流水线一套，全部生产过程实现现场和中央控制室双重实时动态控制。另外公司与内蒙古、吉林、黑龙江等地相关企业和农户达成共识，订单销售他们的产品，品种有羊草年销5 000t，苜蓿草5 000t，玉米秸杆颗粒2 000t。公司产品有苜蓿草颗粒、苜蓿草块、苜蓿草捆、出口标准羊草草捆、玉米秸杆颗粒饲料、锯末颗粒等。公司具有独立进出口权资格，所有产品95%以上出口韩国和日本。

公司以高质量的产品，诚信的经营理念赢得业界的好评，2005年成为大连首批农业产业化"龙头企业"称号，公司年年被评为AAA级诚信企业，2006~2007年又被评为大连首批"饲料行业质量信得过"企业，2006、2007两年被韩国有机认证机构认定为有机产品生产企业，这在全国同行业仅此一家。同时公司被国家科技部农业部认可为全国科技三下乡牧草种植技术咨询单位，每年无偿为全国各地农户及企业进行技术指导。并建立了50亩的紫花苜蓿种植实验基地，筛选了世界各国50余个品种进行种植比对找到了适合我国种植的紫花苜蓿10多个品种。并在此基础上坚持以"科技为首，诚信为先，质量为本，服务为重"的企业文化理念参与国际竞争，发展草产业，尽最大努力满足国内外客户的需求。

地址：大连市中山区人民路35号纺织大厦803

电话：0411-84802368

传真：0411-84803368

网址：http://www.dlfsmc..com.cn

E-mail：fsmc@dlzhongnong.com

大连秸宝科技发展有限公司

大连秸宝科技发展有限公司是股份制企业。工厂坐落于大连市卫星城普兰店市经济开发区，占地面积3.30万m²。生产线于2002年1月28日投产，生产能力4t/h，全年生产量为3万t。公司发展方向就是合理的、科学的开发利用农作物秸秆，最大限度地提高其使用价值和经济价值。立足于农业，服务于畜牧业，改善生态环境，奉献于社会是公司的宗旨。

大连秸宝科技发展有限公司引进德国生产的秸秆制颗粒饲料生产线，是当今世界处理农作物秸秆中最先进、最科学的设备。它的主要原理是，采用工业化学处理法和物理处理法，在高温、高压状态下，将农作物秸秆的木质素彻底变性，制成品质一致的颗粒状饲料，成为反刍动物的基础日粮。产品没有任何添加剂和危害性物质，具有无毒、无菌、体积小、水分低、不发生霉变、营养成分高等特点，符合国际 GAFTA 标准，是名副其实的绿色饲料，在国内外有广泛的市场。

大连秸宝科技发展有限公司为适应圈养的需要，在秸秆制颗粒生产工艺过程中，添加各种谷物和营养原料，制成集“草”和“料”为一体的专用复合饲料，受到广大饲养户的欢迎。

地址：中国大连市明泽街 16 号 15 楼 G 座
邮编：116001
电话：0411-82644699
传真：0411-82644599
网址：http://www.chinajiebao.com
E-mail：chinajiebao @163.com

黑龙江省

哈尔滨英瑞斯饲料公司

哈尔滨英瑞斯饲料公司是于 1998 年成立的高科技农牧企业。现有 3 大支柱产业和科技研发、健康养殖推广两个中心；拥有多家分公司，涉及饲料加工、玉米深加工、生物技术等行业，年生产畜、禽等浓缩饲料、预混合饲料、全价饲料 10 万 t，产品覆盖黑龙江、吉林、辽宁、内蒙古、河北等地，并快速向周边地区拓展。

由于英瑞斯不懈地努力与探索，产品销量不仅排在全省前 5 名，市场占有率也在不断提升，因此赢得了广大客户的认可。获得了黑龙江省饲料企业 10 强(2007 年)、中国饲料行业信得过产品 (2005~2007 年)、哈尔滨市质量稳定合格企业、哈尔滨市优秀民营企业、中国名优品牌等多项荣誉。公司现已被列为国家星火计划和省市科技局重点支持企业。

集团秉承“绿色健康，服务三农”的宗旨，全力打造一个高科技、健康、绿色、安全的农牧产业链。勇于创新改变现状，以实现饲料、畜牧及畜产品加工一体化、打造中国一流农牧企业为目标。与时俱进，励精图治，以诚信和提供价值服务为前提，使客户提高效益为宗旨，承担起企业应尽的社会责任，成为中国一流的农牧企业集团，为人民造福。

辽宁禾丰牧业股份有限公司哈尔滨分公司

辽宁禾丰牧业股份有限公司哈尔滨分公司是禾丰牧业集团在黑龙江设立的一家独资子公司。公司于 2003 年在哈尔滨市国家级高新技术产业开发区登记注册，投资总额 2 500 万元，公司位于哈尔滨开发区迎宾路集中区昆仑路 1 号，占地 15 300 m²，年产量 20 万 t，现有职工 120 余人。

公司主要产品是猪、鸡浓缩饲料、全价饲料 40 余个品种、100 多种规格。是使用世界最先进的美国 Brill 配方软件，结合国内外先进技术和当地畜牧业特点精心设计而成。月平均销量 8 000 余 t，产品覆盖黑龙江、吉林、内蒙古地区。公司于 2004 年通过 ISO9001 国际质量体系认证和 HACCP 食品安全管理体系认证的饲料企业。2005 年 2 月被黑龙江科学技术厅授予“高新技术企业认定证书”。2006 年被评为黑龙江省饲料行业 20 强企业。

电话：0451-84346988-818、84346788、84349422
传真：0451-84346588
网址：www.wellhope-ag.com
E-mail：hebhefeng@wellhope-ag.com

上海市

上海东方希望动物营养食品有限公司

位于上海张江高科技产业东区的上海东方希望动物营养食品有限公司是东方希望投资建设的现代化花园式工厂。公司生产有猪、鸡、鸭、鱼、虾、蟹、甲鱼、奶牛、鹌鹑、肉狗、狐狸等多种规格的预混合饲料产品。公司采用质量管理软件，对原料进厂、检测、保管、生产使用、成品出厂、产品去向进行全程跟踪，质量控制追踪系统可以随时查询任何一件产品或任何一位客户所购产品的全部信息，做到客户的每一袋产品均有据可查。为了适应客户多元化、多样性的服务需求，公司还实行定单生产，满足客户需求。2007 年 12 月，该公司的产品质量、设备、安全卫生管理体系和工作环境等项目为上海惟一一家接受欧盟检查的饲料公司，为国家、为上海增添了荣誉。

东方希望配备有数百名畜禽水产等相关专业的技术人员，常年到养殖户家中提供义务服务。同时，总部技术部还配备了多名技术专家，并常年到各地解决疑难问题。

目前，东方希望集团是我国饲料企业中能检测饲料及原料种类成分最多、检测设备最先进的公司之一。每家公司都配备有常规检测设备、专业的化验人员和品质管理人员，同时设有品管部专门进行质量监控，为用户服务。

2007 年，东方希望集团全面推行精益化管理，进一步提升了企业竞争力，既降低了工人劳动强度，又提升了工作效率，为集团赢得了更多的用户。精益化管理既提高了公司空间的利用效率，又减少了客户的等待时间。

上海红马饲料有限公司

上海红马饲料有限公司于1999年创立，一家小型饲料企业很快在行业中崭露头角。2007年二次创业，一个大型高科技动物营养产品研发生产基地，在美丽的金山拔地而起。一家集科研、生产、销售、服务为一体的发展强劲、创新力十足的动物营养产品供应商，已与广大客户产生了良好互动。

公司现有员工200余人；通过了ISO9000、ISO22000认证；拥有自主知识产权；三座现代化工厂、5条自动化生产线，具备年产各种配合饲料18万t、复合预混合饲料6万t和饲料添加剂3千t的生产能力。

公司从人为和环境两大安全影响因素着手，严格控制兽药残留、重金属和动物疫病；按HACCP要求的8个方面，对11个工艺过程85个关键控制点严格控制，确保产品安全、合格、绿色、健康。

动物营养事业是一项功在千秋的健康事业，是一项伟大的事业。投身其中，上海红马饲料有限公司深感责任无限、天地广阔，将坚持“固本培元，创新进取”发展战略，秉承“敬业创业，光明磊落”的企业精神，以“和谐诞生力量”的哲学理念，努力推进现代化、产业化、国际化，做精品，出名牌，“传递典范技术，服务优秀农牧”，把绿色和健康带给全世界。

面对新的机遇与挑战，公司将以更热情、更饱满的精神面貌，为客户提供更优质的服务。公司将携手共进，开创共赢新局面，共同把握动物营养绿色健康时代的无限商机！

金朝生物科技(上海)有限公司

金朝生物科技(上海)有限公司是由闻名于全球世界500强的企业正大集团(卜蜂集团)独家投资了1 000万美元建立而成，拥有占地面积18 000 m^2的现代化生产和研究开发基地，公司以全新的技术，专事生产和销售高档次的畜、禽、水产三大系列的复合预混合饲料，年生产能力10万t。

金朝生物科技(上海)有限公司与国内大多数正大饲料企业的不同之处是从事高档次的预混合饲料的生产和销售，而且使用“卜蜂”这个世界著名的商标品牌，是中国大陆地区惟一由卜蜂集团授权使用的“卜蜂”品牌的饲料企业。为全面高效管理公司的整体运转，公司在正式投产之前，即引见国外最高效率的SAP企业管理系统对公司的整体运营采取全面自动化的电脑控制、分析和管理。

2007年，在上海饲料办、上海饲料行业协会等各级政府的悉心指导和亲切关怀下，金朝生物科技凭借先进的生产设备、严格的过程控制、全面的质量检测、卜蜂集团近百年的品牌经营和科研投入，并立足于心系客户、服务市场、服务客户的社会责任观，公司产量达26 400t，产值10 457万元，利润181.50万元。而且由中国市场监测中心及中国名优精品选购指导委员会组织的饲料质量及服务质量市场调查研究中，公司凭借优良的产品品质和良好的产品服务，荣获“2007年度全国饲料市场用户满意产品”证书。

上海同仁药业有限公司上海兽药厂

上海同仁药业有限公司上海兽药厂始建于1946年，是我国动物保健品行业历史最长、水针规模最大、剂型品种较为齐全的兽药龙头企业。“上兽牌”在中国畜牧界享有很高的声誉，产品遍及全国各省市、自治区，共有7个剂型、119只品种。近两年已通过境外注册品种30余只，与俄罗斯、埃塞俄比亚、新加坡、巴基斯坦、法国建立了商贸关系，达到或者超过一年翻一番的目标，公司的生产规模位于国内同行前列。

具有60年历史的“上兽”品牌的上海同仁药业有限公司上海兽药厂是中国动保行业协会副会长单位；中国兽医药药典会委员；中国少数民族产品定点企业；中国兽医学会委员；上海市饲料行业协会副会长单位；上海市诚信企业；并先后通过了ISO9001：2000、ISO14001：2004、ISO22000：2005国际认证。

上海新农饲料有限公司

上海新农饲料有限公司是一家针对规模化猪场研究、开发、生产、销售配合饲料、复合预混合饲料和浓缩饲料的专业化饲料公司。

公司的发展定位“服务于规模化猪场的专业化饲料公司，打造中国规模化猪场饲料第一品牌”，集中体现了新农人打造行业精品的理想和为之付出的不懈努力。“以饲料为主业，围绕规模化猪场所必需的种源、饲料、管理、防疫4个方面进行服务并提供服务性的产品，不断延伸产业链”的战略方针，集中反映了新农公司的竞争力和综合优势。

成立于1994年的新农公司，从最初注册资金仅有50万元的小公司起步，逐步发展成为今天拥有上海新农、郑州新农、武汉神农等12家集饲料生产、饲料研究、原料贸易、种猪育种、商品猪饲养为一体的分公司和合资股权的多元化产业经营的现代化管理公司。作为国内率先研发生产仔猪早期断奶料的饲料企业之一，同时也是专业生产早期断奶料的大型饲料企业之一，新农公司的乳、仔猪饲料年销售量5万t以上，其中高档乳猪教槽料的销量达1.50万t，市场占有率在全国规模化猪场同类产品中名列前茅，形成了很好的品牌效应。公司目前注册资金3 000万元,净资产1.50亿元,年销售额达3亿多元人民币(合计),近年来年销售额均以较大的增幅快速增长。

江苏省

江苏天成科技集团有限公司

江苏天成科技集团坐落在江苏海安经济开发区。经过18年的不懈努力,天成集团现已成长为集饲料、生化、兽药、省级工程研究中心四大板块为一体的综合性集团企业,是国家级农业综合开发重点龙头项目企业、江苏省农业产业化龙头企业和江苏省高新技术企业,资信等级AAA级。

集团现有员工800多人,其中,动物营养、畜牧兽医、药学、饲料加工工艺、营养与微生物、水产养殖、企业管理和市场营销等各类技术和管理人才150余人,每年还从国内相关知名大专院校引进专家型人才到集团研发中心进行客座研究。人才资源奠定了天成集团在行业内的技术领先优势。

集团拥有雄厚的科研开发实力,建有江苏省新兽药与饲料添加剂工程技术研究中心,投资引进了一批先进的生产设备和检测仪器,如氨基酸分析仪、液相色谱仪、气相色谱仪、时产2t的裂化炉等,建有行业内屈指可数的达到GMP标准的中心化验室和大型水产、家禽养殖试验基地。

饲料板块目前具备7条现代化生产流水线,生产无公害畜禽、水产配合颗粒料、粉状料、浓缩料、复合预混料4大系列200多个品种,大型饲料加工机组设备达到国内先进水平,全部配料为电脑控制,年生产能力30万t。

公司坚持"产品优质,创一流品牌;安全放心,抓绿色源头;服务快捷,急用户所急;科学管理,促企业发展"的质量方针。先后通过了国家GMP认证、IS09001(2000)/HACCP体系认证和江苏省计量确认保证认证,使产品质量得到了充分的保证。并被江苏省出入境检验检疫局批准为"出口食用动物饲用饲料生产备案企业"饲料原料由采购、进厂检化验、司磅计量至半成品检测直到产成品检测出厂执行一整套成熟完善的质量管理体系,全面推行"6S"现场管理制度。公司内部建立了覆盖全厂的计算机局域网和生产现场监控系统,利用ERP管理信息系统,实现了企业内外业务集成,流程优化,协同运作。

无锡正大畜禽有限公司

无锡正大畜禽有限公司创建于1985年5月,是无锡市创办最早的直接为"三农"服务的原生型民营科技饲料企业,致力于预混合饲料、绿色饲料添加剂、动物药品的研发、生产、销售为一体的高新科技企业。是"江苏省高新科技企业"、"全国30强饲料企业"、"全国饲料添加剂创新优秀企业"、"中国优秀民营科技企业"、公司的"牧圣"产品商标为"江苏省著名商标"。

公司成立23年来,始终追求"让中国农民富起来",以诚信立业、创新兴业,20多年来企业研发技术始终走在行业前列,拥有一支以微生物、动物营养等专业的博士、硕士、研究生组成的科研技术队伍,是集知识、人才、技术高度密集的专业化公司。2002年,公司通过IS09001:2000标准验收,获"质量管理体系认证证书";并获中国饲料工业协会"饲料安全新世纪宣言2002年度重承诺、守信用企业"铜牌。

公司1998年与江苏省微生物研究所联合组建了无锡正大饲料研究所,以后又相继与南京农业大学动科院联合组建了小肽营养研究室。公司还与南京农业大学、浙江省农科院等联合,产学研相结合,加强研发力量,提高创新能力,全面规范的质量管理体系,将最先进的技术融入到每一个产品之中,产品安全、绿色、环保。公司"牧圣"饲料产品还出口到越南、菲律宾、马来西亚、泰国等东南亚国家及中东地区。

宜兴市天石饲料有限公司

宜兴市天石饲料有限公司是集科研、开发和生产于一体的专业加工饲料添加剂的高新技术企业。公司着重高新技术的开发,与中国科学院、南京农业大学、江南大学、中国农业大学和天津大学等国内知名的科研院校建立了长期的技术合作关系,是"南京农业大学教学科研基地"、"江南大学产、学、研基地",成立了添加剂研究所、宜兴市微生态工程研究重点实验室。公司通过IS09001:2000质量管理体系、HACCP食品安全管理体系、FAMI-QS欧洲饲料添加剂与预混合饲料质量体系"三合一"认证,被评为江苏省高新技术企业、全国饲料添加剂科技创新优秀企业;无锡市AAA级重合同守信用企业。在多次完成国家星火计划、农业成果转化、省重点技术创新、科技攻关等项目基础上,又承担了科技部科技型中小企业技术创新基金和江苏省三项工程项目——"包被生物肽酸",江苏省国际科技合作计划项目——"畜禽健康养殖及无公害投入品技术"。

公司先后研发了40%甜菜碱粉剂、抗氧宝-30粉剂、新型高效复合防霉剂、复合型多价高效蛋黄抗体水性免疫球蛋白、二次包膜缓释型生物酸化剂(乳酸宝,分别被列为江苏省高新技术产品;数项技术获国家专利。大蒜素、甜菜碱获中国饲料行业信得过产品称号,市场覆盖全国,产品出口20多个国家。

浙江省

农标普瑞纳(嘉兴)饲料有限公司

农标普瑞纳(嘉兴)饲料有限公司是嘉吉美国总公司在大陆投资成立的首家专业饲料生产和销售企业,占地面积约85亩,1997年9月正式投产,产品包括猪、鸡、牛、水产饲料。公司采用美国著名WEM公司当代最先进的电脑配料系统,配料精确,并配备美国SCOTT公司的混合机,混合均匀度非常稳定;4个立式共计14 000t库容的原料筒仓带有独立的调温调湿装置,确保产品质量。同时,公司以美国总公司为强大的技术后盾,总公司的动物营养部,不但自己拥有动物饲料研究试验农场及动物营养配方发展规律实验室,同时也和世界先进的畜禽水产养殖研究机构保持密切的合作与联系。在采用先进生产设备和生产技术的基础上,公司还采用国际上成熟、高效、全面的企业管理系统和质量管理系统。嘉吉全球电脑网络为公司及时、准确地获取大量信息创造前提条件。经电脑自动处理的财务数据和分析报告,全面、客观地反映了公司的资金使用情况和营运状况。此外,公司还拥有一流设备的品质化验室、专门的品质控制人员和品质管理体系。2006年1月,公司顺利通过了由SGS公司认证的HACCP食品安全体系。

公司自投产以来,在产品结构、市场份额及经济效益等方面取得显著成效,年销量达8万吨,产品已进入江苏、安徽、浙江、江西、福建等市场。今后10年,公司计划在江西、安徽、福建等地建立分公司,全力促进中国畜牧业的健康、持续发展。

电话:0573-83888159

传真:0573-83888640

网址:www.cargill.com.cn

兄弟科技股份有限公司

兄弟科技股份有限公司主要从事皮革化学品、饲料添加剂及精蜡产品的生产经营,目前已经成为了国内规模最大的皮革化学品生产基地,饲料添加剂维生素K3系列产品是全球最大生产商,已占有全球市场份额的50%左右。

兄弟科技股份有限公司 (原名兄弟科技集团有限公司)创建于1991年,位于浙江省海宁市周王庙镇工业园区,现有占地面积70 000 m²,员工500名,其中专业技术人员80名。公司产品畅销国内,并远销欧美、东南亚和非洲等国际市场。其中饲料添加剂年产2 000t,铬粉年产2.50万t,非铬粉皮革化学品2万t。

公司始终坚持"科技为本、管理先行、顾客至上、持续创新、质量打造兄弟"的质量方针,以高新的技术、精细化的管理和卓越的质量来谋求企业持续稳健的发展。通过10多年的不懈努力,公司的技术、管理、质量和经营业绩不断提升,跃居为饲料添加剂和皮革化学品行业的龙头型企业。公司专门成立了省级技术中心"浙江兄弟化工企业技术中心",下设"皮革化工研究室"、"饲料添加剂研究室"、"分析测试中心"、"中试室"及"博士后工作室",专门从事新产品、新技术的研究开发,以及产品应用技术的研究开发。特别是VK3系列产品拥有国内同行中规模较大的维生素产品研究开发中心,共拥有5名硕士学历的专业技术人员从事产品研发工作,并被列为国家火炬计划项目。

公司拥有ISO2200/ISO9001环境安全认证,FAMI-QS饲料认证证书,HACCP食品安全认证证书,并在进行国家医药GMP、及美国USP认证。至此公司已基本具备进入全球饲料、食品领域的市场基本准入条件。

公司将秉持"永续经营、兄弟大同"之经营理念,以"自强不息、求精创新"之精神,以"诚信和谐、高效务实"企业文化,使公司的经营业绩不断取得新的突破。"山高人为峰",兄弟人以兄弟精神创造未来!

电话:0573-87537241

传真:0573-87533384

网址:www.brother.com.cn

安徽省

安徽金亚太农业发展有限公司

安徽金亚太农业发展有限公司成立于2004年10月,是由国家企业产业化重点龙头企业——安徽太阳禽业有限公司投资兴建的股份制企业。公司本着诚信、认真、守法的态度求发展,在2005~2006年被评为守合同重信用单位,2007年被评为安徽省民营科技企业。公司注册资本1 200万元,占地面积120亩,按照"高标准、高起点"的建设规划,现已投入资金3000万元,建有父母代种鸭养殖孵化场:建有14栋标准种鸭舍,可存栏樱桃谷SM3父母代种鸭近6万只,2007年产种蛋近200万枚,孵化出雏苗鸭140万只。公司引进国内最先进的饲料加工设备,已于2006年4月投产。2007年生产饲料1万t。

公司采取"公司+农户"、"公司+基地+农户"和"公司+协会+农户"等方式在望江地域内实现商品鸭规模化养殖,并通过推广"肉鸭无公害生产技术"和实施"八统一、五保证、三高、两上门、一扶持、一返还"的优惠政策,确保企业与农民的"双赢"。现已在望江及周边带动125户农户从事肉鸭养殖,到2007年12月,已向社会提供商品鸭140万只左右,农户收入达

165万元。

金亚太公司将凭借望江县优惠的政策、各界人士的支持厚爱及丰富的自然资源,依托太阳禽业的现有实力,通过传承、创新与发展,为望江创造良好的社会、经济和生态效益做出应有的贡献。

安徽全椒未来饲料有限责任公司

安徽全椒未来饲料有限责任公司是一家以饲料加工为主,兼营饲料添加剂、畜禽产品的民营企业,公司成立于1999年,现位于全椒工业园区,占地面积50多亩,投资总额达3 000万元,是安徽省规模饲料企业之一。

自公司成立以来,不断加大对固定资产的投入,按现代饲料企业的标准打造自己,逐步提高硬件水平。现拥有专业饲料生产设备3套,年设计生产能力30万t。

本着"依托科技,降低养殖成本,提高养殖效益"的办厂宗旨,始终坚持"微利经营,价值营销"的经营原则。全椒未来饲料公司逐步走上了一条健康发展的快车道。公司的饲料销售屡创历史新高,仅2007年一年就销售饲料7万多t,产值近2亿元。产品除畅销安徽外,还远销江苏、河南、山东等部分地区,产品质量得到了客户的一致好评。"我的真心,您的需要"已成为皖东地区广大养殖户最为熟悉的企业口号,为公司今后的更大发展打下了坚实基础。

公司现有员工100多人,其中具有大专以上文化程度的达40多人,中高层管理人员均具有多年饲料企业管理经验。在企业的管理、营销、生产、服务等方面形成了一整套现代化的且有自己特色的规章制度。并先后与安徽省饲料工业协会、江苏省水产研究所、扬州大学、山东六和集团、中慧集团、美国康地公司、广东海达公司等多家国内外企业单位建立了长期协作关系。还经常邀请行业著名的专家、教授到公司举办讲座和进行技术交流,为公司的饲料生产品质和技术升级提供了有力保障。

在饲料行业发展的新形势下,自2007年起,公司共投资5 000多万元,占地400多亩,先后成立了未来畜牧有限责任公司和丰乐新农业有限责任公司,分别从事良种繁育、畜禽养殖和观光农业、园林绿化等项目。全部工程完工后能年出栏生猪5 000头,鱼1.50万kg,家禽40万只。将会为当地的粮食转化、新型农业的发展以及农业的产业化发挥更大的作用。

展望未来,全体员工将信心百倍,豪情满怀,决心以真心开创未来,以诚信铸就辉煌。科技兴农,产业报国,力争做大做强,回报社会,为中国饲料工业的发展做出更大的贡献!

山东省

青岛大海跃水产饲料有限公司

青岛大海跃水产饲料有限公司成立于1999年,位于胶南市海滨工业园,是一家集"科工贸"于一体、"产学研"相结合的民营企业。公司拥有一批水产养殖专业、饲料加工专业的大学生,动物营养专家2名,外聘水产养殖及病害诊治专家6名,公司拥有国内先进的水产饲料加工设备,年生产加工对虾等各类水产饲料20 000余t。

公司自成立以来,始终秉承"科技兴海,服务渔农,促进海洋牧业发展"的企业宗旨,期望能在专家与渔农之间架起一座沟通的桥梁,将专家们的最新科研成果尽快普及到广大养殖业户当中去。与中科院海洋研究所、中国海洋大学、国家海洋局第一海洋研究所等科研院所建立了长期稳定的合作关系,为公司的产品开发及客户服务提供了强有力的支持和保障。截至目前,公司已经顺利转化科研成果5项,完成重大技术革新12项。在大海跃发展的五年中,公司先后在山东、河北、天津、辽宁、江苏、海南、广东、广西等地组织了"高健康养殖技术"培训班120余场,参训人员超过10 000余人,对近几年中国对虾养殖事业的再度复兴和海水养殖业的可持续发展发挥了重要作用。

公司于2004年在同行业内率先通过了ISO9001:2000国际质量管理体系认证,并先后荣获"全国饲料工业科技进步先进集体"等荣誉称号,"海德龙"牌对虾配合饲料被评为"全国饲料行业信得过产品"。

"务实求发展,携手创繁荣"是大海跃的目标,人品决定产品,大海跃人决心以优秀的人品向社会奉献优质的产品。

地址:胶南市滨海七路207号
邮编:266404
电话:0532-85137866
传真:0532-85137861

青岛金海力水产科技有限公司

青岛金海力水产科技有限公司是由中国水产科学研究院和黄海水产研究所于2002年3月联合成立的高新技术水产科技有限公司,主要从事海洋水产良种的繁育、养成、水产饲料、添加剂、预混合饲料等产品技术的研究、开发和生产。公司的重大技术来源于黄海水产研究所,同时作为黄海水产研究所科技成果转化和科研试验基地,集产、学、研于一体。公司除自身研发外,还利用黄海水产研究所的相关科研成果进行产品的开发生产，产品品牌为“海力利海”，主要产品包括：对虾、鲟鱼、大菱鲆、牙鲆、半滑舌鳎专用配合饲料；大菱鲆、牙鲆、鲟鱼颗粒膨化饲料；海参、鲍鱼专用配合饲料，各种鱼类微囊饲料，以及“海特维”特效海水鱼类专用综合营养剂；“海多力”特效鱼类专用抗病促生长剂和水产饲料用鱼油等产品。养殖品种包括：大菱鲆、海参、半滑舌鳎等珍贵海产品。

公司现有专业技术人员12人，其中，高级技术职称8人，中级技术职称4人。现有企业产品标准9个，申请专利4项，发表学术论文16篇。公司已通过ISO9001~2000国际质量管理体系认证，获得全国饲料行业先进单位称号，被认定为青岛市高新技术企业，其公司生产的大菱鲆配合饲料被认定为国家级高新技术产品。

地址：青岛市南京路106号

邮编：266071

电话：0532-85830185、0532-85824449

传真：0532-85824449

E-mail：kaifa@ysfri.ac.cn

青岛渤海农业发展有限公司

青岛渤海农业发展有限公司是由山东渤海实业股份有限公司投资兴建集粮油加工、国际贸易、仓储物流于一体的粮油加工企业。公司于2007年1月竣工投产，位于青岛港8号码头，占地面积5万余m2，生产规模为日加工大豆6 000t，配套食用油日精炼能力1 000t，日产豆粕4 800t，成品油900t，饲料用磷脂20t。

公司具备雄厚的港口、物流优势。青岛作为胶济铁路起点，铁路运输通过胶济线与全国铁路运输网相连，港内现有15条装卸专用线，铁路直达公司；胶州湾高速路直通公司门口；利用青岛港海上运输枢纽的资源优势，海运四通八达；青岛港具有充足的货场储存、周转能力，已经成为二号大豆交割库所在地，国产、进口、期货豆可以直接进入港区。公司设有4个散粕存储筒仓，总容量40 000t，12个散油储罐，总容量24 000t。凭借这些优势，产品可覆盖华北、西北、西南地区。

公司通过了ISO9001：2000标准、ISO14001：2001标准，通过建立了规范的质量管理体系、环境管理体系、食品安全管理体系以及定量包装计量管理体系，并坚持持续有效运行，取得了良好的社会效益和经济效益。

地址：青岛市北区港华路17号

邮编：266109

电话：0532-83265512

传真：0532-83265550

青岛环山饲料有限责任公司

青岛环山饲料有限责任公司成立于2002年6月，是环山集团投资近2 000万元，引进世界先进的生产设备和科学的管理经验，建成的一座年产量可达10万t的大型现代化饲料生产基地。公司地处青岛平度市同和工业园，交通十分便利，占地面积20 000 m^2，年产值近2亿，年年被评为“平度市50家骨干企业”与“青岛市饲料质量安全诚信先进企业”。公司员工队伍朝气蓬勃，具有良好的竞争力。技术力量雄厚，率先通过ISO9001：2000质量管理体系认证，专业技术人员占员工总数的89%。投入生产以来，青岛环山依靠人才优势、资金优势、品牌优势，在短时间内取得了骄人的业绩，实现了超常规、跳跃式发展，为环山集团实施密集深度开发，降低成本，更好地维护客户的利益打好了基础，成为了环山集团发展的中坚力量。

今后，公司将继续以高质量、高技术、好信誉、好服务的宗旨为广大养殖户服务，青岛环山期待与您共同发展！一流的人才、一流的设备、一流的管理、一流的服务，青岛环山明天会更好！

地址：青岛平度市同和工业园胶平路421号

邮编：266706

电话：0532-87312932

传真：0532-87313052

青岛新特瑞集团

青岛新特瑞集团是以生物技术为依托，集畜禽、水产饲料、动物保健品、生物制品研究、开发、生产、销售为一体的大型农牧企业集团。集团总部设在商贸、文化、自然条件良好的海滨城市——青岛。目前在山东省境内拥有6家饲料企业。

充分发挥生物技术和集团协作优势，加快农村养殖业专业化、规模化、现代化发展进程，实现无公害和绿色畜产品生产，是集团不懈的追求。推进生物技术的研究开发和应用，在利用生物活性物质方面取得重大突破，能够降低畜产品药残、改善肉质、提高料肉比、增强对疾病抵抗能力，提高中国畜产品出口能力，并已配套应用于集团的饲料生产和畜禽疾病防治，取得良好的社会效益和经济效益。

公司拥有一支高科技人才队伍，具有一流的科研力量。从产品调研、技术开发、生产制造、组织营销、售后服务整个过程引进国际先进管理方式，并与国内外知名科研机构保持紧密合作。公司生产的产品能达国际领先水平。公司于2002年12月荣获“山东省畜牧行业饲料十大知名品牌”企业。2005年11月当选为中国饲料工业协会常务理事单位。2006年通过

ISO9000 认证。

坚持“高科技、高品质”的经营理念,本着“以人为本、服务为先”的宗旨,真诚服务于农民,无私奉献于社会,把产品与服务都做到最好,是公司永远不变的承诺。愿与中国各位畜牧业同仁,共创美好人生和健康生活。

地址:青岛市汇泉路 17 号东海国际大厦 3117 室
邮编:266071
电话:0532-83880559
传真:0532-83880559

青岛神丰牧业有限公司

青岛神丰牧业有限公司系中国饲料行业前十强的唐人神集团、禾丰牧业(集团)股份有限公司以及东南亚最大的农牧集团-新加坡新雅集团三强联手、共同出资、合力创建的大型现代化专业饲料生产企业。企业于 2005 年 8 月正式投产运作, 总投资 2 000 余万元,占地 50 亩,年生产能力 15 万 t。

神丰技术由禾丰集团选派的资深营养配方师任秉新博士负责,并由刘双硕士作其助手,整体技术以禾丰集团为后盾。禾丰集团技术专家阵容强大,拥有百余名博士、硕士、教授、专家组成的技术队伍,这相当于一所大学一个学院的科研力量。禾丰集团为神丰公司引进了世界最先进的美国 Brill 配方软件, 结合国内外先进技术和山东畜牧业特点精心设计出畜、禽浓缩料和配合料产品。2007 年 9 月,神丰顺利通过由上海质量体系审核中心负责认证的 ISO9001 质量管理体系和 ISO22000(含 HACCP)食品安全管理体系双认证。

神丰公司的创立是国内外大型农牧企业由竞争到竞合,从而强强合作的典范,是禾丰集团和唐人神集团正式进军齐鲁市场旗帜性企业。神丰将秉承并整合这三大集团各方面的优势,以三大集团作为坚强后盾来支持企业快速发展。自创立以来,全体神丰人励精图治、逆势而上,在山东饲料行业和畜牧养殖业中已建立了较大的影响力和较高的知名度。

神丰全体员工愿以高标准的职业化精神要求自己,为顾客提供更专业、更全面的配套服务,并时刻倾听广大顾客的心声,不断引领市场,开发高技术含量、高品质、高档次、高效益的全新产品,全力以赴,努力实现与所有合作伙伴共赢的经营理念,为中国畜牧饲料工业的发展及带动广大农民致富做出应有的贡献。

地址:胶南市营海工业园
邮编:266318
电话:0532-85267117
传真:0532-85267037

河南省

河南川府饲料有限公司

河南川府饲料有限公司是河南省农业科学院直属科技型饲料企业,现为河南省饲料工业协会副会长单位,2006 年被评为河南省饲料工业科技创新先进单位。公司已通过 ISO9001:2000 质量管理体系认证和 HACCP 食品安全管理体系认证。

公司生产销售包括猪、鸡、牛、兔在内的复合预混料、浓缩饲料、颗粒饲料,公司视产品质量为生命,利用河南省农科院农业部农产品质检中心的优势,对所有原材料都有严格的质量检测, 以河南省农科院、河南农业大学等单位研究人员组成的产品开发团队,始终紧密跟踪市场变化,不断创新,向市场提供质优价廉的各类产品。

公司坚持产品=产品+服务的理念,重视产品技术服务,在河南省内建立了 7 个办事处,有 30 多位畜牧专业本科毕业生活跃在生产第一线,为养殖者排忧解难,提供养殖技术、信息技术、疾病防治、送货上门等多项服务,为推动科学养殖、新农村建设做出了贡献。

河南聚丰饲料科技有限公司

河南聚丰饲料科技有限公司成立于 2001 年 10 月,位于郑州市惠济区大河路中段,占地 120 余亩,南临 310 国道,北靠黄河公路大桥,是一家集高科技饲料研发、生产和进口原料、添加剂贸易于一体的大型现代化企业。

公司自创建以来,始终坚持“以市场为导向,以质量求生存,以科技求发展”的方针,秉承“聚科技伟力,丰养殖宏业,健康亿万民众”的经营理念,实施品牌战略,经济效益持续稳定增长。目前,公司生产有猪、鸡、鸭、鱼、牛、羊、兔、鹌鹑、山鸡、鸽等 10 大类 100 多种系列全价、浓缩及预混合饲料,产品科技含量高、品质精良,深受广大用户好评,畅销河南、河北、安徽、山东、湖北等 20 多个省市,是“河南饲料工业 10 强企业”、“河南高新技术企业”、“河南饲料行业科技进步先进集体”、“农业产业化经营先进企业”、“农业产业化省级重点龙头企业”、和“AAA 级信用企业”。

公司现有员工 300 多人,其中动物营养及养殖博士、高级管理学博士 6 人,饲料及添加剂资深研究专家 22 人,农牧专业人员达到 80%,营销队伍专业化程度达到 90%以上。

为提高产品竞争力, 公司在创立品牌的同时,致力于开发更高层次的系列产品,引进了国内一流的全套生产设备和现代化的信息管理系统,并先后通过了

ISO9000 质量管理体系认证和 HACCP 认证。

"专业化、本土化、科学化"凸显了公司的服务营销的威力。公司每年投资上百万元举办养殖户培训班和养殖座谈会。截至目前,公司已经举办大规模培训班和座谈会 30 多期,与会人员达 15 000 多人次。

公司以"聚科技伟力,丰养殖宏业,健康亿万民众"为企业经营理念,"点滴做起,追求完善","为优秀人才提供舞台,植根用户,融入行业,共同发展"立足并完全融入畜牧行业,坚持与农民用户、与员工、与同行、与整个行业共同发展,全力为祖国的社会主义新农村建设服务。

河南亿万中元生物技术有限公司

河南亿万中元生物技术有限公司成立于 1996 年,公司地处河南省新郑市龙湖镇,主要生产猪、鸡、鸭、鱼、牛、羊、兔等系列预混合饲料、浓缩饲料、全价配合饲料。

在社会各届新老朋友的关怀和支持下,公司各项业务拓展迅速。经过十余年的发展,目前公司已成为一个集团化的高科技民营企业,亿万中元系列饲料产品以可靠的质量赢得了广大用户及经销商朋友的赞誉。河南亿万中元生物技术有限公司为首批获得中华人民共和国农业部第 125 号公告颁布的添加剂预混合饲料生产许可证企业,现许可证编号为:饲预(2005)0197。

公司自成立以来,始终秉承"质量是生命,用户是上帝,科学技术是第一生产力,人才是企业源动力"的企业警训,以优质的产品、优惠的政策、优良的服务为基础,广纳贤才,博采国内外先进的配方与生产技术,使产品不断推陈出新,并以先进的饲料兽药生产及化验设备、强健精干的销售队伍、专业技术人员的指导与完善服务为依托,构建起了以中原为中心辐射全国的销售网络。优质高效的产品给广大用户带来的是高额的投入产出回报,在用户心目中塑造的是中国饲料名牌"亿万中元"。

"双赢·共发展"是公司共同的目的,"第一"是公司锲而不舍追求的目标。中元人正以自强不息、永不言败的开拓创新精神,拼搏进取;以带领亿万农民养殖致富奔小康为已任,努力耕耘;以广纳百川、博采众长之魂魄,提升产品市场竞争力。相信在不久的将来,亿万中元将以蓬勃之势成为亿万农民心中的太阳,将为世界打造出生物科技饲料之典范。

河南银发企业

河南银发企业始建于 1997 年,是一家主要从事饲料生产与销售、饲料原料贸易、现代化畜禽养殖、兽药销售等事业的综合性大型企业。公司总部位于河南省郑州市,经过 10 多年发展,已发展成为固定资产达 5 000 多万元,年销售额 2 亿元的大型企业。在河南新郑、河南信阳、湖北荆州设有 3 大生产基地,年产浓缩饲料、配合饲料、预混合饲料计 20 万 t 左右。公司占地 17 000 m^2,现有职工 200 余人,其中具有企业经营管理、动物营养、畜牧兽医等中高级人才 20 余人。公司具有目前饲料行业一流的自动化生产设备,为生产高质量的饲料提供了保障。

银发企业一贯奉行"生产和提供一流的饲料,降低养殖成本,提高养殖效益"的企业宗旨,推行"标准化、程序化、数据化、人本化"的四化管理原则。以中国农业科学院、中国农业大学为技术依托,应用先进的科学技术和最新科研成果,生产的"银发牌"、"黑汉牌"、"银凤牌"猪用浓缩饲料和全价饲料,深受养殖户的喜爱。公司于 2006 年通过了 ISO9001:2000 国际质量管理体系认证。目前,产品不仅遍布省内各地,而且远销晋、冀、鲁、皖、鄂、陕等周边省份。

银发企业愿与各界朋友共创饲料行业新纪元。

湖北省

安琪酵母股份有限公司

安琪酵母股份有限公司是从事酵母及酵母衍生物产品经营的专业化公司、国家重点高新技术企业。公司主导产品包括面包酵母、酿酒酵母、酵母抽提物、营养酵母、生物饲料添加剂等。产品应用领域为烘焙、发酵面食、酿酒等食品制造业及医药保健、动物营养与保健等。公司酵母生产规模和市场占有率均居于国内同行之首,是中国酵母行业的排头兵,"安琪"商标是中国驰名商标、中国名牌、行业标志性品牌。

公司前身为宜昌食用酵母基地,始建于 1986 年,是由原国家科委中国生物工程开发中心、中科院微生物所、国家计委科技司三家联合建议立项,国家计委布点的全国惟一一家活性干酵母工业性试验基地。1998 年改制设立安琪酵母股份有限公司,2000 年公司股票在上海证券交易所挂牌上市。

公司拥有雄厚的研发实力,设有"国家科技成果重点推广计划-酵母技术研究推广中心"、国家级博士后科研工作站。公司专业技术人员占员工总数的 76% 以上,同时还外聘一批国内外知名专家为客座研究员和技术顾问。高效、灵活、崇尚科学、尊重知识的优秀团队,成为公司持续、快速、健康发展的支撑系统。公司设有分子生物学、菌种保藏、发酵工艺、酵母抽提物、面食发酵、生物医药及营养保健品等研究室,拥有世界一流的试验装置和检测设备。公司有着众多的国际、国内技术合作伙伴,形成了以自主研究为主、引进合作相结合及矩阵式项目组织模式为特点的研发机制。

公司酵母系列产品生产线吸收了当今世界发酵工业领域的最新技术成果,以先进的集散控制系统为支撑,引进德国、瑞典、西班牙、意大利等欧洲先进的生物工程装备,采用了西门子过程控制系统,实现全集成自动化生产,确保了酵母系列产品的高质量、低成本优势。

公司建立了以技术服务为核心的全国性市场服务网络,形成了信息灵敏、反映迅速、渠道畅通、控制有力的营销网络,同时正逐步建立国际市场服务体系。公司依托学术团体、专业媒体为用户提供全方位、专业化技术服务。

武汉艾立动物营养有限公司

武汉艾立动物营养有限公司是台湾艾立生物股份有限公司和武汉正源动物营养工程有限公司合资成立的一家高新技术企业。公司拥有标准化的预混料生产线,所有设备均由国内一流专业厂家提供。目前,艾立公司聚集了数十位从业多年,技术精湛的动物营养和兽医专业人才,能及时为广大用户提供全方位的服务,公司技术配方由台湾艾立生物的营养博士根据国内最新养殖特点精心设计,营养均衡,针对性强。

公司主要原料均由国外进口,产品采用了包被隔离技术,性能稳定,质量优异。在2004年,公司生产的系列预混料被中国饲料工业协会评为"信得过产品",同年,公司被武汉市科学技术局评为"高新技术企业";2005年,公司被武汉市饲料工作办公室授予"先进企业"的光荣称号;2007年,公司系列产品被湖北省政府授予"湖北名牌"的光荣称号。为了进一步提升公司品牌形象,更好地为广大用户服务,公司积极推进标准化体系建设,并于2007年顺利通过ISO9001/HACCP双体系认证。

促进中国畜牧业的健康发展,是公司的使命;成为中国最好的动物营养品供应商,是公司的目标;员工进步,企业发展,整合资源,满足需求,是公司全体员工的心愿;认真、快、坚守承诺,是公司的作风。公司将一如既往地以顾客为关注焦点,为用户提供最优质的产品,最及时高效的服务,让广大养殖业者与公司一起成长。

武汉邦之德牧业科技有限公司

武汉邦之德牧业科技有限公司是一家集产、学、研于一体,专业从事生物饲料新产品的研发、生产及销售的高新技术企业。拥有一批矢志于生物饲料新产品研发的国内知名专家、教授和一支训练有素的高素质员工队伍。

公司自成立起就采用现代企业管理制度,2003年就通过了英国摩迪公司ISO9001:2000国际质量管理体系认证;2003年被武汉市人民政府授予"武汉市高新技术企业";2006年被武汉市饲料办评为"武汉市饲料先进企业",2007年9月公司产品被湖北省名牌推进委员会和湖北省质监局授予"湖北名牌产品"称号。

公司主导产品是"帮之德"牌"肽黄金",包括植物蛋白多肽和饲用微生态制剂,拥有80亩的"肽黄金"生产基地,年生产能力达到5万t,采用经农业部鉴定的国内领先技术水平。产品广泛适用于配制畜禽、水产、特种养殖等各种功能性饲料,尤其适合于配制幼龄动物和特殊水产饲料时作为高效饲料蛋白源的配方原料。产品性能独特、高效安全、品质稳定,产品畅销全国,深受市场欢迎。

"邦之德"人秉承"科技立业、尚德兴邦"的发展理念,愿与海内外同仁精诚合作,共创饲料工业的美好明天。

地址:湖北省武昌区体育馆路特1号香格里嘉园C-1-2002室

邮编:430071

电话:027-51826129

传真:027-51826130

网址:http://www.whhw.com.cn

E-mail:whbzd@whhw.com.cn

宜城市襄大农牧有限公司

襄大农牧有限公司是鄂西北地区最大的民营农牧饲料加工企业,是国家财政投资参股企业,是农业产业化国家重点龙头企业,连续5年被中国农业银行评为AAA级信用单位,被湖北省工商行政管理局评为重合同守信誉单位,"襄大"商标被评为著名商标,企业2004年通过ISO9001质量体系认证,2007年被湖北省质量监督局授予"湖北名牌产品"称号。

公司占地15多万 m^2,注册资金6 500万元,企业总投资13 380万元。公司主要从事猪、鸡、鸭、鱼等畜禽不同时期的优质颗粒饲料、浓缩饲料、预混合饲料的生产加工,同时生产艾维鸡、三黄鸡等良种鸡苗。公司年饲料生产能力达30万t,孵化良种雏鸡1 700万羽,粮食储藏仓容达30 000t。生产的"襄大"牌、"神豹"牌等40多种配合饲料、预混合饲料畅销省内外。2007年饲料销售收入28 680万元,利润1 660万元。

公司拟在"十一五"期间,建成一个以饲料生产为龙头,以种禽、种猪繁育、畜禽回收、宰杀分割冷冻为一体的产业链企业,真正起到"龙头"带动作用。

湖南省

湖南九鼎科技(集团)有限公司

湖南九鼎科技(集团)有限公司成立于1994年,位于湖南省岳阳经济技术开发区高新科技工业园,注册资金为5 375万元人民币。是湖南省高新技术企业和农业产业化龙头企业。

公司以猪用系列复合预混合饲料、浓缩配合饲料为主导产品,辅之以鸡、鸭、鱼配合饲料和兽药预混剂,下辖7个分(子)公司,现有员工1 500余人。拥有年加工40万t添加剂预混合饲料、150万t浓缩配合饲料的生产装置,资产总额逾10 000万元人民币。产品畅销全国20多个省、市(区),颇受客户青睐。近三年,工业生产总值连续以4成以上的速度递增。2007年,完成工业生产总值8.26亿元人民币。

目前,九鼎人正以"创造价值,共享成功,实现自我,和谐社会"为己任,全方位抓安全,全过程抓质量,全流程抓成本,全身心抓服务,立足农业,面向农村,服务农民。为建设社会主义新农村,为我国的饲料业、养殖业做出新的贡献。

地址:湖南省岳阳市屈原路6号

电话:0730-8711944、8712757

传真:0730-8711184、8711854

湖南恒惠投资实业集团有限公司

湖南恒惠投资实业集团有限公司始成立于1998年12月,总部设在湖南省永州市,是由原湖南恒惠饲料有限公司发展起来的民营企业集团。集团秉承"政府满意、客户愿意、员工乐意"的宗旨和"恒久品质、惠及万家"的经营理念,以饲料工业为基础,发展农业产业。现已建成了从饲料-种猪-生态种养业-商品猪贸易-生猪屠宰分割及肉制品深加工的产业链,并涉足职业技术教育等领域,发展成为"湖南省农业产业化龙头企业"。

目前,湖南恒惠投资实业集团有限公司注册资金5 068万元,在永州市凤凰园经济开发区建成了设备先进、技术领先的饲料工业园,年产能达21万t,生产销售"恒惠"牌猪、鸭、鸡、鱼等系列饲料。

子公司湖南恒惠农牧有限公司作为集团产业链中的一环,农牧基地占地700余亩,拥有省一级良种猪繁殖场1个、大型标准化规模养殖场2个,种猪生产通过了ISO9001:2000质量管理体系认证。大力发展特色经济作物的种植开发,形成规模示范效应。同时,充分利用集团的资金、技术、信息及产业链的优势,通过公司+基地+农户的模式,与广大农户建立利益联结机制,辐射、带动农户发展种植养殖业,促进农民增收、农业增效。

湖南恒惠集团为促进农业产业结构调整和产业化经营,促进农民增收、农业增效,为建设新农村、构建和谐社会做出了积极的贡献。

广东省

广东加大实业有限公司

广东加大实业有限公司是一家以高新技术为主导,集饲料生产、销售为一体的现代化农牧企业。加大专心致志做好猪饲料、养好(种)猪,年产销猪饲料达到10多万t。从美国直接进口500头原种猪,为养猪户提供最优质的种猪。"饲料+种猪",实现"1+1>2"的经营理念。加大的目标是做中国猪饲料第一品牌、中国种猪第一品牌。

加大以"企业、客户、社会三方有利"为企业的经营宗旨,与客户建立双赢的合作伙伴关系。"做对自己和他人有好处的事,绝不做对自己有好处、对他人有坏处的事"是加大人的行为准则。加大致力于提高产品品质及生产力,降低成本,开发新产品,向科技要效益,同时满足消费者不断变化的需求。

加大的目标是立足中国,面向世界,做中国最优秀的农牧企业,做世界的加大。

广东恒兴集团有限公司

广东恒兴集团有限公司是一家集种苗繁育、饲料生产、水产养殖、水产品加工、进出口贸易和相关科研于一体的大型民营企业。集团总资产26多亿元,下属企业30多家,年产值逾50亿元,员工8 000多人。

广东恒兴集团有限公司先后被评为"农业产业化国家重点龙头企业"、"国家火炬计划重点高新技术企业"、"中国优秀民营科技企业"、"全国守合同重信用企业"、"中国民营企业500强"、"广东民营企业100强"、"全国饲料行业10强之一",并获得"中国驰名商标"、"中国名牌产品"、"产品质量国家免检产品"、"广东省文明单位"、"广东省模范纳税户"等荣誉。

恒兴集团致力于农业产业化发展,始终坚持"以市场为导向、以科技为动力、以客户为根本、以员工为基础、以服务为核心"的经营理念,大力实施"沿海发展战略"、"人才强企战略"和"科技带动战略",充分发挥资源优势、科技优势、品牌优势和人才优势,积极推行"公司+基地+农户"的农业产业化运作模式,为用户创造价值,为社会提供安全、营养、健康的食品,致力于改善人类生活品质。

公司的目标是"专业化恒兴、产业化恒兴、国际化恒兴"。

广东肇庆星湖生物科技股份有限公司

星湖生物科技股份有限公司坐落在历史文化名城端州古郡，是我国味精行业首家上市公司，被誉为21世纪高新技术的朝阳企业。

公司的前身是一家名不见经传的农业微生物厂，1981年乘改革开放的春风转产味精，1992年转制成立股份公司，1994年股票在沪上市。转制15年来，公司弘扬"团结、自强、求实、进取"的企业精神，艰苦奋斗，开拓创新，以建立现代企业制度为方向，以发展生物工程微生物发酵主营业为龙头，积极调整产品结构上规模，使公司得到长足的进步。从生产单一产品味精的生产发展到国内规模最大的肌苷、L-脯氨酸、利巴韦林医药原料，再到生产填补国内空白的I加G高级调味增鲜剂；和华南地区最具规模的L-苏氨酸、植酸酶，L-赖氨酸盐酸盐等饲料添加剂。从最初只生产调味品系列到生产医药原料药、食品添加剂和饲料添加剂等4大系列产品。公司的净资产15年增15.15倍，销售额增5.28倍。进入"中国最具发展潜力上市公司50强"、"全国轻工企业200强"、"全国化工企业500强"；成为广东省高新科技企业、"广东省优秀高新技术企业"、"国家火炬计划优秀高新技术企业"。

公司从小到大，从弱到强。迄今为止，已拥有全资及控参股企业10家，员工近3千人，以及一大批精明强干的专业技术人才。已建立国家级企业技术中心、博士后工作站和若干个属下企业研究所，拥有世界水准的实验、检测和中试装备。先后有55项集体、25个个人荣获国家、省、部级奖励，获国家发明专利6项。

在新一轮的国际竞争浪潮中，星湖科技面临新的挑战和机遇。公司坚持以生物工程产业为发展方向，树立和落实科学发展观，以全球眼光和战略思维，勇于改革创新，增强发展实力，不断超越自我，超越对手，追求卓越，确保公司长盛不衰。沿着"高科技、高效益、规模化"的发展战略，昂首阔步奔向未来！

中山统一企业有限公司

中山统一企业有限公司系台湾统一企业集团于1995年6月14日投资设立的独资企业，投资额为4 849万美元，注册资本额1 940万美元。

公司主要经营水产饲料、锦鲤饲料、观赏鱼饲料及其他饲料之生产制造与销售，时产水产配合饲料29t，年产水产饲料15万t以上，可生产粉料、颗粒料、膨化料(观赏鱼料、膨化浮料、膨化沉料)等多元化产品。饲料产品无药残、水质污染低；饲养之商品鱼成活率高、抗病力及抗应激能力强、耐运输。公司产品目前畅销广东、福建及海南等省市。

公司引进台湾统一企业累积40多年最先进的水产饲料生产技术、水产养殖技术及科学管理方法，并采用国际先进水平生产设备，以保证为水产业者提供最佳的饲料品质与服务。公司现有员工230人，其中水产养殖、动物营养及饲料加工硕士、工程师等各类专业技术人员50余人，聘请国内外专家担任常年技术顾问，生产及养殖技术居行内领先地位。

为增强顾客满意度及加强公司管理水平，全面提升饲料品质，公司于2001年11月通过了ISO 9001质量管理体系认证，质量控管坚持"三不"原则，即"不接受不合格品，不制造不合格品，不交付不合格品"；并于2002年年初通过广东省先进技术企业评比；公司2004年初取得鳗鱼饲料、罗非鱼饲料《出口食用动物饲用饲料生产企业登记备案证》，同年统一牌鳗鱼配合饲料被评为广东省名牌产品。2007年公司技术研发中心被评为中山市级技术中心，不断精进配方技术及生产技术，确保向顾客交付优质、稳定、安全之饲料产品。

海南省

文昌市歌颂畜禽公司

文昌市歌颂畜禽发展有限公司位于文昌市锦山镇。公司已有10多年的发展历史，是一家集饲料加工、畜禽种苗繁育、生产基地建设和产品销售于一体的海南省级龙头企业。现拥有二条生产线年生产能力10万t的饲料加工厂，歌颂牌饲料有10多个品种，在市场上享有名气；拥有3个种猪场和1个肉猪场，占地面积500多亩，种猪饲养能力达到1 500头，肉猪生产能力达到20 000多头；拥有一个种鸡场和一个种鸭场，年繁殖商品禽苗能力达1 000万只，还有淡水养殖300多亩。公司依靠自身力量，不向政府和银行伸手，一步一个脚印，脚踏实地壮大自身实力，与同行共生共赢。

地址：海南省文昌市歌颂畜禽发展有限公司
邮编：571126
电话：0898-63691128
传真：0898-63691128

海南新希望农业有限公司

海南新希望农业有限公司隶属于中国最大的农牧企业之一的四川新希望集团，直属于由其控股的四川新希望农业股份有限公司，于1999年在海南投资建成的以饲料业为主的服务型农牧企业，公司占地面积50余亩，总投资4 000余万元，员工150余人。公司位于海口市美兰区灵山镇，距离美兰国际机场仅5km。

公司一直秉持"为股东创造价值，与客户共享利益,为员工创造机会,与社会共同进步"的企业理念立志于建"百年老店";坚持"依法兴饲倡导行业风范,技术创新推动牧业发展,品质卓越追求顾客满意,产业经营实现社会效益"的质量方针。采用国内先进的生产设备、全电脑自动控制系统,配套最新防潮通风设施,运用先进的生产技术工艺,独特的营养配方,向海南的养殖户提供通过ISO9001国际质量管理体系认证及获得国家免检产品认证的"希望"、"南国"牌高性价比的畜禽、水产饲料和优质服务。

通过多年来的创新经营和管理,已构建起以讲责任、讲绩效、讲市场、讲创新为核心的经营管理文化,建立了一个凝聚力、向心力、亲和力强的经营管理团队。建立起了符合海南养殖业特点、贴近广大用户的营销网络和服务平台,坚持向用户提供高性价比的产品和优质的服务。公司以每年20%以上的幅度向前发展,2007年产销量近20万t,其中鱼饲料、鸡饲料、鸭饲料最为海南的用户所称道,占海南市场的17%,业务遍布海南全省,赢得了广大用户的信赖,实现了持续、健康、稳定的发展。

海南新希望热忱欢迎各级领导、各界朋友前来公司指导工作;热忱欢迎广大经销商、养殖户与公司携手合作、共谋发展!

地址:海南省海口市美兰区灵山镇新大洲大道北侧

邮编:571126

电话:0898-65721638、65721761、65721762

传真:0898-65720733

E-mail:hainanxiwang@newhope.sina.net

广西壮族自治区

广西彼得汉预混饲料有限公司

广西彼得汉预混饲料有限公司始建于1989年,是中国饲料行业最早的以生产销售预混合饲料为主的中外合资合营企业,由英国、新加坡、和中国香港以及广西牧工商公司等股东合资兴建。公司生产销售的"比得好"牌产品涵盖所有家禽、家畜、水产以及宠物等动物饲料,产品畅销全国各地并出口东南亚各国。

公司秉承"创一流的产品,一流的服务,全力扶持养殖致富"的理念,充分发挥企业的资源优势,实现了跨越式的发展,先后于1992年建立重庆彼得汉公司,于1996年建立了越南河内彼得汉公司和胡志明市分公司,成为中国饲料行业率先走出国门的饲料企业。随着经济全球化的推进和中国加入WTO,公司于2001年与全球动物饲料产品领域的领导者--荷兰普乐维美集团实现企业重组。彼得汉与普乐维美集团的强强联合,使公司在人力资源、技术信息、管理、资金以及服务等在同行中都具有绝对优势,确保了公司的强势稳步发展。

经过近20年的艰苦创业,广西彼得汉公司已发展成为中国最大的预混合饲料生产企业之一,"比得好"已成为中国著名的饲料品牌。公司是中国饲料行业标准化技术委员会会员单位和广西出口食用动物饲用饲料生产一类企业,是营造"诚信经营,放心消费"环境承诺单位。公司于2002年通过了ISO9001:2000国际质量管理体系认证。

公司将再接再厉,继续努力,为广大用户提供性价比更高的优质产品、更优质的服务,为创造更好的经济效益和社会效益做出更多的贡献。

广西商大科技有限公司

广西商大科技有限公司是一家从事畜禽水产复合预混合饲料研发、生产和销售的专业企业,在中国——东盟经济园区(广西·南宁)拥有占地20 000多m²的研发生产基地,该基地年生产能力达5万t。目前,商大产品主要覆盖广西、广东、海南、云南、贵州、湖南等地。

广西商大科技有限公司技术力量雄厚,拥有一支由动物营养、畜牧兽医等专业的博士、硕士组成的技术团队,公司以四川农业大学动物营养研究所——广西商大科技有限公司博士工作站的专业研究为基础,同四川农业大学、中国农业大学、中国饲料研究所、广西大学等多所著名高校及科研单位的专家开展广泛的交流与合作,不断提升产品研发技术水平和服务水准,以优秀的产品和服务,赢得了广大客户及行业同仁的褒扬!

广西商大科技有限公司始终坚持"服务为本、品质第一、和衷共济、利益均沾"的经营宗旨,在向客户推荐优秀产品的同时,系统地为客户提供营养方案、饲养方案、健康控制方案及企业管理方案,还与国内外多所高校及专业机构合作,向国内的饲料加工企业、养殖企业、专业用户传递动物营养、动物健康、饲料加工、饲养管理及企业管理的先进理念,共同提升行业技术与管理水平。

面对未来的发展机遇与挑战,商大科技将坚持科技领先、不断创新,坚持以客户为中心,努力打造"广西商大——种猪营养专家"的行业品牌,为畜牧业的发展提供更加有力的支持与帮助,让养殖更轻松!让生活更精彩!

桂林市万康生物化工有限公司

桂林市万康生物化工有限公司创建于1992年,是中国最早自行研发生产饲料及食品保鲜产品的专业企业之一。公司位于广西桂林市八里街定江三号工业区内,占地 40 余亩,建有 5 000 余 m^2 布局合理、设备精良的生产综合楼、生活楼及辅助建筑设施。

万康公司始终坚持"以人为本"的企业发展理念,注重科研创新、产品质量及服务,拥有一支专业化、高素质、德才兼备的员工队伍,其中大、中专学历者比例占员工总数的 70%。

在致力企业发展壮大的同时,万康以奉献社会为己任,除诚实纳税外,还热心投入社会公益事业当中,年年慷慨捐资,为当地乡村建设、大中小学教育、贫困救助、抗洪救灾等做出了自己的贡献,获得了社会各界一致好评。

一流的技术、品质及服务,为万康产品赢得了广大用户的信任。除当地饲料企业外,万康产品还成为通威集团、新希望集团、正邦集团、华港集团、华西希望集团、双胞胎集团、加大集团、海大集团、恒兴集团等知名企业指定供货产品。 万康公司将秉承"诚实、贡献"的企业价值观、不断创新,继续为用户提供精益求精的产品及服务,为饲料行业的健康发展做出更大贡献。

广西汇杰科技饲料有限公司

广西汇杰科技饲料有限公司位于广西南宁良庆经济开发区亮岭一街 5 号。公司自创建以来,一直秉承"以人为本,向客户提供最优质产品和服务"的经营理念和"关注细节、精益求精"的作风,以优秀的产品创建自己的品牌,以优质的服务在客户中树立自己的形象。其业务包括为规模养殖场提供 "优质、安全、环保"的预混饲料、浓缩料饲料和配合饲料,以及高标准的售前、售中和售后服务。公司的管理制度完善,2005 年通过了 ISO9001:2000 国际标准质量体系认证,2005 年、2006 年连续两年被广西出入境检验检疫局评为"一类企业"。

"以顾客为关注焦点,共享双赢"这是汇杰公司创建以来的经营宗旨。为了提升公司的科技开发实力和综合竞争能力,公司与美国 AGFEED 公司强强联合,为公司今后在管理理念、企业文化、资源配置、人才流动国际化提供了一个坚实的基础。公司经过对市场细分整理,顺应市场需求,创建了"福牛连锁"的营销模式,在业内引起了强烈反响。

顾客满意是公司一直以来的追求, 在 2007 年汇杰公司联合广西北斗星动物保健品有限公司、广西桂牧叮种猪有限责任公司组成服务联盟,多次对养殖户进行技术培训、为客户提供原料、成品、疾病检测、疾病的预防等服务,这一联盟服务取得了顾客的高度赞评。

经汇杰人的不断努力,汇杰公司年产量已达 6 000 多 t,连续 5 年以超过每年 50%的增长率快速发展。

广西南宁骏威饲料有限公司

广西南宁骏威饲料有限公司是一家专业生产各种优质的饲料级单项微量元素添加剂及畜、禽、水产类复合矿物元素添加剂和复合预混料的企业,拥有自主进出口权。公司技术力量雄厚, 检验仪器先进、齐全,并建立了完善的质量管理体系,取得了 ISO9001-2000 质量管理体系和 Qnet 认证证书。

现公司正在实施科、工、贸一体化的发展战略,旗下拥有"广西南宁益维饲料科技有限公司"和"广西南宁市杰威贸易有限公司"两个全资子公司;同时,公司在南宁六景工业园区已投资 1000 多万元正在兴建占地面积 20 000 多 m^2 的现代化的生产基地。目前公司主要生产有饲料级硫酸铜、硫酸亚铁、硫酸锌、硫酸锰、硫酸镁、氧化锌等单项微量元素产品,同时也生产碘酸钙、亚硒酸钠、硫酸钴等稀释剂产品及畜、禽、水产类复合多矿、复合预混合饲料等产品,每年总产量 30 000 多 t。另外,公司还可以按用户提供的质量指标生产符合其质量要求的产品。

现公司生产的微量元素系列产品除了占广西地区 70%以上的市场份额外,还远销广东、福建、浙江、江苏、辽宁、河南、河北、海南等 20 多个省市,与国内多家大型饲料企业都建立了长期稳定的合作关系。同时,公司生产的产品还出口到美国、越南、泰国、韩国、巴基斯坦、印尼、科伦坡、土耳其、智利、新加坡、新西兰和台湾等国家和地区,产品质量得到了国内外用户的广泛认可。

"以质量求生存,以信誉求发展"是公司的企业宗旨。凭着过硬的产品质量和良好的信誉,产品销售量年年攀升,企业影响力不断扩大。展望未来,公司将再接再厉,以稳定的产品质量和更优质的服务力争为中国的畜牧业发展做出更大的贡献。

地址:广西南宁市长岗路五里 1-3 号
邮编:530023
电话:0771-5611937、5616003
传真:0771-5618578、5610784
网址:www.jun-wei.com
E-mail:yiyiweiwei@tom.com

重庆市

重庆三旺饲料有公司

重庆三旺饲料有限公司是重庆市沙坪坝区人民政府 2003 年招商引资入驻青木关镇青凤工业园的大型饲料生产企业,2003 年 11 月工商注册,2005 年 5 月投产。现已完成投资 4 000 万元人民币, 占地 50

亩，新建生产厂房及库房面积 15 000 m^2，引进、安装饲料行业先进水平的美国 CPM 双差调质制粒设备、后熟化冷却设备、水滴式微粉生产设备等系列大型自动化生产设备。目前已完成 4 条生产线建设，固定资产 2 000 多万元，具有年产 40 万 t 生产能力。公司 2007 年实现销量 11.70 万 t，销售收入 2.70 亿元，实现利润 202 万元。

地址：重庆市沙坪坝区青木关镇青凤工业园

电话：023-65603918、65604979

重庆铁骑力士牧业科技有限公司

重庆铁骑力士牧业科技有限公司系国家级农业产业化重点龙头企业——四川铁骑力士集团独资的集饲料生产、牧业、生物工程、科研、服务、推广、贸易于一体的大型高科技企业，是专业研究、开发、生产畜、禽高档配合饲料、预混料，且专门致力于研究、开发、生产安全无公害饲料的大型样板企业！

重庆公司其前身为四川铁骑力士集团重庆销售公司，于 2005 年 3 月 31 日正式成立，位于重庆荣昌工业开发区，占地面积 50 余亩，拥有固定资产 4 000 余万元，年产值 4.80 亿元。公司拥有江苏牧羊集团生产的、目前国际领先的两条颗粒料自动化生产线，工艺设备先进。公司视质量为企业的生存根本，从原材料种植、收割、入厂到生产加工、产品出厂，全部由质检中心全程监测，严格做到原材料不合格不入厂，成品不合格不出厂；坚持“科技是公司的命根子，产品就是公司的人品”这一宗旨，不断的提高和改进产品的科技含量和适应性，开发出符合市场行情的经济效益型和绿色保健型产品。公司所在地重庆荣昌畜牧业发达、历史悠久，地处川渝交界处，位于成渝经济圈之中心地带，成渝铁路、成渝高速公路横贯而过，交通十分便利。

公司通过为广大养殖朋友提供最优质的高科技产品、最快捷的售后服务、最新的市场信息、最佳的养殖指南为广大养殖朋友搭起了一座通向养殖致富的桥梁，受到了养殖户和市场的认同，产品畅销重庆、四川、湖南、湖北、云南、贵州等多个省市地区，成为西南地区有口皆碑的著名饲料企业之一。

地址：重庆市荣昌县板桥工业园区大道 7 号

邮编：402460

电话：023-46760153

传真：023-46760151

重庆通威饲料有限公司

重庆通威饲料有限公司系通威股份所属全资子公司，建成于 1995 年 6 月 28 日，公司集饲料科研、生产、销售为一体，拥有国内先进的生产设备和工艺技术，研发生产的“通威”、“通力”、“合家欢”3 大系列鱼、猪、鸡、鸭 4 个品系百余个规格品种的饲料在川渝市场十分畅销，深受广大用户的好评，通威系列饲料已同时获得“中国驰名商标、国家免检产品、中国名牌产品”等 3 项国家殊荣。重庆地区先后荣获“用户喜爱产品”等称号。

公司经营始终秉承“追求卓越、奉献社会”的宗旨，奉行“诚、信、正、一”的经营理念，依靠科技，坚持以人为本，以质量为基础，以管理为保障，以市场为中心的经营原则，组建形成了一支务实高效的经营团队，不断推进企业稳健快速发展。

公司继 1997 年通过 ISO9002 国际质量体系认证和国家产品质量方圆认证后，2006 年又在行业率先通过了食品安全体系认证，标志着公司产品质量控制水平和质量体系保证水平已达到国际标准，成为重庆饲料行业的一面旗帜。

公司将坚持以立足饲料研发，促进养殖事业发展为已任，以通威股份全面启动“全国万户重点用户共同成长计划”为契机，加快企业建设，为振兴与繁荣地方经济做出更大的贡献！

重庆正大有限公司

重庆正大有限公司是由泰国正大集团和重庆市农垦控股(集团)有限公司，于 1991 年 8 月合资创办的一座现代化饲料工业企业，总投资额 1 480 万美元，注册资本 592 万美元。

公司年产能为 26 万 t，生产“正大”、“山友”两大品牌，猪、鸡、鸭、鱼 4 大系列，90 多个品种和规格的饲料产品。产品具有配方科学，营养全面，适口性好，充分满足畜禽生长需要，投入产出比高等特点，畅销重庆及川、黔等毗邻省市。年产销量连续 5 年超过 20 万 t，经营业绩在重庆及川东同行业中排第一位，创造了良好的社会效益和经济效益。

在继续做大做强饲料产业的同时，采用“公司+农户”及一条龙垂直整合模式开展畜禽养殖及食品加工销售事业，积极延伸产业链。未来的重庆正大将不再只是一家饲料企业，而会成为一家向消费者提供绿色、健康的肉、蛋产品的食品企业。

重庆正佳饲料有限公司

重庆正佳饲料有限公司成立于 2005 年，是集饲料研发、生产和销售为一体的企业。公司位于重庆的北方重镇-风景秀美的江城合川、举世闻名的钓鱼城下。

随着我国农业产业结构调整和规模化养猪的发

展，全国各地都在不断地推广优质的瘦肉型猪种，如PIC 配套系猪、长白猪、大约克猪、杜洛克猪以及洋三元、洋二元杂交商品猪等。这些猪的显著特点是长势快、瘦肉率高，但在饲养过程中往往也遇到很多问题，特别是饲料营养问题。从国外引进的良种猪，其营养水平比地方猪种高得多，如果采用我国地方猪种的方式饲养，往往是事倍功半。为了解决这一矛盾，公司研发专家对不同猪种的营养需要进行了长期、深入的对比研究，并取得了丰硕的成果，研制出了特别适合于优良品种的种猪、乳仔猪及生长肥育猪的系列添加剂预混合饲料、浓缩饲料、配合饲料，取得了极好的效果。

公司本着“厚德、诚信、团结、创新”的经营理念，以一流的产品打造一流的品牌，更好地为中国的养猪事业服务，为中国饲料工业的健康发展而不断努力。

地址：重庆市合川区钓鱼城办事处思居村十二社
邮编：401538
电话：023-42894886、42891669

四川省

崇州市旺达饲料有限公司

崇州市旺达饲料有限公司是一家具有 13 年历史的大型饲料加工企业，位于四川省成都市南郊 30km 处的三江镇工业园区，由四川省畜牧科学研究院饲料研究所提供全面技术支持，是该所的一号科研基地。建厂 10 余年来，公司已发展成集养殖示范、科学研究、生产加工、成片推广、售后服务为一体的专业化生产畜、禽、鱼配合饲料和浓缩饲料的现代化企业，在全国各地拥有 2 600 多家饲料专销店。

公司总占地 60 多亩，现有职工 500 余人，拥有国内最先进的电脑程控生产流水线和完善的检测设备，具有年生产配合饲料 20 余万 t、浓缩饲料 5 余万 t 的生产能力，产品有 100 多个品种，2007 年产值达 5.97 亿元，是西部地区首家通过方圆标志认证集团四川分公司国家饲料产品认证的企业。

崇州市旺达饲料有限公司建立了科学的管理规范、提升企业执行能力，严格执行和持续改进 ISO9001 管理体系，推进企业持续改进。公司建立并完善了质量管理体系，以管理体系为依托，又进行了国家饲料产品认证。这些体系和产品的认证，一方面向市场展示了公司的形象和实力，同时进一步规范了公司的管理、理顺了部门管理关系、明确了人员相关职责，使企业管理逐步实现了程序化、规范化和法制化轨道。

地址：四川省崇州市三江镇工业园区
电话：(028)82249315
传真：(028)82249643
E-mail：wcycp888@163.com

成都华西希望农业科学技术研究所

华西希望农业科学技术研究所是华西希望集团投资数千万元兴建的集科研开发、饲料生产经营为一体的多功能研究所，是集团的核心技术中心和员工培训基地，是四川农业大学动物营养研究所的博士工作站，也是中国农科院饲料研究所在西南的饲料技术分支研究机构。农研所现有职工 200 余人，其中动物营养、畜牧兽医等相关专业本科以上学历者占 60%以上，有数名博士、硕士研究生，科研实力雄厚。农研所生产、质检设备精良，被誉为国内最具实力的饲料研究机构。

农研所一直坚持“以质量打造品牌，以服务体现价值，以管理创造效益”的经营管理理念和“技术领先，质量过硬，服务到位，开拓创新”的办所方针。生产的“健珠”牌系列饲料，由于产品质量高、养殖效益好，赢得了广大养殖朋友的肯定和认可，在市场上树立了良好的口碑和品牌形象。农研所有一支实力较强、稳定的专业研发队伍，有国内外先进的研究设施和条件，拥有持续的研发能力，2006 年在全国众多企业中脱颖而出，荣获“感动中国畜牧兽医科技创新领军企业”荣誉称号，这标志着农研所的科研水平、创新能力又迈上了一个新台阶。

地址：四川新津兴乐工业区
邮编：611430
电话：028-82469999
E-mail：hxxwnys@126.com

四川省汉源化工总厂

四川省汉源化工总厂位于成都西南方向，国道 108 线公路旁的大渡河畔，距成昆铁路汉源火车站 45km。现有职工 390 人，总资产 8 100 万元，年产饲料级磷酸氢钙 8 万 t，磷酸二氢钙 1 万 t，锌焙砂 5 000t。四川省汉源化工总厂始建于 1992 年，下属有氢钙分厂、硫酸分厂、化工分厂；自有硫铁矿、铅锌矿、磷矿、石灰矿等原料基地。

建厂以来，企业坚持“以人为本，诚信经营，科学管理，不断创新”的企业信念，立足于自身特有的四大优势(即政策优势，技术优势，质量优势，市场优势)，不断发展壮大。本厂主产品“汉光”牌饲料级磷酸氢钙各项理化指标均优于 HG2636:2000 标准，产品质量档次高，曾多次荣获国家级、省(部)级金奖。企业同四川省内外 100 多家饲料企业建立了良好的供求关系，市场占有率达 12%，且供不应求，发展潜力较大。

目前,企业抓住瀑电建设历史机遇和国家西部大开发重点扶持产业政策,在工业园区征地120亩,复建年产10万t饲料级磷酸氢钙生产线、年产10万t硫酸生产线和年产5万t饲料级磷酸二氢钙生产线各一条,同时设计配套相关的磷化工产品,将企业做大做强,逐步建成为顾客满意的全国磷化工重要基地。该项目前期工程已于2006年10月正式启动。通过复建,一个投资8 000余万元,产值收入上亿,利税上千万的新型花园式工厂将出现在万里工业园区。

企业本着"质量第一、用户至上、满足要求、持续发展"的宗旨,在产品的经营销售上,提供完善周到的服务,用合作发展的思维与各地客商一起开拓扩大市场,竭诚与国内外人士建立长期的合作伙伴关系,共同谋求新发展。公司秉承勤奋踏实、与时俱进、一丝不苟、精益求精的精神,期望与您共创明天的辉煌,汉源化工——将是您明智的选择!

地址:四川省汉源县富林镇

邮编:625300

电话:0835-4222998、4226289

传真:0835-4226288

网址:http://www.schanguang.com

E-mail:aaa@ schanguang.com

贵州省

贵阳富源饲料有限公司

贵阳富源饲料公司创立于2000年4月,是一家专业从事高档猪用饲料研发、生产、销售和养殖技术服务于一体的现代化农牧集团企业,先后荣获贵州省工商局"重合同守信用单位"以及贵阳市"农业产业化重点龙头企业"等殊荣,2007年顺利通过了ISO9001~2000国际质量管理体系认证。

公司采用现代化管理模式,拥有自动化全套先进设备和科学的生产工艺,年生产能力达30万t以上,现有职工200余人,大(中)专及以上学历占职工总数的80%以上。科学的人员素质结构,为公司的发展和腾飞提供了强大的技术力量保障。

公司始终坚持以质量求发展,"不断超越自我,品质决定未来"的经营理念体现了公司对产品品质的不懈追求。公司产品质量稳定、品质优良,5大系列40多个品种畅销贵州省内外,赢得了用户的广泛赞誉,拥有了十分健全的销售网络和长期稳定的客户群体。并先后在全省各地建立了示范养殖基地,为落后地区乡亲尽快脱贫致富做出了自己应有的贡献。

伴着新世纪的钟声,贵阳富源饲料有限公司不断发展壮大,公司将一如既往与饲料、养殖业的同仁们真诚合作,为促进贵州经济发展,推动绿色饲料,健康养殖,食品安全事业的腾飞,提高人民健康水平而不懈努力!

地址:贵州省贵阳市白云区沙文镇下街(沙文镇粮管所内)

邮编:550016

电话:(0851)4400888

传真:(0851)4401880

贵阳新希望农业科技有限公司

贵阳新希望农业科技有限公司是四川新希望农业股份有限公司借西部大开发东风,为满足贵州广大养殖户的需求,投资3 000万元在贵州兴建的饲料生产及农业开发的综合型现代化企业。公司位于贵阳市乌当区金华镇三甫村,占地40余亩,紧邻321国道和贵黄高速公路,距贵阳市城区17km,距清镇市10km,林东铁路货运站距公司仅2km,交通十分便利,地理位置优越。

公司是贵州省目前最新最大的饲料生产企业,环境优雅,设备一流,配置了当前贵州省最大的膨化饲料设备,运用先进的饲料后熟化及后喷工艺,具有年产30万t优质畜、禽、鱼饲料生产能力。公司产品"希望"、"新珠"、"展望"、"好人"、"恒博"牌系列饲料是动物营养专家根据国内外饲料行业最新研究成果、结合贵州养殖实际、通过电脑精细配方推出的新品牌,具有适口性好、营养转化率高、迅速提高饲养对象健康水平和免疫功能等特点,使饲养对象生长迅速且肉质细嫩,是广大养殖户致富的好帮手。

公司遵循建设"百年新希望"的目标,奉行"诚信永恒,博采众长"的经营理念,以"忠诚、敬业、廉洁、高效"的态度始终坚持质量第一、服务第一,对经销商、合作者和用户以诚相待、讲求信誉,在产品与管理上博采众家之长,努力为客户提供优质的产品和服务。

公司秉承"依靠政策,发展事业,服务人民,回馈社会,报效祖国"的企业宗旨,期盼与各级有关部门、经销商和养殖户建立长期的、可持续发展的真诚合作关系,在企业取得发展的同时为"兴黔富民"做贡献。

贵阳正邦畜牧有限公司

贵阳正邦畜牧有限公司是国家级农业产业化重点龙头企业正邦集团属下第56家子公司,也是深圳证券交易所上市公司"正邦科技"投资贵州农牧的第一座桥头堡,于2005年初注册设立,第一期工程投资2 000万元。

贵阳正邦畜牧有限公司设立3年来在社会各界关怀下得到了快速发展,2007年实现主营业务收入近7 000万元。公司位于风景秀丽、交通便捷的贵阳市花溪区改貌，厂址左邻国家粮食储备库专用线，右接黔桂、湘黔两大铁路交汇站，孟筑公路与厂并行，依山建筑掩映花木葱茏，百亩厂区鸟瞰绿树成荫。

作为全国饲料安全质量承起单位的正邦集团的一员，公司引进目前国内最先进的超微粉碎、双节调质、优先熟化等全套饲料生产设备，根据贵州当地水土结构、高原气候及散养为主的特点，研制生产畜禽水产系列绿色饲料，坚持科技创新、市场先行，实现销售养殖双生共赢，同时在企业发展的过程中，形成了“把小公司做成大公司，把大公司做成大家的公司”的核心价值观；追求“以人为本、以正兴邦”的经营哲学；不断弘扬“求实、和合、卓越”的企业精神；坚持“员工进步，企业发展；广泛联合，永远惠民”的经营宗旨；倡导“至诚、至信、至高、至卓”的工作作风；秉承“负责、谦虚、仁爱”的为人修养和“勤于学习、善于学习、终身学习”的学习观，将员工的思想和行为统一在了正邦的文化中，实现了员工进步与企业发展相结合、企业发展与社会进步相结合，不断追求与客户共享成功、与员工共求发展、与社会共同进步。

贵州森威实业有限责任公司

贵州森威实业有限责任公司位于贵州省福泉市，属福泉市招商引资企业，主要从事精细磷化工产品生产、磷酸盐技术开发及矿山开采，公司占地 103 亩，于 2005 年 11 月完成工商注册，注册资金 1 200 万元，公司现有员工 380 余人，有大专以上学历专业技术人员、管理人员 138 人。

经福泉市发展改革局立项批准，根据公司发展规划，公司一期投资 6000 万元在贵州省福泉市牛场镇双龙工业园区建设的 10 万 t/a 饲料级磷酸氢钙、5 万 t/a 饲料级磷酸氢钙、5 万 t/a 肥料级磷酸氢钙于 2007 年 9 月建成投产，正式生产后可年实现销售收入 2.50 亿元，实现利税 2 000 万元。

公司以专业技术为基础，本着“诚信为本、科学管理、开拓创新、服务优质”的经营理念，以“卓越管理、完美品质、可靠信誉”为准则，全心致力于精细磷化工及磷酸盐技术的开发。

云南省

昆明市华港饲料有限公司

昆明市华港饲料有限公司成立于 1996 年，是福建省华港农牧集团有限公司在西南地区投资兴建的大型饲料生产企业，占地面积 80 余亩，总投资 5 000 余万元，坐落于云南省安宁市，距昆明市中心 28km，紧邻成昆铁路和安楚高速公路，交通十分便利。公司拥有两条全电脑流水生产线，共有员工 160 余人，大中专以上专业技术人员 60 人。专业生产“华港”、“康华”、“康力”品牌禽畜和水产配合、浓缩饲料，年生产能力达 18 万 t。产品配方科学、品质优良、养殖回报率高，畅销云贵川 70 多个县市，深受广大养殖户欢迎和喜爱，曾先后荣获云南省经贸委、技术监督局“优质产品”和“云南省饲料工业协会特别推荐产品”称号。

公司奉行“助农民富裕、让社会满意、让政府放心”的经营理念，坚持“以人为本、科技驱动”的管理原则，讲究“行动果断、从严务实、精益求精、事事一流”的工作作风，以服务社会、促进农牧业发展为目标。公司愿意为西南地区畜牧业的发展、为广大养殖户朋友们的发家致富竭诚奉献！

昆明新希望农业科技有限公司

昆明新希望农业科技有限公司是四川新希望集团在安宁市投资新建的全资子公司，2003 年 7 月建成投产 。

公司总投资 4 000 万元，占地面积 40 亩，年设计生产能力 24 万 t，公司拥有目前国内最先进的 UMT600 型楼层式制粒机组、第三代超微粉粹机、高精度混合机组、油脂后喷涂等设施的现代化生产设备和全电脑、全封闭专用浮性鱼饲料生产线。采用一流的生产工艺和调质技术，生产“奇佳、世博、云珠、”牌猪、鸡、鸭、鱼、牛五大系列、50 多个品种的浓缩饲料、全价饲料、精料补充饲料等。公司现有员工 120 余名，其中大中专学历占 60%以上，拥有一支具有高级畜牧、兽医、水产专业技术职称人员组成的技术服务队伍。常年向养殖户传授先进的养殖技术和提供产品的售前、售中和售后服务。

公司隶属于上市股份公司——四川新希望农业股份有限公司的直接领导，内部管理严格按照现代企业管理制度和证监会的要求规范运行。质量管理体系健全完整，产品质量检测手段科学先进、检测设备齐全，公司通过 ISO9001~2000 国际质量管理体系认证，公司生产的“奇佳、云珠、世博”猪、鸡、鱼、鸭饲料，2005 年荣获国家质量监督检验检疫总局颁发的产品质量免检证书。

昆明云岭广大种禽饲料有限公司

昆明云岭广大种禽饲料有限公司位于昆明东郊白沙河青龙村，是一家集鸡苗生产、饲料及预混合饲料生产、鲜蛋生产、肥猪生产、农产品及饲料原料贸易、畜禽科技开发与畜禽疾病门诊咨询服务为一体的现代化民营(改制)农牧企业。

其前身是始建于 1977 年的国有昆明实验养鸡

场，2004年9月，借助国企改制的契机，云岭广大种禽饲料有限公司与时俱进，建成年生产24万t级饲料厂，努力打造高科技饲料新产品。每年可向社会提供“云岭广大”牌系列畜禽预混料5 000t，浓缩饲料及全价配合饲料18万t，配套饲料及鸡苗销售，全年开展饲料原料贸易及养殖技术咨询服务，提供养殖设备、疫苗及药品等全程服务。

配合公司多年形成的鸡苗营销品牌，从良种繁育、饲料加工、家禽饲养、疫病防治、产品深加工、养殖技术普及推广等方面，全力打造养殖业完整产业链，从而推进农业产业化进程，为广大农村养殖户提供最全面、最专业的高科技服务。2005年鸡苗和饲料产品同时荣获昆明市首届“国际农业博览会优质产品奖”，2007年饲料荣获昆明市第三届“国际农业博览会金奖”，同时被云南省饲料工业协会评为“云南省饲料20强企业”和云南省饲料先进企业。

地址：昆明东郊白沙河青龙村

邮编：650215

电话：0871-3806152、3806156

传真：0871-3807331

云南邦格动物保健品有限公司

云南邦格动物保健品有限公司是国内一家集饲料添加剂贸易、添加剂复合预混合饲料、浓缩饲料、全价配合饲料生产、经营，养殖为一体的现代化农牧企业。公司成立于1994年，注册资本1 000万元人民币。目前旗下有云南广阔天地饲料有限公司、红河邦格牧业有限公司、昆明喜联丰商贸有限公司3个子公司。年销售收入近2亿元，为云南省饲料工业20强。

公司坚持以科技为中心、以人才为根本，注重产品质量和产品效益的体现，与国内外知名农业院校、科研院所进行技术交流和合作，结合国内外的先进技术和发展趋势，公司技术专家根据云南省养殖业现况成功开发了“广阔天地”、“邦格”两大系列80多个品种的畜、禽、水产、反刍动物添加剂预混料。产品质量和服务得到用户的一致好评，“邦格”商标荣获云南省著名商标。

本着“诚信经营”的服务理念，经过10多年的积累和发展，公司已成为云南省最大添加剂贸易商，负责引进国内、外新型饲料添加剂产品及技术在全省推广应用，截至目前，已累计出资100多万元举办各类学术研讨及技术交流会，有力地促进了本企业和云南饲料、养殖企业的科技进步。

在构筑邦格发展与壮大事业平台的同时，公司注重人才培养及员工福利，选派优秀员工继续学习深造、每年组织员工带薪度假、旅游，使企业成为员工学习知识、发展自我、实现人生价值的舞台。

公司以“引领农牧科技、推动食品安全、关爱人类健康”为企业使命，致力于云南农牧产业化经营、全心全意为三农服务，创永久品牌、造百年邦格。

陕西省

西安禾丰饲料科技有限公司

西安禾丰饲料科技有限公司是辽宁禾丰牧业集团股份有限公司在陕西投资的企业，是禾丰集团在西北地区的母公司，现已创建下属企业韩城禾丰和武威禾丰。公司地处风景秀丽的临潼新丰工业园，拥有年产10万余t高品质饲料的现代化生产线。目前，拥有“禾丰”、“天地”两大品牌。西安禾丰饲料科技有限公司是以饲料科技开发、生产、销售、技术服务为主营的高新技术企业。

公司自1997年8月成立以来，依靠先进的技术，高品质的产品，完善的技术服务和勤俭、高效的工作风格屡创佳绩。经过近10年的奋斗，市场辐射陕、甘、宁、新、晋、豫等地，产品涵盖鸡、猪、鱼、牛4大系列的预混合饲料、浓缩饲料和颗粒饲料100余个品种。

西安禾丰公司始终坚持永远不采用不合格原料；永远不使用不正常设备；永远不允许不规范操作；永远不生产不达标产品；永远不忽视不满意顾客；永远不容忍不完善服务的6大质量方针，追求出厂产品合格率100%；库存成品抽样合格率100%；承诺服务项目的顾客满意率100%的3个质量目标。从配方设计、生产品控、原料采购，技术服务等各个环节都是经过专业人员的缜密思考精心设计，严格把关，快速反应，确保用户使用安全、放心的饲料，使养殖效益得到提高。

西安禾丰公司正以专业化、规范化、科学化的管理，努力打造西北饲料市场中的第一品牌。

地址：陕西省西安市临潼区新丰镇

邮编：710608

电话：(029)81397888、81397666

传真：(029) 81397777

网址：http://www.wellhope-ag.com

E-Mail：xahefeng@wellhope-ag.com

西安佳美饲料科技有限责任公司

西安佳美饲料科技有限责任公司是一家股份制民营饲料加工企业，总投资1000万人民币，位于西安经济技术开发区泾河工业园，西临西铜高速公路，离西安市中心仅20多km，地理位置得天独厚。

公司主要生产鸡、猪、鱼、鸭、牛羊等浓缩饲料、全价配合饲料，产品涉及五大系列100多个品种，公司与台湾正源集团进行技术合作,推出“2008 系列”高档猪料,树立起了良好的企业形象。目前产品已遍销省内各市、县,还远销山西、四川、甘肃、宁夏、内蒙等地。

2007 年,公司现有设备生产能力已不能满足市场日益扩张的销量需求,公司董事会决定在大荔县设立分公司,采用国内目前精良的正昌成套机组设备。佳美公司在进一步提高公司硬件设施的同时,也不断创新管理机制和提升企业文化,使公司循序向前发展。

西安佳美饲料科技有限责任公司将经济使命、社会使命和文化使命视为历史所赋予的神圣职责,以“做佳美精品,创行业典范”为企业宗旨,奉行“踏实做人,诚信经营”的经营理念,依靠科技,坚持以人为本,以质量为基础,以管理为保障,以市场为中心的经营原则,从无到有,从小到大,取得了巨大的成功。

热忱欢迎新老客户及社会各界朋友与佳美一起共同成长,共同成功!

咸阳铁骑力士饲料有限公司

咸阳铁骑力士饲料有限公司成立于 2002 年 7 月 18 日,是四川铁骑力士集团在陕西咸阳兴建的饲料企业,公司饲料年产能力 15 万 t,年销售收入过亿元。公司拥有两条现代化饲料生产线,全电脑操作控制。公司现有员工 150 余人,科室人员大专以上文凭占 90%。公司以先进的检测设备,科学严谨的饲料配方,严格的品质管理,热情、周到的服务,赢得了广大客户高度赞誉,树立了“高品质、高质量”的品牌形象。在产品方面公司用料考究,技术先进,管理科学,服务完善。

公司从 2002 以来,连续稳定的生产,以优良的产品,优质的服务,赢得了客户的信赖和社会的认可,2003~2006 年连年被评为“陕西省十佳饲料企业”、“陕西省饲料安全工程先进单位”。

公司产品于 2005 年 12 月被国家质量检验检疫总局评为“国家免检产品”。

深圳康达尔(高陵)饲料有限公司

深圳康达尔(高陵)饲料有限公司是由上市公司深圳市康达尔(集团)股份有限公司与西安罗曼公司合资联办的大型现代化饲料加工企业。公司创建于 1992 年 8 月,投产于 1993 年 7 月,占地 40 余亩,资产总额 3 000 多万元,是陕西第一家也是目前发展最好的外来饲料加工企业。系中国饲料百强企业、农业产业化经营省级重点龙头企业、ISO9001 质量体系认证企业。其产品康达尔和世纪康牌系列畜禽及水产饲料获得国家免检资格,并被列为陕西省名牌产品。公司目前共有员工 150 人,大中专以上学历的员工占 28%。

公司致力于畜、禽、水产饲料生产销售,并长期保持与西北农林科技大学、省畜牧兽医研究所、陕西省水产研究所等多家相关科研院所密切合作,同时进行动物营养的科学研究和技术推广。公司建厂之初引进美国 CPM 世界一流制粒设备,近年来又不断追加投资,依次引进了双层优质调质器、膨化大豆及膨化玉米工艺设备、油脂后喷涂工艺及设备、1mm 粒径鱼种饲料制粒设备,始终保持技术设备领先优势。每年向市场提供具有国家免检资格的康达尔和世纪康牌鸡、猪、鱼、鸭、牛、羊、水产等配合、浓缩饲料 7 大系列 100 多个品种及畜、禽复合预混合饲料 10 余万 t。产品遍销陕西、山西、甘肃、宁夏、河南、四川等省区,备受用户青睐。

甘肃省

武威市智慧农业科技有限责任公司

武威市智慧农业科技有限责任公司成立于 2002 年 10 月份,是陕西汉中智慧农业科技有限责任公司的合资公司,共同投资 1 000 万元,是武威生产规模较大的民营饲料生产企业之一。公司拥有年生产能力万吨以上的颗粒、浓缩饲料生产线两条,年生产能力为 4 万 t,全部实现电脑配料,微机控制的生产流水线,确保质量安全生产。主要生产慧旺、智能两个品牌的猪、鸡、牛、羊等系列饲料。

公司借西部大开发的机遇,本着发展畜牧业,带动一方经济的原则,以武威为中心,已经成功开拓了甘肃、宁夏、青海等市场。并长期于上海帝斯曼集团、西北农林科技大学、陕西汉中智慧农业科技有限责任公司建立了长期的合作关系,在有关专家的指导下不断优化产品配方,提高产品质量,完善生产加工工艺,以保证产品质量的稳定和提高。在对市场的不断探索中运用现代化企业管理制度,建立完善的质量监控体系,实行严格质量把关,为进一步加快武威市畜牧产业的发展做贡献。

公司以一流的设备,科学的配方,超前的技术,严格的管理以及优质的原料,生产销售一流的产品,加之公司一批高素质的营销人员,用科技发展农业的企业宗旨,科技领先、质量为本、诚实守信、互利互惠、共同发展的经营理念,用感恩、敬业、执行、学习、创新的企业精神,立足甘肃,放眼西北,争创名牌产品,为当地畜牧业的发展做出应有的贡献!

地址:甘肃省武威市凉州区高坝镇(312 国道 2479 公里处)

电话:0935-2118033

武威铁骑力士饲料有限公司

武威铁骑力士饲料有限公司，是四川铁骑力士集团于2007年6月在甘肃省武威市设立的第36家分公司，公司占地74余亩，总投资5 400万元，建成高标准钢结构库房4 800m²，加工车间2 200 m²，办公楼1 411 m²，总容量3 000t立筒仓两座，年生产饲料18万t。产品严格按照ISO9001国际质量认证标准生产，同时依托集团冯光德实验室的科研力量，特针对西北地域的养殖环境，自主研发的产品适合西北地域市场，产品主要有猪、鸡、牛3大系列36个品种的饲料，肉鸡饲料和猪饲料(包括仔猪、育肥猪饲料及全价饲料)。产品主要原料为豆粕、玉米、糖粕、棉粕、次粉等。目前产品已覆盖甘肃、新疆、宁夏、青海等省市。

武威铁骑力士饲料有限公司将秉承集团“用科技造福大众、把真情还给人民”的经营理念，坚持以“产品就是人品”的质量方针，用优质的产品和完善的技术服务帮助广大用户提高养殖水平和经济收入，客户满意是公司最神圣的使命和工作的标准。

武威新正大饲料有限公司

武威新正大饲料有限公司成立于2006年，公司位于武威市永昌镇工业园区，占地面积达43亩，年生产能力达10万t，现拥有固定资产480万元，是一家新时期崛起的新型高科技农牧企业，主要从事畜禽全价配合饲料、浓缩饲料及水产饲料的研制、开发、生产和销售。

公司拥有国内最先进的全自动化生产设备、完善的检验化验室和先进的检测手段，依托山东六合集团成功的核心技术，并拥有一批具有高、中级职称的专业技术人才，建立了完善的管理体系、营销网络和企业文化。公司坚持“以人为本，科学管理，诚信经营”为企业理念，以“艰苦创业，执着奋进，不断创新”为主导，结合西北地区畜牧业现状与发展趋势，秉诚“客户至上，质量第一，”的经营理念和“内抓管理，外拓市场，内聚人心，外塑形象”的工作方针，以稳定高效的质量，来保障产品的市场竞争优势，被武威市工商局评为“诚信单位”。

公司于2007年1月14日试生产，到2007年底，总销量达到19 130t，实现了质的飞越，同时得到了各方面的认可。公司以武威、张掖地区为核心，逐步拓展，相继进入酒泉、白银、兰州、临洮等地区，立志全力，打造“新正大昊迪”品牌，以客户需求为中心，不断扩大市场的占有率。“新正大昊迪”饲料深入人心，产品的质量稳定可靠，各地区的销售网络不断壮大，并且有良好的售前、售后服务体系，得到了广大养殖户的认可，成为该地饲料行业的知名品牌。公司快速的运营机制、优越的生产条件、健全的质量管理体制将吸纳更多的科研人员，为行业的科技创新提供良好平台，培养大批服务社会及行业的优秀人才，并依此推动西北饲料行业的进步。

青海省

青海乐都恒源饲料有限公司

青海乐都县恒源饲料有限公司创建于1997年，主要生产经营猪、牛、羊、鸡等各类饲料产品。公司是海东地区规模最大、设备最先进，技术含量较高的饲料生产企业之一。公司根据市场要求，积极推动饲料产品结构的升级换代，促进养殖业向规模化、集约化和现代化方向发展。

公司自1997年创建以来，经过多年的艰苦的创业，至今发展成为总投资达550万元，年生产能力达到3万t，占地面积6 700 m²，建筑面积960 m²，固定资产400余万元，流动资金150万元的综合性饲料加工企业。能够生产各种饲料配合饲料，并且生产的饲料质量好、品种全，深受广大客户欢迎。饲料产品主要销往青海省海东地区六县、海西州格尔木、德令哈以及甘肃省周边地区。公司充分利用饲料加工资源，促进粮食加工，转化和增值，推进二、三产业的发展，解决大量剩余劳动力，特别是近几年实施的“西繁东育”、“自繁自育”、“整村推进”等项目中，公司为养殖户提供优质饲料4 500多t，农户人均增加收入350元以上，使项目养殖效益得到了最大的发挥，为地方经济的发展做出应有的贡献。

青海明胶有限责任公司

青海明胶有限责任公司是由青海明胶股份有限公司出资，设立的有限责任公司。新生产线于2007年8月在青海生物科技产业园建成投产，占地面积80.80亩，总建筑面积3.50万㎡，总投资1亿元。

公司生产明胶、磷酸氢钙产品。生产设备先进，管理规范，技术力量雄厚，具有严格的质量保证体系。

公司磷酸氢钙年生产能力15 000t，产品中磷和钙含量丰富，是优质的牲畜饲料添加剂。产品多次在省、市技术监督局及饲料检测中心抽检、年检中，各项指标均符合国家标准。公司的“牛”牌系列产品获得“青海省名牌产品”称号。产品畅销国内外，享有良好的声誉。公司多年来始终坚持“以质量求发展”的方针，“以人为本”的管理理念，“用户至上”的经营思想，

"以技术进步"为依托,"以强化管理"为手段,牢固树立科技兴企的指导思想,狠抓产品质量、人才技术引进及技术创新等工作,使公司整体技术水平、竞争力不断迈上新台阶。

公司始终以市场为导向,以科技为动力,科学管理,强化质量意识,依靠科技进步,技术改造,不断提高产品质量,更好地为广大用户服务。

统 计 资 料

中国饲料工业统计资料

2007 年全国饲料产量

单位:t

地区	总产量	配合饲料							浓缩饲料	添加剂预混合料
		小计	猪料	蛋禽料	肉禽料	水产料	反刍料	其他		
全国	123309705	93188570	24113800	18201220	32702195	12866473	3502289	1802590	24911731	5209407
北京市	2548666	1186992	180001	125459	425689	206513	205635	43695	472212	889462
天津市	1963480	1247143	112108	136211	487083	263547	54655	193539	573622	142715
河北省	8350999	6643818	1223232	3942356	624338	350243	431844	71806	1588074	119107
山西省	2112047	1225444	253376	584556	274877	12120	90180	10335	852883	33720
内蒙古	1884847	1005721	105310	164458	186692	22123	486174	40965	831518	47608
辽宁省	8024208	4643457	434797	2509641	1167219	228710	138544	164544	3275337	105415
吉林省	3416500	1827000	217667	747900	594909	26471	56529	183524	1448800	140700
黑龙江	5700000	2700000	660000	400000	560000	220000	580000	280000	2780300	219700
上海市	1154894	912347	286577	224540	261669	108037	25623	5900	80710	161837
江苏省	5530100	4924113	467268	854043	1712537	1818799	49861	21605	286634	319353
浙江省	4229197	4021508	1691621	555020	747545	933480	34777	59065	47870	159819
安徽省	2145833	1925220	381238	222120	1245665	61960	5118	9118	177336	43277
福建省	2993887	2748489	806661	419982	822301	654537	4028	40981	61289	184110
江西省	3598885	2339955	1299075	230262	255582	235820	295260	23954	848953	409977
山东省	13718296	11276270	1483446	1054439	7850865	487925	220484	179112	2029112	412914
河南省	8520493	5450358	1825763	898237	2104688	449185	117462	55023	2900714	169421
湖北省	4275001	3566800	1390649	367775	449921	1355470	685	2300	596601	111600
湖南省	6871984	5302909	3182335	346071	804533	951744	14542	3685	1171192	397883
广东省	14036612	13496282	2757683	1353665	6461252	2821362	500	101820	220836	319494
海南省	1231757	1166743	322109	121899	510995	193516	–	18224	13013	52001
广西	3953946	3609378	1287077	398133	1650529	245312	2119	26207	280448	64121
重庆市	1646076	1225714	453876	219462	447566	65018	19700	20091	283058	137304
四川省	6322278	5047372	1751203	1084102	1618588	433565	55468	104446	961748	313158
贵州省	482152	251589	62881	28405	87666	58618	8940	5079	229564	1000
云南省	2502210	1811780	489676	427235	600300	273998	6819	13752	652400	38030
陕西省	2862685	1092000	423193	296809	99392	178685	64892	29029	1609185	161500
甘肃省	1161409	704217	261764	143416	88529	12333	131335	66840	451180	6012
青海省	93144	78044	38280	362	559	15	25742	13086	7	15094
宁夏	610329	525521	117912	87211	120043	61373	138982	–	70937	13871
新疆	1367789	1232386	147022	257451	440663	135994	236391	14865	116198	19204

2007 年全国饲料加工企业基本情况

地区	产品总产量(t)	工业总产值(万元)	营业收入(万元)
全国	123309705	33352700	32590900
北京市	2548666	2904810	2878585
天津市	1963480	450173	412132
河北省	8350999	1852927	1783410
山西省	2112047	388563	370800
内蒙古	1884847	449176	433702
辽宁省	8024208	1675011	1603247
吉林省	3416500	873000	873000
黑龙江	5700000	1340000	1320000
上海市	1154894	423777	422688
江苏省	5530100	1397835	1354609
浙江省	4229197	1113266	1059046
安徽省	2145833	398328	396774
福建省	2993887	917754	853988
江西省	1006000	1008000	1006000
山东省	13718296	3792484	3726766
河南省	8520493	1945053	1950804
湖北省	4275001	1075578	1035000
湖南省	6871984	1993946	1990654
广东省	14036612	3517518	3411248
海南省	1231757	364526	375612
广西	3953946	1070990	1042780
重庆市	1646076	337866	318803
四川省	6322278	1752012	1709071
贵州省	482152	32266	24137
云南省	2502210	650574	650058
陕西省	2862685	897432	892430
甘肃省	1161409	290651	264228
青海省	93144	5068	3575
宁夏	610329	146479	146390
新疆	1367789	287637	281363

2007 年全国饲料加工企业基本情况

地区	企业总数	企业经济类型							
		国有	集体	私营	联营	股份	港澳台	外商	其他
全国	**15376**	**340**	**312**	**8414**	**479**	**4945**	**168**	**237**	**481**
北京市	557	10	10	204	41	240	7	3	42
天津市	272	2	18	177	16	41	2	6	10
河北省	1502	7	20	989	6	418	1	8	53
山西省	631	30	47	266	65	183	2	7	31
内蒙古	407	6	5	204	2	186	2	1	1
辽宁省	1106	8	1	705	4	374	8	6	–
吉林省	586	–	1	501	15	55	1	5	8
黑龙江	876	5	8	280	20	556	1	6	–
上海市	130	7	2	51	1	53	3	8	5
江苏省	587	4	11	307	–	198	18	28	21
浙江省	592	3	6	381	9	159	5	4	25
安徽省	308	–	–	30	–	272	2	4	–
福建省	271	6	6	118	–	78	30	20	13
江西省	405	22	41	180	71	75	5	11	–
山东省	1566	15	49	895	50	470	7	35	45
河南省	796	10	11	464	67	199	3	12	30
湖北省	331	10	–	255	3	34	7	–	22
湖南省	509	8	21	234	40	186	3	8	9
广东省	631	17	13	290	9	159	47	24	72
海南省	39	–	–	18	3	15	1	2	–
广西	306	11	12	210	2	51	6	6	8
重庆市	278	9	1	151	3	111	–	1	2
四川省	968	10	9	639	10	255	5	16	24
贵州省	77	5	2	59	–	10	–	1	–
云南省	359	10	9	162	33	124	2	8	11
陕西省	486	12	5	181	–	287	–	1	–
甘肃省	283	81	–	166	2	1	–	–	33
青海省	68	7	3	42	4	12	–	–	–
宁夏	182	12	–	137	3	19	–	3	8
新疆	267	13	1	118	–	124	–	3	8

2007 年全国饲料加工企业职工情况

地区	职工总人数	其中职工学历构成(人数)				其中技术工种人员构成(人数)			
		博士	硕士	大学本科	大学专科	小计	检化验员	中控工	维修工
全国	**536201**	**1254**	**4211**	**52900**	**97655**	**60435**	**28011**	**13252**	**19172**
北京市	20579	110	263	2385	2801	1062	590	171	301
天津市	6995	7	59	1177	1750	616	249	167	200
河北省	23790	62	119	1589	3110	2950	1735	373	842
山西省	22826	24	44	2645	5113	6474	4288	571	1615
内蒙古	11478	30	114	1300	2011	1678	646	431	601
辽宁省	19877	30	132	1585	3139	2772	1355	425	992
吉林省	29510	8	38	4510	4160	2291	870	566	855
黑龙江	12838	18	40	360	420	723	573	24	126
上海市	7217	34	132	904	1126	864	371	185	308
江苏省	29869	89	297	3389	5593	3364	1427	965	972
浙江省	23714	67	248	1767	3476	3676	1364	1210	1102
安徽省	13601	16	132	1926	11527	224	224	–	–
福建省	13759	46	120	1403	2212	1560	643	436	481
江西省	17545	6	29	907	2110	2224	836	772	616
山东省	48895	104	347	4605	8752	5839	2780	1270	1789
河南省	24456	61	203	1709	5418	2888	1217	840	831
湖北省	12009	56	255	1644	2560	725	451	142	132
湖南省	23847	47	200	3189	5162	1982	929	495	558
广东省	33846	174	613	3970	5315	4067	1566	1026	1475
海南省	2401	12	46	306	425	323	117	108	98
广西	13709	20	75	1176	2251	1722	635	435	652
重庆市	9089	21	94	1006	1509	1187	439	372	376
四川省	46540	132	382	4117	6823	6299	2387	1205	2707
贵州省	1173	3	5	109	236	150	77	43	30
云南省	23909	20	65	931	2347	1454	461	432	561
陕西省	29305	38	93	2680	5670	912	487	142	283
甘肃省	4818	8	15	815	340	1220	850	130	240
青海省	1660	–	2	48	266	170	48	35	87
宁夏	2695	4	12	290	453	424	186	98	140
[illegible]	4251	7	37	458	1580	595	210	183	202

中国畜牧业统计资料

2007年全国主要畜禽年末存栏头数增减情况

指　　标	单　位	2007年	2006年	2007年比2006年增减	
				绝对数	%
一、大牲畜头数	万头	12309.4	12287.1	22.3	0.2
其中：役畜	万头	5052.3	6224.4	-1172.1	-18.8
1.牛	万头	10594.8	10465.1	129.7	1.2
其中：黄牛	万头	7880.1	7886.8	-6.7	-0.08
乳牛	万头	1225.9	1076.2	149.7	13.9
水牛	万头	1488.8	1502.2	-13.4	-0.9
2.马	万匹	702.8	719.5	-16.7	-2.3
3.驴	万头	689.1	730.6	-41.5	-5.7
4.骡	万匹	298.5	345.1	-46.6	-13.5
5.骆驼	万峰	24.2	26.9	-2.7	-10
二、猪	万头	43989.5	41850.4	2139.1	5.1
三、羊	万只	28564.7	28369.8	194.9	0.7
1.山羊	万只	14336.5	13768.0	568.5	4.1
2.绵羊	万只	14228.3	14601.8	-373.6	-2.6
四、家禽	万只	50.2	48.4	1.8	3.8
五、兔	万只	22182.1	21314.9	867.2	4.1

以上数据出自《中国农业年鉴》

2007 年全国畜牧业主要产品生产情况

指标	单位	2007 年	2006 年	2007 年比 2006 年增减	
				绝对数	%
一、大牲畜出栏量					
1.大牲畜出栏	万头	4792.17	4667.53	124.64	2.70
(1)牛	万头	4359.49	4222.03	137.46	3.26
(2)马	万匹	151.25	153.82	-2.57	-1.67
(3)驴	万头	216.07	223.14	-7.07	-3.17
(4)骡	万匹	57.95	61.25	-3.29	-5.37
(5)骆驼	万峰	7.40	7.29	0.11	1.55
2.猪	万头	56508.27	61207.26	-4698.99	-7.68
3.羊	万只	25570.71	24733.89	836.82	3.38
4.家禽	万只	95.79	93.05	2.73	2.94
5.兔	万只	44087.25	40367.73	3719.53	9.21
二、肉类总产量	万吨	6865.72	7089.04	-223.32	-3.15
其中:猪牛羊肉	万吨	5283.85	5590.96	-307.11	-5.49
1.猪肉	万吨	4287.82	4650.45	-362.64	-7.80
平均每头产肉量	千克	75.88	75.98	-0.10	-0.13
2.牛肉	万吨	613.41	576.67	36.74	6.37
平均每头产肉量	千克	140.71	136.59	4.12	3.02
3.羊肉	万吨	382.62	363.84	18.78	5.16
平均每只产肉量	千克	14.96	14.71	0.25	1.72
4.禽肉	万吨	1447.57	1363.11	84.46	6.20
5.兔肉	万吨	60.18	54.48	5.70	10.47
三、其他畜产品产量					
1.奶类	万吨	3633.38	3302.46	330.92	10.02
其中:牛奶	万吨	3525.24	3193.41	331.83	10.39
2.山羊毛	吨	38381.74	40512.37	-2130.63	-5.26
3.绵羊毛	吨	363469.86	388776.78	-25306.91	-6.51
其中:细羊毛	吨	123920.39	131807.70	-7887.31	-5.98
半细羊毛	吨	106760.07	116097.81	-9337.74	-8.04
4.羊绒	吨	18483.39	16395.06	2088.32	12.74
5.蜂蜜	吨	353501.00	332595.00	20906.00	6.29
6.禽蛋	万吨	2528.98	2424.00	104.98	4.33
7.蚕茧	吨	946791.43	882074.79	64716.64	7.34
其中:桑蚕茧	吨	879454.07	820021.29	59432.78	7.25

以上数据出自《中国农业年鉴》

2007年各地区畜牧业主要产品产量(一)

地区	肉类总产量(万t)	猪牛羊肉(万t)	其中			禽 肉(t)	奶 类(t)	牛 奶(t)
			猪 肉	牛 肉	羊 肉			
全国总计	**6865.7**	**5283.8**	**4287.8**	**613.4**	**382.6**	**14475740**	**36333766**	**35252443**
北 京	47.9	27.1	22.4	2.8	1.9	205592	622423	622409
天 津	33.8	25.7	20.5	3.9	1.4	77199	672142	672140
河 北	396.2	307.6	225.5	57.7	24.3	755373	4977031	4894372
山 西	58.1	53.2	44.1	3.9	5.2	36297	835105	811840
内蒙古	205.0	180.6	60.3	39.4	80.8	173373	9160615	9098399
辽 宁	348.0	236.2	191.0	38.2	7.0	1053892	1082986	1050969
吉 林	231.7	148.4	96.4	47.6	4.4	770618	479990	473099
黑龙江	165.0	135.7	92.1	33.2	10.4	267103	5117427	5083598
上 海	25.4	15.4	15.2	…	0.2	85226	220419	220419
江 苏	305.6	193.6	183.6	2.8	7.1	1073514	616559	602424
浙 江	149.6	114.6	111.4	1.0	2.1	334337	237105	237105
安 徽	323.8	232.8	202.5	17.1	13.2	885100	180978	180937
福 建	150.4	125.4	121.9	2.1	1.4	231342	166579	162741
江 西	244.7	196.0	187.7	7.3	1.1	475000	112771	112173
山 东	618.7	402.3	300.1	69.2	33.0	2051990	2421841	2189950
河 南	542.9	446.4	339.0	82.1	25.3	854930	2245679	2156129
湖 北	310.0	258.8	236.9	15.7	6.1	507034	155130	155113
湖 南	422.7	373.4	348.5	14.6	10.3	469744	76726	76726
广 东	385.7	241.4	235.4	5.3	0.7	1373150	129579	126334
广 西	329.0	220.5	206.2	11.7	2.7	1052730	69598	69518
海 南	54.7	35.5	32.6	2.0	0.9	174797	1428	1428
重 庆	159.3	136.0	130.3	4.2	1.6	201180	87095	87095
四 川	564.2	460.9	408.5	28.6	23.8	770230	654974	649821
贵 州	150.6	137.9	125.6	9.5	2.8	117084	40815	40636
云 南	266.1	238.6	203.6	24.8	10.2	251673	446525	423467
西 藏	23.7	23.6	1.2	14.2	8.2	1414	289388	229815
陕 西	96.0	84.7	70.2	7.6	7.0	83032	1802594	1490222
甘 肃	76.9	70.9	41.8	14.5	14.6	41500	352182	346925
青 海	31.4	30.8	7.6	14.5	8.7	3704	265054	249826
宁 夏	22.8	20.5	8.3	6.5	5.7	19856	774546	774546
新 疆	125.7	109.5	17.5	31.4	60.5	77727	2038482	1962268

以上数据出自《中国农业年鉴》

2007 年各地区畜牧业主要产品产量(二)

地区	禽蛋(万 t)	蜂蜜(t)	山羊毛(t)	绵羊毛(t)	其中		羊绒(t)	蚕茧(t)
					细羊毛	半细羊毛		
全国总计	25289827	353501	38382	363470	123920	106760	18483	946791
北京	155568	2326	141	807	38	68	53	
天津	193552	54	1	587	41	546		
河北	3964487	8910	3480	32051	6844	14485	789	1446
山西	473002	2942	1434	4486	785	624	695	5472
内蒙古	430232	4294	9303	98321	53322	13498	6672	6053
辽宁	2041495	2952	2030	9411	2386	6537	1446	48209
吉林	862604	8300	904	20367	14200	4215	110	2100
黑龙江	913921	10881	980	24929	4290	15837	856	3365
上海	55360	442	145	17		17		2
江苏	1660886	6552	11	775	372	403	3	111727
浙江	378742	89597	487	1587		1587		96262
安徽	1085766	14341	132	179	4	175		38695
福建	396921	8292						37
江西	363697	8537						10194
山东	3599046	9118	5149	9626	1729	4465	810	69298
河南	3367248	60346	3015	3958	1187	2771	2750	24425
湖北	1102899	9929	49	2		2		12168
湖南	856160	11052	7	3	3			273
广东	298028	14489	3					84050
广西	168243	8597						232724
海南	21677	781						
重庆	323499	8458		4	4			29196
四川	1452185	42041	690	6552	722	3567	33	108709
贵州	103459	1988	23	426	67	359	4	1631
云南	179513	6239	76	3862	288	1155	3	29637
西藏	2848		1160	9291	277	3038	932	
陕西	432925	3774	1834	5121	1897	1473	1029	30383
甘肃	123644	1257	1860	22365	7484	4389	434	483
青海	12580	561	827	14551	462	4256	355	
宁夏	56539	546	441	5040	664	1419	243	85
新疆	213101	5906	4199	89153	26855	21874	1265	168

数据出自《中国农业年鉴》

各地区主要畜牧年末存栏(一)

地　区	大牲畜(万头)	役　畜(万头)	牛(万头)	其　中				马(万匹)
				能繁育母牛	黄　牛	乳　牛	水　牛	
全国总计	12309.3	5052.3	10594.8	5646.0	7880.1	1225.9	1488.8	702.8
北　京	24.9	1.0	23.1	10.7	6.8	16.3		0.2
天　津	28.7	2.5	27.2	13.2	11.8	15.4		0.2
河　北	610.5	253.1	475.0	402.2	329.2	145.8		24.9
山　西	152.4	72.5	110.9	49.5	79.1	31.8		2.3
内蒙古	818.3	140.1	613.1	383.3	361.9	251.2		69.7
辽　宁	484.2	170.5	332.2	166.0	303.8	28.4		26.1
吉　林	615.1	167.5	539.3	369.0	524.4	14.8		47.8
黑龙江	565.0	117.2	523.5	379.1	387.4	136.1		29.9
上　海	7.5		7.5	4.0	…	7.3	0.1	
江　苏	40.7	11.3	33.3	15.7	11.6	16.3	5.5	0.9
浙　江	20.8	12.8	20.7	14.1	10.4	5.3	5.1	0.1
安　徽	144.0	54.4	143.0	62.8	107.0	6.0	30.0	0.3
福　建	63.1	55.9	63.1	37.6	40.0	3.3	19.9	
江　西	221.3	197.8	221.3	160.0	146.8	3.3	71.2	
山　东	610.8	185.2	570.7	266.3	491.0	79.3	0.5	7.3
河　南	1082.5	378.9	1030.8	506.1	925.5	55.6	49.6	15.9
湖　北	315.4	253.6	313.8	165.1	166.5	5.1	142.2	1.1
湖　南	412.3	376.4	407.7	247.8	253.2	2.4	152.0	4.0
广　东	221.8	176.5	221.6	80.1	100.6	5.4	115.7	0.2
广　西	441.9	72.9	396.8	163.2	174.7	4.7	217.4	40.3
海　南	78.1	38.1	78.1	47.5	32.7	0.2	45.3	
重　庆	98.2	95.5	94.4	78.5	66.4	1.4	26.6	2.6
四　川	1101.9	448.4	985.0	511.7	772.3	17.6	195.0	95.6
贵　州	612.1	502.3	513.1	190.8	335.0	9.3	168.9	95.1
云　南	903.1	504.8	725.7	241.2	463.9	19.0	242.7	75.5
西　藏	674.3	133.9	622.3	277.6	587.6	34.7		41.3
陕　西	193.5	131.4	166.0	122.7	125.5	39.3	1.2	1.0
甘　肃	576.2	302.8	415.3	167.3	403.2	12.1		13.7
青　海	478.9	35.6	447.1	183.9	425.2	21.9		16.6
宁　夏	110.9	33.4	96.6	47.5	70.5	26.1		0.3
新　疆	601.1	126.2	376.5	281.8	166.0	210.5		89.9

以上数据出自《中国农业年鉴》

各地区主要畜牧年末存栏(二)

地　区	驴(万头)	骡(万匹)	猪(万头)	能繁育母猪(万头)	羊(万只)	其　中	
						山　羊	绵　羊
全国总计	**689.1**	**298.5**	**43989.5**	**4233.8**	**28564.7**	**14336.5**	**14228.2**
北　京	1.2	0.4	168.2	20.7	78.9	21.6	57.3
天　津	1.0	0.4	147.9	14.5	35.3	4.2	31.1
河　北	80.7	29.9	1907.0	185.0	1583.7	643.5	940.2
山　西	20.4	18.8	422.2	38.0	746.4	374.6	371.8
内蒙古	87.3	39.7	636.4	81.0	5063.3	2237.9	2825.4
辽　宁	104.0	21.8	1429.4	171.5	675.9	349.7	326.2
吉　林	16.5	11.5	1084.8	86.8	457.3	91.4	365.8
黑龙江	8.1	3.6	1217.2	121.7	821.3	287.5	533.8
上　海			122.9	12.5	11.0	10.4	0.5
江　苏	5.4	1.0	1620.1	127.5	404.7	389.3	15.4
浙　江	...	...	1039.1	112.1	111.9	54.0	57.9
安　徽	0.6	0.2	1334.2	125.9	536.0	533.0	3.0
福　建			1294.6	105.6	81.8	81.8	
江　西			1420.1	127.8	55.5	55.5	
山　东	26.9	5.9	2656.5	338.9	2342.3	2018.0	324.3
河　南	27.1	8.7	4185.5	325.6	1940.9	1759.2	181.6
湖　北	0.4	0.2	2290.6	160.3	304.9	304.2	0.6
湖　南	0.4	0.2	3772.0	376.9	501.6	501.6	0.1
广　东			2275.1	185.6	35.4	35.5	
广　西	0.1	4.6	2169.5	252.0	155.1	155.1	
海　南			323.4	53.5	55.2	55.2	
重　庆	0.2	1.0	1422.9	145.5	121.3	121.3	...
四　川	10.3	11.0	5295.8	495.6	1710.5	1376.3	334.2
贵　州	0.2	3.7	1548.7	114.0	222.3	209.0	13.3
云　南	34.0	68.0	2457.6	225.5	825.8	752.1	73.8
西　藏	8.9	1.8	25.5	9.1	1707.1	98.2	1608.9
陕　西	18.7	7.8	851.6	84.7	667.5	539.9	127.6
甘　肃	101.8	44.1	562.0	59.9	1594.4	334.2	1260.2
青　海	6.1	8.6	88.8	7.1	1497.1	230.7	1266.4
宁　夏	9.9	4.1	82.6	9.8	385.2	76.4	308.8
疆	119.0	1.9	137.2	59.5	3835.2	635.4	3199.9

出自《中国农业年鉴》

中国水产养殖业统计资料

各地区水产品产量

地　区	总产量	1.海水产品	其中		2.内陆产品	其中	
			捕　捞	养　殖		捕　捞	养　殖
全国总计	**47475202**	**25508880**	**12435480**	**13073400**	**21966322**	**2256416**	**19709906**
北　京	60339	6130	6130		54209		54209
天　津	311537	44400	30185	14215	267137	8947	258190
河　北	906437	524303	253195	271108	382134	74314	307820
山　西	29575				29575	1201	28374
内蒙古	93565				93565	29429	64136
辽　宁	3612708	3021559	1166194	1855365	591149	40620	550529
吉　林	151610				151610	20521	131089
黑龙江	342506				342506	38737	303769
上　海	320000	155621	155586	35	164379	4584	159795
江　苏	4089904	1199155	573519	625636	2890749	321608	2569141
浙　江	4151340	3376194	2514920	861274	775146	86127	689019
安　徽	1664533				1664533	311745	1352788
福　建	5319950	4664713	1920960	2743753	655237	78237	577000
江　西	1806557				1806557	222627	1583930
山　东	7127665	5980743	2445466	3535277	1146922	114368	1032554
河　南	456794				456794	26548	430246
湖　北	2980434				2980434	363925	2616509
湖　南	1700888				1700888	154493	1546395
广　东	6643357	3731201	1501581	2229620	2912156	118306	2793850
广　西	2460560	1433236	669591	763645	1027324	101262	926062
海　南	1322724	1080586	907114	173472	242138	18070	224068
重　庆	185260				185260	9834	175426
四　川	910526				910526	62209	848317
贵　州	76798				76798	11275	65523
云　南	236587				236587	21228	215359
西　藏	528				528	441	87
陕　西	50323				50323	3642	46681
甘　肃	11449				11449	741	10708
青　海	1524				1524	53	1471
宁　夏	70439				70439	153	70286
新　疆	87746				87746	11171	76575

以上数据出自《中国农业年鉴》

各地区内陆养殖面积(一)

单位:公顷

地　区	内陆养殖面积合计	按水域分			
		1.池　塘	2.湖　泊	3.水　库	4.河　沟
全国总计	**4413612**	**1840626**	**1040123**	**1299349**	**123786**
北　京	5210	3930	100	910	
天　津	29920	23962	1416	4158	383
河　北	27125	17280	1340	6630	1467
山　西	8313	831	500	6695	100
内蒙古	94228	16130	43567	31011	3520
辽　宁	113110	35530	3180	64060	1137
吉　林	226230	27970	55270	122090	152
黑龙江	244919	53763	95741	70613	8788
上　海	30250	24010	6000		
江　苏	543369	342643	125651	33740	27915
浙　江	133440	72380	11700	28490	16935
安　徽	435524	122070	229070	70200	10405
福　建	83710	30940	1140	44790	4207
江　西	368408	92125	104703	159440	9062
山　东	183820	69800	14100	94370	3130
河　南	90135	35685	1809	50507	1896
湖　北	550040	234250	208110	93460	5701
湖　南	350480	162750	85200	100910	577
广　东	329763	251845		67639	2477
广　西	155270	73680		76630	3728
海　南	18330	11790	200	5870	200
重　庆	37140	14350	5200	16570	520
四　川	159984	85946	4093	58410	11522
贵　州	8520	937	51	6987	375
云　南	36339	14039	297	21820	180
西　藏	38	38			
陕　西	6782	2338		3588	33
甘　肃	12205	834		11280	
青　海	4265	66		813	
宁　夏	17050	9620	7060	110	260
新　疆	109695	9094	34625	47558	9116

据出自《中国农业年鉴》

各地区内陆养殖面积(二)

单位:公顷

地　区	按水域分		集约化养殖方式		
	5.稻　田	6.其　他	围　栏(m^2)	网　箱(m^2)	工厂化(m^3水体)
全国总计	**1550296**	**109728**	**2716365617**	**97152078**	**16248245**
北　京		270		3935	3000
天　津		1			124224
河　北	3394	408	9703814	1897961	222821
山　西	87	187	3410	74856	3992
内蒙古	1540		7600000	28650	231700
辽　宁	96798	9203	200250	233266	595395
吉　林	367	20748	990000	3744	1300003
黑龙江	16714	16014		31790	
上　海	509	240			1990
江　苏	163211	13420	268557000	8932900	812000
浙　江	95374	3935	12579783	3797812	3235625
安　徽	65463	3779	1478262173	13079788	175460
福　建	24293	2633	51654	870056	5988631
江　西	91773	3078	173194152	4087689	1378535
山　东	620	2420	66491046	16617979	919114
河　南	1081	238	373347	699800	51403
湖　北	79463	8519	516440000	34347000	294000
湖　南	211992	1043	99814143	6055414	8938
广　东	16799	7802	1892368	421244	20095
广　西	38377	1232	70551281	3750785	70772
海　南	35	270	36590	19310	265000
重　庆	75603	500	65200	261127	3040
四　川	311342	13	6669876	1102843	110444
贵　州	141345	170	603264	685112	6914
云　南	113829	3	2106352	124114	347521
西　藏					
陕　西	223	823	149977	23442	7204
甘　肃	64	91	9937		
青　海		3386			
宁　夏			20000		2700
新　疆		9302		1461	67724

以上数据出自《中国农业年鉴》

大　事　记

农业部畜牧业司

（全国饲料工作办公室）

2007年1月3日~8日 农业部组织在北京、天津、南京、广州、青岛等6个城市进行了元旦、春节期间生猪瘦肉精抽检。共抽检6城市22家屠宰场的待宰生猪尿液样品1 817批次，在5个屠宰场检出含有瘦肉精样品15批次，总检出率为0.85%。

2007年1月15日 农业部下发2007年饲料质量安全监测计划，全面部署2007年饲料质量安全监测任务。

2007年1月24日 农业部在广东省珠海市召开2007年饲料质量安全监测工作会议。会议总结了2006年饲料质量安全监测工作，部署2007年饲料质量安全监测任务；贯彻学习《农业部饲料质量安全监测工作规范》及相关法规；交流饲料质检机构内部管理和饲料质量安全检测工作经验。

2007年1月30日 农业部印发《农业部办公厅关于贯彻实施<饲料生产企业审查办法>的通知》，完善《饲料生产企业审查办法》的相关配套表格和文件，全面部署饲料生产企业审查工作。

2007年1月30日 农业部印发《农业部办公厅关于饲料生产企业抽查情况的通报》，要求各级饲料主管部门按照通报要求，对不合格企业进行督促整改，确保饲料质量安全。

2007年3月14日 举办2007饲料质量安全监测数据处理软件培训班，培训饲料质检机构业务人员40人，通过培训，全面提高了业务人员数据管理水平和分析能力，保证了2007年饲料质量安全监测工作的顺利开展。

2007年3月26日 举办《饲料法》起草小组第一次工作会议，征求专家意见，部署开展《饲料法》调研工作。

2007年5月 在农业部领导统一部署下，农业部畜牧业司密切关注美国宠物中毒事件，组织有关单位收集整理事件信息，组织专家进行专题座谈，分析事件原因，研究应对措施，并向国务院领导报告了我部应对美国宠物中毒事件所做的工作。同时，积极参与配合质检总局、卫生部等有关单位制定有关事件对外口径，有效防止了事件影响的扩大。

2007年6月1日 印发《关于严厉打击非法生产经营和使用"蛋白精"违法行为的通知》，要求各地饲料管理部门加大监管力度，整顿饲料原料市场，保障饲料质量安全。

2007年6月13日 农业部畜牧业司组织中国饲料工业协会和10家大型饲料企业在京座谈，分析上半年饲料行业发展情况和面临的主要问题，预测下半年饲料生产趋势。

2007年6月20日~21日 在上海召开饲料生产许可证审核工作座谈会，邀请饲料生产许可证专家委员会专家举办讲座，并与各省许可证初审工作人员进行座谈，交流研讨加强饲料生产许可证管理工作。

2007年7月9日~13日 农业部畜牧业司组织三个小组分赴甘肃、福建等六省开展调研，与饲料行业主管部门、企业和用户进行广泛交流，了解、分析当前饲料行业发展和监管中存在的问题，为下一步饲料立法工作奠定了坚实的基础。

2007年9月10日 农业部畜牧业司制定下发《农业部办公厅关于印发<畜产品质量安全整治行动实施方案>的通知》，部署为期四个月的畜产品质量安全整治行动。并于9月下旬派出4个组赴江苏、河北等省进行了畜产品质量安全专项整治督导工作。

2007年9月10日~20日 组织部级饲料质检机构在河北、江西和浙江进行了瘦肉精拉网式专项监测，累计检测样品2154批次，检出不合格样品11批次。目前农业部畜牧业司已责成当地有关部门对检出不合格样品进行溯源，对涉嫌违法使用瘦肉精等违禁药品的养殖户进行严肃查处。

2007年10月 畜产品质量安全整治行动全面展开，农业部畜牧业司派出6个督导组，分赴河北、河南等省检查各地整治工作部署情况。通过层层落实任务，分级明却责任，各地对对畜产品质量安全专项整治工作支持力度不断加大，畜产品质量安全意识和工作积极性明显增强。

2007年11月13日 第二届全国饲料评审委员会第一次全体会议在北京香山举行。农业部畜牧业司长、全国饲料工作办公室主任王智才，农业部畜牧业副司长、全国饲料工作办公室副主任王宗礼，全国畜牧总站站长、中国饲料工业协会秘书长谷继承，全国畜牧总站副站长、中国饲料工业协会副秘书长沙玉圣，农业部饲料中心主任李德发，中国农业科学院饲料研究所所长蔡辉益，中国农业大学动物科技学院副院长呙于明，国家饲料质量监督检验中心(北京)主任苏晓鸥，中国农业科学院饲料研究所研究员石波，农业部市场与经济信息司副处长董洪岩，农业部渔业局养殖处姜波，以及全国饲料评审委员会委员70余人参加了会议。

2007年12月16日 为加强畜产品质量安全宣传工作，巩固整治成果，农业部畜牧业司组织全国畜牧总站、河北省畜牧兽医局等单位在河北省徐水县举办了"畜产品安全在乡村"活动。通过专家现场咨询、分发宣传品等形式宣传、普及畜产品质量安全知识，获得广大养殖户的热烈欢迎。

中国饲料工业协会

2007年3月27日 中国饲料工业协会会长白

美清、副会长季之华、王随元，全国畜牧总站副站长、中国饲料工业协会副秘书长沙玉圣等领导到绿色伟农集团公司进行调研。董事长邵根伙介绍了绿色伟农集团的情况。白美清会长等领导在听取介绍后，提出了6点建议。

2007年3月29日 由北京饲料工业协会主办的，中国饲料工业协会对饲料行业发展形势分析会在北京召开。出席此次会议的有，中国饲料工业协会会长白美清，中国饲料工业协会副会长季之华，中国饲料工业协会副会长王随元，中国饲料工业协会行业指导处处长胡广东，北京饲料工业协会会长谢仲权，北京市饲料工业协会副秘书长程宏典等相关领导，以及北京希望集团，北京昕大洋科技发展有限公司，北京英惠尔生物技术有限公司，北京德佳牧业科技公司的企业代表。此次会议的重点是了解我国饲料行业发展的态势、特点、优势和制约的因素，并对饲料企业今后的工作如何发展、壮大、提高指明了方向。

2007年4月4日 农业部饲料法规宣贯暨中国饲料行业统计培训班在江苏省扬州市召开。农业部畜牧业司副司长王宗礼，全国畜牧总站站长·中国饲料工业协会秘书长谷继承，江苏省农林厅副厅长王春喜，中国饲料工业协会副会长季之华，全国畜牧总站副站长、中国饲料工业协会副秘书长沙玉圣和国务院法制办公室，农业部国家饲料质检中心，各省、自治区、直辖市饲料工作(工业)办公室的负责同志及有关部门新闻媒体代表共120余人参加了会议。

2007年4月5日 农业部畜牧司副司长王宗礼，全国畜牧总站站长、中国饲料工业协会秘书长谷继承、农业部畜牧司(饲料处)副处长马莹在江苏省饲料站站长宋晓春、江苏省农林厅畜牧兽医局局长何正东的陪同下，来到江苏正昌集团公司参观并指导工作。

2007年5月18日 以“健康养殖与现代畜牧饲料业”为主题的2007中国畜牧业暨饲料工业发展高层论坛在宁波隆重召开。中国饲料工业协会会长白美清、常务副会长张延喜，全国畜牧总站站长·中国饲料工业协会秘书长谷继承，副站长、副秘书长方军、沙玉圣，宁波市副市长陈炳水，浙江省畜牧兽医局局长张火法等领导、专家以及企业代表共400余人参加了本次论坛。

2007年5月19日~21日 2007年中国畜牧业暨饲料工业展览会在浙江省宁波市国际展览中心成功举办。本届展览会由中国畜牧业协会和中国饲料工业协会联合主办，旨在宣传展示我国畜牧业和饲料工业的整体实力，加大畜牧业和饲料工业新品种、新技术、新产品、新成果的推广力度，构建畜牧业和饲料工业生产、加工、贸易及经营销售与消费者互动的桥梁，提供团结协作、公平竞争、互利互惠、共同发展的平台。

2007年6月20日~21日 为进一步加强饲料添加剂和添加剂预混合饲料生产许可证审核发放工作，使生产许可证管理再上一个台阶，受农业部全国饲料工作办公室的委托，中国饲料工业协会在上海召开了饲料添加剂和添加剂预混合饲料生产许可证工作座谈会。全国畜牧总站副站长、中国饲料工业协会副秘书长沙玉圣，上海市畜牧办公室副主任陶振华，农业部畜牧业司饲料处调研员景梅芳，中国饲料工业协会饲料行业指导处处长胡广东，全国各省饲料生产许可证工作负责人以及许可证专家审核委员会部分委员共50人参加了座谈会。

2007年6月28日 河北省饲料工业协会成立10周年庆典在石家庄隆重举行。中国饲料工业协会会长白美清、副会长王随元，全国畜牧总站站长·中国饲料工业协会秘书长谷继承，全国饲料工作办公室调研员景梅芳等有关领导及代表共500多人参加了会议。

2007年6月29日 广东省饲料行业协会第四次会员代表大会在广州番禺举行。全国畜牧总站站长·中国饲料工业协会秘书长谷继承，广东省农业厅副厅长陈福林，广东省民间组织管理局副局长王世国，广东省农科院党组书记、副院长蒋宗勇等有关领导及来自全省20个地市278名会员代表参加了会议。

2007年6月30日 全国畜牧总站站长·中国饲料工业协会秘书长谷继承，中国饲料工业协会信息中心主任单钟，在广东省畜牧技术推广总站站长、广东省饲料行业协会会长罗道栩，广东省兽药与饲料监察总所副所长、广东省饲料行业协会秘书长林海丹，广州市饲料工作办公室副主任谢梓栋的陪同下，一行5人先后到广东海大集团、广州澳洋实业有限公司、农业部种猪质量监督检验测试中心(广州)等企事业单位视察调研。

2007年8月15日 中国饲料工业协会在北京召开“饲料生产形势分析座谈会”。中国饲料工业协会会长白美清，副会长季之华、王随元，全国畜牧总站·中国饲料工业协会信息中心主任单钟，北京市饲料工业协会名誉会长牛树琦、会长谢仲权、秘书长潘明，河北省饲料工业协会副秘书长杨冬等行业领导和来自京津冀地区部分企业代表共20余人参加了座谈会。

2007年8月25日 中国饲料工业协会会长白美清；全国畜牧总站站长、中国饲料工业协会秘书长谷继承，全国畜牧总站党委书记、副部长、中国饲料工业协会副秘书长何新天，全国畜牧总站副站长·中国饲料工业协会副秘书长方军、沙玉圣等领导，在京亲切会晤了美国饲料工业协会会长詹姆斯·萨力文(James E Sullivan)先生。

2007年9月11日 由国家质量监督检验检疫

总局主办的2007年中国名牌产品暨中国世界名牌产品表彰大会在北京人民大会堂召开，表彰了3个荣获中国世界名牌产品称号的产品和856个荣获2007年中国名牌产品称号的产品，其中，饲料行业有13家企业13个产品榜上有名，他们是：通威股份有限公司生产的通威牌水产饲料、广东恒兴集团有限公司生产的恒兴牌水产饲料、广东海大集团有限公司生产的海大牌水产饲料、山东六和集团有限公司生产的六和牌水产饲料、新希望集团有限公司生产的国雄牌水产饲料、广东粤海饲料集团有限公司生产的粤海牌水产饲料、正大(中国)投资有限公司生产的正大牌水产饲料、唐人神集团股份有限公司生产的骆驼牌水产饲料、福建天马饲料有限公司生产的健马牌水产饲料、淮安市康达饲料有限公司生产的金康达牌水产饲料、浙江医药股份有限公司新昌制药厂生产的众牌饲料级维生素、浙江新和成股份有限公司生产的NHU牌饲料级维生素、湖北广济药业股份有限公司生产的饲料级维生素。这是继去年14年饲料企业15个饲料产品获得“中国名牌”之后第2次荣登名榜。

2007年10月10日 由中国饲料在线网站和中国饲料工业信息网联合主办的第六届中国鱼粉大会在上海召开。全国畜牧总站副站长、中国饲料工业协会副秘书长沙玉圣，全国工商联水产业商会副秘书长吴湘生，全国畜牧总站·中国饲料工业协会信息中心主任单钟，中国农业科学院北京畜牧兽医研究所动物营养与饲料学研究室主任、中国畜牧兽医学会动物营养分会副秘书长佟建明，国家粮油信息中心市场监测处副处长曹知和来自秘鲁、智利、美国、阿根廷等国际鱼粉鱼油生产厂家厂以及国内各地饲料厂和鱼粉贸易商共300余人参加了会议。会上，国内外嘉宾就当前国内外鱼粉贸易格局的转变、中国鱼粉贸易商集体亏损的原因以及明年生猪养殖市场等问题进行了深入的探讨。

2007年10月17日 中国饲料工业协会第五届理事会二次全会在江苏省扬州召开。中国饲料工业协会会长白美清，常务副会长谭竹洲，农业部畜牧业司司长、全国饲料工作办公室主任王智才，中国饲料工业协会秘书长谷继承，副秘书长沙玉圣，中国饲料工业协会副会长季之华、王随元，顾问王维四，江苏省农林厅副厅长王春喜，扬州市市长王燕文等领导，中国饲料工业协会企业常务副会长、副会长，常务理事、理事，各省饲料工业协会负责人以及国内主要媒体单位共300多人参加了会议。会议审议并通过了谷继承秘书长代表中国饲料工业协会第五届理事会作的工作报告；按照《中国饲料工业协会章程》，调整了23名理事、10名常务理事、1名副会长，增补了18名理事、9名常务理事并鼓掌通过。

2007年10月18日 由中国饲料工业协会主办、江苏牧羊集团有限公司承办的中国饲料工业协会第四届大型企业联谊会在扬州召开。会议以“整合提升 扩大联合 和谐共赢”为主题。白美清会长在会上作了《努力培育饲料行业的领军企业》的专题报告。会议审议并通过了《中国饲料工业协会大型企业联谊会章程》；审议通过了河南宏展农牧集团等11家企业成为大型企业联谊会新成员；会议通报了大型饲料企业参与社会主义新农村建设执行情况。

2007年10月19日 中国饲料行业宣传发展联谊会第八届年会在风景如画的扬州召开。中国饲料工业协会会长白美清，副会长季之华、王随元，全国畜牧总站副站长、副秘书长沙玉圣等领导及联谊会成员20余家饲料行业报刊、杂志和企业报刊的负责人莅临会议。

2007年12月13日 四川省饲料工业协会成立20周年庆典暨第四次会员代表大会在成都金牛宾馆隆重召开。中国饲料工业协会会长白美清，原四川省委副书记、四川省饲料工业协会会长冯元蔚，农业部畜牧业司副巡视员程金根，全国畜牧总站副站长、中国饲料工业协会副秘书长沙玉圣，四川省畜牧食品局局长杨昌明，四川省畜牧食品局副局长宾军宜、兰明建，机关党委书记舒军，农业部畜牧业司饲料处处长王晓红等有关领导同志以及会员代表共300多人出席了会议。

会议审议并通过了四川省饲料工业协会第三届理事会工作报告及财务报告；审议并通过了《四川省饲料工业协会章程》及《四川省饲料工业协会会员管理办法》。通过充分的酝酿和讨论，选举产生了四川省饲料工业协会第四届理事会。冯远蔚同志继续当选为会长，唐宗长、刘永好等13位同志当选为副会长，李淳同志当选为秘书长，柏凡等4位同志当选为副秘书长。并为获得“推动四川饲料工业发展突出贡献”的个人和企业颁发了奖牌和证书。宣布了“2007四川十大知名饲料产品”名单。

河北省

2007年3月12日~13日 河北省饲料工作会议在石家庄市召开。会议表彰了2006年度全省饲料工作突出的先进集体和个人。

2007年4月26日~27日 河北省饲料工业办公室在石家庄组织举办了“宣传贯彻农业部73号令培训班”，各市、扩权县(市)饲料办主任参加了培训。

2007年6月28日~29日 主题为《绿色梦想 金色未来》的河北省饲料工业协会成立十周年大型庆典活动在石家庄成功举办，全面回顾了协会十年的发展历程，展示了河北省饲料工业取得的辉煌成就。

2007年8月29日 河北省上半年饲料工作会议在邯郸市召开。会议总结了2007年上半年全省饲料工作，安排了下半年有关工作。

黑龙江省

2007 年 5 月 10 日 黑龙江省饲料法规培训班暨饲料管理工作会议在哈市八一宾馆召开。参加这次会议的地市、县主管局长、饲料办主任及企业约 436 人；开班式上助理巡视员洪英华作了重要讲话，饲料办主任朱良坤就《饲料和饲料添加剂管理规范和法律制度》和《饲料管理部门在行政执法和实施行政处罚中应注意的问题》进行讲解；中国饲料协会信息中心陆泳霖就《饲料统计报表制度》进行了讲解；黑龙江省兽药饲料监察所副所长范锡龙就《全省饲料产品质量、饲料标签现状问题对策》进行了讲解；会上表彰奖励了黑龙江省饲料管理工作先进集体和先进个人。

2007 年 5 月 11 日 在八一宾馆召开了黑龙江省饲料工业协会第四届理事会第二次理事扩大会议暨行业发展论坛 。会议由副会长殷学中主持，根据局党组的要求，会上调整选举产生了新的黑龙江省饲料工业协会第四届理事会秘书长、副秘书长，哈尔滨博微集团总经理郑坚伟代表黑龙江省 20 强及优秀原料供应商宣读《行业诚信联合宣言》。

2007 年 5 月 19 日~26 日 洪英华助理巡视员带队参加“2007 年中国畜牧业暨饲料工业展览会”及赴江西、湖南考察。

2007 年 7 月 31 日 在牡丹江市召开了“全省饲料业形势分析暨统计报表会议”。参加会议有省畜牧兽医局助理巡视员洪英华及各地市畜牧局局长、饲料办主任及省饲料兽药监察所、黑龙江省饲料工业协会负责人 40 余人参加了本次会议。

2007 年 10 月 19 日~21 日 对广东省饲料业和部分企业进行了为期三天的学习考察。考察团成员有黑龙江省畜牧兽医局副局长洪英华、黑龙江省饲料办主任朱良坤、黑龙江省饲料协会副会长殷学忠(哈尔滨青禾科技有限公司董事长)、黑龙江省饲料协会副会长杨华林(哈尔滨远大牧业公司总经理)、黑龙江省饲料工业协会秘书长刁新平等同志。

上海市

2007 年 1 月 16 日~19 日 上海市饲料职业技能鉴定站首次开展饲料检化验高级技能鉴定，有 9 人通过鉴定。

2007 年 3 月 根据 2007 年度上海市饲料质量安全检测要求，为继续加强对“瘦肉精”及其替代品莱克多巴胺等违禁药品的检测力度，上海市饲料办下发了《关于下达 2007 年度“瘦肉精”等违禁药物专项整治监测计划的通知》(沪饲办字(2007)6 号)，全年下达了“瘦肉精”等违禁药物产地检测 25 000 批和监督检查 3 600 批。

2007 年 3 月 根据农业部农牧发[2007]2 号《农业部办公厅关于下达 2007 年饲料质量安全监测计划的通知》要求，结合本市实际，上海市饲料办制订了“2007 年度上海市饲料质量安全监测计划”，全年计划完成饲料质量安全监测总数 2 350 批，其中农业部下达上海市的饲料质量安全监测任务 870 批，上海市下达的饲料质量安全监测任务 1 480 批。对检测出不合格产品的饲料企业进行了相应的行政处罚，并建立了企业质量跟踪档案。根据上海市 2007 年饲料生产许可证企业上报年度备案表情况，上海市饲料办 4 月底开始组织对其中 10%的企业，主要是虚报情况、生产不正常以及 2006 年年度备案不合格的企业开展现场审查。

2007 年 3 月 为加强对动物源性饲料中牛、羊源性成分的监测力度，上海市开展 300 批次的饲料中牛、羊源性成分专项监测工作，并根据农业部反刍动物饲料中牛羊源性成分监测计划完成 400 批次的监测工作。

2007 年 4 月 上海市饲料办组织本市饲料行政、监督、监测部门负责同志和部分区畜牧办主任共 10 余人，参加农业部于扬州召开的全国饲料审查工作培训班暨统计培训班。4 月底召开上海市饲料生产企业审查工作动员大会暨饲料生产企业负责人法规培训班。

2007 年 4 月 为进一步加强饲料、兽药管理，规范饲料、兽药行业，上海市畜牧办公室于凯博休闲农庄召开了全市兽药饲料工作会议。

2007 年 4 月 根据农业部畜牧业司《关于编撰〈中国饲料工业年鉴〉有关事项的通知》(农牧司便函[2006]第 42 号)要求，上海市饲料办完成本市 6 家优秀企业、11 家先进企业的推荐，并完成《中国饲料工业年鉴》(2005、2006)地方篇和大事记的编写工作。

2007 年 5 月 19 日~21 日 中国畜牧业暨饲料工业展示交易会在宁波国际展览中心举行。上海市组团参展，总计有 50 家企业参展，展位数 140 个，在各组团省中名列前矛。

2007 年 6 月 7 日~8 日 在上海市良友大饭店举办了上海饲料行业开展食品安全管理体系内申员培训。13 家企业共 50 余人参加了培训。

2007 年 6 月 11 日~12 日 在上海市农委信息中心举办 2007 年上海市饲料生产企业网上办事操作指导暨新版统计软件应用的培训，来自各饲料生产企业 90 余家饲料统计人员参加了此次统计培训。

2007 年 6 月 19 日~21 日 在上海良安大饭店举办全国饲料添加剂和添加剂预混合饲料生产许可证工作座谈会，来自全国各省市及许可证的评审专家代表 40 余人参加了此次会议，上海市饲料办在会上作了交流发言。

2007 年 7 月 3 日~5 日 在上海良友饭店举办上海饲料厂中央控制室操作工的上岗资格培训。上海市饲料职业技能鉴定采用自制中控模拟屏开展技能鉴定,68 人通过考核。

2007 年 7 月 19 日~20 日 召开了“上海市饲料企业标准化培训班”,共有 58 名饲料生产企业标准化工作人员参加了培训。培训后还组织了闭卷考试,考试合格者将颁发培训合格证书。

2007 年 7 月 31 日 在上海良安饭店召开上海市饲料行业协会第五届一次会员换届大会及五届一次理事会议,中国饲料工业协会副会长王随元,上海市农委副主任陈洪凡,综合处处长李维良,全国畜牧总站、中国饲料工业协会信息中心主任单钟,上海市社会团体管理局何卫平处长,上海市畜牧办主任张苏华,副主任陶振华等约 200 余人出席了大会。以无记名选举产生新一届理事会成员、会长、副会长、秘书长,赵子琴当选会长,凤懋熙任秘书长。

2007 年 9 月 21 日~22 日 由上海汇易咨询网主办,上海市饲料行业协会协办的 JCI 第 3 届“秋之实饲料原料市场专题研讨会”在上海通茂大酒店举行,来自全国各地的公司及企业约 350 余人参加了会议。中国饲料工业协会副会长季之华;中国畜牧业协会副会长乔玉峰出席了此次研讨会。就大家关心的玉米、豆粕、鱼粉饲料原料作专题发言。

2007 年 12 月 完成迎接欧盟专家组对输欧饲料和饲料添加剂安全卫生质量管理体系的现场检查工作。

广东省

2007 年 1 月 18 日 广东省饲料工作办公室在湛江市召开全省饲料管理和统计工作会议,总结 2006 年饲料管理和统计工作,并对 2007 年工作进行部署。各地级以上饲料办负责人、统计员参加了会议。

2007 年 1 月 23 日 农业部饲料质量安全监测工作会议在珠海市召开,对 2007 年全国饲料质量安全监测工作进行部署。全国 30 个省、自治区、直辖市饲料质量检测机构和部分重点省饲料行政主管部门负责人参加会议。农业部畜牧业司副司长王宗礼等领导出席了会议,广东省农业厅陈福林副厅长到会致辞。

2007 年 3 月 28 日 经广东省委、广东省政府批准,广东省畜牧兽医局在广东省农业厅正式挂牌成立。新成立的省畜牧兽医局是广东省农业厅的内设副厅级机构,主要承担全省畜牧生产、兽医防疫、检疫监督、饲料兽药生产经营使用监督管理、畜产品质量安全监管等行政管理和广东省防治重大动物疫病指挥部办公室、广东省防治高致病性禽流感指挥部办公室日常工作,设综合处、兽医处、畜牧处(加挂省饲料工作办公室牌子)3 个职能处。广东省畜牧兽医局的成立,对进一步提高全省高致病性禽流感等重大动物疫病防控能力,促进全省畜牧业持续稳定发展,提升畜产品安全监控水平,保障公共卫生安全具有十分重要的意义。

2007 年 4 月 28 日 为宣传贯彻农业部第 73 号令《饲料生产企业审查办法》和农业部新修订的《全国饲料工业统计制度》,广东省饲料办在广州举办全省饲料法规宣贯暨行业统计培训班,对各市饲料办负责人、现场评审专家、统计员等就《饲料生产企业审查办法》、审查要点、新统计制度和统计软件进行培训。

2007 年 4 月 30 日 根据农业部《饲料生产企业审查办法》和《农业部办公厅关于贯彻实施〈饲料生产企业审查办法〉的通知》(农办牧[2007]6 号)精神和要求,结合广东实际,制定出台了《广东省饲料生产企业设立审查和年度备案工作规范》,明确规定了饲料生产企业设立审查程序和时限、现场评审工作纪律,以及获证饲料生产企业年度备案工作程序。

2007 年 6 月 29 日 广东省饲料行业协会第四次会员代表大会在广州举行。来自全省 21 个地市 278 位会员代表参加了本次大会。全国畜牧总站站长、中国饲料工业协会秘书长谷继承,中国饲料工业协会信息中心主任单钟,广东省农业厅副厅长陈福林,广东省农科院党组书记、广东省饲料工业协会三届会长蒋宗勇,广东省民间组织管理局副局长王世国等领导出席会议。大会通过了新修订的《广东省饲料行业协会章程》,协会名称由“广东省饲料工业协会”更名为“广东省饲料行业协会”,并选举产生了新一届领导机构。

2007 年 9 月 11 日 广东恒兴集团有限公司、广东海大集团有限公司和广东粤海饲料集团有限公司的水产饲料获“中国名牌”称号。

2007 年 12 月 20 日 为全面贯彻落实党的十七大精神和科学发展观,推动广东饲料业又好又快发展,广东省农业厅、广东省畜牧兽医局在广州隆重举办“首届广东饲料发展战略高层论坛”。论坛邀请了国务院发展研究中心、农业部、广东省政府和广东省直单位有关领导,以及国内外专家、企业家,围绕“建设广东饲料强省”做主题报告和发言讨论,行业领导、企业家、学者等逾 1300 人参加了盛会。

2007 年 8 月~12 月 根据国务院在全国组织开展产品质量和食品安全专项整治行动、农业部开展农产品质量安全专项整治行动的统一部署,全省持续深入开展畜产品安全专项整治行动,全面检查了饲料和饲料添加剂生产、经营单位,并对养殖场(户)进行抽查。

四川省

2007 年 2 月 3 日 召开四川省饲料工业协会第 3 届常务理事会第 5 次会议。会议审议了《四川省饲料工业协会2006年工作报告及2007年工作建议》和协会2006年度财务报告,讨论通过《四川省饲料工业协会章程》(修改意见稿),研究了协会换届和成立20周年庆祝活动等有关事宜。

2007年3月~12月 开展"全覆盖"饲料质量安全监督抽查行动。四川省共抽检饲料产品3 892批次,合格率92.5%。

2007年3月 开展《饲料生产企业审查合格证》换发工作,共38家企业通过审查,获得《饲料生产企业审查合格证》。

2007年8月 根据有媒体反映四川彭州有使用抗生素滤渣饲喂畜禽的情况,与四川省委宣传部、四川省委农办等相关单位密切配合,对彭州、新都等地的抗生素滤渣生产企业、使用单位和饲料企业进行了专项检查,对一家无生产资格,违规使用青霉素滤渣做原料生产饲料的企业进行了严厉处罚。调查情况及时上报了四川省委主要领导,杜青林书记在报告上批示:调查行动迅速,摸清了情况。为进一步加强警示教育,又以特急传真加密电报的形式下发了《关于严防使用抗生素滤渣作为饲料的紧急通知》,在全省范围内开展了对人用和兽用抗生素药品企业的抗生素滤渣是否流入饲料生产经营企业及养殖场(户)的拉网式清查。

2007年9月 通威股份有限公司的通威水产饲料、新希望集团有限公司的国雄水产饲料获得2007年"中国名牌产品"殊荣。

2007年9月27日~28日 由中国饲料工业协会主办的"饲料和饲料添加剂生产企业审核技术培训班"在蓉召开。参加会议的领导有全国饲料工作办公室王晓红处长、农业部政策法规司李迎宾处长、全国畜牧总站·中国饲料工业协会胡广东处长,全国畜牧总站·中国饲料工业协会田莉副处长等。四川省畜牧食品局副局长宾军宜出席会议并致欢迎辞。来自全国30个省、市、区的70多位代表参加了本次培训。

2007年10月 编印新版《饲料和饲料添加剂管理政策法规》。

2007年11月 经过企业自愿申报、质量抽查、用户调查、专家评价等程序,历时近一年的四川省十大知名饲料产品评选揭晓。成都市新津希望饲料厂的"希望"牌猪用配合饲料,通威股份有限公司的"通威"牌鱼用配合饲料,新希望集团有限公司的"嘉好"牌猪用配合饲料,四川铁骑力士实业有限公司的"铁骑力士"牌禽用配合饲料,四川巨星集团有限公司的"巨星"牌禽用配合饲料,成都凤凰饲料有限公司的"凤凰山"牌禽用配合饲料,成都龙庆饲料实业有限公司的"龙庆"牌禽用配合饲料,成都华西希望农业科学技术研究所有限公司的"健珠"牌猪用预混合饲料,四川省畜科饲料有限公司的"畜科"牌中华多维畜禽维生素预混合饲料,四川大北农农牧科技有限责任公司的"大北农"牌猪用预混合饲料荣获"2007四川十大知名饲料产品"。协会特别推荐成都正大有限公司的"威特"牌猪用配合饲料为2007四川知名饲料产品。

2007年12月14日 召开四川省饲料工业协会第4次会员代表大会,选举协会新一届领导班子。

2007年12月13日~16日 隆重召开了协会成立20周年庆祝大会。会议回顾了四川饲料工业发展历程;总结了发展经验,展望了行业的美好前景;公布了"2007四川十大知名饲料产品",充分展示了四川省饲料工业发展辉煌成就和四川饲料行业风采。大会期间,中国饲料经济专业委员会举办了第四届中国饲料科技与经济高层论坛,中国人民大学农业与农村发展学院院长、著名"三农专家"温铁军、农业部畜牧业司司长王智才、中国饲料经济专业委员会理事长蔡辉益和四川省畜牧食品局副局长宾军宜等作了精彩演讲。

云南省

2007年1月30日 云南省饲料工业协会2006年度常务理事会在昆明召开。协会会长、副会长,云南省级有关单位、昆明、玉溪、曲靖等地的常务理事、协会技术委员会全体同志,以及云南省畜牧局、云南省工业经济联合会、云南省畜牧业协会等单位的特邀代表50多人出席了会议。会议由徐祖林秘书长主持,听取并审议了杨志民会长代表协会秘书处所作的《2006年云南省饲料工业协会工作总结及2007年工作意见》;常务副会长杜建勋同志传达了中国饲料工业协会第三届大型企业联谊会暨全国饲料工业协会秘书长工作会议精神;讨论通过了协会成立20周年庆祝大会暨第五次会员代表大会相关事宜。

2007年5月23日 云南省《饲料生产企业审查办法》宣贯培训班在昆明举办。该培训班分3期举行,来自四川省各州市农业(畜牧)局饲料工业管理负责人及有关饲料生产企业和负责人共300多人参加了培训班。

2007年12月20日~21日 云南省饲料工业协会成立20周年暨第五次会员代表大会在昆明云安会都召开。云南省饲料工业协会第四届理事会会长杨志民作了《云南省饲料工业20年回顾与展望》的报告;协会副会长杜建勋同志作了《云南省饲料工业协会20年工作回顾》的报告。为鼓励在云南省饲料工业发展中做出突出贡献的企业和个人,会上对云南神农农业产业集团等饲料企业20强、昆明正大有限公司等优秀团体会员单位、以及协会先进工作者和有突出贡献的老饲料工作者进行了表彰,并对第五届理事会工作提出了建议。

图书在版编目(CIP)数据

中国饲料工业年鉴. 2008 / 全国饲料工作办公室,中国饲料工业协会编. —北京:中国商业出版社,2009.5

ISBN 978-7-5044-6455-2

Ⅰ.中... Ⅱ.①全... ②中... Ⅲ.饲料工业-中国-2008-年鉴 Ⅳ. F326. 3-54

中国版本图书馆 CIP 数据核字(2009)第 058432 号

责任编辑:张超美

中国商业出版社出版发行

010-63180647 www.c-cbook.com

(100053 北京广安门内报国寺 1 号)

新华书店总店北京发行所经销

北京通天印刷有限责任公司印刷

*

787×1092 毫米 16 开 21 印张 彩插 2 印张 740 千字

2009 年 5 月第 1 版 2009 年 5 月第 1 次印刷

定价:150.00 元

* * * *

(如有印装质量问题可更换)

www.muyang.co

牧羊超越 不仅创造国际领先标

高的有道 细的有理

牧羊超越微粉碎机

200KW机型产量高达26.4t/h，吨料电耗降低20%

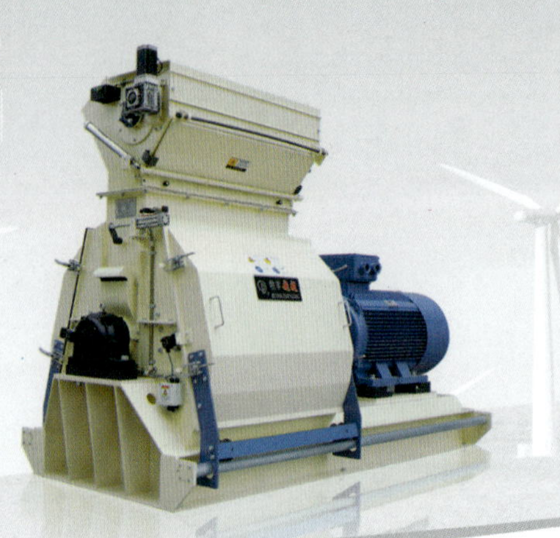

牧羊超越微粉碎机产量、能耗、细度均超国内外同类机型，全面领先微粉领

国家权威部门检测，
牧羊超越微粉碎机各项指标达国际领先

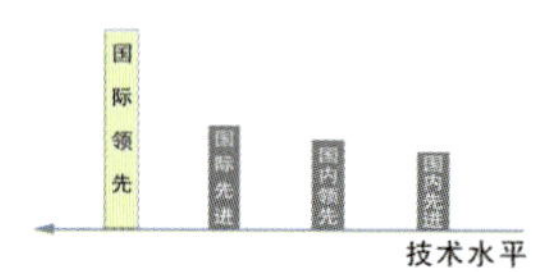

牧羊超越微粉碎机有效细度
产量更胜一筹

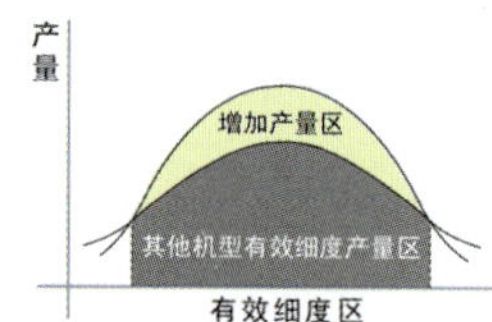

型号	原料	筛孔直径 mm	产量（T/h） 200kw	产量（T/h） 160kw	增产率
牧羊超越 66×100A	豆粕	1.0 1.0	10.890	8.712	同比国内外相 功率机型产 提高30~60%
		1.2 1.2	15.713	12.570	
		1.2 1.5	18.670	14.936	
		1.5 1.5	20.772	16.618	
	棉粕	1.0 1.0	8.323	6.658	
		1.2 1.2	12.048	9.638	
		1.5 1.5	12.815	10.252	
	小麦	1.0 1.0	9.750	7.8	
		1.0 1.2	10.895	8.716	
		1.2 1.2	13.393	10.714	
	麸皮	1.0 1.0	3.792	3.043	
		1.2 1.2	5.098	4.078	
		1.5 1.5	7.597	6.0	
	混合鱼料	1.5	26.401	21.120	

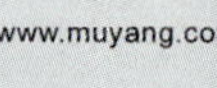

牧羊“混合王”双层高效混合机

前瞻科技　卓越典范

国家质检总局抽查检测：
牧羊“混合王”SJHS型双层高效混合机
混合均匀度为97.7%（即CV值为2.3%）
自然残留量≤0.1%，
吨料电耗为0.30kw·h/t

- **高均匀**
  国际专利双层转子设计，内外桨叶双层设计增强物料对流、剪切、混合作用，混合均匀度高达97.7%；
- **无残留**
  桨叶与机壳间隙可调，确保残留率极低，防止物料交叉污染；
  全长开出料门，物料瞬间排空，无残留；
- **零泄漏**
  出料门橡胶气囊密封，不漏料，确保不泄漏；
  轴端采用特殊设计的填料密封，确保不泄漏；
- **人性化**
  超大检修门，设计合理，方便清理维修、更换桨叶，节省时间；
  可升降液体添加装置，“空气雾化式”高精度添加，确保混合均匀无团块。

改善人类生活品
成就世界力
Improving
Creating

通威

中国名牌
CHINA TOP BRAND

国家免检产品
AQSIQ

中国驰名商标
通威饲料
TONGWEI FEED
CHINA WELL-KNOWN TRADEMARK

专业成就价值　创新引领未来
PRIDE IN PERFECTION
创荷美营养科技（北京）有限公司
TROUW NUTRITION TECHNOLOGY (BEIJING) CO.,LTD.